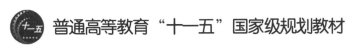 普通高等教育"十一五"国家级规划教材

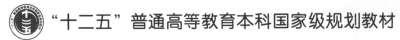 "十二五"普通高等教育本科国家级规划教材

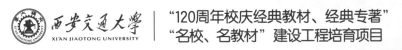 "120周年校庆经典教材、经典专著"
"名校、名教材"建设工程培育项目

国际贸易理论、政策与实务（第三版）

主编　冯宗宪　张文科

内容简介

本书在全面反映国际贸易领域最新进展的基础上,对国际贸易理论、政策和实务进行了全面和系统的介绍。全书除导论外共分为四篇。第一篇是国际贸易理论篇,系统讲述关于国际贸易理论的基本模型和思想沿革,这是深入进行国际贸易领域研究所必需的基本知识。第二篇是国际贸易政策措施和体制规则篇,系统讲述国际贸易壁垒措施、关税及非关税效应分析、区域经济一体化等内容。第三篇是国际贸易实务篇,系统讲述国际贸易术语、国际贸易磋商、国际贸易结算、国际贸易方式等若干主要实务。第四篇是中国对外经济贸易篇,讲述中国对外贸易的发展,以及中国参与全球经济治理和区域经济合作等内容。本书不仅注重国际贸易的基础理论和知识,也体现了国际贸易全貌。

本书既可作为高等院校国际经济与贸易、世界经济专业以及其他经济管理类专业的教学用书,也可作为贸易工作者的参考用书。

图书在版编目(CIP)数据

国际贸易理论、政策与实务 / 冯宗宪,张文科主编
. ― 3 版. ― 西安:西安交通大学出版社,2024.8
ISBN 978-7-5693-3201-8

Ⅰ.①国… Ⅱ.①冯… ②张… Ⅲ.①国际贸易—高等学校—教材 Ⅳ.①F74

中国国家版本馆 CIP 数据核字(2023)第 068463 号

书　　名	国际贸易理论、政策与实务(第三版) GUOJI MAOYI LILUN、ZHENGCE YU SHIWU(DI-SAN BAN)
主　　编	冯宗宪　张文科
责任编辑	史菲菲
责任校对	李逢国
封面设计	任加盟
出版发行	西安交通大学出版社 (西安市兴庆南路1号　邮政编码710048)
网　　址	http://www.xjtupress.com
电　　话	(029)82668357　82667874(市场营销中心) (029)82668315(总编办)
传　　真	(029)82668280
印　　刷	陕西天意印务有限责任公司
开　　本	787mm×1092mm　1/16　印张 25.25　字数 668千字
版次印次	2004年10月第1版　2024年8月第3版　2024年8月第1次印刷(累计第5次印刷)
书　　号	ISBN 978-7-5693-3201-8
定　　价	75.00元

如发现印装质量问题,请与本社市场营销中心联系。
订购热线:(029)82665248　(029)82667874
投稿热线:(029)82665379
读者信箱:511945393@qq.com

版权所有　侵权必究

第三版前言

本书是编者在多年从事国际贸易理论、政策和实务的教学和研究的基础上,为适应教学需要而编写的教材。本书第一版曾作为西安交通大学"十五"规划教材于2004年出版;第二版作为国家"十一五"规划教材,在第一版的基础上,做了全面修订;第三版充分借鉴了国际贸易理论、政策和实务研究领域的一些新的研究成果,并力求贴近和反映国际贸易近年来的改革实践,以满足国际贸易教学的要求。

本书此次修订有以下特点:一是结合形势变化和贸易实践,增加、修订和更新了部分章节内容,调整了部分习题;二是根据教学改革要求,增加实验训练内容,体现理论性、知识性和实用性为一体;三是教材体例力求切合国际经济贸易发展的实际,内容体系具有鲜明的中国特色,融入思政元素;四是适应教学数字化要求,采用纸质教材、数字教材和慕课教学结合的方式,实现学习的动态性、针对性、多元性和交互性,更好地满足教师和学生的需求。

限于水平,书中可能有纰漏或不妥之处,诚挚地欢迎读者批评指正。在本书付梓之际,我们衷心感谢责任编辑史菲菲的辛勤劳动,也要感谢使用本书的读者朋友们。

编　者
2023 年 12 月

慕课

目　录

第1章　导　论 ··· 1
1.1　国际贸易的产生与发展 ··· 1
1.2　国际贸易的概念和分类 ··· 6
1.3　全球经济贸易治理 ··· 12
1.4　国际贸易的基本分析方法 ·· 13
1.5　本书的结构和篇章安排 ··· 14

第一篇　国际贸易理论篇

第2章　古典贸易理论 ·· 19
2.1　亚当·斯密的绝对利益学说 ··· 19
2.2　李嘉图的比较利益学说 ··· 21
2.3　对古典模型的修正 ··· 23
2.4　古典模型的现代分析方法 ·· 24
2.5　国际贸易类型和相对价格决定的分析 ··· 28
2.6　相互需求原理 ··· 31

第3章　近代国际贸易理论 ·· 36
3.1　赫克歇尔-俄林的要素禀赋理论 ·· 36
3.2　要素禀赋及其价格的变动和影响 ··· 41
3.3　供应条件曲线及其应用 ··· 45
3.4　里昂惕夫悖论 ··· 48
3.5　特定要素模型 ··· 51

第4章　垄断竞争和产业内贸易 ··· 59
4.1　规模经济和产业内贸易 ··· 59
4.2　垄断竞争和产业内贸易的主要理论模型 ·· 62
4.3　产业内贸易形成的机制与收益 ·· 71
4.4　产业内贸易模型 ··· 75
4.5　产品内分工与贸易 ··· 77
4.6　异质性企业和企业边界 ··· 81
4.7　国家竞争优势理论 ··· 85

第5章　生产要素的国际流动 ·· 90
5.1　生产要素及其国际流动的有关概念 ·· 90
5.2　国际劳动力要素流动 ·· 90
5.3　资本要素国际流动的动因和效应 ··· 93

  5.4 贸易与生产要素国际流动之间的互动关系 95
  5.5 国际分工与跨国公司的发展理论 100
  5.6 跨国公司理论与实践的新发展 106
  5.7 国际资本流动和跨期贸易 109

第6章 贸易、环境和经济增长 113
  6.1 经济增长及其贸易效应分析 113
  6.2 经济增长的动因、类型及其对贸易条件和福利的影响 116
  6.3 技术进步的类型及其对贸易条件的影响 121
  6.4 新贸易理论和内生增长 123
  6.5 贸易、增长与环境 125
  6.6 贸易与经济增长关系的指标及其测度 128

第7章 保护贸易理论和政策 134
  7.1 保护贸易理论 134
  7.2 战略性贸易政策 142
  7.3 贸易政策的政治经济学 148

第二篇 国际贸易政策措施和体制规则篇

第8章 国际贸易政策工具措施 157
  8.1 贸易政策与经济发展 157
  8.2 国际贸易壁垒的含义及性质 159
  8.3 关税壁垒措施及其分类 160
  8.4 非关税壁垒措施 163
  8.5 新兴的非关税壁垒 170
  8.6 服务贸易政策和壁垒管制措施 173
  8.7 出口促进措施和贸易便利化 174
  8.8 贸易摩擦和贸易救济措施 176
  8.9 产业安全 179

第9章 关税壁垒政策的经济效应分析 182
  9.1 关税和贸易政策效应的局部均衡分析 182
  9.2 关税效应的一般均衡分析 185
  9.3 梅茨勒之谜和勒纳对称原理 189
  9.4 关税结构与有效保护理论 190
  9.5 最优关税 195
  9.6 关税谈判和关税减让公式 202

第10章 非关税壁垒及其政策效应分析 207
  10.1 非关税壁垒的主要特征和效应分析 207
  10.2 倾销、补贴与贸易救济措施效应分析 214
  10.3 技术性贸易壁垒的度量 220

10.4 关税壁垒与非关税壁垒的综合运用与评估 222

第 11 章 区域经济一体化 228
11.1 区域经济一体化概述 228
11.2 区域经济一体化的理论 231
11.3 区域经济一体化的影响 239
11.4 区域经济一体化的现状和趋势 241

第 12 章 全球贸易体制与政策协调 244
12.1 全球贸易体制的含义和构成 244
12.2 贸易条约与协定 245
12.3 世界贸易组织 250
12.4 《建立世界贸易组织协定》的主要内容 254
12.5 世界贸易组织谈判 258

第三篇 国际贸易实务篇

第 13 章 国际贸易术语 265
13.1 贸易术语的含义、作用和性质 265
13.2 有关贸易术语的国际贸易惯例 266
13.3 《2010 年通则》中的六种主要贸易术语 268
13.4 《2010 年通则》中的其他五种贸易术语 273
13.5 《2020 年国际贸易术语解释通则》 275

第 14 章 商品品质、数量、包装和价格 278
14.1 商品的品质 278
14.2 商品的数量 280
14.3 商品的包装 281
14.4 商品价格及相关条款 285
14.5 商检、索赔、不可抗力与仲裁 289
14.6 报关和报检 293

第 15 章 国际货物运输与保险 296
15.1 国际货物运输方式 296
15.2 进出口合同中的装运条款 298
15.3 运输单据 299
15.4 国际货物运输保险 301

第 16 章 国际贸易货款结算 307
16.1 国际贸易结算工具 307
16.2 支付方式 309
16.3 福费廷业务 312
16.4 国际保理 313

第 17 章	国际贸易磋商与签约、履约	316
17.1	国际贸易磋商	316
17.2	合同的成立与书面合同的签订	321
17.3	出口合同的履行	322
17.4	进口合同的履行	324

第 18 章	国际贸易方式	328
18.1	包销与代理	328
18.2	寄售、展卖与拍卖	329
18.3	国际招标与投标	331
18.4	商品期货交易	333
18.5	对销贸易与对外加工装配业务	335

第 19 章	国际技术贸易、工程承包和租赁贸易	338
19.1	国际技术贸易	338
19.2	国际工程承包	343
19.3	租赁贸易与出口信贷	346

第 20 章	网络环境下的国际贸易	352
20.1	电子商务与国际贸易概述	352
20.2	网络环境下我国国际贸易相关建设	354
20.3	跨境电子商务	356

第四篇　中国对外经济贸易篇

第 21 章	中国对外贸易发展和贸易政策	360
21.1	中国外贸发展与开放经济	360
21.2	中国对外贸易体制改革与制度型开放	368
21.3	中国的外贸依存度和贸易条件变化	372
21.4	中国对外贸易与投资的国际竞争力	377

第 22 章	中国参与全球经济贸易治理	386
22.1	中国加入世界贸易组织的历史进程	386
22.2	中国加入世界贸易组织的承诺及其履行	387
22.3	中国参与全球经济治理和区域经济合作	387

参考文献	393
后记	396

第1章 导 论

作为全书的第1章,本章将向读者介绍国际贸易的产生与发展、国际贸易的概念和分类、国际贸易技术实务的作用、国际贸易的研究方法等,以及本书的结构和篇章安排等。这将便于读者对本书各篇章之间的内在联系有所了解,从而在理解本书内容中起到提纲挈领的作用。

课程思政设计与案例分析

1.1 国际贸易的产生与发展

国际贸易(international trade)是指各个国家或地区之间商品、技术和服务的交换活动,它是各个国家或地区在国际分工的基础上相互联系的主要形式。国际贸易是一种世界性的商品、服务和技术的交换活动,所以又称为世界贸易(world trade)。

实验模拟大纲和指引说明

1.1.1 对外贸易的产生和发展

国际贸易是在一定的历史条件下产生的。随着生产力的发展,人类社会出现了分工和不同的产品占有,又有可供交换的剩余产品存在,这样就产生了商品生产和商品交换的经济现象,也相应产生了为实现商品交换的场所——市场。随着生产力的发展,社会分工进一步扩大,商品生产和商品交换必然超越一国的界限,产生对外贸易。

在原始社会初期,人类处于自然分工状态,生产力水平极其低下,人们只能依靠共同劳动获取极为有限的生活资料,并在氏族部落成员之间进行平均分配。没有剩余产品和私有制,也就没有商品生产和商品交换,更谈不上什么贸易行为。

人类历史上的三次社会大分工,一步一步地使贸易产生的必要条件得以满足。人类社会的第一次大分工是畜牧业和农业之间的分工,它促进了生产力的发展,使产品有了剩余,在氏族公社的部落之间出现了剩余产品的交换。人类社会的第二次大分工是手工业从农业中分离出来,由此产生了直接以交换为目的的生产——商品生产。商品生产和交换的不断扩大,促使货币产生,产品交换逐渐演变为以货币为媒介的商品流通。这些直接导致了第三次社会大分工,即出现了商业和专门从事贸易的商人。原始社会末期阶级和国家出现,商品流通超出国界,对外贸易产生。

奴隶社会中私有制的产生促进了生产力的进步,也使得对外贸易有了一定程度的发展。在这种社会中,自然经济占统治地位,商品生产在整个生产中微不足道,进入流通领域的商品很少,加上生产技术落后、交通工具简陋,对外贸易的规模和范围都受到很大的限制。

封建社会时期的对外贸易有了更大的发展。在封建社会早期,封建地租采取劳役和实物形式,进入流通领域的商品不多;在封建社会中期,随着商品生产的发展,封建地租由劳役和实物形式转变为货币地租,商品经济得到进一步发展;到封建社会末期,随着城市手工业的发展,商品经济和对外贸易都有了更大的发展。

早在西汉时期,中国就开始了对外贸易,张骞开启凿空之旅后,中国对外贸易更加频繁,扩大了中国和中国产品的影响。对外联系分两路,一路是从陆路通西域,被称为"丝绸之路",另一路是从南海通往沿海地区,被称为"海上丝绸之路"。当时的对外贸易通道已经四通八达,除西北丝绸之路外,在西南有更早的"永昌道",取道缅甸、印度半岛,与中亚大陆的古老商道交会,被称为"南方丝绸之路";去朝鲜半岛有"乐浪道",不仅运往朝鲜半岛的货物行经此道,转口日本的商品也由此道转运南行,被称为"东北亚丝绸之路"。

1.1.2　国际贸易对各国经济发展的推动作用

(1)通过国际贸易,各国可以充分发挥国际分工的作用,利用国际资源发展经济。国际分工促进国际贸易,国际贸易的发展反过来又促进国际垂直分工和水平分工的深化和扩大。按比较成本的法则进行国际贸易,各国的优势能够互补,两优取其更优,两劣取其次劣,使各国的资源在世界范围内得到有效的配置,节约社会劳动,取得国际分工的利益。从一个国家的角度看,要取得经济的发展,一方面要利用国内一切条件,另一方面要积极参与世界经济流通,利用国际的一切有利因素。通过国际范围的商品交换可以转换商品的使用价值形态,调节国内供需不足或过剩,满足人民提高物质生活水平的需要,改进国内扩大再生产时国民经济各方面的比例关系。

(2)通过国际贸易,各国可以实现本国生产的商品的价值和增值,扩大积累和增加外汇收入,同时国家对进出口贸易征收关税和其他各种有关费用,也是财政收入的一个重要来源。利用补偿、租赁、信贷等贸易形式也是筹集资金的一种可行途径。

(3)通过国际贸易,各国可以利用国际技术转移、扩散的好处,吸引先进技术,提高劳动生产率;同时,生产部门由于参与国际竞争,产生了提高技术、改进管理的紧迫感。

(4)通过国际贸易可以扩大市场范围和生产规模,从而获得经济规模效益。

(5)通过国际贸易可以促进国内产业结构和经济结构的完善和升级。

1.1.3　资本主义生产方式下国际贸易的发展

在资本主义生产方式下,国际贸易额急剧扩大,国际贸易活动遍及全球,商品种类日益繁多,成为资本主义扩大再生产的重要组成部分。

1. 资本主义生产方式准备时期的国际贸易

16—18世纪中叶是西欧各国资本主义生产方式的准备时期,资本的原始积累、工场手工业的广泛发展,使得劳动生产率得到提高,地理大发现使得世界市场初步形成,促进了近代国际分工的萌芽。国际贸易大规模扩展的前提条件已初步具备。欧洲国家为了占领殖民地和争夺国际贸易霸权,从16世纪起发生了多起争夺海上霸权的战争。他们对殖民地进行掠夺性贸易,使参加国际贸易活动的国家和民族迅速增加,国际贸易范围空前扩大,交换的商品种类增多,工业原料和城市居民的消费品成为贸易的主要商品。

2. 资本主义自由竞争时期的国际贸易

18世纪后期至19世纪中叶是资本主义的自由竞争时期。随着蒸汽机的发明,欧洲国家先后发生了产业革命和资产阶级革命,建立了资本主义的大机器工业,生产力迅速提高,社会产品大大增加,国际分工开始形成。它们为国际贸易的发展提供了空前丰裕的物质基础。同时,交通运输和通信联络工具得到了巨大的发展和广泛的应用,缩短了国家间的距离,便利和推动了国际贸易的发展。

这个时期,随着资本主义生产的巨大发展,国际贸易的各个方面都有显著的发展和变化:国际贸易额迅猛增长,贸易商品结构不断变化,商品的种类越来越多。工业品特别是纺织品的贸易额迅速增加,谷物也成了大量交易的商品。贸易方式有了进步,现场看货交易发展为凭样品交易。信贷关系发展起来,各种票据以及汇票开始广泛流行。经营国际贸易的组织机构日益专业化,并且出现了很多为国际贸易服务的专业性组织(如轮船公司、保险公司、转运公司等)。国家之间的贸易条约普遍发展起来,并逐渐成为竞争和获取特权的工具。

18世纪末至19世纪初,英国在国际贸易中处于垄断地位,整个世界成了英国大工业的销售市场和原料来源地。英国以其在工业和贸易上的优势为基础,鼓吹和推行"自由贸易"政策,以便侵入其他国家市场。而其他国家如德国和美国为了保护其幼稚工业,采取了"保护贸易"政策。到了19世纪中叶,其他资本主义国家先后发展起来,在世界市场上与英国展开了竞争。

3. 垄断资本主义时期的国际贸易

19世纪末20世纪初,各主要资本主义国家从自由竞争阶段过渡到垄断资本主义阶段,即帝国主义阶段。由于生产和资本高度积聚和集中,垄断组织和财政资本控制了国际贸易。在资本输出下,世界各个角落都卷入了错综复杂的国际经济联系之中,形成了资本主义的世界经济体系。19世纪末的垄断资本主义使国际分工进一步发展。这个时期,国际贸易也出现了一些新的变化。

(1)国际贸易额绝对数量虽有显著增长,但其增长速度较自由竞争时期相对下降,贸易格局发生了变化。

(2)垄断开始对国际贸易产生严重影响。少数帝国主义国家不仅在世界市场上占据垄断地位,还渗透和垄断了殖民地和落后国家的对外贸易。

(3)为了确保原料的供应和市场的控制,少数富有的帝国主义国家开始向殖民地输出资本。垄断组织利用资本输出,一方面把其作为争夺和垄断国外市场、控制和奴役殖民地及附属国的工具,另一方面把其作为推动和扩大商品输出的手段。这样,垄断组织就把商品输出和资本输出直接结合起来。

(4)各主要资本主义国家普遍建立了关税壁垒,相继采取了具有进攻性质的超保护贸易政策。为了奖励出口和限制进口,它们采取了许多新的贸易措施,如出口津贴、国家担保信贷、倾销、外汇管制、配额制、许可证制以及禁止进出口等。一些国家还组织了货币集团,如英国建立了帝国特惠制,以排斥和垄断市场。这种发展不平衡的日益加剧使国家间的力量对比不断发生变化,后起的国家要求重新瓜分世界市场。两次世界大战就是帝国主义国家为重新瓜分世界和争夺霸权而挑起的。

(5)这一时期,新技术的发展与发明、工业生产的进一步发展、交通通信工具的显著改进,都促进了国际贸易的发展。

(6)周期性的生产过剩危机的加深,尤其是1929—1933年资本主义世界的大危机,使国际贸易额出现了停止增长或缩减的现象,呈现出不稳定发展的状态。

4. 第二次世界大战后国际贸易的迅速发展

第二次世界大战以后,世界政治经济形势发生了深刻变化,国际贸易发展速度加快,其增长速度超过世界经济的增长速度。

(1)战后世界经济恢复和发展,促进了国际分工,使各国对外贸易的地位普遍提高。

(2)第三次科技革命导致国际分工在形式、深度和广度上发生了重大变化。发达国家与发展中国家间出现了劳动密集型产业和资本密集型产业的国际分工,国际分工由部门间的国际专业化发展到部门内的国际专业化,各种经济合作组织出现且其内部实行了有计划的分工与协作,补偿贸易、国际分包、来料加工等分工形式得到了广泛的发展。

(3)跨国公司的巨大发展加强了资本的国际流动,促进了国际分工的扩大与深化,带动了发达国家间贸易的发展,促进了资本主义世界的"贸易自由化",同时也使中间性贸易得到了扩大与发展。

(4) 各国加强了国家在国际贸易发展中的作用。如成立专门机构,制定战略,加强商业情报工作,建立海外商业情报网;设立贸易中心,组织各种展销会;采取各种灵活政策支持厂商的出口创汇活动。

(5) 国际金融贸易组织的建立有利于国际贸易的发展。二战后国际货币基金组织(IMF)和关税与贸易总协定(简称关贸总协定,GATT)的建立和发展对国际贸易的发展具有极大的推动作用。

(6) 关税同盟及经济一体化使国际分工更加深入。

(7) 日本经济的崛起、欧洲共同市场经济的发展以及许多发展中国家经济的起飞使得世界经济贸易朝着多元化发展,旧的国际经济秩序受到了严重的挑战。

在19世纪第一次科技革命促进生产力发展的基础上,世界开始形成了国际分工体系和生产国际化。20世纪初发生的第二次科技革命,促进了资本主义生产的发展,垄断代替了自由竞争,导致国际分工进一步发展,形成了统一的世界市场,生产越来越走向国际化。特别是第二次世界大战后,科学技术迈向一个新的高度,核能和电子计算机的广泛应用,引发第三次科技革命,从而导致了一系列新兴部门的产生,使得国际分工在世界各国经济发展中的作用加强了,各国经济对国外市场的依赖程度也加深了。同时,世界潮流也出现了新的转变,虽然还有局部战争,但总的趋势是转向和平;资本主义由垄断、掠夺、分化转向竞争、合作、均化;世界经济特别是第三世界由封闭、停滞、分散转向开放、发展、协调。总的来说,竞争与合作、发展与协调已经成为现代世界的主流。各国、各地区的生产和消费日益形成相互依赖、相互制约并息息相关的全球统一的市场。20世纪80年代末至90年代初的东欧剧变及苏联解体使二战后美苏两大集团对峙的冷战局面得以结束,这极大地缓和了政治对立对贸易的影响。虽然民族矛盾与经济发展的不平衡仍然困扰着国际社会,但和平与发展仍然是当代的两大主题。随着国际经济新秩序的形成与发展、新技术革命的冲击,21世纪国际贸易的发展前景极为广阔。

1.1.4　全球贸易的发展

国际商品贸易(又称国际货物贸易)、国际服务贸易和国际技术贸易是当今国际贸易的三大领域。其中,国际商品贸易是国际贸易最早也曾经是最主要的形式,然而随着经济全球化的广泛深入和各国服务业的发展,服务贸易正在成为国际贸易中越来越重要的贸易方式。世界贸易组织(WTO)已将服务贸易纳入多边贸易体系中,充分说明了服务部门在经济发展和经济增长、贸易和投资中的重要作用。此外,技术贸易在国际贸易中的地位日益重要,世界贸易组织已将技术贸易及其相关内容纳入多边贸易协议之中,所以技术贸易也是国际贸易的重要组成部分。世界经济的增长、科学技术的进步、国际投资的活跃、国际经济合作的加强、各国市场的进一步开放,为世界贸易的发展注入了新的活力,并使其呈现出以下特点。

1. 世界贸易继续保持较快增长,服务贸易发展迅速

20世纪90年代以后,世界贸易(包括货物贸易和服务贸易)增长迅速,规模不断扩大。2010年全球贸易总额比2009年增长21.3%,为306140亿美元。

服务贸易作为世界贸易的组成部分,发展速度尤为迅速。进入20世纪90年代后,服务贸易由原来作为货物贸易的补充一跃成为独立且重要的贸易方式,并成为各国贸易竞争的新领域。目前,发达国家在世界服务贸易中占绝对优势,尤其是在金融、电信、设计咨询、软件开发等知识密集型领域更是胜出一筹。

进入 21 世纪后，世界经济进入新阶段。但是 2008 年国际金融危机发生后，世界经济发生大规模衰退，国际市场需求大幅萎缩，国际生产网络遭受破坏，贸易融资形势恶化，大宗商品价格大幅波动，贸易保护主义重新抬头，都实质性地削弱了全球贸易的增长。由于各国经济规模缩水导致缺少必要的进口需求，并且需求减少的范围比过去更加广泛，最终造成贸易额极度萎缩，贸易下降速度加快。在世界经济宏观面恢复的同时，全球贸易也逐步企稳回升。同时，从 2009 年起全球金融系统趋于稳定，世界资本市场开始复苏。

新冠疫情是经济全球化以来影响世界经济格局走向的一次重大外部冲击，与 2019 年相比，2020 年的全球连通性明显减弱。国际贸易因疫情受到严重冲击，全球所有区域均未能幸免，其影响比金融危机时期更为严重。由于世界经济陷入深度衰退，企业发展面临巨大挑战，全球贸易、跨国投资活动遭受重创。联合国贸易和发展会议发布的《2020 年世界投资报告》显示，2020 年上半年全球外商直接投资（FDI）较上年同期减少 49%，全年减少 40%，达到近 20 年来的最低水平。疫情改变了贸易形态。越来越多的政府采取了促进经济创新和技术进步的政策，这一趋势对贸易和规则产生了影响，加速了电子商务和数字化创新。

2. 世界贸易格局逐渐变化，区域内贸易日益活跃

从经济发展水平的角度分析，目前世界贸易仍以经济发达国家为主，但发展中国家的贸易增长率较高。从发展趋势看，发展中国家和地区在世界市场的地位将不断增强。

以 WTO 为中心的世界多边贸易体系已经形成，并发挥着重要的作用。截至 2020 年 5 月，WTO 的成员有 164 个，其中发展中国家成员占总成员数的 4/5。WTO 根据其立法和制定的规则，在协调和处理国际贸易争端方面发挥了重要作用，任何国家或地区要参加 WTO 都必须承担基本义务和遵守基本规则。

以降低贸易壁垒、推进贸易自由化为宗旨的区域经济合作的广度和深度在不断增强，并已成为全球现象。区域内贸易一体化协定激增，区域内贸易日益活跃和扩大，成为近年来全球贸易和投资自由化的主要推动力量。在金融危机导致全球贸易保护主义不断升温的情况下，区域贸易呈现出显著加强的趋势。世界主要经济体纷纷强化区域贸易自由化的进程，成为当前世界经济中的一个不可忽视的特点。由于 WTO 的制约作用和各国经济相互依赖的加强，未来区域内贸易的自由化将与多边贸易体系下的贸易自由化并行发展。

3. 以知识经济和数字经济为特征的新的贸易方式和新产品方兴未艾

信息技术和信息化手段已成为世界贸易发展的加速器和提高贸易效益的裂变器。当代信息技术的发展使电子商务成为新的贸易方式。这种方式不受地域和时间的限制，并且可以全天候进行，节省了大量贸易成本。电子商务不仅能加快信息的反馈速度，降低成本，提高贸易运作效率，而且在激烈的市场竞争中还可以提供更有利于企业的贸易机会和条件。以数字经济、知识经济为特征的信息产品、绿色环保产品和服务贸易正逐渐成为贸易的主要内容。

全球经济服务化推动服务贸易快速增长。服务业在全球经济中的比重为 69.7%，占比稳步提升，服务领域跨国投资方兴未艾，带动服务贸易蓬勃发展。WTO 发布的《2019 年世界贸易报告》预测，到 2040 年，服务贸易占世界贸易的比重将有望整体提升 50%。全球价值链加速重构，以研发、金融、物流、营销、品牌为代表的服务环节在货物贸易中的含量持续提升，服务在全球价值链中的地位愈加凸显。数字技术广泛渗入生产、流通、消费等环节，催生大量经济和服务贸易新业态。产业深度融合加速，制造服务化、服务数字化外包化进程加快。

国际数据公司（IDC）报告（2020）指出，2020 至 2023 年全球数字化转型的直接投资将以

15.5%的年复合增长率增长。中国信通院发布的《云计算白皮书(2023年)》指出,2022年全球云计算市场规模为4910亿美元,增速1%。WTO预测,随着数字基础设施建设的不断加快,以数字网络方式提供的跨境交付在服务贸易提供方式中的比重持续扩大,跨境电商、在线教育、远程医疗、视听服务等线上消费将爆发式增长。

4. 在贸易和投资的自由化趋势下,市场竞争日趋激烈

在贸易和投资自由化的大趋势下,各国市场开放进程加快,都主动地寻求和开辟新的经贸合作途径,占领更大的市场份额,以获取更多的经济利益。因此,世界各国对世界市场的争夺更加激烈,矛盾也日趋尖锐。服务贸易和加工贸易的迅速发展,持续改变着服务贸易与商品贸易、加工贸易与一般贸易之间的对比关系。国际贸易结构的这种转型状态,既是世界新技术革命导致的产业结构优化升级的反映,也是经济全球化导致的生产与贸易全球化的表现。

1.2 国际贸易的概念和分类

1.2.1 国际贸易与对外贸易

国际贸易总是和具体的国别地区、发达程度、不同的经济体系相联系,因此就有了双边贸易、多边贸易、发达国家和发展中国家之间的贸易(南北贸易)、发达国家之间的贸易(北北贸易),以及发展中国家之间的贸易(南南贸易)等多种类型。

在日常生活中,我们所接触的与国际贸易相近的概念是对外贸易。对外贸易(foreign trade)是指一国或地区与其他国家或地区之间所进行的商品与服务的交换活动。有些海岛国家如英国、日本等也常将对外贸易称为海外贸易(oversea trade)。

国际贸易与对外贸易既相互联系又有所区别。首先,国际贸易与对外贸易观察的角度不同,国际贸易站在全球的立场上,而对外贸易站在一国的立场上来观察这种交换活动;其次,国际贸易与对外贸易是一般与个别的关系,国际贸易既包括本国与外国的贸易,又包括他国之间的贸易,而对外贸易仅指本国与外国的贸易,不包括他国之间的贸易。

传统的、狭义的国际贸易,只是指国家之间的商品进口和出口。一国从他国购进商品用于国内的生产和消费的全部贸易活动称为进口(import),而一国向他国输出本国商品的全部贸易活动称为出口(export)。在现代,广义的国际贸易除了包括实物商品的国际交换外,还包括服务和技术的国际交换,即在国际运输、保险、金融、旅游、技术等方面相互提供服务。

1.2.2 国际贸易规模和贸易差额

一般情况下,国际贸易的规模可用国际贸易额(或国际贸易值)来计算。国际贸易额是指用货币来表示的一定时期内各国的对外贸易总值。通常,国际贸易额是以美元为单位来计量的。对于某一单个国家而言,该国的对外贸易总额是指该国的出口额与进口额之和。但计算全世界的国际贸易总额时,为了避免重复计算,通常是将各国的出口额汇总起来。之所以不按进口额汇总,是由于各国的进口值一般都是按CIF价(到岸价格)计算的,其中包括了运输及保险等项费用,而各国按FOB价(离岸价格)来统计的出口总额则基本是纯的。

由于通货膨胀因素的影响,国际贸易值往往不能准确地反映国际贸易的实际规模及其变化趋势。若以国际贸易的商品实物数量来表示国际贸易规模,虽能避免上述矛盾,但却无法直接将种类繁多、计量标准各异的实物量相加。所以,只能选定某一时点上的不变价格为标准来计算各个时期的国际贸易量,以反映国际贸易实际规模的变动,即用出口价格指数修正贸易金额以表示贸易量,进而可计算出不同时期国际贸易规模的实际变动幅度。

进口贸易是指从外国向本国输入商品和服务。一国在一定时期内(如一年、半年、一季、一月)的进口值累计,称为进口总值。出口贸易是从本国向外国输出商品和服务。一国在一定时期内(如一年、半年、一季、一月)的出口值累计,称为出口总值。

贸易差额(balance of trade)是一国在一定时期内(如一年、半年、一季、一月)出口总值与进口总值的差额。当出口总值与进口总值相等时,称为"贸易平衡"。当出口总值大于进口总值时,出现贸易盈余,称"贸易顺差"或"出超"。当进口总值大于出口总值时,出现贸易赤字,称"贸易逆差"或"入超"。通常,贸易顺差以正数表示,贸易逆差以负数表示。

一国的进出口贸易收支是其国际收支中经常项目的重要组成部分,是影响一个国家国际收支的重要因素。

1.2.3 其他相关概念

1. 总贸易与专门贸易

(1) 总贸易(general trade)。总贸易是"专门贸易"的对称,是指以国境为标准划分的进出口贸易。凡进入国境的商品一律列为总进口;凡离开国境的商品一律列为总出口。在总出口中又包括本国产品的出口和未经加工的进口商品的出口。总进口额加总出口额就是一国的总贸易额。美国、日本、英国、加拿大、澳大利亚、中国等国采用这种划分标准。

(2) 专门贸易(special trade)。专门贸易是"总贸易"的对称,是指以关境为标准划分的进出口贸易。只有从外国进入关境的商品以及从保税仓库提出进入关境的商品才列为专门进口。当外国商品进入国境后,暂时存放在保税仓库,未进入关境,不列为专门进口。从国内运出关境的本国产品以及进口后经加工又运出关境的商品,则列为专门出口。专门进口额加专门出口额称为专门贸易额。德国、意大利等国采用这种划分标准。

2. 直接贸易、间接贸易与转口贸易

(1) 直接贸易(direct trade)。直接贸易是指贸易发生在生产国与消费国之间,消费国直接向生产国购买商品的行为(生产国为直接出口国,消费国为进口国)。

(2) 间接贸易(indirect trade)。间接贸易是"直接贸易"的对称,是指商品生产国与商品消费国通过第三国进行买卖商品的行为。间接贸易除了生产国和消费国之外有第三国参加,生产国通过第三国把商品卖给消费国。其中,生产国是间接出口,消费国是间接进口,第三国是转口。

(3) 转口贸易(entrepot trade)。转口贸易是指生产国与消费国之间通过第三国所进行的贸易。即使商品直接从生产国运到消费国去,只要两者之间并未直接发生交易关系,而是由第三国转口商分别同生产国与消费国发生的交易关系,仍然属于转口贸易范畴。

3. 有形贸易与无形贸易

(1) 有形贸易(visible trade)。有形贸易是"无形贸易"的对称,指商品的进出口贸易。由于商品是可以看得见的有形实物,故商品的进出口被称为有形进出口,即有形贸易。

(2) 无形贸易(invisible trade)。无形贸易是"有形贸易"的对称,主要指因服务、技术和其他非实物商品的进出口而发生的收入与支出。其主要包括:①技术产品,如专利(发明、实用新型、外观设计)、方法、配方等;②服务产品,如提供运输、保险、金融、旅游、信息咨询等;③和商品进出口有关的一切从属费用的收支,如运输费、保险费、商品加工费、装卸费等;④和商品进出口无关的其他收支,如国际旅游费用、外交人员费用、侨民汇款、使用专利特许权的费用、国外投资汇回的股息和红利、公司或个人在国外服务的收支等。以上各项中的收入,称为"无形出口";以上各项中的支出,称为"无形进口"。

有形贸易因要结关,故其金额显示在一国的海关统计上;无形贸易不经过海关办理手续,其金额不反映在海关统计上,但显示在一国国际收支表上。

4. 复出口与复进口

(1)复出口(re-export)。复出口是指外国商品进口以后未经加工制造又出口,也称再出口。复出口在很大程度上同经营转口贸易有关。

(2)复进口(re-import)。复进口是指本国商品输往国外,未经加工又输入国内,也称再进口。复进口多因偶然原因(如出口退货)造成。

5. 进口贸易、出口贸易和过境贸易

贸易按贸易对象移动方向不同可分为进口贸易、出口贸易、过境贸易。

进口贸易是从外国向本国输入商品,出口贸易是从本国向外国输出商品。

过境贸易(transit trade)是指甲国向乙国运送商品,由于地理位置的原因,必须通过第三国。过境贸易可分为直接和间接两种。直接过境贸易是外国商品纯系转运性质经过本国,并不存放在本国海关仓库,在海关监督下,从一个港口通过国内航线装运到另一个港口再输出国外,或在同一港口内从这艘船装到另一艘船,或在同一车站从这列火车转装到另一列火车后离开国境。间接过境贸易是外国商品运到国境后,先存放在海关保税仓库,以后未经加工改制,又从海关保税仓库提出,再运出国境。这种商品移动作为过境贸易处理不计入对外贸易额。

6. 贸易条件

贸易条件(terms of trade)又称交换比价或贸易比价,即出口价格与进口价格之间的比率,也就是说一个单位的出口商品可以换回多少进口商品。它是用出口价格指数与进口价格指数来计算的。计算的公式为:(出口价格指数/进口价格指数)×100。以一定时期为基期,先计算出基期的进出口价格比率并作为100,再计算出比较期的进出口价格比率,然后以之与基期相比,如大于100,表明贸易条件比基期有利;如小于100,则表明贸易条件比基期不利,交换效益劣于基期。

7. 对外贸易地理方向与国际贸易地理方向

对外贸易地理方向又称对外贸易地区分布或国别结构,是指一定时期内各个国家或区域集团在一国对外贸易中所占有的地位,通常以它们在该国进出口总额或进口总额、出口总额中的比重来表示。对外贸易地理方向指明一国出口商品的去向和进口商品的来源,从而反映一国与其他国家或区域集团之间经济贸易联系的程度。一国的对外贸易地理方向通常受经济互补性、国际分工的形式与贸易政策的影响。

国际贸易地理方向亦称国际贸易地区分布(international trade by region),用以表明世界各洲、各国或各个区域集团在国际贸易中所占的地位。计算各国在国际贸易中的比重,既可以计算各国的进、出口额在世界进、出口总额中的比重,也可以计算各国的进出口总额在国际贸易总额(世界进出口总额)中的比重。把对外贸易按商品分类和按国家分类结合起来分析研究,即把商品结构和地理方向的研究结合起来,可以查明一国出口中不同类别商品的去向和进口中不同类别商品的来源。

8. 对外贸易商品结构与国际贸易商品结构

对外贸易商品结构是指一定时期内一国进出口贸易中各种商品的构成,即某大类或某种商品进出口贸易与整个进出口贸易额之比,以份额表示。

国际贸易商品结构是指一定时期内各大类商品或某种商品在整个国际贸易中的构成，即各大类商品或某种商品贸易额与整个世界出口贸易额相比，以比重表示。为便于分析比较，世界各国和联合国均以联合国《国际贸易标准分类》(SITC)公布的国际贸易和对外贸易商品结构进行分析比较。

一国对外贸易商品结构可以反映出该国的经济发展水平、产业结构状况、科技发展水平等。国际贸易商品结构可以反映出整个世界的经济发展水平、产业结构状况和科技发展水平。

9. 一般贸易和加工贸易

一般贸易与加工贸易是对外贸易多种贸易方式中的两种主要方式。

一般贸易是指在我国有进出口经营权的各类公司、企业(包括外商投资企业)单位，进行单边进出口的贸易。其一般是经过对外签订合同、协议、函电或当面洽谈而成交，包括：按正常方式成交的进出口货物，易货贸易(边境地方易货贸易除外)，从保税仓库提取在我国境内销售的货物，贷款援助的进出口货物，暂时进出口(不再复运进、出口)的物品，外商投资企业用国产材料加工成品出口以及进口属于旅游饭店用的食品等货物。

加工贸易是指使用进口料件在国内进行加工，再将产成品出口所发生的进出口贸易，分为来料加工贸易和进料加工贸易。

来料加工贸易包括来料加工装配贸易和各作各价对口合同贸易。来料加工装配贸易指由外方提供原材料、零部件，必要时提供某些设备，由我方按对方要求进行加工或装配，成品交对方销售，我方只收取加工费。各作各价对口合同贸易指我方与同一外方同时签订进口和出口合同，由外方提供全部或部分原料，我方按外方要求进行加工。加工成品的进口原辅料和出口成品各作各价，我方收取成品的出口值与外方来料进口值之间的差价。这种贸易所进口的原辅料不动用外汇，也不对开信用证。对开信用证的对口合同贸易按进料加工贸易统计。

进料加工贸易指购买进口原辅料专为加工成品出口。进口和出口都采取买断的形式。我方进口原辅料时，需动用外汇。

来料和进料加工贸易加工出口的成品，有的全部使用进口料件，有的部分使用进口料件，有的仅用少量进口料件。为了能比较准确地反映来料和进料加工成品出口情况，海关统计中规定：来料或进料部分的价值应不小于出口成品原辅料总值的20%。不足20%的，按一般贸易统计。

1.2.4　国际贸易商品标准分类

国际贸易商品标准分类是国际上主要用于贸易统计的商品分类目录。1938年国际联盟出版了其统计专家委员会的《国际贸易统计基本商品名称表》，这个名称表是以国际联盟的《关税分类草案》为基础而编制的。后来，联合国秘书处根据统计委员会的要求，在专家顾问的协助下对上述的名称表进行了修改，于1950年出版了《国际贸易标准分类》。该分类表于1950年7月12日在联合国经社理事会正式通过，作为国际贸易统计、对比的标准分类。经社理事会建议各国政府采纳这种分类体系。

SITC采用经济分类标准，即按原料、半成品、制成品分类并反映商品的产业部门来源和加工程度。联合国已经公布了SITC(Rev.4)。其把所有国际贸易商品分为10个部门(参见表1-1)，67类，262组，1023个分组，合计共有2970个统计基本项目。

表1-1 联合国对国际贸易商品的主要分类

部门编号	名称	部门编号	名称
0	食品和活动物	5	未另列明的化学品和有关产品
1	饮料及烟草	6	主要按原料分类的制成品
2	非食用原料(不包括燃料)	7	机械及运输设备
3	矿物燃料、润滑油及有关原料	8	杂项制品
4	动植物油、脂和蜡	9	未另分类的其他商品和交易

1.2.5 国际服务贸易的形式和分类

传统上人们将贸易看作一种物品转移活动。长期以来服务业被认为只是经济发展的结果，服务部门不能带动经济增长。目前这个思想已经发生重大改变，人们愈来愈认为在经济发展过程中服务部门的产出是关键性的投入性要素之一。美国经济学家谢尔普(R. Shelp)指出，"农业、采掘业和制造业是经济发展的'砖块'，而服务业则是把它们黏合起来的'灰泥'"。

1. 服务贸易的主要形式

根据《服务贸易总协定》(GATS)的定义，国际服务贸易是指以下四种提供方式进行的国与国之间的服务交易。

(1)跨境提供，又称过境交付方式，是指从一成员方境内向任何其他成员方境内提供服务，由于服务是无形的、看不见的和无法贮存的，其贸易的提供必须伴随着提供者(法人或自然人)、资本、信息或货物等要素的跨国移动(比如，从金融服务角度来看，一个国家的金融机构和消费者允许从外国银行贷款或购买公债)。

(2)境外消费，又称消费者境外消费方式，是指在一成员方境内向任何其他成员方的服务消费者提供服务(比如，一国居民越境并在国外银行开设账户)。

(3)商业存在，是国际服务贸易最为主要的一种提供方式，是指一成员方的服务提供者通过在任何其他成员方境内的商业现场提供服务(比如，一国允许在其境内设立外国服务机构如旅行社、银行、保险公司等)。

(4)自然人移动，是指一成员方的服务提供者通过在任何其他成员方境内的一成员方自然人的商业现场提供服务(比如，一个银行开设海外附属公司，并能够向该国派遣人员)。

2. 服务贸易的分类

服务贸易与传统的无形贸易基本相同，只是范围大小有所区别。国际服务贸易是国际无形贸易的主要组成部分；在无形贸易中，除服务贸易外，还包括无偿转让、国际直接投资、侨汇等。在我国，第三产业通称服务业，这主要是相对于以农业、采掘业为主的第一产业和以加工制造业等为主的第二产业而言的。凡是国际服务的产业部门都是第三产业，但并不是所有的第三产业部门都包含在服务业之内，有些第三产业部门，尤其是社会福利性和国家行政服务部门，就不属于我们所说的服务业的范畴。

各国对服务业的划分不尽相同。由WTO统计和信息系统局提供的、经WTO服务贸易理事会评审认可的《国际服务贸易分类表》，按照一般国家标准将全世界的服务部门分为12大类150多个服务项目，这12个服务部门分别是：商业服务，通信服务，建筑及相关工程服务，销售服务,教育服务,环境服务,金融服务,健康与社会服务,旅游及旅行有关服务,娱乐、文化与体育服务,运输服务,其他服务。

3. 服务产品的特征

与实物产品不同,服务产品具有以下三种特征:

(1)无形性。服务是一种特殊的产品,尽管人们可以体会到它的存在、它的效用,但它却不占空间,无形态可言。

(2)不可分割性。实物产品的生产和消费往往是可以分割的,即生产在先,消费在后,而服务产品的生产和消费是同时进行的。

(3)不可储存性。服务需满足一种特定时间内的需要,而由于上述服务提供的无分割性,我们不可能把服务储存起来等待消费。

1.2.6 国际技术贸易

国际技术贸易是指不同国家的企业、经济组织或个人之间,按照一般商业条件,向对方出售或从对方购买软件技术使用权的一种国际贸易行为。它由技术出口和技术引进两方面组成。简言之,国际技术贸易是一种国际的以纯技术的使用权为主要交易标的的商业行为。

1. 技术的基本概念

技术在不同的研究领域中的含义不尽相同。国际工业产权组织对技术的定义是:技术是指制造一种产品或提供一项服务的系统的知识。这种知识可能是一项产品或工艺的发明、一项外观设计、一种实用新型专利、一种动植物新品种,也可能是一种设计、安排、维修和管理的专门技能。

此外,从广义的角度来说,技术是指人类在认识自然、改造自然的反复实践中所积累起来的有关生产劳动的经验和知识,也泛指其他操作方面的技能、技巧。

技术包括产品、工艺方法和服务三方面的知识,可以以书面或非书面形式存在,并存在于生产、管理、销售、金融、财会和科学研究等各个领域。

2. 国际技术转让和国际技术贸易

国际技术转让包括非商业性技术转让和商业性技术转让。非商业性技术转让是一种无偿技术转让,通常是指通过技术援助、技术情报交换、学术交流和技术考察等形式进行的技术让渡。商业性技术转让是一种有偿技术转让,亦即技术贸易。国际经济合作中研究的国际技术转让指的是有偿技术转让。

国际技术贸易,指商业性的国际技术转让,是指政府机构或企业之间按照商业条件签订技术协议或合同进行的有偿技术转让。其特点主要有:①国际技术转让的多数是技术使用权转让;②国际技术转让是一个双方较长期的密切合作过程;③国际技术转让的交易双方既是合作伙伴又是竞争对手;④国际技术转让的价格较难确定;⑤技术输出方对技术输出的管制比较严格;⑥软件技术在国际技术转让中的比重日益提高;⑦发达国家与跨国公司在国际技术转让市场上占主导地位;⑧国际技术转让竞争日趋激烈。

3. 国际技术贸易的特点

国际技术贸易与货物贸易有着明显的区别。

(1)交易标的的性质不同。后者的标的是有形的物质商品,易计量、论质和定价;而前者的标的是无形的知识,其计量、论质和定价的标准较为复杂。

(2)交易双方当事人不同。一方面,后者双方当事人一般不是同行,而前者双方当事人则一般都是同行。因为只有双方是同行,引进方才会对转让方的技术感兴趣,引进方才有能力使用这种技术。另一方面,后者中的卖方始终以销售为目的,而前者中的卖方(转让方),一般并不是为了转让而是为了自己使用才去开发技术的,只是在某些特定情况下才转让技术。

(3)交货过程不同。后者的交货是实物移交,其过程较简单;前者的"交货"则是传授技术知识、经验和技艺的复杂而又漫长的过程。

(4)所涉及的问题和法律不同。前者涉及的问题多、复杂、特殊,如涉及工业产权保护、技术风险、技术定价、限制与反限制、保密、权利和技术保证、支持办法等问题,其中涉及的国内法律和国际法律、公约也比后者多,因而从事技术贸易比从事货物贸易难度大。

(5)政府干预程度不同。一般各国政府对技术贸易的干预程度大于对货物贸易的干预程度。因为技术出口实际上是一种技术水平、制造能力和发展能力的出口,所以为了国家的安全和经济利益上的考虑,各国对技术出口审查较严。在技术贸易中,技术转让方往往在技术上占优势,为了防止其凭借这种优势迫使引进方接受不合理的交易条件,也为了国内经济、社会、科技发展政策上的考虑,各国对技术引进也予以严格的管理。

1.3 全球经济贸易治理

1. 全球经济治理结构及其演变

第二次世界大战结束后,国际社会建立了以国际货币基金组织、世界银行和世界贸易组织前身关税与贸易总协定为代表的全球治理结构架构,目的是构建战后世界经济金融和贸易的基本秩序,维护世界经济的平稳发展。美国在其中担当了领导角色。20世纪70年代,美国面临美元危机,无法独立维持、维护全球经济治理框架的有效运行,迫切需要其他国家帮助,在这种背景下,美国推动建立了七国集团,也就是G7。在随后20多年间,G7在国际宏观经济政策协调中发挥着核心作用。20世纪90年代,随着新兴市场国家的快速崛起,全球经济格局发生改变,G7在全球经济政策中的协调能力开始逐步下降,意识到在防范应对区域和全球金融方面需要新兴市场国家的参与,在这种背景下,涵盖世界主要发达和新兴市场经济体的二十国财长和央行行长会议机制应运而生。为应对国际金融危机突如其来的冲击,避免金融体系的崩溃,美国等西方国家主动提出召开二十国集团(G20)领导人峰会,寻求包括新兴市场和发展中大国在内的国际社会的支持。从2008年11月至2023年,共举行了十八次峰会,其中在美国匹兹堡举行的第三次峰会,将二十国集团机制确定为国际经济合作主要论坛。这是危机爆发以来国际经济治理框架为更好地反映世界经济格局的变化而发生的最深刻、最具长远意义的变革,体现了国际社会合作应对全球挑战的时代要求,反映了国际力量对比变化的客观现实,是新兴经济体力量大幅度上升、多极化进程进一步加快的结果。

2. 全球经济贸易治理的改革

贸易自由化是经济全球化的基础与先导。贸易自由化不仅体现为国际贸易壁垒的不断瓦解和世界市场的日益统一,而且体现为世界贸易组织及多边贸易体系的发展与完善,并成为解决双边或多边贸易摩擦的重要机制。当今世界,尽管各国难筑高关税壁垒,但形形色色的非关税壁垒却仍危害重重,会引发更多国际贸易争端、报复性反应甚至是保护主义竞赛,从而严重挑战以WTO为标志的多边自由贸易体系的有效运转。世界经济形势正在不断发展演变,全球经济治理体系面临多重挑战,亟待改革完善。

一是全球发展失衡加剧,不同国家、不同群体贫富差距拉大。经济全球化在促成贸易繁荣、投资便利、人员流动的同时,也带来获益不均的问题,但全球经济治理尚不能有效解决这个突出问题。二是新兴市场和发展中国家群体性崛起,但全球经济治理尚不能完全反映国际力量对比的变化。在国际货币基金组织和世界银行这两个全球经济治理的主要机构中,国际力量对比变化并未充分反映,美国等发达经济体依然占据绝对优势。三是新一轮科技革命和产业变革深入推进,国际贸易投资规则未能跟上新的形势,而贸易保护向金融保护、产业保护和投资保护的演化更会挫伤全球经济一体化发展的制度基础。

在这样的时代背景下,积极参与全球经济治理体系改革,推动建立更加公平合理的全球经济治理体系,既是立足新发展阶段推动经济高质量发展的必然要求,也是中国担当大国责任的题中应有之义。针对上述问题,世界需要全球协同以消除自我捍卫式的保护主义回潮,这种协同必须基于开放的理念之上,面对金融危机向实体经济蔓延、各国各产业厂商投资不振的危情,需要借助相互开放而不是以邻为壑,有效刺激潜在需求,有效开拓潜在市场共克危机。共同应对风险,而非逆全球化,才是可能的出路。

1.4 国际贸易的基本分析方法

国际贸易对进出口国经济的多方面影响称为贸易的经济效应。国际贸易的经济效应主要包括价格效应、贸易条件效应和进出口国国内经济效应,在分析中需要结合使用多种分析方法。

1.4.1 局部均衡分析和一般均衡分析

国际贸易的局部均衡分析,是在假设需求、供给和贸易在一个产业之中发生的情况下,分析一种产品在两个国家之间进行贸易的政策效应。分析中需要运用消费者剩余和生产者剩余等概念,分别考察在自给自足条件和完全竞争条件下的不同状况。进一步来说,局部均衡分析是指撇开其他行业与宏观总量变动的影响,孤立地考察某行业(部门)可能的变动情况,由此得出某一贸易政策有利或不利影响的分析结果。显然,这种方法属于比较静态的分析范畴。

国际贸易的一般均衡分析,则是在假设需求、供给和贸易至少在两个产业之间发生的情况下,分析两种产品在两个国家之间进行贸易的政策效应。进一步而言,它不仅包括商品市场上进、出口两个部门的分析,还包括商品市场与要素市场两个市场的分析。分析中也需要运用消费者剩余和生产者剩余等概念,分别考察在自给自足条件和完全竞争条件下的不同状况。概括来说,一般均衡分析是指综合考察某行业变动对其他行业与宏观总量变动的影响,由此得出实施某一贸易政策有利或不利影响的分析结果。

在局部均衡分析和一般均衡分析中,常用的分析工具有供给曲线、需求曲线、生产可能性曲线和社会无差异曲线。

1.4.2 相关的分析方法

1. 微观分析和宏观分析

国际贸易中的微观分析主要考察的是国际市场的交易行为,研究国际市场的价格、资源配置、收入分配、经济效率和福利等问题;宏观分析主要研究的是国际收支的均衡过程、国际收支的调整机制以及它们同国民收入的相互影响等。在实际分析中两者往往需要相结合,不能割裂。

2. 静态分析和动态分析

静态分析是指在研究某一因素对过程的影响时,假定其他变量固定不变的一种分析方法。动态分析则要求对事物变化的过程以及变动中的各个变量对过程的影响加以分析。大多数国际贸易学者经常采用的一种分析方法是比较静态分析方法,它既不假定影响研究对象的诸条件是稳定不变的,也不对变量与过程的变动和调整本身加以研究,而是对变化的不同阶段的一些既定结果加以比较分析。

3. 定量分析和定性分析

定量分析侧重于对数量关系的变化进行考察,需要运用数学原理与公式,形成一定的数学模型,来说明所研究的经济现象中所有的有关经济变量之间的依存关系。定性分析则旨在揭示事物和过程的质的、结构性的联系,强调用逻辑推理方法阐述事物性质与发展趋势。在国际贸易分析中,也需要把两者结合起来使用。

4. 实证研究和规范研究

实证研究是用假说、定义对社会经济现象进行解释,其特点是要研究和说明经济过程本身,回答"是什么"的问题,因而也叫作"客观的"研究。而规范研究则是以一定的价值判断为基础,提出某些分析处理社会经济现象的标准,并研究怎样才能符合这些标准,回答"应当是什么"的问题。实证研究偏重于"纯理论"研究,而规范研究则有很强的政策倾向性。在对国际贸易的研究中,研究者往往既要说明某些事物是怎样的,也要说明应该怎样。前者说明某种理论,后者用已叙述的理论来为其提出的政策提供理论依据。

1.4.3 小国和大国假设

本书在贸易理论和政策的分析中分别采用了小国和大国假设。

1. 小国假设

所谓小国是指那些不能通过改变其进口或出口的数量来影响贸易商品在世界市场上的价格的国家。由于小国的进出口贸易不能影响其他国家的价格,其贸易政策也就不能影响其他贸易伙伴的福利,因此小国的贸易政策没有贸易条件的收益效应。从进口角度分析,一个小国对某种商品的进口量可能只占世界进口量的很小的一部分,不足以影响该种商品的国际价格。

由于小国在国际市场上所占份额很小,也不因产地不同而区分产品,这样小国就可以被视为一个竞争市场中的小企业,因此小国只是一个价格接受者而不能影响其贸易条件。

2. 大国假设

很显然,所谓大国是指那些可以通过改变其进口或出口的数量来影响贸易商品在世界市场上的价格的国家。由于大国的进出口贸易能够影响其他国家的价格,大国就不是一个被动的价格接受者,其贸易政策能影响其他贸易伙伴的福利,因此大国的贸易政策具有贸易条件的收益效应。如果进口国是一个大国,当它对进口商品的需求量占到出口该商品的国家出口量的相当大的比重时,那么它就成为一个垄断的购买者,或者接近于垄断的购买者,从而具有影响进口商品国际价格的能力。当然,在大国迫使进口商品国际价格下降时,进口这种商品的小国也可分享降价的好处,但它不能影响国际价格。这样大国就可以视为一个竞争市场中的大企业。因此大国是一个价格的改变者,能够影响其贸易条件。

1.5 本书的结构和篇章安排

本书共分为国际贸易理论、国际贸易政策措施和体制规则、国际贸易实务和中国对外经济贸易4篇,共22章。各篇、章安排如下。

第1章 导论:主要介绍国际贸易的基本概念和基本分析方法。

第一篇 国际贸易理论篇

第 2 章 古典贸易理论：主要介绍绝对优势、比较优势及其模型以及相互需求原理等理论。

第 3 章 近代国际贸易理论：主要介绍供应条件曲线、要素禀赋理论、斯托尔珀-萨缪尔森定理、雷布琴斯基定理、特定要素模型以及里昂惕夫悖论、人力资本理论等理论。

第 4 章 垄断竞争和产业内贸易：主要介绍产业内贸易、产品内贸易模型和国家竞争优势理论。

第 5 章 生产要素的国际流动：主要介绍要素流动的理论、效应和跨国公司理论。

第 6 章 贸易、环境和经济增长：对增长与贸易发展的效应关系进行分析，讨论经济增长的动因及其对贸易条件的影响，介绍新贸易理论和内生增长、贸易与环境等。

第 7 章 保护贸易理论和政策：主要介绍保护贸易理论的沿革、战略性贸易政策，以及贸易政策的政治经济学分析。

第二篇 国际贸易政策措施和体制规则篇

第 8 章 国际贸易政策工具措施：主要介绍国际贸易壁垒的形式和政策措施特点。

第 9 章 关税壁垒政策的经济效应分析：主要介绍关税壁垒的政策效应。

第 10 章 非关税壁垒及其政策效应分析：主要介绍非关税壁垒的政策效应。

第 11 章 区域经济一体化：主要介绍区域经济一体化的理论和影响。

第 12 章 全球贸易体制与政策协调：主要介绍全球贸易体制的含义和构成、贸易条约与协定、世界贸易组织等。

第三篇 国际贸易实务篇

第 13 章 国际贸易术语：主要介绍贸易术语的产生、演变、惯例，以及各个术语的具体内容和规定。

第 14 章 商品品质、数量、包装和价格：主要介绍国际贸易商品的品质、数量、包装和价格合同条款主要条件以及商检、索赔、不可抗力和仲裁等内容。

第 15 章 国际货物运输与保险：主要介绍国际货物运输方式、运输单据和运输保险。

第 16 章 国际贸易货款结算：主要介绍结算工具、支付方式，以及国际保理等。

第 17 章 国际贸易磋商与签约、履约：主要介绍国际贸易磋商基础上的合同的成立和履约。

第 18 章 国际贸易方式：主要介绍包销、代理、拍卖、期货等贸易方式。

第 19 章 国际技术贸易、工程承包和租赁贸易：主要介绍国际技术贸易、国际工程承包、国际租赁贸易和出口信贷等内容。

第 20 章 网络环境下的国际贸易：主要介绍跨境电子商务等内容。

第四篇 中国对外经济贸易篇

第 21 章 中国对外贸易发展和贸易政策：主要介绍中国对外贸易的发展、贸易政策、战略与外贸体制改革等内容。

第 22 章 中国参与全球经济贸易治理：主要介绍中国与世界贸易组织、中国参与全球经济治理和区域经济合作等内容。

本章小结

国际贸易是指各个国家或地区之间商品、技术和服务的交换活动，它是各个国家或地区在国际分工的基础上相互联系的主要形式。

国际贸易相关的概念主要有总贸易与专门贸易，直接贸易、间接贸易与转口贸易，有形贸易与无形贸易，复出口与复进口，进口贸易、出口贸易和过境贸易，一般贸易和加工贸易等。

名词术语

国际贸易　对外贸易　局部均衡　一般均衡　大国假设　小国假设　服务贸易　技术贸易

思考与练习

1. 国际贸易是如何产生的？
2. 简述全球贸易的格局。
3. 国际贸易发展经历了哪几个阶段？
4. 简述局部均衡分析方法和一般均衡分析方法的联系与区别。
5. 国际贸易实务主要的研究内容是什么？

实验项目一

第一篇

国际贸易理论篇

国际贸易理论所要回答的基本问题包括国际贸易的原因、国际贸易的结构和国际贸易的结果。通过了解国际贸易的原因可以明白一国参与国际贸易的目的和动力；了解国际贸易的结构又可以得知国际贸易依托的生产结构或分工结构的特征；国际贸易的结果则要回答国际贸易能否给参加国带来经济利益。国际贸易理论从重商理论形成，经历了从古典贸易理论到新古典贸易理论，再到新贸易理论这三个发展阶段。

1. 国际贸易理论形成的阶段——重商理论阶段

重商主义认为贵金属（货币）是衡量财富的唯一标准。一个国家的财富必不可少的是贵金属，如金银等。一切经济活动的目的都是获取金银。除了开采金银矿以外，对外贸易是货币财富的真正来源。因此，要使国家变得富强，就应尽量使出口大于进口，因为贸易出超才会导致贵金属的净流入。一国拥有的贵金属越多，就会越富有、越强大。因此，政府应该竭力鼓励出口，限制商品（尤其是奢侈品）进口。重商主义促进了商品货币关系和资本主义工商业的发展，为资本主义生产方式的成长与确立创造了必要的条件，但是重商主义理论没能进一步探讨国际贸易产生的原因。

2. 国际贸易理论发展的第一个阶段——古典贸易理论阶段

1766年，亚当·斯密（Adam Smith）在其划时代著作《国富论》中系统阐述了分工和自由经济的观点，批判了重商主义的财富观和贸易观，提出了国际贸易的绝对优势理论。1817年，大卫·李嘉图（David Ricardo）在其代表性著作《政治经济学及赋税原理》一书中，提出和论证了国际贸易的比较优势原理，确立了其后国际贸易理论的发展方向。其后的一些学者，如约翰·穆勒（John Mill）、马歇尔（Marshall）和埃奇沃思等，集中研究了贸易条件的决定问题。在20世纪两次世界大战间隔时期，关于比较优势的研究出现了重大进展。

3. 国际贸易理论发展的第二个阶段——新古典贸易理论阶段

赫克歇尔（Heckscher）和俄林（Ohlin）放松了古典贸易理论各个次要假定前提，提出并发展了要素禀赋理论（H-O理论），推进了古典贸易理论的使用范围。哈伯勒（Haberler）、勒纳（Learner）、里昂惕夫（Leontief）、米德（Meade）等人将一般均衡分析的新古典模型与H-O理论融为一体，最终形成了国际贸易理论的标准模型。在20世纪相当长的时期内，以新古典模型为表达形式的要素禀赋理论在国际贸易理论中占据着统治地位。

4. 国际贸易理论发展的第三个阶段——新贸易理论阶段

20世纪70年代末80年代初，以克鲁格曼（Krugman）和赫尔普曼（Helpman）为代表的一批经济学家，提出了所谓"新贸易理论"的静态模型。20世纪70年代以后，在经济全球化和技术进步的推动下，以零配件为主要内容的中间产品贸易则成为国际贸易的主要方式。通过产品内国际分工和中间产品贸易，发达国家和发展中国家专注于生产贸易链上不同环节和不同零部件的生产，并对国内产业结构、就业结构、收入分配和技术进步等产生实质性影响。20世纪90年代吉恩·格罗斯曼（Gene Grossman）和赫尔普曼提出了与"内生增长理论"密切联系的动态贸易模型，21世纪国际贸易理论的最新进展主要体现为梅里兹（Melitz）、安特拉斯（Antras）等人提出的异质企业贸易模型和企业内生边界模型在国际贸易中的广泛使用，被称为新新贸易理论。

第 2 章　古典贸易理论

古典贸易理论主要是指以古典经济学派的亚当·斯密和大卫·李嘉图等人为代表的古典自由贸易理论。古典贸易理论试图回答贸易发生的原因、各国贸易的类型和贸易的结果。

本章将依次介绍绝对利益学说、比较利益学说、对古典模型的若干修正、古典模型的现代分析方法以及相互需求等理论。

2.1　亚当·斯密的绝对利益学说

亚当·斯密是古典经济学的杰出代表,也是国际分工理论及经典贸易理论的创造者。

18世纪末,英国的经济力量已超过欧洲大陆的两个对手——法国和西班牙。资本主义工场手工业有了很大的发展,工业革命逐渐展开,使得商品经济迅速发展。新兴的资产阶级要求扩大对外贸易,以便从海外获得生产所需的廉价原料,并且为其产品寻找更大的海外市场。在重商主义制度下所建立的经济上的特许和垄断制度已经暴露出效率低下和严重浪费等弊端,阻碍了新兴的产业资产阶级在国民经济各个领域中发展资本主义的愿望。为适应时代的要求,亚当·斯密的经济自由主义思想产生。他强调个人自觉和政府对经济的最低限度的控制,主张在国内实行自由放任政策,对外实行自由贸易政策。

2.1.1　亚当·斯密关于国际分工的观点

亚当·斯密主张实行自由贸易。他认为自由贸易能够促进生产的发展和产量的增加。两国产生贸易的动机建立在成本的差异上。如果外国供应的商品比本国制造的还要便宜,最好用本国善于生产的东西和它交换,这样贸易就发展起来了。贸易的发展使两个国家的生产要素从生产能力低的行业转移到发达兴旺的出口行业中,这一方面实现了资源的再配置,提高了生产效率,另一方面形成了国际分工。结果是商品产量增加了,人们的消费也增长了。

国际分工是指世界上各个国家之间的劳动分工。它是社会分工发展到一定阶段,国民经济内部分工超越国家界限发展的结果。国际分工是国际贸易的基础。

亚当·斯密认为,国际分工是建立在一个国家所拥有的自然优势或获得性优势的基础上的。自然优势是超乎人力范围之外的气候、土壤、矿产和其他相对固定状态的优势。一国在生产特定商品时所具有的自然优势有时是非常巨大的,以致其他国家无法与其竞争。后者应向这一国家购买这种商品而不要自己制造它。像英国在工业革命时期发展纺织和冶铁那样的特殊技术或技巧,就是获得性优势。一国在生产和出口某种商品上具有自然优势或获得性优势也就是具有成本优势和价格优势。

这样,每个国家都只生产它善于生产的东西,然后用来交换别国善于生产的东西,这比各国各自生产自己所需的一切东西更为有利。一种商品,如果其他国家来生产,所需成本比本国低,那么本国就不要生产,用输出自己最擅长生产的商品赚的钱,去购买别国的廉价商品,这样显得更便宜、更合算。因此,国际分工和自由贸易不仅能使每个国家比在闭关自守的情况下获得更多的廉价商品,而且能促进这个国家的生产要素得到最有效、最合理的运用。

2.1.2　亚当·斯密的绝对利益模型

亚当·斯密以"绝对利益"原理来说明国际分工和国际贸易的基础。所谓绝对利益或者说绝对优势,是指在某一商品生产上,一国所耗费的劳动成本绝对低于另一国,在生产效率上占有绝对优势。

亚当·斯密的绝对利益学说指明，一国出口的是那些在本国进行生产比较有效率的商品，而进口的是在国外进行生产比较有效率的商品。这样贸易双方国家较之各自闭关自守时能交换到更多的商品量，从而都从贸易中获得绝对的好处。

下面利用两个国家、两种商品的贸易模型来说明。

假定发生贸易关系的两国是美国和英国，每个国家都生产小麦和布两种商品。在两国发生贸易之前，各自都要生产两种产品，一年的总劳动分配见表2-1。

表2-1 贸易前两国各自生产两种产品的情况

国别	小麦		布	
	劳动小时数/h	产量/t	劳动小时数/h	产量/匹
美国	100	120	100	100
英国	150	120	50	100

由表2-1可以看出，美国在小麦生产上占绝对优势，而英国在布的生产上占绝对优势。

按照绝对利益原理，两国将发生劳动分工，美国专门生产小麦，英国专门生产布，结果两国的劳动分配变为如表2-2所示的情况。

表2-2 分工后两国生产两种产品的情况

国别	小麦		布	
	劳动小时数/h	产量/t	劳动小时数/h	产量/匹
美国	200	240	0	0
英国	0	0	200	400

在国际分工的基础上，两国实行贸易，美国以120 t小麦（100 h劳动）与英国的200匹布（100 h劳动）交换，双方都可获得利益，见表2-3。

表2-3 贸易利益

商品	美国		英国	
	分工前	分工后	分工前	分工后
小麦/t	120	120	120	120
布/匹	100	200	100	200

可见，分工后英国和美国都比单独生产两种产品多得100匹布，由于国际分工而给世界全体（假定只有英、美两国）带来的总利益增加额为200匹布，它通过贸易由两国均分了。

亚当·斯密第一次运用劳动价值论说明了国际贸易的基础和利益所在，使科学的国际贸易理论的建立有了一个良好的开端。但他的绝对利益学说又有很大的局限性。如果一国在两种产品生产上都处于绝对不利的地位，那么贸易将如何展开呢？亚当·斯密的学说不能回答这一问题，因而无法用来说明国际贸易的普遍规律。

2.2 李嘉图的比较利益学说

大卫·李嘉图是古典政治经济学的集大成者。他在1817年出版的《政治经济学及赋税原理》一书中,进一步发展了亚当·斯密的绝对利益学说,提出了著名的比较利益(比较优势或比较成本)学说,解决了亚当·斯密所不能回答的问题,指出即使一国各个行业的生产都缺乏效率,没有低成本产品,但是通过国际贸易仍能得到贸易利益。

假设有甲、乙两国,生产A、B两种商品。甲国在两种商品的生产上都比乙国有较高的效率,即生产成本均比乙国低,或者说甲国在两种商品生产上都具有绝对优势,乙国则在两种商品生产上都具有绝对劣势。但若甲国在商品A生产上的优势要比在商品B生产上的优势更大,而乙国在商品B生产上的劣势较在商品A生产上的劣势更小,那么则可以说,甲国在商品A的生产上具有相对优势(比较优势),乙国在商品B的生产上具有相对优势(比较优势)。在这种条件下,国际分工和贸易的模式就是甲国专门生产A,乙国专门生产B,双方再以部分A、B相交换。

2.2.1 经典的比较利益模型

假定葡萄牙和英国两国同时生产酒和呢绒,其生产成本如表2-4所示。

表2-4 分工前两国生产两种产品的单位成本　　　　单位:人

国别	呢绒	酒
葡萄牙	90	80
英国	100	120

由表2-4可以看出,葡萄牙和英国两国生产两种产品所耗费的劳动比例,即劳动成本比例为

呢绒:90/100=90%　　　　酒:80/120≈67%

葡萄牙生产呢绒的劳动成本是英国的90%,而生产酒的成本只有英国的67%,前者大于后者。也就是说,虽然葡萄牙在生产这两种产品的任何一种上所耗费的劳动量都比英国小,但葡萄牙生产这两种产品的效率并不一样。葡萄牙生产酒的效率比生产呢绒的效率更高一些,即它在生产酒方面具有比较优势。

从英国方面看,英国生产酒和呢绒的单位劳动成本都比葡萄牙的高,其成本比例为

呢绒:100/90≈1.1　　　　酒:120/80=1.5

这表明,英国生产呢绒的成本是葡萄牙的1.1倍,生产酒的成本是葡萄牙的1.5倍。英国生产这两种产品的效率都比葡萄牙低。虽然如此,两相比较,英国生产呢绒的效率相对高一些,即英国在生产呢绒方面具有比较优势。如果英国的劳动力全部用来生产呢绒,而葡萄牙的劳动力全部用来生产酒,即两国只生产各自具有比较优势的产品,不仅各种产品的产量可以增加,而且通过贸易,双方都可获得利益。

假定在国际分工之前葡萄牙和英国两国在一年中,一共生产2单位呢绒和2单位的酒,那么国际分工后的情况见表2-5。

表 2-5 分工后两国生产两种产品的情况

国别	呢绒		酒	
	成本/人	产量	成本/人	产量
葡萄牙	0	0	170	2.125
英国	220	2.2	0	0

可见,国际分工后,世界产量随之增加,两种产品的生产水平都高于未进行国际分工以前的水平。

随着产量的增加,通过国际贸易,各自国内的消费量也是增加的。但具体情况取决于两种商品的交换比例,也就是取决于两者的贸易条件。李嘉图假定葡萄牙和英国两国商品的交换比例是 1:1。如果葡萄牙出口 1.1 单位的酒,并从英国进口 1.1 单位的呢绒,那么两国的贸易利益见表 2-6。

表 2-6 分工前后的两国贸易利益

商品	英国		葡萄牙	
	分工前	分工后	分工前	分工后
呢绒	1	1.1	1	1.1
酒	1	1.1	1	1.025

可见按照比较利益原理进行国际分工,可以使世界总产量得到提高,国际贸易则把这种利益分配给各国。上例中,英国多得 0.1 单位的呢绒和 0.1 单位的酒,而葡萄牙则多得 0.1 单位的呢绒与 0.025 单位的酒,这些就是国际分工和国际贸易所带来的利益。

李嘉图说明了国际贸易的一般基础,他的比较利益学说比亚当·斯密的绝对利益学说更具有普遍意义,绝对利益的情形仅是比较利益模式的一个特例而已,因此,李嘉图的比较利益学说也被称为国际贸易的一般理论。

2.2.2 古典模型的假设

经济学家们认为,李嘉图的比较利益学说简化了复杂的经济情况,突出了比较成本的差别,但是大约有 9 个重要的假定为其前提条件。

(1)世界上只有两个国家,它们生产的全部产品只有两种。

(2)产品的生产成本仅为劳动成本,并且以单位劳动时间表示两国产品的真实劳动成本的差异为基础。假定所有的劳动都是同质的,没有熟练和非熟练劳动的区别。

(3)单位产品的生产成本不因产量的增加而变化,总是和生产单位产品所使用的劳动量成比例。这就是说,生产是在成本不变的情况下进行的。

(4)没有运输费用。这个假定夸大了贸易所得到的利益。

(5)包括劳动在内的所有生产要素在国内是完全流动的,但在国家间则是完全不能流动的。

(6)生产要素市场和产品市场是完全竞争的市场。

(7)收入分配没有变化,即假定自由贸易不影响一国居民的相对收入水平。否则贸易会造成收入分配的不均和失业等现象,这时就有必要通过关税或津贴来协助无优势的行业和失业工人。

(8)只考虑货物贸易,贸易是按物物交换的方式进行的,不考虑无形贸易和资本移动。货币和价格不是比较优势的组成部分。

(9)不存在技术进步和经济发展以及商业周期,国际经济是静态的。在抽象的世界中没有任何发明,也没有新产品出现,否则就和两种产品的假定冲突了,甚至不可能有更有效的制造酒和呢绒的新方法出现。因为这种情况违背了产品成本不变的假定。

由此可见,绝对利益学说和比较利益学说都是在既定的经济情况下,说明两国之间的贸易是如何发生的,是在哪些产品之间进行的,贸易发生以后,为什么对贸易双方都是有利的。斯密和李嘉图的古典贸易理论比重商主义理论前进了一大步。但从以上9个假定来看,李嘉图为了论证他的比较利益学说,把多变的经济情况抽象为一个静态的、凝固的世界。事实证明,一国生产的相对优势,长期固定在少数几种产品上(特别是少数初级产品上),那么国际分工对该国是非常不利的。一国当前的相对优势不应妨碍潜在优势的发展和壮大。可见,比较利益学说与实际情况之间有相当大的距离。现代国际贸易理论企图突破这些假定,增加比较利益学说的适应性。

2.3 对古典模型的修正

2.3.1 对古典模型假设的修正

美国经济学家弗兰克·陶西格(Frank Taussig)在对李嘉图的比较利益学说基本肯定的基础上,进行了一些修正,认为应将现实生活中的各种因素如货币、利息、多种商品(不限于两种)等置于模型之中,从而能更符合国际贸易的现实。

针对古典模型的9个假设,陶西格提出应修正4个假设:

(1)商品的生产成本即生产费用不是以劳动时间计算的,而是以货币计算的,国际贸易不是单纯的物物交换,而是以货币为媒介的交换,因此在理论假设中必须加入货币因素。

(2)商品的生产成本即生产费用是由工资和利息组成的,在实际中,各国和各部门的工资水平和利息水平不同,单位成本随产量的变化也不相同;此外运输费用也需要考虑。这些因素都应考虑进去。

(3)在实际中,参加国际贸易的是多个国家和多种商品,因此两个国家和两种产品的理论假设必须改变。

(4)商品的国际价格是随着商品的供求关系而不断调整的。

2.3.2 古典模型的代数分析

经济学家哈勃勒在陶西格分析基础上还应用简单的代数方法对比较利益学说进行阐述并做了一些补充修正。

假设有1、2两个国家,分别生产两种产品 x、y,劳动成本分别为 a_i、b_i。

(1)成本等比差。

① $a_1/a_2=b_1/b_2=1$。在这种情况下,两国成本相等,没有贸易。

② $a_1/a_2=b_1/b_2>1$。在这种情况下,2国生产 x、y 并出口,但无法确定比较利益。

③ $a_1/a_2=b_1/b_2<1$。在这种情况下,1国生产 x、y 并出口,但无法确定比较利益。

(2)成本绝对差。

① $a_1/a_2>1>b_1/b_2$。在这种情况下,1国生产 y 并出口,2国生产 x 并出口;二者相互交换对双方都有利。

②$a_1/a_2<1<b_1/b_2$。在这种情况下,1 国生产 x 并出口,2 国生产 y 并出口;二者相互交换对双方都有利。

(3)成本相对差。

①$a_1/a_2>b_1/b_2>1$。在这种情况下,2 国生产 x、y 并出口皆有绝对利益,但按机会成本,1 国生产 y,2 国生产 x 皆具比较利益;据此相互分工交换对双方都有利。

②$b_1/b_2>a_1/a_2>1$。在这种情况下,2 国生产 x、y 并出口皆有绝对利益,但按机会成本,1 国生产 x,2 国生产 y 皆具比较利益;据此相互分工交换对双方都有利。

③$a_1/a_2<b_1/b_2<1$。在这种情况下,1 国生产 x、y 并出口皆有绝对利益,但按机会成本,1 国生产 x,2 国生产 y 皆具比较利益;据此相互分工交换对双方都有利。

④$b_1/b_2<a_1/a_2<1$。在这种情况下,1 国生产 x、y 并出口皆有绝对利益,但按机会成本,1 国生产 y,2 国生产 x 皆具比较利益;据此相互分工交换对双方都有利。

2.4 古典模型的现代分析方法

2.4.1 机会成本和生产可能性曲线的基本概念

1. 机会成本

哈勃勒在《国际贸易理论》一书中,在一般均衡理论的基础上提出了机会成本理论。他认为,生产要素不止一个,还存在土地、机器设备、原材料等多种要素,而且每一种要素也有差异,要用一种共同的数量来衡量计算是不可能的,但是可以用机会成本来代替实际成本。由于要素资源的相对稀缺性,一定数量的生产要素,既可以用来生产商品 1,也可以用来生产商品 2;但生产了商品 1,就不能生产商品 2。因此生产商品 1 的成本就是丧失生产商品 2 机会的成本,表现为生产商品 2 的数量,被称为机会成本或替代成本。商品 1 和商品 2 之间的交换比率称为替代比率。此外,机会成本又称为相对价格。

我们仍采用李嘉图给出的英国和葡萄牙两国生产和贸易的例子进行说明。在此例中,英国生产呢绒的机会成本是 100/120,而葡萄牙生产呢绒的机会成本是 90/80,显然英国生产呢绒的机会成本低于葡萄牙生产呢绒的机会成本,因而具有比较利益。

此外,用机会成本比较两国多种商品较方便,只需两国以任何同一种商品为标准,计算其他各商品与该商品的交换比率并列表比较,可知具有较低机会成本的商品具有比较利益(见表 2-7)。

表 2-7 两国商品成本比较

国家	商品				
	A	B	C	D	E
Ⅰ	2	3	4	7	8
Ⅱ	1	2	3	8	10

以商品 C 为标准,Ⅰ国商品成本比较:2/4<3/4<7/4<8/4。Ⅱ国商品成本比较:1/3<2/3<8/3<10/3。

比较结论:Ⅰ国可出口 D、E 商品,Ⅱ国可出口 A、B 商品。

2. 生产可能性曲线

将机会成本与生产函数结合起来,可作出生产可能性曲线(生产可能性边界)图。生产可能性曲线表示经济社会在既定资源和技术条件下所能生产的各种商品最大数量的组合。下面分别给出在机会成本不变、递增和递减情况下的生产可能性边界图。

如图 2-1 所示,Q_1 和 Q_2 分别为生产的两种商品的数量,在机会成本不变时,生产可能性边界 Ⅰ 为一条直线;在机会成本递增时,生产可能性边界 Ⅱ 为凹向原点的曲线;在机会成本递减时,生产可能性边界 Ⅲ 为凸向原点的曲线。

一国的生产可能性曲线是从有关生产要素总供应量的信息和生产函数信息中推导出来的,为什么生产可能性曲线有不同的形状,在这里是由于机会成本(或比较成本)的不同,但其背后还有更深层次的原因。

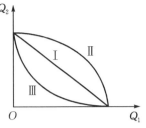

图 2-1 机会成本不变、递增和递减时的生产可能性边界

2.4.2 机会成本不变时的生产可能性曲线分析

假定英、美两国都只生产小麦(W)和布(C)两种产品,在资源得以充分利用并且机会成本不变的条件下,两国生产小麦和布的生产可能性曲线见图 2-2。

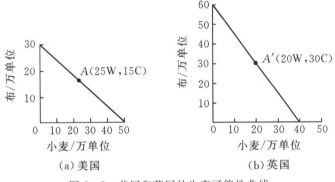

图 2-2 美国和英国的生产可能性曲线

在图 2-2 中,美国小麦与布的机会成本或相对价格为 3/5,英国为 3/2,因此,美国在小麦生产上具有比较优势,英国在布的生产上具有比较优势。双方在此基础上进行国际分工和国际贸易。

若在封闭经济条件下,美国的生产点确定在 A 点(25W,15C),英国的生产点在 A' 点(20W,30C),那么两国的国内消费水平分别在 A 点和 A' 点。

现在两国根据各自的比较优势,美国专业化生产小麦,其生产点在 B 点(50W,0C),英国专业化生产布,其生产点在 B' 点(0W,60C)。若两国之交换比例为 1∶1,美国以 25W 交换英国的 25C,美国的国内消费点便可达到 E 点(25W,25C),英国的国内消费点则可达到 E' 点(25W,35C)。显然,美国比分工前多消费 10C,英国比分工前多消费 5W 及 5C。由于国际贸易,英、美两国所获得的产品总量均超过了生产的最大可能。具体情况如图 2-3 所示。

总之,比较利益学说的积极意义在于为一国提供了对外贸易的理论工具,不论这个国家处于什么发展阶段,经济力量是强是弱,都能确定各自的相对优势,即使是处于劣势,也能找到劣势中的优势。各国根据自己的相对优势安排生产、进行贸易,则贸易双方都可用较少的劳动耗费,交换到比闭关自守时更多的产品,并增加了总消费量。

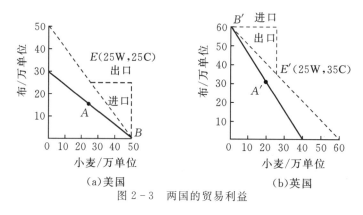

(a) 美国　　　　　　　　　(b) 英国

图 2-3　两国的贸易利益

2.4.3　机会成本递增情况下的国际贸易

在现实世界中,一国商品生产的机会成本不是不变的,而往往是递增的。机会成本递增意味着每生产一个追加单位的商品 A,就必须放弃越来越多的商品 B 的生产,以满足生产追加商品 A 所需的足够的资源。由微观经济学理论我们知道,在机会成本递增的情况下,根据边际报酬递减规律,随着产量的增加,边际成本也随着上升。当边际成本与边际收益相等时(在完全竞争情况下,边际成本与价格相等时),厂商的利润最多。因此,厂商的最适度产量是能使边际成本等于边际收益(或边际成本等于价格)的产量。

1. 局部均衡分析

下面利用两国的供求曲线来分析机会成本递增对国际贸易的影响,见图 2-4。

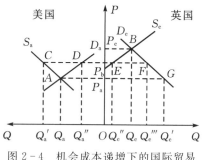

图 2-4　机会成本递增下的国际贸易

假定美、英两国进行小麦贸易,图 2-4 的左半部表示美国的小麦供求情况,右半部表示英国的小麦供求情况。美国供求曲线分别为 S_a 和 D_a,S_a 和 D_a 相交于 A 点,美国国内均衡价格为 P_a,均衡产量为 Q_a。英国供求曲线分别为 S_e 和 D_e,S_e 和 D_e 相交于 B 点,英国国内均衡价格为 P_e,均衡产量为 Q_e。

贸易开始时,假定两国都以不变成本进行生产,美国可按照 P_a 价格充分供应英国所需的 Q'_e 数量的小麦。但在这个价格水平下,英国农场主无法供给本国任何数量小麦,因为英国小麦的供给曲线 S_e 完全在进口价格 P_a 之上,即在不变成本的情况下,在小麦生产方面将实行完全的国际分工。美国专业化生产小麦,而英国完全不生产小麦,按 P_a 价格进口所需全部小麦。

在机会成本递增的情况下,贸易开始时,由于美国小麦的价格低于英国小麦的价格,美国小麦出口到英国。当美国国内供求量达到均衡时,要出口小麦,必须扩大生产。但随着产量的增加,边际成本递增,小麦价格上涨,从而使得美国国内小麦需求量相应减少。另一方面,当英国国内小麦的供求达到均衡时,由于英国小麦的进口量逐渐增加,国内供给部分逐渐减少。随着国内供给量的减少,边际成本反而降低。当美国小麦的总供给增加到 Q'_a 时,边际成本或价格增加到 P_b;而英国小麦的供给降低到 Q''_e 时,边际成本或价格降低到 P_b。由于两国小麦价格相等,产量和价格调整过程即告结束。小麦价格为 P_b 时,美国生产 Q'_a 数量的小麦,其中 Q''_a 供国内消费,$Q'_a-Q''_a$ 为出口量。英国生产 Q''_e 数量的小麦,进口 $Q'''_e-Q''_e$ 数量的小麦。国内消费为两者之和,即 Q'''_e 数量,$Q'_a-Q''_a=Q'''_e-Q''_e$。由此可见,在机会成本递增的情况下,两国进行不完全的国际分工。

2. 一般均衡分析

图 2-5(a)、(b)分别表示甲、乙两国在机会成本递增情况下的生产可能性曲线。AB 为甲国之生产可能性曲线，$A'B'$ 为乙国之生产可能性曲线，U_1、U_2、U_3 为甲国的一组社会无差异曲线，与生产可能性曲线 AB 相切的是 U_2，切点为 T。U'_1、U'_2、U'_3 为乙国的一组社会无差异曲线，U'_2 与生产可能性曲线 $A'B'$ 切于 T' 点。切点 T 与 T' 表示甲、乙两国在封闭状态下各自生产能力所能达到的最高消费水平分别为 U_2、U'_2。所以图中 T、T' 两点是两国在封闭状态下的国内均衡点，它们既是两国的生产点，也是两国的消费点。AB 与 U_2 过 T 点的公切线 MN 的斜率及 $A'B'$ 与 U'_2 过 T' 点的公切线 $M'N'$ 的斜率分别代表甲、乙两国在封闭条件下的均衡价格。

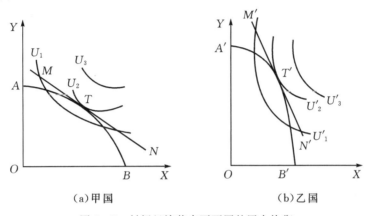

图 2-5　封闭经济状态下两国的国内均衡

下面考虑在开放条件下两国生产与贸易的情况。

比较在封闭条件下甲、乙两国国内均衡商品的相对价格，可以发现，在 T 点的 dy/dx 小于在 T' 点的 dy/dx，所以甲国在 X 商品生产上占有比较优势。同样可得，乙国在 Y 商品生产上占有比较优势。国际分工的基础由此而确定。

如图 2-6 所示，甲国的专业化过程表现为其生产点从 T 点沿生产可能性曲线 AB 向右下方移动，扩大 X 商品的生产，并逐步放弃一部分 Y 商品的生产，同时甲国 X 商品生产的机会成本逐步提高。而乙国的专业化过程表现为其生产点从 T' 点沿生产可能性曲线 $A'B'$ 向左上方移动，扩大 Y 商品的生产，并逐步放弃一部分 X 商品的生产，同时乙国 Y 商品生产的机会成本逐步提高。

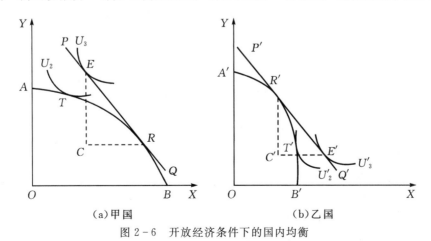

图 2-6　开放经济条件下的国内均衡

当甲国生产点到达 R 点,乙国到达 R' 点时,双方的相对价格线 PQ 与 $P'Q'$ 的斜率恰好相等,即在这两点上,两国的国内机会成本相等。于是,两国的专业化过程便稳定在这一程度上,而不再继续发展。两国进行贸易的交换价格与它们的国内机会成本相等。在这个国际交换价格下,甲国以 CR 数量的 X 商品与乙国 $C'R'$ 数量的 Y 商品相交换,使得甲国在此国际交换价格下,消费达到 E 点,消费水平达到 U_3。同样,乙国消费点达到 E' 点,消费水平达到 U_3'。甲国出口 CR 数量 X 商品,进口 CE 数量 Y 商品。乙国出口 $C'R'$ 数量 Y 商品,进口 $C'E'$ 数量 X 商品,所以有: $CR = C'E'$,$CE = C'R'$,$\triangle CRE \cong \triangle C'E'R'$。

通过以上分析可以看出,甲、乙两国达到了比贸易前所处的社会无差异曲线(U_2 或 U_2')更高的社会无差异曲线(U_3 或 U_3')上。这表明,贸易使两国根据自己各自的比较优势,实行专业化生产,同时又使各自的消费趋向多样化(更高一级)。消费组合与生产组合的背离,只有通过对外贸易才能实现,贸易使一国的消费超出其生产能力,使一国得到贸易利益。

同时也可以看出,在机会成本递增的基础上,一般说来,国际分工不会导致完全的专业化生产,因为随着机会成本的递增,进一步专业化会丧失原来具有的比较优势,所以在成本递增情况下,一般产生不完全的国际分工。

2.4.4 运输成本对国际贸易的影响

李嘉图的比较利益学说假定商品的国际交易是在没有运输成本的前提下进行的,这显然不符合实际。在任何商品的贸易中,运输成本都是不可避免的。下面分析运输成本对国际贸易的影响,见图 2-7。

在图 2-7 中,CD 仍代表美国小麦出口到英国的数量,而 EF 是英国由美国进口的小麦数量,$CD=EF$。P_2-P_1 的长度代表运输成本。运输成本的存在使美国小麦在英国市场上的售价提高了,从而使得美国小麦出口数量比没有运输成本时要少。运费愈高,出口

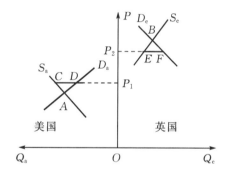

图 2-7 运输成本对国际贸易的影响

量减少得愈多。如果运输成本等于或大于贸易开始以前的两国国内小麦价格之差额,则两国间不会开展小麦的贸易。

由此可见,若没有运输成本,则各国根据它们各自的相对优势进行国际贸易;运输成本的存在使得国际贸易相对地缩小了,使得两国之间同种商品的价格始终存在着差异,不会相等。因此运输成本使得和进口的同种商品相竞争的进口国的产品得到天然的保护。运输成本的存在和机会成本递增一样使得完全的国际分工很难实现。

2.5 国际贸易类型和相对价格决定的分析

2.5.1 封闭经济下的李嘉图模型

在李嘉图模型中,生产技术的差异决定了两国劳动生产率的差异,同时也就确定了供给曲线的位置和两国的贸易类型。

1. 封闭经济下的本国生产可能性边界

在一个封闭的经济条件下,假定只有两个国家,即本国和外国。两国都只使用一种要素即劳动,生产两种产品。我们用单位劳动投入来衡量劳动生产率。

令 a_i 表示本国生产一个单位的产品所需要的劳动，a_1 表示本国生产一个单位的产品 1 所需要的劳动，a_2 表示本国生产一个单位的产品 2 所需要的劳动，L 表示国内劳动力总量。如图 2-8 所示，横轴和纵轴分别表示产品 1 和 2 的产量。在一种生产要素的条件下，生产可能性边界就是一条直线。由于一国资源是有限的，在此就是劳动资源的供给有限，因此两种产品之间存在一种替换（trade-off），或是彼多此少，或是此多彼少；最佳消费点 A 由下列的不等式限定：$a_1 Q_1 + a_2 Q_2 < L$。

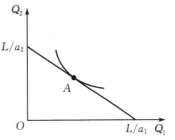

图 2-8 封闭条件下一国的生产可能性边界

2. 产品的机会成本（相对价格）

两种产品的相对价格是指两种产品的价格之比，也可用两种产品的数量之比来表示。

P_i 为本国产业的产品价格，令 P_1 和 P_2 分别表示本国产品 1 部门和产品 2 部门生产的产品价格。由于完全竞争的假设，在这个单要素经济中没有利润，成本函数可记为 $P_i = a_i w_i$。

产品 1 部门的小时工资率等于一个工人在 1 小时内生产的价值 $w_1 = P_1/a_1$。

同理，产品 2 部门的小时工资率等于该部门一个工人在 1 小时内生产的价值 $w_2 = P_2/a_2$。

又令 p 为产品 1 的相对价格，则 $p = P_1/P_2$。

在没有国际贸易时，产品的相对价格等于相对单位产品劳动投入，则产品 1 的相对价格又可记为：$p = a_1/a_2$。

如果 $P_1/P_2 > a_1/a_2$，说明产品 1 部门的工资较高；反之若 $P_1/P_2 < a_1/a_2$，说明产品 2 部门的工资较高。由于存在要素流动，因此如果 $P_1/P_2 > a_1/a_2$，劳动力就会流向产品 1 部门，本国就只能专门生产产品 1；如果 $P_1/P_2 < a_1/a_2$，劳动力就会流向产品 2 部门，本国就只能专门生产产品 2。只有当两个产业部门的工资收入相同时，即 $P_1/P_2 = a_1/a_2$，本国才能同时生产两种产品。

在这个经济系统中，工资率决定价格水平，而技术决定相对价格。由机会成本原理可知，a_1/a_2 是以产品 2 表示的产品 1 的成本。在一般情况下，如果产品 1 的相对价格高于其机会成本，本国将专门生产产品 1；否则，如果产品 1 的相对价格低于其机会成本，本国将专门生产产品 2。只有当产品 1 的相对价格等于其机会成本时，本国才能同时生产两种产品。

3. 封闭经济下的外国生产可能性边界

进一步分析，首先引入以下变量，并做以下假定：

令 P_1^* 和 P_2^* 分别表示外国产业部门 1 和产业部门 2 生产的产品价格，a_1^* 和 a_2^* 分别表示外国生产一个单位的产品 1 和一个单位的产品 2 所需要的劳动；L^* 表示外国劳动力总量；P_1^*/P_2^* 表示两种商品的相对价格；a_i^* 表示外国生产一个单位的产品所需要的劳动。

劳动力可以在国内产业之间自由流动，但不能在两国之间流动。这意味着只有当两个产业的工资收入相同时，才能在本国生产两种产品。

根据 $a_1/a_2 < a_1^*/a_2^*$ 的假定，外国的生产可能性曲线要比本国的陡。

如图 2-9 所示，横轴和纵轴分别表示产品 1 和 2 的产量。在一种生产要素的条件下，生产可能性边界就是一条直线。由于一国资源是有限的，在此就是劳动资源的供给有限，因此两种商品之间存在一种替换，或是彼多此少，或是此多彼少。生产由下列的等式限定：

$$a_1^* Q_1^* + a_2^* Q_2^* = L^*$$

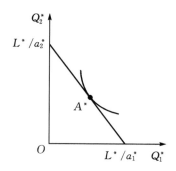

图 2-9 外国的生产可能性边界

在没有国际贸易的情况下,外国两种产品的相对价格由其相对单位劳动投入决定:

$$P_1^*/P_2^* = a_1^*/a_2^*$$

因为在任一个产业的劳动的边际产量是 $1/a_i$,只有当 $P_1^*/P_2^* = a_1^*/a_2^*$ 时,产业间的工资是相等的。

2.5.2 开放经济下的李嘉图模型和贸易收益

开展贸易后,专业化分工是否能使贸易双方受益呢?对此可以通过两种办法来考察:

第一种办法是将通过贸易交换产品的收益与直接生产产品的效率收益进行比较。从本国而言,$1/a_1$ 和 $1/a_2$ 分别表示本国单位时间所生产的产品 1 和产品 2。在本国专业生产产品 1 的条件下,只要 $(1/a_1) \cdot (P_1/P_2) > 1/a_2$ 或 $P_1/P_2 > a_1/a_2$,这样通过交换就可以获得比直接生产而言更多的产品 2。

同理,$1/a_1^*$ 和 $1/a_2^*$ 分别表示外国单位时间所能生产的产品 1 和产品 2。在外国专业生产产品 2 的条件下,只要 $(1/a_2^*) \cdot (P_2^*/P_1^*) > 1/a_1^*$ 或 $P_2^*/P_1^* > a_2^*/a_1^*$,这样通过交换就可以获得比劳动直接生产而言更多的产品 1。

第二种办法是通过分析各国的生产可能性边界来考察贸易怎样影响两国消费的可能性。

如图 2-10 所示,在没有贸易时,两国消费的可能性完全受制于各自国家的生产可能性边界。开展贸易后,两国实现完全专业化生产,而且可以用各自国家生产的一部分产品去交换其他国家生产的产品,从而得到较封闭条件下更多的产品组合,使两国的消费可能性都扩大了,超过了原来的生产可能性边界。

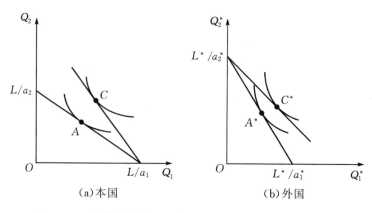

图 2-10 贸易前后本国和外国的生产可能性边界及其变动

无论是在本国还是在外国,在贸易后的消费点 C 或 C^* 的产品组合都超过了在贸易前的消费点 A 或 A^* 上的产品组合。贸易使两国的消费选择的范围扩大了,也就使两国居民的状况较贸易前更好了。

2.6 相互需求原理

2.6.1 贸易条件和相互需求

1. 贸易条件的确定

前面我们分析了在两个国家、两种商品的模型中,贸易双方进行交易的交换比例(贸易条件)的变化范围是由每个国家生产的机会成本或者是供给条件决定的。那么需求情况对贸易条件又会产生什么影响?交易双方的交换比例,即贸易条件又是由什么最后决定的呢?

1848年,英国经济学家约翰·穆勒在他的《政治经济学原理》一书中,提出了相互需求原理,认为贸易条件是由贸易双方对对方商品的相互需求强度决定的。

穆勒的分析模式与李嘉图的分析模式有所不同,他假定两国的劳动投入是相同的,但生产的商品数量不同。现在假设一定的劳动投入量在英国和葡萄牙两国的产出情况如表2-8所示。

表2-8 英国和葡萄牙两国贸易条件的确定

国家	商品	
	呢绒	酒
英国	10单位	15单位
葡萄牙	10单位	20单位

假定英国和葡萄牙两国总劳动量相同,其中一半用于生产呢绒,一半用于生产酒。在呢绒生产上,两国的劳动生产率相同,以同样的劳动量生产出相同的10单位呢绒;在酒的生产上,两国的劳动生产率则不同,同样的劳动投入,英国只产出15单位酒,葡萄牙则产出20单位酒。

现在按比较利益原理进行国际分工。英国全部劳动力都生产呢绒,共可生产20单位。葡萄牙全部劳动力用来生产酒,共可生产40单位。双方均可拿出部分产品进行交换,但按怎样的比例进行交换呢?

2. 相互需求强度

由于在分工前,英国国内的交换比例为10单位呢绒:15单位酒,葡萄牙国内交换比例为10单位呢绒:20单位酒。所以,对英国来说,以10单位呢绒换得的酒在15单位以上便可获利;对葡萄牙来说,它为获得10单位呢绒而付出的酒只要少于20单位便可获利。可见,两国的这两种产品的国内交换比例或比较优势决定了它们的国际交换比例的上下界限。实际的国际交换比例或国际贸易条件,必定介于由两国国内交换比例所确定的界限之内。

现在假定两国在10单位呢绒:17单位酒这一交换比例上正好达到供求均衡,即英国对葡萄牙的酒的需求量正好等于葡萄牙为获得一定量的呢绒而愿意提供的酒的出口量,而葡萄牙对英国呢绒的需求量也正好等于英国为获得一定量的酒而愿意提供的呢绒的数量。于是,交换价值确定,英国的10单位呢绒和葡萄牙的17单位酒完成交换。

若由于某种原因,英国想把对葡萄牙出口的呢绒价格提高,例如提高到 10 单位呢绒:18 单位酒的水平,这时,葡萄牙为获得 10 单位呢绒所付出的价格就要提高到 18 单位酒,因而需求量降低,呢绒需求量的降低又迫使英国降低呢绒出口价格,结果价格又回到原来的均衡点,即 10 单位呢绒:17 单位酒。同样,如葡萄牙想提高酒的价格,例如提高到 10 单位呢绒:16 单位酒的水平,那么英国对酒的需求量就要降低,葡萄牙酒的价格又降回到原来水平。

假定在 10 单位呢绒:17 单位酒的价格水平上,英国对葡萄牙的酒的需求量减少,例如减到 13.6 单位酒,那么英国便只需拿出 8 单位呢绒来同葡萄牙交换,即可获得 13.6 单位酒;葡萄牙因而只能得到 8 单位呢绒。如果葡萄牙要得到更多的呢绒,就只好提高买价,例如提高到 10 单位呢绒:18 单位酒的水平,在这一价格上,英国的呢绒提供量相对增加,葡萄牙对呢绒的需求量相对减少,于是达到新的进出口均衡:葡萄牙用 16.2 单位的酒换取英国 9 单位的呢绒。

如果相反的情况发生了,按照 10 单位呢绒:17 单位酒的交换比例,英国对葡萄牙的酒的需求量增加了,例如增加到 20.4 单位酒。在此情况下,英国的需求没有得到充分满足。由于英国要求得到更多的酒,使得交换比例变得对它不利了,10 单位呢绒的价格将要跌到 17 单位以下,酒的价格将要上涨。例如交换比例变动为 10 单位呢绒:16 单位酒的水平,则英国对酒的需求量将相对减少,葡萄牙对呢绒的需求量却将相对增加。这样的变动使交换的比例自行调整到呢绒和酒的需求相互之间恰好抵补为止。

因此,穆勒认为在两国国内交换比例所限定的范围内进行贸易的两种商品,其实际的贸易条件是根据双方消费者的"爱好"和"境况"进行调整,调整到双方对进口的产品的需求量恰好相互抵补时确定的,即按照两国相互需求所决定的实际贸易条件是总进口和总出口达到均衡状态的贸易条件。

穆勒的相互需求原理还说明,由于两个国家的相互需求强度不同,由此确定的均衡贸易条件对这两个国家的有利程度也不同,即相互需求强度影响贸易利益的分配。

假定葡萄牙的生产技术有了改进,使得葡萄牙能以同样的劳动生产 30 单位的酒,比以前的 20 单位增加了 10 个单位。英国技术没有改进,劳动生产率无变化。若以前的交换比例是 10 单位呢绒:17 单位酒,现在 10 单位呢绒是否可以交换到 25.5 单位的酒呢?穆勒认为这取决于英国对跌价后的酒的需求情况。若英国对酒购买量的增加程度等于葡萄牙以呢绒表示酒价格的下降程度,那么最后的均衡贸易条件就会是 10 单位呢绒交换 25.5 单位酒。

如果葡萄牙酒价格的下降引起英国酒购买量的增加程度大于酒价格下降程度,英国势必要用比以前更多的呢绒来交换已降价的酒,因此,均衡贸易条件将是 10 单位呢绒交换到少于 25.5 单位的酒。按照这样的贸易条件,英国和葡萄牙两国虽然能得到贸易利益,但葡萄牙得益较大,因为它以同量劳动出口酒换取呢绒的量比过去多了。但是,若英国对酒的需求增加程度小于葡萄牙酒价格降低的程度,则可类推。

综上所述,我们可总结出相互需求原理的基本内容:均衡贸易条件取决于进行贸易的两个国家各自对对方商品需求的相对强度。外国对本国商品的需求强度愈大于本国对外国商品的需求强度,贸易条件愈接近于外国国内的两种商品的交换比例,这个贸易条件就对本国愈有利。

2.6.2 世界相对需求和供给曲线

如果进行单一国家的分析,可以看到,每一个国家都存在各自的相对需求曲线和供给曲线。举例来说,商品 1 的均衡相对价格和产量由各自国家的相对供给与需求曲线的交点决定。假定两国的相对需求相同,由于两国的供给曲线对应固定成本,是一条直线,但是位置不同,若本国的位置高于外国,说明本国应生产并出口商品 1,外国则应生产和出口商品 2,然后进行交换。

如果进行世界市场的分析(将两个国家进行组合分析),可以看到以下情形:

如图 2-11 所示,横轴表示世界市场(两国两种产品)商品 1 的相对产量,纵轴则表示世界市场(两国两种产品)商品 1 的相对价格,显示了世界市场商品 1 的相对供给与相对需求,这种相对的供给与需求可以用商品 1 的相对价格函数来表示。世界相对价格是相对供给曲线与相对需求曲线的交点。

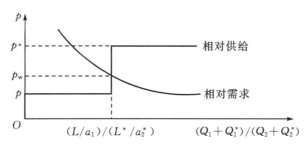

图 2-11 世界相对需求和供给曲线

本章小结

绝对利益或者绝对优势,是指在某一商品生产上,一国所耗费的劳动成本绝对低于另一国,在生产效率上占有绝对优势。斯密的绝对利益学说指明,一国出口的是那些在本国进行生产比较有效率的商品,而进口的是在国外进行生产比较有效率的商品。这样贸易双方国家较之各自闭关自守时能交换到更多的商品量,从而都从贸易中获得绝对的好处。

比较利益或者比较优势,是指在某一商品生产上,一国所耗费的劳动成本相对低于另一国,在生产效率上占有相对优势。李嘉图的比较利益学说指明,一国出口的应当是那些在本国进行生产的有比较优势的商品,而进口的应当是在国外进行生产的有比较优势的商品。这样贸易双方国家较之各自闭关自守时能交换到更多的商品量,从而都可从贸易中获得好处。

比较利益理论的现代分析,是用边际分析、机会成本、生产可能性曲线和社会无差异曲线等分析工具进行的一般均衡分析,以此来解释国际贸易的发生及利益。

如果不存在运输成本,则各国根据它们各自的相对优势进行国际贸易;运输成本的存在使得两国之间同种商品的价格始终存在着差异。因此运输成本使得和进口的同种商品相竞争的进口国的产品得到天然的保护。运输成本的存在和机会成本递增一样使得完全的国际分工很难实现。

相互需求原理的基本原理是均衡贸易条件取决于进行贸易的两个国家各自对对方商品需求的相对强度。外国对本国商品的需求强度愈大于本国对外国商品的需求强度,贸易条件愈接近于外国国内的两种商品的交换比例,这个贸易条件就对本国愈有利。

根据这些基于比较优势原理的理论,一个国家或地区的成功就在于能够准确把握自己的比较优势,并不失时机地将比较优势转化为市场需求。我国改革开放以来,一些地区的成功实践也符合这一理论的基本逻辑:充分发挥了当地的资源优势。而劳动密集型产业在我国的广泛存在,更是体现了我国经济在特定阶段的比较优势,尤其是成本优势。但是我们也必须清醒地看到,传统的比较优势战略在创新方面存在着明显不足,甚至有可能使人陷入比较优势陷阱。

比较优势陷阱是指陷入或者陶醉于自己的自然资源、成本或既有能力的比较优势而不能自拔。事实上，以劳动力成本或天然资源为优势的产业，通常都是进入门槛不高的产业，因而会吸引更多的进入者。当越来越多的企业、地区、国家被这类产业所吸引时，人们很快就会发现，除了优势不断消失之外，还因为过多资产的投入而被套牢，其竞争优势也会日渐削弱乃至消失。

基于动态比较优势构建的分析框架，同时综合了技术进步、国际贸易与经济增长三方面的内容，大体可分为两类。一类是将技术视为外生变量，从动态角度研究技术的进步对贸易模式和一国福利水平的影响；将技术作为外生变量的研究主要是技术差异和技术转移模型，主要利用既定的技术差异来说明产业间和产业内贸易。另一类则将技术视为内生变量，除了研究技术变动怎样影响贸易和经济增长外，还将技术发展作为科学研究投资和经济增长的一种结果。

名词术语

国际分工理论　绝对成本　比较成本　生产费用　机会成本　比较利益　相互需求原理　比较优势陷阱

思考与练习

1. 简述绝对利益学说的作用和局限性。
2. 简述比较利益学说和李嘉图模型。
3. 谈谈比较利益学说的时代意义及其局限性。
4. 运输成本对国际贸易有哪些影响？
5. 假定机会成本不变和假定机会成本递增，对国际贸易中的比较利益理论的结论有何影响？
6. 用几何图形分析说明来自交易和来自分工的利益。
7. 试述相对需求原理及其分析方法。
8. 假设美国生产计算机的单位劳动投入为1/5，生产布的单位劳动投入为1；中国生产计算机的单位劳动投入为1，生产布的单位劳动投入为1/3。美国在哪种商品的生产上拥有绝对优势？中国在哪种商品生产上有绝对优势？为什么？假如美国用10单位计算机换取中国12单位布，美国和中国的贸易所得分别是多少？
9. 假设中国生产自行车的单位劳动投入为5，生产滑板的单位劳动投入为2；韩国生产自行车和滑板的单位劳动投入均为3。请画出中国和韩国的生产可能性边界，并说明在没有贸易情况下和有贸易情况下，中国和韩国用滑板表示的自行车的相对价格是多少？
10. 假定本国与外国均生产和消费以下四种产品，每种产品的单位劳动投入如表2-9所示。

表2-9　本国和外国四种产品的单位劳动投入

产品	本国的单位劳动投入	外国的单位劳动投入
A	1	12
B	2	18
C	4	24
D	15	30

(1)本国在哪种产品上拥有绝对优势？在哪种产品上生产优势最小？
(2)假如本国工资是外国工资的8倍,本国将生产哪些产品？外国将生产哪些产品？
(3)说明专业化生产及由此产生的贸易是怎样使两国获益的。
(4)假如本国工资变成外国的6倍,专业化模式与贸易模式是否会改变？新的模式是怎样的？
(5)为什么在实际生活中,专业化分工并不完全像题(2)的结果那样进行？

实验项目二

实验项目三

实验项目四

第3章 近代国际贸易理论

比较利益乃是国际分工和国际贸易发生的决定因素。那么,两国之间为什么会产生比较优势上的差异呢?瑞典经济学家赫克歇尔和俄林所提出的要素禀赋理论(H-O理论)试图回答这个问题。

本章将首先介绍要素禀赋理论,除此之外,还将依次介绍雷布琴斯基定理、斯托尔珀-萨缪尔森定理、供应条件曲线、里昂惕夫悖论、特定要素模型等理论,这些理论被一些学者统称为近代贸易理论,也被称为新古典国际贸易理论,因为这些理论是在新古典经济学框架下进行贸易分析的。

3.1 赫克歇尔-俄林的要素禀赋理论

要素禀赋理论主要讨论国际贸易的原因和结果、要素禀赋变动对产出的影响,以及商品价格变化对产出的影响。它具体可以从狭义和广义两个方面来理解。

从狭义方面来理解,要素禀赋理论就是指生产要素供给比例论。其通过对相互依存的价格体系的分析,用要素的丰缺解释贸易产生的原因和进出口商品结构的特点。

从广义方面来理解,要素禀赋理论就是指生产要素供给比例论加要素价格均等化原理,不仅研究要素价格对贸易的作用,还研究贸易对要素价格的反作用。国际贸易不仅使国际商品价格趋于相等,还会使各国要素价格趋于相等。

3.1.1 关于产生国际贸易的基本原因

1919年,赫克歇尔发表了《实力的作用》一文,认为如果贸易双方国家的要素禀赋都一样,在各个生产部门中的技术水平都一样,再假定没有任何运输成本,那么进行国际贸易,对任何一个国家既不会带来利益,也不会带来损失。这样看来,产生比较成本的差异必须有两个前提条件:①两个国家的要素禀赋不一样;②不同产品生产过程中所使用的要素比例不一样,即不同产品中所含有的要素密集性不同。

俄林继承了瑞典学派一般均衡分析的传统,接受了他的老师赫克歇尔的论点,并于1933年出版了《区间贸易和国际贸易》一书。该书被认为是现代国际贸易理论最重要的著作。由于对国际贸易理论做出了开创性研究,他于1977年获得诺贝尔经济学奖。俄林的贡献可以概括如下:一是揭示了区间贸易与国际贸易形成的原因;二是指出了国际贸易中生产要素禀赋的差异。

俄林认为,无论是在一个地区内还是在一个国家内,在一个给定的时间内,所有的商品价格和生产要素价格都是由它们各自的供求关系决定的。需求方面包含着两种决定因素:①消费者的欲望、要求和爱好;②生产要素所有权的分配状况。这种分配状况影响着个人的收入,从而影响需求。供给方面也包含着两种决定因素:①生产要素的供给,即要素禀赋情况;②生产的物质条件。这些物质条件决定了商品生产中生产要素的配合比例,表现出要素密集的性质。由这四种基本因素构成的价格机制,在同一时间内决定了一个国家的所有商品和生产要素的价格。

假定生产的物质条件到处都是一样的,即无论在哪一个国家,生产某一特定商品的技术水平维持不变,从而这种商品的要素密集性在各国都是一样的。那么两国之间如果存在着商品相对价格差异,即两国各自的国内商品价格比例或比较成本不同,一定是由包括消费者爱好和生产要素所有权分配状况在内的商品需求情况和生产要素供给情况的不同所决定的。除非两国之间供求情况完全一样,或者要素供给的差别恰恰被商品需求的差别所抵消,两国的商品相对价格才完全一样,否则这种差别总是存在的。

由此得出结论,各国要素禀赋的不同,即生产要素的供给情况不同,是产生国际贸易的基本原因。

3.1.2 生产要素的密集性

赫克歇尔-俄林的要素禀赋理论经过多位经济学家的发展和充实,形成了所谓的赫克歇尔-俄林-萨缪尔森定理,即 H-O-S 定理。

该定理最简单的形式是 2×2×2 模式,即 2 个国家、2 种要素和 2 种产品。为了便于说明,需要做出以下假定:

(1)世界由两个国家(本国和外国)组成;只生产 Y_1 和 Y_2 两种商品;生产要素有资本和劳动力两种。

(2)生产函数规模收益不变。

(3)产品和要素市场都是完全竞争的市场。

(4)实行自由贸易,无运输成本、关税等障碍。

(5)生产要素在一国内可自由流动,在国际则不能流动。

(6)两国同一部门的生产函数相同,即有相同的生产可能性曲线和等产量曲线。由于要素禀赋存在差异,因此在两个国家内,生产的技术水平可能相同也可能不同,两国生产同一产品时,所需的生产技术(要素比例)亦不一定相同。

(7)两国有相同的消费函数。

现在我们讨论要素密集度问题。根据 H-O 理论,生产不同商品需要投入的生产要素(劳动和资本)比例是不同的。如有的产品(农副产品、纺织品)在其生产过程中使用劳动比重较大,因此是劳动密集型产品;而另一些产品(钢铁、汽车、计算机等)在其生产过程中使用资本的比重大,因此是资本密集型产品。

假定生产 Y_1 商品所需的资本量(K)与劳动量(L)之比,低于生产 Y_2 商品所需的资本量与劳动量之比,即 $(K/L)_{Y_1} < (K/L)_{Y_2}$,则 Y_1 为劳动密集型产品,Y_2 为资本密集型商品。

例如,若在钢铁生产中,所使用的资本量与劳动量之比率为 4∶1,而生产布匹使用的资本量与劳动量之比率为 1∶2,那么,钢铁就属于资本密集型产品而布匹属于劳动密集型产品。即使生产钢铁和布匹的资本量与劳动量之比率分别为 4∶1 及 2∶1,就钢铁与布匹两种商品相对而言,钢铁属于相对资本密集型产品而布匹属于相对劳动密集型产品。

根据商品所含有的密集程度大的生产要素的种类不同,商品大致分为劳动密集型、资本密集型、土地密集型、资源密集型或技术密集型等不同类别。

1. 生产同种商品的不同要素数量组合的技术类型

如图 3-1 所示,以本国生产的 Y_1 商品为例。图中分别给出生产的等产量曲线 Q_{Y_1} 和 Q'_{Y_1};在 Q_{Y_1} 上,有两点可选择生产。若选择在 a 点或 b 点生产,资本与劳动的组合分别为 (K_a, L_a) 和 (K_b, L_b),射线(又称为要素比例线或生产技术线)OT_1、OT_2 的斜率分别为 k_a、k_b。

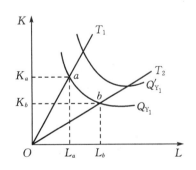

图 3-1 本国生产商品的要素组合和技术类型

显然在同一等产量曲线上生产的要素比例是不同的。如果 $k_a > k_b$,则 a 点相对于 b 点为资本密集型技术;反之,则为劳动密集型技术。

2. 不同要素数量组合确定的不同的商品类型和产业类型

如图 3-2 所示,以本国为例,企业可选择生产商品 Y_1 或 Y_2。其中 Q_{Y_1}、Q_{Y_2} 分别为生产 Y_1 或 Y_2 的等产量曲线。由于生产的有效点是等成本线与等产量线的切点,即 a 点和 b 点,因此在 a 点生产 Y_1,在 b 点生产 Y_2 有效。

如果在同一要素相对价格比率下,$k_a > k_b$,则 a 点生产的 Y_1 相对于 b 点生产的 Y_2 为资本密集型产品,而 Y_2 相对于 Y_1 为劳动密集型产品。

如果在任一要素相对价格比率下,均有 $k_a > k_b$,则 a 点生产的 Y_1 相对于 b 点生产的 Y_2 为资本密集型行业,而 Y_2 相对于 Y_1 为劳动密集型行业。

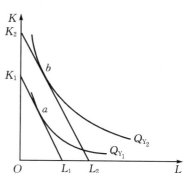

图 3-2 本国生产的商品和产业类型

所谓的国际分工,就是要在生产劳动密集型产品还是生产资本密集型产品间进行选择(也包括在其他类密集型产品中进行选择)。选择的依据是各国之间生产要素价格的相对比例。如果在甲国劳动力价格相对资本价格要便宜一些,而乙国劳动力价格相对资本价格要昂贵一些,则甲国将主要生产劳动密集型产品,乙国将主要生产资本密集型产品。

3.1.3 生产要素的禀赋和丰裕程度

比起生产要素的密集性,生产要素的自然禀赋更加难以度量。好在我们所关心的并非某一国之绝对要素禀赋量,而是两国相比较的相对量。如果一国的某一生产要素的国内价格较之另一国便宜,那么就可大致说明该国这种生产要素较丰裕,而另一国这种生产要素较缺乏。劳动力的价格即工资率,资本的价格即实际利息率。因此我们往往利用工资率和利息率的对比来衡量某国的这两种生产要素的丰裕程度。

由此我们可以得出,如果不考虑需求因素,各国相对生产要素价格差的根源就在于各国生产要素的自然禀赋或丰裕程度不同。如在某些国家,资本比较丰裕,劳动力比较缺乏,则该国的劳动力相对资本而言更为昂贵;而在另一些国家,资本相对稀缺,劳动力相对丰裕,则资本显得相对昂贵。

生产要素丰裕程度不同,会导致生产可能性曲线的形状不同。若甲国为劳动力相对丰裕、资本相对稀缺的国家,甲国生产 Y_1 商品(劳动密集型)的机会成本就比较低,而生产 Y_2 商品(资本密集型)的机会成本则较高,其生产可能性曲线便靠近 Y_1 轴;若乙国为资本相对丰裕、劳动力相对稀缺的国家,那么乙国生产 Y_2 商品的机会成本较低,生产 Y_1 商品的机会成本则较高,其生产可能性曲线靠近 Y_2 轴(见图 3-3)。

我们可以从实物和价格两个不同角度进一步讨论要素丰裕程度。

从实物角度而言,假定本国的资本总量为 K,劳动力总量为 L,要素之间的比例为 k,则

$$k = K/L$$

外国的资本总量为 K^*,劳动力总量为 L^*,要素之间的比例为 k^*,则

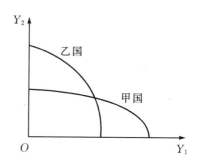

图 3-3 两国的要素禀赋与生产可能性边界

$$k^* = K^*/L^*$$

如果两国要素相对比例之比有 $K/L > K^*/L^*$，则本国相对于外国为资本丰裕的国家，外国相对于本国为劳动力丰裕的国家。

从价格角度而言，假定本国的资本价格（利息率）为 r，劳动力价格（工资率）为 w，要素相对价格为 ω，则

$$\omega = w/r$$

外国的资本价格为 r^*，劳动力价格为 w^*，要素相对价格为 ω^*，则

$$\omega^* = w^*/r^*$$

如果本国的要素相对价格大于外国的要素相对价格，$w/r > w^*/r^*$，则本国相对于外国为资本丰裕的国家，外国相对于本国为劳动力丰裕的国家。

如果一个地区的某些生产要素的供给相对大于其他要素的供给，这种供给方面的不平衡只要不被需求方面的不平衡所抵消，那么这些生产要素必然比较便宜，供给量相对少的其他生产要素必然比较昂贵。因此，这个地区能够便宜地生产那些需要使用大量低廉生产要素的商品，如果生产其他商品价格就比较昂贵。

由此，可以得出结论：贸易的首要条件是有些商品在某一地区比在其他地区能够更便宜地生产出来。一个地区的出口商品含有相对大量的、比其他地区便宜的生产要素，而进口的是其他地区能够更便宜地生产的商品。总之，进口的是使用高昂生产要素比例大的商品，出口的是使用低廉生产要素比例大的商品。

按照流行的说法就是：一个国家或地区出口的是那些在生产中密集地使用了该国最丰裕的生产要素的商品，进口的是那些在生产中密集地使用了该国最缺乏的生产要素的商品。

根据以上分析可以得出，国际贸易的流向应该如下：

(1) 劳动力众多的国家或地区（如中国、印度等）应集中生产劳动密集型产品，出口到劳动力相对缺乏的国家或地区（西欧、北美等）去。

(2) 地广人稀的国家或地区（如加拿大、澳大利亚及阿根廷等）应集中生产像谷物、牛羊类畜产品等土地密集型产品，出口到土地资源相对缺乏的国家或地区（如西欧、日本）去。

(3) 资本相对丰裕、技术相对领先的国家或地区（如日本、美国、西欧等）则应集中生产像机器设备、钢铁、汽车、计算机等需要大量资本及先进技术的资本密集型产品和技术密集型产品，出口到资本相对缺乏和技术相对落后的国家或地区（如发展中国家）去。

3.1.4 要素价格均等说与收入分配

以上根据要素禀赋理论说明了两国由于要素禀赋的不同进行贸易所需要的条件，并在此基础上决定了两国贸易的走向。那么，两国发生了贸易以后，其各自资源的禀赋情况会发生什么变化？

1. 贸易后的各国要素禀赋情况变化

假设有甲、乙两国，甲国劳动力相对丰裕，而乙国资本相对丰裕，两国发生贸易后，劳动密集型产品由甲国出口到乙国，资本密集型产品由乙国输入甲国。随着贸易的深入和扩大，甲国的劳动力愈来愈多地被雇佣来生产出口货，劳动力需求的增加使它逐渐变成比较稀缺的要素；而资本密集型产品输入量的增加，使得对资本的需求得到缓和，资本逐渐成为甲国国内数量比较丰裕的生产要素。于是劳动这种本来丰裕的要素变得比较稀缺，它的价格上涨；资本这种本来稀缺的要素变得比较丰裕，它的价格下降。对于资本相对丰裕的乙国来说，国内发生的情况与甲国恰恰相反。

因此,赫克歇尔和俄林都认为:国际贸易使生产要素的国际价格趋向于相等,使生产要素的相对价格趋向于相等。如果推论到极限的话,各种生产要素的价格最后趋向于完全一样。此即所谓的要素价格均等说。

2. 要素价格均等化原理

如果在贸易之前,由于两国要素禀赋的差异,两国要素价格的不一致导致了同种商品价格的不同。但一旦发生贸易,两国商品的相对价格的差异会不断缩小,并最终达到均等;不仅如此,要素的价格和生产中的要素密集度也会达到均等。

在图 3-4 中,Q_X、Q_Y 分别是两条价值均为 1 美元的 X、Y 商品的等产量曲线。这两条特殊的等产量曲线亦可被称为 X、Y 商品的单位价值等产量曲线。单位价值等产量曲线的形状与位置完全取决于生产技术条件和商品价格。Q_X、Q_Y 曲线所分别代表的 X、Y 商品的产出水平 X_0 和 Y_0 满足以下条件:

$$P_X \cdot X_0 = P_Y \cdot Y_0 = 1$$

式中,P_X、P_Y 分别是 X、Y 商品的价格。

图中还有一条单位等成本直线,其方程为

$$w \cdot L + r \cdot K = 1$$

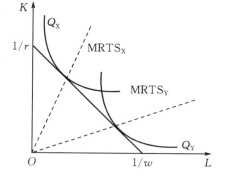

图 3-4 要素价格的均等化

这条等成本直线在横坐标轴上的截距等于劳动力价格的倒数($1/w$),在纵坐标上的截距等于资本价格的倒数($1/r$)。

此外,还有两条曲线,即边际技术替代率(MRTS)曲线。

在自由贸易下,X、Y 两种产品无论在国家 1 还是在国家 2 价格都是相同的,另外两国的生产技术条件也完全相同,所以两国相应产品的单位价值等产量曲线的形状和位置也完全相同,从而两国在均衡时的单位成本曲线也完全相同。由于上述条件,贸易后两国的要素价格自然也就相同。

要素价格的均等是以商品价格的均等为先决条件的。在现实中,我们必须看到由于运输成本和一些贸易壁垒的存在,以及生产技术条件的不一致,国际上要素价格均等化在现实中一般难以实现。

保罗·萨缪尔森(Paul Samuelson)在 1949 年发表的《再论国际要素价格均等》一文中认为,在特定的条件下,国际要素价格均等是必然的,而不是一种趋势。这些特定条件如下:

(1)在发生贸易前后,两国生产同样两种商品,并且只使用两种生产要素如劳动和资本。

(2)两国生产每种商品的技术水平是完全一样的。

(3)生产这两种商品的要素密集性不一样。

(4)要素的供给情况没有变化,两国各种生产要素都是同质的。

(5)假定没有关税和运输成本,商品在国际能完全自由流动,而生产要素在国际则完全不能流动。同时商品市场和生产要素市场是完全竞争的市场。

(6)两国根据各自的比较利益,生产各自的优势产品,但不实行完全的国际分工。即两国始终都生产这两种商品,而不是只生产一种占优势的产品。

(7)要素密集程度不发生转化。

要素价格均等说也称作赫克歇尔-俄林-萨缪尔森定理。

概括来看,李嘉图的比较成本说和赫克歇尔-俄林的 H-O 理论虽然都从供给方面来论证国际贸易产生的原因,但两者有着根本的区别。李嘉图从劳动价值论的观点出发,认为各国之间的比较成本差异是由于国际生产的特点不同和生产要素生产率的差别所造成的。而 H-O 理论则放弃了劳动价值论,采用供求理论体系,研究多种生产要素的禀赋、替代、组合及价格联系。H-O 理论认为,各国之间比较成本差异在于各国之间生产要素禀赋的不同和生产各种商品所使用的生产要素的比重(密集性)不同,但假定各国之间生产要素的物质生产率是一样的,即单位生产要素的效率到处都是相同的。

3.2 要素禀赋及其价格的变动和影响

3.2.1 要素禀赋的变动

在国际贸易经典理论和 H-O 理论中,都有一个共同的假定,即土地、劳动、资本、资源等各种生产要素中的每一种要素本身都是同一的,没有任何差别而且每一种要素的供给量都是固定不变的。但实际上,每种生产要素都不是同一的,它包含着许多小类或亚种。随着技术的进步、人口的增加和资本的积累,经过一段时期以后,要素禀赋的量就会改变。生产要素的非同一性和要素禀赋的变动性必然会影响一国的比较优势,从而影响到国际贸易的数量。

从长期来看,各国的要素禀赋是变化的。下面分析这种变化对生产和贸易产生的影响。

这里为了分析方便,我们仍假定只有两种生产要素,某国在一定的贸易条件下,生产劳动密集型的 X 产品和资本密集型的 Y 产品。首先分析由于资本或劳动要素的增加对生产可能性曲线的影响。假定某国的劳动力和资本是按同一比例增长的,则该国的生产可能性曲线按原来的形状等比例地放大,其原有的生产要素禀赋的比例不变,即其比较优势情况不变,如图 3-5 所示。

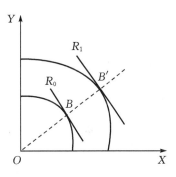

图 3-5 生产要素的等比例增长

若某国只有劳动力要素,而没有资本要素的增长,那么其生产可能性曲线将沿着代表劳动密集型产品的 X 轴方向大幅度扩展,而沿着代表资本密集型产品的 Y 轴方向的扩展只是极其微小的,如图 3-6 中曲线②。劳动力这项单一要素的增加之所以能引起生产可能性曲线沿 Y 轴方向有微小扩展,而不是停留在原来的点上,是因为 Y 虽为资本密集型产品,但其生产也需要一定的劳动力要素,劳动力的增加也可使资本密集型产品 Y 的产量有所增加。

若只有资本要素发生增长,而劳动力要素没有变动,其生产可能性曲线将沿着代表资本密集型产品的 Y 轴方向大幅度扩展,而沿代表劳动密集型产品的 X 轴方向只有微小扩展,如图 3-6 中曲线③。

图 3-6 中,①为增长前的生产可能性曲线;②为劳动力增长的生产可能性;③为资本增长的生产可能性曲线。

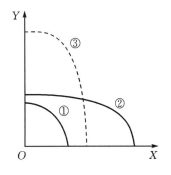

图 3-6 单一生产要素的增长

3.2.2 雷布琴斯基定理及其应用

1. 雷布琴斯基定理

1955年,雷布琴斯基(Rybczynski)研究了单一要素增长对国际分工模式产生怎样的影响这一问题。其结论被称为雷布琴斯基定理。这个定理指出:如果商品和生产要素的价格保持不变,在两种生产要素中,其中一种的数量增加了,而另一种的数量保持不变,那么密集使用了前一种生产要素的产品的绝对产量将会增加,而密集使用了后一种要素的产品的绝对产量将会减少。

假设资本供给增加了资本增量 ΔK。在商品相对价格保持不变的前提下,为了使新增加的资本(ΔK)能全部被利用,以保证充分就业,则需资本密集型部门(X)来吸收新增的资本,但要保证 X 部门将新增的资本全部吸收,还需要一定的劳动力来与其搭配,所以 Y 部门不得不缩小生产规模,以便释放出一定的劳动力(ΔL_Y)。Y 部门在释放出劳动力的同时,还会释放出一定的资本(ΔK_Y),这部分资本也需 X 部门来吸收,最后达到如下状态:

$$k_X = \frac{K'_X}{L'_X} = \frac{K_X + \Delta K + \Delta K_Y}{L_X + \Delta L_Y}$$

$$k_Y = \frac{K'_Y}{L'_Y} = \frac{K_Y - \Delta K_Y}{L_Y - \Delta L_Y}$$

当上述两式都满足时,所有的要素都得到了充分利用,并且两个部门的要素密集度保持不变,结果 X 部门的生产规模扩大,而 Y 部门的生产规模则缩小。如果是劳动总量增加,资本总量不变,则同样的道理,Y 部门的生产规模将扩大,X 部门的生产规模将缩小。

于是,我们得到如下的结论:在商品相对价格不变的前提下,某一要素的增加会导致密集使用该要素部门的生产规模增加,而另一部门的生产规模则缩小。这就是所谓的雷布琴斯基定理。

在图 3-7 中,E 点表示一国要素变化前的要素禀赋点,直线 OX、OY 的斜率分别表示均衡时 X、Y 两个部门的要素使用比例,由于 X 是资本密集型产品,所以直线 OX 在直线 OY 之上。坐标图中 X、Y 点所对应的劳动力和资本量分别表示两个部门的要素投入量,根据要素充分利用这一假设条件,$OXEY$ 应是一平行四边形。另外,由于规模收益不变,X、Y 的产出分别与线段 OX、OY 的长度成等比例关系,所以不妨直接用线段 OX、OY 分别表示两个部门的产出水平。

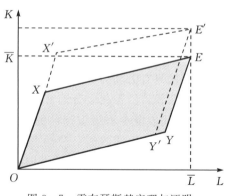

图 3-7 雷布琴斯基定理与证明

假定资本增加,劳动力保持不变,则图中资本增加后要素禀赋点由 E 变为 E',在商品相对价格不变的条件下,要素禀赋点变动之后,X、Y 两个部门的要素使用比例仍保持原来水平不变,这时,因要保证所有要素充分利用,新的平行四边形为 $OX'E'Y'$,相应地,X、Y 两个部门的产出水平分别为 OX' 和 OY',由图可知,X 部门产出增加了,而 Y 部门的产出则减少了。

2. 雷布琴斯基定理的应用

雷布琴斯基定理的应用可用图 3-8 加以说明。要素禀赋增加之后,生产可能性边界的两个端点所分别对应的 X 部门、Y 部门的最大产出都会增加,因此,整条边界线将向外移动,但生产边界外移的方向性则取决于要素禀赋变化的类型。

如图 3-8 所示,横轴表示资本密集型产品(X)部门,纵轴表示劳动密集型产品(Y)部门。劳动力的增长使生产可能性曲线①外移到②,要素增长发生以前,生产点在 A 点(X_1,Y_1),要素增长发生后,生产点移至 B 点(X_2,Y_2)。B 点与 A 点比较,$X_2>X_1,Y_2<Y_1$。该定理假设商品价格和生产要素价格不变,商品的相对价格(dY/dX)不变,反映在图 3-8 中,即 $R/\!/R'$。只有当两种商品生产的要素比率(K/L)以及两种要素的生产率保持不变的条件下,以上假设才能成立。在一种生产要素(劳动力 L)增加,而另一生产要素(资本 K)未变的情况

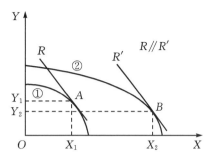

图 3-8　要素积累与贸易条件

下,要想增加的劳动力得到充分使用而 K/L 比率又不能改变,就必须在两个行业之间调整劳动力与资本存量。假定所有新增加的劳动力全部进入劳动密集型行业生产 X,就必须从资本密集型行业(生产 Y)转移一定量的资本来配合新增加的劳动力。不但如此,还要把转移来的资本原来配备的劳动力也一并转移过来。只要劳动力继续增加,就要不断地把生产要素由资本密集型行业转到劳动密集型行业中来,这种调整过程的结果,必然是扩大了劳动密集型行业的生产规模,缩小了资本密集型行业的生产规模,提高了专业化的程度。

反之,如果只有资本要素单独增长,劳动力数量不变,则资本密集型产品的产量将绝对增加,劳动密集型产品的产量则绝对减少。

根据以上分析,劳动力增加,劳动密集型产品的绝对量就会增加。若劳动密集型产品是该国的优势产品,那么随着劳动力的增加,产品的相对优势也随着增加,这种产品的出口量也就相应地扩大。若劳动力是稀缺要素,劳动密集型产品不是优势产品,但随着劳动力的增加和劳动密集型产品数量的增加,却能进一步与进口产品相竞争,从而减少了进口数量。劳动密集型产品数量的增加,必然伴随着具有优势的资本密集型产品的减少,从而出口也就减少了。

总的来说,当一种生产要素的供给增加时,如果密集使用这种生产要素的产品是优势产品,那么该国的对外贸易量将会增加。如果它不是优势产品,那么该国对外贸易的进、出口量都会减少。如果资本密集型产品和劳动密集型产品都是出口产品,那么当资本供应量增加时,根据雷布琴斯基定理可以推定,资本密集型产品的出口将会增加,劳动密集型产品的出口将会减少。

3.2.3　斯托尔珀-萨缪尔森定理与收入分配

1. 斯托尔珀-萨缪尔森定理

斯托尔珀(Stolper)和萨缪尔森在 1941 年发表的《保护主义与实际工资》一文中,第一次在两种要素、两种商品的一般均衡模型的明确表述中对 H-O 定理做了具体的发展。他们的观点被称为斯托尔珀-萨缪尔森定理(S-S 定理)。

斯托尔珀和萨缪尔森认为国际贸易对生产要素实际收益的长期影响体现在以下方面:
(1)在出口产品生产中密集使用的生产要素(本国的丰裕要素)的报酬提高;
(2)在进口产品生产中密集使用的生产要素(本国的稀缺要素)的报酬降低;
(3)不论这些要素在哪个行业中使用。

假定一国出口 X,进口 Y;X 是劳动密集型部门,Y 是资本密集型部门;当产品价格 P_X 上升,在 X 部门使用的要素报酬上升,要素流向该部门。由于 X 是劳动密集型部门,其生产扩张需要相对多的 L 和相对少的 K,而 Y 部门转移出来的要素构成是相对多的 K 和相对少的 L。因此劳动力的边际产量(MPL)上升,资本的边际产量(MPK)下降。

在规模收益不变的条件下,边际生产力取决于两种要素投入的相对比例(资本-劳动力比率),与要素投入的绝对量无关。由于资本变得相对越来越昂贵,劳动力变得相对越来越便宜,所以每个部门的厂商都会调整其要素使用比例,增加劳动力雇佣来替代部分资本,进而降低资本-劳动力比率。在产量增加的同时,资本-劳动力比率却下降,则资本的边际生产力提高,资本的实际报酬上升;劳动力的边际生产力降低,劳动力的实际报酬下降。

如图 3-9 所示,以本国为例,其中 Q_X、Q'_X 和 Q_Y 分别为生产 X、Y 的等产量曲线;C_1、C_2 分别为生产 X、Y 的等成本曲线。两种要素相对价格之比 w/r 等于等成本曲线斜率的绝对值。

点 D、F 分别表示对于每种产品单位产出为 1 美元时的最佳投入。假定对于 Q_X 的价格较高(因为该国开始从事国际贸易),这时其位于较低的等产量曲线 Q'_X 之上。如果两种商品都要进行生产,1 美元的等成本线就要移动,以便与等产量线保持相切。这样,租金

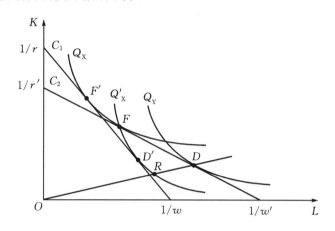

图 3-9 斯托尔珀-萨缪尔森定理

下降,工资更高;因为 Y 的价格没有变化,资本的购买力下降了。工资的上升,意味着劳动可以买到更多的 X 和 Y。

对于 Q_X,通过它与 Q_Y 比较,从图上可以看到在工资上是成比例变化增加 $[(1/w)/(1/w')]$,通过射线也可以看到,即 OD/OR。

在竞争的环境中,商品价格的任何变化都必须反映要素价格的平均变化,这样单位成本才会与价格保持同等的变化。因此,斯托尔珀和萨缪尔森还认为,生产要素价格的变动会超过产品价格的变动。在这一过程中,究竟是哪一个要素会获得好处,仅仅取决于要素密集度的大小。美国经济学家罗纳德·琼斯(Ronald Jones)进一步研究和证明了这种效应,并将要素价格变动幅度大于产品价格变动幅度的结果称为"放大效应"。

由上述分析可以推论本国稀缺资源的真实收益可以通过保护而提高;同理,本国丰裕资源的真实收益可以通过自由贸易而增加。

斯托尔珀-萨缪尔森定理对新古典贸易中只有自由贸易才能产生福利的观点提出了质疑,认为在一国国内要素自由流动条件下,该国对其使用相对稀缺要素的生产部门进行关税保护,可以明显提高稀缺要素的收入。关税提高受保护产品的相对价格,将增加该受保护产品密集使用的要素的收入。如果关税保护的是劳动密集型产品,则劳动力要素的收入趋于增加;如果关税保护的是资本密集型产品,则资本要素的收入趋于增加。

2. 收入分配

斯托尔珀-萨缪尔森定理表明贸易是影响国内收入分配的一个重要原因。如果贸易引起分配格局的变化变得十分不合理或不公正,就会涉及社会的安定,影响经济的平衡增长。这样,政府就必须采取适当的收入分配调节政策和措施,比如利用税收、补贴等办法,使任何个人或阶层都不因对外开放而蒙受收入水平绝对下降的痛苦。进一步分析,如果出口收入的国内分配有利于对本国产品具有较高消费倾向的集团,其结果就会有效地提高对本国产品的需求,从而带动本国的生产和就业。如果出口收入的增加集中到储蓄倾向较高的居民手中,则出口的扩大又会给其他部门的增长提供资金,提高投资水平。反之,如果有较高进口倾向的集团或对进口品消费倾向较高的居民更多地得到了出口收入,则出口对经济发展的贡献力量就受到了削弱。当然,收入分配对经济发展的影响大都是间接的,但贸易引起收入分配格局的变化对经济发展产生影响,则是可以肯定的。

从 20 世纪 80 年代开始,国外学者对斯托尔珀-萨缪尔森定理进行了大量的实证分析,结果相差甚远,形成了技术或贸易动因之争。以勒纳和伍德(Wood)为代表的学者认为贸易是导致美国等发达国家收入差距扩大的主要原因;而以克鲁格曼为代表的学者则认为技术才是收入差距扩大的主要原因。斯托尔珀-萨缪尔森定理与现实的偏差以及贸易与技术之争引起了经济学家对贸易影响收入分配机制的理论探讨,他们分别从贸易与商品价格变化、技术变化、个体行为差异以及其他方面进行分析。

3.3 供应条件曲线及其应用

3.3.1 供应条件曲线的性质和形式

穆勒的相互需求原理虽然能够解释均衡贸易条件的确立,但是仍然还是一般的陈述,不够精确。英国经济学家马歇尔在穆勒的理论基础上,采用供应条件曲线(offer curves),又称提供曲线或相互需求曲线(reciprocal demand curves),来说明供给和需求是如何共同决定贸易条件的。

供应条件曲线表明,根据不同的交换比例,一个国家对两种商品愿意进行的不同的贸易量。因此,供应条件曲线既可以看成是供给曲线,也可以看成是需求曲线。由于供应条件曲线表明按各种交换比例(即贸易条件),一国所愿提供的出口产品的量,所以它是一条供给曲线,这个曲线集中反映了这个国家国内的技术、生产率和要素禀赋情况。作为供给曲线,供应条件曲线还表明,出口产品相对价格上升时,一国就会增加出口产品的市场供应量。作为需求曲线,供应条件曲线表明,在不同的交换比例情况下,这个国家对进口产品的需求量。它反映国内的爱好和选择情况,表明当进口产品相对价格低时,该国就会增加对该种产品的需求量。

首先说明交换比例和相对价格。两种商品进行交换时,它们的交换比例表明它们的相对价格。一种商品的相对价格是以它所交换到的另一种商品的量来表示的。一种商品的相对价格上升就意味着它能交换到的另一种商品的量比以前增加了。反之,一种商品的相对价格下降,就意味着它能交换到的另一种商品的量比以前减少了。

3.3.2 以供应条件曲线表示的市场均衡

我们从图 3-10(a)可以看出,在贸易条件为 t_0 时,本国愿意出口 C_0 呢绒以交换 W_0 的小麦;在贸易条件为 t_1 时,本国愿意出口 C_1 的呢绒以交换 W_1 的小麦。当本国贸易条件改善的时候,

如在 t_2 时,本国可以用较小数量的呢绒交换到定量的小麦,因此,本国愿意提供更多的呢绒以供出口。从图 3-10(b)中可以看出,外国的贸易条件愈加改善,它愈能以定量的小麦出口换回更多的呢绒,因此,外国愿意提供更多的小麦出口。

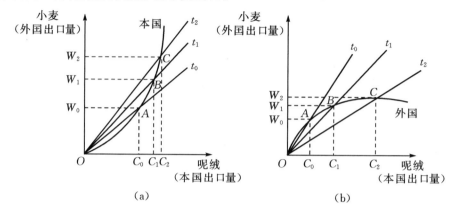

图 3-10 供应条件曲线

还有另一种解释,本国出口呢绒的量越多,呢绒在本国国内逐渐成为稀缺产品,进口的小麦的量越多,小麦在本国国内逐渐成为相对丰裕的产品。因此,要使本国增加呢绒的出口,必须改善本国的贸易条件。另外,在机会成本递增的情况下,要使本国增加呢绒的出口,必须提高呢绒的相对价格,因此也需要改善本国的贸易条件。同理,外国要增加小麦的出口,必须改善外国的贸易条件。

将类似图 3-10(a)和(b)中的供应条件曲线合并到一个图中,那么通过它们的交点的贸易条件线表明实际的贸易条件或均衡的贸易条件。整个情况则表明市场的一般均衡状态。因为只有在两条供应条件曲线的交点上,两国之间的进出口量才会相等,如图 3-11 中 E 点所示的那样。

图 3-11 中,E 点表示本国和外国的市场均衡状态。在贸易条件为 t_E 时,本国愿出口呢绒的量(C_0)恰好等于外国愿进口的数量(C_0),而外国愿出口小麦的数量(W_0)恰好等于本国需进口的数量(W_0)。因此,t_E 代表均衡的贸易条件,E 点表示国际市场的一种均衡状态。

如图 3-12 所示,如果国际市场处于不均衡状态之中,两国的供求力量会自动地使它恢复均衡。

图 3-12(a)中,假定现在的市场贸易条件为 t_F,t_F 和 t_E 相比,本国处境比较不利,而外国的处境改善了。因为由 t_E 转移到 t_F 时,t_F 交外国供应条件曲线于 S 点,在 S 点外国只要增加 W_2-W_0 数量的小麦即可多换回 C_2-C_0 数量的呢绒。但 t_F 交本国供应条件曲线于 P 点,在 P 点本国愿意出口 C_1 数量的呢绒,小于外国的需求量(C_2),呢绒供不应求。在 t_F 时,外国愿意出口小麦的数量(W_2)超过本国对小麦的需求量(W_1),小麦供过于求。这样呢绒的相对价格将要上涨,而小麦的相对价格则会下降,t_F 逐渐移向 t_E,直到均衡点 E,国际市场上这两种商品的供求情况恢复均衡。图 3-12(b)则表示相反的情况。t_G 分别交外国和本国的供应条件曲线于 T 点、U 点。以 t_G 和 t_E 相比较,外国的处境比较不利,使得外国小麦的供应量(W_3)小于

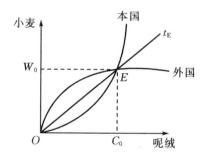

图 3-11 供应条件曲线表示的市场均衡

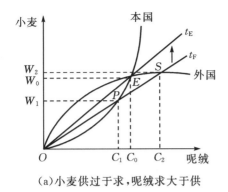
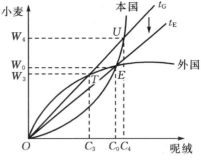

(a) 小麦供过于求，呢绒求大于供　　　(b) 呢绒供过于求，小麦求大于供

图 3-12　市场均衡的恢复

本国小麦的需求量（W_4），而呢绒则供过于求。小麦的相对价格将要上涨，而呢绒的相对价格则会下降，t_G 移向 t_E，直到达到 E 点，恢复市场均衡。

3.3.3　需求变动和供应条件曲线的移动

供应条件曲线既具有供给曲线的性质，又具有需求曲线的性质。因此，当供给情况或需求情况发生变化时，供应条件曲线的位置就会移动。影响供给情况的有要素禀赋、要素生产率和技术水平等因素的变动。影响需求情况的有爱好和选择等因素的改变。供求情况的变化使得供应条件曲线移动时，将产生两种效应：一种是对贸易条件的影响，另一种是对贸易数量的影响。在国际贸易理论中，事物的变动所产生的影响，一般称为效应。现在假定供给情况不变，只分析需求变动时所产生的贸易条件效应和贸易数量效应。

需求的变动所产生的效应，可以分两种情况来分析。

1. 外国国内对出口商品需求增加时所产生的效应

如图 3-13 所示，假定开始时，两国的贸易情况处于 E 点的均衡状态。贸易条件以 t_0 表示。现在由于外国的爱好从购买进口的呢绒，转变为购买本国出口的小麦。外国对呢绒的需求变得不如过去那样强烈，因此，只愿意用比以前少的小麦来交换一定量的呢绒。因此外国的供应条件曲线由 WC_0 移动到 WC_1。根据原来的贸易条件 t_0，则市场失去均衡。因为，这时本国的供求情况无变化，仍然以 E 点表示。外国的供求情况则改以 F 点表示。在 F 点，外国只愿意出口 W_2 的小麦，进口 C_2 的呢绒。小麦求大于供，呢绒供过于求。小麦的相对价格将要上涨，也就是贸易条件曲线将从 t_0 向右下方移动，一直移动到 t_1，两国供应条件曲线相交于 G 点，市场的均衡状态重新恢复。

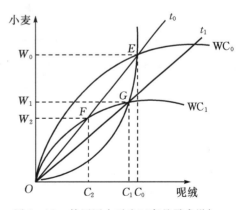

图 3-13　外国国内对出口商品需求增加

由于外国国内对出口商品需求的增加，供应条件曲线 WC_0 改变为 WC_1 后，产生两种效应。一是贸易数量的减少，由 E 点减少到 G 点，从而降低了外国的福利。但是贸易条件改善了，由 t_0 变到 t_1，这种情况增加了外国的福利。如果贸易条件有利的程度大于贸易数量缩减的不利程度，外国总的贸易情况就改善了；反之，外国总的贸易情况就恶化了。

2. 本国国内对进口商品需求增加时所产生的效应

如图 3-14 所示,假定两国起初的贸易均衡点在 E 点,交易条件为 t_0。现在由于消费习惯的改变,本国对小麦的需求相对于呢绒来说大幅度地增加了。这种情况使得本国的供应条件曲线由 CW_0 移向 CW_1,因为本国愿意提供更多的呢绒来交换小麦,即愿意增加 C_2-C_0 数量的呢绒来交换 W_2-W_0 数量的小麦。按原有的贸易条件 t_0 来衡量,贸易失去平衡。外国的供求情况不变,仍以 E 点表示,只愿以 W_0 的小麦交换 C_0 的呢绒。本国的供求情况改由 F 点表示,愿意以 C_2 的呢绒交换 W_2 的小麦。这样小麦求大于供,而呢绒则供过于求,小麦的相对价格上涨,贸易条件由 t_0 改为 t_1,市场在 G 点恢复均衡。本国对进口商品需求的增加,其结果是扩大了本国的贸易量,

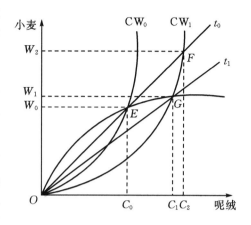

图 3-14 本国国内对进口商品需求增加

但贸易条件变化对本国不利,如果本国贸易量扩大的程度大于贸易条件的不利程度,则本国总的贸易情况还是改善了;反之则恶化了。

3.4 里昂惕夫悖论

1953 年,美国著名经济学家里昂惕夫利用投入产出方法试图对 H-O 理论进行检验,他使用了 200 个行业的投入产出表,前后两次分别采用 1947 年和 1951 年的统计资料,来比较生产 100 万美元价值的出口商品和进口替代商品所需要的资本和劳动的比率(K/L)。他吃惊的是计算结果表明,美国出口商品的 K/L 低于进口替代商品的 K/L。其计算结果见表 3-1。

表 3-1 里昂惕夫的计算

(每 100 万美元进出口商品中所需要素情况)

项目	1947 年		1951 年	
	出口商品	进口替代商品	出口商品	进口替代商品
资本/美元	2550780	3091339	2256800	2303400
劳动/(人·年)	182	170	174	168
资本量/[美元/(人·年)]	14015	18184	12977	13726
进口资本量/出口资本量	1.30		1.06	

从表 3-1 中可以看出,用平均每人一年的资本表示的进口替代商品的 K/L 和出口商品的 K/L 之比,1947 年为 1.30,1951 年为 1.06。即美国进口替代型部门每个工人所用的资本比出口部门每个工人所用的资本,1947 年多出 30%,1951 年多出 6%。这说明,美国出口的是相对劳动密集型产品,进口的则是相对资本密集型产品。结论显然与 H-O 理论的推断相矛盾。这便是著名的里昂惕夫悖论(Leontief paradox)。

此后,许多经济学者对美国、日本、印度、加拿大及东欧国家若干年度的对外贸易做了检验,除个别例外,多数结果都和里昂惕夫的最初结论相似。所以里昂惕夫悖论是一个普遍存在的谜。

里昂惕夫悖论激发出许多研究国际经济问题学者的普遍兴趣,为了解开这个谜,他们从不同角度做了补充和解释。

3.4.1 人力资本与人力技能理论

H-O 理论假定各国之间同一生产要素只有量的不同而无质的差别。这个假定显然不符合实际情况,因为一个国家的人力结构由不同的受教育程度,具有不同的熟练程度,从事不同职业的人们所组成。这种人力结构随着一个国家的经济发展水平的变化而变化,各国之间的人力结构是不一样的。

里昂惕夫本人对美国出现的"谜"的解释,成为人力资本理论的开端。他认为,美国的劳动力比国外劳动力具有更高的效率,如果生产的进口替代品的 K/L 转换为国外产品的 K/L,那么美国从国外进口的产品中包含的劳动就会多于资本,因而仍是劳动密集型的。

在里昂惕夫之后,不少经济学家如克拉维斯(Kravis)、基辛(D. B. Keesing)、凯南(P. B. Kenen)、鲍德温(Baldwin)、舒尔茨(T. W. Schultz)等,陆续提出和发展了人力资本理论。他们认为,H-O 理论所说的资本要素只是指物质(或称有形资本),如机器、厂房、设备等,却完全忽略了人力资本。

所谓人力资本(human capital)是指投资于人的劳动技能的训练所花费的费用。而劳动技能是社会投资于教育、职业训练、健康保障等项目的结果。正像投资于设备、厂房等方面的物质资本一样,人力资本的投入可以在既定的资源水平上增加产出的价值。

基辛对美国与其他国家在进出口产品上所花费的熟练与非熟练劳动的情况做了统计分析,表 3-2 列出包括美国在内的五个国家的情况。

表 3-2 美国等国在进出口产品上所花费的熟练与非熟练劳动的情况

国家	出口/%		进口/%	
	熟练劳动	非熟练劳动	熟练劳动	非熟练劳动
美国	54.6	45.4	42.6	57.4
瑞典	54.0	46.0	47.9	52.1
德国	52.2	47.8	44.8	55.2
意大利	41.1	58.9	52.3	47.7
印度	27.9	72.1	53.3	46.7

由表 3-2 中可以看出,美国出口产品所使用的熟练劳动的比例比进口替代产品所使用的要高(54.6%∶42.6%),所使用的非熟练劳动的比例则较低(45.4%∶57.4%)。美国出口产品中所使用的熟练劳动比例(54.6%)也是这些国家中比例最高的。这表明美国出口的是技能密集程度最高的产品,它反映了美国具有相对丰裕的熟练劳动和专门技能,使得它在电子计算机和商用飞机制造方面享有比较持久的优势。从瑞典、德国、意大利和印度等国的资料中可以看出,资本密集型的国家趋于出口技能密集型产品,而较贫穷的国家则出口非熟练劳动密集型产品。

总之,人力技能理论可以看成是 H-O 理论的进一步扩展,它把人力资本作为一个新的生产要素引入 H-O 理论中,人力资本相对丰裕的国家在出口技能密集型产品方面就具有比较优势。

3.4.2 自然资源要素与关税结构

一些经济学家认为,H-O 理论和里昂惕夫的计算只考虑了资本和劳动两项生产要素,而忽略了诸如土地、矿藏、森林之类的自然资源要素。而自然资源与资本要素又具有互补的性质,如果某些自然资源不足,要生产一定的自然资源密集型产品,就必须投入较多的资本要素。而美国的一些进口产品,正是资源密集型产品,这些产品的生产所要求的自然资源在美国相对不足,它们作为进口替代品在美国生产,就必须以较高的资本投入来弥补,这就是里昂惕夫悖论形成的原因。

H-O 理论假定没有关税存在,即贸易双方是完全的自由贸易,但这个假定与现实情况是不符合的。

有的经济学家如鲍德温认为美国关税结构对贸易形式的扭曲是造成里昂惕夫悖论的原因之一。由于美国对其国内的劳动密集型行业采取关税保护政策,限制劳动密集型产品进口,而国外的资本密集型产品却相对容易输入。外国如采取相反措施,为了维护其工业的发展,对资本密集型产品的进口征收高关税,那么美国资本密集型产品就会难以进入国外市场,劳动密集型产品却相对容易出口。这样就人为增加了美国进口产品中资本密集型产品比重,以及美国出口产品中劳动密集型产品的比重。

3.4.3 要素密集度逆转

H-O 理论假定,无论生产要素的价格比例实际如何,某种商品总是以某种要素密集型方法生产,例如小麦总以某种要素密集型方法生产。而这种假定是不现实的,因为有要素密集度逆转这一现象存在。

所谓要素密集度逆转(factor intensity reversal),是指这样一种情形:某一特定商品,在劳动力相对丰裕的国家属于劳动密集型产品,在资本相对丰裕的国家则属于资本密集型产品;或者说某种商品在某个国家既定的生产要素价格条件下是劳动密集型产品,但在另一个国家的既定生产要素价格条件下却可能是资本密集型产品。例如,小麦在许多发展中国家是劳动密集型产品,而在美国却是资本密集型的。

在图 3-15 中,由于 X 的生产要素替代弹性较之 Y 的生产要素替代弹性小,即 X 等产量曲线的弯曲程度小于 Y 等产量曲线的弯曲度,因此 X、Y 的等产量曲线有两个相交点。

当要素相对价格比率如图中 t_1 线所示时,$k_X > k_Y$,即 X 的要素密度大于 Y;但当要素相对价格比率如图中 t_2 线所示时,$k'_X > k'_Y$,即 X 的要素密度小于 Y。当要素相对价格比率由 t_1 变为 t_2 时,两个产品的要素密度发生了逆转。

根据以上解释,当存在要素密度逆转时,同样一种产品,虽然两国生产函数形式相同,但在两国不同的要素价格下,可能属于不同类型,如封闭条件下 X

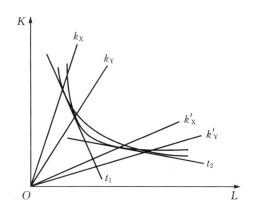

图 3-15 要素密集度逆转

在 A 国是资本密集型的,但在 B 国却可能是劳动密集型的。这样一来有可能发生这样一种情形:资本丰裕的国家可比较廉价地生产某种资本密集型商品,而在劳动力丰裕的国家,也可以比较廉价地生产同样一种产品,因为该产品在劳动力丰裕的国家是劳动密集型的而不是资本密集型的。例如,美国进口的产品在国内可能用资本密集型生产,但在国外却以劳动密集型生产,从美国的角度来看,会造成进口以资本密集型为主的错觉。同时美国出口商品在国内可能是劳动密集型产品,在别的国家却是资本密集型产品,用美国标准衡量也会造成出口的是劳动密集型产品的假象。由此可以看出,只要在贸易商品结构中有要素密集度逆转现象存在,其中一国必然出现里昂惕夫悖论。在这种情形下,两个国家就无法进行国际分工与贸易了。

那么在现实世界中,究竟有哪些产品的生产具备产生要素密集度逆转的条件呢?据格鲁贝尔(H. G. Grubel)介绍,有人在 1962 年对 19 个国家 24 个行业的统计分析中,发现只有 5 个行业存在要素密集度逆转。之后,里昂惕夫本人的分析表明,可能发生要素密集度逆转的行业比重实际上还要更低。拉尼(Lany)的分析表明,对制造业贸易来说,要素密集度逆转不是一个重要因素。可见发生要素密集度逆转现象的仅是一些特殊的行业或商品,而不是一种普遍现象。

假如要素密集度逆转具有普遍性,那么 H-O 理论就会从基础上动摇。因为若某一商品在资本相对丰裕国家可以是资本密集型的,在劳动力相对丰裕国家可以是劳动密集型的,那么国际分工将以什么为标准,国际贸易又如何进行呢?幸好经济学家们证实了它只是一种例外,否则的话,整个国际贸易的经典理论就要重写。

3.5　特定要素模型

在李嘉图的比较成本模型中,假设国家之间是完全分工的,但事实上我们经常看到一个国家虽然大量进口某一商品,也不完全放弃国内生产该商品,因此是不完全分工的。原因在于企业的生产成本是递增的,生产某一商品的生产要素也不是唯一的劳动力要素。

此外,李嘉图模型中的假定说明了贸易的潜在利益,指出不仅所有的国家在贸易中获利,而且由于贸易没有影响收入的分配,每个人的福利也都随之改善。然而在现实社会中,贸易对参与国内部的收入分配有很大的影响,因而在一般情况下,贸易收益的分配是很不均等的。

我们看到,在现实中资源不可能很快地、无成本地从一个部门转移到另一个部门;而且各部门对生产要素的需求也不尽相同,提高某种产品的产量可能会增加但同时也会减少对某些生产要素的需求。因此某项贸易活动对一个国家来说在整体上是有利的,但可能会带来对该国一些利益集团的损害。针对这一收入分配问题,保罗·萨缪尔森和罗纳德·琼斯分别提出和发展了特定要素模型。

3.5.1　特定要素模型的假设

特定模型假定一个国家生产两种产品 1 和 2,其中 1 为制成品,2 为农产品。存在两种以上的生产要素:劳动(L)、资本(K)和土地(T),其中劳动可以在部门间流动,称为流动要素;其他要素则是特定的,只能被用于生产某些特定产品。生产产品 1 需要投入劳动和资本,生产产品 2 需要投入劳动和土地。在此,劳动是流动要素,土地和资本则是特定要素。各生产要素均处在充分就业状态。

产品 1 的产出取决于本部门中的要素投入,对此可用生产函数来表示,生产函数表明在一定的要素投入量时产品的产出数量。

产品 1 的生产函数可记为

$$Q_1 = Q_1(K, L_1) \qquad Q'_1(K, L_1) < 0$$

式中,Q_1 表示产品 1 的产出;K 表示资本存量;L_1 表示投入的劳动量。

产品 2 的生产函数可记为

$$Q_2 = Q_2(T, L_2) \qquad Q'_2(T, L_2) < 0$$

式中,Q_2 表示产品 2 的产出;T 表示土地供给量;L_2 表示投入的劳动量。

对整个经济来说,两个部门的劳动力和应等于劳动总供给:

$$L_1+L_2=L$$

另外,我们假设该国拥有 n 家相同的生产产品 1 的厂商,以及 n 家相同的生产产品 2 的厂商。这样假设的目的有两个:第一,我们可以把两个产业都看成完全竞争行业;第二,我们可以在两个产业选择一家代表性厂商以代表整个行业进行分析。

3.5.2 特定要素模型的生产可能性边界曲线

特定要素模型假设每一种特定要素只能被用于一个生产部门,在这里,资本被用于生产制成品,土地被用于生产农产品,而劳动则可以在部门间流动。下面分别给出制成品部门的生产函数以及劳动的边际产出,然后将二者结合起来推导特定要素模型的生产可能性边界。

图 3-16(a)表明了制成品部门劳动投入与产出之间的关系,在确定的资本投入条件下,在边际报酬递减和投入的共同作用下,生产函数曲线随劳动投入增加而趋平缓。

图 3-16(b)表明了制成品部门劳动的边际投入与产出之间的关系,如果在资本和土地固定的情况下,只增加劳动投入,会产

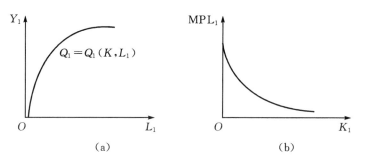

图 3-16 特定要素的生产可能性边界曲线

生边际报酬递减作用效应,生产函数曲线的斜率随劳动投入增加而减小,即边际生产力递减。

与图 3-16 相类似,可以作出农产品的生产函数及劳动边际产出图形。

下面我们可以将制成品和农产品的两对生产函数图形与充分就业条件结合起来,可求出在生产资源固定(L,K,T)之下的特定要素模型的生产可能性边界。

如图 3-17 所示,第一象限是一国的递增成本下的生产可能性曲线。在李嘉图模型中,由于只有劳动是唯一的生产要素,因此生产可能性曲线是一条直线。在特定要素模型中,由于有其他要素的投入使生产可能性边界变为一条曲线,曲线的弯曲反映了各部门劳动的边际报酬递减规律。

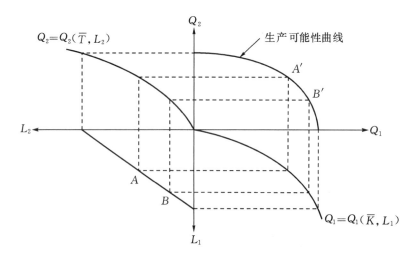

图 3-17 特定要素模型下生产可能性曲线

在点 $Q_1=0$ 表示某国完全分工生产产品 2,在 $Q_2=0$ 点表示某国完全分工生产产品 1,点 A、B 表示两个行业的劳动的分配。对应的生产点 A'、B' 代表两种产品的数量。对应的劳动分配从点 A 向 B 转移,则劳动力从产品 1 向产品 2 转移,产品 2 行业劳动边际产出增加,产品 1 行业劳动边际产出减少。生产产品 1 的相对成本上升。

第二和第四象限分别是行业 1 和行业 2 的生产函数(劳动总产出,分别固定土地和资本投入),从而反映劳动递减报酬率。

第三象限是一条 45°线,表示该国劳动力充分就业。线上每一点表示两个行业劳动数量的一种配置。

通过如上分析,可以看出在特定要素模型中,生产可能性边界的外凸性质。因为流动要素只有一种,而其边际产量是递减的,因此,当该经济体不断释放生产产品 2 的劳动力去生产产品 1 时,随着产品 1 产量增加而产品 2 产量减少,产品 2 的边际产量减少而产品 1 边际产量增加,这使得生产产品 2 的机会成本逐渐增加,也即生产可能性边界是外凸的。

3.5.3 特定要素模型的生产均衡与劳动力要素配置

根据经济学定义可知,劳动的边际产品价值(VMPL)等于工资:
$$\mathrm{VMPL}_1(=P_1\times\mathrm{MPL}_1)=w_1$$
$$\mathrm{VMPL}_2(=P_2\times\mathrm{MPL}_2)=w_2$$

由于劳动可在两个部门之间移动,故在均衡状态下,两个部门的工资必会一致:假设在均衡时,一国劳动力工资是相等的,无论该劳动力在何部门工作。可以得到如下方程:
$$w^*=P_1\times\mathrm{MPL}_1=P_2\times\mathrm{MPL}_2$$

为了更形象地得到这个方程的解,以及均衡状态下劳动力的配置问题,我们可以在一个类似于一端开口的埃奇沃思盒的框架下来进行分析。

如图 3-18 所示,在产品 1 的劳动需求曲线图上,我们将产品 2 的劳动需求曲线图反向叠加在距离原点 $\overline{L}$ 处。这样,两条劳动需求曲线的交点就决定了均衡时的名义工资和劳动力配置数量。

3.5.4 特定要素模型中的收入分配

如图 3-18 所示,对于产品 1 部门而言,总产品价值为边际产品价值曲线在区间 $[O_1,A]$ 的定积分,或该区间边际产品价值曲线到横轴围成的面积。对

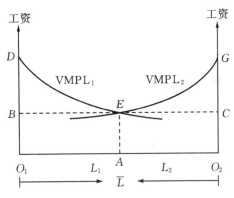

图 3-18 特定要素模型的生产均衡

于产品 2 部门而言,总产品价值为边际产品价值曲线在区间 $[O_2,A]$ 的定积分,或该区间边际产品价值曲线到横轴围成的面积。

下面我们讨论这些总产出如何分配。在此模型中,我们必须区分工资、资本和土地三种要素的所得。

(1)工人每单位劳动名义工资为 w^*,一般我们以其实际工资衡量其福利状况,在图上显示为 O_1BCO_2。

(2)资本的租金。这就是产品 1 的总产品价值减去产品 1 部门劳动力所得的部分,在图上显示为 BDE。

(3)地主取得土地的租金。这就是产品 2 的总产品价值减去产品 2 部门劳动力所得的部分,

在图上显示为 CGE。

1. 某一产品价格变动引起的收入分配变动

当产品 1 价格 (P_1) 上涨,名义工资上升,但上升比率低于 P_1,此时产品 1 所使用的特定要素 (资本) 的名义报酬增加,但产品 2 所使用的特定要素 (土地) 的名义报酬下跌。

如图 3-19 所示,在初始的均衡状态下,如果产品 1 的价格上升,这将使得产品 1 部门劳动边际产品价值曲线上移,并且提高本部门劳动力的名义工资,从而将吸引产品 2 部门劳动力流入;随着产品 1 部门劳动力数量增加,其劳动边际产品价值下降;而产品 2 部门劳动力数量减少,其劳动边际产品价值上升。这一过程将促使两个部门劳动边际产品价值相等,以及名义工资趋同。

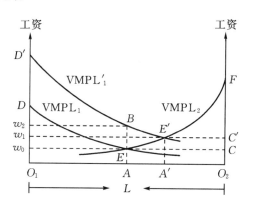

图 3-19 某一产品价格变动引起的收入分配变动

2. 两种产品价格同比例变动引起的收入分配变动

如图 3-20 所示,原来的平衡点为 E,当两部门的价格同比例上升,新的平衡点为 E'';各部门实际产出与各要素的实际报酬将不受影响;但各部门的名义产值与各要素的名义报酬则将与价格同比例上升。

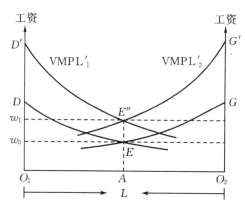

图 3-20 两种产品价格同时变动引起的收入分配变动

3.5.5 特定要素模型的国际贸易类型

在此我们讨论特定要素模型的国际贸易如何展开,以及对两国福利的影响。

1. 特定要素模型中的国际贸易类型的分析

假设两个国家本国与外国,两种产品 1 与 2,三种生产要素劳动 (L)、资本 (K) 和土地 (T);两国对于产品 1 与产品 2 的生产技术相同,两国对于两种产品的需求形态相同;两国的资源形态不同:两国拥有等量的劳动资源 ($L_H = L_F$),本国资本较外国丰裕 ($K_H > K_F$),外国土地则较本国丰裕 ($T_H < T_F$)。

在分析特定要素模型中的贸易类型时,我们首先观察双方的劳动边际生产力曲线,以便确定

图 3-21(a)是本国和外国在产品 1 的劳动边际生产力曲线,由于本国资本较外国丰裕($K_H > K_F$),因此本国在产品 1 的劳动边际生产力较外国高。

图 3-21(b)是本国和外国在产品 2 的劳动边际生产力曲线,由于外国土地较本国丰裕($T_H < T_F$),因此外国在产品 2 的劳动边际生产力较本国高。

由于假设两国拥有等量的劳动资源且本国产品 1 的劳动边际生产力较外国

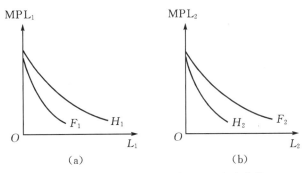

图 3-21 本国和外国的劳动边际生产力曲线

高,因此本国将分配较多劳动给产品 1 部门,以致本国产品 1 相对于产品 2 的供给将高于外国。

在两国对于两种商品的需求形态相同前提下,本国在贸易前的产品 1 的价格将低于外国,而外国在贸易前的产品 2 的价格将低于本国。因此本国在产品 1 有比较利益,而外国在产品 2 有比较利益。

两国进行贸易后的均衡交换条件$(P_1/P_2)^E$应介于两国贸易前的均衡价格之间,即

$$\left(\frac{P_1}{P_2}\right)^H < \left(\frac{P_1}{P_2}\right)^E < \left(\frac{P_1}{P_2}\right)^F$$

贸易开放的结果,将使本国所具有比较利益的产品 1 的相对价格上涨,因此产品 1 所使用的特殊生产要素的名义报酬增加,但产品 2 特殊生产要素的名义报酬则下跌。

进一步扩展分析以下三种情形:

(1)假定外国消费偏好与本国不同。由于外国偏好消费商品 2,但该商品生产的相对成本较本国高,那么,贸易开放后,外国应进口商品 2。

(2)假定外国生产技术与本国不同。这与李嘉图模型中,生产技术作为贸易原因是相同的,所不同的是在特定要素模型中,由于采取了递增成本模式,因而相对价格不是由相对劳动成本,而是由相对边际成本所决定的。如果外国生产商品 2 的技术高,则外国生产商品 2 的边际成本就低,贸易开放后,外国应生产出口商品 2。

(3)假定外国要素禀赋与本国不同。可以观察两种情况:①假定土地投入增加,劳动力与资本投入不变,则外国的相对价格低于本国,贸易开放后,外国应生产出口商品 2。②假定资本投入增加,土地与资本投入不变,贸易开放后,外国应生产出口商品 2。

2. Heckscher-Ohlin-Vanek 模型

1963 年,万尼奥克(Vanek)通过引入技术等要素,形成了具有较强解释力的 Heckscher-Ohlin-Vanek 模型,简称 H-O-V 模型,使该模型成为国际贸易理论研究的重要工具。这一模型与 H-O 理论的经验验证密切相关。该模型给出了一个关于贸易、技术以及要素禀赋的逻辑关系,并且提供了一个简明预测:在一国的要素禀赋和与其规模相当的世界其他国家间的典型禀赋相异时,含该种要素的净出口也相异,即一国将出口适度规模的含其自身相对丰裕资源要素的产品。

就 H-O 模型和 H-O-V 模型的内容而言,二者相比,简单地说:H-O 模型一般是在两个国家、两种要素、两个商品的框架中,给定生产函数,在效用最大化条件下求均衡解的问题。数学求解可以证明各个国家应该出口那些在生产中集中使用本国相对富裕资源的商品。但是该模型在

多个国家、多个要素或者多个商品的框架中,在效用最大化条件下不一定有唯一的均衡解。因此在一般条件下,我们可将其扩展为 H-O-V 模型。H-O-V 模型通过分析生产的投入产出函数,可以推导出出(进)口商品实际上是出(进)口本国的生产要素。效用最大化条件意味着,对所有贸易产品所需生产要素进行加权相加后,本国出口仍然应该是相对富裕的要素。从本质上说,H-O-V 模型不过是试图用贸易中的商品所包含的要素服务(而不是贸易中的商品)对原来的 H-O 定理进行重新表达。在两要素条件下,这一定理可以表述为:某一要素禀赋相对丰裕的国家会成为该种要素服务的净出口国和另一种要素服务的净进口国。和原来的 H-O 模型比较,H-O-V 模型中不再需要界定国家的相对要素丰裕度和产品的相对要素密集度。由于这一原因,H-O-V 模型可以用于 m(商品)×n(要素)的情形(其中 $m,n>2$)。

本章小结

要素禀赋是指一国劳动力、资本、土地、技术、管理等生产要素的数量。从狭义方面来理解,要素禀赋理论就是指生产要素供给比例论,通过对相互依存的价格体系的分析,用要素的丰缺解释贸易产生的原因和进出口商品结构的特点。从广义方面来理解,要素禀赋理论就是指生产要素供给比例论加要素价格均等化原理,不仅研究要素价格对贸易的作用,还研究贸易对要素价格的反作用。国际贸易不仅使国际商品价格趋于相等,还会使各国要素价格趋于相等。

要素禀赋理论用生产要素禀赋的差异解释国际贸易产生的根本原因和各国的进出口贸易类型,研究更深入、更全面,认识到了生产要素及其组合在各国进出口贸易中居于重要地位。这不仅具有理论意义,而且具有现实指导意义。但是其所讲的要素,主要着眼于量的问题,而忽略了同种要素的质的差异,这是明显的不足。

供应条件曲线表明,根据不同的交换比例,一个国家对两种商品所愿意进行的不同的贸易量。因此,供应条件曲线既可以看成是供给曲线,也可以看成是需求曲线。

特定要素模型假定一个国家生产两种产品,劳动供给可以在两个部门间进行配置。与李嘉图模型不同的是,特定要素模型中存在劳动以外的生产要素,劳动可以在部门间流动,是一种流动要素。其他要素则是特定的,只能被用于生产某些特定产品。根据特定要素模型所得出的结论是:贸易对一国流动要素的影响是不明确的,同时将有利于用于该国出口商品的非流动要素,而不利于用于该国进口商品的非流动要素。特定要素模型与要素禀赋理论相比,前者属于一种短期分析,后者则属于长期分析。

本章可以进一步结合基于要素变化分析动态比较优势。这里的"要素变化"包括两方面含义,即一国要素禀赋结构的变化和某类产品的要素密集度的变化。H-O-S 理论、S-S 定理和布雷钦斯基定理是在 H-O 理论基础上发展起来的三个重要的研究成果。罗伯特·蒙代尔(Robert A. Mundell)则提出"反向贸易效应",进一步放松假定,考察了要素跨国流动情形的效应,证明了要素的跨国流动会改变各国的要素存量和相对要素价格,进而改变其贸易结构。一些学者还对以人力资本为主的其他要素对贸易模式动态变化的影响展开了研究。贝拉·巴拉萨(Bela Balassa)检验了发展中国家贸易模式的决定因素,认为国家之间出口结构的差异是由于各国实物资本和人力资本禀赋共同导致的,发展中国家出口结构的升级将随着禀赋结构的改善而不断提高。吉恩·格罗斯曼和乔瓦尼·马吉(Giovanni Maggi)则从人力资本配置的角度研究了国家间的比较优势,认为一国的贸易模式是其劳动力中智力要素禀赋的反映。

从人类历史的发展来看,生产要素可以分为初级生产要素和高级生产要素。传统意义上的比较优势原理更多强调的是自然资源、成本等方面的比较优势,这样的比较优势在产业发展相对初级的时候起过重要作用。然而,以高素质的人力资本为核心的高级生产要素,则具有创新的功能。创新不仅可以降低成本,发展出可以替代日益短缺的初级生产要素的材料和能力,还可以提升品牌等无形资产,提高附加值和竞争力。我国幅员辽阔,经济发展不平衡,经济发达地区应当在自主创新方面做出更大的贡献。这些地区在完成了必要的积累之后,应视其产业状况,适时适度地走出传统的比较优势,造就和积累高级生产要素,优化经济增长模式。

名词术语

赫克歇尔-俄林理论　赫克歇尔-俄林-萨缪尔森定理　要素价格均等化　雷布琴斯基定理　斯托尔珀-萨缪尔森定理　里昂惕夫悖论　要素密集度逆转　特定要素模型　H-O-V 模型

思考与练习

1. 简述贸易条件的测量及其意义。在长期的经济发展过程中,供给情况的变化(要素禀赋的变化、技术进步等)对贸易条件和贸易情况会产生什么影响?

2. 简述赫克歇尔、俄林关于国际贸易产生的根本原因。

3. 简述供应条件曲线的性质和形式。

4. 简述里昂惕夫悖论的含义与意义。

5. 对里昂惕夫悖论有哪几种不同的解释?为揭开里昂惕夫悖论提出了哪些理论或假说?这些解释各自有何创新?其对国际贸易理论的发展有何影响和启示?

6. 简述雷布琴斯基定理及其产生的作用。

7. 分析如下这段话:"世界上一些最贫穷的国家找不到什么产品来出口。在这些国家里,没有一种资源是丰裕的。不用谈资本,也不用说土地,在这些又小又穷的国家,甚至连劳动力也不丰裕。"用所学的经济理论结合实际讨论。

8. 生产 1 单位小麦需要 9 单位土地与 3 单位劳动,生产 1 单位布需要 3 单位土地和 6 单位劳动。假如该国拥有 120 单位劳动和 180 单位土地。

(1)画出该国的生产可能性边界。

(2)假如土地供给增加 90 单位,生产可能性边界将如何变动?这一结果有什么含义?

9. 在土地便宜的美国,用来养牛的人均土地要高于用来种小麦所用的人均土地。但是在那些比较拥挤的国家里,土地昂贵而劳动力便宜,用于养牛的人均土地通常比美国用于种植小麦的人均土地要少。我们是否仍然可以说,与种植小麦相比,养牛业是土地密集的?为什么是或为什么不是?

10. 美国劳工运动(基本上代表了蓝领工人,而不是专业人才和受过较多教育的工人)传统上支持政府限制从不发达国家进口产品。从工会成员利益的角度来看,这个政策是合理的还是短视的?如何用有关贸易模型的理论来回答这一问题?

11. 美国国内的工资水平存在巨大差异。例如,东南部制造业工人的工资比西海岸地区同行的工资低 20%。要素价格均等化理论为什么不能用来解释上述现象?这个例子和美国与墨西哥工资率的差异有何不同?(墨西哥在地理上与美国的东南部和西海岸地区都非常接近)

12. A 国和 B 国有两种生产要素——资本和劳动,用于生产两种产品——笔记本电脑和布匹。两国的技术水平一样,笔记本电脑为资本密集产品,A 国是资本丰裕国家。分析以下情况中,两国贸易条件和福利的变化:

(1)A 国的资本存量增加;

(2) A 国的劳动供给增加;
(3) B 国的资本存量增加;
(4) B 国的劳动供给增加。

13. A 国相对于 B 国而言是资本丰裕的国家。假设 A 国和 B 国生产每单位大米和钢铁的要素投入如表 3-3 所示。

表 3-3　A 国和 B 国生产大米和钢铁的要素投入

要素	A 国		B 国	
	大米	钢铁	大米	钢铁
劳动投入	0.50	0.25	0.80	0.35
土地投入	0.20	0.15	0.10	0.20
资本投入	0.30	0.60	0.10	0.45

(1) 如果开放贸易,A 国应该出口什么？进口什么？
(2) 如果各种要素都不能自由流动,开放贸易使得 A 国的哪些要素得益,哪些要素受损？
(3) 如果只有劳动力可以在国内各部门之间自由流动,而土地和资本不能流动,情况又如何？

14. 假设 A 国是个劳动力丰裕的国家,以劳动力和土地两种要素生产服装和玉米。服装是劳动密集型产品,玉米是土地密集型产品。给定 A 国作为一个小国参加自由贸易。

(1) A 国会出口什么产品？
(2) A 国国内服装和玉米的价格会发生什么变化？
(3) 假设突然有大批移民进入 A 国,对该国的生产、贸易量和福利有什么影响？请简要说明。
(4) 如果 A 国是个大国,上述三题的结论还会一样吗？

15. 如果假定法国生产葡萄和汽车,土地是生产葡萄的特定要素,资本是生产汽车的特定要素。工人可以在这两个部门之间自由流动。在特定要素模型的框架内,讨论国内要素的报酬怎样变化。

(1) 世界市场上葡萄的价格上升 5%;
(2) 有大量外国汽车厂商到法国投资;
(3) 生产葡萄和汽车的工人都减少。

实验项目五

实验项目六

实验项目七

第4章 垄断竞争和产业内贸易

与前几章介绍的贸易理论的完全竞争市场假定有着重要的区别的是,现实的国际市场中的贸易活动大多是在一种不完全竞争的状态下进行的。从20世纪70年代以来,产业内贸易逐步产生和发展起来,并且随着国际贸易合作和分工的发展,其在国际贸易中所占的比重越来越大,因此被传统产业理论所忽视的产业内贸易理论也成为当今国际贸易理论的一个重要组成部分,日益受到重视。这一理论改变了传统贸易理论的假设条件,分析框架也不同。

本章将介绍规模经济和产业内贸易、垄断竞争和产业内贸易的主要理论模型、产业内贸易形成的机制与收益、产品内分工与贸易、异质性企业和企业边界等内容。

4.1 规模经济和产业内贸易

4.1.1 规模经济

传统国际贸易理论的一个重要假设是规模报酬不变,即假定无论生产多少数量的产品,经济组织追加生产单位产品的效率总是相同的。但事实上,规模的变化通常会带来效率的变化。经济学家将单个厂商从同行业内其他厂商的扩大中获得的生产率的提高和成本的下降而造成的规模经济称为外部经济,而将由于许多厂商聚集在一起使单个厂商的生产率得以提高、成本得以下降而造成的规模经济称为聚集经济。学者们在规模报酬递增和不完全竞争的基础上发展形成了所谓"规模经济贸易理论",该理论成为新贸易理论的主流观点。

规模报酬递增建立在两个重要前提之上:一是要素投入的比例不变;二是投入品的价格不变。以此为前提,生产函数显示规模报酬递增的结果是平均成本下降。我们可以认为规模报酬递增着眼于描述短期生产成本变化。

对于长期生产而言,投入比例与要素价格都是变化的,此时规模报酬概念就不适用了。规模经济这个术语直接说明了在给定的技术条件下,由于更大的生产规模而导致的每单位产出的成本的减少。平狄克和鲁宾菲尔德指出:规模经济包括规模报酬递增的特殊情形,只是它更普遍,因为它使厂商能够在改变生产水平时改变要素组合。对规模经济的表述他们选择了成本-产出弹性,具体是

$$E=(\Delta C/C)/(\Delta Q/Q)=边际成本/平均成本$$

式中,E 表示成本-产出弹性;C 表示成本;Q 表示产量。

当 $E<1$ 时,即边际成本小于平均成本时,规模经济存在。

从规模经济的性质来看,其基本特征为动态性。规模经济有两个性质:一是技术方面的原因,即新技术使用降低了单位成本。此时公司采纳新技术,可能会使劳动生产率提高,从而减少单位产品的劳动耗费;或者是使用相对价格较低的要素替代相对价格较高的要素投入,从而减少单位产品的成本;或者是各种要素投入的量不同程度地得到节约,从而降低单位产品的要素投入量。二是纯粹规模方面的原因,如大批量订货获得的价格优惠使要素价格下降而导致平均成本下降。两个性质各有侧重,前者侧重于投入比例的改变,后者侧重于投入价格的改变,这些都是动态问题。

4.1.2 产业内贸易的定义和分类

产业内贸易(intra-industry trade)是与产业间贸易(inter-industry trade)相对应的一个概念,是指一个国家既进口又出口同一个产业内产品的行为。这种贸易通常也被称为双向贸易(two way trade)或重叠贸易(over-lap trade)。

产业内贸易理论中所指的产业必须具备两个条件:一是生产投入要素相近;二是产品在用途上可以相互替代。符合上述条件的产品可以分为两类:同质产品和异质产品,也称作相同产品或差异产品。

(1) 同质产品的产业内贸易。同质产品或相同产品是指产品间可以完全相互替代,也就是说产品有很高的需求交叉弹性,消费者对这类产品的消费偏好完全一样。这类产品的贸易形式,通常都属于产业间贸易,但由于市场区位、市场时间等的不同,这类产品也会发生产业内贸易。

(2) 差异产品的产业内贸易。差异产品可以分成水平差异产品、技术差异产品和垂直差异产品三种。不同类型的差异产品引起的产业内贸易也不相同,对应的有以下三种。

① 水平差异产业内贸易。水平差异产业内贸易是指不同国家在生产同一产品上的产业分工和贸易。它主要发生在经济技术水平相似的国家之间;主要基于产品的差异性,由规模经济、消费者的多样化偏好、相互倾销等原因引起。这种产业内贸易对各贸易国的利益主要表现为:可以为消费者提供更多的可选择的产品,提高消费者的效用,以及促进技术进步和各国特色产品的国际营销。

② 技术差异产业内贸易。从技术的产品角度看,产品的生命周期导致了产业内贸易的产生。技术先进的国家不断地开发新产品,技术后进的国家则主要生产那些技术已经成熟的产品,因此,处于不同生命周期阶段的同类产品之间产生了技术差异产业内贸易。

③ 垂直差异产业内贸易。垂直差异产业内贸易是指不同国家在生产有关联的产品或中间产品上的产业分工和贸易,这种贸易是通过处于某一生产阶段的一国企业输入零件或中间产品,进行加工后输出来实现的。它主要发生在经济技术水平差异较大的国家之间,主要由要素禀赋差异等原因引起。这种产业内贸易对各贸易国的利益主要表现为:通过细化产业内分工提高各国的生产效率,有助于发达国家提高其技术核心竞争力,增加发展中国家的贸易机会和就业机会以及促进技术在各国的溢出。

大量的产业内贸易是指垄断竞争和寡头厂商所生产的差异产品之间的交换。而且它们的生产都要受到规模经济的制约。新贸易理论认为,发达国家间日益增多的产业内贸易现象是由于各国生产者为了利用规模经济的优势来降低单位生产成本,仅生产少数几种反映国内大多数人偏好的差异产品以迎合国内大多数人的消费偏好,并出口部分产品满足国外少数人的偏好,而国内少数人的偏好也通过进口差异产品去满足。

新贸易理论的代表人物克鲁格曼和兰开斯特(Lancaster)证明,在垄断竞争条件下,由于每一个厂商生产一种差异化产品,即使两个国家在所有方面完全相同,两个国家也存在着贸易。而且,两个国家越相似,贸易量越大。

从统计上讲,同类产品是指按国际贸易标准分类(SITC)至少前三位数相同的产品,即至少属于同部门、同类、同组的商品。产业间贸易指一国进口和出口要素密集度不同的产品,它反映了一国的静态比较优势;而产业内贸易指一国进口和出口要素密集度相同的产品,它反映一国的竞争优势。

产业内贸易既显示了一国各产业在国际市场上的竞争优势,也与经济发展有显著的相关关系,产业内贸易的发展可以减少一国贸易自由化时的经济调整成本。产业间贸易和产业内贸易的判别如表4-1所示。

表 4-1 产业间和产业内贸易理论的差别

类别	产业间贸易	产业内贸易
贸易商品来源国	不同经济发展水平的工业国家	同种或相近经济发展水平的工业国家
适用的基础理论	新古典贸易理论	现代贸易理论
生产函数特点	规模报酬不变	规模报酬递增
消费者偏好	同质商品	异质商品
贸易利益来源	生产要素比较优势的利用	产品的差异性和规模报酬递增

4.1.3 产业内贸易理论的产生和发展

从李嘉图到赫克歇尔和俄林,都强调比较优势,认为国家之间发生贸易的原因是生产率和禀赋的不同,一国总是会出口本国具有比较优势的产品,进口本国具有比较劣势的产品,这种贸易理论对经济发展水平不同的国家之间的不同产品的贸易做了比较充分的解释。但是,20 世纪 70年代以后,要素禀赋相似的发达国家之间的相同或相似产品的贸易越来越多,甚至占据了它们之间贸易的绝大部分的比重。对这个重要的经济现象已不能用传统的产业间贸易理论解释,产业内贸易理论呼之欲出。

产业内贸易理论的发展历程大约可以分为以下三个阶段。

第一阶段是经验分析阶段。德雷兹(Dreze)、沃顿(Verdoom)和巴拉萨在实证研究中发现在制造品国际贸易中存在着产业内贸易,并且这种贸易模式的贸易量在不断地上升,范围也在不断地扩大。1960 年,沃顿对比荷卢经济联盟内贸易格局进行了研究;巴拉萨对欧共体成员制成品贸易情况进行了分析;小岛清对发达国家间横向制成品贸易比较关注。沃顿在考察比荷卢经济联盟内部的贸易形式所发生的变化时发现,经济联盟内部各国专业化生产的产品大多是同一贸易分类目录下的。为了研究国际贸易中商品集中度和价格弹性之间的关系,米凯利(Michaely)计算了商品出口和进口差异性的系数,他把商品分为 5 类,通过对 36 个国家数据的计算,发现在一般情况下,发达国家之间的进出口商品组成有较高的相似性,发展中国家之间的进出口商品相似性较小。巴拉萨把这种新的贸易类型称为产业内贸易。

第二阶段是理论研究阶段。里程碑是格鲁贝尔和劳埃德(Lloyd)于 1975 年出版的《产业内贸易:差别化产品国际贸易的理论与度量》,这是最早的关于产业内贸易理论的专著。在这本书中,他们修正了 H-O 模型中的某些前提条件,把贸易有关的费用引入模型,解释了部分产业内贸易现象。格鲁贝尔和劳埃德把国际贸易分为两大类:一是产业间贸易。这是在要素禀赋相差比较大的国家之间所进行的贸易,比如发展中国家用初级产品交换发达国家的工业制成品,这类贸易可以用传统的要素禀赋论加以解释。二是产业内贸易。他们认为,不论是相似性产品还是有差异的产品,都有产业内贸易存在,他们还把差异产品的产业内贸易分成了三类:一是那些要素投入不同但是有较相似替代性的产品,比如木制的和由塑料制成的家具等用品;二是那些要素投入相同但是最终使用替代性不同的产品,比如汽油和柏油(它们都是由原油生产而来)、餐具和医疗用具(都是由不锈钢生产的);三是那些要素投入相同,替代性也相似,但是在款式或质量方面有差异的产品。他们还发现,产业内贸易还可能是政府的某项政策或法律约束的结果。一国如果运用补贴或其他方法促进某些商品的生产,有可能使这个国家成为这些商品的出口国,当从前的对这些商品的进口仍然存在的时候,产业内贸易就产生了;由于某项国际协定,一国从其他国家进口本身具有出口优势的产品,也会造成产业内贸易。

第三阶段是丰富发展阶段。主要理论模型有:20世纪70年代末,迪克西特(Dixit)、斯蒂格利茨(Stiglitz)、克鲁格曼等创立了新张伯伦模型,把张伯伦的垄断竞争理论运用到产业内贸易领域;20世纪80年代初,布兰德(Brander)和克鲁格曼为解释标准化产品的产业内贸易现象建立了差别垄断模型。

产业内贸易理论是以不完全竞争的市场结构和规模经济的存在为假设前提的,更接近于贸易现实。它认为,贸易不一定是比较优势的结果,可能是规模经济或收益递增的结果。在不完全的竞争市场上,国家之间即使不存在要素禀赋、技术水平的差异或者差异很小,也完全可以因为需求偏好或者规模经济以及产品差异促使各国追求生产的专业化和从事国际贸易。同时,它也为国家进行干预提供了借口,在不完全竞争的市场上,政府支持可以使本国的垄断厂商获得垄断利润,这样对产业内贸易现象的研究又导致了后来发达国家普遍采用的战略性贸易政策,强调贸易保护。产业内贸易理论分析在同一产业内同时进行的进出口活动的性质、决定因素及其产生的福利效果。

4.2 垄断竞争和产业内贸易的主要理论模型

如果对已有的产业内贸易理论模型进行分类,我们可以根据不同的假设前提将其大致分成以下三类:

(1)建立在完全竞争假设基础上的产业内贸易模型,包括新古典赫克歇尔-俄林产业内贸易模型、新古典张伯伦垄断竞争模型、新古典垄断竞争模型。

(2)建立在垄断竞争假设基础上的模型,包括同质商品的古诺模型、垂直差异商品的自然垄断和贸易模型、水平差异产品的垄断和贸易模型。

(3)与多产品企业和跨国企业相联系的产业内贸易模型。

对于传统贸易理论和新贸易理论下的世界贸易的差别,有些经济学家将其形象地比作小麦之类典型商品的贸易和飞机之类典型商品的贸易之间的差别。然而这两大类贸易都是现实存在的,并非此生彼亡,而且将继续并存、发展下去。

产业内贸易理论的解释可以从需求和供给两方面来解释,以下分别进行讨论。

4.2.1 产业内贸易——需求方面的解释

需求方面的观点主要认为,产业内贸易的产生是由于消费者偏好具有多样性,且消费层次结构存在重叠现象。主要的代表性观点有林德(Linder)的需求相似理论、巴克(Barker)的多样性假说、拉叙德里-杜新(Lassudrie-Duchene)的需求重叠论等。

瑞典经济学家林德提出了需求相似理论,认为要素禀赋理论只适用于初级产品的贸易,而不适用于工业品的贸易。林德在其理论中论述了需求相似对国际贸易地理结构和产品结构的影响。两国需求结构越相似,使得两国间贸易的可能性越大,而需求结构相似,究其原因是两国人均收入水平相同。其基本观点是:一种工业品要成为潜在的出口产品,首先必须是一种在本国消费或投资生产的产品,即产品出口的可能性决定于它的国内需求。

林德认为,两个国家需求结构越相似,这两个国家之间的贸易量越大。如果两个国家需求结构完全一样,一个国家所有的可能进出口的物品也是另一个国家可能进出口的物品。影响一国家需求结构的主要因素是人均收入水平,人均收入水平的相似可用来作为需求结构相似的指标。

对消费品而言,当收入水平提高后,人们除了购买原有产品的更精致的代用品以满足基本相同的需求外,还希望购买能满足新的需求的产品。这种需求在质上的变化是普遍的现象,而人均收入水平的差别对消费需求影响的程度则取决于收入分配的情况。不平均的收入分配会扩大两国之间进出口物资的范围,增加两国之间需求的一致程度,因为贫穷国家中的高收入者和富有国家中的较低收入者可能需求同一种产品。

对于资本品,林德认为,人均收入水平在很大程度上取决于现有的资本存量,而资本存量是否丰裕则决定了对新资本品需求的质量构成。资本丰裕的国家一般也就是人均收入水平较高的国家,它比资本稀缺的国家需要更复杂的资本设备。资本稀缺的国家之所以选择质量较低的资本品,是为了使它能够得到的资本设备分布得更均匀一些。

但是,林德强调指出,资本稀缺国家要实现充分就业的话,必须使用质量较低的资本品。因此他坚持认为,人均收入水平相同的国家之间的贸易范围可能是最大的。人均收入水平的差异是贸易的潜在障碍。一个国家虽有比较优势的产品,但其他国家由于收入较低而对其没有什么需求,也就无从发生贸易。

需求相似理论有两个假设条件。

(1)需求结构不同的假设(或称消费者行为假设):假设在一国之内,需求由消费者的收入水平决定。不同收入阶层的消费者偏好不同,收入越高的消费者越偏好奢侈品,收入越低的消费者越偏好必需品,但如果消费者收入水平相同,则其偏好也相同。一般情况下,一国对该国平均档次的商品的需求量最大,其成为代表性需求。

(2)两国需求重叠的假定:厂商根据消费者的收入水平与需求结构来决定其生产方向与内容,而生产的必要条件是对其产品有效需求的存在;如果两国的人均收入水平相近,则两国的需求结构也必定相似。反之,如果两国的人均收入水平相差很大,则两国的需求结构也必定存在着显著的差异。

具体而言:①两个国家的偏好越相似,需求结构越接近,或者说需求结构的重叠部分越大,两国间的贸易量就越大。②两国人均收入水平越相近,则需求结构越相似,需求重叠部分就越大,两国间的贸易量就越大。

在此基础上,贸易按照以下流程进行:一国人均收入水平提高→对工业制成品尤其是奢侈品的需求增加(恩格尔定律)→带动本国工业制成品生产增加,结果使产量的增加超过了需求的增长,从而有能力出口→对于这类产品,只有收入水平相近的国家才会有较多的需求,因而出口对象国是收入水平相近、需求相似的国家,这样就使得两国间贸易量增大。

林德从偏好相似和重叠需求的角度,对发达国家之间的北北贸易的快速发展做出了解释。

假定一个国家最初生产某种产品是为了满足国内的需求。一国的人均收入在一定时期内是相对稳定的,在这一收入水平下会对某种产品形成一种"代表性需求",也就是一国对某种产品的平均需求档次。这一个档次的产品的需求量是最大的。在这种需求的推动下,生产这一档次产品的企业规模不断扩大,产生规模经济效应,在满足国内需求之余,还具备了出口能力,就可能与其他国家发生贸易。

我们用图 4-1 来说明代表性需求假设阐述的国际贸易理论。

图 4-1 中,我们用横轴表示一国的人均收入水平,记为 Y,用纵轴表示产品档次,记为 Q,用 $45°$ 线 OR 表示人均收入水平与所需求的产品档次之间的对应关系。我们以汽车这种产品为例。设汽车有 6 个档次,即从 Q_1 到 Q_6。A 国的人均收入水平为 Y_A,B 国的人均收入水平为 Y_B。从图中可以看出,A 国的人均收入高于 B 国。由于收入较高,A 国居民对汽车的需求是从第 2 档(Q_2)到第 6 档(Q_6),假设第 4 档(Q_4)汽车是 A 国居民的代表性需求。B 国人均收入水平相对较低,其需求档次是从第 1 档(Q_1)到第 5 档(Q_5),它的代表性需求假设是第 3 档(Q_3)。可以看出,A、B 两国对这种产品的需求有重叠的部分,即 $Q_2 \sim Q_5$。这种重叠需求构成了两国开展国际贸易的基础。

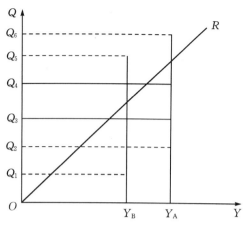

图 4-1 代表性需求与国际贸易

A 国在其代表性需求 Q_4 上发展较快,具备了出口能力,同时 B 国对 Q_4 又有需求,于是 A 国就向 B 国出口。同理,B 国在其代表性需求 Q_3 上发展也较快,而同时 A 国对 Q_3 也有需求,于是 B 国向 A 国出口第 3 档次的汽车。这样,同一种产品或者同一个产业内的贸易就因为两国存在重叠需求而发生了。

代表性需求假设中特别要注意的是,两国之间对某种产品存在重叠需求是国际贸易的基础,而要出现足以支撑国际贸易的重叠需求,就要求两个国家的人均收入水平不能有太大的差异。因此,这个理论可以用来解释工业国之间产业内发生的国际贸易。不仅如此,我们还可以通过需求重叠进一步分析发展中国家和发达国家之间产生产业内贸易的可能性。

如图 4-2 所示,aa'、bb' 和 cc' 分别是发展中国家 A、中等发达国家 B、发达国家 C 的代表需求曲线。发展中国家的潜在出口品为低等品 x;中等发达国家把中介品 y 中的 e_3-e_2 出口给发展中国家,同时把 e_5-e_4 出口给发达国家;而发达国家把 z 产品中的 e_6-e_5 出口给中等发达国家。由于中等发达国家的需求结构既类似于发达国家,也类似于发展中国家,相互重叠的区间最大,且它们相互间的收入水平也相似,这类国家发展产业内贸易目前较好,故应加速向发达国家迈进。发展中国家的一部分需求与中等发达国家的部分需求重叠,其有可能发展产业内贸易,并促进产品的质量提高。

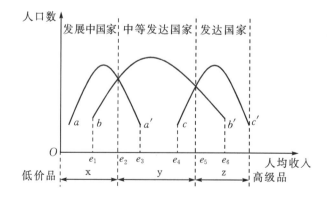

图 4-2 代表需求曲线与比较优势的阶层化形成的产业内贸易

4.2.2 产业内贸易——供给方面的解释

从供给角度看,经济学家主要从规模经济和产品差异出发来解释产业内贸易的发生。

20世纪70年代末,迪克西特、斯蒂格利茨、克鲁格曼等人在张伯伦的垄断竞争理论基础上创立了新张伯伦模型,该模型解释了差别化产品的产业内贸易现象。在张伯伦垄断竞争理论中,每个企业都有一定的垄断权,规模收益递增,企业生产差别化产品(产品可以替代但不完全替代)争夺市场,竞争的结果是垄断利润消失,各个企业仅获得正常利润。

巴拉萨认为,若按照传统的贸易理论,在共同市场建立后,各国要支持自己的优势产业,要在一定程度上放弃进口竞争部门,把有限的资源向优势的出口产业部门转移,但根据对欧洲国家间贸易专业化指数的实证分析,发现产业间贸易没有增加,而产业内贸易却增长迅速。由于大部分欧洲国家为中等发达国家,其收入水平相近,彼此间差异化的需求比较突出,即使取消关税壁垒,市场的扩大、优胜劣汰的结果使资源得到充分利用,大量专业化生产、最新技术的应用均会导致企业规模越来越大,生产和交易效率也相应提高。

1. 市场结构

传统国际贸易理论的一个重要假设是完全竞争的市场结构,但只要稍稍观察一下就可以看出,完全竞争的假设同国际市场的现实相去甚远。可以说完全竞争在国际贸易中从来就未曾存在过,事实上大量存在的是不完全竞争市场。这类市场有以下五个特点:

(1)公司或厂商数目可以很多,也可以很少,并且生产性质相异商品(产品异质性)。
(2)顾客数目庞大。
(3)市场存在进入障碍。
(4)市场信息不完全流通:此市场内外的厂商未能充分掌握信息,不同公司之间未必知道彼此定价策略。
(5)不同的厂商根据其市场力量对价格有某种程度上的控制力。

经济学家一般把不完全竞争分为三种类型,即垄断、寡头和垄断竞争。

垄断是指单一厂商完全控制某一行业,它是行业内的唯一生产者,同时没有一个行业能够生产出接近的替代品。完全垄断在今天也是很少有的,是一种极端的市场类型,典型的例子仅仅存在于受政府保护的一些行业。

寡头是指市场上只有少数几个销售者。寡头可分为纯粹寡头和差别寡头两种。纯粹寡头的产品同质无差别,如生产石油、钢铁、水泥等产品的寡头。差别寡头的产品质量不同,各有特色,如生产汽车、飞机等产品的寡头。在这些行业中,同种产品在规格、型号、质量和外观上是不同的。寡头市场产生的原因一是由于市场规模较小,只能容纳几家厂商;二是由于规模经济,在上述这些行业中,一般只有少数几家厂商能达到使自己的平均成本下降到最低的状态,因此新厂商很难进入。

垄断竞争是指许多厂商在市场上生产和销售近似但不完全相同的产品。它存在以下两个重要特征:第一,市场上有许多厂商。它们可以自由地进出该产业,生产、销售近似的产品。第二,各厂商的产品存在一定的差别。它们都处于一定的垄断地位,可对产品价格起一定的影响作用。因此,即使存在着产品差别,竞争仍然是不可避免的,厂商只能对自己出售的产品价格发挥有限的影响。垄断竞争最关键的特征是生产差异产品。

2. 规模经济及贸易方式

(1)内部规模经济和贸易方式。内部规模经济是由于厂商所需特种生产要素的不可分割性和厂商内部进行专门化分工产生的。应用大规模生产技术的制造业可以使用特种的巨型机器设备和流水生产线,可以进行高度的劳动分工和管理部门的分工,有条件进行大批量销售,而且有可能进行大量研究和开发工作。要使这一切取得经济效益,就必须进行大量生产,才能大幅度降低成本,获取利润。因为只有生产量达到相当大的规模,不可分割的特种设备才能达到充分负荷,专业分工才能充分地利用起来。具有内部规模经济特征的厂商所在的行业面临的是不完全竞争的市场结构。

在具有内部规模经济的行业中,厂商的数量及其所生产的差异产品种类与市场规模有关。行业的规模经济性要求每个厂商的产品标准化,每种产品大规模、大批量生产,从而达到降低成本的目的。在垄断竞争的市场结构条件下,建立在内部规模经济基础上的差异产品的贸易将使所有国家的福利增加。市场规模大的国家能够容纳的厂商数量多,生产的差异化产品种类也多,而市场规模较小的国家的厂商数量有限,生产的差异化产品种类较少。

建立在内部规模经济和差异产品基础上的国际贸易是发生在同一个行业内的产业内贸易。下面分析行业成本、价格与厂商数量市场规模扩大导致CC线下移。

如图4-3所示,横轴为厂商数量,纵轴为成本和平均价格。贸易发生前,市场均衡点为E_1,市场均衡厂商数量为N_1,均衡价格为P_1;贸易发生后,市场均衡点为E_2,市场均衡厂商数量为N_2,均衡价格为P_2。我们可以看到:

①开放贸易使CC线将往下移动,从CC_1到CC_2;而PP线则不受影响。

②开放贸易在市场规模扩大,市场均衡点成为E_2,此时产品价格下降,产品种类增加。

③社会福利的观点认为,从供给角度看,每个厂商产量增加、生产成本下降、效率提高,但每个厂商都仅能赚到正常的利润;从需求角度看,消费者因产品价格下降、产品种类增加而福利提升。因此贸易将同时为本国与外国带来福利的提升。

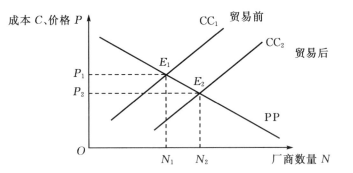

图4-3 平均成本、市场规模与产业内贸易

(2)新张伯伦模型。如果两国本来是各具比较优势的产业部门,又怎样产生产业内贸易呢?对此新张伯伦模型做出解释。

假设两个国家(本国和外国)、两个产业(制造业、农业),本国在制造业具有比较优势,外国在农业具有比较优势。在完全竞争的市场结构下,本国出口制成品,进口农产品;外国出口农产品,进口制成品。两国间的贸易模式为产业间贸易,产业内贸易不会发生。现把垄断竞争引入制造业,但仍保持农业的完全竞争市场结构,即本国仍是农产品的进口国。由于规模经济的存在,制造业内的所有厂商都要尽可能扩大规模,以达到本产业所允许的最小规模,否则厂商会被淘汰。因而厂商只能选择生产一种或几种风格或式样的产品。同理,任一个国家也无法生产所有种类的产品,所以国内外厂商同时生产制成品,只是两个国家的制成品在花色、特性上有差别。从需求上看,在制成品基本功能相同的前提下,消费者倾向于多样化的选择。当本国制成品无法满足消费者多样化要求时,就需要从国外进口制成品,从而在制造业内出现产业内贸易。

(3)外部规模经济和贸易方式。外部规模经济来源于厂商或行业以外所产生的规模节约。在一个经济发达的国家,由于经济的发展,它的基础设施如铁路、港口、航运等交通运输设施十分齐全,技术先进,因而运输费用较低廉;原材料、机器设备和零部件容易补充;技术管理人员人数众多,聘任方便;金融事业发达,资金筹措比较便利。当厂商扩大生产时,在获得企业内部大规模生产的效益之外,还享有利用这些外部的优越条件而得到的利益。

具有规模经济的企业,在一个相当大的产量范围内,随着产量的增加,单位产品的成本递减。产品成本递减就使企业具有贸易优势。但规模经济的实现与市场容量有密切关系。如果一个国家拥有广阔的国内市场,它的制造业就有条件进行大规模生产,提高经营效率,降低成本,实现规模经济,取得比较优势,其产品出口到国际市场就具有竞争能力。

假定美英两国的要素禀赋情况类似,因而生产要素的相对价格比例一样,两国居民爱好相同,两国生产技术水平也一样,按照传统经典理论分析,两国之间不可能产生相互有利的国际贸易,因为成本和价格比例都一样。但是,由于美国有3亿多人口,市场容量大,可以满足国内对商品的大量需求,使它在生产汽车方面能实现规模经济。而英国由于只有6000多万人口,国内市场狭小,如生产汽车,就会受到规模的限制,成本必然较高,不利于出口。

如图4-4所示,由于假设美英两国技术水平一样,因此两国的长期平均成本曲线(LAC)完全一样,平均成本是递减的。当美国生产 OB 数量的汽车时,其单位成本为 OD。英国生产 OA 数量汽车时,由于规模较小,单位成本为 OC。可见美国由于具有规模经济,在生产汽车方面获得比较优势。因此规模经济也是发生国际贸易的决定因素之一。

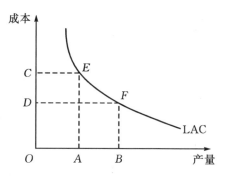

图4-4 具有规模经济的长期平均成本曲线

(4)学习曲线和赶超模式。当某一企业产品成倍增长后,企业的成本会发生什么变化呢?我们可以通过学习曲线来分析。学习曲线研究劳动技能的提高、生产经验的积累、技术的增进及特定时间内产品总量的提高与生产成本变动的关系。1936年,赖特(T. P. Wright)在飞机制造和实践中发现了学习曲线的存在。他通过实践证明,累计的产品产量每翻一番,每架飞机的成本便会有一定程度(如20%)的下降。此后也有经济学家发现,在那些大批量产品生产时,生产的产品产量每倍增一次,直接劳动成本降低20%,相当于原有水平的80%,因此这种学习曲线又被称作80%曲线,见图4-5。在图4-5中,横轴是产品生产的累计产量,纵轴是产品成本。

阿罗(Arrow)提出了"干中学"理论,认为制造业普遍存在学习效应,可以使产出扩大的同时,工人的劳动生产率不断提高,导致平均生产成本下降。阿罗特别强调,一个国家的技术(特别是工艺技术)依赖于这个国家过去生产的产品数量总和,拥有最大积聚产品数量的国家通过过去不断的学习效应达到最低成本,因此要比较少积聚产品数量的国家拥有更好的出口机会。波士顿咨询公司于1974年发展了这个理论,认为所有的成本,即销售总成本、研究和开发总成本以及其

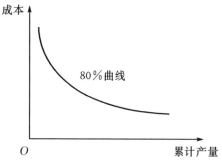

图4-5 学习曲线

他各类总成本通过经验和积累都有学习效应,并将描述学习效应的曲线——学习曲线——改称为经验曲线。该理论表明,即使是纯粹的规模扩大带来的经济效益,也同公司生产和管理经验的积累息息相关。

一些研究成果表明,由于企业的生产和管理人员通过学习过程能够熟悉工作的细节,能够改进工具和操作过程,并能增强生产管理工作的协调性,从而提高效率,降低成本。因此,由于产量倍增而积累起来的经验,不但能降低劳动成本,而且能降低包括管理费用等在内的全部成本。

把以上结论引入国际贸易理论中,则会得出"后来者居上"的结论。假定有两个国家,一个是最先从事制造某产品的先驱国,另一个是后加入的后进国。后进国虽然起步晚,但当它开始从事生产时,有可能采用更先进合理的生产设备和工艺流程,进行更经济合理的生产,从而降低了劳动成本。

如图 4-6 所示,设先驱国学习曲线为 E_p,后进国学习曲线为 E_i。E_i 位于 E_p 之下,表明在相同的产量也就是相同的生产经验的情况下,后进国的成本低于先驱国的成本。假定后进国引进一定的技术,从它的学习曲线 E_i 上的 c 点开始生产,这时先驱国在其学习曲线 E_p 的 a 点上。若两国各增加 Q 单位的产量,使先驱国由 E_p 上的 a 点移到 b 点,后进国由 c 点移动 d 点。但 b、d 两点代表不同的生产成本,而先驱国要想保持其产品优势,就必须和后进国一样快地倍增其产量(甚至其倍增速度还得快于后进国)。

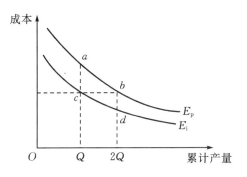

图 4-6 "后来者居上"分析图

由于先驱国的产量基数大,继续倍增不如后进国容易,因此先驱国必然丧失其比较优势。

由于规模经济的源泉是技术进步,并且规模经济的源泉在贸易大国,因而对于贸易小国而言,理论上获得了相对更多的取得外部规模经济的机会。克鲁格曼和赫尔普曼指出,这些国家从来自外部的或者说是"国际的规模经济"中可以获得相当的利益,而且这种得益要超过它从国内的规模经济中所得的利益。可见一国,尤其是小国对其公司能否获得外部规模经济问题应给予足够的重视。尽管外部规模经济不可能从根本上改变贸易小国落后于大国的现状,但可以改变小国之间的竞争实力。因此政府不仅应该想方设法保护本国的优势产业,同时更应该重视帮助其落后产业获得"世界的"或"国际的"规模经济。

动态规模经济通常发生在那些充满着技术创新和进步的、不完全竞争的高新技术产业。在实践中,收益递增最重要的动态形式与来源就是研究开发效应和学习曲线效应。静态规模经济效应表明,一国企业若拥有超过其国内竞争者的规模优势,那么这种规模优势必将转化为更低的边际成本和更高的市场份额。动态规模经济也能产生与静态规模经济相同的效果。

4.2.3 技术差距和产品生命周期理论

1. 技术差距理论

技术差距理论是以科学发明、技术创新的推广过程来解释国际贸易的发生和发展的,是由美国经济学家迈克尔·波斯纳(Michael V. Posner)于 1961 年在《国际贸易和技术变化》一文中首次提出的。

技术差距理论的主要内容说明,技术进展或技术革新采用两种方式:一是发展新的、更节约的生产现有产品的方式,它的应用提高了要素生产率;二是创造发明全新的产品和改进已有的产品。各个国家技术革新的进展情况很不一致,技术革新领先的国家就可能享有出口技术密集型产品的比较优势。因为当技术领先的国家发展出一种新产品或新的生产流程时,这项技术尚未被国外掌握,因而产生了国家间的技术差距。但是,其他国家迟早会掌握这种技术,从而会缩短并消除技术差距。

国际贸易理论中的模仿滞后假说(imitation lag hypothesis)是波斯纳于1961年正式提出的。它放宽了H-O分析技术中技术水准相同的假设。它假设所有国家并非永远都能获得相同的技术,当技术由一国转移或扩散到另一国时,会产生落后的现象。波斯纳的理论重点之一在于比较模仿滞后与需求滞后的时间长短。例如,假设模仿滞后为15个月,需求滞后为4个月,则净滞后为11个月,也就是15个月(模仿滞后)减去4个月(需求滞后)。

图4-7是创新国与模仿国对某一新产品的技术差距示意图。在技术创新国家的新产品问世、出口以后到模仿国家仿制的产品生产出口前的这一段时间称作"模仿时滞",这个时期又分为需求时滞、反应时滞和掌握时滞三个阶段。由于创新国家垄断了这种新产品的生产,该产品自然具有出口优势。先进国家利用对新产品的技术控制,保持领先地位,在国际贸易中获得比较利益。随着新技术向国外转移,其他国家开始模仿生产并不断加以扩大,创新国的比较优势逐步丧失,出口下降,以至最终退出出口。时间轴以上部分给出了创新国的生产产量曲线P_1、创新国的出口量曲线E_1和模仿国进口量曲线I_2。时间轴以下部分给出模仿国生产量曲线P_2、模仿国出口量曲线E_2和创新国进口量曲线I_1。这个周期虽然在创新国结束了,但在已开始生产这种产品的国家(模仿国)仍然继续着。

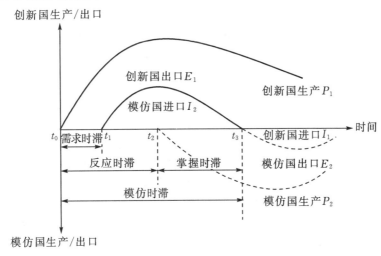

图4-7 创新国与模仿国技术差距

2.产品生命周期理论

美国经济学者弗农(Vernon)提出了产品生命周期理论。按照这个理论,许多新产品都有一个划分为四个阶段的生命周期。

第一阶段:先驱国对某一新产品的出口垄断时期。

根据技术进展理论,先驱国在某一新产品发明并生产后的早期阶段对该产品具有出口垄断优势。由于没有竞争者,因此对厂商来说成本问题并不是最重要的。厂商此时所关心的是改进产品的设计,加强广告宣传和推销。新产品一旦制造出来,先驱国厂商就垄断了该产品的世界市场。国外的富有者和先驱国在外国的侨民开始向先驱国购买该产品,出口量从涓涓细流开始,然后不断增加。

第二阶段:后进国生产者开始生产该产品时期。

先驱国新产品在国外打开销路扩大市场以后,吸引了发达国家的大量消费者,逐渐引起了其他发达国家生产者的注意。潜在的市场为这些发达国家(后进国)厂商提供了开始生产该产品的前提条件。它们不需要像先驱国进口货那样交付国际运费和关税,也不需要像先驱国那样花大量的研发费用,因此在这方面的费用可能比先驱国小,价格也就较先驱国进口货低。于是这些后进国厂商就决定生产该产品。开始生产该产品的后进国厂商往往是先驱国公司在后进国的子公司。因为它们知道如果它们不生产该产品,东道国(后进国)的公司也会进行生产。

东道国的厂商在本国生产该产品,虽然能够和先驱国的进口货在本国市场上竞争,但在第三国市场上,则不一定能和先驱国产品相竞争。除了这些厂商和先驱国厂商一样要支付国际运费和关税外,这些厂商刚开始生产,规模较小,而先驱国厂商由于市场广阔已获得规模经济效益,成本较低,竞争力较强。因此,在第二阶段,先驱国虽然对后进国的出口有所下降,但对其他绝大多数市场的出口仍可继续,其结果是先驱国的出口增长率减慢。

第三阶段:后进国产品在出口市场上与先驱国产品进行竞争时期。

由学习曲线知道,随着后进国的产量不断扩大和生产经验的不断积累,其成本降低速度要高于先驱国,开始获得先驱国原有的规模经济效益,加上这些国家的工资水平较低,因此它们的产品开始在一些第三国市场上和先驱国产品相竞争(在这些市场上,后进国的产品和先驱国的产品同样负担运费和关税),并且逐渐替代先驱国产品而占领了这些市场。这时先驱国国内市场由于关税的保护作用,仍由先驱国厂商垄断着,这一阶段的特征是先驱国的产量大规模下降,出口量迅速下降(阶段末期甚至到零),而后进国的产量和出口量则急速上升,出口增长率也迅速上升。

第四阶段:先驱国开始了进口竞争时期。

后进国产品在国内外市场的扩大,使之有条件进行大批量的生产,加上工资水平较低,厂房设备较新,成本降低程度抵补了向先驱国出口所需的运费和关税,此外,还能在先驱国国内与先驱国产品相竞争。若这些厂商认为,在自己本国市场上的售价可以保证足够的利润量,它们就会利用剩余的生产能力生产该产品向先驱国市场削价倾销。在这个最后阶段,先驱国出口几乎为零,只供应国外很少量的特殊需要。此时,这个产品在先驱国的整个生命周期就宣告结束。

如图4-8所示,在第一阶段,就产品本身而言,可以称为新产品时期。这个时期产品设计尚需改进,工艺流程还未定型,需要科学家、工程师和其他高技术熟练工人的大量劳动,因此产品是技术密集型的。在此期间,生产厂商数目很少,产品无相近替代品,价格比较高。到了第一阶段末期,先驱国利用大规模生产方式来生产这种新产品。此时产品大致已定型,转入正常生产阶段,已不需要大量投入熟练劳动力,主要使用半熟练劳动力,生产也由技术密集型改变为资本密集型,从而进入产品增长时期。此时产品已有广泛市场,参加竞争的厂商很多,各厂商只有降价

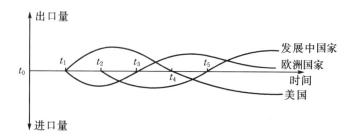

图4-8 国际贸易中产品生命周期的动态变化

才能扩大销路。它可能处在第二或第三阶段上。原来的后进国替代了先驱国的角色,使以上循环继续下去,一些新的后进国家替代了原来后进国的角色。这种新产品在生产国之间进出口的消长现象好像海涛似的一浪接一浪。这些产品生产的比较优势也就由技术先进的发达国家逐渐传递到发展中国家。到了第三、四个阶段,生产变得更加资本密集型,相对来说,劳动熟练程度已不是重要因素,这时即为产品成熟时期。在这一时期,虽然个别厂商通过广告可以保持一些产品差别,但由于它已成为标准化产品,价格低廉是厂商保持销路的重要条件,因此价格竞争十分激烈。

综上所述,产品生命周期理论是一个动态理论。在一个新产品的生命周期中,制造这种产品的生产要素比例会发生规律性的变化。

4.3 产业内贸易形成的机制与收益

一般来说,消费者偏好的多样性、国际直接投资活动是产业内贸易最基本的推动因素。

4.3.1 国际直接投资与产业内贸易的形成

随着跨国公司的大量出现,跨国公司的投资行为对国际贸易的影响越来越大,极大地促进了产业内贸易的发展。

跨国公司模式分为垂直一体化模式和水平一体化模式两种。垂直一体化模式中的跨国公司将生产经营活动的各个阶段分散于不同国家,而水平一体化模式中的跨国公司在很多国家重复从事大致相同的活动。垂直一体化模式和水平一体化模式对产业内贸易的影响机制是不同的。

1. 垂直一体化投资与产业内贸易的形成

垂直型跨国公司在总部和海外工厂之间实行纵向分工,设在母国的总部和工厂从事产业链中关键的产业环节,一般是知识密集型产品的生产活动;海外子公司则往往从事产业链中增值相对较低的劳动密集型和资本密集型的生产活动。这种纵向分工是发达国家跨国公司对发展中东道国传统的直接投资方式。

当母国与东道国的要素禀赋存在一定差距时,处于某一生产阶段的子公司会从其母公司或其他子公司输入零部件或中间产品,加工后输往母公司或其他子公司,由此产生"垂直贸易"。有的学者认为这种垂直贸易应该算作是产业间贸易,但在各国的统计上常常将零部件、中间产品及加工产品视为同组商品,因而其被统计成为产业内贸易。

2. 水平一体化投资与产业内贸易的形成

在水平一体化模式中,跨国公司因为主要在经济发展水平和市场规模相似的国家之间从事类似的经营活动,因此倾向于在各个国家都建立自己的生产和销售体系,在当地生产,满足当地需求。从表面上看这种投资行为在一定程度上替代了国际贸易,但如果结合产品差异和消费者偏好来研究,则会发现跨国公司的水平一体化投资也是产业内贸易的重要来源。这种水平一体化跨国公司在经济发展水平类似的国家之间建立内部市场,进行差别产品交易,呈现出产业内贸易的特征,同时又有规模经济的特征,在需求的拉动下,产业内贸易得到了极大的发展。二战后发达国家与发达国家之间相互投资额与产业内贸易额同时增长的现象充分证实了这一点。

由水平一体化跨国经营所产生的产业内贸易的增加,无论是对母国还是对东道国的对外贸易竞争力都具有促进作用。对母国来说,水平一体化跨国公司在总部与海外工厂之间平行分工,从事基本相同的生产经营活动,从而获得了规模经济效益,降低了产品平均生产成本。这种建立在规模经济基础之上的产业内贸易的增加极大地提高了母国对外贸易竞争力。

对东道国来说,跨国公司的进入会给东道国带来母国先进的生产和经营技术,促进东道国的相关产业的技术进步和产业升级,即使母国和东道国技术水平相差不大,跨国公司也会为东道国带来有特色的生产方式、新的营销渠道以及不同的管理理念等,因此,由水平一体化跨国公司所带来的产业内贸易水平的提高同样也提高了东道国的对外贸易竞争力。

4.3.2 产业内贸易的收益

关于贸易利益的来源,传统的贸易理论侧重于产业间贸易的分析,认为要素禀赋相异的两个国家之间进行产业间贸易,既可带来包括生产者利益和消费者利益的静态利益,又可带来具有更长远影响的动态利益。

沿用传统的理论来分析产业内贸易得出的推论是:由于产业内贸易并非由两国的比较成本差异引起,因而不会带来生产者利益,也不会带来消费者利益。但是经过研究,经济学家发现产业内贸易同样可以带来生产者利益和消费者利益,只是与产业间贸易所不同的是,生产者从中得到的利益主要来源于市场的扩大,而消费者从中得到的利益主要来源于商品可选择性的增加。这里运用格里纳韦(Greenaway)提出的利益分析模型进行解释。这一模型假定相异产品只有两个特性,而消费者的偏好将根据这两个特性在每个品种的比例来排列。图4-9表示贸易之前本国生产者与消费者的利益获得情况。横轴的每一点都表示一种组合,V_1就是其中一种组合,而消费者的偏好可能是横轴上的任何一种组合。图中假设有一种商品具有 X 和 Y 两种属性,这两种属性的不同组合构成了同属于这种商品的无数差异商品,假设每一种组合都有其固定的生产成本,单位产品的成本将随着产量的增加而降低,因此,一个厂商不会去生产所有组合,这就意味着有些消费者可能买不到他们所偏好的商品。

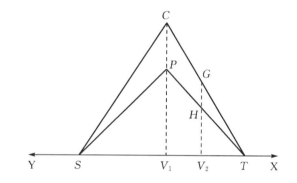

图 4-9 产业内贸易前的静态利益

图 4-9 中三角形 SPT 表示生产者剩余。偏好接近 S 和 T 的消费者,可能只购买很少的 V_1 以满足其生活所需,因此,这一部分买者带来的生产者剩余较小,偏好 V_1 的消费者对 V_1 的需求最大,因此他们愿意支付的价格就很高,通过这一部分买卖,生产者所得生产者剩余最大。因此三角形 SCT 能够表示出全部的生产者剩余。结合前面的消费者剩余的分析,三角形 SCT 就表示了生产 V_1 时这个国家所得的静态利益。

当发生产业内贸易之后,这种静态利益将发生变化。如图 4-10 所示,假设本国(A)与外国(B)进行产业内贸易,其贸易商品是由 X 和 Y 两种主要属性组成的某种商品,两国对这种商品的需求偏好有一定差异。

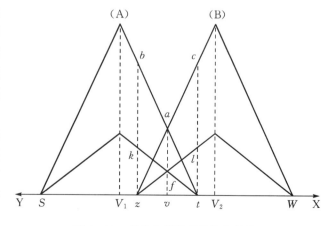

图 4-10 产业内贸易后的静态利益

假定在进行贸易之前 A 国生产 V_1 组合的产品，B 国生产 V_2 组合的产品。两国进行贸易后，两国的消费者都能得到更接近其偏好的产品。具体来说，本国偏好在 vt 的消费者可以在外国购买 V_2 组合的商品，V_2 比 V_1 更接近其偏好；而外国偏好在 zv 的消费者可以在本国购买 V_1 组合的商品，V_1 比 V_2 更接近其偏好。通过贸易后，双方的消费都得到较大的满足，由此而带来的生产剩余和消费者剩余也大于贸易之前。

外国偏好在 zv 的生产者剩余和消费者剩余从贸易前的 zfv 和 zaf 增加到贸易后的 $zkfv$ 和 $kbaf$；本国偏好在 vt 的生产者剩余和消费者剩余从贸易前的 vft 和 fat 增加到贸易后 $vflt$ 和 $facl$，总体来看，贸易之后 A、B 两国净增利益 zba 和 act，其中既有生产者剩余也有消费者剩余。这样，在产业内贸易之后，两国的生产者和消费者所得的净总利益都比贸易前增加。而且，如果两国的偏好重叠越大，则通过产业内贸易所得的静态利益越大。

产业内贸易也能带来动态利益，具体表现为以下几方面：首先，产业内专业化可以使已有产品的生命周期延长，并减少那种由于生产被迫转向带来的浪费。其次，产业内贸易所带来的同类商品的竞争对产品的创新有较强的激励作用，主要表现为对增加产品花色品种（即水平差异商品）和对创造新的替代产品（即技术差异商品和垂直差异商品）的激励。同时，产业内贸易可以加速替代产品的开发，给社会带来更多的利益。再次，在经济全球化的今天，产业调整将引起地区乃至全球的要素流动。而产业内调整震荡比产业间调整相对要小，因为在同一产业内进行生产调整，生产要素价格的弹性要求不高，而且这种调整通常发生于同一企业或者同一地区，因而调整起来比较容易。最后，从收入再分配来看，产业内专业化所带来的收入再分配影响要小于产业间专业化。因为同一产业的要素投入密度很相似，因此产业内专业化对要素相对价格影响不大，稀缺要素所有者不仅不会因此有所损失，而且其实际收入还会有所提高。

从以上对产业间贸易与产业内贸易的利益的比较分析可以看出，产业内贸易所带来的利益并不亚于产业间贸易所带来的利益，而且产业内贸易所带来的利益是多方面的，它更有利于一个国家生产能力的提高和经济结构的改善。

4.3.3 产业内贸易指标

为了比较不同国家的产业内贸易水平和比较不同产业的产业内贸易水平，建立适当的产业内贸易指标非常必要。

沃顿在 1960 年发表的一篇研究比荷卢经济联盟的文章中用进口比重和出口比重的乘积的离中率来测定不同产业间的贸易水平，离中率数值介于 0 和 ∞ 之间，离中率的数值越大，产业间的贸易程度越高。他将 1955 年的数据与 1938 年的数据相比，发现离中率的两头极值在缩小，中值在增大。由此可以认为，同盟各国专业化分工主要发生在产业内而非产业间。

巴拉萨于 1966 年提出一个贸易水平测定指标用以研究欧共体之间的分工。

$$C_i = \frac{|X_i - M_i|}{X_i + M_i}$$

$$C = \frac{1}{n}\sum_{i=1}^{n} C_i$$

式中，C_i 是 i 产业的产业内贸易水平；X_i 和 M_i 分别表示某国 i 产业的出口值和进口值。$0 < C_i < 1$，C_i 越接近于 0，表明该国 i 产业的产业间贸易水平越低，产业内贸易水平越高；越接近于 1，表明产业间贸易水平越高，产业内贸易水平越低。C 是所有产业的算术平均数，表示该国产业间贸易和产业内贸易总体水平的高低。

目前产业内贸易程度的测度,常用格鲁贝尔-劳埃德指数(G-L 指数),其计算公式为
$$B_j = [(X_j + M_j) - |X_j - M_j|]/(X_j + M_j)$$
式中,X_j 为出口额;M_j 为进口额;j 代表国家;B_j 表示产业内贸易指标,其取值区间为 0~1。

某一个国家所有产业的产业内贸易指数,以个别产业的进出口总额当中所占的比重来加权平均,其计算公式如下:
$$B_j = \left(\sum_{i=1}^{m}(X_{ij} + M_{ij}) - \sum_{i=1}^{m}|X_{ij} - M_{ij}|\right) / \sum_{i=1}^{m}(X_{ij} + M_{ij})$$
式中,i 为 j 国的产业数。

B_j 取值范围在 0 到 1 之间。当 B_j 等于 0 时,表示 j 国该产业是完全的产业间贸易;B_j 值越大,表示 j 国该产业的产业内贸易程度越高;当 B_j 等于 1 时,表示 j 国该产业为完全的产业内贸易。

在应用 G-L 指数时应注意以下几个问题:首先,G-L 指数是实证分析产业内贸易现象的工具,用于研究具体某个产业的产业内贸易水平比用于研究整体产业内贸易水平更加合适。其次,G-L 指数本身只是一个比值,无法反映一个国家产业内贸易的规模和发展速度。为了解决这个问题,还须引入产业内贸易绝对量指标。

$$A_i = (X_i + M_i) - |X_i - M_i|$$
$$A_j = \sum_{i=1}^{n}(X_i + M_i) - \sum_{i=1}^{n}|X_i - M_i|$$

式中,A_i 表示 i 产业的产业内贸易的绝对量;A_j 表示 j 国产业内贸易的总量。

产业内贸易指数大小的影响因素主要有:

(1)某种产业部门的产品特性。因为有些产业部门的产品生产和消费具有明显的地域性,难以发生大规模的产业内贸易。

(2)该产业部门的成熟程度。因为高度发达的产业部门容易发生产业内贸易,不发达产业部门难以发生产业内贸易。

(3)该产业部门的划分。如果产业部门的划分较细,产业内贸易指数就比较小;如果产业部门的划分很粗略,产业内贸易指数就比较大。

G-L 指数可以用来衡量一国产业内贸易的程度高低,但却没有告诉我们在一国的贸易流中,有多少贸易流是产业内贸易,有多少是产业间贸易;也不能区分一国的产业中,哪些属于垂直差别产品的产业内贸易,哪些属于水平差别产品的产业内贸易。

因此,为了更深入地考察一国产业内贸易的发展状况,区分产业间贸易和产业内贸易两种贸易模式,需要进一步把产业内贸易细分为垂直与水平这两种差别产品的产业内贸易形式。其方法是根据阿布德·拉赫曼(Abd El-Rahman)提出,又被格里纳韦、海因(Hine)和米尔纳(Milner)、丰塔涅(Fontagné)等,以及阿图帕内(Aturupane)等学者进一步完善的"门限指数"(见表 4-2)。

表 4-2 贸易类型划分的"门限指数"

贸易类型		贸易重叠程度	产品的相对单位价格①
产业间贸易		$\dfrac{\min(X_{p,t}, M_{p,t})}{\max(X_{p,t}, M_{p,t})} \leq 10\%$	
产业内贸易 (IIT)	水平型产业内贸易 (HIIT)	$\dfrac{\min(X_{p,t}, M_{p,t})}{\max(X_{p,t}, M_{p,t})} > 10\%$	$1-\alpha \leq \dfrac{\mathrm{UV}^X_{p,t}}{\mathrm{UV}^M_{p,t}} \leq 1+\alpha$ ②
	垂直型产业内贸易 (VIIT)	$\dfrac{\min(X_{p,t}, M_{p,t})}{\max(X_{p,t}, M_{p,t})} > 10\%$	$\dfrac{\mathrm{UV}^X_{p,t}}{\mathrm{UV}^M_{p,t}} < 1-\alpha$ 或 $\dfrac{\mathrm{UV}^X_{p,t}}{\mathrm{UV}^M_{p,t}} > 1+\alpha$

注:①表中贸易的产品质量差异通过产品进出口的相对单位价格来衡量,其假设前提是产品的相对价格能够反映产品的相对质量。
②α 的取值为 25%。
③$X_{p,t}$ 表示某国 p 产品在 t 期的出口额,$M_{p,t}$ 表示某国 p 产品在 t 期的进口额,$\mathrm{UV}^X_{p,t}$ 表示某国 p 产品在 t 期的出口单价,$\mathrm{UV}^M_{p,t}$ 表示某国 p 产品在 t 期的进口单价。

根据"门限指数"可以区分出不同的贸易类型(产业间贸易、水平型产业内贸易和垂直型产业内贸易)。

4.4 产业内贸易模型

4.4.1 水平分工产业内贸易的理论模型

克鲁格曼 1979 年通过将迪克西特和斯蒂格利茨的模型由封闭扩展为开放,拓展出了一个新模型。在该模型中,贸易来源于企业内部的规模经济,而不是外部的规模经济。如果规模经济是外部的,市场将依旧是完全竞争的;如果有内部的规模经济,市场结构将变成张伯伦垄断竞争模型。从供给方面讲,某一产品的市场中存在多个厂商,每一个厂商生产某一种或几种相似的产品,这些商品的收益递增。从消费方面讲,消费者有多样化偏好,这意味着一旦有新的更好商品面市,就会有消费者购买它。

兰开斯特模型假设厂商可以自由进入和退出市场,可以选择生产任何品种的商品,所有商品的生产成本都是一样的。在差异产品被生产的一开始,就有一个起始的规模经济,即厂商所面对的平均成本曲线是下降的。由于每一种商品的成本函数是一样的,因此生产成本并不取决于商品本身的特性。进入市场的厂商必须决定生产哪个品种以及以什么样的价格出售。价格越低,可以售出的商品就越多。如果两种商品的差异性太小,厂商就不能销售足够的商品以弥补成本,它们面临的选择是,要么退出市场,要么生产其他品种。反之,如果两个品种的特性相差很远,就会有新厂商进入,生产一种新产品,其特性介于已经存在的两种商品之间。厂商的自由进入和退出、消费者相同的偏好、一样的成本函数保证了在长期均衡中实际生产的商品品种会均匀分布,而且每一个品种的生产数量和销售价格都相同,每一个厂商获得正常的利润,即价格等于平均成本。兰开斯特把这种情况称为"完全垄断竞争"。在一个封闭的市场中,不论是生产者的规模还是消费者的多样化偏好,都由于市场规模太小而受到了限制。很明显,在这种情况下两国进行贸易,既可以使企业的规模变大以降低单位产品的成本,获得规模收益,又可以使消费者的多样化偏好得到满足。规模经济和水平性产品差异可以独立地在技术和要素禀赋相似的国家间引起国际贸易(以产业内贸易的形式)。消费结构是与收入水平相关的。同一种商品在收入水平相似的国家中可以同时找到大量消费者,在要素禀赋和收入水平都不一样的国家,这种可能性比较小。

克鲁格曼在1981年运用模型证明了由于规模经济,相似的国家之间会进行产业内贸易,生产这些贸易品的要素是资本和劳动力,它们的投入比率是一样的,所以产业内贸易并没有像传统贸易的增长那样有比较大的收入分配效应,当贸易双方在要素禀赋方面有很大相似性的时候(这时候产业内贸易的影响超过了产业间贸易),两种要素都可以从贸易中获益。在这里,克鲁格曼通过假设效用以实际工资和消费多样性为标准,运用一个效用函数对贸易对于福利的影响做了分析。根据产业内贸易的假设,同一个产业内各个企业的要素密集度都是相似的,在这些企业间的资源再分配也相对比较容易,调整成本比较低。

布兰德和克鲁格曼证明,在寡头垄断竞争的市场中,即使不存在成本差异和规模经济,寡头之间的"相互倾销"也将使(产业内)贸易出现:不同国家中的各个垄断厂商都向对方厂商的国内市场进行倾销。之所以会有这样的结果,关键就在于市场分割的假设,在这样的假设下,每一个企业针对不同的国家,有若干个彼此没有联系的市场,对其中一个市场所做的决定,不会影响到其他市场。寡头垄断厂商以低于国内的价格将产品销售到国外市场,尽管在国外的销售价格更低,但是只要有利润可赚,就比在国外没有销售要好,厂商在意的是总利润水平。同样的道理,其他国家的厂商也会采取同样的做法,把产品销售到本国的市场。这样,相互倾销就出现了。由于相互倾销的产品一般是相似的工业品,因此这个模型也很好地解释了产业内贸易的一个原因。

4.4.2 垂直分工产业内贸易的理论模型

垂直分工产业内贸易是指不同质量的相似性物品同时出口和进口。对垂直性产业内贸易首先进行研究的是法尔维(Falvey)。他认为,由许多不同的厂家生产质量不同的产品,而且这些产品又都没有规模效应,这时垂直性产业内贸易可能发生。在这里,垂直性产业内贸易与经典的以要素禀赋为基础的产业间贸易有相似之处,资本相对丰裕的国家出口质量高的物品,劳动力相对丰裕的国家出口质量低的物品。

法尔维和凯日科夫斯基(Kierzkowski)的模型(F-K模型)表明,即使不存在不完全竞争和收益递增,垂直性产业内贸易也会存在。在供给方面,假设每一个国家只有两个部门,其中一个部门生产一种同质性产品,另一个部门生产同种商品中不同质量的产品(这些商品在国家之间的贸易将是垂直性产业内贸易)。每一个部门都雇佣劳动力,资本的使用随着产品质量的不同而有所不同,高质量的产品体现了相对较高的资本-劳动力比率。技术(劳动生产率)在两国之间的差距使得它们之间的贸易不会引致各国工资均等化,资本的租金也不会相等。工资相对较低的国家在生产低质量产品上有比较优势,工资相对较高的国家在生产高质量产品上有比较优势(在这些国家,资本的价格相对较低)。在需求方面,假设两国消费者有相同的偏好,在相对价格一定的情况下,对不同质量产品的需求依消费者的收入而定:收入越高就越倾向于消费更高质量的产品。由于分配不均,每一个国家都既有低收入的消费者,也有高收入的消费者,因此,每个国家都有对不同质量产品的需求。

莎科特(Shaked)和萨顿(Sutton)提出的模型研究由于研发支出不同而造成的产品质量差异对市场的影响。模型假设不同企业的产品质量有差异,这种差异来自企业研发支出的多少,同时如果质量不同的同类产品以相同的价格销售,消费者将选择质量高的产品。在这里,单位产品成本的差异不会因为质量的提高而很快地提高,因为质量提高的来源是已经支出的固定成本(研发成本),而不是劳动力或资本的投入。假设存在两个相同的封闭市场,这两个市场中都有两个垄断者,一个企业生产高质量产品,另一个企业生产低质量产品。当贸易把不同的市场联系起来时,两个国家中生产高质量产品的企业将相互竞争,生产低质量产品的企业也会出现同样的情况。根据该模型,每个产品的两个生产者中,都会有一个退出市场,因为在两个并存的情况下,没有一个能获利。这样,自由贸易会使一种质量的产品只由一个企业生产,该生产者同时供应国内外两个市场。值得注意的是,在长期,市场范围的扩大将进一步减少市场中企业的数量。原因在于,生存下来的企业都得益于它们的研发支出所带来的收益,研发支出的水平越高,市场占有的份额越大,这样市场扩大将使产品质量普遍提高。产品质量的提高是固定成本(研发支出)提高的结果,随着产品质量的提高,可变成本的提高只是轻微的,价格并不随质量提高而大幅度上升。企业间在高质量产品生产中的竞争将使这些产品的价格达到一个水平,在这个水平上,所有消费者都愿意购买这些厂商的高质量产品,这样低质量产品就被逐出了市场。这意味着,低质量产品的生产厂商将退出市场。从长期来看,能够留在市场中继续提高其产品质量的企业将越来越少。不过垂直性产业内贸易不一定会减少,正如前面所分析的,即使统一的市场中只有两个企业,它们分别生产有相对质量差别的同类产品,只要它们分别处于不同的国家,两个国家之间就会发生垂直性产业内贸易。

4.4.3 产业内贸易的发展与一国贸易自由化的经济调整成本

产业内贸易的发展与一国贸易自由化的经济调整成本有很大关系。正如前面所述,克鲁格曼的模型证明,相对于产业间的贸易来说,产业内贸易所带来的调整比较温和。不过,在研究垂直性产业内贸易的 F-K 模型中,垂直性的产品差异来源于要素密集度的不同,由国际贸易引起的动态垂直性专门化会有比较大的再分配效果。

假设一国一个部门中的企业,其中一些是进口竞争性的企业,另一些是出口性的企业,如果只考虑水平性产业内贸易,则劳动者在一个进口竞争性企业中失业后,可以在同部门的出口企业中找到工作,这时调整成本比较小。然而当我们进一步研究垂直性产业内贸易时会发现,质量高的产品往往由人力资本高的劳动者制造,质量低的产品往往由人力资本低的劳动者制造,如果本国在产业内贸易中出口的是质量低的产品,就有利于本国人力资本含量低的劳动者就业,质量高的产品的企业是进口竞争性的,难免要裁员,人力资本高的劳动者重新找工作的时候,要么必须接受更低的工资价格,要么就没有工作机会。随着一国经济开放度的上升,产业内贸易的份额也在不断增加,这对于一国经济将造成怎样的影响,是人们所关心的问题。从现有的研究结果来看,产业内贸易降低了经济调整的成本。比如,梅农(Menon)发现,由于产业内贸易的增加,澳大利亚贸易自由化的短期和长期调整成本都降低了许多。

4.5 产品内分工与贸易

4.5.1 产品内分工理论

产品内分工理论讨论全球生产链背景下,要素流动及其价格、生产和贸易模式对各国和世界整体福利的影响,这也是传统国际贸易理论注重研究的问题。

产品内分工是指某产品或劳务的生产供应过程按不同工序或环节分散到不同国家去完成。它和一个工厂内部完成整个工序流程的生产方式有所区别,可分为国内产品内分工和国际产品内分工。本章主要讨论后者。

产品内分工理论并没有改变传统贸易理论的研究目的和经典研究范式,它仍致力于解释国际贸易的基本问题,即分工怎样导致了世界贸易模式、贸易所得的转变及这种转变对各国福利的影响。因此,产品内分工理论无疑是面对新的贸易现实而产生的新型理论体系,它脱胎于传统贸易理论和新贸易理论,又结合现实发展出了新的理论解释工具,是符合国际贸易理论发展传统思路的。

概括而言,经济学中的国际分工理论大概经历了产业间分工理论、产业内分工理论和产品内分工理论三个阶段,国际贸易理论相应地历经了传统比较优势贸易理论、新贸易理论和产品内分工贸易理论。产品内分工理论和对应的产品内分工贸易理论是现代主流贸易理论重点研究的方向,这个国际贸易的理论范式开始于传统国际贸易理论中"中间产品贸易",它研究的现实基础是产业链的全球铺展导致了某种产品的生产工序在空间上分离,从而产生了相应的贸易形式和经济后果。

进入20世纪90年代以后,产品内分工理论开始盛行,这个时期一些主流经济学家对产品内分工的一般经济理论进行了研究,虽然他们对产品内分工范畴的提法大相径庭,但是他们的研究已经立足于产品内分工现象本身,其研究的基准也开始转向基本经济学概念和范式的运用。

在这个时期内,有一些零散的研究,但是这些零散研究可以用芬斯特拉(Feenstra)提出的"生产非一体化"(disintegration of production)概念进行拟合,因为它们共同的特点在于解释产品生产工序全球空间解构后对各国福利的影响。克鲁格曼将产品内分工现象描述为"分割价值链"(slicing up the value chain),并分析了在全球领域产品内分工体系下,南方国家对北方国家的经济冲击;同时,得出结论,南方国家的兴起和其在全球化价值链中的地位不会危及北方国家的经济利益,产品区段全球分工生产是一个双赢的过程。

接着克鲁格曼又重新审视了全球化产品内分工体系,并指出,全球贸易的增长很大程度上取决于中间产品贸易的迅速扩张。从以上论述来看,克鲁格曼是比较赞成全球范围进行的产品内分区段生产的。此后,一些经济学家同样从产品内分工的视角来审视一些国际贸易问题。巴格瓦蒂(Bhagwati)和德赫贾(Dehejia)用"万花筒式比较优势"(kaleidoscope comparative advantage)定义产品内分工,他们综合考虑了北方国家将产品的低区段放在南方国家后,北方国家非技术工人和技术工人的工资率各自受到的影响。随后,芬斯特拉和汉森(Hanson)等用了一个连续中间产品投入的生产模型来分析20世纪80年代美国非技术工人的就业率低和相对工资下降的原因,并得出结论,美国将一些产品的生产区段外包给国外企业在一定程度上引发了国内失业和工人的报酬下降。

芬斯特拉使用"生产非一体化"和"贸易一体化"的概念来表述产品内分工盛行的现代国际贸易和全球生产的特点,并且在此框架下分析了20世纪70年代以后,世界中间产品贸易迅速扩张的现实和原因、生产全球化对非技术工人就业和工资率的影响及现实状况下世界各国贸易战略政策的调整。此外,利玛(Leamer)将产品内分工定义为"非本地化"(delocalization),并考虑全球产品内分工对世界收入差距增大的效应。

虽然20世纪90年代产业内分工理论发展的脉络较为零散,但是这其中还是有一条比较清晰的研究主线,这条研究主线中的学者对产品内分工冠以"零散化生产"(fragmented production)、"外包"(outsourcing)和"转包"(sub-contracting)等理论范畴,这些概念随后便成了主流经济学对产品内分工经济现象的称谓。这条主线对产品内分工理论引入了纯贸易理论分析框架,取得了不少成果。琼斯和凯日科夫斯基的研究是这条主线的铺垫,他们把生产过程分离开来并散布到不同空间区位的分工形态称为"零散化生产";该研究得出结论,服务活动对于展开产品内分工是十分重要的,并指出比较优势和规模报酬递增是推进生产过程分散化进程的主要因素。顺着以上研究思路,阿恩特(Arndt)利用国际贸易常规分析技术,对全球外包和转包等产品内分工的现象进行了研究。他指出,如果外包在劳动力非丰裕国和劳动力丰裕国之间发生,并且有同时的产品内分工,将同时改善两国的就业和工资率;此外,外包还可以提高企业在海外市场的竞争力。接着,迪尔多夫(Deardorff)在李嘉图框架和H-O框架下分别讨论了产品内分工理论,并给出了一系列利用传统国际贸易理论研究的技术手法构建的模型;特别是在外包模型中,得出了在全球产品内分工体系下,各国要素非均等化的结论。2001 年,阿恩特和凯日科夫斯基编著的《零散化:世界经济中新的生产模式》(*Fragmentation: New Production Patterns in the World Economy*)论文集系统总结了以上一些研究成果。因为这本书收录了 20 世纪 90 年代关于产品内分工理论的零散研究成果和对于零散化、外包问题的系统研究成果,故而成为产品内分工理论的一个重要文献和里程碑。

进入 21 世纪以后,一些新贸易理论经济学家,主要代表人物是格罗斯曼和赫尔普曼,也开始研究"全球生产组织"和"外包"现象,这个产品内分工理论流派是迄今为止比较具有创新意识的学派,他们在国际贸易理论框架中引入了新制度经济学中的企业和组织理论,结合博弈论方法,涉及国际贸易理论的微观基础,从而尝试从根本上解释世界范围内产品内分工经济现象的真实原因及其对世界贸易模式的影响。他们运用委托代理理论框架研究企业的生产组织选择行为,结果发现企业的生产组织方式和不完全契约关系甚疏,而与管理激励具有较强的相关关系,并且在此条件下分析生产力水平不同的企业对生产组织方式的选择。格罗斯曼和赫尔普曼的理论体系将新制度经济学中的制度分析和企业理论巧妙地嫁接到贸易理论中,进一步完善了产品内分工理论体系。同时,该理论体系最为重要的贡献在于夯实了国际贸易理论的微观基础,从企业行为出发讨论贸易模式问题,这符合现代国际贸易大都以跨国公司全球经营为扩展路径的经济现实,具有很强的现实意义。

4.5.2 中间产品贸易

中间产品贸易有别于传统的国际贸易理论所描述的最终产品的贸易。从产品的性能看,能够发生中间产品贸易的产品需要具备以下条件:第一,产品本身具有可分性,即产品生产过程中的生产工序在空间上具有可分性;第二,生产技术的发展,即生产过程分解的可能依赖于产业的生产技术;第三,生产过程由多阶段组成,生产阶段按对生产要素不同的偏好要求安排在相应不同要素禀赋的国家。除此之外,它还受其他因素影响。

中间产品贸易是随经济全球化的深入发展而发展起来的。大量的国际贸易由中间产品、原材料构成,这些货物在到达最终消费者之前需要当地的进一步加工,更进一步说,几乎没有什么国际货物是没有在当地经过任何加工的纯原料或初级要素。如果生产被视为在一定范围内的有序活动,即从初级原料的生产到消费者要求的最终产品的活动,发生在这个过程的国际贸易就是中间产品贸易。根据联合国广义经济类别(broad economic catalogue,BEC)分类法,产品按照生产过程或使用原则分为三大类,即初级产品、中间产品(中间投入品)和最终产品。

关于中间产品产业内贸易,格鲁贝尔与劳埃德及埃塞尔(Ethier)都曾对此做过论述与分析。埃塞尔认为,中间产品和最终产品厂商都能够因中间产品的规模经济和产品差异效应而受益。不过,科尔(Kol)和雷门特(Rayment)最早注意到垂直专业化在中间产品产业内贸易中的作用。他们认为,中间产品的多样化可以视为生产过程的分割,而生产过程的分割导致相似的中间产品交换及中间产品与最终消费品和资本品的交换,由此产生了产业内贸易。通过对荷兰家具业产业内贸易类型的实证分析,科尔和雷门特证明了中间产品产业内贸易的存在。

特坎(Turkcan)则将中间产品产业内贸易分为水平型与垂直型,并用垂直专业化理论解释垂直型中间产品产业内贸易。特坎认为,李嘉图模型和 H-O 模型是解释垂直专业化的两条理论线索。在此基础上,特坎用 1985—2000 年贸易数据对土耳其和其他 OECD(经济合作与发展组织)国家中间产品产业内贸易的国家特征和产业特征决定因素进行了检验,结果发现,国家特征因素对土耳其与其他 OECD 国家的中间产品产业内贸易起着核心的作用。

4.5.3 产品内贸易的度量

1. 进口中间投入品数值作为产品内贸易的指标

芬斯特拉和汉森使用进口中间投入品数值作为产品内贸易测度的指标。计算进口中间投入品数值的方法是:先将一国某个产业购买的每种类型的中间投入品价值乘以对应的各类型中间投入品的进口份额,累加后得出该产业进口中间投入品的价值;然后再对所有产业进口中间投入品价值相加,就可得出该国进口中间投入品的总价值。

2. 垂直专业化指标

胡梅尔斯(Hummels)等人的计算方法与直接通过进口中间投入品数值计算的方法差异较大,也较为复杂。他们首先明确界定了垂直专业化这一概念,并给出基于这一概念而进行的贸易活动的计算方法和公式。他们界定垂直专业化的关键特征是一国进口的投入品被用于生产该国的出口产品。这一概念强调两个观点:产品的生产至少依次在两个国家完成;在产品的连续生产过程中,加工中的产品至少两次跨越国境。在这种连续生产的过程中,一国从另一国进口产品,将其当作投入品用于本国自己产品的生产,然后再把自己生产的产品出口到其他国家,当最终产品到达最终目的地的时候,这个连续过程才结束。垂直专业化这一术语就描绘了这一连续的生产过程。与其相对照,水平专业化是指产品生产从头至尾在一个国家内完成,然后进行交换。在不同的国家被垂直地联系在一起时,即国际化生产促使不同的国家专业化分工于产品生产的特定阶段时,国际贸易随着国际化分工生产的增加而增加。

芬斯特拉、格罗斯曼与赫尔普曼等学者把国际贸易在过去几十年的飞速增长归因于垂直专业化。芬斯特拉形象地以芭比娃娃的生产与销售过程为例,对垂直专业化做了说明;格罗斯曼与赫尔普曼根据 WTO1998 年度报告,给出另一个垂直专业化的例子:"在一辆美国轿车的价值中,约 30% 由韩国的装配线生产,日本的部件与先进技术占价值的 17.5%,德国的设计占价值的 7.5%,中国台湾与新加坡的零件占价值的 4%,英国的广告与市场营销服务占价值的 2.5%,而爱尔兰与巴巴多斯的数据处理则提供了价值的 1.5%。这就是说,美国国内所创造的产值只占 37%。"这种垂直专业化的生产方式与一体化的市场营销之所以可以解释世界贸易在过去几十年内的飞速发展,并解释国际贸易对全世界平均关税下调的非弹性,其深刻原因在于作为最终产品组成部分的原材料、中间产品、半成品与零部件反复经历各国海关。

胡梅尔斯等人明确给出了垂直专业化的三个条件:产品的生产包括两个或两个以上连续的阶段;在产品的生产过程中,两个或两个以上的国家提供了价值增值;至少一个国家在产品的加工阶段必须使用进口投入品,而且这一使用进口投入品生产出来的产品必须部分地用于出口。他们利用投入产出表,对 20 世纪 60—90 年代 10 个 OECD 国家和 4 个新兴经济体计算了垂直专业化指标。

(1)一国的垂直专业化绝对指标 VS。胡梅尔斯等人将垂直专业化贸易界定为一国总出口中由进口的中间品所创造的贸易额。

$$VS = \frac{出口额}{总产出} \times 进口中间品价值$$

若一国在出口品的生产中,全部采用国产中间品或没有出口,则没有贸易发生,此时 VS 为零;当产出全部用于出口时,VS 即为进口的中间品价值。

(2)一国的垂直专业化相对指标 VSS。

$$VSS = \frac{VS}{出口额}$$

4.6 异质性企业和企业边界

以上所述国际贸易理论的分析视角基本上是从国家或产业层面入手,模型中企业是同质的、无差异的,无法解释国际贸易中更为微观层面的许多现象。如为什么同一产业内有的企业从事出口,而其他企业却仅仅涉足于国内市场等问题。2003年,梅里兹提出"异质企业贸易模型",形成了以企业层面研究国际贸易的新新贸易理论。新新贸易理论沿用了新贸易理论垄断竞争市场结构和规模报酬递增的假定,但放松了同质企业的假定,将企业生产力的差异内生到垄断竞争模型中,运用一般均衡框架下的动态产业分析方法扩展了克鲁格曼的垄断竞争贸易模型,从而成功将企业生产率内生到模型中,将贸易理论研究对象扩展到企业层面。新新贸易理论的基本逻辑是,市场份额向高生产率企业靠近,而那些低生产率的企业被迫退出,从而提高了行业生产率水平。

4.6.1 新新贸易理论

1. 新新贸易理论概述

新新贸易理论的概念最先由鲍德温于2004年提出,而研究新新贸易理论的代表人物有梅里兹、安特拉斯以及伯纳德(Bernard)等。该理论以微观的企业为研究对象,研究企业的全球生产组织行为和贸易投资行为。目前,国际学界对贸易模式和贸易流量的解释,已经日渐进入企业层次的微观研究,这些研究将原来的CES(常替代弹性)偏好假设放松为异质企业的假设,并且运用企业层面数据展开实证分析。鲍德温、丘东晓等学者将关于异质企业贸易模型和企业内生边界模型的理论称为"新新贸易理论"。

新新贸易理论的一个主要分支是异质性企业的研究。梅里兹将企业生产率差异纳入新贸易理论,并以此分析企业商业模式选择,将其称为异质企业贸易模型。该模型最突出的特征在于假设企业是异质的,也就是企业是存在差别的,而不是像先前贸易理论那样假设企业同质,只是外在的市场结构差异影响到企业行为,而其异质性主要体现为生产率差异。例如,在以出口为主的国家,其出口额在国内生产总值中占有很大比重。但是近年来研究发现,从事出口的企业只有极少数。

新新贸易理论的另一个分支则以安特拉斯为代表,是将新制度经济学的不完全契约思想纳入一体化和外包的商业模式选择,称为企业内生边界模型。

2. 新新贸易理论与传统贸易理论、新贸易理论的区别

新新贸易理论突破了新古典贸易理论和新贸易理论以产业为对象的研究范畴,将分析变量进一步细化到企业,以异质企业的贸易投资作为研究重点。企业异质性有两种形式,即由产业内部不同企业生产率的差异而产生的异质性以及企业组织形式差异而产生的异质性,这两种异质性紧密相连。新新贸易理论通过建立异质企业贸易模型,阐明了现实中只有部分企业选择出口和对外直接投资(FDI)的原因;通过建立和拓展企业内生边界模型,将产业组织理论和契约理论的概念融入贸易模型,很好地解释了公司内贸易模式,并在企业全球化生产研究领域进行了理论创新。

从研究范畴看,传统国际贸易理论没有对单独企业进行研究,主要研究的是产业间贸易。在新古典贸易理论中,大多数研究都假定规模报酬不变,一般均衡模型只是限定了企业所在产业部门的规模,企业的规模则是模糊的。新贸易理论主要研究的是规模报酬递增和不完全竞争条件下的产业内贸易,虽然赫尔普曼-克鲁格曼差别产品模型对企业的规模做出了限定,但为简化起见,选用的是典型企业,也不考虑企业间差异。实证研究表明,考虑企业间的差异对理解国际贸

易至关重要,同一产业部门内部企业之间的差异可能比不同产业部门之间的差异更加显著,而且现实中并非所有的企业都会从事出口。无论在企业规模还是企业的生产率方面,企业都是异质的。新新贸易理论将研究重点放在异质企业上,通过考虑企业层面异质性来解释更多新的企业层面的贸易现象和投资现象。

传统贸易理论和新贸易理论同样不涉及企业的边界问题,现有企业理论仅限于局部均衡分析而忽视了公司内贸易的国际维度。跨国公司在全球经济中的重要性与日俱增,企业国际化过程中越来越复杂的一体化战略选择,以及中间投入品贸易在全球贸易中的份额不断上升,都使得研究国际贸易和国际投资中企业的组织形式和生产方式选择变得非常重要。企业如何在不同国家进行价值链分配,是通过FDI在企业边界内进口中间投入品,还是以外包形式从独立供货企业手中采购中间投入品,新新贸易理论较好地将产业组织理论和契约理论的概念融入贸易模型,在企业全球化生产这一研究领域做出了重大理论突破。

新新贸易理论与传统贸易理论、新贸易理论的区别在于:无论是传统贸易理论还是新贸易理论,都将"产业"作为研究单位,而新新贸易理论则将分析变量进一步细化到企业层面,研究企业层面变量,从而开拓国际贸易理论和实证研究新的前沿。新新贸易理论更关注企业的异质性与出口和FDI决策的关系,关注企业在国际生产中对每种组织形式的选择。表4-3是对上述情况进行的归纳。

表4-3 新新贸易理论与传统贸易理论、新贸易理论比较

具有代表性的贸易理论	主要说明对象	对企业的假定(产业内)	"出口企业是少数高生产率的企业"的情况
19世纪传统的贸易理论	产业间贸易	企业的生产率相同	不能解释
20世纪80年代新贸易理论	产业内贸易	企业的生产率各不相同	不能解释
21世纪新新贸易理论	企业出口与海外现地生产	企业的生产率各不相同	能够解释

4.6.2 异质企业贸易模型

传统贸易理论和新贸易理论都假定每个行业至少存在一个代表性厂商,企业是同质的,从而忽略考察贸易厂商的具体特征。然而,代表性厂商的假设与事实中行业内厂商之间存在生产率差异、资本密集度差异和劳动密集度差异的情况不一致。

伯纳德和詹森(Jensen)针对美国企业的研究发现,在美国只有很小一部分企业从事出口。与非出口企业相比,美国的出口企业有很大的不同,表现为出口企业规模都相当大,生产率较高,支付较高的工资,使用更熟练的技术工人,更具备技术密集型和资本密集型特征。伯纳德和瓦格纳(Wagner)针对德国企业的研究发现,德国的出口企业和非出口企业同样存在上述差异。克莱里德斯(Clerides)、拉克(Lach)和泰鲍特(Tybout)针对哥伦比亚、墨西哥和摩洛哥三国的出口企业,伊顿(Eaton)、科图姆(Kortum)和克拉马日(Kramarz)针对法国企业都进行了类似的研究并得出了类似结论。这些差异被称为企业的异质性。异质企业贸易模型就是探讨异质企业如何从事国际贸易,贸易对企业的生产率增长和福利究竟会产生哪些影响等问题。

梅里兹提出异质企业贸易模型来解释国际贸易中企业的差异和出口决策行为。梅里兹建立的异质企业动态产业模型,以霍彭哈恩(Hopenhayn)的一般均衡框架下的垄断竞争动态产业模型为基础,并扩展了克鲁格曼的贸易模型,同时引入企业生产率差异。在同一产业内部,不同企

业拥有不同的生产率非常普遍,不同企业在进入该产业时面临不可撤销投资的初始不确定性也各不相同,进入出口市场也是有成本的,企业在了解生产率状况之后才会做出出口决策。梅里兹的研究结果显示,贸易能够引发生产率较高的企业进入出口市场,而生产率较低的企业只能继续为本土市场生产甚至退出市场。国际贸易进一步使得资源重新配置,流向生产率较高的企业。产业的总体生产率由于资源的重新配置获得了提高,这种类型的福利是以前的贸易理论没有解释过的贸易利得。一个产业部门的贸易开放将会提高工资和其他要素价格,驱使生产率最低的企业被迫退出市场,生产率最高的企业将能够承担海外营销的固定成本并开始出口,生产率居于中游的企业将继续为本土市场生产。利益分配将有利于那些生产率较高的企业,因为这些企业既为本土市场生产,也为出口市场生产,而生产率最低的企业已经退出市场,其结果是整个产业的生产率因为国际贸易而得到提升。当削减关税、降低运输成本或增加出口市场规模时,整个产业的生产率也会得到相应提高,这些贸易措施都将提高本土和出口市场的平均生产率。

引入异质企业的垄断竞争模型可以拓展到与FDI相结合。赫尔普曼、梅里兹和耶普尔(Yeaple)拓展了梅里兹模型,考虑了建立海外分公司的决策,即企业以出口还是FDI的形式进行国际化。布雷纳德(Brainard)认为,当外国市场规模增加并且出口成本上升时,与出口相比FDI就变得更为有利,而当海外投资设厂的成本持续上升时,FDI就会变得相对不利,这就是出口与FDI的接近-集中的替代关系。赫尔普曼、梅里兹和耶普尔的研究表明企业究竟是选择出口还是FDI是由企业根据其生产率预先决定的。从实证检验看,采用离差的方法提高了模型的预测能力,有助于更好地理解企业的全球化战略以及出口成本的变化或FDI成本的变化是如何影响各国各个产业内生产模式的。他们对出口和FDI关系研究的贡献与梅里兹对异质企业贸易的贡献一样杰出。引入企业异质性特征后,可以将同一产业内不同企业区分开来,确定哪些企业从事出口而哪些企业成为跨国公司。新的异质企业分析假设国内市场和国际市场的固定成本不同,企业生产率水平也存在差异。出口的沉淀成本除了市场调研、建立分销网络、做广告的成本外,还包括运输成本。FDI的固定成本则是在国内建立分厂的两倍。FDI的固定成本大于出口的成本,虽然FDI没有运输成本,但是固定成本要高得多。企业生产率差异使得企业可以进行自我选择。只有生产率最高的企业才会成为跨国公司,生产率处于中等水平的企业出口,而生产率较低的企业只在国内市场销售。

伯纳德与伊顿、詹森和科图姆也建立了一个异质企业贸易模型(BEJK模型)。与梅里兹模型所不同的是,BEJK模型采用的是贝特朗(Bertrand)竞争而非垄断竞争的市场结构,主要关注企业的生产率和出口之间的关系。基于出口企业占企业总数的比重较低、出口企业规模更大并且生产率更高等事实,伯纳德等模拟了全球范围内贸易壁垒削减5%的情形,研究结果是贸易额上涨了39%,总生产率也由于低生产率企业倒闭和高生产率企业扩张出口而上升。在同一产业内,较低的贸易成本和产品差异会导致企业不同的反应,生产率最低的企业将可能倒闭,生产率相对较高的企业则开始选择出口,因此,该模型具有重要的实证含义。

4.6.3 企业内生边界模型

企业在国际化过程中面临着两个关键选择:一是是否进入国际市场,是继续做一个本土的企业还是选择进入国际市场;二是以何种方式进入国际市场,是选择出口还是FDI的形式。原有模型能解释为什么一家本土企业有在外国进行生产的激励,但是这些模型无法解释为什么这些海外生产会发生在企业边界之内,而不是通过常见的市场交易、分包或许可的形式进行海外生产。新新贸易理论的企业内生边界模型从单个企业的组织选择问题入手,将国际贸易理论和企业理论结合在一个统一框架下。安特拉斯和赫尔普曼探讨企业的异质性对企业边界、外包以及内包战略选择的影响,为研究企业全球化和产业组织提供了全新的视角。

关于企业边界有两个相对较为基础的模型,一个模型是将科斯(Coase)和威廉森(Williamson)的交易成本理论应用在企业国际化的研究中;另一个模型是格罗斯曼、哈特(Hart)和莫尔(Moore)的不完全契约理论。安特拉斯另辟蹊径,将 Grossman-Hart-Moore 的企业观点和 Helpman-Krugman 的贸易观点结合在一个理论框架下,提出了一个关于企业边界的不完全契约产权模型来分析跨国公司的定位和控制决策。世界贸易的 1/3 为公司内贸易,安特拉斯建立的跨国公司产权模型,假设贸易是无成本的,国与国之间的要素价格不存在差别,均衡时会出现跨国公司,其公司内贸易与目前国际贸易的现状相吻合。安特拉斯揭示了两种公司内贸易的类型,在产业面板数据分析中,公司内进口占美国进口总额的比重非常高,而出口产业的资本密集度更高;在国家截面数据分析中,公司内进口占美国进口总额的比重非常高,出口国家的资本-劳动力比率更高。安特拉斯模型界定了跨国公司的边界和生产的国际定位,并能够预测企业内贸易的类型。计量检验表明该模型与数据的质和量的特征相一致。卡森(Casson)和拉格曼(Rugman)做了关于跨国公司国际化的开创性工作。埃塞尔和马库森(Markusen)开发了研究信息不对称和知识非排他性在企业 FDI 中作用的模型。安特拉斯借鉴了上述研究成果,强调了资本密集度和剩余索取权的配置在企业国际化过程决策中的作用。

一个在企业边界内部生产中间投入品的企业,可以选择在本国或者在外国生产。如果在本国生产,该企业从事的就是标准的垂直一体化;如果在外国生产,该企业进行的就是 FDI 和公司内贸易。同样,一个选择进行中间投入品外包的企业,也可以选择在本国或者外国进行外包。如果在本国购买投入品,就是国内外包;如果在国外采购投入品,就是对外外包或国际贸易。在安特拉斯和赫尔普曼建立的理论框架中,是否进行外包或一体化,抑或是否在国内或国外进行决策都是企业的内生组织选择。他们将梅里兹异质企业贸易模型和安特拉斯企业内生边界模型进行结合,在两个模型的基础上建立了一个新的理论模型。在该模型中,最终产品的制造商控制着总部服务,中间品的供货企业控制着中间品的生产质量和数量,不同产业部门的生产率水平差异及不同产业部门的技术和组织形式差异对国际贸易、FDI 和企业的组织选择产生影响。贸易、投资和企业的组织是相互依赖的,不同组织产生的激励、固定成本的差异以及不同国家工资水平的差异共同构成了均衡的企业组织结构。他们的研究表明异质企业选择不同的企业组织形式,选择不同的所有权结构和中间投入品的生产地点。生产率差异较大的产业主要依赖进口投入品,在总部密集度高的产业中一体化现象更为普遍;一个产业部门的总部密集度越高,就越不会依赖进口获得中间投入品。国外外包的成本减小,会导致市场交易相对于公司内贸易增多,从而解释了现有的国际贸易和国际投资模式。

安特拉斯建立了一个动态一般均衡李嘉图南北贸易模型,解释国际契约的不完全性导致产品周期的出现。北方企业同时使用北方高技术投入品和低成本投入品来生产产品,并寻求简单的装配或制造:低技术投入品的生产既可以通过垂直一体化也可以通过外包进行,既可以在南方生产也可以在北方生产。如果两种投入品都在北方生产,企业的组织形式(无论是垂直一体化还是外包)无关紧要,因为质量条件契约(quality-contingent contracts)可以事后执行。如果生产分别在南方和北方进行,质量条件契约则无法执行;产品周期由于南方国际契约的不完全特性和高技术投入品重要性随着产品的年龄和成熟度下降(产出弹性减小)而产生。不完全契约减少了产品开发,低技术投入品会转移到南方以便利用南方的低工资优势。

这种转移首先会通过 FDI 的形式在企业的边界内发生,其后一段时间会通过外包形式在企业边界外发生。一般均衡模型表明南方的不完全契约导致北方的均衡工资高于南方的均衡工资。无论企业采用哪种组织形式,专用性投资都会扭曲,如果中间投入品供货企业比最终产品供货企业更能创造剩余,那么外包的激励就会增大。

4.6.4 新新贸易理论的启示

异质企业贸易模型将贸易理论的传统方法和新方法相结合,将企业的生产率差别和出口的固定成本有机地结合起来,解释了出口企业和跨国公司生产率差异的原因,丰富了国际贸易和对外直接投资的研究类型。安特拉斯将契约模型融入标准的一般均衡贸易模型,不仅用贸易模型解释了要素禀赋差异导致的各国出口产品要素密集度的差异,也解释了企业组织形式的差异,为国际贸易理论的发展做出了创新。以异质企业贸易模型和企业内生边界模型为代表的新新贸易理论界定了新的比较优势来源:企业异质性和企业组织选择,单个企业行为会影响所在产业的结构变化。在新新贸易理论中,产业内部不完全契约与企业异质性相互作用,分析国际化和离岸生产,特别是解释了目前普遍存在的本土市场一体化、本土外包、国外一体化和国外外包等四种主要的企业组织形式,为解释现有的国际贸易和国际投资模式提供了新的视角。

新新贸易理论的政策启示意义如下:首先,除了企业的自我选择,企业的出口决策同样会受到企业所处环境的影响。政策的变化会影响企业的出口决策,贸易政策可以通过激励企业有意识地自我选择并促进生产率提高而发挥积极作用。如果存在"出口中学"(learning by exporting)效应,效果会更好。如果存在出口溢出效应,非出口企业也会从出口企业学习如何出口。除了像出口补贴、税收优惠等一般常用的出口促进措施外,改善基础设施、促进企业集群等也都是很好的贸易政策选择。其次,贸易政策的决策对企业层面的微观数据提出了更高的要求。如果缺乏足够的微观证据,对所谓的幼稚工业进行出口扶植并不一定是发展中国家的最佳选择。从梅里兹的理论可以看出,如果对国内产业给予优厚的保护,自然淘汰就不能发挥作用,就会阻碍生产率的提高,可能给本国带来不利的结果。再次,除一般均衡贸易模型外,研究国际外包政策的局部均衡贸易模型也同样意义重大,一国如何采取相应的政策来提高本国企业参与国际外包的能力就属于局部均衡贸易模型研究的范畴。最后,跨国公司的结构需要适应政策变化,那些在国外设立分支机构的企业的本土就业和工资也需要做出调整。

4.7 国家竞争优势理论

4.7.1 国家竞争优势与钻石模型

20世纪80年代到90年代初,美国经济学家迈克尔·波特提出了国家竞争优势理论,并先后出版了《竞争战略》《竞争优势》《国家竞争优势》三部著作,分别从微观、中观、宏观角度论述了竞争力的问题,对传统理论提出了挑战。他指出具有比较优势的国家未必具有竞争优势。在《国家竞争优势》一书中,波特更着眼全球范围,站在国家的立场上,从长远角度考虑如何将比较优势转化为竞争优势。

波特认为,一国在某一行业取得全球性成功的关键在于四个基本要素,即生产要素、需求情况(一国的国内需求)、相关和支撑产业,以及企业的战略、结构与竞争。这四个基本要素连同两个辅助因素(机会与政府作用)共同决定了一国是否能创造一个有利于产生竞争优势的环境(见图 4-11)。

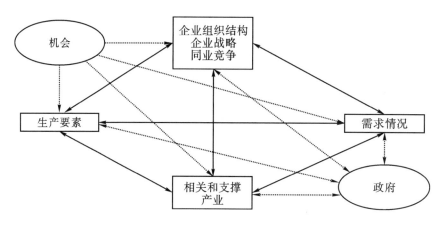

图 4-11 国家竞争优势钻石模型

(1) 生产要素：波特将生产要素划分为基本要素与高级要素。前者包括自然资源、气候、地理位置、非熟练劳动力等先天拥有的或不需花费太大代价便能得到的要素；后者则指需要通过长期投资或培育才能够创造出来的要素，如高科技、熟练劳动力等。波特指出，虽然"要素禀赋决定了比较优势"，但是对于竞争优势而言，高级要素却是最为重要的，因为它们是取得"高级比较优势"的关键。一国基本要素的不足，可以通过高级要素获得补偿。例如，劳动力不足可以用生产自动化来解决。但是如果在高级要素上处于劣势，无法用其他方式予以有效弥补。波特同时指出，一国的高级生产要素是在基本要素的基础上产生的，而基本要素的劣势又有可能对一国形成压力，刺激创新。

(2) 需求情况：波特认为一国的国内需求对竞争优势的形成具有很大作用。国内需求大，有利于促进竞争，形成规模经济。而国内需求的"质量"更有利于促进创新，提高产品质量。高品位的、挑剔的消费者有利于向国内生产者提供高档需求的信息。

(3) 相关和支撑产业：任何一个产业都不能孤立地发展，发达的、完善的相关和支撑产业有利于提高产品质量，降低产品成本，从而建立起竞争优势。

(4) 企业的战略、结构与竞争：各国企业的目标、组织方式千差万别。各国具有比较优势的资源与这些目标、方式的有效结合，有利于形成竞争优势。而一国激烈的国内竞争，有利于促进创新，促使企业走出国门，获取世界范围内的成功。

竞争优势论为贸易结构的优化提供了一个全方位的思考：改善贸易结构，积极参与国际分工。先天因素——要素禀赋固然重要，后天优势——高级要素的决定作用却越来越明显。如今，出口什么已不再重要，重要的是用什么技术与方法来生产这种产品。贸易结构的优化，不仅存在着量上的考虑，更存在着质上的要求。然而，如何培育高级要素，如何使消费者变成挑剔的、具有高品位的"信息提供者"，这不仅有历史的、传统的因素，更依赖于综合国力及国民素质的提高。

因此，政府的作用便不可忽略。这不仅表现在实施国民教育方面，同时也表现在对其他要素的影响上。波特主张政府应当在经济发展中起到催化和激发企业创造欲的作用。政府应当加强基础设施的投入，加快产品、生产要素市场的建立，完善政策法规，为企业竞争创造良好的外部环境。

4.7.2 国家竞争优势的发展阶段

波特认为,一国竞争优势的发展可分为四个阶段。

第一个阶段是要素推动阶段。此阶段的竞争优势主要取决于一国在生产要素上拥有的优势,即是否拥有廉价的劳动力和丰裕的资源。这种表述,与传统比较优势理论的表述是一致的,表明比较优势蕴含于竞争优势之中。

第二个阶段是投资推动阶段。此阶段的竞争优势主要取决于资本要素。大量投资可更新设备,扩大规模,增强产品的竞争能力。一国如何从以自然禀赋作为优势来源,发展到依靠大规模的投资来推动竞争力的提高?如果仅仅依靠市场的作用,依靠国内资本的自然积累,工业化的进程将会非常漫长。

第三个阶段是创新推动阶段。竞争优势主要来源于研究与开发。如果创新、竞争意识明显下降,那么经济发展将缺少强有力的推动。

第四个阶段是财富推动阶段。这一阶段,国家竞争优势的基础是已有的财富。

一国的竞争优势怎样才能从第一阶段依次发展到第三阶段?发达国家的资本积累,依靠的是对农业的剥夺和对殖民地的掠夺。在这个过程中,政府提供了法律和武力保护。对于发展中国家来说,要迅速由第一阶段发展到第二阶段,面临着两种选择:其一,提高国内储蓄率;其二,吸引外国投资。不管是哪一种选择,都需要政府政策的支持。当今世界上国际竞争力提高得最快的发展中国家,对于吸引外资和提高国内储蓄率,政府都在政策和舆论上予以了大力推动。

波特提出的国家竞争优势理论,对于解释二战以后国际贸易的新格局、新现象具有相当大的说服力。

4.7.3 国家竞争优势理论的政策含义

波特国家竞争优势理论的中心思想是一国兴衰的根本在于在国际竞争中是否赢得优势,它强调不仅一国的所有行业和产品要参与国际竞争,而且要形成国家整体的竞争优势。这对于大国的经济和贸易发展尤为重要。

(1)国家竞争优势形成的关键是优势产业的建立和创新。只有抓住产业这个经济运行的主体进行分析,才能正确理解国家竞争优势的形成。而国家竞争优势的形成,关键在于优势产业的建立,优势产业大多是生产效率高的产业,而产业不断提高生产率的源泉在于企业建立和培育自我加压、不断进取的创新机制。

(2)国家竞争优势的提高,有赖于政府作用的发挥。国家竞争优势理论系统地阐述了政府在提高竞争优势中所发挥的作用。波特认为,政府在提高国家竞争优势中应起一种催化和激发企业创造欲的作用。政府政策成功的关键既不是越俎代庖,也不是无所作为,而在于为企业创造一个有利于公平竞争的外部环境。

本章小结

产业内贸易是指一个国家既进口又出口同一个产业内产品的行为。产业内贸易突破了传统国际贸易理论的一些不切实际的假定(如完全竞争的市场结构、规模报酬不变等),从规模经济、产品差异性、国际投资等方面考察贸易形成机制,从而解决了传统贸易理论所不能解释的贸易现象。产业内贸易日益占据国际贸易的主要地位。产业内贸易理论和产业间贸易理论差异的关键之处在于:产业内贸易理论中所分析的产品在生产和消费等环节上有较强的替代性。

技术差距理论说明技术进展或技术革新采用两种方式:一是发展新的、更节约的生产现有产品的方式,它的应用提高了要素生产率;二是创造发明全新的产品和改进已有的产品。技术革新领先的国家就可能享有出口技术密集型产品的比较优势。因为技术领先的国家发展出一种新产品或新的生产流程时,这项技术尚未被国外掌握,所以产生了国际的技术差距。但是,其他国家迟早会掌握这种技术,从而会缩短并消除技术差距。

产品生命周期理论是一个动态理论。在一个新产品的生命周期中,制造这种产品的生产要素比例会发生规律性的变化。不同类型的国家在产品生命周期的各个阶段上的比较优势不一样。工业比较先进、技术力量雄厚、国内市场广阔、资源相对丰裕的国家,在生产新产品和扩大产品规模方面具有相对优势。国土较小而工业先进的国家,在生产某些新产品方面具有相对优势,但由于国内市场狭小,生产成熟产品缺乏优势,如过分依赖出口则有一定风险。发展中国家拥有相对丰裕的非熟练劳动力,弥补了相对缺乏的资本量的不足,因此在成熟产品出口方面具有优势。

新新贸易理论研究产业内部不完全契约与企业异质性相互作用,将分析变量进一步细化到企业层面,研究企业层面变量,从而开拓国际贸易理论和实证研究新的前沿,为解释现有的国际贸易和国际投资模式提供了新的视角。

名词术语

产业内贸易理论　产业内贸易模型　新张伯伦模型　产业内贸易指标　水平分工产业内贸易　垂直分工产业内贸易　产品内分工与贸易　中间产品产业内贸易　竞争优势钻石模型

思考与练习

1. 根据兰开斯特模型,两个完全分工的国家也能进行贸易,为什么?它与克鲁格曼模型有什么不同?

2. 根据张伯伦模型,两个完全相同的国家也能进行贸易,为什么?这种贸易会产生什么样的福利效应?

3. 给定某国某些行业的进出口数据如表4-4所示,请计算该国各行业的行业内贸易指数。

表4-4　某国某些行业的进出口数据

行业	向其他国家的出口额/万美元	从其他国家的进口额/万美元
水果	65	55
玩具	56	600
汽车	500	200
电影	300	100

4. 下述例子中,主要显示出的是外部规模经济还是内部规模经济?
(1) 昆明市的鲜花市场;
(2) 西安市的美食街;
(3) 微软公司;
(4) 香港作为亚洲的金融中心;

(5)美国的大型家庭农场。

5.下述例子中,决定贸易模式的主要是比较优势还是规模经济?

(1)加拿大是主要的新闻纸出口国;

(2)英特尔公司生产了世界上半数以上的CPU(中央处理器);

(3)美国和日本相互出口复印机;

(4)中国是主要的电视机出口国;

(5)东南亚国家大量出口运动服装和鞋。

6.在完全竞争条件下,自由贸易一般为贸易双方国家带来净收益。当一种贸易商品由具有规模经济的垄断竞争企业生产并出口时,是否仍然为贸易双方带来净收益?请用图帮助分析。

7.讨论以下问题:美国为什么在喷气式飞机制造方面还保留有比较优势,而在钢铁制造和汽车生产方面都正在失去比较优势?

8.假设H集团是中国一个生产电视机的垄断竞争企业,电视机生产具有规模经济。如果H集团能够成功地占领欧洲市场,向欧洲国家出售电视机,对其的短期利益和长期利益有何影响?对本国电视机消费者是否有利?画图说明。

9.试述规模经济与差异产品的基本内容。

10.试比较新贸易理论、国家竞争优势理论与比较优势理论之间的异同。

实验项目八　　实验项目九

第 5 章 生产要素的国际流动

当今的国际贸易越来越多地呈现生产要素大规模流动的趋势。生产要素的流动已成为国际贸易中十分重要的方面,它通过改变各国的经济结构从而影响各国的贸易方式和贸易量。可以说,如果不了解要素的国际流动,就无法了解当今国际贸易的发展和变化。

本章将依次介绍生产要素国际流动的有关概念、劳动力和资本要素流动的动因和效应、跨国公司的有关理论。

5.1 生产要素及其国际流动的有关概念

生产要素是指商品生产过程中必需的投入。按照古典经济学的观点,某一商品的生产所必需的投入有劳动、资本和土地,因此长期以来有"生产三要素"之说。在微观经济研究中(特别是在贸易理论中)常常考虑资本和劳动两大要素,这是由于除了特殊情况外(如土地密集型产品),资本和劳动在商品生产中显得尤其重要。在只考虑资本和劳动两大要素的前提下,某一商品的生产函数的形式就是 $F(K,L)$。商品的要素密集度则是指单位商品生产所需不同生产要素的比例。

随着经济的发展和经济理论研究的不断深入,人们发现,生产要素不仅包括资本、劳动和土地,还应包括技术、自然资源、人力资本等;也有人认为还应包括知识、经营管理的经验,大多数研究者将知识和经营管理经验划归技术要素范畴,也有人将其划归人力资本范畴。

生产要素国际流动是指生产要素跨越国境的流动。虽然各国的政治环境、法律环境、文化环境等因素使得生产要素在国际流动较在一国内部流动困难得多,但并非生产要素在国际不可以流动,特别是一些国家在政策、法律等方面采取了鼓励生产要素流动的措施,使得生产要素流动在一国经济发展中愈来愈发挥不可替代的重要作用。当然,由于生产要素本身的特性,不同要素在国际的流动性也不尽相同。

要素国际流动既有发达国家输出其丰裕要素,如资本、技术等,输入其稀缺要素,如劳动等;又有发展中国家输出其丰裕的劳动要素,输入其相对稀缺的资本、技术等要素。另外,发达国家之间、发展中国家之间也存在着要素国际流动问题。

5.2 国际劳动力要素流动

5.2.1 劳动力的国际流动和主要形式

劳动力流动,也称劳动力迁移(migration of labor force)或经济活动人口的迁移,其一般具有双重含义,即地域性迁移和行业性迁移。劳动力流动主要有三种形式:①劳动力在本地更换行业;②劳动力地域性迁移(异地在同一行业就业);③劳动力行业性迁移(异地在其他行业就业)。

20 世纪 80 年代以后,经济全球化、一体化之间的相互促进,使得国际贸易的技术和政策壁垒逐渐减少;科学技术的巨大进步又使得各种要素流动更为便捷。由于全球化,各国劳动力流动的速度和规模都在扩大。无论是管理人员、高技术人员,还是普通工人的对外流动,在很大程度上都促进了一国对外直接投资的进行,使资本及其他要素在全球范围内的流动成为可能。

5.2.2 劳动力国际流动的动因

劳动力流动的收益与成本比较是劳动力流动的最直接原因。本国与外国工人的实际工资不同。如果允许两国的工人自由流动,工人们就会从本国流向外国,持续到两国的劳动边际产品价值相等为止。

如图 5-1 所示,横轴表示两国的劳动力供给数量,纵轴分别表示两国的工资水平。假设世界是由劳动力输出国和劳动力输入国组成的。劳动力流动之前,劳动力输出国由于劳动力资源丰裕,劳动的边际生产力低于劳动力输入国。假定劳动力是受边际生产力递减法则支配的,同时假定在两国国内存在完全竞争。

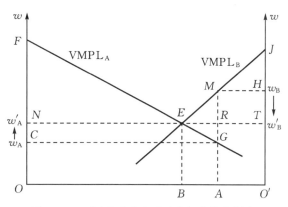

图 5-1 两国劳动力流动对市场价格的影响

5.2.3 劳动力国际流动的效应分析

图 5-1 中,假定 O 为劳动力输出国的原点,O' 为输入国的原点,横轴为可供应的两国劳动力数量,输出国劳动力数量为 OA,输入国劳动力数量为 $O'A$,$OO'=OA+O'A$ 为世界劳动力总量。纵轴为劳动的边际产品价值。$VMPL_A$ 线为劳动力输出国的劳动边际产品价值曲线,也是劳动力需求曲线。$VMPL_B$ 线为输入国的劳动边际产品价值曲线和劳动力需求曲线。劳动力流动前,输入国使用 OA 量的劳动力与一定量的资本,生产了 $OFGA$ 量的产品;劳动力输入国生产出 $O'JMA$ 量的产品。

由于劳动输出国的劳动边际产品价值低于输入国的劳动边际产品价值,由此引起前者向后者的劳动力流动,直至两国的劳动边际产品价值均等,这种流动才会停止,即将有 BA 量的劳动力由输出国(A 国)流到输入国(B 国),两国的劳动边际产品价值同为 $BE=ON=O'T$。劳动力流动的结果是,输出国产量变为 $OFEB$,输入国产量变为 $O'JEB$,与劳动力流动前两国总产量($OFGA+O'JMA$)相比,共增加了三角形 EMG 的生产量,即由于劳动力的国际自由流动提高了全世界的总生产量,这是生产资源优化配置的结果。

对于劳动力输出国来说,其产量下降,但其国民收入并未减少,因为它得到了 $BERA$ 量的对外输出劳动所得收益。可见,只要对外输出劳动所得收入量大于生产的减少量(此处为 ERG 量),输出国的国民收入就会上升。

对于劳动力输入国来说,其产量增加,因此国民净收入增加。可见,只要劳动力输入后增加的产量大于必须支付给外国劳动力的报酬,输入国的净利益就会扩大。

当然,劳动力流动对两国不同要素的所有者影响不同,输出国的劳动收入提高了,而且主要是劳动者获得利益,但对资本所有者的影响是不利的。而劳动输入国的情形与此相反,即利用劳动产生了有利于资本所有者的影响。

图 5-2 给出了两国劳动力供给变动对市场价格的影响。图 5-2(a)表示移民输入国在移民移入前后劳动力供求及价格的变化,图 5-2(b)表示移民输出国在移民移出前后劳动力供求及价格变化情况。

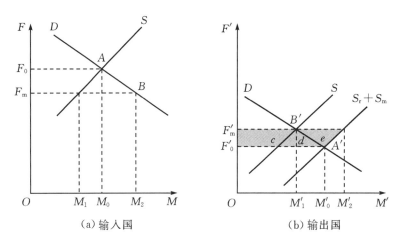

图 5-2 两国劳动力供给变动对市场价格的影响

在图 5-2(a)中,横轴表示输入国劳动力的供求数量,用 M 表示;纵轴表示劳动力的价格,用 F 表示;S 表示劳动力的供给曲线,D 表示劳动力的需求曲线。在封闭的劳动力市场条件下,供求的均衡点为 A。此时均衡价格(工资)为 F_0,均衡的劳动力供求量为 M_0。

图 5-2(b)表示输出国劳动力市场。横轴表示输出国劳动力的供求数量,用数量 M' 表示;纵轴表示劳动力的价格,用工资 F' 表示;S 表示劳动力的供给曲线,D 表示劳动力的需求曲线。在封闭条件下,劳动力市场的均衡点为 D 曲线与 S_r+S_m 曲线的交点 A'。此时均衡价格为 F'_0,均衡供给量为 M'_0。显然,两国的工资水平有明显的差异,其差异量为 $F_0-F'_0$。

如果劳动力可以在各国间自由流动,那么这种工资水平上的差异很自然地成为劳动力流动的推动力,输出国的劳动力就会流向输入国。我们假设这种情况可以成为现实,那么输入国大量劳动力流入就会引起其劳动力市场上供求的不平衡。与原有的情况相比,劳动力的供给显然大于需求,这就迫使劳动力的价格下降。

在输出国的劳动力市场上,劳动力的流出使其国内劳动力的供应量减少了。在图 5-2(b)中表现为劳动力的供应曲线从 S_r+S_m 移到 S。劳动力供应量的减少使国内劳动力的供求发生了变化,劳动力的国内供应量由原来的 M'_0 减少到 M'_1。在新的均衡价格 F'_m 下,输出国国内劳动力的供应量由原来的 M'_0 增加到 M'_2,但国内只需要 M'_1 数量的劳动力,这样就出现了 $M'_2-M'_1$ 的供求缺口。这一供大于求的量正好流入输入国,这一流出量又恰好等于输入国国内供不应求的数量,即 $M_2-M_1=M'_2-M'_1$。

结果在劳动力市场开放的情况下,输出国和输入国的劳动力市场都达到了新的均衡状态。在输出国劳动力市场上,留在输出国的工人所得利益(供应者剩余)为 c,流出的工人的利益为 $d+e$。在这里,我们不是按移民从输入国实际所得工资计算移民的利益,而是按输出国现有工资水平计算其利益的,主要原因是移民的移出无论在经济上还是在心理上都要付出代价。例如,他们必须移出祖籍的本土而忍受离乡背井的痛苦;他们不得不处理掉自己的不动产,不得不忍气吞声地受别国人的歧视;等等。

5.3 资本要素国际流动的动因和效应

5.3.1 国际资本输出动因

每一种资本输出的观点都有一个基本动因,即对高利息或高利润的追求。就资本而言,由于各国相对稀缺性的不同,资本的价格或报酬在各国间差异很大。资本相对丰裕的国家,其利息率相对较低;而资本相对稀缺的国家,其利息率相对较高。正是这种国家间利息率的相对差异,促使资本从低利息率国家向高利息率国家流动。特别是短期资本流动,是直接受利息率差额和汇率变动影响的。通过短期资本流动而赚钱的方法即套利和套汇。当然,在短期资本输入国国内政治、经济形势不稳或恶化的情况下,也有向较稳定的国家流动的情况,这种情况被称为"资本外逃"(capital flight),这时多数是由利率高的国家流向利率低的国家。

作为中长期资本输出,除了追求高额利息外,对高额利润的追求也是其主要原因之一,特别是直接投资更是偏重于利润的收益。总的来说,资本输出的直接目的就是获取较高的投资收益率。这一高额收益率来源于利息或利润,或者两者兼而有之。

中长期的资本输出可分为间接投资(indirect investment)和直接投资(direct investment)两大类。间接投资是指用于购买国外的有价证券(如新发行公债、公司债券及流通中的债券、股票等,统称为证券)的投资以及政府或私人的中长期的国际贷款;而直接投资是指在国外直接开办公司或购买所在国企业(主要通过购买股票来实现),它不单纯是资产的经营,而是伴有经营权即企业经营上的控制权的资本流动。由于直接投资具有对所投资企业的经营控制权,为了更好地获得利润,直接投资不仅有资本的输出,而且伴随着经营管理知识和经验、生产技术及专利等输出,因此它显得更为重要。

5.3.2 资本国际流动的效应分析

从经济学角度研究要素国际流动的经济效应,较早的是麦克杜格尔(MacDougall),后来肯普(Kemp)又进行了更为细致的分析。这里以资本国际流动,也就是以对外投资为基础进行分析。

一般认为,资本在国际自由流动后,将使资本的边际生产力在国际上平均化,从而可以提高世界资源的利用率,增进全世界的生产和各国的福利,如图 5-3 所示。

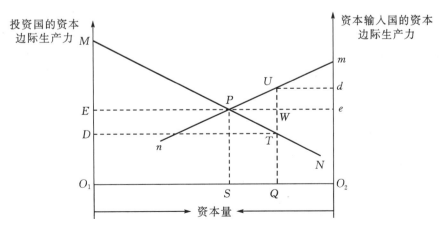

图 5-3 资本流动的动因和经济效应

假设世界是由投资国（Ⅰ国）和资本输入国（Ⅱ国）组成的。资本流动之前，投资国由于资本丰裕，资本的边际生产力低于资本输入国。假定资本是受边际生产力递减法则支配的，同时假定在两国国内存在完全竞争。

在图 5-3 中，假定 O_1 为投资国（资本输出国）的原点，O_2 为资本输入国的原点，横轴为资本量，投资国资本量为 O_1Q，资本输入国资本量为 O_2Q，O_1O_2 为世界资本总量。纵轴为资本的边际生产力。MN 线为投资国的边际生产力曲线，也是资本需求曲线。mn 线为资本输入国的边际生产力曲线和资本需求曲线。资本流动前，投资国使用 O_1Q 的资本与一定量的劳动，生产了 O_1MTQ 的产品；资本输入国生产出 O_2mUQ 的产品。

投资国的资本边际生产力为 QT，低于资本输入国的资本边际生产力 QU，由此引起前者资本向后者流动，直至两国的资本边际生产力均等，这种流动才会停止，即将有 SQ 的资本由投资国（Ⅰ国）流到资本输入国（Ⅱ国），两国的资本边际生产力同为 $SP = O_1E = O_2e$。资本流动的结果是，投资国产量变为 O_1MPS，资本输入国产量变为 O_2mPS，与资本流动前两国总产量（$O_1MTQ + O_2mUQ$）相比，共增加了三角形 PUT 的生产量，即由于资本的国际自由流动提高了全世界的总生产量，这是生产资源优化配置的结果。

对于投资国来说，其产量减少了 $SPTQ$，但其国民收入并未减少，因为它得到了 $SPWQ$ 的对外投资收益。可见，只要对外投资收入量大于生产的减少量（此处为 PWT），投资国的国民收入就会上升。

对于资本输入国来说，其生产增加量为 $QUPS$，其中 $SPWQ$ 支付给投资国，其国民净收入增加了 PWU。可见，只要资本输入后增加的产量大于必须支付给外国资本的报酬，资本输入国的净利益就会扩大。

当然，资本流动对两国不同要素的所有者影响不同，投资国的资本收入提高了，而且主要是资本所有者获得利益，但对劳动者的影响是不利的。假定生产只用资本和劳动两种要素，图 5-3 中，投资国劳动收益在资本流动以前是 DMT，资本流动后减少为 EMP，即劳动收益所减少的 $DEPT$ 被再分配给资本，产生了不利于劳动而有利于资本的影响。而资本输入国的情形与此相反，资本收入由 O_2dUQ 减少到 O_2eWQ，减少了 $edUW$，劳动收益由 dmU 增加到 emP，增加了 $edUP$，即利用外资产生了有利于劳动的影响。

对于以上的分析，有必要进一步说明和剖析：

（1）上述分析属于静态的局部均衡分析，所得出的资本流动能够增加总产量并使有关国家分享利益，这一点在理论上及实践上都可予以肯定。但资本流动对输出国劳动者的不利影响只有在输出资本时确实减少了国内生产规模的前提下方能成立，也就是说即使在静态情况下，只有在要素充分就业的前提下才能成立。而事实上，输出的资本往往是投资国过剩的资本或新增的资本，即资本输出并不一定导致本国生产规模的减少。

（2）从动态的角度考虑，投资国资本输出的原因如果是由于产品替代规律的作用，则对新的替代产品的生产扩大会吸收被替代产品资本输出的劳动力，因此也不一定导致劳动者收入的减少。由于分析的是一种产品（局部均衡），因此它是以对外投资挤垮资本输入国国内资本的垄断竞争原则为基础的，即以以攻为守的防御策略为基础。对资本输入国来说，在外国资本比国内资本拥有更先进的技术和经营技能的前提下，会使本国国内资本受到破坏。

（3）资本的输入，特别是直接利用外资，对资本输入国来说，除了得到稀缺的资本要素外，还可促进先进技术的流入，也能带来训练工人、增加就业、实现规模经济、学习先进管理经验以及带动周边经济发展的好处，同时，对外国投资课以税金也是一种好处。

通过以上分析可以看出,对资本输入国来说,外商直接投资可以说是一把双刃剑,一方面它对国内资本会有破坏作用,另一方面它又具有波及效果。

商品和生产要素在国际流动的结果之一是国际贸易与资本要素的国际流动,或称对外直接投资,二者之间具有十分密切的联系。一方面对外直接投资既可以替代也可以促进贸易,另一方面贸易政策的改变在一定宏观条件下又会成为对外直接投资的重要原因。

5.4 贸易与生产要素国际流动之间的互动关系

5.4.1 贸易与生产要素国际流动之间的替代效应分析

1. 关税引致投资

如果国际投资的目的是绕过关税壁垒以便克服贸易障碍对资本效率的抵消作用,那么这类投资一般被称为关税引致投资。

关税引致投资表现为投资对贸易的替代,这对东道国来说会产生什么样的福利影响?蒙代尔认为与关税没有引致投资相比,投资的增加当然会产生积极的福利影响。但是其他经济学家指出,与自由贸易相比关税引致投资会产生福利损失。首先,关税引致投资如果使不具有比较优势的进口替代部门获得发展,就会减少贸易量,由此带来的贸易福利损失要大于投资所带来福利增加。其次,如果关税引致投资使具有比较优势的出口部门获得发展的同时又伴随着贸易条件恶化,那么关税引致投资产生的资本扩张就会带来福利损失,甚至产生由贸易条件恶化引起的"悲惨的增长"。再次,从国家税收和外国资本利润提取影响的角度分析,当一个国家对进口替代部门给予关税保护,同时又将流入资本所产生的边际产品价值作为资本利润而支付给外国投资者时,即使资本流入增加了产出和提高了收入水平,也不可避免地遭受福利损失并导致贫困化增长。然而,对资本流入国来说,当经济处于非充分就业的状态时,关税引致投资不会减少贸易量,也不会使贸易条件恶化,同时还会产生就业效应。

贸易与投资的关系最初是由蒙代尔提出的。他在赫克歇尔-俄林模型的基础上,考察贸易和投资相互替代的两种极端情况,即禁止投资如何促进贸易和禁止贸易如何刺激投资。他认为贸易与投资之间具有替代性,即贸易障碍会产生资本的流动,而资本流动障碍会产生贸易。贸易与投资之间的这种替代关系从关税引致投资的实践中得到了验证。

2. 贸易与要素流动的替代效应

蒙代尔认为,如果两国生产函数相同,即两国采用同样的生产技术,则根据 H-O-S 定理及 H-O 理论,即可得出要素国际流动与产品贸易是完全替代关系的结论。蒙代尔的分析基于如下假定:两国、两种商品及两种要素的模式,生产函数是一次齐次的,要素密集度不发生逆转,实行不完全的国际分工。

假定 A、B 两国,A 国资本丰裕,其出口比较优势产品 Y 是相对资本密集型产品。而 B 国资本相对稀缺,劳动力丰裕,其主要出口优势产品 X 是相对劳动密集型产品。双方相互贸易情况如图 5-4 所示。

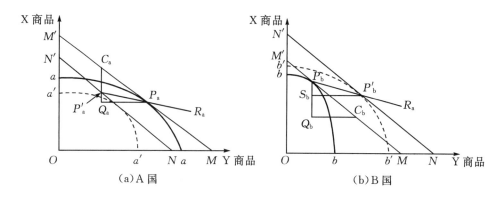

图 5-4 贸易与要素流动的替代效应

在图 5-4 中，A 国出口 P_aQ_a 的 Y 商品，进口 Q_aC_a 的 X 商品，两国在 MM' 线表示的贸易条件下达成均衡。通过自由贸易，两国实现了资源的合理配置，并各自达到最大福利，因此不存在要引起要素流动的原因。

但是，一旦存在某种贸易障碍，就会刺激要素流动。假定 B 国对进口的 Y 商品征收了关税。这样 B 国 Y 商品的国内价格就会上涨，因而刺激生产的增加，导致生产 Y 商品的密集性要素（资本）价格相应上涨，于是便发生 A 国向 B 国的投资。如假定不发生劳动的国际流动，则 A 国的生产可能性曲线缩小到 $a'a'$，B 国的生产可能性曲线扩张到 $b'b'$。根据雷布琴斯基定理，在原贸易条件不变的前提下，A 国的生产点为 P'_a，B 国为 P'_b。这样，最后的结果是：A 国减少了 P_aQ_a 的出口商品 Y 的生产，而增加了 P'_aQ_a 的进口商品 X 的生产；B 国则增加了 $S_bP'_b$ 的进口商品 Y 的生产，减少了 P_bS_b 的出口商品 X 的生产。两国生产量的总和同自由贸易时一致，要素流动与自由贸易时没有差别，即两者之间是完全的替代关系。

蒙代尔模式除了其原有的假定以外，至少还暗含着以下假定：

(1) 在将贸易转化为要素流动后，两国之间的贸易条件不发生变化，如果要素流动前后的贸易条件随着贸易量的变化而变化，则情况就不同了，若 B 国由于要素输入而使其贸易条件改善，则不能说要素流动与自由贸易是完全相互替代的关系。

(2) 在要素流动前后，两国消费点相同，资本的报酬额相当于 Y 商品的 MN 量或 X 商品的 $M'N'$ 量，即 B 国在支付资本报酬后的余额和自由贸易条件下的 P_b 点生产、C_b 点消费的状况相同，而接受资本报酬的 A 国也一样。就是说，虽然发生了资本流动，但是没有额外的利益。但事实上，许多国家在要素流动前后的利益是不同的。

从这些意义上讲，要素流动与自由贸易并非完全没有差别，因此两者也并非是完全的替代关系。

可以看出，尽管蒙代尔模式具有某种机械的、静态的特征，其结果也过于模式化、理想化，但蒙代尔所揭示的贸易与要素流动之间具有一定程度的相互替代关系则是有一定道理的，特别是在静态或较短的一段时间内，这种替代关系较为明显，这种相互替代关系使得要素流动在某种程度上具有逆贸易导向的特征。

5.4.2 贸易与生产要素国际流动之间的互补效应分析

蒙代尔分析的情形对货币资本流动效果的解释具有相当大的意义，但对直接投资的解释则还需进一步分析。与蒙代尔不同，日本的小岛清把传统模型中劳动和资本要素用劳动和经营资源来替代,因此国际直接投资已不再是简单的资本流动,而是包括资本、技术、经营管理和人力资本的总体转移。在此基础上,结合日本的经验,小岛清认为,投资国的对外直接投资应从本国处于比较劣势的边际产业开始依次进行,相应产业的对外直接投资与东道国的技术差距越小,技术就越容易为东道国所吸收和普及,进而就可以把东道国潜在的比较优势挖掘出来;同时投资国可以集中精力创造和开发出新的技术和比较优势,从而使两国间的比较成本差距扩大,为更大规模的贸易创造条件。由此可见,国际直接投资并不是对国际贸易的简单替代,而是存在着一定程度上的促进关系;在许多情况下,国际直接投资也可以创造和扩大对外贸易。此外,巴克利(Buckley)和卡森在考虑运输成本、关税、投资经营的固定成本后认为:在较低的销售量的情况下,公司倾向于出口以避免在国外生产所需要的较高的固定成本;反之则倾向于在国外生产。马库森和斯文松(Svenson)的分析结果表明,资本要素的国际流动或者直接投资与商品贸易之间不仅存在替代性,而且在一定的条件下还存在互补关系。

小岛清认为,同货币资本流动相比,直接投资有以下两个特点需要强调指出:

(1)直接投资不单是资本要素的流动,而是包括资本、技术、技能、经营管理知识以及信息等要素的总体转移,即组合要素的流动。其核心不单是货币资本的流动,因为货币资本可以部分地在当地筹集,部分由出资方筹集,即可以采用合办的形态。出资(股权安排)部分多数是以体现为机器、设备或者中间产品等含有先进技术的生产资料的形式进行单方面价值转移的,再加上工人的技术培训、经营管理、市场销售等技能的转移——这一切才是直接投资的基本内容。因此,在理论模式中,可以不考虑投资国与接受国之间为数不多的货币资本的增减或转移,而把直接投资视为包括销售问题在内的先进生产函数的转移或移植就可以了。

(2)直接投资是资本、技术、经营管理知识等的综合体,由投资国的特定产业部门的特定企业向要素输入国的同一产业部门的特定企业(子公司、合资企业等)的转移。它不同于单纯的货币资本流动,即不是作为流动性很高的一般生产要素流入要素输入国的,因此,也不会同该国的国内资本一起再分配到各种产业部门、各个企业。但是,一般地说,通过对工人、经营者的培训,以及诱发当地资本建立竞争性企业等形式,直接投资所带来的先进的生产函数将逐渐普及和固定下来。也就是说,整个产业的生产函数将发生改变。当然,先进生产函数的普及是需要时间的,而且在不同的产业部门,由于新的生产函数和原有生产函数之间的差距大小、资本密集程度大小、劳动和经营训练难易程度等方面不同,它的普及也将有所不同。因此小岛清认为:既然以投资国资本丰裕为前提,那么要素输入国的商品越是劳动密集型的,就越容易具有比较优势;投资国和要素输入国的技术差距越小,技术就越容易移植、普及和固定下来。

基于以上两点认识,小岛清建立了如下分析模式:

假定同 B 国相比,A 国资本丰裕,X 商品(劳动密集型商品)与 Y 商品(资本密集型商品)均采用比较先进的生产函数(一次齐次的);而 Y 商品的优势程度大大超过 X 商品(技术差距很大)。由此再进一步假定,对 B 国 X 商品进行直接投资时,新的生产函数比较容易普及,可使生产率提高一倍;而对 B 国 Y 商品进行直接投资时,新的生产函数的普及比较困难,生产率只能提高 50%。

在图 5-5 中,A 国的生产可能性曲线为 TT 线,B 国初期的生产可能性曲线为 tt 线,tt 线显得较小是因为 B 国原来采用的是落后的生产函数。Q 点和 q 点分别为两国的初始生产点,A 国 Q 点上的切线 P 的斜率小于 B 国 q 点上的切线 p 的斜率,则 A 国的 Y 商品(资本密集型的)、B 国的 X 商品(劳动密集型的)分别具有比较优势,A 国出口 Y、进口 X,贸易就按比较优势原理为基础进行。同时假定 A 国 X 产业向 B 国 X 产业进行直接投资。

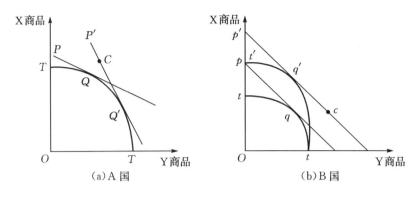

图 5-5 要素流动与贸易的互补关系

由于把直接投资定义为先进的生产函数的转移和普及,并且不考虑为数甚微的货币资本的流动,因此 A 国的生产可能性曲线并不发生什么变化,这是由于向外国提供技术和经营知识不会使它们有所减少。资本输入国 B 国 X 产业由于采用了先进的生产函数,生产率提高了一倍。于是,B 国生产可能性曲线向上方扩大一倍。如果商品价格比率不变,生产点便会由 q 点移向 q' 点。若 B 国的国际交易条件线为 p' 线(与 p 线平行),则 B 国就是以 q' 点为生产点,c 点为消费点,出口相当于两点之间差额的 X 商品,并进口 Y 商品,并且若 p' 线是国际交易条件线,则 A 国的生产点与消费点也将相应调整到 Q' 点和 C 点,两国的贸易在扩大的基础上达到了均衡。也就是说,对外直接投资扩大了贸易。可见,此时投资与贸易是互补性质的,投资导致贸易发展。

至于 A 国进行直接投资的原因,小岛清认为,是 A 国的贸易条件对 X 商品不利而使其失去了比较优势,X 产业相对获利能力的减弱使 A 国缩小 X 产业,扩大 Y 产业。因此,一个产业是否进行对外直接投资取决于特定产业的盛衰及利润动机。

小岛清还进一步指出,要使直接投资能够导致贸易发展,必须具备下列条件:要由投资国潜在的比较劣势产业进行对外直接投资,从而提高要素输入国有潜在比较优势的产业的生产函数,并使之成为显在的比较优势产业。若它是发生在要素输入国的比较优势产业部门,则是偏于顺贸易型的;反之,若发生在比较劣势产业部门就会是偏于逆贸易型的。

另外,关于要素输入国对直接投资支付报酬的问题,只要图 5-5 中 B 国的 p 线和 p' 线之间的利益不致全部被抽去,B 国就会得到相当的好处。这也正是要素输入国欢迎直接投资的原因。接受直接投资可以导致要素输入国的技术进步,因而直接投资也就是要素输入国技术进步的启动器。

小岛清的观点是有道理的,如果对外投资(特别是直接投资)是这种顺贸易类型的,则后进的要素输入国从中得到好处是不言而喻的。但是小岛清的分析也存在以下的一些缺陷:

(1)关于直接投资的动因,小岛清已意识到产业衰落或比较优势的失去(或已是比较劣势)是直接投资的动因,但导致比较优势减弱或逐渐丧失的原因则没有说明。

(2)只有当某一产业失去比较优势时才进行直接投资,这样投资企业在要素输入国的优势很难持久。一旦输入国企业掌握了这些技术等先进要素,则在较短的时间内投资国的投资企业将再次面临危机。因此,要素输入国在引进资本、技术时,也要考虑出口产业结构的替代或更迭问题,按不同的梯队进行抉择。

(3)小岛清模型追求的是投资导致资本输入国出口产业兴旺,但许多企业对外投资往往追求的是资本输入国的市场。因此,作为资本输入国来说,不能依赖投资国来扩张本国的出口,而应在引进外资时有所选择,并且资本输入国也存在产品替代而导致产业兴衰的问题。

(4)小岛清模型中的A国的比较优势产业既有X产业,也有Y产业。若A国产业中将要衰落的产业,也无法在B国迅速成长为出口优势产业,则A国对B国的投资是否没有意义呢?也就是说,若接受投资的发展中国家与资本输出的发达国家技术差距较大,但该发展中国家却有可观的市场或巨大的潜在市场,那么该发达国家为什么不去占领这些市场,而去投资于具有出口优势的另外一国呢?这岂不是将丰厚的利益拱手送人吗?

5.4.3 贸易与生产要素流动的转移成本效应分析

各种经济资源在不同国家之间分布的不均衡性,使得一国在商品生产中可能出现要素需求和其分布不一致的现象,从而导致生产要素在国家间发生转移。如果没有要素国际流动,就需要通过商品贸易来满足不同国家的需要。然而商品在国际流动是要付出转移成本的。转移成本包括两类:一类为有形转移成本,如包装、运输和装卸商品的成本等,这类成本不管是国际贸易还是国内贸易都会发生,但一般说来,国际贸易的有形转移成本要大得多,特别是国际运输成本。另一类是无形转移成本,它是因各国政府管理对外贸易而产生的,如进口关税等,这些成本是国际贸易所特有的。商品贸易的转移成本有时候会很高,可能完全抵消掉甚至超过商品输出国在生产成本上的相对优势,也可能抵消掉产品差异和技术垄断所带来的相对价值上的竞争优势,这样贸易就可能停止。这时通过要素国际流动就可实现要素在国际转移的要求。当然,要素国际流动也存在成本问题,如投资风险、缺乏适当劳动力供给及要素流动的费用等,这些成本可称为要素流动的转移成本。通过要素流动与商品贸易上的转移成本比较,就可以在商品出口和要素输出之间做出抉择。

当然,以上分析还只是静态分析,其前提条件是要素流动与商品贸易是相互替代的关系,且是从商品(要素)净出口国的立场出发而分析的。如果从要素输入国或总体的立场来考虑,除了要素流动与贸易具有静态的替代关系外,还有动态的互补和相互促进的关系。

5.4.4 国际贸易与直接投资之间的化解关税效应分析

1. 补偿投资

贸易和投资之间的关系并不仅仅取决于要素价格差异等纯经济因素及现实的贸易障碍,在存在贸易保护威胁的条件下,不同利益集团之间的博弈也会产生贸易和投资之间的替代及互补。巴格瓦蒂和迪诺普洛斯(Dinopoulos)等经济学家从政治经济学的角度对贸易与投资之间的相互关系进行研究。他们将不是为了绕过关税壁垒而是为了化解潜在的贸易保护威胁而进行的投资叫作"补偿投资"(quid pro quo investment)。这种理论模型对于20世纪80年代中期日本对美国直接投资的大规模增加做了解释。

补偿投资描述的是贸易与投资之间的一种跨时期关系,即厂商从一个时期利润最大化角度看投资虽然会带来损失,但投资本身会减少下一个时期东道国政府采取贸易保护主义的可能性,因此从贸易和投资的相互联系角度看会实现第二期的利润最大化。由于对第一期损失的补偿在可以预见的第二期改善,因此这种投资被称为补偿投资。补偿投资不同于关税引致投资。后者是为了绕过关税而用投资来替代出口,而补偿投资的目的在于减少东道国采取保护措施的可能性,是为了化解关税,因此是一种化解关税投资。

2. 补偿投资的福利效应

补偿投资或者化解关税投资的概念最初由巴格瓦蒂等提出,他们运用一个标准的两个国家、两种产品、两种要素的一般均衡国际贸易模型,分析了政府行为在补偿投资决策中的作用。迪诺普洛斯等还从寡头竞争和企业层面对补偿投资做了进一步研究,考察出口国家的企业如何利用补偿投资来化解潜在的保护威胁,并讨论了补偿投资对两个国家的福利影响。巴格瓦蒂等对上述研究结果进行梳理,认为补偿投资可以由不同的原因引起,因此彼此之间采取贸易保护措施的威胁和化解这种威胁的努力都会产生补偿投资。由此,补偿投资可分为三种类型:一是由政府与政府之间相互关系引起的投资。一个国家的政府为了平息另一个国家对进口商品和贸易赤字的不满,减少政府向国内寻求贸易保护者做出保护允诺的可能性,会鼓励本国企业对外进行投资。二是由企业与企业之间的相互关系引起的投资。在具有寡头竞争市场特征的产业中,一家企业为了保持现有市场准入的可能性,希望通过补偿投资来化解另一国寡头企业对进口产品和所占市场份额的不满,从而减少向该国政府进行游说保护的可能性。三是为了化解当地企业游说政府给予保护的威胁引起的对外投资。如果说上述前两种情况是为了影响一国政府的"保护供给",那么第三种补偿投资则是为了减少"保护需求"。这三种情况都可能导致补偿投资,而且都假设通过政治程序,可以在当前与未来通过贸易和投资共同达到的盈利能力之间建立联系。

5.5 国际分工与跨国公司的发展理论

在很多情况下,直接投资的载体是跨国公司,因而许多有关跨国公司的理论就是直接投资的理论。跨国公司在当今国际贸易与国际市场中占有极其重要的地位,它一般具有如下基本特点:

(1)跨国公司都是一个或几个部门居于垄断地位的大企业或企业联合体。跨国公司是国际化的垄断实体,是全球垄断企业,其目标是垄断世界。

(2)跨国公司实行全球战略,有全球性的战略目标和战略部署。跨国经营的主要内容是商品贸易、直接投资和技术转让。为实现利润最大化,跨国公司要把商品贸易、直接投资、技术转让三者结合起来,相互利用,从公司的整体利益及未来发展着眼,进行全面安排。

(3)公司内部实现一体化。总公司与子公司、子公司与子公司之间相互配合协作,从而形成整体。

自20世纪60年代以来,西方跨国公司理论主要探讨跨国公司对外直接投资的动因,其发展大致可以分为两个阶段:早期以海默(Hymer)和金德尔伯格(Kindleberger)的垄断优势理论及弗农的产品生命周期理论为标志,后期以巴克莱、卡森及拉格曼的内部化理论以及邓宁(Dunning)的国际生产折中理论为代表。

5.5.1 国际分工的"古典环境"

传统国际贸易理论对国际分工的解释是建立在完全竞争的市场结构的假设之上的。它的许多前提以及基于这些前提的结论正在被新贸易理论所突破。当我们把企业而不是国家视为国际分工的主体时,有许多问题就需要重新审视。

1. 国家特有优势与市场机制

传统贸易理论对国际分工的解释是以国家作为基本分析单位的。无论是以比较优势理论为代表的古典派,还是以要素禀赋理论为代表的新古典派,在这方面都是十分一致的。他们都把国家特有优势作为解释贸易发生机制的主要依据,市场则是协调国际分工的唯一机制。在国家特有优势所确定的贸易格局下,商品的流动是自动发生的,作为最基本的微观决策单位的企业在其中所起的作用几乎完全被忽略了。

2. 要素价格均等化与资源配置效率

根据完全竞争的假设,资源配置效率的最直接的标准就是要素价格的均等化。因为要素的报酬是由其边际生产力决定的,所以只要一种要素从边际产量较低的用途转移到边际产量较高的用途,或者从边际产量较低的地方转移到边际产量较高的地方,整个资源配置的效率就会随之改善。在要素被假设为不能在国际自由流动时,商品流动以及通过商品流动而实现的要素价格均等化的过程,便成为提高全球范围资源配置效率的间接而有效的途径。

3. 要素流动与国际分工的利益来源

由于要素价格均等化在资源配置中具有上述意义,因此只要能够有助于实现要素价格均等化,不管是商品还是直接的要素流动都是有益的。而且在完全竞争的基本假设下,把其中的某些具体条件加以修正,这两者便具有了相互替代的关系。

(1) 商品流动与要素流动(完全竞争的市场结构)。当要素缺乏流动性(障碍可以是来自要素自身的特性如土地,也可以是来自人为的限制)时,商品流动便是实现国际分工利益的有效渠道;而当商品流动的限制增多时,要素流动便可以起到商品流动相同的作用。从这个意义上说,商品流动和要素流动具有相互替代的关系。在所有的要素中,资本是流动性最强的一种,因此这种替代关系在很多情况下被用来分析国际贸易和国际投资二者的关系。

(2) 结构性市场不完全与实现贸易利益的障碍。这里所说的结构性市场不完全,指的是国与国之间存在的商务活动的障碍,既包括各种形式的贸易壁垒,也包括对资本及其他要素跨国移动的管制。这种管制表面上看发生在流通领域,但它的深层根源却存在于生产过程中,真正突破这些限制的最有效的办法,就是真正实现国际生产。这是理解当今跨国公司迅速发展的重要起点。

(3) 资产专用性与分工的发展。资产专用性是指一种资产一旦投资形成就很难做他用,除非在转移过程中承担巨大的价值损失和生产力损失。资产专用性是随分工的发展而不断增强的,这使得传统意义上的各种生产要素在国内各行业间的转移变得越来越困难。在要素跨行业流动变得越来越困难的同时,各种核心要素跨国流动却变得越来越容易。这使得国际分工逐步进入商品流动和要素流动并重的时期,两者之间的替代或互补关系也变得日益复杂。

5.5.2 国际产业分工理论

1. 国际分工的类型

依据入江猪太郎的观点,国际分工来源于国际贸易的水平贸易与垂直贸易。为了降低成本,确保市场,提高经营利润而促成技术转移,国际分工可分为垂直分工及水平分工两个类型。

(1) 国际产业垂直分工是指在产品技术差异的前提下,部分国家供给原始材料,而另一部分国家则供应制成品的分工生产与贸易形态;在生产同一种产品的过程中,按照价值链的比较优势,从生产组织上把技术密集工序与劳动密集工序在空间地域上分开的分工体系。

跨国公司大都在母公司、投资国控制着产品开发及设备、零部件的生产,技术产权完全为发达国家所垄断,产品设计、技术装备、关键零部件都严格地限制在发达国家生产,大量固化在设备和零件当中的技术代替了能工巧匠的作用,留给人的一些接插、焊接、安装、操作等工作只需要非熟练劳动力就可完成。于是组装工序就扩散到发展中国家,从而形成产业内非熟练劳动与技术交换的分工形式,即产业内的垂直分工。对于产业发展更为关键的另一类技术,即产业核心技术,跨国公司则严密封锁,采取多种措施来防范专有技术的扩散。

(2) 国际产业水平分工则指产品间技术相近,因成本差异所形成的生产与贸易形态。国际水平分工更多地发生在发达国家之间。由于技术水平、经济结构层次大体相当,发达国家之间的水平分工更多地体现出专业化生产、横向经济协作的特点。

2. 股权式并购和跨国战略联盟

跨国公司通过股权式并购和非股权联系的跨国战略联盟这两种主要形式来实现优势互补,提高国际竞争力,在国际竞争中处于更加有利的地位。股权式并购和非股权联系的企业战略联盟,促进了国际水平分工的发展。

(1)股权式并购。跨国企业并购成为跨国公司不断扩张的更为重要的形式,成为当今国际直接投资的最主要形式。国际直接投资带动国际贸易的发展,跨国公司在更大的范围内实现了企业内国际垂直分工和水平分工,使国际的分工协作转变为跨国公司内部的分工协作,从而扩大了企业内国际投资和国际贸易的流量和存量。这种交易内部化的国际贸易结构,更体现了中间产品和服务以及企业内国际贸易的特点。

(2)非股权式的战略联盟。战略联盟是由两个或两个以上有着对等经营实力的企业或其他组织,为了达到共同拥有市场、共同使用资源等战略目标,通过各种契约而结成的优势相长、风险共担、要素双向或多向流动的松散型网络组织。战略联盟由产品联盟发展到技术联盟和知识联盟,目前还出现了另一种形式的联盟,即动态联盟。战略联盟中的各方规模和实力相当、目标一致、资产互补,它们利用各自的优势和特长,开展横向经济协作,实现技术转移和知识创新,培育、发展企业核心能力。战略联盟也存在着大伙伴与有实力的小伙伴结盟的情况。

5.5.3 垄断优势理论

垄断优势理论是由美国学者海默、金德尔伯格、凯夫斯(Caves)等人提出并发展而形成的用以解释发达国家对外直接投资动因的理论。海默认为,企业之所以开展对外直接投资,主要是为了在国外市场取得垄断权,从而排除那里的竞争对手,而达到这一目标的基础在于跨国公司拥有各种垄断优势。可以说,企业对外直接投资的原因在于,它要利用自己的各种优势,在垄断性市场结构中,使利润达到最大化。根据垄断优势理论,跨国公司的垄断优势主要有两大类:一类是知识资产优势,另一类是规模节约优势。

5.5.4 区位理论

区位理论认为,跨国公司对外直接投资的目的在于获得一定的区位优势。这些区位优势包括以下方面:

(1)廉价的投资。跨国公司在国外设立分公司,是为了获得母国稀缺的资源,或是为了以低廉的价格来获得生产中的要素投入。

(2)市场。跨国公司在国外投资,也就往往是到销售国(即市场附近的区域)生产制造产品,这在经营上自然是非常有利的。一方面,它可以更及时地掌握需求的变化,灵活地调整生产;另一方面,可以节约运输成本,稳定和扩大对市场的占有率。

(3)避开贸易壁垒。东道国的贸易政策如关税和非关税壁垒(限额等)往往对跨国公司的出口限制很强,但这些贸易政策对直接投资不起太大作用。

(4)经营的社会环境。有些国家社会安定,政府的税率较低,甚至为跨国公司提供某些优惠,等等,这些对直接投资往往是有吸引力的。

5.5.5 交易成本理论和内部化理论

科斯在1937年发表的《企业的性质》一文中指出,如果在组织内部进行活动的成本,低于在市场上进行交易的成本,则企业组织即会成立。他认为市场可通过价格机制运作调节交易,然而环境的不确定性和决策者的有限理性增加了价格机制运作的成本。另外,交易过程中契约关系也会产生协议及谈判成本,而影响市场机制的运用效率,厂商组织因此能替代市场而存在。在此之后,威廉森综合相关文献系统研究了交易成本理论。他认为组织与市场都是完成经济交易的替代方法,二者之间的选择决定于完成交易的相对效率。当交易困难程度较高时,市场机制无法发挥其功效,组织便出现。交易成本理论能清楚说明组织的成长及其形式创新,亦可说明单一国家生产厂商通过对外直接投资而发展成为跨国公司的情形。除了结构性的市场不完全,市场机制本身还有一种内在的"摩擦力",这就是交易过程所发生的交易成本。

市场交易内部化的过程产生了企业,而当这种内部化过程跨越国界时,便产生了跨国公司。跨国公司的出现及其在国际经济活动中所起作用的日渐显著,使协调国际分工的机制也多样化和复杂化了。跨国公司企业内部交易的增多,使得国际贸易中企业内贸易的比重不断上升。国际分工也不再单纯依靠市场机制来协调,跨国公司已经成为国际分工日益重要的协调者和组织者。传统意义上的国际分工也越来越多地转变为跨国公司企业内部的分工。

在科斯的市场内部化基本构想基础上,1976年巴克利和卡森加以系统阐述,形成了内部化理论。内部化理论认为,由于市场的不完全性,企业之间通过市场而发生的买卖关系不能保证企业获利,于是就有必要把市场上的买卖关系变为企业内部的供需关系,这在所有者不同的商品买卖中是办不到的,需要的是把市场交换变成一个"共同所有"的企业的内部供求交换。这种行为就被称作"市场的内部化"或称"内部化"。

根据巴克利和卡森的分析,现代企业所从事的各项活动如营销、研发、训练、资金调度与取得等彼此均互相关联且与中间产品密切相关。中间产品除了半成品外,经常包含了其他形态,如专业知识、专利权、人力资本。有效地组合这些特殊的中间产品需要一系列的中间产品市场,但这些市场通常很难组成,因此为了改善这些市场的组织,企业会做一些本质上的改变,其中的一种就是跨国公司的成长。内部化理论有三个基本假设:①厂商在不完全竞争市场下追求最大利润。②中间产品市场不完全时,会促使内部市场的形成。③市场内部化若超越国界,就形成跨国公司。

内部化的主要利益来自克服外部市场的不完全性及不确定性,如市场联系的时滞、中间产品供应的不稳定及其价格的不易区别性,买卖双方讨价还价的不稳定态势及其过程的成本,销售关系的不确定性(如买者的不确定性),各国经济政策的差别,等等。当然,内部化过程也将产生一定的附加成本和代价,如管理费用上升、效率下降等,因此内部化的利益必须超过这些附加成本。

通过对外直接投资而实现市场内部化,显然是要以企业具有一定的垄断优势为基础的。同时,只有通过内部化过程,企业才能进一步发挥这些优势,并可获得区位经济的利益。如果不是这样,企业就可以通过商品贸易或特许权转让这类一般市场联系方式进行活动,而不需要跨国生产和经营了。

5.5.6 国际生产折中理论

国际生产折中理论又称国际生产综合理论,是20世纪70年代末由英国经济学家约翰·邓宁提出的。该理论用于解释企业对外直接投资行为和跨国公司的竞争优势。它由三个核心因素构成。

(1)所有权优势。它包括独占无形资产的优势和规模经济产生的优势。所有权优势是竞争者所没有的进入产品或要素市场的途径。它或者来源于公司的规模(它不仅可以带来规模经济,还可以阻止有效的竞争),或是对某些无形资产的排他性所有,如专利、商标、管理技能等,这些无形资产可使企业获得更优的价格及更强的市场实力。跨国公司的所有权优势包括两个方面:①传统意义上的所有权优势,如技术、规模经济、政府补贴、市场和信息渠道、金融和货币优势等;②多国化经营本身带来的优势。

(2)内部化优势。公司交易内部化可以克服由外部市场不完全性带来的各种成本和阻碍。内部化理论认为,市场缺陷的存在是内部化优势产生的前提,公司可能通过内部交易安排节约交易费用,从而为企业带来竞争优势。具体说来,内部化可能带来的收益有:①产品交易费用的降低。这主要是针对企业的一些中间产品而言的。节约的费用主要有讨价还价的费用、调查交易对方的费用、客户不确定风险带来的额外开支、质量监督费用等。②对知识产权的保护。跨国公司往往希望利用知识在全球范围内获取垄断利润,但知识又往往容易扩散贬值。内部化使得跨国公司可以充分而安全地使用这些知识。③避免或利用政府干预。绕过关税和非关税壁垒是最常见的收益。内部化还可有效地回避有关不准制定歧视性价格的规定,为跨国公司带来更大的收益。

(3)区位优势。区位优势是指东道国不可或不易移动的要素禀赋优势以及东道国政府的鼓励或限制。区位因素制约着跨国公司对外直接投资的选址及其国际生产布局。它主要包括三个因素:①要素禀赋。一国低廉的劳动力成本和其他要素的比较优势都有可能为在此国经营的企业带来优势。②政府政策的影响。一国的税收政策、外汇管理体制、有关外商投资企业的法律规定等都可能降低企业的运作成本或提供企业所需的信息及渠道。③社会文化环境。开放和宽松的社会文化环境也有利于培养跨国公司的竞争力。

上述三项优势同时具备,企业才能从事有利的对外直接投资。如果仅有所有权优势和内部化优势,而无区位优势,则意味着缺乏有利的投资场所,只能将有关优势在国内加以运用,进行生产予以出口。如果没有内部化优势和区位优势,则仅存的无形资产优势,让企业难以内部利用,只得转让给外国企业。

邓宁用人均GNP(国民生产总值)作为衡量一国经济发展水平的指标,把一国经济发展水平与对外直接投资情况划分为五个阶段,见图5-6。在图5-6中,序号1~5依次代表了投资发展的五个阶段,该图形主要是一条由U形曲线(1~3阶段)与倒U形曲线(4~5阶段)衔接起来的整合曲线。

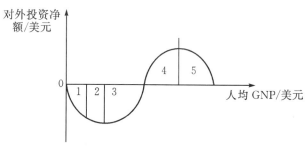

图5-6 对外直接投资发展阶段模型

第一阶段(人均GNP在400美元以下),这类国家尚处于工业起飞前阶段,较少接受直接投资,也没有对外投资,对外投资净额(流出的直接投资额减去流入的直接投资额)为零或负数。第二阶段(人均GNP为400~2000美元),随着经济的发展、东道国基础设施的改进以及经济结构和政府吸引外资政策的调整,区位优势有所增强,资本流入开始大幅增加,而对外直接投资仍微不足道,因此对外投资净额变为更大的负数。第三阶段(人均GNP为2001~4750美元),随着经济发展水平的进一步提高,本国企业的所有权优势和内部化优势日益上升,竞争力大为增强,而外国子公司的所有权优势相对下降。虽然对外投资净额仍是负数,但数值开始减小。第四阶段(人均GNP在4750美元以上),资本流出超过资本流入,对外投资净额大于零且不断扩大。邓宁提出的第五个发展阶段,主要描述经济发展处于较高阶段的发达国家之间不断增长的交叉投资行为。处在该阶段的国家对外投资净额仍为正数,但绝对值相对于上一阶段已开始下降,并逐渐回归至零。

5.5.7 比较优势投资论

该理论是由日本学者小岛清于1977年提出的,被称作"日本式对外直接投资理论"。

小岛清认为,对外直接投资应该从本国(投资国)已经处于或即将陷于比较劣势的产业(可称为边际产业,也是对方国家具有显在或潜在比较优势的产业)依次进行。图5-7给出了该理论的基本思路。图中Ⅰ-Ⅰ线是本国(日本)的商品成本线,由 a 至 z 表示按日本的单位产品成本由高到低排列,Ⅱ-Ⅱ线(虚线)是对方国家商品成本由低到高的成本线,两线相交于 m 点。这一点表示按外汇汇率计算,两国 m 商品的成本比率相等。a、b、c 等成本对应的产业是本国(日本)的边际产业,就该从这

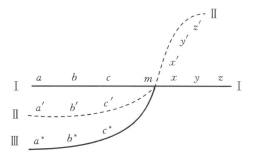

图 5-7 比较优势投资论示意图

些产业开始对外直接投资。投资的结果是对方国家的成本就可望降至 a^*、b^*、c^*。这样一来,双方就可能实现利益更大、数量更多的贸易(Ⅰ国的进口),这就是所谓日本式的对外直接投资。这种直接投资的作用是使贸易得到互补和扩大。

小岛清根据企业的投资动机不同,将对外直接投资划分为四种类型:①自然资源导向型(跨国公司为了获得东道国的自然资源如油田、矿业、林业等而进行 FDI);②市场导向型,具体分为贸易导向型(跨国公司为了绕过东道国贸易壁垒而进行 FDI)与反贸易导向型(当出口规模达到一定程度时,跨国公司出于规模经济的考虑而进行 FDI,在当地进行生产和销售,这具有寡头垄断性质);③生产要素导向型(跨国公司为了利用东道国廉价的生产要素而进行 FDI);④生产与销售国际化型(跨国公司为了实现垂直一体化和水平一体化而进行 FDI)。

5.5.8 雁行发展理论

雁行发展理论是日本经济学家赤松要针对日本经济如何在战后振兴而提出的。在此之后,小岛清等人又将这一理论有所发展并应用于东亚国家之间的国际分工和要素流动分析。

雁行发展理论认为,当进入工业化时期,一些发展中国家由于经济和技术的落后,不得不把某些产品的市场向发达国家开放。等到这种产品的国内需求达到一定数量的时候,也就为本国生产这种产品准备了基本的市场条件和技术条件,换句话说,这时国内已初步掌握了这种产品的生产技术。由于本国资源和劳动力价格的优势,该产品的进口也就逐步让位于本国自己生产了。随着生产规模的扩大、规模经济的利用以及廉价劳动力的优势,本国产品的国际竞争力不断上升,最终实现这种产品的出口,达到了经济发展和产业结构升级的目的。在这个过程中,产业的发展实际上经历了进口、进口替代、出口、重新进口四个阶段。这四个阶段呈倒"V"形,酷似展飞的大雁故得此名。

雁行发展理论主要是针对发展中国家提出的,其主旨是发展中国家利用引进先进国家的技术和产品发展本国的产业,因此在贸易圈中势必存在不同发展层次产业结构的国家(地区),这同时也是产业梯度转移的一个动力。东亚恰好具备了这个条件,使雁行发展出现了雁头、雁身和雁尾的阵形。

5.6 跨国公司理论与实践的新发展

5.6.1 跨国公司的内部贸易问题

人们一般把在母公司控制下的跨国界的贸易称为公司内贸易。它包括在母公司控制下子公司之间的贸易或母公司与子公司之间的贸易以及母公司与母公司之间的贸易。公司内贸易已经成为国际经济活动中的普遍现象。这种观点基于对外直接投资与跨国公司在全球范围内的迅速发展,它的增长快于世界贸易与生产的增长。

跨国公司大规模向各地区渗透,进行跨国生产、经营和销售,不仅增加了东道国的对外贸易量,而且其开创的以公司内部分工为特征的国际生产一体化体系,使母公司分支机构间的内部贸易量急剧增长,成为国际贸易增长中的重要构成。

根据国际贸易的现实,以及科斯的交易成本理论,我们可以解释跨国公司内部贸易增加的原因。大的跨国公司存在用中间产品贸易来取代最终产品贸易的趋势,航运业的革命、集装箱运输、滚装滚卸使得运输成本大大下降,这种成本的下降极大地鼓励了中间产品的贸易。同时集装箱运输也降低了货物在运输途中可能受到的风险。这样以公司内贸易取代成本很高的外部市场可以规避贸易保护措施。此外,公司内国际贸易与产品性质、市场结构、产品的知识密集度以及它所处的生命周期阶段有关。当产品处在新产品阶段,而且属于知识与技术密集型的中间产品,那么市场的不完全因素就比较大,国际贸易在公司内部进行的动机就比较明显。如果产品属于资源密集型或土地密集型而又处在成熟阶段,外部市场的垄断程度比较低,使用外部市场的动机就比较强。但是也有公司为了降低成熟产品的生产成本,把一部分零部件转移到劳动力成本较低的国家生产,这样就产生了中间产品的贸易。这种贸易有两种可能,一种可能是在公司内部进行,另一种可能是一般意义上的国际贸易。一般来说公司内贸易的密集度会随产品的知识密集度和市场的不完全竞争而递增,随产品的成熟度而递减。

赫尔普曼和克鲁格曼认为在要素禀赋不对称和规模报酬递增的情况下,由于跨国公司的专有资产很难通过外部市场达成交易,就会产生大量的公司内交易和对中间产品的需求,由此带动母国的出口贸易。斯文松发现:日本企业在美国投资生产汽车,从本国进口大量的零部件。

1997年,美国著名学者朱立安·伯金肖(Julian Birkinshaw)和尼尔·胡德(Neil Hood)对跨国公司母公司与子公司关系的理论做出了总结,认为它经历了三个阶段:母子公司关系阶段、子公司角色阶段和子公司发展阶段。跨国公司海外子公司在发展过程中经历了不同的角色,承担了不同的战略任务。随着时间的推移,跨国公司海外子公司不断发展。海外子公司在发展中愈加体现出它们的积极性与主动性,跨国公司内部各个分支机构(主要指跨国公司的海外子公司)在经济上日益呈现出差异化,跨国公司竞争优势来源的路径依赖日益呈现出多样化的特征,这使得由经济差异性组成的联合体——跨国公司——不断释放出巨大的能量。

在外部市场存在代价的情况下,公司不仅会追求生产过程的成本极小和利润极大,而且会选择对公司来说最合适的交易媒介。除了公司内贸易以外,还有一些其他方法,如建立同行业的关系网、寻求政府对市场的干预等。但是,公司用机构性或行政的方法分配资源或使用其他非市场媒介并不一定比外部市场更有效率。公司存在的最重要的目的并不是降低交易成本而是组织生产,公司内贸易不可能会无限制地发展最终完全取代市场。通过网络进行的国际贸易也可能进一步增加市场的扭曲。

5.6.2 跨国公司的转移定价

对公司内贸易进行准确统计是很困难的。这是因为很大一部分公司不愿意准确地公开自己在国外的经济实力和国际销售情况。同时,把国际贸易简单分成公司内贸易和非公司内贸易,并不十分妥当,现实情况可能要复杂得多。假定 A 公司在 B 公司中拥有一定百分比的股份,而在 C 公司中又有某些股份。如果 A 公司将产品卖给 B 公司,从严格意义上讲,这种国际贸易只能算是部分的公司内部贸易,而 B 公司和 C 公司之间的贸易也有一定的内部化的成分。公司间究竟有多少百分比以上的股权联系才能算是公司内贸易至今还有争议。严格意义上的公司内贸易的程度应该以 A 公司在 B 公司和 C 公司占有的股份的所有权的百分比来衡量。并且公司内贸易额的数字也会因转移定价而扭曲。

1. 转移价格的定义

所谓转移价格(transfer price),亦称划拨价格、调拨价格、转让价格,是指跨国公司内部母公司与子公司之间、子公司与子公司之间进行商品和劳务交换时所执行的内部贸易价格。这种价格不受市场一般供求关系的影响,不是独立各方在公开市场上按独立核算的原则确定的价格,而是以跨国公司全球战略和谋求最大限度的利润为目标,由跨国公司总部最高管理人员在综合分析评估交易双方所在国的外汇政策、税收政策、利率水平、经济环境及政治气候等因素以及所属子公司盈利能力等之后确定的价格。

2. 转移价格的影响

转移价格能够从内部和外部两方面影响跨国公司的决策。从内部讲,转移价格能够提供数据,激励附属公司的管理人员,用来评估附属公司和其管理人员的业绩;从外部讲,转移价格可以影响跨国公司的关税、利润的转移及其全球范围内的所得税的大小等。当然,跨国公司与其子公司之间的转移价格可能不符合市场上通行的价格,这必然增加和加剧国际社会的经济和政治问题。不少国家已着手管理转移价格的制定,主要是防止逃税避税。应该看到,转移价格的影响不仅仅局限于税收方面,它对跨国公司本身,对接受跨国经营的各国政府,以及对国际资本的流动都有广泛的影响。为此,一些国际机构如联合国国际投资和跨国公司委员会、经济合作与发展组织、国际商会等都十分关注转移价格的制定,颁布了关于制定转移价格政策的各种建议。

5.6.3 跨国公司共同治理

1993 年,邓宁注意到跨国公司竞争优势的发展,提出共同治理经济(economies of common governance)的概念,并将其与传统的所有权优势区分开来。共同治理经济指的是跨国公司对全球各地的分支机构进行管理协调而带来的各种额外收益。它与传统的所有权优势如专利权、先进技术、独有的市场和信息渠道等的区别在于:共同治理经济源于企业的跨国经营活动本身,无法为单纯的国内企业所拥有;而传统的所有权优势与企业是否进行对外直接投资没有必然的联系。跨国公司治理的一个重要特点就是将其体系内部的所有独立企业纳入统一的治理模式之内。核心资源的共享使跨国公司下属企业依附于母公司,从而使母公司获得控制全球活动的能力。

具体说来,共同治理经济的优势主要体现在以下几个方面:

(1)充分利用各国要素禀赋差异带来的经济效益。企业的跨国经营使得企业有机会利用东道国的要素优势,降低生产成本。对于各生产环节对投入要素要求不一致的产业,跨国公司还可将各生产环节安排在不同的国家或地区进行,以实现全球生产成本最小化。

(2)跨国公司可比较不同国家间的生产方式,主动选择最优的方案。

(3)实现跨国公司各分支机构的资源和信息共享,可以保护知识产权,防止信息扩散给竞争对手而贬值。

(4)跨国公司对一些流动性较强的资源可在全球范围内调配,提高资源的产出效率。

(5)跨国公司对各地分支机构的管理和协调有助于公司在全球建立统一的形象,有利于维持客户与公司的长期关系。

共同治理活动的成本主要体现在三个方面:

(1)建立共同治理体系所需的投资。跨国公司需要在了解各地区投资环境和要素禀赋的基础上,建立昂贵而复杂的全球信息网络,设立专门的机构,组织专门的人员实现资源在不同国家间的调配。

(2)相对高昂的风险成本。共同治理体系"牵一发而动全身"的特点决定了管理层的一个小的失误都可能带来灾难性的后果。

(3)灵活性降低的代价。共同治理体系本身的庞大以及决策集中在高层的特点,使得公司在应对市场变化方面可能显得迟缓。在市场变动迅速的今天,灵活性的降低就显得格外突出。而且,共同治理活动的边际成本呈上升趋势,一旦它与共同治理活动的边际收益一致,跨国公司再继续扩大共同治理边界便会无利可图。

内部化和虚拟化是公司改变共同管理边界最常见的两种途径,前一种为共同管理边界扩大,而后一种为共同管理边界缩小。跨国公司对内部化或虚拟化的选择可以间接地反映厂商对共同管理有效边界的认识。从发展角度来看,内部化和虚拟化的浪潮并行不衰,一方面如联合国的《世界投资报告》指出的,以并购方式实现的对外直接投资越来越多,世界上最大的 50 家跨国公司也正变得越来越大;另一方面,企业的外包活动也正成为一种潮流,越来越多的跨国公司只保留其核心业务,而将其他业务分解或承包给其他公司。跨国公司正积极引进新的信息技术,加强分支机构的沟通和资源在国家间的流动。此外,一些跨国公司通过设立利润中心等增强各分支机构的独立性。

5.6.4 跨国公司的战略联盟

20 世纪 90 年代以后,特别是随着经济全球化趋势的迅猛发展和国际竞争的日趋激烈,跨国公司技术研究与开发的组织形式发生了重大的变化。跨国公司根据不同东道国在人才、科技实力及科研基础设施上的比较优势,在全球范围内有组织地安排科研机构,在一定程度上推动了世界各国在高技术领域内的合作与交流。企业迫于竞争压力,开始进行大规模的合作竞争,其中最主要的形式之一就是建立企业战略联盟。

与 20 世纪七八十年代联盟方式相比,近些年企业战略联盟有以下特点:

(1)主要是规模巨大的垄断企业间的相互兼并。积极参与这次企业合并浪潮的多为同产业中的超大型企业或大公司,有的还是大型的跨国公司。

(2)战略联盟主要集中在高技术产业和以金融服务为主的第三产业。由于新兴产业和高技术产业激烈的全球性竞争,以及世界各国第三产业市场的逐步放开,多数企业合并案集中在电子信息、金融服务、航空航天、生物医药、国防工业等领域内。这与前几次企业合并浪潮主要集中于传统工业部门(如重化工等产业)形成了较为鲜明的对比。

(3)企业合并通过股票市场进行。近些年企业合并活动多是通过股票市场完成的。

"通过合作竞争"已成为跨国公司有效地开展竞争及维持其竞争优势的先决条件。跨国公司战略联盟的新态势意味着跨国公司间的竞争已不再是依托一个跨国公司内部资源的竞争,而是依托一个乃至数个跨国公司集合的资源的竞争。但是,它对东道国企业,对未参加联盟的跨国公司却产生了重大威胁。显然,作为经济全球化下国际经营的一种战略,跨国公司战略联盟对发展中国家企业也是适用的。

5.7 国际资本流动和跨期贸易

5.7.1 跨期生产的可能性和贸易

任何社会都面临着在当前生产、消费和未来生产、消费之间的选择。为了维持简单再生产,推动扩大再生产,一个社会通常不会消费掉它所有的产出,总有一部分产出以机器、建筑物或其他生产资本的形式转化为投资。现在的投资越多,该社会在未来的产出和消费也就越多。但是为了多投资,该社会又不得不减少即期消费以节省资源(暂时不考虑存在闲置资源的可能),因此,必须在当前消费和未来消费之间做出抉择。克鲁格曼认为在资本的国际流动中有一种新的交易形式:一个国家给另一个国家贷款,实际上是一个国家的居民给另一个国家的居民在今天超前消费的权利,并且要求承诺在将来返还。这种国际借贷可看作是国际贸易的形式之一。这种形式不是在某一时点用一种商品与另一种商品交易,而是用现在的商品换取将来的商品,也就是所谓的跨期贸易。

假设某个社会只消费一种商品并只存在当前和未来两个时期,那么该社会就需要在商品的当前生产和未来生产之间进行选择。我们给出一条跨期生产可能性边界来概括这种选择组合。

如图 5-8 所示,该跨期生产可能性边界和同一时点上两种产品的生产可能性边界颇为相似。等价格线与生产可能性边界的切点为 $Q(Q_{P_1}, Q_{F_1})$ 是有效生产点。本国生产的当前消费产品与未来消费产品的数量取决于本国将以多少当前消费产品用来投资生产未来消费产品,相对价格为 Q_{F_1}/Q_{P_1},等价格线与社会无差异曲线的切点为 C。

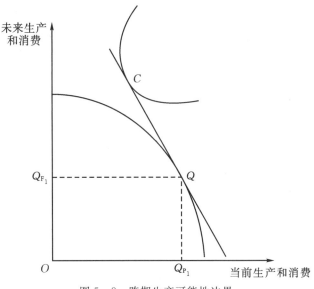

图 5-8 跨期生产可能性边界

跨期生产可能性边界的形状因国而异,有些国家可能偏向于即期生产,有些国家可能偏向于未来生产。那么对应某一时点,两种偏好之间有何差异?我们再引入两国的跨期生产可能性边界做进一步的分析。

如图 5-9 所示,简单假定有两个国家:本国Ⅰ和外国Ⅱ,两国具有不同的跨期生产可能性边界。可以看出,在同一时点,等价格线 1 和等价格线 2 分别与本国Ⅰ和外国Ⅱ的跨期生产可能性边界的切点为 Q_1 和 Q_2。

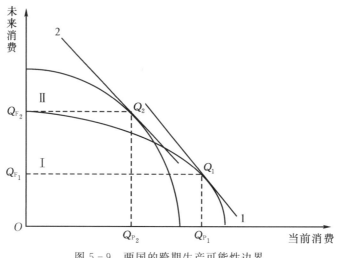

图 5-9 两国的跨期生产可能性边界

可以判断本国偏好当前消费,而外国则偏好未来消费。如果不存在国际借贷(贸易),那么本国未来消费的相对价格比外国高。因此,如果有可能进行跨期贸易的话,可以预期本国将出口当前消费而进口未来消费,外国将出口未来消费而进口当前消费。

5.7.2 跨期贸易条件与实际利率

一国是通过国际借贷进行跨期贸易的。如图 5-10 所示,横轴表示商品的当前消费 Q_P,纵轴表示商品的未来消费 Q_F。等价格线与生产可能性边界的切点 Q 为有效生产点,在该点上当前消费为 Q_{P_1},未来消费为 Q_{F_1}。当本国将部分现有资源从当前消费转为投资时,当前消费产品的产量 Q_P 下降,未来消费产品的产量 Q_F 上升。因此,增加投资使整个经济沿着跨期生产可能性边界向左上方移动。

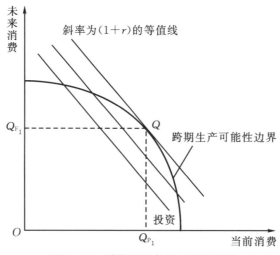

图 5-10 跨期贸易条件与实际利率

显然,以当前消费衡量的未来消费价格与利率 r 有关。在这里,假定贷款合同都使用实际利率,当一国借款时,它就得到在即期购买一定量消费品的权利,并承诺在将来偿还一个可以购买更大数量消费品的金额。譬如,未来(1年)偿还的量是当前借入量的 $1+r$ 倍,那么 r 就是借贷的实际利息率。由于这是在1单位的当前消费与 $1+r$ 单位的未来消费之间选择,因此未来消费的相对价格就是 $1/(1+r)$,也就是跨期贸易条件。

如果允许进行借贷,那么未来消费的价格以及世界的实际利率都将由全世界对未来消费的相对供给与相对需求决定。若本国的跨期生产可能性边界偏向于当前消费,就会出口当前消费并进口未来消费,也就是说,本国将在第一期向外国借款并在第二期收回本息。

已知对于当前消费的未来消费价格是 $1/(1+r)$,若用当前消费来衡量,那么整个经济在两期中生产的总价值就是

$$V = Q_P + Q_F/(1+r)$$

图 5-10 中画出了一组对应于同一相对价格 $1/(1+r)$ 但不同 V 值的等值线。这些直线的斜率都为 $-(1+r)$(因为未来消费由纵轴表示)。和在标准贸易模型中一样,厂商的决策会最终形成一个在市场价格下总产出价值[即 $Q_P+Q_F/(1+r)$]最大的生产模式。因此,生产点会选择在 Q。只要本国按图中所示的数量投资,就能获得 Q_{P_1} 的当前消费和作为第一期投资回报的未来消费 Q_{F_1}。必须注意到,在点 Q,多将1单位当前消费转为投资所产生的额外未来消费正好是 $1+r$。这个值使投资不会超越点 Q,因为超越点 Q 后,本国追加的投资所得会下降,不如把这部分当前消费借给外国反能赚得更多。图 5-10 还暗示,世界实际利率 r 的上升,使等值线变得陡峭,从而会导致投资下降。

5.7.3 跨期比较优势和无跨期比较优势的区别

产生跨期比较优势的原因与在普通贸易中比较优势的产生原因有一些区别。一个在生产未来消费产品上具有比较优势的国家,在没有国际借贷时,其未来消费的相对价格就会较低,或者说实际利率较高。高实际利率与高投资回报率是一致的,也就是说,把资源从当前消费品生产中转移出来用于资本品生产、建设及其他提高未来社会生产能力的活动中所得到的回报率很高。因此,在国际市场上借款的国家一般都是那些相对目前生产能力而言拥有高生产率投资机会的国家;而贷款的则是那些本国缺乏这种机会的国家。

任何社会都面临着当前消费与未来消费之间的选择,如果有的国家偏好当前消费,有的国家偏好未来消费,就可以通过借贷进行跨期贸易。围绕跨期贸易问题,存在跨期比较优势、跨期贸易与消费需求的联系、跨期贸易的规模和发展中国家的债务危机问题。这些原理可以给我们深刻的启示。

跨期比较优势体现在高生产率、高回报率、高效益上。而要达到"三高"的目标,就要重视利用外资的结构和效率问题。同时,利用外资是为了拉动经济增长,这种增长不是短时期的、泡沫式的,而应该是高效益的持续稳定的增长。坚持可持续增长的原则,要求我们调整和优化利用外资的结构。同样,当一国进行对外投资时,也要注意投资的结构、比例,有效规避风险。

跨期贸易有一个重要的特征就是要用未来的消费偿还现在的消费,因此,在借款的时候要考虑偿还的问题,既要科学地分析投资的效益,也要科学地分析偿还的能力,从而有效地防范国际债务危机。

本章小结

商品和生产要素在国际流动的结果之一是国际贸易与资本要素的国际流动,或称对外直接投资,二者之间具有十分密切的联系。一方面对外直接投资既可以替代也可以促进贸易,另一方面贸易政策的改变在一定宏观条件下又会成为对外直接投资的重要原因。

贸易与投资之间具有替代性,即贸易障碍会产生资本的流动,而资本流动障碍会产生贸易。贸易与投资之间的这种替代关系从关税引致投资的实践中得到了验证。蒙代尔认为,如果两国生产函数相同,即两国采用同样的生产技术,则根据 H-O-S 定理及 H-O 理论,即可得出要素国际流动与产品贸易是完全替代关系的结论。

名词术语

关税引致投资　补偿投资　国际生产折中理论　雁行发展理论　转移价格
跨国公司的战略联盟　跨期贸易条件　跨期比较优势

思考与练习

1. 简述国际劳工迁徙的动因。在国际劳动力流动过程中,对于移民自身来说,移民成本主要有哪些?

2. 假设法国出口资本密集型产品,从波兰进口劳动密集型产品;波兰则相反,出口劳动密集型产品,进口资本密集型产品。假设大量的波兰人移居法国。请用图说明波兰移民对法波两国劳动密集型产品的生产和贸易的影响。

3. 假设墨西哥是劳动力丰裕的国家,美国是资本丰裕的国家。北美自由贸易协定签订后,美国的资本大量到墨西哥投资。请用局部均衡的方法分析美国和墨西哥两国资本市场各方的利益变动。墨西哥是否从吸引美国资本中获得利益?美国呢?

实验项目十

第6章 贸易、环境和经济增长

国际经验显示,国际贸易对经济发展具有重大的推动作用。对此,一些经济学家也从理论和实践的不同角度做过研究。一国在其经济发展过程中对国际贸易的作用如何估计,在很大程度上决定了该国采取什么样的贸易战略和贸易政策。

本章对经济增长与贸易发展的效应关系进行分析;讨论经济增长的动因及其对贸易条件的影响;介绍技术进步的类型及其对贸易条件的影响,新贸易理论和内生增长、贸易与环境,以及贸易和经济发展关系的评价指标。

6.1 经济增长及其贸易效应分析

从生产可能性曲线来观察,经济增长意味着其边界向外移动。经济增长是一国资源增加和资源利用效率提高的结果。经济增长对国际贸易的影响,主要体现在进出口贸易量、贸易条件、社会福利与国民收入变动等方面;在经济增长过程中由于部门技术进步的不平衡、要素供给以及决策偏好和资源的稀缺性,经济增长存在着一定的偏向性,表现在生产可能性曲线上,如果其边界在一个方向上扩张的幅度大于在另一个方向上扩张的幅度,就会产生偏向性的经济增长。

根据各国经济增长过程中不同的贸易倾向,经济增长可划分为不同的类型,具体可以从生产效应、消费效应和综合角度去考察。

6.1.1 经济增长的生产效应

在此,我们通过考察一个小国来分析经济增长的不同效应。小国经济增长的特点是该国贸易条件不变。下面讨论经济增长的生产效应分类。

假设生产商品1(制成品,用 C 表示其生产量)与商品2(农产品,用 F 表示其生产量),商品1为出口商品,商品2为进口商品,国际市场价格分别为 P_1 与 P_2。

如图6-1所示,我们观察这个国家的生产可能性曲线边界的变动。

在图6-1中,原生产点为 A,生产可能性曲线为 TT 线。现发生经济增长,TT 线外扩为 $T'T'$ 线,新生产点 A' 的位置有五种可能。

(1) 如果 A' 点位于Ⅲ,在 OA 延长线上,此时有 $\frac{\Delta C}{C} = \frac{\Delta F}{F}$ (或 $\hat{C} = \hat{F}$),反映可出口产品的产出扩张幅度等于可进口产品的产出扩张幅度,这被称为中性生产增长。

(2) 如果 A' 点位于Ⅳ,此时有 $0 < \frac{\Delta F}{F} < \frac{\Delta C}{C}$ (或 $0 < \hat{F} < \hat{C}$),反映可出口产品的产出扩张幅度超过可进口产品的产出扩张幅度,两者均为正值,这被称为出口(顺贸易)偏向型生产增长。

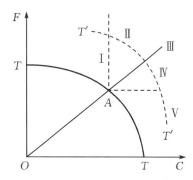

图6-1 小国经济增长的生产效应

(3) 如果 A' 点位于Ⅴ,此时有 $\frac{\Delta F}{F} < 0 < \frac{\Delta C}{C}$ (或 $\hat{F} < 0 < \hat{C}$),可出口产品的产出扩张幅度为正值,而可进口产品的产出扩张幅度为负值,即反而减少,这被称为超出口(超顺贸易)偏向型生

产增长。

(4) 如果 A' 点位于 II,此时有 $0 < \frac{\Delta C}{C} < \frac{\Delta F}{F}$(或 $0 < \hat{C} < \hat{F}$),可进口产品的产出扩张幅度超过可出口产品的产出扩张幅度,两者均为正值,这被称为进口(逆贸易)偏向型生产增长。

(5) 如果 A' 点位于 I,此时有 $\frac{\Delta C}{C} < 0 < \frac{\Delta F}{F}$(或 $\hat{C} < 0 < \hat{F}$),可出口产品的产出扩张幅度为负值,而可进口产品的产出扩张幅度为正值,这被称为超进口(超逆贸易)偏向型生产增长。

6.1.2 经济增长的消费效应

下面,我们仍通过考察一个小国讨论经济增长的消费效应分类。

对于经济增长带来的消费效应,我们通过生产可能性曲线与社会无差异曲线、等价格线(贸易条件线)的组合来分析。

如图 6-2 所示,原生产可能性曲线为 TT,等价格线与原生产可能性曲线的切点为原生产点 A,等价格线与社会无差异曲线 U_1 的切点为原消费点 B,价格比即等价格线的斜率为 P_1/P_2。现由于经济增长,生产可能性曲线扩张为 $T'T'$(没有画出),等价格线与 $T'T'$ 的切点为新的生产点 A'(没有画出),等价格线与社会无差异曲线 U_2 的切点为新的消费点 B',该切线斜率也为 P_1/P_2。

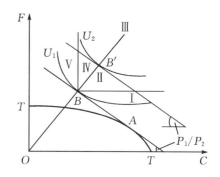

图 6-2 小国经济增长的消费效应

新消费点 B' 也有类似的五种可能情况。

(1) 如果 B' 点位于 III(即 OB 延长线上),此时有 $\frac{\Delta C}{C} = \frac{\Delta F}{F}$,可出口产品的消费相对增长等于可进口产品的消费相对增长,这被称为中性消费增长。

(2) 如果 B' 点位于 II,有 $\frac{\Delta C}{C} > \frac{\Delta F}{F} > 0$,可出口产品的消费相对增长超过可进口产品的消费相对增长,这被称为逆贸易偏向型消费增长。

(3) 如果 B' 点位于 I,有 $\frac{\Delta C}{C} > 0 > \frac{\Delta F}{F}$,可出口产品的消费相对增长为正值,而可进口产品的消费相对增长为负值,这被称为超逆贸易偏向型消费增长。

(4) 如果 B' 点位于 IV,有 $\frac{\Delta F}{F} > \frac{\Delta C}{C} > 0$,可进口产品的消费相对增长超过可出口产品的消费相对增长,两者均为正值,这被称为顺贸易偏向型消费增长。

(5) 如果 B' 点位于 V,有 $\frac{\Delta F}{F} > 0 > \frac{\Delta C}{C}$,可进口产品的消费相对增长为正值,而可出口产品的消费相对增长为负值,这被称为超顺贸易偏向型消费增长。

6.1.3 经济增长中的贸易倾向

综合上述经济增长中的生产效应与消费效应分析,我们进一步考察如图 6-3 所示的贸易三角形的变化情况。

如图 6-3 所示,在原生产可能性边界 TT 和等价格线、社会无差异曲线 U_1 的组合中,贸易三角形为 DAB,在新的

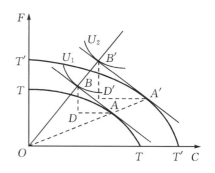

图 6-3 小国经济增长的贸易倾向

生产可能性边界 $T'T'$ 和等价格线、社会无差异曲线 U_2 的组合中,贸易三角形为 $D'A'B'$。

$$出口 = 生产 - 消费, C_X = C_P - C_C$$
$$进口 = 消费 - 生产, F_M = F_C - F_P$$
$$国民收入 Y = \underbrace{P_1 \cdot C_P + P_2 \cdot F_P}_{(生产)} = \underbrace{P_1 \cdot C_C + P_2 \cdot F_C}_{(消费)}$$
$$贸易均衡时, 出口值 V_X = 进口值 V_M$$
$$V_X = P_1 \cdot C_X = P_1 \cdot (C_P - C_C) \qquad V_M = P_2 \cdot F_M = P_2 \cdot (F_C - F_P)$$

令国内可生产的出口品价值与国民收入价值之比为可出口品平均生产倾向:

$$\theta_1^P = \frac{P_1 \cdot C_P}{Y}$$

同理,令国内可生产的替代进口品价值与国民收入价值之比为可进口品平均生产倾向:

$$\theta_2^P = \frac{P_2 \cdot F_P}{Y}$$

令国内生产的可供出口消费品价值与国民收入价值之比为可出口品平均消费倾向:

$$\theta_1^C = \frac{P_1 \cdot C_C}{Y}$$

令国内可生产的替代进口品价值与国民收入价值之比为可进口品平均消费倾向:

$$\theta_2^C = \frac{P_2 \cdot F_C}{Y}$$

$$\theta_1^P + \theta_2^P = 1, \theta_1^C + \theta_2^C = 1$$

可贸易品平均进、出口倾向:

$$\theta_1^X = \frac{V_X}{Y} = \frac{P_1 \cdot C_X}{Y} = \frac{P_1 \cdot (C_P - C_C)}{Y} (平均出口贸易倾向)$$

$$\theta_2^M = \frac{V_M}{Y} = \frac{P_2 \cdot F_M}{Y} = \frac{P_2 \cdot (F_C - F_P)}{Y} (平均进口贸易倾向)$$

$$\theta_1^X = \theta_1^P - \theta_1^C, \theta_2^M = \theta_2^C - \theta_2^P$$

可贸易品边际生产倾向:

$$\varepsilon_1^P = \frac{P_1 \cdot \Delta C_P}{\Delta Y} (可出口品边际生产倾向), \varepsilon_2^P = \frac{P_2 \cdot \Delta F_P}{\Delta Y} (可进口品边际生产倾向)$$

可贸易品边际消费倾向:

$$\varepsilon_1^C = \frac{P_1 \cdot \Delta C_C}{\Delta Y} (可出口品边际消费倾向), \varepsilon_2^C = \frac{P_2 \cdot \Delta F_C}{\Delta Y} (可进口品边际消费倾向)$$

$$\varepsilon_1^P + \varepsilon_2^P = 1, \varepsilon_1^C + \varepsilon_2^C = 1$$

可贸易品边际进、出口倾向:

$$\varepsilon_1^X = \frac{\Delta V_X}{\Delta Y} = \frac{P_1 \cdot \Delta C_X}{\Delta Y} = \frac{P_1 \cdot (\Delta C_P - \Delta C_C)}{\Delta Y} (边际出口倾向)$$

$$\varepsilon_2^M = \frac{\Delta V_M}{\Delta Y} = \frac{P_2 \cdot \Delta F_M}{\Delta Y} = \frac{P_2 \cdot (\Delta F_C - \Delta F_P)}{\Delta Y} (边际进口倾向)$$

$$\varepsilon_1^X = \varepsilon_1^P - \varepsilon_1^C, \varepsilon_2^M = \varepsilon_2^C - \varepsilon_2^P$$

通过生产效应分类,可比较可出口品生产的平均倾向与边际倾向的关系,当两者相等 $\varepsilon_1^P = \theta_1^P$ 时,呈现中性效应;当边际倾向大于平均倾向时,即 $\varepsilon_1^P > \theta_1^P$,表示平均倾向趋向递增,呈现顺贸易偏向型效应;当边际倾向小于平均倾向 $\varepsilon_1^P < \theta_1^P$ 时,表示平均倾向递减,呈现逆贸易偏向

型效应；当 $\varepsilon_1^P > 1$ 时,表示可出口品生产值的绝对增加大于国民收入的绝对增加,即 $P_1 \cdot \Delta C_P > \Delta Y$,呈现为超顺贸易偏向型效应;当 $\varepsilon_1^P < 0$ 时,表示国内生产可出口品绝对下降,即 $\Delta C_P < 0$,呈现超逆贸易偏向型效应。其他方面的分析,与之相似,可类推。

6.2 经济增长的动因、类型及其对贸易条件和福利的影响

从新古典经济增长理论的观点出发,经济增长一般可归因于要素增长和技术进步。贸易条件是指贸易双方进行交易的交换比例,也就是国际价格,即一国为了换取一定数量的进口商品所必须付出的本国出口商品的数量。可见,贸易条件是一种交换关系,是一个国家以出口交换进口的条件。贸易条件一旦确定,贸易利益在交易双方之间的分配也就确定下来。当一国出口产品能交换到更多的进口产品时,该国的贸易条件就改善了,或者说交易对其更有利了;反之,贸易条件就恶化了,或者说交易对该国更不利了。

正是由于贸易条件的改善或恶化直接关系着贸易利益在交易双方之间的分配,因此许多经济学家致力于贸易条件的确定及其影响因素等方面的分析研究工作。国际经济学界对发展中国家贸易条件是否持续恶化的问题一直争论不休,僵持不下。

在长期的经济发展过程中,供给情况的变化（要素禀赋的变化、技术进步等）对贸易条件和贸易情况会产生什么影响？下面我们主要分析某些生产要素的增加对贸易情况的影响。

6.2.1 生产要素增长

一切生产要素的供应量将随着时间的推移而增长,其中,资本和技术积累较快,劳动力增长较慢,可利用的土地和自然资源贮藏量增长更为缓慢而且有极限,但仍在增长,只有非再生的自然资源随时间而减少。当然,新的生产要素也在被不断发现和开发出来。当各国生产要素均为中性增长时,对贸易的影响仅引起数量变化,而不改变贸易类型与流向,也不改变国际价格比率。生产可能性曲线的形状、各国的消费结构都没有变,因此国际贸易的格局也没有变。

但事实上,各国生产要素的增长是不尽相同的,对国际贸易的影响也各不相同。如果生产要素的增长不是同时按相同比例变化,情况就比中性增长要复杂一些,那就要看这个变化了的要素属于哪个国家,它用来生产什么样的产品,是用来生产替代进口的商品还是用来生产出口商品。情况不同,对国际贸易的影响也不同。

如图 6-4 所示,A 国利用资本 K 和劳动力 L 生产食品 F 与服装 C,P 为生产点,要素比例分别为 k、k_F 与 k_C。现在该国资本与劳动力增长,分别为 K' 与 L'。

由于生产技术比例不变,即 $P'O'_C \parallel PO_C$,若以 O_C 为原点,延长 PO_C 于 A,则 O'_C 点的位置可以位于五个区域。若 O'_C 点位于Ⅲ,即 $O_F O_C$ 的延长线上,为中性增长,因为 $O_F P/O_F P' = O_C P/O'_C P'$,表示食品与服装的产出成比例增长,此时有 $\dfrac{\Delta K}{\Delta L} = k$。

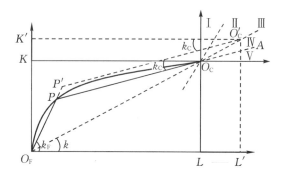

图 6-4 生产要素变动条件下的经济增长和贸易倾向

若 O'_C 点位于Ⅳ,则有 $O'_C P'/O_C P > O_F P'/O_F P$,即 $O'_C P'/O_C P - 1 > O_F P'/O_F P - 1$,表示

$\frac{\Delta C}{C} > \frac{\Delta F}{F}$,服装生产的相对增长率大于食品,为顺贸易偏向型经济增长,此时有 $k_C < \frac{\Delta K}{\Delta L} < k$。

若 O'_C 点位于 V,有 $\frac{\Delta C}{C} > 0 > \frac{\Delta F}{F}$,为超顺贸易偏向型经济增长,此时有 $0 < \frac{\Delta K}{\Delta L} < k_C$。

若 O'_C 点位于 II,有 $0 < \frac{\Delta C}{C} < \frac{\Delta F}{F}$,为逆贸易偏向型经济增长,此时有 $k < \frac{\Delta K}{\Delta L} < k_F$。

若 O'_C 点位于 I,有 $\frac{\Delta C}{C} < 0 < \frac{\Delta F}{F}$,为超逆贸易偏向型经济增长,此时有 $k_F < \frac{\Delta K}{\Delta L} < +\infty$。

若考虑消费效应,可得出相应的结果。当贸易条件不变时,可推得雷布琴斯基定理。当贸易条件可变时,也可推出相应的结果。用于生产替代进口商品生产要素的增长,将会导致进口数量的减少。

6.2.2 增长类型对贸易条件和福利的影响

我们现在从国际贸易的角度考虑经济增长对社会福利的影响。首先,我们需要识别大国和小国特征,其次要区分经济增长的类型。

大国特征:其增长会改变贸易条件,具体来说,增长前后的贸易量变化将影响国际交换比率(贸易条件)。

小国特征:其增长不改变贸易条件,具体来说,增长前后的贸易量变化不影响国际交换比率(贸易条件)。

经济增长类型大致可分为均衡增长型、进口替代型和出口扩张型三种类型。由于均衡增长型相对简单,因此我们主要讨论其他两种经济增长的类型。

(1)进口替代型增长是指进口行业的生产能力增长得较快,从而使得国内进口竞争产品的生产增加,一部分原来进口的商品被国内的产品替代。

(2)出口扩张型增长是指出口行业生产能力的增长超过其他行业,使得生产和出口都得到了进一步扩张。

1. 小国的进口替代型增长模式与福利分析

首先,我们假定贸易条件不变。在此前提下,如果某国的某一生产要素(假定为资本)大幅度增加,而劳动要素不变,那么根据雷布琴斯基定理,就可得到如图 6-5 所示的结果。

在图 6-5 中,横轴为 X 产品(劳动密集型产品),纵轴表示 Y 产品(资本密集型产品),AB 为该国原来的生产可能性曲线,当实施进口替代型增长时,由于资本要素增加,导致资本密集型产品增加,生产可能性曲线移至 CD,原来的生产点 G 移至 N。T_1、T_2 分别为增长前后的贸易条件线,$T_2 /\!/ T_1$,表明贸易条件不变,进出口同比例变化;U_1、U_2 为社会无差异曲线,与 T_1、T_2 分别切于 E_1 与

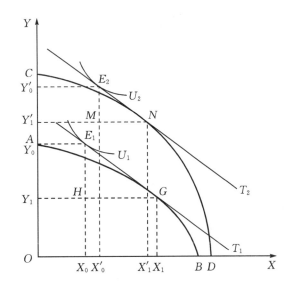

图 6-5 小国的进口替代型增长

E_2点。由图可以看出,在增长前,在生产点G,本国生产X产品的数量为X_1,Y产品的数量为Y_1。在贸易条件为T_1的情况下,本国消费水平达到社会无差异曲线U_1上的E_1点,在这一点上,本国国内消费X_0数量的X产品,Y_0数量的Y产品。该国构成贸易三角形HGE_1。本国国内出口X_1-X_0数量的X产品,进口Y_0-Y_1数量的Y产品。

假定该国缺乏资本,增长后,资本投入增加,使资本存量增长,则该国生产的Y产品生产扩张,生产可能性曲线向资本密集型的Y产品方向外移;资本增加,国内资本密集型产品替代进口,本国生产增加,进口下降,国内生产结构发生变动和调整,引致劳动密集型产品生产下降,导致出口减少,这样该国消费水平达到社会无差异曲线U_2上的E_2点。由于是小国,在同样的贸易条件下,构成贸易三角形MNE_2。本国出口$X_1'-X_0'$数量的X产品,进口$Y_0'-Y_1'$数量的Y产品。可见,与增长前相比,构成的贸易三角形缩小,该国的贸易量和贸易额缩小了,社会福利水平提高了。

2. 大国的进口替代型增长模式与福利分析

在图6-6中,横轴表示X产品(劳动密集型产品),纵轴表示Y产品(资本密集型产品),AB为该国原来的生产可能性曲线。在大国实施进口替代型增长条件下,资本要素增长,生产可能性曲线移至CD,原来的生产点G移至N。T_1、T_2分别为增长前后的贸易条件线,由于大国减少进口,改变了交易价格,使得贸易条件变化,进出口呈非同比例变化;U_1、U_2为社会无差异曲线,与T_1、T_2分别切于E_1与E_2点。由图可以看出,在增长前,在生产点G,本国生产X产品的数量为X_1,Y产品的数量为Y_1。在贸易条件为T_1的情况下,本国消费水平达到社会无差异曲线U_1上的E_1点,在这一点上,本国国内消费X_0数量的X产品,Y_0数量的Y产品。该国构成贸易三角形HGE_1。本国国内出口X_1-X_0数量的X产品,进口Y_0-Y_1数量的Y产品。

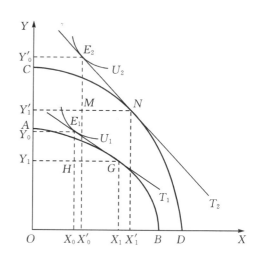

图6-6 大国的进口替代型增长

假定该国缺乏资本,增长后,资本投入增加,使资本存量增长,则该国生产的Y产品生产扩张,生产可能性曲线向资本密集型的Y产品方向外移;资本增加,国内资本密集型产品替代进口,本国生产增加,导致进口数量和价格下降,国内生产结构发生变动和调整,引致劳动密集型产品生产下降,导致出口数量减少,相对价格提高;该国消费水平达到社会无差异曲线U_2上的E_2点。由于是大国,与小国状况不同,可以改变贸易条件,劳动密集型产品相对价格上升使其生产扩大,劳动密集型产品最终产量可能上升,构成贸易三角形MNE_2。出口$X_1'-X_0'$数量的X产品,进口$Y_0'-Y_1'$数量的Y产品。由于贸易条件改善,相对于小国其福利向更高方向移动。可见,与增长前相比,该国的贸易量和贸易额扩大了,构成的贸易三角形也扩大了,社会福利水平也提高了。

3. 小国的出口扩张型增长模式和福利分析

在图6-7中,横轴表示X产品(劳动密集型产品),纵轴表示Y产品(资本密集型产品),AB为该国原来的生产可能性曲线。当实施出口扩张型增长时,生产可能性曲线移至CD,原来的生产点G移至N,反映出经济增长偏向于X产品的生产。T_1、T_2分别为增长前后的贸易条件线,

$T_1 /\!/ T_2$，表明进出口同比例变化，贸易条件不变。U_1、U_2 为社会无差异曲线，与 T_1、T_2 分别切于 E_1 与 E_2 点。

由图 6-7 可以看出，在增长前，在生产点 G，本国生产 X 产品的数量为 X_1，Y 产品的数量为 Y_1。在贸易条件为 T_1 的情况下，本国消费水平达到社会无差异曲线 U_1 上的 E_1 点，在这一点上，本国国内消费 X_0 数量的 X 产品，Y_0 数量的 Y 产品，构成贸易三角形 FGE_1。本国国内出口 X_1-X_0 数量的 X 产品，进口 Y_0-Y_1 数量的 Y 产品。

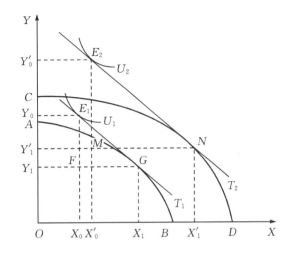

图 6-7 小国的出口扩张型增长

增长后，本国劳动要素增长，导致 X 产品生产规模扩大，从而出口品数量扩大，结构变动和调整使得 Y 产品生产下降，进一步强化该国的比较优势，从而继续扩大 X 产品的出口，而 Y 产品生产下降，又导致 Y 产品的进口扩大。在与增长前同样的贸易条件下，其消费水平达到社会无差异曲线 U_2 上的 E_2 点，构成贸易三角形 MNE_2，出口 $X_1'-X_0'$ 数量的 X 产品，进口 $Y_0'-Y_1'$ 数量的 Y 产品。可见，与增长前相比，该国的社会福利水平也提高了。

4. 大国的出口扩张型增长模式和福利分析

图 6-8 中，横轴表示 X 产品（劳动密集型产品），纵轴表示 Y 产品（资本密集型产品），AB 为该国原来的生产可能性曲线。当实施出口扩张型增长时，生产可能性曲线移至 CD，原来的生产点 G 移至 N。T_1、T_2 分别为增长前后的贸易条件线；U_1、U_2 为社会无差异曲线，与 T_1'、T_2' 分别切于 E_1 与 E_2 点。

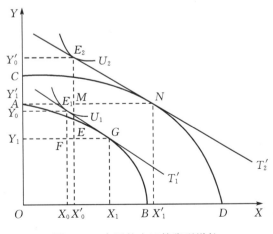

图 6-8 大国的出口扩张型增长

由图 6-8 中可以看出，在增长前，在生产点 G，本国生产 X 产品的数量为 X_1，Y 产品的数量为 Y_1，在贸易条件为 T_1 的情况下，其消费水平达到社会无差异曲线 U_1 上的 E_1 点，形成的贸易三角形为 FGE_1。本国国内出口 X_1-X_0 数量的 X 产品，进口 Y_0-Y_1 数量的 Y 产品。

投入劳动要素后劳动力增长,劳动密集型产品生产增加,由于是个大国,出口产品的国际价格下降,产业结构变化和调整,使得资本密集型产品的生产减少,但由于相对价格的上升而进口提高,需要以更多的出口品交换进口品,在变化的贸易条件下,其消费水平达到社会无差异曲线U_2上的E_2点,形成的贸易三角形为MNE_2。可见,该国的贸易量和贸易额扩大了,其社会福利水平提高了。但相对小国那种不变的贸易条件,由于贸易条件的恶化,福利水平相对下降。

由于贸易条件恶化,该国的福利水平比贸易条件没有恶化时下降了,但比起劳动力增长以前的福利水平却仍然提高了。这是由于贸易条件恶化的程度小于贸易量扩大的程度,从而使整个贸易情况改善。

如果该国的优势产品(出口产品)不是劳动密集型产品,而是资本密集型产品,那么劳动力的增加将会改善该国贸易条件,因为这种情况下与进口品相竞争的产品的生产必然增加,进口趋于减少,原来出口产品的生产也趋于减少,整个进出口贸易量下降。而总的贸易情况是改善还是恶化,那就要看该国贸易条件的改善程度是否大于其贸易量的减少程度。

如果该国的劳动和资本两种要素都增加了,但增加的程度不一样,那么原来生产的两种产品的产量都会增加,当然增加的程度也不一样。若稀缺要素数量的增加多于丰裕要素数量的增加,整个进出口贸易量趋于下降,出口产品的贸易条件得到改善。反之,如果丰裕要素数量的增加多于稀缺要素数量的增加,那么出口产品的贸易条件将会恶化,但贸易量将会上升。

6.2.3 贸易与贫困化增长

根据前面的分析,如果一个大国要素禀赋量的增加使得出口产品的供给迅速增加,则有可能产生贫困化增长,这不但会恶化贸易条件,甚至使该国的经济情况恶化。

所谓贫困化增长,是指这样一种情形:一国的传统出口产品的供应量急剧增长,导致其贸易条件严重恶化,以至于该国的国民福利水平绝对地降低,从而使其经济状况和净福利受到损害。

林德特(Lindert)指出,贫困化增长是指"扩大一国贸易意愿的增长可以导致该国贸易条件如此严重的恶化,以致使该国的境况变得更差"。可以看出,从一定程度来说,贸易条件的变化是衡量一国是否存在贫困化增长的"显示器"。

巴格瓦蒂从国家层面上阐述了一国出现贫困化增长的必要条件,但满足这些条件并不必然造成贫困化增长。也就是说,这些条件是一国出现贫困化增长的必要条件而非充分条件,贫困化增长的本质是经济增长后,价格贸易条件、收入贸易条件及要素贸易条件的全面恶化,从而造成福利水平的下降。

贫困化增长现象一般较少发生,其发生的条件如下。

(1)增长将导致出口的急剧增加。

(2)当事国是一个相当大的国家,该国的商品出口在世界市场上占有较大的份额,其出口扩大足以引起贸易条件的恶化。

(3)外部世界对该国出口产品的需求弹性非常低,致使该国贸易条件的恶化表现严重。

(4)该国对贸易的依赖十分强烈,生产能力的增长主要集中在出口商品生产部门,以至于在国民福利水平面临下降的情况下,仍无法紧缩出口。

如图6-9所示,在生产可能性边界AB状态下,当一国在劳动要素增加的条件下,其初级产品X的生产能力的扩大远远超过制成品Y时,它自然希望大量增加初级产品的出口能换回更多的制成品。但是,在生产可能性边界CD状态下,若该国出口的初级产品的出口量已占世界出口总量的相当大的比重,而其他国家对这些产品的需求又缺乏弹性,即需求量不会因其价格的下跌而大量增加,而国内结构的调整又进一步增加了对外国进口的需求。因此,该国大量增加初级产品出

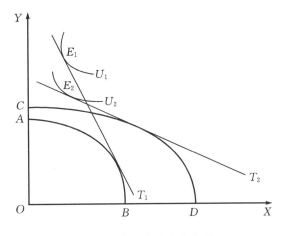

图 6-9 贫困化增长与贸易

口的结果,将导致世界市场价格下降,贸易条件严重恶化。出口产品供应量的增加不但没有提高它的国民收入,反而使其国民消费水平下降,经济状况恶化。

6.3 技术进步的类型及其对贸易条件的影响

6.3.1 中性技术进步(neutral technical progress)

所谓中性技术进步,是指生产一单位商品时,所需的资本和劳动力按同一比例节约,实现技术进步,即生产时的资本与劳动力比率不变。

如图 6-10 所示,技术进步发生前,生产商品(食品)单位等产量曲线为 Q_F^0,在 A 点生产,要素价格线为 P_0P_0,所需生产要素分别为 K_A 与 L_A。现在假设发生中性技术进步,新的单位等产量曲线为 Q_F^1,在 B 点生产,要素价格线 P_1P_1 平行于 P_0P_0,表示要素相对价格比率不变,所需生产要素分别下降为 K_B 与 L_B。资本与劳动力按同一比例节约,且资本与劳动力比率 k_F 不变,生产点沿 OR 线移动。

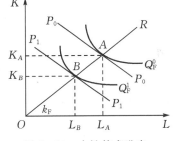

图 6-10 中性技术进步

6.3.2 劳动节约型技术进步(labor-saving technical progress)

所谓劳动节约型技术进步,是指生产一单位商品时,所需的资本和劳动力按不同比例(资本小于劳动力)节约,实现技术进步,即生产时的资本与劳动力比率提高。

如图 6-11 所示,技术进步前,单位等产量曲线为 Q_F^0,生产点在 A 点,资本与劳动力比率为 k_A,要素价格线为 P_0P_0。现在发生劳动节约型技术进步,$\frac{|\Delta K|}{K} < \frac{|\Delta L|}{L}$,新的单位等产量曲线为 Q_F^1。若生产技术比率不变,在 A_1 点生产,均衡时要素价格线为 P_2P_2,工资率必然下降而资本报酬上升,说明劳动力边际产出下降而资本边际产出上升。但由于要素相对价格比率不变,P_1P_1 平行于 P_0P_0,工资报酬过高而资本报

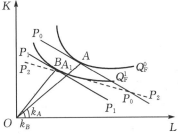

图 6-11 劳动节约型技术进步

酬较低。因此,企业使用相对更多的资本较为有利,在 B 点生产,资本与劳动力比率上升,$k_B > k_A$,即用资本替代劳动力的技术变化。

6.3.3 资本节约型技术进步(capital-saving technical progress)

所谓资本节约型技术进步,是指生产一单位商品所需的资本和劳动力按不同比例(资本大于劳动力)节约,实现技术进步,即生产时的资本与劳动力比率下降。

如图 6-12 所示,技术进步前,单位等产量曲线为 Q_F^0,生产点为 A 点,要素比率为 k_A。现在发生资本节约型技术进步,$\frac{|\Delta K|}{K} > \frac{|\Delta L|}{L}$,新的单位等产量曲线为 Q_F^1,若要素相对价格比率不变,P_1P_1 平行于 P_0P_0。在 B 点生产,此时有 $k_B < k_A$,资本与劳动力比率下降,即用劳动力替代资本的技术变化。

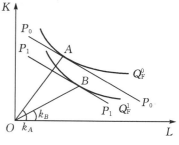

图 6-12 资本节约型技术进步

6.3.4 要素扩大型技术进步(factor-augmenting technical progress)

具有要素扩大型技术进步的生产函数可写成 $Q = f(L, K, t)$,其中 $\partial f / \partial t \geqslant 0$,$t$ 为时间。

更为特殊的生产函数可写成 $Q = f[\alpha(t)L, \beta(t)K]$,$\alpha(t)$ 与 $\beta(t)$ 均为 t 的递增函数。考虑 t_0 和 t_1 两点,令 $\alpha(t_0) = \beta(t_0) = 1$,则有

$$\alpha_1 = \alpha(t_1) \geqslant 1, \beta_1 = \beta(t_1) \geqslant 1$$

$$\mathrm{MPL}_1 = \alpha_1 \frac{\partial f}{\partial L} = \alpha_1 \cdot \mathrm{MPL}_0$$

$$\mathrm{MPK}_1 = \beta_1 \frac{\partial f}{\partial K} = \beta_1 \cdot \mathrm{MPK}_0$$

$$\mathrm{MRTS}_1 = \frac{\mathrm{MPL}_1}{\mathrm{MPK}_1} = \frac{\alpha_1}{\beta_1} \frac{\mathrm{MPL}_0}{\mathrm{MPK}_0} = \frac{\alpha_1}{\beta_1} \mathrm{MRTS}_0$$

(1) 当 $\alpha_1 = \beta_1$ 时,有 $\mathrm{MRTS}_1 = \mathrm{MRTS}_0$。技术进步前后的两种要素边际技术替代率(MRTS)相等,为中性技术进步。

(2) 当 $\alpha_1 > \beta_1$ 时,有 $\mathrm{MRTS}_1 > \mathrm{MRTS}_0$,即 $\frac{w_1}{r_1} > \frac{w_0}{r_0}$。劳动力扩大超出资本扩大,为资本节约型技术进步,并且可看成中性技术进步与纯劳动扩大型技术进步($\alpha_1 > 1, \beta_1 = 1$)的组合。

(3) 当 $\alpha_1 < \beta_1$ 时,有 $\mathrm{MRTS}_1 < \mathrm{MRTS}_0$,即 $\frac{w_1}{r_1} < \frac{w_0}{r_0}$。资本扩大超出劳动力扩大,为劳动节约型技术进步,并且可以看成中性技术进步与纯资本扩大型技术进步($\alpha_1 = 1, \beta_1 > 1$)的组合。

我们知道,技术进步可以产生新的生产函数,即可以改变原来的投入量和产出量的关系;可以提高现有生产要素的生产率,即可以用较少的某种生产要素或较少的各类生产要素,生产出原有水平的产量,或者以同量的生产要素生产出更多的产品。这样,技术进步对国际贸易和贸易条件的影响就如同要素禀赋量的增加对它们的影响一样。

技术进步的另外一种形式是技术创新,它是投资、开发和研究的结果,是一种新技术,表现为:①要素生产率的提高,即用有限的资源生产出更多的产品,或保证产量的情况下,使用更少的资源;②产品质量的提高和新产品的开发。这种形式的技术进步需要大量的投资,只有保证投资能够获利,企业才会研究新技术。因此,技术进步是有条件的:①对知识产权的保护;②鼓励对科研投资。

当一项技术革新节约使用了一国相对丰裕的生产要素，但并未节约该国相对稀缺的生产要素，或者节约使用这种要素的程度较低，那么这项技术革新增加了密集使用这种相对丰裕要素的产品的产量和出口量，其他情况不变时，却使该国的贸易条件恶化了。

反之，若一项技术革新节约了一国相对稀缺的生产要素，但并未节约或程度较低地节约该国相对丰裕的生产要素，这项技术革新增加了密集使用相对稀缺要素并与进口货相竞争的产品的产量，从而减少了贸易量，改善了该国的贸易条件。

6.4　新贸易理论和内生增长

近年来，技术因素在国际贸易发展中的作用与地位越来越重要。高技术含量的产品在国际贸易商品结构中的比重上升很快。技术因素在国际贸易中作用的提高深刻地影响着国际贸易理论的发展，20 世纪 80 年代末 90 年代初以来，国际贸易与技术进步以及经济增长之间的关系成为国际贸易理论研究的重点。

新贸易理论把国际贸易、经济增长和技术进步结合起来进行研究，不仅讨论技术变动对贸易模式和一国福利的影响，也考察了国际贸易在技术进步中的作用。新贸易理论揭示了"干中学"、技术革新与国际贸易之间相互促进的关系，认为一国要维护或塑造其竞争优势，改善贸易地位，必须积极接受技术外溢，同时努力促进本国技术革新。

新贸易理论认为，技术变动有两种：一种是主动的、经过专门研究开发而产生的，这种技术变动是一种革新，一般是研发的结果；另一种则是被动的、通过贸易等经济行为接受技术外溢而学来的，称为"干中学"。在大多数情况下，所谓技术进步只是指通过接受技术外溢学到了别人已有的先进技术。无论是在国际还是在国内，行业内还是行业间，都普遍存在着技术外溢的情况。

传统贸易理论中早已注意到技术进步的作用，但是直到 20 世纪 80 年代后期国际贸易理论才把技术变动、不完全竞争、规模经济和经济增长结合起来进行研究。这方面的研究大体上可以分为两大类：一类是按着李嘉图的模型，仍然把技术作为一种外生变量，从动态角度分析技术变动对贸易模式和各国福利水平的影响；另一类则把技术作为一种内生变量，不仅研究技术变动怎样影响贸易和经济增长，同时把技术发展作为科学研究投资和经济增长的一种结果，研究技术变动、国际贸易与经济增长的互动关系。新增长理论是一个涉及国际贸易、经济增长和产业组织等多个领域的综合理论，其关注的中心是技术创新、技术转移在国际贸易格局变动及对外直接投资中的决定作用。该理论以熊彼特的技术创新理论为基础，其直接形成源自弗农描述的产品生命周期假想，认为每一种产品都经历了一个在发达国家发明、出口、转移到不发达国家、再向发达国家出口这样几个阶段，进而构造了贸易动态均衡模型。

技术进步和贸易发展问题是新增长理论中的一个主要内容，人们至少可以从以下几个方面来理解该理论的贸易发展内容。

6.4.1　作为外生变量的技术和贸易理论

马库森和斯文松用技术作为外生变量的差异说明发达国家之间和同类产品之间的贸易，他们研究证明在两国资源配置比例和需求偏好相同、产品生产需两种以上生产要素投入及不具有规模经济的条件下，技术的某种差别就会导致劳动生产率的差异，在两国贸易中，各国都将出口其要素生产率相对高的产品。

戴维斯（Davis）以两个国家两种产业研究了技术变动的影响。他假定第一种产业只生产一种产品，而第二种产业生产两种不可完全替代的产品，其中一国在第二种产业的生产中与国外技术上略有不同,在其中一种产品的生产技术上比另一国略胜一筹。在自由贸易条件下,要素价格相等将导致该国生产和出口这种产品,而另一国则会生产出口另一种产品。

马库森、斯文松及戴维斯的研究说明,即使在规模报酬不变和完全竞争的市场上,技术上的差异亦可引起同行业产品间的贸易。

克鲁格曼则研究了技术进步对发达国家和发展中国家福利的影响。他证明了如果技术进步发生在发达国家,其结果是中性的。对发达国家来说,技术进步使其产品更加先进,不会受到别国的威胁,也不威胁别国;对落后国家也没有坏处,技术差距拉大使后进国家有更大的空间发展和赶超。因此技术进步对两类国家都有利。如果技术进步发生在后进国家,它将缩小两类国家间的差距,对原来先进国家是一种竞争,对其不利。后进国家会因自己有能力生产这类产品而减少进口,从而导致该类产品价格下降,对先进国家不利。如果这种产品需要密集使用后进国家本来就稀缺的资源,则对后进国家也不利。

6.4.2 技术外溢与贸易增长

斯托克(Stokey)提出新产品引进知识外溢模型,只要有新产品不断引入,旧产品不断淘汰,溢出效应就可以在不同产品间绵延不绝,使经济保持长久的增长。阿尔文·扬(Alwyn Young)还建立了一个边干边学与发明相互作用的杂交模式,把知识的外部效应进一步拓展了。柳川(Yanagawa)分析了通过直接或间接的途径传播技术及其影响的国际技术外溢,克鲁格曼和卢卡斯(Lucas)分别讨论了国内技术外溢的问题,格罗斯曼和赫尔普曼则系统研究了行业间和同行业内部技术的外溢及其作用。

技术创新与国际贸易存在一种互动关系,贸易不仅通过国际市场的竞争使各国努力开发新技术、新产品,也通过国际技术外溢给各国互相启发的机会。新技术开发不再是个别国家的行为,而成为各国的共同努力。

新增长理论着重于解释动态贸易利益的问题。由于该理论考察了技术的外溢问题,说明了后发国家通过引进外资、加速技术进步,可以提高资源利用效率和改善贸易条件,以及保持国际资本的自由流动,有利于知识技术的国际传递。跨国公司是技术转移的最有效的载体之一,它既可以打破发达国家贸易保护的限制,也可能造成对发展中国家的技术控制。

6.4.3 作为内生变量的技术与贸易理论

新产品、新发明等新技术的产生从何而来呢?实际上,大量的创新和发明并不是意外出现的,而是有意识投资的产物。内生技术创新的增长模型便出现了。

把技术作为内生变量进行分析是当代国际贸易理论的一大热点,主要研究技术变动的原因以及技术进步作为生产和贸易的结果对贸易模式与社会福利的影响。

技术进步很多情况下表现为对别人先进技术(包括思想、管理)的学习,也可以说它是从事生产或其他经济行为的副产品。先进技术的拥有者并非有意转让或传播其技术而是在贸易、投资或其他经济行为中自然地输出了技术,这种技术进步被称为技术外溢。"干中学"式的技术进步大部分是从技术外溢中获得的。

阿罗提出的干中学模型是内生技术增长理论的思想源头。它强调实践学习的重要作用,将技术水平解释为产出总量或资本总量的函数,从而导出了一个规模收益递增的生产函数。增长不仅是有形要素投入的结果,也是实践经验累积的结果。显然,阿罗的干中学模型已部分内生化了技术进步。但由于技术溢出不够强,内生的技术进步不足以推动经济的持续增长,还需要人口以一定比率增长,因而还不是一个完全化的内生模型。

罗默(Romer)对阿罗的模型做了重大的修正和扩展,更加强调了知识的外部效应,建立了一个完全内生的知识外溢模型。它是一个由知识外部效应、产出的收益递增和新知识生产的收益递减三个因素共同决定的竞争均衡模型。在这个模型中,知识作为一个独立的因素,不仅能形成自身的递增收益,而且能使资本和劳动等要素投入也产生递增收益,从而使整个经济的规模收益递增。这种递增的收益又成为技术进步的资金来源,对知识的不断投资又使其外部效应累积并放大,最终导致扩散式的增长。如此,便形成了一个知识外溢—收益递增—知识投资—效应放大的良性循环,知识积累和经济增长在这种动态的自催化机制作用下共生共长。但任何特定技术的外部效应总是有限的,随着时间的推移,其外部效应终究会耗尽。此外,要实现经济的持久增长,还须不断地进行技术创新。

6.5 贸易、增长与环境

6.5.1 贸易与环境关系的假说

在经济全球化浪潮中,各国竞相加快对外开放的市场经济体制改革,积极参与国际贸易成为它们促进本国经济增长的重要措施。与此同时,全球气候与环境问题日益凸显,如臭氧层的消耗、全球变暖、酸雨和发展中国家的环境恶化等。经济学界开始对国际贸易利得进行深刻反思。经济学家运用经济学理论和方法分析贸易自由化与全球环境问题之间是否存在或存在何种联系,以及相关政策的选择。浩瀚如烟的研究可以归纳为两个方面:一是贸易自由化的环境效应;二是环境规制的贸易效应。

围绕贸易与环境关系的讨论,学术界形成了几个重要的假说,其中影响较广的有污染避难所假说(pollution haven hypothesis)、向底线赛跑假说(race to the bottom hypothesis),以及环境库兹涅茨曲线假说(environmental Kuznets curve hypothesis)。

污染避难所假说认为,过于严格的环境规制会使污染产业从规制较严的发达国家转移到规制较松的欠发达国家,最终将环境规制较松的国家变成"污染避难所"。尽管理论研究支持这一假说,但实证分析结果却不尽一致。

向底线赛跑假说认为,贸易自由化推动的竞争将导致世界范围内环境标准的降低。这是因为在自由贸易体系下各国的竞争将更加激烈,资本要素流动更加自由,资本将大量涌入环境标准较低的发展中国家,致使发达国家的失业率迅速上升。为了阻止这种资金外流现象,发达国家也会降低环境标准,最终结果是全球的环境标准都将下降,从而加剧全球的环境污染。简言之,所有国家为了取得国际贸易的竞争优势,不断地在环境保护标准上争相探底。

库兹涅茨曲线是由1971年的诺贝尔经济学奖获得者西蒙·库兹涅茨(Simon Kuznets)于1955年提出的。所谓库兹涅茨曲线,是指在经济发展过程开始的时候,尤其是在国民人均收入从最低上升到中等水平时,收入分配状况先趋于恶化,继而随经济发展,逐步改善,最后达到比较公平的收入分配状况,呈倒U形,因此又被称为倒U曲线。以此类推,环境库兹涅茨曲线是指环境污染随经济发展先增加后减少的过程,即在经济发展初期阶段,经济增长将会导致环境质量的下降,然而一旦经济发展超越了某一临界值,人均收入的进一步提高反而会有助于环境质量的改善。

佩森(Petheg)在假定没有环境政策的条件下,首先将具有稀缺性的环境因素纳入了H-O模型。他认为,如果将环境要素作为影响一国比较优势的一个生产要素,环境资源相对丰裕的国家将出口环境密集型产品或污染品。而环境资源相对缺乏的国家将出口非环境密集型产品或清洁产品。这无疑是对 H-O 理论的推广与延伸。与环境要素有关的另一个因素是环境保护政策的介入。西伯特(Siebert)对此做了研究。假定甲国环境资源相对于乙国丰裕,环境政策的介入会提高甲国原本比较低的环境影子价格,从而使得两国影子价格的高低变得不明确。如果甲国影子价格由低于乙国变为高于乙国,则环境政策使得在环境资源上的比较优势就从甲国转向了乙国,直接导致两国贸易模式的改变,此时,甲国将出口非环境密集型产品,而乙国将出口资源密集型产品。环境问题的提出并没有推翻传统的贸易理论,而是将原有的理论进行了修正和扩充。

6.5.2 贸易自由化与环境保护

贸易自由化的环境效应是指与国际贸易相关的经济活动对自然环境产生的影响。格罗斯曼和艾伦·克鲁格(Alan Krueger)在分析北美自由贸易区对环境的影响时,建立了一个分析贸易自由化环境效应的理论框架。他们认为国际贸易的环境效应由规模效应、结构效应和技术效应三部分组成。研究者们一致认为贸易自由化对环境的短期影响应该是负面的。然而,从长期来看,关于自由贸易的环境效应问题,经济学界存在着自由贸易主义和环境保护主义两种相反的观点。

1. 自由贸易与环境保护

国际贸易的开展对环境保护是有利还是不利呢?对这个问题的不同回答形成了自由贸易论者与环境保护论者两派观点。

自由贸易论者强调个人利益的最大化,认为世界经济的改善应依赖于个人财富的增加,而增加个人财富的最佳途径是允许个人按照自己的选择追求其生活方式和人生目标。在对待国际贸易与环境问题上,自由贸易论者认为贸易自由化将有益于环境的改善,他们的论证依据如下:①贸易自由化能促进经济繁荣,增加用于环境保护的资源;②自由贸易可以提高资源利用效率,减少废物产生;③贸易自由化促使环保技术向发展中国家转移,有利于减轻环境压力。在自由贸易论者看来,贸易制度本身不存在不利于环境的因素,而是由于环境政策设计不当造成了贸易与环境政策之间的紧张,环境外部性内部化的政策与自由贸易并不矛盾。环境保护论者反对自由贸易,是因为他们对环境政策和自由贸易的实质理解有误,但阻碍自由贸易必将带来全球福利水平的下降。

环境保护论者关注人类赖以生存的生态系统,强调人类的共同利益,其中包含个人的长远利益。为了实现环境保护的目标,个人有时需要牺牲眼前的利益。环境保护论者认为:①贸易扩大经济活动规模,增加了对当地环境的破坏,存在越境污染时,自由贸易也使其他国家的环境恶化;②贸易规则凌驾于环境政策目标之上,会导致环境标准降低,环境标准较低的国家在污染产业会具有竞争优势,因而促使要素流动到污染成本支出较低的这些国家,使其成为污染的避风港;③危险品国际贸易会危害环境,废物进口国比出口国在废物处理与储存方面更不具有优势,废物出口使这些国家没有动力去制定环境政策来减少废物产生;④贸易需要运输,这将增加能源使用,从而破坏环境。环境保护论者认为要强化贸易成员制定环境政策的权利,并主张制定相应的国际环境协议及限制性贸易措施来处理贸易带来的环境问题。

2. 环境保护与产业国际竞争力

环境保护必将影响一国产业的国际竞争力,基于实证研究的结果,学术界对环境保护与国际竞争力之间的关系提出了三种有代表性的理论假设。

(1)环境竞次理论。该理论认为,不同国家或地区对待环境政策强度和实施环境标准的行为类似于"公地悲哀"的发生过程,其逻辑基础是"囚徒困境",即每个国家都担心他国采取比本国更低的环境标准而使本国的工业失去竞争优势,为避免遭受竞争损害,国家之间会竞相采取比他国更低的环境标准和次优的环境政策,最后的结果是每个国家都会采取比没有国际经济竞争时更低的环境标准,从而加剧全球环境恶化。

(2)污染避难所假说。如果在实行不同环境政策强度和环境标准的两国或多国间存在自由贸易,那么实行较低环境标准的国家企业所承受的环境成本较低。由于具有较高环境政策强度和高环境标准国家的高污染企业较高的环境成本,这些企业会倾向于将高污染行业投资到较低环境政策强度和低环境标准的国家,从而造成污染产业在不同环境标准国家间的转移。

(3)波特假说。波特等人认为,短期内,严格的环境保护政策会提高企业的成本,影响企业的国际竞争力;但长期内,由于环境压力的刺激,企业在进行环境投资改造的同时,会改进生产技术、管理方法等,从而提高企业的竞争力。而且环境条件的改善可以提高人们工作的积极性、减少疾病的发生,这些积极因素有利于降低环境因素带来的企业生产成本的提高。

这些理论假设提供了解释环境保护对国际竞争力影响的分析框架,对构建计量模型提供了理论上的指导。

6.5.3 贸易的环境效应及其分析

1. 环境效应

格罗斯曼和克鲁格最早对国际贸易中环境效应进行了分析,后来的学者们多用他们的分析方法研究贸易的环境效应,并将其分解为结构效应、规模效应和技术效应。

(1)结构效应。对一国环境来说,如果出口生产部门生产活动的平均污染程度低于进口生产部门,那么该国将从扩大的出口中获得正的结构效应;反之,如果进口生产部门生产活动的平均污染程度低于出口生产部门,则该国将从规模缩小的出口中获得负的结构效应。这样,国际贸易活动的开展使得污染产业资源在全世界范围内得以重新配置,将污染问题从清洁产业具有比较优势的国家转移到具有比较劣势的国家。

(2)规模效应。在生产活动的污染系数和产业结构布局一定的条件下,国际贸易活动的开展扩大了经济规模,从而增加了污染环境的产品产量,增加了对环境的污染程度。规模效应使得国际贸易对环境产生负面影响。

(3)技术效应。技术效应是指随着生活水平的提高,人们对清洁环境的偏好增加,愿意支付更多的货币购买以对环境负责的方式生产出来的产品,促进生产厂商对清洁生产过程的投资,使新的生产工艺和生产技术应用于生产,降低了单位产品生产对环境的污染程度。因此,在不存在政策失灵时,随着收入水平的提高,各国将实施更加严格的环境标准和环境法规,降低单位产品生产对环境的污染程度,改善环境质量。

2. 环境效应分析

国际贸易活动对环境的最终影响是三种效应综合影响的结果,对这三种效应的分解有利于人们明确哪种效应在起作用及其作用效果的大小。科普兰(Copeland)和泰勒(Taylor)研究了南北国家间贸易与环境的关系,在征收不同税率污染税的前提下,污染工业将向南方国家转移,结构效应使北方国家的污染减轻而南方国家的污染加重;国际贸易促进经济活动扩张,规模效应降低了两类国家的环境水平;收入的增加和两国政府提高污染税税率的行为降低了单位产品生产对环境的污染,技术效应发挥着作用。如果对清洁环境需求的增长速度超过收入的增长速度,理论上说,技术效应有可能抵消规模效应对环境的负面影响。但是,对南方国家来说,较低的环境标准使它们在污染产业方面具有比较优势,而且因为它们较低的环境标准,规模效应和结构效应对环境的负面影响将会超过技术效应对环境的正面影响。因此,贸易自由化减轻了发达国家的环境污染,而加剧了发展中国家的环境污染。

6.5.4　国际贸易政策与环境规制的协调

一国实施的贸易政策措施可能会给其他国家的环境带来负的溢出效应,并从两方面发生作用:一方面它会恶化全球环境,如二氧化碳的排放和生物多样性的减少等;另一方面从对邻国的环境影响最大的意义上说,此类负溢出效应具有区域性。因此,全球经济一体化的迅速推进引发了在国际贸易领域里应该协调环境规制的呼声。

合理应对国际贸易中的环境问题不仅是提高一国国际竞争力、顺利开展对外贸易的必然要求,也是保证本国经济和世界经济可持续发展的重要前提条件。为达到国际贸易、经济与环境的和谐发展,从当前与长期来看,需要建立起完善的国际贸易体系与环境保护体系。虽然 WTO 在协调国际贸易与环境规制方面发挥了一定的作用,但是由于缺乏一个超越国家主权的权威机构,全球环境保护只能过多地通过市场力量来解决。而市场机制协调全球贸易与环境问题时又缺乏强制性,协调的成败与否取决于一国自身是否采取合作态度。因此,在全球多边框架内协调贸易政策与环境规制的工作显得异常艰难。

也有研究认为由于贸易参与国试图通过策略性地建立改善竞争地位的国家贸易政策和环境规制来影响区域贸易协议,因此,加入区域贸易协议能够推动成员国的环境政策协调的观点值得质疑。研究者担心区域贸易协议成员国之间的环境标准和收入水平的差距可能迫使那些具有较严厉环境规制的国家出于战略性原因而将环境规制降低到能够获得有利的竞争地位的水平。因此,他们呼吁缩小成员国之间的环境规制差距以减少对环境规制的压力和将与自由贸易相关的溢出效应内生化。

6.6　贸易与经济增长关系的指标及其测度

通过贸易指标和资料整理而进行的测度,可以从各种角度对贸易与经济发展关系进行态势分析。本节涉及的经济贸易指标包括对外贸易乘数、外贸对经济增长的贡献程度、贸易开放度、贸易条件等。

6.6.1　国际贸易的乘数理论

1. 进出口弹性

这是指进出口增量变动幅度与国民收入增量变动幅度的比率。

进口弹性系数:

$$\varepsilon_M = \frac{\Delta M}{M} \Big/ \frac{\Delta Y}{Y} \tag{6-1}$$

出口弹性系数:

$$\varepsilon_X = \frac{\Delta X}{X} \Big/ \frac{\Delta Y}{Y} \tag{6-2}$$

式中,ΔM 为进口额变动量;M 为进口额;ΔY 为国民收入变动量;Y 为国民收入;ΔX 为出口额变动量;X 为出口额。

这是一组动态指标,说明进出口对经济增长变动的反应性、敏感性。$\varepsilon_M > 1$,说明进口贸易作用在加强,带动经济发展;$\varepsilon_M < 1$,则说明进口贸易作用在减弱。对于出口弹性的解释也是同样的。在二战后相当长的时期内,不论是发达国家还是新兴工业化国家,其出口弹性都大于发展中国家,显示出在工业化过程中出口对于经济增长起着重大作用的规律性。

2. 对外贸易乘数

凯恩斯认为投资的增加对国民收入的影响有乘数作用,即增加投资所导致的国民收入的增加是投资增加的若干倍。若用 ΔY 表示国民收入的增加, K 表示乘数, ΔI 表示投资的增加,则

$$\Delta Y = K \cdot \Delta I$$

国民收入的增加之所以是投资增加的倍数,是因为新增投资引起对生产资料的需求增加,从而引起从事生产资料生产的人们收入增加。他们的收入增加又引起消费品需求的增加,从而导致从事消费品生产的人们收入增加。如此推演下去,结果国民收入的增加等于投资增加的若干倍。

根据凯恩斯经济学原理,对外贸易与投资一样,能使收入以倍数形式增长。

$$\Delta Y = \frac{1}{1-(c-m)}(X-M) \tag{6-3}$$

式中,ΔY 为国民收入增量;X 为出口额;M 为进口额;c 为边际消费倾向;m 为边际进口倾向。

从这个公式可以看出,外贸要起正乘数作用,需要外贸有顺差。

马克卢普和哈罗德等人把投资乘数原理引入对外贸易领域,分析了对外贸易与增加就业、提高国民收入的倍数关系。他们认为,一国的出口和国内投资一样,属于"注入",对就业和国民收入有倍增作用;而一国的进口,则与国内储蓄一样,属于"漏出",对就业和国民收入有倍减效应。当商品劳务输出时,从国外获得货币收入,会使出口产业部门收入增加,消费也随之增加,从而引起其他产业部门生产增加、就业增多、收入增加。如此反复下去,收入增加将为出口增加的若干倍。当商品劳务输入时,向国外支付货币,使收入减少,消费随之下降、国内生产缩减、收入减少。因此,只有当对外贸易为顺差时,才能增加一国就业量,提高国民收入。此时,国民收入增加将为投资增加和贸易顺差的若干倍。这就是对外贸易乘数理论的含义。

6.6.2 外贸对经济增长的贡献程度分析

传统的计算方法从下面的国民收入恒等式出发来考察外贸对经济增长的贡献程度:

$$Y = C + I + G + (X - M) \tag{6-4}$$

式中,Y、C、I、G、X、M 分别代表国民收入、消费、投资、政府支出、出口和进口。式(6-4)两边分别对时间求导可得

$$\hat{Y} = \hat{C} + \hat{I} + \hat{G} + (\hat{X} - \hat{M}) \tag{6-5}$$

式中,$\hat{Y} = \mathrm{d}Y/\mathrm{d}t$,其余类似。对式(6-5)进行简单的运算可得

$$\frac{\hat{Y}}{Y} = \frac{\hat{C}}{C}\frac{C}{Y} + \frac{\hat{I}}{I}\frac{I}{Y} + \frac{\hat{G}}{G}\frac{G}{Y} + \frac{\hat{X}_n}{X_n}\frac{X_n}{Y} \tag{6-6}$$

式中,$X_n = X - M$,为净出口;$\frac{\hat{Y}}{Y}$, $\frac{\hat{C}}{C}$, $\frac{\hat{I}}{I}$, $\frac{\hat{G}}{G}$, $\frac{\hat{X}_n}{X_n}$ 分别为各个变量的增长率;$\frac{C}{Y}$, $\frac{I}{Y}$, $\frac{G}{Y}$, $\frac{X_n}{Y}$ 则分别表示消费、投资、政府支出、净出口在国民收入中所占的比例。

因此,式(6-6)表示了收入恒等式中的各个组成部分数量上的变化对总的国民收入增长的影响。根据该式,我们可以核算净出口的变化与经济增长之间的直接关系。在文献中,GDP 增长率分解到净出口的部分,即 $\frac{\hat{X}_n}{X_n}\frac{X_n}{Y}$(或者 $\frac{\hat{X}_n}{Y}$)经常被称为外贸增长对 GDP 的拉动度,而该部分占 GDP 增长率的百分比,即 $\frac{\hat{X}_n}{Y}\bigg/\frac{\hat{Y}}{Y}$(或者 $\frac{\hat{X}_n}{\hat{Y}}$)则被称为外贸对 GDP 增长的贡献度。

6.6.3 贸易开放度

1. 对外贸易依存度

对外贸易依存度主要用来分析一国贸易对其经济的重要程度。贸易依存度愈高则表示国内经济与国际经济的关系愈密切,在国际经济景气上升时可与其他国家共享高速成长,但在国际经济景气低迷时则需扩大国内需求,以减少冲击。

衡量贸易依存度有多种不同的方式,主要方式之一为国民收入观点的贸易依存度,利用进、出口与国民收入的比值,观察国内经济与世界经济联系的程度。具体而言,或是以进出口总额(出口加进口)占国内生产总值的比重来表示,或也可针对出口或进口个别衡量,分别称为出口依存度及进口依存度。此指标的数值愈高,表示其依存度愈高,但一般而言很少大于1。

对外贸易依存度是一个粗略的静态指标,可以反映各国经济发展与进出口的关系。对外贸易依存度应当适度,并不是越大越好。对外贸易依存度过高,则国际经济环境对国内的经济发展影响太大。

$$对外贸易依存度 = 进出口总额/国内生产总值$$
$$进口贸易依存度 = 进口总额/国内生产总值$$
$$出口贸易依存度 = 出口总额/国内生产总值$$

此外,考虑到服务贸易的发展、一般贸易和加工贸易的方式等现实问题,在讨论对外贸易依存度时还应考虑下列指标:

$$总贸易依存度 = (商品贸易进出口总额 + 服务贸易进出口总额)/国内生产总值$$
$$总进口贸易依存度 = (商品贸易进口总额 + 服务贸易进口总额)/国内生产总值$$
$$总出口贸易依存度 = (商品贸易出口总额 + 服务贸易出口总额)/国内生产总值$$

对外贸易开放度是一个宏观的概念,难以反映一国个别产业或者个别产品的开放程度,因此我们还需要一些反映一国中观层次的产业甚至微观层次的产品开放程度的概念,进口渗透率和出口率就是这样两个概念。

2. 进口渗透率

进口渗透率是一个衡量一国某年 j 产业(或者 j 产品)国内消费数量中进口所占比重的概念,其表达公式是

$$进口渗透率 = \frac{M_j}{Q_j^c} \tag{6-7}$$

式中,M_j 为该国某年 j 产业(或者 j 产品)的进口数量;Q_j^c 为该年 j 产业(或者 j 产品)的国内消费数量。

一国的进口渗透率越高,说明该国的对外贸易越活跃,该国获得的附着于进口贸易品的研发溢出效应相应地越多,因此贸易伙伴国的研发将更有效地促进本国的技术进步(全要素生产率的提高)。

3. 出口率

出口率是一个衡量一国某年某种产业(或者产品)的出口在当年产量中占了多大比重的指标,该指标的公式是

$$出口率 = \frac{X_j}{Q_j^p} \tag{6-8}$$

式中,X_j 为该国某年 j 产业(或者 j 产品)的出口数量;Q_j^p 为该国 j 产业(或者 j 产品)的国内生产数量。出口率反映了一国某种产业(或者产品)的生产中有多少用于出口的情况。

6.6.4 贸易条件

一般而言,贸易条件是指市场上出口商品与进口商品间的交换比率。这一比率可用不同的方式表示,有以一个单位出口商品收入换得进口商品的数量表示,也有以一定数量的要素成本,分别用于生产出口商品或进口商品,然后就此类商品两国产量间的比率表示,因此贸易条件有多种不同的定义形式。

1. 净贸易条件

净贸易条件,又称为商品贸易条件,是指一单位的出口货物可以换得的进口货物数量。由于在经济模型中,通常假设贸易均衡,即出口总值等于进口总值,故贸易条件也可用某一特定时期内一国出口商品价格与进口商品价格之间的比例来表示,可写作

$$商品贸易条件 = 出口价格/进口价格 = 总进口量/总出口量$$

商品贸易条件以出口价格相对于进口价格来表示,若该比值提高,表示由于出口价格对于进口价格提高,出口一单位的商品所能换得的进口商品数量会增加,因此贸易条件的提高是有利的,或称为贸易条件改善;反之,若该比值下降,则为贸易条件恶化。此一定义常用来衡量各种贸易条件。

如果要反映一段时期一国对外贸易条件的改善或恶化状况,可采用商品贸易条件指数作为衡量指标。

$$商品贸易条件指数 = 本期贸易条件/基期贸易条件$$

若商品贸易条件指数大于1,意味着对进口价格而言,出口价格相对地上扬,即出口同样数量的商品能比以前换回更多的进口商品,表示贸易条件对本国有利,亦即贸易条件改善;若商品贸易条件指数小于1,意味着对出口价格而言,进口价格相对地上扬,也就是说出口同样数量的商品换回的进口商品比以前要少,表示贸易条件对本国不利,即贸易条件恶化。

2. 收入贸易条件

收入贸易条件,又称为进口能力指数,以出口价格相对于进口价格再乘以出口数量来表示。它是净贸易条件与出口数量指数的乘积,主要反映一国基于出口能力的贸易条件变动。若该比值提高,表示在一定金额的出口下,其进口能力扩大或出口的购买力增强。收入贸易条件与净贸易条件的变动可能不一致。虽然净贸易条件恶化,但因出口量的大幅增加,而弥补出口商品价格的相对下跌,使得收入贸易条件仍然获得改善。另外,净贸易条件虽然改善,但可能因出口量萎缩而使收入贸易条件恶化。实际上,一国进口能力固然与出口数量的多寡有关,但并非唯一的决定因素,资本转移、资金流动与国外转移收入都可能影响一国的进口能力,因此收入贸易条件只能直接用于测量出口购买力的变化,而不能作为直接用以测度贸易利益或经济福利的指标。其公式为

$$收入贸易条件 = (出口价格/进口价格) \times 出口数量$$

若写成贸易条件指数形式,则为

$$收入贸易条件指数 = 本期收入贸易条件/基期收入贸易条件$$

3. 单要素贸易条件

单要素贸易条件是净贸易条件与出口部门的劳动生产率指数的乘积,主要反映一国基于出口能力的贸易条件变动。若该比值提高,表示在一定金额的出口下,其进口能力扩大或出口的购买力增强。该条件的特点是将价格的变化与劳动生产率结合,从而说明一国从贸易中获利的大小取决于劳动生产率上升或下降的幅度是否超过价格上升或下降的幅度。只要本国出口部门劳动生产率上升幅度超过本国出口价格下降的幅度,则贸易条件依然可能改善,并增加本国贸易利益。

$$单要素贸易条件 = (出口价格/进口价格) \times 出口部门的劳动生产率指数$$

4. 双要素贸易条件

双要素贸易条件主要反映和度量一国基于国内生产能力和进口能力的贸易条件变动。它可以更准确地说明国际贸易中的利益分配。

$$双要素贸易条件 = (出口价格/进口价格) \times \frac{本国出口部门的生产率指数}{外国生产本国进口品部门的生产率指数}$$

6.6.5 竞争力指数分析

1. 贸易竞争力指数

贸易竞争力指数,即 TC 指数,是对一国服务贸易国际竞争力分析时较常使用的测度指标之一。它表示一国进出口贸易的差额占其进出口贸易总额的比重,常用于测定一国某一产业或产品的相对竞争优势。

其计算公式为

$$\text{TC}_{ij} = \frac{X_{ij} - M_{ij}}{X_{ij} + M_{ij}} \quad (6-9)$$

式中,TC_{ij} 为 i 国第 j 种产品的贸易竞争力指数;X_{ij} 为 i 国第 j 种产品的出口值;M_{ij} 为 i 国第 j 种产品的进口值。

该指标作为一个与贸易总额的相对值,取值为 $[-1,1]$。指数值越接近于 0,表示竞争力越接近于平均水平;指数值越接近于 1,则竞争力越大,等于 1 时表示该产业只出口不进口;指数值越接近于 -1 表示竞争力越弱,等于 -1 表示该产业只进口不出口。

2. 显示性比较优势指数(RCA 指数)

其表示形式可以简略地表示为

$$\text{RCA}_{ij} = \frac{X_{ij}/X_i}{X_{wj}/X_w} \quad (6-10)$$

式中,RCA_{ij} 表示 i 国第 j 种产业的显示性比较优势指数;X_{ij} 表示 i 国 j 种产业的出口值;X_i 代表 i 国所有产业的出口总值;X_{wj} 代表世界 j 种产业的出口值;X_w 代表世界所有产业的出口总值。

如果一国 RCA 指数大于 2.5,则表明该国该产业具有极强的国际竞争力;RCA 指数介于 1.25 和 2.5 之间,表明该国该产业具有很强的国际竞争力;RCA 指数介于 0.8 和 1.25 之间,则认为该国该产业具有较强的国际竞争力;RCA 指数小于 0.8,则表明该国该产业的国际竞争力较弱。

3. 显示性竞争比较优势指数

显示性竞争比较优势指数,即 CA 指数,由沃尔拉斯(Vollratlh)等于 1988 年提出,即从出口的比较优势中减去该产业进口的比较优势,从而得到该国该产业的真正竞争优势。

如果一国 CA 指数大于 0,说明该国服务贸易具有比较优势;若 CA 指数小于 0,则说明该国服务贸易不具有比较优势。该指数越高,表明该国服务贸易国际竞争力越强;反之,该指数越低,表明该国服务贸易国际竞争力越弱。

本章小结

经济增长对国际贸易的影响,主要体现在进出口贸易量、贸易条件、社会福利与国民收入变动等方面;在经济增长过程中由于部门技术进步的不平衡、要素供给以及决策偏好和资源的稀缺性,经济增长存在着一定的偏向性。

根据各国经济增长过程中不同的贸易倾向,经济增长可分为不同类型,具体可以从生产效应、消费效应和综合角度去考察。

各国生产要素的增长及其对国际贸易的影响各不相同。如果生产要素的增长不是同时按相同比例变化的,那就要看这个变化了的要素属于哪个国家,它用来生产什么样的产品,是用来生产替代进口的商品,还是用来生产出口商品?情况不同,对国际贸易的影响也不同。经济增长类型大致可分为均衡增长型、进口替代型和出口扩张型三种类型。

如果一个大国要素禀赋量的增加使得出口产品的供给迅速增加,则有可能产生贫困化增长,这不但会恶化贸易条件,甚至会使该国的经济情况恶化。从一定程度来说,贸易条件的变化是衡量一国是否存在贫困化增长的"显示器"。

名词术语

经济增长的生产效应和消费效应　经济增长中的贸易倾向　贫困化增长　中性技术进步　劳动节约型技术进步　资本节约型技术进步　国际贸易的乘数理论　对外贸易依存度　进口渗透率　贸易条件　竞争力指数

思考与练习

1. 试分析生产和消费在什么条件下产生顺贸易的、逆贸易的或中性的贸易倾向。
2. 试分别解释经济增长对贸易小国和贸易大国福利变化的影响。
3. 画图分析出口扩张型增长和一国贸易条件恶化,并阐述其产生的原因和现实意义。
4. 进口替代型增长对大国的贸易条件和福利有何影响?
5. 出口扩张型增长对大国的贸易条件和福利有何影响?
6. 贫困化增长至少应具备哪些条件?画图分析说明什么是贫困化增长及其发生的条件。
7. 技术进步对国际贸易有什么影响?
8. 假设 A 国是个劳动力丰裕的国家,以劳动力和土地两种要素生产服装和玉米。服装是劳动密集型产品,玉米是土地密集型产品。给定 A 国是一个小国。
(1) 假设突然有大批移民进入 A 国,对该国的生产、贸易和福利有什么影响?作图说明。
(2) 如果 A 国是一个大国,上述情况下的结论还会一样吗?作图说明。
9. 假设某国以 1985 年为基期(价格指数=100),1990 年和 1992 年出口价格指数分别为 102 和 100,相应的进口价格指数分别为 90 和 108,计算该国 1985—1990 年和 1985—1992 年商品贸易条件的变化,并说明这种变化的内涵。
10. 不少学者认为贸易是经济增长的发动机,是各国技术进步的主要原因,而一些拉美经济学者经过研究分析认为,国际贸易不仅不是经济增长的发动机,还是造成发展中国家经济不发达的原因。为什么发展中国家的贸易条件会相对恶化呢?

实验项目十一

实验项目十二

实验项目十三

第 7 章　保护贸易理论和政策

自国际贸易产生以来,无论就世界范围还是就单一国家而言,也无论是在学术界还是在实际部门,都始终存在着自由贸易主义和贸易保护主义两种主张。他们各自提出不同的理由,要求政府实施不同的贸易政策和措施,这两股力量角逐的结局往往决定着贸易政策的倾向、贸易政策的程度和范围、贸易政策的各种效应等。而现实世界中的贸易政策常处于完全的自由贸易政策与完全的保护贸易政策两极之间,是斗争妥协的产物。

前几章所介绍的理论,主要是以自由贸易为基础的,或可以称为自由贸易理论。本章将重点介绍以保护为基础的保护贸易理论,并分析其政策意义。

7.1　保护贸易理论

7.1.1　保护贸易理论的起源

从历史上看,自资本主义制度发展之初,就存在着两种根本对立的贸易政策:自由贸易政策和保护贸易政策。前者的主要内容是:国家取消对进出口贸易的限制和障碍,取消对本国进出口商品的各种特权和优惠,使商品自由进出口,在国内外市场上自由竞争,形成国际统一商品市场;而保护贸易政策的主要内容是:借助于各种贸易壁垒,限制进出口商品的数量、种类、价格等,保护国内市场免受外国商品的竞争,并且对本国商品出口给予优待和补贴等以鼓励出口。

在工业文明的萌芽阶段,一些注重海外贸易的国家注意到,同样的人力物力资源投入,依靠海外贸易的发展可以获得更多的物质财富。于是人们很自然地认为,这个增量财富的来源是流通,是贸易。这就是重商主义产生的客观基础。重商主义是代表资本原始积累时期商业资产阶级利益的经济思想和政策体系。它的主要观点体现在,一是重视经营金银(当时的一般等价物),二是主张保护贸易政策。重商主义认为,世界上的资源是一定的、有限的,因此本国商人、制造业和航运业为获得更大的利润而扩大业务时,或迟或早必然会同其他国家发生冲突。政府为了支持和保护本国商人、制造业和航运业在国际贸易中的利益,就必须保持国家的强大。因此,利用一切方法增加国家实力,就成为当时西欧新兴民族国家的最主要目标。为了实现这一目标,就需要积累大量的财富,并由国家来统治整个经济活动。

重商主义认为国家力量的基础在于它所拥有的金银货币的数量。法国重商主义代表人物之一孟克列钦就这样说过:货币是军事的神经,黄金比铁更有威力,因此大国都在寻找获得黄金的办法,并且证明获取黄金的最重要方法是商业。

早期的重商主义以货币差额论为核心,主张直接采取行政手段,禁止货币输出。这种把货币禁锢在国内作为积累财富的思想,称为货币差额论。他们把目光直接盯在货币收支上。其代表人物可推英国的威廉·斯塔福德(William Stafford)。在实际政策方面,早期重商主义是直接利用国家立法和行政措施来保证对每个国家和每笔贸易都实现顺差,绝对禁止金银外流。晚期重商主义则并不单纯地直接依赖立法和行政手段来取得和保存金银,而是更多地要求通过国家干涉来促进本国的生产和出口,允许对个别国家有贸易逆差,只要这有利于实现总的贸易顺差。

晚期的重商主义不主张直接控制金银货币的输入输出,而主张把立足点放在贸易上。他们认为,一国只有发生贸易顺差,金银财富才会不断流入国内,这样才意味着通过对外贸易获得了利益。这就是所谓的贸易差额论,这个结论是重商主义国际贸易理论的核心。晚期重商主义的具体措施主要有:实行高关税,限制外国商品的输入;保护本国航运业;扶助出口工业,如禁止原料和半成品出口,奖励制成品出口,对原料进口免税,禁止优秀技工擅自离开国境,鼓励人口增殖,压低工资等。

总之,重商主义导致了当时西欧各国对其贸易实行严格的管制和保护措施,它建立在这样一个信念上,即国际贸易是单方面有利的,一国之所得必为另一国之所失,不可能出现两国互利的贸易。这样,发生贸易关系的各国在利益上是冲突的和不相容的。因此,其国际贸易基础是不牢靠的。

重商主义学说在其发展过程中产生过十分重要的影响,它的一些政策主张仍然深刻地影响着目前世界上某些国家的对外贸易。

7.1.2 古典贸易保护理论

19世纪中叶,英国经济实力达到顶峰时,曾通过废止《谷物法》《航海条例》,提出了(包括鸦片在内的)自由贸易,但在当时同中国的贸易却由东印度公司独家垄断。美国和德国则因国力不敌英国,分别采取了汉密尔顿和李斯特的保护贸易理论和政策,并利用第二次产业革命和世界经济增长的有利时机,到第一次世界大战前就赶上和超过了英国。当英国的世界经济领先地位丧失时,随即在20世纪20年代初通过《染料法》和《工业保护法》,放弃了自由贸易政策。第二次世界大战以后,虽然从1947年开始的日内瓦回合到1994年结束的乌拉圭回合,在关贸总协定的范围内,通过多边谈判导致了各成员特别是发达国家关税的削减,促进了贸易自由化的发展,但是当日本、德国以及一些新兴工业化国家和发展中国家依靠适当的贸易保护而迅速地强大起来,在某些方面赶上和超过了美国,在同美国的贸易中占有了更多的贸易利益时,美国又祭起了贸易保护的大旗,在关税已经降低的同时,非关税壁垒成为主要的保护手段。

1. 汉密尔顿的保护贸易学说

18世纪,美国独立之初,经济上仍受英国控制,美国以南部的棉花、小麦等农产品与英国的工业品交换,但是由于工业基础落后,难于和英国竞争。早在美国独立后不久的1791年,亚历山大·汉密尔顿作为美国独立后的首任财政部部长,在向国会提出的《制造工业报告》中就说明了保护制造业的必要性及措施,该文献被视为保护贸易理论的经典文献。

汉密尔顿认为实行产业保护的必要性主要有:①促进社会分工;②推广机器使用;③促进就业;④吸引外国移民;⑤人尽其才,鼓励进取;⑥保证农产品销路。他总结性地认为,创造出一个新的国内市场远胜过国外市场。

汉密尔顿认为实行贸易保护的主要措施有:①实行保护贸易关税;②禁止进口或限制进口;③禁止原材料出口;④实行出口补贴或出口奖励制度;⑤对以进养出者,实行进口免税或退税;⑥鼓励新的工业发明;⑦引进外国专利权。

此后,美国逐步提高保护程度,1807年还公布了《禁运法案》。19世纪初,美国开始工业革命。为了抵御英国工业品的竞争,扶植国内工业的发展,美国不断提高关税。19世纪90年代,美国工业跃居世界首位。美国的工业在高度保护的条件下迅速发展,直至20世纪30年代的经济大萧条之后,美国才放弃了保护关税政策,转向了自由贸易。

2. 李斯特的幼稚工业保护论

19世纪初,德国的纺织、采矿、冶金、机械制造业等都有所发展。但与当时处于世界工厂地位的英国相比还相当落后,受英国廉价工业品的冲击很大。为此,德国历史学派经济学家李斯特于1841年出版了《政治经济学的国民体系》,提出了幼稚工业保护论。

所谓幼稚工业或幼稚产业(infant industry)是指处于成长阶段,尚未成熟但具有潜在优势的产业。为了实现潜在的优势而对该产业实行暂时性的保护是完全正当的,因为如果不提供保护,在面对国外已成熟行业的竞争下,该产业的发展便难以继续,潜在优势也就无法实现。不过当该产业成长起来、在国际市场上具备竞争力以后,保护就显得不必要了,此时正确的选择是撤除保护,实行自由贸易。如果一种产业缺乏发展潜力,要靠永久保护才能生存下去的话,那么这种产业便不能称作幼稚工业。

李斯特批评古典贸易理论没有考虑到各个国家的性质以及它们各自的特有利益和情况。两个同样具有高度文化的国家,要在彼此自由竞争下共同有利,只有当两者在工业发展上处于大体上相等的地位时才能实现。在自由竞争下,一个一无保护的国家要想成为一个新兴工业化国家已经没有可能。保护制度是使落后国家在文化上取得与优势国家同等地位的唯一方法。李斯特认为古典学派的比较成本说的观点存在错误。因为按比较成本原理购买国外的廉价产品,表面上看起来虽然有利可图,但实际上却影响了本国该产业的发展,会使本国长期处于落后和从属于外国的地步。而如果放弃这种短期利益,对这种幼稚工业实行保护政策,虽然一开始该产品的价格会上升,但经过一段时间,不但本国的产业可以得到充分发展,而且生产力提高后,商品的价格也会下跌,甚至会低于外国的进口价格。李斯特认为,财富的生产力比之财富本身,不知道要重要多少倍。在李斯特的影响下,通过保护政策的扶植,德国经济在短期内有了迅速的发展,终于赶上了英国。

在幼稚工业保护论中,李斯特将经济的发展分为五个阶段,即原始未开化时期、畜牧时期、农业时期、农工业时期、农工商业时期。各国经济发展的阶段不同,采取的贸易政策也应不同。农业阶段的国家应实行自由贸易政策,以促进农业发展,培植工业基础;农工业阶段的国家,由于本国工业还未发展到与外国产品相竞争的地步,故必须实行保护关税制度。李斯特认为,各个国家在不同的历史时期,应该采取不同的外贸政策,在工业化的中期阶段,实施保护贸易可以迅速发展起本国的民族工业,但在民族工业具有一定的国际竞争力时,必须果断地放弃保护。

保护贸易与自由贸易向来就是国际贸易领域里两种相互对立的观点。在自由贸易成为当今世界主流的情况下,我们也应当看到,自由贸易存在许多负面效应。对于竞争力不强的发展中国家来说,自由贸易往往对本国产业造成冲击,一些新兴的工业往往会被外国产品"扼杀在襁褓中",甚至根本就没有产生的可能。产业结构与贸易结构便也难以升级。但是,保护有"保护先进"与"保护落后"之分,即使保护幼稚工业,也应是有条件和有期限的。

李斯特的幼稚工业保护论具有十分重要的意义。这一理论的提出,确立了保护贸易理论在国际贸易理论体系中的地位,标志着从重商主义分离出来的西方国际贸易理论两大学派——自由贸易学派和保护贸易学派——的完全形成。李斯特的幼稚工业保护论的许多观点是有价值的,整个理论是积极的,对落后国家制定对外贸易政策有一定借鉴意义。但是,李斯特的幼稚工业保护论也存在一些缺陷,如他对影响生产力发展的各种因素的分析是十分混乱和错误的,因而不能揭示生产力和经济发展的根本原因,也不能揭示物质生产本身是社会经济生活的决定性基础这一根本原理;他以经济部门作为划分经济发展阶段的基础也是错误的,歪曲了社会经济发展的真实过程。

自由贸易论者穆勒曾说过,幼稚工业保护论是保护贸易可以成立的唯一理由,从此这个理论在贸易理论中占据了重要地位。它不但是现代发展中国家工业化和贸易的中心问题,也是发达国家保护增长产业的重要理论支柱。

3. 幼稚产业保护的判断标准

幼稚产业保护的论点通常以尚未实现的内部规模经济或外部规模经济的存在为前提,因此判断幼稚产业必须比较现在与未来的发展才可决定。关于幼稚产业的判断,历史上很多学者提出了各种各样的标准,归纳起来,主要的判断标准有以下三种。

(1) 穆勒标准。英国经济学家约翰·穆勒早在 19 世纪提出,具有外部经济效益的产业为幼稚产业。根据穆勒的标准,当某一产业规模较小,其生产成本高于国际市场价格的时候,如果任由自由竞争,该产业必然会亏损。如果政府给予一段时间的保护,使该产业能够发展壮大,以充分实现规模经济,降低成本,最后在经历保护期之后,该产业完全能够面对自由竞争,并且获得利润,那么该产业就可以作为幼稚产业来加以扶植。

穆勒标准的实质就是,假设与其他国家的同类产业相比,本国产业面对一条更为陡峭的向下倾斜的平均成本曲线。这样,虽然在发展的初期本国的生产成本居高不下,但是随着产业规模的不断扩大,本国产业的生产成本会以更快的速度下降,从而从将来某个时间起,本国产业的生产成本反而低于其竞争对手,那么即使将来不再保护,本国产业在国际竞争中也会处于有利地位。因此,穆勒标准强调的是将来成本上的优势地位。

(2) 巴斯特布尔标准。巴斯特布尔(Bastable)认为,判断一种产业是否属于幼稚产业,不光要看将来是否具有成本优势,还要在将保护成本与该产业未来所能获得的预期利润的贴现值加以比较之后才能确定。如果未来预期利润的贴现值小于目前的保护成本,那么对该产业进行保护是得不偿失的,因此该产业就不能作为幼稚产业加以保护;如果未来预期利润的贴现值大于保护成本,那么对该产业加以保护才是值得的。上述条件就是所谓的巴斯特布尔标准。巴斯特布尔标准比穆勒标准要求更高,即它要求被保护的幼稚产业在经过一段时期的保护之后,不仅能够自立,而且必须能够补偿保护期间的损失。

(3) 肯普标准。肯普标准是经济学家肯普在综合上述两人标准的基础上提出的。与强调内部规模经济的前两个标准不同的是,肯普标准更加强调外部规模经济与幼稚产业保护之间的关系。

肯普认为,在内部规模经济的情形下,即使某一产业符合穆勒和巴斯特布尔的标准,政府的保护也不见得是必要的。因为,对于厂商或投资者来说,其决定是否生产或投资的标准不是光看眼前的利益,而是考虑未来各期的预期收益。如果未来的预期收益的贴现值能够抵消现在的损失,那么在没有保护的情况下,即使暂时遭受亏损,他也会继续生产或投资,此时政府的保护并不是该产业发展的必要条件。也就是说,就算政府不保护,该产业亦会自动地发展下去。

但在外部规模经济存在时,情况就不同了。私人边际收益与社会边际收益之间的偏离,可能会导致私人投资动力的缺乏,产业继续发展也就谈不上。如果某一产业能够产生外部经济效应,那么该产业的发展就会对其他某些产业或社会带来额外的好处。在此情形下,即使该产业不符合巴斯特布尔标准,即保护期间所导致的损失大于该产业预期利润的贴现值,但只要其在保护之后能够产生显著的外部经济效应,则仍有保护的必要。由此可以看出,肯普标准将外部经济性与幼稚产业保护联系在一起,即如果某一产业将来在经过保护之后能带来外部经济效应,则暂时性的保护是可以考虑的。

事实上,对幼稚产业直接采取生产补贴的办法要比关税等手段更为可取,因为生产补贴虽会造成生产扭曲,但可避免消费扭曲,所以补贴与进口壁垒相比,保护成本更低。

7.1.3 新贸易保护主义

新贸易保护主义,系20世纪70年代中期以来的一种贸易保护主义思潮。它发源和生长于美国,80年代下半期其思潮几乎席卷全球。与传统贸易保护主义相比,新贸易保护主义有着显著的特点和更广泛的理论基础。

1. 凯恩斯的贸易保护理论

虽然凯恩斯本人并没有系统地论述国际贸易理论,但其追随者如美国的汉森、萨缪尔森和英国的哈罗德等人发展了他在国际贸易方面的观点或思想,从而构成其贸易保护理论中的三个重要组成部分:新贸易顺差论、外贸乘数论和国家干预论。

(1)新贸易顺差论。在对外贸易中追求贸易顺差,是重商主义的基本特征之一。凯恩斯主义也主张贸易顺差,但与重商主义不同,其将贸易顺差与就业理论联系在一起。凯恩斯主义认为一国的贸易顺差可以为该国带来黄金,扩大支付手段,从而压低利息率,刺激物价上涨,扩大投资,缓和国内经济危机,扩大就业;相反,贸易逆差则会造成黄金外流,利息率上升,物价下跌,投资减少,经济萧条,失业者增加。因此凯恩斯主义指出,古典自由贸易理论在说明国际收支自动调节机制时忽视了国际收支在调节过程中对一国国民收入与就业的影响,事实上,一国外贸顺差或逆差对该国的经济盛衰起着重要的作用。

(2)外贸乘数论。为了说明投资变动给国民收入与就业带来的影响,凯恩斯曾在他的《就业、利息和货币通论》一书中提出乘数原理,认为投资增长与国民收入扩大之间存在着一种倍数关系。凯恩斯的乘数原理后来被他的追随者所发挥。汉森、萨缪尔森指出凯恩斯的乘数原理说明了一定量的投资对收入、就业的影响,但忽略了消费增加对私人投资的"诱致"作用。他们指出,引起投资变动的因素有两个:一是外生因素,包括人口、技术进步、新资源与新产品的开发及政府活动等;二是内生因素,包括收入、消费、储蓄和投资等。由内生因素变化所引起的投资变动,被称为"诱致投资"。一笔投资会引起收入与消费的变动,而收入与消费的变动反过来又会引起投资变动,两者相结合便产生乘数加速效果。

(3)国家干预论。自20世纪30年代凯恩斯理论出现后,美国保护贸易理论的国家干预思想又注入新的内涵。以前的联邦主义认为国家干预的主要目的是扶植幼稚产业的发展以实现工业化;而凯恩斯主义的国家干预的主要目的是增加有效需求,扩大就业,是出于反危机的需要。干预的手段主要包括财政政策、货币金融政策、收入分配政策及对外经济政策等一系列宏观经济管理和调节措施。其理论前提是否定市场机制具有神奇作用,认为在现代资本主义条件下,市场机制已不能充分发挥自动调节经济的作用,因此需要发挥国家干预和调节经济的作用。

凯恩斯主义国家干预论是新贸易保护理论的基础,根据这一思想,新贸易保护主义要求政府加强进口管制,如实行配额制,要求生产国自动限制对美出口,规定最低进口价格等;同时采用经济手段,诸如优惠贷款、出口补贴等措施来鼓励出口;通过制定和实施有关对外贸易法规来干预贸易活动从而达到恢复国际收支平衡、保护和促进国内生产、实现充分就业的目的。

2. 其他现代国际贸易保护理论

(1)工资差异论和国际劳动力价格均等化论。工资差异论由哈根提出,认为一国工业部门的工资常常高于农业部门的工资,由此影响到工业生产成本。这样,某些工业虽与外国工业相比具有比较利益,但在价格上不能与外国进口品竞争,因而仍难以发展,为此需设置关税加以保护,使之尽可能地发展,资源得到充分利用,国民所得达到最大。后来哈根又对自己原先提出的比较利益的观点做了修正,认为所谓比较利益,是指一国边际转换率与进口品相对价格的比较,而不是一国内不同商品以货币表示的相对生产成本与进口同类商品的相对价格比较。这样,本国生产的工业制成品与农产品相比较,尽管其价格高于外来品,但可以增加国民的经济福利。因此,这类工业只有在保护政策下才能生存。

新贸易保护理论吸取了这种分析工资差异的方法,将农业与工业两个部门的比较扩大到各国间的比较,又衍生出国际劳动力价格均等化论。其基本观点是:各国工资水平有所不同,发展中国家或经济发展相对落后而劳动力资源丰裕的国家,工资水平往往较低,由此生产成本也较低;而经济发达国家的工资比较高,生产成本也就较高(假使不考虑劳动生产率这一因素)。因此,如果自由进口,发达国家会在大量廉价品的冲击下,难以维持较高的工资和生产水平,会造成发达国家工人的工资水平向低收入国家的工资水平看齐,从而导致发达国家生活水平的下降,所以有必要实施贸易保护措施。因此发达国家应该对发展中国家的劳动密集型产品实行贸易限制。

(2)贸易保护就业论。贸易保护就业措施对短期内缓和失业压力有一定意义,尤其是在严重失业时期,例如20世纪30年代,保护不失为缓和失业的有效补救措施。此外,对那些处于衰落的工业部门应该给予暂时性保护。因为这些工业部门吸收了大量的劳动力,一旦听任这些行业与外国竞争,且在竞争中处于不利地位,就会带来大量的失业人口;这些工业的落后不是工业本身落后于社会的需要,而是该行业采用的生产技术落后于其他国家。因此只要假以时日,对现有的生产技术进行更新改造,就可以使该生产部门重新获得竞争力。

但是,保护并非解决失业问题的最佳途径,首先不一定十分有效。若一国通过关税等措施限制进口,其贸易伙伴的出口便会相应减少,贸易伙伴国的就业和收入随之下降,对进口品的支出因而减少,该国通过保护措施所增加的就业因此在很大程度上被抵消。其次,其他国家的报复使关税等保护措施所获得的就业和收入提高无法长久维持。最后,保护这些工业所付出的代价是比较大的,保护措措施的长期效果并不能增加就业。

在国际竞争和经济发展过程中,一些行业的衰落是不可避免的,单纯保护它们的代价也会越来越大。从长期看,一个国家必须有进口才能维持出口的扩张,真正增加就业。而保护只是使劳动力由出口产业转到保护产业,使资源使用效率降低,福利水平下降。故要提高本国就业水平,财政和货币政策远比保护政策来得有效。

(3)改善国际收支论。改善国际收支论主张以关税、配额等贸易保护措施限制进口,减少外汇支出,以达到迅速、有效改善国际收支的目的。改善国际收支论作为临时性紧急措施,能使一国的国际收支逆差状况暂时改善。发达国家和发展中国家不时求助于关税壁垒以减少其逆差。但是,该论点忽略了一个事实:国际收支状况是出口和进口(或外汇流入与流出)的一种差额,仅减少进口并不能保证国际收支状况得到改善。以下这些情况的发生,均会使本国无法达到改善国际收支状况的目的:若在本国限制进口的同时,外国采取报复手段或本国资源由出口部门转移至进口部门生产而使本国出口减少;或本国对进口品的需求缺乏弹性,关税也无法有效减少进口;或用于出口品生产的中间产品进口减少或价格上涨而削弱出口能力;或本国进口减少导致外国的进口能力也随之下降;或本国进口减少而致本国货币升值等。因此,改善国际收支状况的更为有效的办法应是调整经济结构,提高要素生产力,以增强本国产品的国际竞争力,使出口增加,吸引外汇流入。

(4)保护公平竞争论。该论点认为国际贸易中倾销、补贴等做法破坏了公平贸易这一国际贸易规则,因而必须以反倾销税、反补贴税等保护手段来抵制,以维护国际贸易的公平竞争。此论点在世界贸易组织及许多国家的贸易立法中被采用。但是,在实践中,保护公平竞争论常常被滥用。一方面,一些国家实行保护,有时不加区别地对待普通的商业策略和不公平贸易行为。例如,有的国家对贸易对手国以低于国内市场价格进行的销售不分青红皂白地征收反倾销税。另一方面,各国对不公平竞争解释的不一致也导致了以公平贸易为由的保护手段的滥用。不公平竞争的定义已从最初针对国际贸易中因为政府参与而出现的不公平竞争行为发展到现在的伙伴国的市场开放不对等,甚至比较成本的差异这一贸易基础也被歪曲为不公平竞争。保护措施的滥用会使国际贸易偏离公平更远,因此,各国应自觉采取真正能限制不公平贸易的正当措施。

(5)投资保护论。所谓投资保护是指东道国为了本国的政治经济利益采取种种措施限制或禁止外国资本进入本国的一些行业部门,或严格控制外资在产业中的投资比例,以确保本国的政治经济安全。传统的贸易保护理论是建立在生产要素的国际不可流动性基础上的,贸易投资一体化虽然使传统的贸易保护前提条件不存在,但产生贸易保护的政治、经济因素依然存在。在资本可以跨国流动的条件下,贸易保护政策将逐步让位于投资保护政策。

(6)地区经济主义新贸易保护论。1994年,英国学者蒂姆·朗和科林·海兹在《新贸易保护主义》一书中提出,地区经济主义新贸易保护论"旨在通过减少国际贸易和对整个经济的重新定位及使其多样化,让它朝向地区或国家内生产的最大化方向发展,然后以周边地区作为依赖对象,并且只把全球贸易作为最后选择"。他们认为在目前的世界环境中,鉴于自由贸易无法解决贸易与发展、贸易与环境等问题,因此必须用新的贸易保护主义取代它。新贸易保护主义主张要加强地区间合作,实施新型的地区主义。当生产和就业必须一致为了满足地方需要而服务时,就应该重新定位经济活动,使其摆脱出口导向的模式。实行地区性贸易保护主义后,既可以利用本地资源,促进经济发展、增加福利,又可以改变发展中国家在国际贸易结构中的不利地位,同时也可以保护环境,促进人类可持续发展。新贸易保护主义还主张一国根据预期的出口量控制进口量并且要使两者严格平衡,并制定高标准的进出口限制规则。

(7)环境优先保护论。其主要论点是:由于人类生态系统面临巨大威胁,在国际贸易中应该优先考虑保护环境,减少污染产品的生产与销售。为了保护环境,任何国家都可以设置关税和非关税壁垒以控制污染产品的进出口,同时任何产品都应将环境和资源费用计入成本,使环境和资源成本内在化。

7.1.4 古典贸易保护理论与新贸易保护主义的比较

(1)古典贸易保护理论是经济较落后国家为了发展本国民族经济、实现工业化目标,通过对某部门或行业实行保护措施来促进这些部门或行业迅速成长的理论或思潮。而新贸易保护主义是经济发达国家为保住昔日的经济优势地位,通过广泛实行保护措施来维持其政治与经济利益的理论或思潮。前者在贸易政策行为上不改变国际贸易政策总趋向,而后者则可能影响到国际贸易政策的总趋向。

(2)古典贸易保护主义保护的是幼稚工业或弱小的新兴工业;新贸易保护主义保护的主要是陷入结构性危机的产业部门。农业作为一个特殊产业在大多数国家的任何时期都受保护。

(3)古典贸易保护理论主要在商品贸易与资本贸易领域实行保护,而新贸易保护主义的保护领域扩展到了服务贸易和技术贸易领域。

(4)古典贸易保护主义的保护措施主要采用关税壁垒,包括征收进口税、出口税、过境税、进口附加税、差价税、特惠税等;而新贸易保护主义主要采用非关税壁垒,包括烦琐的海关程序和海关估价制度、条件苛刻的技术标准、复杂的健康与环境卫生检疫、内容和手续繁杂的商品包装和标签规定、进口许可证制、进口押金制、最低限价和禁止进口、自动出口配额制、有秩序行销协定、歧视性政府采购政策、外汇管制、进口国家垄断、各种国内税、补贴和进口配额制等。新老保护主义在措施上的另一个区别在于,传统保护主义奖出限入的重点在限制进口,而新贸易保护主义的重点在鼓励出口。

(5)古典贸易保护主义以国家贸易壁垒为基础,而新贸易保护主义趋向区域性贸易壁垒,即由一国贸易保护演变为区域性贸易保护。在区域范围内,国家之间仍实行自由贸易,而对区域外国家则实行共同的关税壁垒。

7.1.5 对传统贸易理论的结论和推论提出的挑战

一些经济学家根据部分发展中国家出口的增长并没有带来经济的发展这一不可回避的现实,对传统理论关于对外贸易促进经济发展的基本结论和一些推论提出了多方面的质疑和挑战。

1. 中心-外围论

"中心-外围"结构是阿根廷著名经济学家劳尔·普雷维什首先提出来的。普雷维什把世界上的国家分为两大类:一类是西方高度工业化国家。它们的经济增长是全面的、自主性的,它们出口工业品或高附加值产品,而进口原材料或初级产品,它们是技术创新的源头,但也占有了技术进步所带来的几乎全部利益,甚至借技术进步进一步掠夺外围国家;在政治上,它们实行帝国主义政策,"一旦外围有意无意地损害了这种经济和政治利益时,中心——特别是主要中心——往往就会采取惩罚的措施,在极端的情况下甚至会通过军事干预的手段进行报复"。另一类是没有实现工业化或畸形工业化的国家。它们的经济往往有增长而无发展,严重受制于前者的经济周期,而且常常是出口单一的原材料,换回各种工业制品。前者处于世界体系的中心,后者处于外围。中心与外围进行着严重不平等的交换,中心存在以外围的存在为前提,中心的发展以损害外围的发展为代价。其逻辑结论是,只要"中心-外围"结构——所谓国际经济的旧秩序或旧的国际分工——不改变,或外围国家不脱离资本主义世界体系,外围国家的发展就没有希望。

2. 贸易条件论

1970年,美国经济学家克拉维斯明确地把对外贸易称为"增长的侍女"。他认为,一国的经济增长主要由其国内因素决定,外部需求只构成了对增长的额外刺激,这种刺激在不同国家的不同时期有不同的重要性。在他看来,对外贸易既不是增长的充分条件也不是必要条件,而且不一定必然对经济增长有益。但克拉维斯并没有进一步指出在什么机制和条件下对外贸易能够促进经济增长。

提出增长引擎论的经济学家也认为,由于在20世纪世界市场对于初级产品的需求已发生变化,初级产品在世界贸易总值中所占的比重已下降,发展中国家已不能依靠初级产品的出口来带动它们的经济发展。而发展中国家输出制成品的前景也是暗淡的。这是因为发展中国家的劳动生产率低下和国内市场狭窄,因而不能取得最低限度的生产效益。同时发达国家所生产的制成品在世界市场上的竞争和它们所采取的保护关税政策,也阻碍了发展中国家的制成品进入世界市场。

刘易斯把贸易对不发达国家的重要性的这种变化称为"增长发动机的降速"。他认为,要使对外贸易这台"发动机"重新加速,较好的政策选择就是建立发展中国家之间的关税同盟,走"南南合作"的道路。

普雷维什和辛格认为,100多年来,初级产品的价格和制成品的价格相比下降得相当大。由于发展中国家的贸易格局主要是出口初级产品,进口制成品,这种情况必然引起整个初级产品贸易条件的恶化,发展中国家必须出口愈来愈多的产品才能换回既定数量的进口品。发展中国家贸易条件的长期恶化是阻碍这些国家经济增长的重要因素。普雷维什和辛格认为,由于存在初级产品贸易条件不断恶化的趋势,出口初级产品的国家不可能由于对外贸易而提高其长期经济增长率;缪尔达尔认为对外贸易将会使发展中国家的经济落后领域持久化,甚或创造出更多的落后领域。这种贸易悲观主义观点支配着许多发展中国家20世纪五六十年代的贸易战略选择,引导它们走上了内向型进口替代工业化的发展道路。

7.2 战略性贸易政策

7.2.1 战略性贸易政策的基本特征

战略性贸易政策是指一国政府在不完全竞争和规模经济条件下,可以凭借生产补贴、出口补贴或保护国内市场等政策手段,扶持本国战略性工业的成长,增强其在国际市场上的竞争力,从而谋取规模经济之类的额外收益,并借机夺取他人的市场份额和工业利润。在不完全竞争环境下,实施这一贸易政策的国家不但无损于其经济福利,反而有可能提高自身的福利水平。战略性贸易政策是把贸易中的不完全竞争当作一种博弈处理,并考虑政府的政策性介入。"战略"两个字是从博弈论中引用过来的。狭义的战略性贸易政策主要包括战略性出口政策、战略性进口政策和以进口保护促进出口的政策,广义的战略性贸易政策还包含基于外部经济存在而进行的干预。

战略性贸易政策理论是20世纪80年代初期由布兰德和芭芭拉·斯潘塞(Barbara Spencer)等人首次提出的,后经巴格瓦蒂和克鲁格曼等人的进一步研究,形成比较完善的理论体系。战略性贸易政策理论借鉴了产业组织理论的新成果,打破了传统贸易理论完全竞争的假定和二维假定,把比较优势和规模经济统一起来,同时恢复了外部经济的应有地位。

战略性贸易政策的作用在于,一方面强化了自由贸易优于闭关锁国的传统规范结论,为贸易利益的取得提供了新的解释,即贸易利益不仅来自比较利益,而且来自对外开放产生的规模经济,使本国消费者能够低价享受同类产品不同品种的选择机会;另一方面,对完全竞争市场和不变规模经济的变更,使市场本身运行的结果处于次优的境地,适当的政府干预有可能改变市场运行的结果,使本国企业在国际竞争中获得占领市场的战略性优势,或者分享外国垄断企业的利润,以取得更大的贸易利益。

战略性贸易政策理论为发达国家间产业内贸易提供了有效的解释,对发展中国家贸易制度和政策的选择也提供了有益的启示。

7.2.2 战略性出口政策

布兰德和斯潘塞根据产业组织理论和博弈论的研究成果,创造性地探讨了不完全竞争、规模经济条件下政府的补贴政策对出口生产和贸易的影响,建立了战略性贸易政策研究的基本框架。

布兰德和斯潘塞是在考察解释赞成出口补贴以及对外国补贴进行报复的观点时,在不完全竞争和古诺双寡头市场结构的假设下提出的,认为战略性出口政策的运用可能有利于一国提高其在不完全竞争产业中的利润份额,而出口补贴是其中最优的措施。

布兰德和斯潘塞首先从利润转移的角度指出了战略性出口政策的理论可行性,在他们的模型中,假设存在一个不完全竞争市场,甲、乙两个国家各有一家厂商,生产同类产品,其竞争模式为古诺双寡头模型,都出口到丙国,而在两国国内都不存在这些产品的消费。继而假设政府能够了解此产品的市场结构,并能够在公司决定产量前设定可信任的出口补贴水平。他们又考察了加入政府博弈后的情况,指出虽然在此情况下,非合作纳什补贴均衡的结果为两个出口国都采用补贴,但它们的福利将会因补贴水平的下降而增加。按照他们的推论,虽然非合作行为提供了采用补贴的动机,但这种政策的采用从生产国整体来看是次优的。生产国有合作不使用补贴从而提高整体福利的动机,但它们也有欺骗合作方从而使自己获得更大利益的动机,因此,即使补贴措施是次优的,但仍不得不去使用。

布兰德和斯潘塞的理论贡献在于说明了,如果甲国政府补贴本国企业的出口,以此影响本国厂商和乙国竞争厂商的决策行为,甲国在丙国市场的市场份额就会增加,尽管由于增加出口导致丙国价格的下降,甲国的贸易条件会恶化,但是在不完全竞争条件下,市场价格高于厂商的边际出口成本,即垄断利润存在,这样随着甲国厂商在与乙国厂商的竞争中占主导地位,甲国厂商就会实现从乙国厂商的利润转移,从而使得国民收入提高。实际上,这是一种"出口补贴的利润转移"理论。

迪克西特将布兰德和斯潘塞的结果从两家厂商推广到多家厂商,证明只要甲国厂商的数量不太多,布兰德和斯潘塞的结论仍然成立。

对布兰德和斯潘塞的结论可以从一个最简单的古诺双寡头卖方垄断模型来理解。假设世界市场(不包括 H 和 F 两国国内市场)上只有分别来自 H 国和 F 国的两个厂商,即世界市场是双寡头结构。另外假设两个厂商的决策变量为产量或销售量,这样我们的问题就变成了古诺模型所讨论的问题。在寡头市场条件下,每个厂商的决策都取决于其对竞争对手情况的判断,对应于竞争对手的不同情况,每个厂商的最佳应对策略也不同。这里采用厂商反应曲线来说明寡头市场均衡的决定。

在图 7-1 中,横坐标表示 H 国厂商在世界市场的销售量,纵坐标表示 F 国厂商在世界市场的销售量;AA' 与 BB' 分别表示 H 国和 F 国厂商的反应曲线。

AA' 与 BB' 的交点 E 是古诺均衡点,对应于 E 点,H 国和 F 国厂商的均衡销售量分别为 Q'_H、Q'_F,也就是说,在这一点,每个厂商都不愿再改变其选择。达到均衡时,每个厂商都获得一部分超额利润,至于所得利润的多寡则取决于每个厂商的市场份额。销售量越大或市场份额越高,则厂商获得的利润就越多。

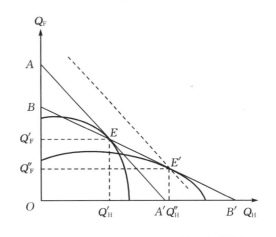

图 7-1 战略性出口补贴两国贸易的古诺博弈

现在假设 H 国的厂商希望提高其利润所得,如果它自行扩大产出与销售量,市场价格马上就会下降,从而增加销售所得的收益会被价格的下降所抵消。因此对 H 国的厂商来说,它只能接受对应于 E 点的产出水平与利润,无法依靠自身的努力提高其利润所得。但是,如果 H 国的厂商转而求助于本国政府,并能说服政府对其进行资助的话,那么结果会有所不同。假设 H 国政府对本国出口商提供出口补贴,则本国厂商的出口实际边际成本将低于其生产中的边际成本,两者之间的差额等于单位补贴金额。此时,H 国厂商再增加产出与销售量,虽然价格下降导致其边际收益降低,但因为边际成本也下降了,所以增加出口可使 H 国厂商获得更多的利润。与此同时，F 国厂商的利润也将受到影响，为了抵消因价格下降而导致的利润下降，F 国厂商不得不减少产出与销售量，以促使价格有所回升，减少其利润损失。

如图 7－1 所示，政府提供出口补贴后，H 国厂商的反应曲线将向右移动，新的反应曲线与 F 国厂商的反应曲线相交于 E'点。对应于新的均衡点，H 国厂商的产出与销售量扩大到 Q''_H，而 F 国厂商的产出与销售量则减至 Q''_F。补贴后，H 国厂商的利润比之前增加了，但 F 国厂商的利润则下降了，在这种情况下，H 国厂商利润的增加是以 F 国厂商利润的损失为代价的，因此这也属于一种"利润转移"或"抽取租金"的行为。

出口补贴对 H 国福利的影响有两方面：一是增加了本国厂商的利润；二是增加了政府支出。由于不考虑国内市场，因此出口补贴对国内消费者福利没有直接的影响，如果本国厂商利润的增加超出政府补贴的话，那么本国福利将会改善。也就是说，在这种情况下，本国实行贸易保护要优于自由贸易。

7.2.3 战略出口补贴——"波音"与"空中客车"的竞争模拟

美国学者克鲁格曼曾以波音公司与空中客车公司的竞争为背景，对航空工业中战略性贸易政策的运用做了模拟分析。

如图 7－2 所示，假设在大型中程客机的国际市场上，波音公司和空中客车公司的竞争呈双寡头之势，这两家公司都需做出是否制造一种新飞机的决策。由于飞机制造的规模经济巨大，而市场仅能容纳一家公司，谁率先进入并制造新飞机，谁就能独占垄断利润 100 单位；如果两家公司同时进入、竞相生产的话，则不但不能盈利，反而两败俱伤，各遭致 5 单位亏损。因此，两家公司的战略选择只能是生产或不生产。

		空中客车公司	
		生产	不生产
波音公司	生产	−5，−5	100，0
	不生产	0，100	0，0

图 7－2 实施战略补贴前的竞争态势和支付矩阵

现设波音公司凭借自己的传统竞争优势欲捷足先登，率先生产并获取 100 单位垄断利润。

欧洲各国政府试图力挽狂澜，遂实施战略性贸易政策，其要点是：在波音公司动工之前，政府保证向空中客车公司提供 10 单位的补贴，在这种情况下，如果波音公司坚持参与制造新飞机的竞争，必遭致 5 单位亏损，而空中客车公司仍能稳获 5 单位利润。明知享有补贴的空中客车公司肯定会生产这种飞机，波音公司别无选择，不得不放弃市场，退出竞争。这样一来，空中客车公司依仗少许补贴便挤掉了波音公司，从而可以独占 100 单位的垄断利润，并偿还了补贴款，如图 7－3 所示。

		空中客车公司	
		生产	不生产
波音公司	生产	−5，5	100，0
	不生产	0，110	0，0

图 7－3 实施战略补贴后的竞争态势和支付矩阵

假如这两家产品均用于向第三国出口，那么欧洲 10 单位的补贴则起到了转移 100 单位垄断利润的作用，这些垄断利润在正常竞争条件下原本是波音公司的囊中之物。就福利效应而言，真正的获益者是欧美以外的其他国家，它们既可以安享低廉的飞机价格，又无须付出任何代价。

克鲁格曼和赫尔普曼指出战略性出口政策的关键并不在于本国厂商从外国厂商的"利润转移"，而在于弥补私人边际收益和社会边际收益之间的缺口，这实际上是一种贸易政策的"利润创造"理论。对此他们先是区分了事前需求函数和事后需求函数。事前需求函数是考虑到本国厂商的出口变化对外国厂商的出口起作用的需求函数。事后需求函数是指本国厂商在外国厂商出口量已定情况下的需求函数,而事前需求函数是本国厂商作为先行者所面对的实际需求函数。本国厂商根据事后需求函数而不能根据实际需求函数来增加出口的事实构成了市场失灵的原因,这就需要政府政策提供补救措施。这也就是说,本国厂商缺乏事先承诺其他出口水平的能力,这就妨碍了它对事前需求函数的反应,这使得个人(厂商)边际收益低于社会边际收益,而此时若政府提供一项特别的出口补贴就会使得本国厂商的边际成本减少,从而使出口增加到事前需求函数所要求的水平,使得个人边际收益与社会边际收益一致起来,这样利润就会远超过小额的补贴而得到增加。他们继而指出,对一个鼓励出口的国家来说,有两个重要因素要特别注意,一是要看外国厂商对本国厂商出口的反应,二是本国出口产业的集中程度。

迪克西特和格罗斯曼考虑了引入资源约束概念后出口鼓励政策的变化。他们指出一个不完全竞争出口产业就资源问题与其他部门进行竞争,从这个角度来看,对出口产业的补贴将抬高有关资源的价格,增加对其他产业发展的资源约束,因此,补贴政策只考虑一个受支持的部门获取不断增长的补贴利润的净值还是不够的,因为这掩盖了因政府鼓励政策的间接效应所造成的损失。这样政策的选择就不是像以前只考虑单一产业的单一政策,而是对几个相关产业的税收、补贴政策的多种组合。对一项政策来说要紧的是与其组合的许多政策的总体的净效应。

布兰德和斯潘塞也注意到政府间的相互作用,指出两国政府都存在以补贴促进出口的动机。克鲁格曼和赫尔普曼对此进行了进一步的分析,他们将政府间政策的相互作用看作是一项两步骤的博弈:第一步是一国政府以其他国家政府政策给定为前提选择政策工具,第二步是企业经理人员制订企业决策,其中国家要在第一步中考虑到其决策在第二步中的作用。假设本国厂商和外国厂商都面对第三国市场出口,且有相同的边际生产成本,并且如果它们的产品不是完全替代品,它们就面对着对称的需求函数。在两步骤的博弈中,按古诺方式竞争的对称均衡,两国将把补贴调整到相同的补贴率。两国竞争性补贴出口行为将导致两国状况的恶化,每一国政府不管其他国政府做什么,都鼓励出口,彼此就将陷入囚徒困境之中。相反,如果两国政府能达成全面的合作,那么它们最终会对出口征税,而不是给予出口补贴。在这里,对两国来说,出口征税优于自由贸易,自由贸易又优于出口补贴,两国采取共同的出口税收政策更优于厂商以不合作双寡头垄断的形式出现,结果是使它们的联合产出多于一个垄断厂商在相似环境中所生产的产出,这样它们的最佳合作战略就是以垄断厂商的产出水平进行生产来最大限度地获取利润。

7.2.4 战略性进口政策

布兰德和斯潘塞通过对古诺双寡头垄断市场中关税战略作用的分析,揭示了关税的利润转移,对战略性进口政策进行了开创性的研究。

假设两个国家(如美国和加拿大),各有一生产某一产品(如计算机)的生产厂商(如美国为IBM公司),且加拿大从美国还进口计算机。双方所处市场为古诺市场,可以达成古诺-纳什均衡,引入政府干预。加拿大政府对IBM公司的计算机征进口税,使得加拿大境内计算机的市场价格上升。假定加拿大政府将关税收入全部以补贴形式返还给消费者,因而消费者的福利不受关税影响。然而和没有关税时相比,厂商行为发生了变化。关税将市场的均衡点从古诺-纳什均衡点移到了斯塔克尔伯格均衡点,将IBM公司的部分超额垄断利润转移给加拿大厂商,从而提高了加拿大的国民福利。加拿大厂商在本国市场站稳以后,甚至会反过来向美国出口,分享 IBM 公司在美国国内市场的垄断利润。

图 7-4 描述了关税对外国产品垄断地位的削弱作用。在无关税干预时,外国厂商采用进入-威慑战略,将价格压低至 P。但是若有了关税的干预,被压低的国内价格会被抬升至 $P(1+t)$,外国厂商的部分垄断利润以关税的形式转移到国内,外国厂商的成本也因关税而提高,其出口量减少至 $X,X<\overline{X}$,表明其垄断地位被削弱,具有放弃进入-威慑策略的倾向。进一步而言,只要这一关税使得国内价格升至国内进入者的总成本以上,这时,外国垄断者通过扩大产量、压低成本所构成的进入壁垒,就会在关税价格扭曲的作用下被削弱,国内厂商的进入成为可能。一旦上述关税政策被赋予了在不完全竞争条件下实施国内产业战略性保护的含义,就被称为战略性关税政策。

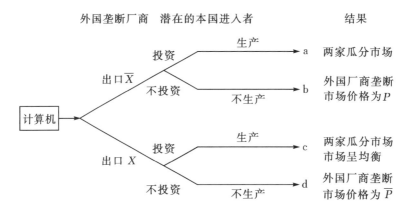

图 7-4　市场进入-威慑的决策博弈树

克鲁格曼和赫尔普曼对伯川德市场中关税的作用进行了分析。在伯川德市场中,假设本国厂商和外国厂商生产不完全替代的产品,本国政府对从外国进口的产品征收从量关税。从量税通常可视为外国厂商边际成本的一个增量,这促使外国厂商提高产品价格。由于伯川德竞争中,外国厂商要价越高,本国厂商要价也越高,本国产品价格的上升刺激外国产品价格的又一轮上升,这又促使本国产品价格的进一步上升,如此反复。这样有可能使本国消费者受损,本国和外国厂商利润都增加,以至于关税对外国厂商不是一项成本反而是收益了。

黄(Hwang)和梅(Mai)对古诺市场中配额的作用进行了分析,指出:在古诺情形下,进口配额的作用在于将外国厂商的出口量限制在配额内,国外垄断厂商面对这种配额限制,它总是使其出口供给量略小于配额,这样就使得配额租金的自然增长全部成为国外厂商的利润,而不是许可证持有者的收入。因此,在这种情况下,即使配额被拍卖,也不同于关税,它将使贸易条件恶化,这样从本国来看,配额没有关税的效果好。克里希纳(Krishna)对伯川德情形下配额的作用进行了分析。他先是区分了"胆怯型"战略和"进攻型"战略。"胆怯型"战略是指在外国厂商所定的价格高于自由贸易价格时,本国厂商在保证进口等于配额的条件下,"胆怯"地提高价格,来获取更多利润的战略。"进攻型"战略是指本国厂商放弃实施"胆怯型"战略所造成的过高价格,降低价格,增加产量,以使进口少于配额来获取利润的战略。在伯川德竞争中,当外国厂商确信本国厂商选择"胆怯型"战略时,若它自己定价过高,反而会促使本国厂商采取"进攻型"战略;反之,当外国厂商确信本国厂商选择"进攻型"战略时,若它自己定价偏低,反而会促使本国厂商采取"胆怯型"战略,因此,事实上的均衡是一种混合型战略的均衡。在这种均衡中外国厂商使得本国厂商在"胆怯型"战略和"进攻型"战略之间随机地选择价格,均衡是一种随机均衡。均衡中,配额使得本国产品和外国产品的价格都上升。另外,配额实际上可以成为促进本国和外国厂商合谋提价,以增大消费者开支来增加厂商利润的"助推器"。

7.2.5 战略性贸易政策的适用性

战略性贸易政策放松了传统贸易理论关于世界市场是完全竞争市场的假设,从而确定了研究在现实状态而不是理想状态下进行的方向;战略性贸易政策的研究采用了经济学中如博弈论、信息经济学及产业组织理论等现代理论和方法,从而为该理论的研究在现实状态下的进行提供了可行方法。

现实的国际贸易中有许多战略性贸易政策条款在发挥作用,这包括在 WTO 框架内的对出口国征收反倾销税的过度运用和美国的超级 301 等。

战略性贸易政策是建立在不同的假设基础上的,政策的实施要求对市场结构、厂商行为和厂商预期利润等有比较准确的掌握,这样就面临着一个信息问题,与此相联系的就是政府是否能够避免企业的"寻租",从而保证政策的有力实施。

战略性贸易政策之所以被冠以"战略"二字,是因为政府在制定这种贸易政策时把外国企业或政府的反应考虑在内。在不完全竞争特别是寡头垄断的市场结构下存在着超额垄断利润或租金,一国政府通过贸易干预可以影响本国企业及其国外竞争对手的行动,支持本国企业竞争和产业发展,通过抽取和转移国外垄断企业的利润来提高自身的国民福利。

战略性贸易政策实质是将市场经济体制中的竞争主体和利益主体由企业扩展到国家,将企业竞争力提升到国家竞争力,将企业竞争策略上升到国家经济政策,借助政府的力量和国家公共财力来应对国际化经营中的不完全竞争和规模经济效应。根据战略性出口政策,这种"增进本国福利"的主要来源是它把寡头行业利润从外国企业转移到本国企业,即贸易政策的利润转移效应。

战略性贸易政策为不完全竞争条件下政府的贸易干预提供了新的依据,但要将这一理论付诸实践,必须满足一定的条件。从西方学者对战略性贸易政策的研究文献中可以归纳出两类实施条件:一类是前提条件,另一类是约束或限制条件。前者是实施战略性贸易政策必不可少的,后者关系到政策能否正确制定和收到预期效果。这两类条件又可分别称为战略性贸易政策实施的必要条件和充分条件。

战略性贸易政策理论本来主要从发达国家的角度进行研究,所要求的适用条件也是针对西方发达国家而言的。目前,一些发展中国家也在借鉴和运用战略性贸易政策理论。由于发达国家与发展中国家经济发展阶段和发展水平上存在很大差距,因此,发达国家的战略性贸易政策理论对绝大多数发展中国家是否适用以及在多大程度上适用需要研究。

战略性贸易政策并不是对传统自由贸易理论的全盘否定,而是在继承的基础上有所突破和发展。传统自由贸易理论的完全竞争和不变规模经济可以看成是战略性贸易政策的一个特例。传统贸易理论与战略性贸易政策争论的实质就是干预主义与自由主义的争论。自由主义认为政府的干预只会产生经济扭曲,经济问题只能靠市场解决;而干预主义认为扭曲来自市场失灵,必须通过政府干预进行纠正。

7.3 贸易政策的政治经济学

关于贸易政策的政治经济学可以用图7-5做一个简单解释。

从贸易政策需求方角度看,个别人的偏好不同,形成了不同的利益集团。从贸易政策供给方角度看,政策制定者的偏好影响到政府的制度结构。利益集团和政府的制度结构从不同角度影响贸易政策的结果。

从利益集团而言,可以通过不同渠道和方式,如对政府的游说工作,通过在政府中代表这些利益集团的政党或代言人来表达;也可以直接通过社会舆论或民间团体对政府施加压力。

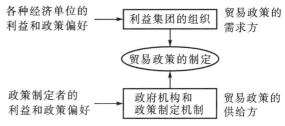

图7-5 贸易政策的政治经济学分析示意

通过国际贸易的实践,人们看到崇尚自由贸易的纯贸易理论与现实中的贸易干预和扭曲之间形成了强烈的反差。近年来发展起来的贸易政策的政治经济学理论将公共选择的分析范式引入传统贸易理论,试图从政策决策过程的角度去探求贸易扭曲政策存在的真正原因。贸易政策的政治经济学主要从规范和实证两个方面来解释和描述贸易政策"是什么""如何产生",以及政策制定的政治意图、过程、机制和结果。本节主要从规范角度介绍贸易政策的政治经济学理论框架。

7.3.1 扭曲理论

在一个高度理想化的模型中,市场被看作一个具有完善调节和准确价格信号的理想中的市场。但是市场总有失灵之时和失灵之处,从而产生对这个理想模型的背离,这就被称作扭曲(distortion)。扭曲被定义为市场不完善,不能引导资源在国民经济中达到最优配置;是市场价格与机会成本的背离,即对帕累托最优条件的背离。扭曲是客观存在的,不仅存在于不发达的市场经济,而且存在于发达的市场经济。对扭曲现象的深入研究,逐渐发展成为扭曲理论。扭曲理论与国际贸易理论的结合,是二战后国际贸易理论发展的重要组成部分。

1971年,巴格瓦蒂发表了《扭曲与福利的一般理论》一文,将二战后国际贸易研究中的一些重大理论与政策问题从扭曲方面做了统一分析,对扭曲的类型及政策选择的优劣做了系统解释。

巴格瓦蒂区分了扭曲的主要类型。就经济性扭曲而言,DRS(国内消费中的边际替代率)=FRT(国外生产中的边际转换率)≠DRT(国内生产中的边际转换率)时出现生产扭曲,DRT=FRT≠DRS时出现消费扭曲,而DRS=DRT≠FRT导致国外市场扭曲即所谓贸易扭曲。消费扭曲和生产扭曲属国内扭曲,贸易扭曲则是国际扭曲。存在扭曲的时候,经济就只能追求一种次优状态,即低于帕累托最优的相对最好状态。由于扭曲的存在,边际社会收益与边际社会成本间就存在差异,这为政府采取某种政策干预经济和贸易提供了空间。

如果从形成原因上看,扭曲还可以分为两种。

(1)内生性扭曲(endogenous distortion)。这类扭曲是在自由放任政策下当经济具有市场不完善或者说市场失灵时可能产生的。贸易中存在着国内垄断力量时导致对外扭曲,生产的外部效应导致生产扭曲,进口销售商对进口品和国内产品加上统一溢价时导致消费扭曲,工资要素的产业间差异导致要素市场不完善扭曲。因为这些扭曲均产生于市场本身的不完善,所以被称为内生性扭曲。

(2)政策引致性扭曲(policy imposed distortion)。上述四种扭曲都可能不是经济自身产生,而是政府政策引起的,如国家实行关税保护。没有贸易垄断时会产生对外扭曲;或者有垄断时关税高于最优关税,以及生产税或补贴形成生产扭曲。消费税会形成消费扭曲,而要素税和补贴会形成要素市场的扭曲。它又可分为自主性扭曲和非自主性扭曲,自主性扭曲是政策并非作为实现某种特定目标的工具时出现的扭曲,非自主性扭曲则是经济政策的工具性造成的扭曲。

市场失灵或政策失当使得帕累托最优条件 DRS=DRT=FRT 中某个条件不能得到满足而出现扭曲。纠正扭曲的最好政策是针对扭曲产生的根源采取措施。否则的话,政策运用不当又会产生政策扭曲。

7.3.2 直接非生产性寻利理论

扭曲理论的一个重要发展是对"直接非生产性寻利活动"(directly unproductive profit-seeking activities,简称 DUP 活动)的分析。巴格瓦蒂与斯里尼瓦桑(Srinivsan)指出,外生型政策 DUP 活动会引致以另一种途径增加的额外扭曲,而内生型政策 DUP 活动则存在多种可能,减少内生型 DUP 活动在某些情形下可能改进福利,但在另一些情形下就未必。

对 DUP 活动的规范分析,主要是考察这些 DUP 活动对社会经济效果(社会福利)的影响。1982 年,巴格瓦蒂在《政治经济学》杂志上发表了《直接非生产性寻利活动》一文,对所有的 DUP 活动依照其对社会经济效果的影响做了详细分类,并且分析了每一种活动对社会福利影响的作用机制。他从规范分析角度将 DUP 活动分为四种类型:第一类是社会经济的初始和最终状况都是扭曲的;第二类是社会经济的初始状况扭曲,但最终状况不扭曲;第三类是社会经济的初始状况不扭曲,但最终状况扭曲;第四类是社会经济的初始状况不扭曲,并且最终状况也不扭曲。

在这四类 DUP 活动中,主要的区别是第一类和第二类的区别(它与初始的扭曲状况有关),以及第三类和第四类的区别(它与初始的不扭曲状况有关)。但就其对社会经济效果的最终影响方面,前两类的 DUP 活动的结果可能是有益的,而不是悲惨的,而后两类则不然,其原因在于前一组的初始状况是扭曲的而后一组的初始状况是不扭曲的。

巴格瓦蒂等人的 DUP 活动定义强调,这些活动尽管对个人是有利的,但对全社会来说却是有害的。这一方面造成了经济资源的耗费,另一方面使其结果的社会产出为零,因此它们导致对经济可供量的收缩。

7.3.3 寻租理论

"租"这一概念是从地租引申而来的,指由于某种稀缺资源缺乏供给弹性,而给资源所有者带来的报酬与转移使用权之间的级差。人们追求经济利益的行为是多种多样的,从社会效益的角度看,可以分为两类:一类是生产性的、能增进社会福利的活动,如生产活动、研究与开发活动以及在正常市场条件下的公平交易买卖等;另一类是非生产性的、有损于社会福利的活动,它们非但不能增进社会福利,反而会白白消耗社会经济资源,如以权钱交易为目的的贿赂活动,其直接后果便是社会财富在个人之间的转移,绝不会使财富有任何的增加。用寻租理论的观点来说就是，前者为"寻利"行为，后者为"寻租"行为。"寻利"是指追寻那些非人为的、市场决定的租金，也就是通过改变投资方向以追逐超额利润，或通过技术改变降低生产成本以得到更大的收入。而"寻租"是指追寻那些人为的或政府行为造成的租金，也就是追逐各项权利产品、制度产品的价值。因此，"寻租"中的"租"并非指所有的经济租金，而只是指那些因政府因素和人为因素造成的租金。

寻租定义强调的是一种通过游说、疏通政府干预寻求特权保护的行为；而直接非生产性寻利活动的定义却没有表明这一点。双方的共同点却是显而易见的，即参与这类活动的经济主体的目的在于自己获利，而其对社会不仅没有任何好处，甚至给社会带来负面的影响。公共选择学派着重强调对寻求市场中的垄断特权保护行为的分析，而国际贸易学派则着重强调对保护性关税、偷(避)关税等的分析。

寻租活动在贸易领域中的典型表现有：

(1)寻求关税好处的院外游说活动，而这种游说活动的目的是拟通过改变关税以及要素收入来获得货币收入。

(2)逃避关税或进行走私，减少国家关税收入。这些活动都是有利可图的活动，但它们的产出为零，因此这种活动的基本作用就是浪费资源。

根据寻租经济学，垄断会扭曲资源有效配置，从而造成两类损失：一类是社会净福利损失，通常称为哈伯格三角形(Harberger triangle)；另一类是消费者损失，即消费者转移给垄断生产者的剩余，又称为塔洛克四边形(Tullock quadrangle)。从表面上看，消费者剩余只是财富的转移，并没有造成社会净福利损失，但是，塔洛克的研究表明，由于寻租和护租所造成的庞大成本，租金最终将会耗散，结果也造成了社会净福利损失。

7.3.4 中点选民模型

中点选民模型假设政府是民主选举产生的。任何一个政党得到了多数选民的支持，该政党就有可能执政，因此，政府在选择任何经济贸易政策的时候，必须要考虑如何得到多数选民的支持。怎样才能选择得到多数选民支持的政策呢？

重要的方法就是尽可能地选择靠近中点选民意见的政策。中点选民意见一般表现为两种意见之间的观点。以中点意见为界，一边更为保守，另一边更为激进，且两边人数一样。下面用一个简单的例子来说明这一模型。假设本国有9个选民，他们对关税的偏好都不同，我们根据他们的关税意见从低到高进行排列，如图7-6所示。

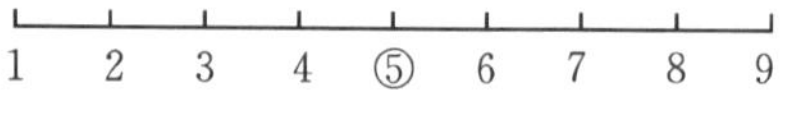

1 2 3 4 ⑤ 6 7 8 9

图7-6 中点选民模型示意

假设第1个人主张关税税率为1%，第2个人主张2%，依次类推，第9个人主张9%的关税税率。在这里，中点选民是第5个，中点选民的意见是5%。再假设本国有两个政党存在，如民主党和社会党。两党都想得到大多数选民的支持。在贸易政策的选择中，假定民主党选择了征收7%的关税，而社会党选择了征收6%的关税，这时，主张高关税的选民(7、8、9)就会支持民主党，但主张低关税的选民，包括从第1到第6位选民就都会支持社会党。从第1到第5位选民的意见虽然没有被采纳，但相对于主张征收7%的关税的民主党来说，社会党更接近他们的意见，如果这时有一个第三党，比如说进步党，选择了关税税率为5%的政策，那么从第1到第5位选民就会转而支持进步党，支持社会党的就只剩下第6位选民一人了。

若再反过来看,假如民主党主张征收 3% 的关税,而社会党选择 4% 的关税政策,那么只有第 1 到第 3 位的 3 位选民会支持民主党而其余的 6 人会偏向社会党。由此可见,越接近中点选民意见的政策越能得到大多数选民的支持。这就是中点选民模型。

7.3.5 集体行动、利益集团和游说模型

1. 集体行动

钢铁、纺织品等行业在美国是夕阳工业,就业人数越来越少,但他们受到的保护仍很高,占大多数的消费者为了保护这些少数人而支付了不小的代价。那么,怎样解释政府选择这种牺牲大多数人利益来保护少数人利益的贸易政策的行为呢?

研究公共政策的经济学家提出了集体行动(collective action)理论,认为一种政策是否被政府采纳并不在于受益或受损人数的多少,而在于利益集团的集体行动是否有效。

假如一国政府在考虑是否要对进口的苹果征 10% 的关税,征税的结果是损害消费者的利益,消费者因而会反对这项政策,本国的苹果生产者得到保护从而获得利益就会支持征税。从人数上来说,苹果的消费者一定比生产者多,但在集体行动方面,消费者一定不如生产者有效,其主要原因是,人越多,"搭便车的人"越多,积极参与的人反而少,意见也不容易统一,集体行动的效率低,而人少却更容易组织得好。在影响政府政策的游说中,人数较少的利益集团容易统一,从而在集体行动中步调一致,在游说中取得成效。

决定利益集团集体行动有效性的另一个重要因素是集团中个人利益的大小。政府如果对苹果征 10% 的关税,消费者作为一个整体来说,其总损失要比生产者收益和政府关税收入的总和还要大,但如果将总损失除以消费者总人数,每一个消费者的损失就很小了。另外,对每个生产者来说这一政策所产生的利益就会很大,值得为此不遗余力地拼搏一下。为了更清楚地说明这个问题,我们不妨用一些假设的数字。假定有 100 名消费者和 2 名生产者,政府是否征收关税对消费者总利益的影响为 100 元,对生产者总收益的影响为 50 元,政府税收变动为 30 元,有 20 元的社会福利净损失。从社会福利水平看,应该不征关税,但从政治经济学角度看,政府是否废除这项政策取决于这项政策对其政治统治的影响。对消费者来说,虽然他们反对关税政策,但实行这一政策对他们每个人的损害和不征关税的个人所得都不大:一个人 1 元钱。因此,消费者不会为此而花费太多的精力去游说,即使政府最终坚持征税,消费者也不愿为这 1 元钱而游行示威甚至反对政府。但是,从生产者角度看,50 元虽然不多,但因为只有 2 个人,每个人的所得所失都有 25 元,是消费者人均利益变动的 25 倍。在这种情况下,生产者参与影响政府政策的集体行动和游说活动的积极性都远远超过消费者,甚至会因此而极力支持政府或反对政府,对政府能否实现其稳定执政的目标影响较大。政府面对的一边是对任何政策实际上都无所谓的 100 名消费者,另一边却是弄得不好会为此拼命的 2 名生产者,在这种情况下,政府往往会选择总福利水平下降、大多数人利益受损而少数人受益的贸易政策。

2. 利益集团和游说模型

鲍德温的非正式模型从需求和供给角度为贸易政策政治经济学的个人利益方法确定基调:从政治需求看,特殊利益集团是分析的主体,大利益集团由于面对信息、成本和"搭便车"问题处于劣势,寻租动机建立在个人成本和收益的理性分析基础上;从政治供给看,政府成员在政治上

的个人动机是分析的出发点,他们效用函数中的主要参数是"在官方规定职务上为之服务的人群中所享有的声望、权力和影响"。

游说模型描绘政策的形成是由于利益集团游说的结果。它和利益集团模型基本上是一脉相承的,但游说模型强调利益集团之间的角力,任何集团想要获得政府的照顾是必须花本钱的,天下没有白吃的午餐。游说的根本目的是取得额外的利益,因此它是一种寻租行为,并且造成社会净损失。

芬德利(Findlay)和威利兹(Wellisz)用一个特定要素模型来描绘两部门的游说行为。如图7-7所示,横轴为农产品部门,纵轴为工业品部门。AB 曲线代表一国的生产可能性曲线,自由贸易状态时的生产点为

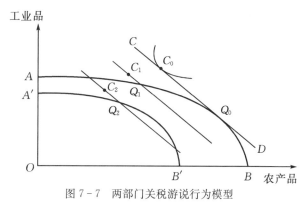

图7-7 两部门关税游说行为模型

Q_0,消费点为 C_0,社会福利水平则以经过点 C_0 的无差异曲线表示;游说使生产点变为 Q_2,消费点变为 C_2。

芬德利和威利兹提出了"关税形成模型",认为关税水平取决于对峙的两个游说集团游说竞争的结果。游说集团试图通过增加对政府的游说投入追求自身利益最大化(提高各自生产产品的国内价格,降低其消费产品的国内价格),结果,经过双方非合作博弈后达到均衡关税税率。

他们假设,代表进口竞争产业的利益集团游说政府以期得到关税保护,代表出口产业的利益集团为了阻止关税提高也需进行游说活动。

$$t = t(L_P, L_A)$$

式中,t 为税率;L_P、L_A 分别为保护产业的利益集团游说支出和反对保护产业的利益集团游说支出;$t=t(L_P,L_A)$ 为该产业的关税决定函数,t 是 L_P 的增函数、L_A 的减函数。特定要素是进口贸易部门,如果关税越高,则资本的回报越高;特定要素是出口贸易部门,如果关税越高,则土地的回报越低。每个集团在既定的条件下,对他们的竞争进行政治投资并在政治进程中扩张至边际成本等于边际收益的那一点。这样我们有

$$\frac{\partial U_P}{\partial r}\frac{\partial r}{\partial t}\frac{\partial t}{\partial L_P} = \frac{\partial U_A}{\partial q}\frac{\partial q}{\partial t}\frac{\partial t}{\partial L_A} = w$$

式中,w 是劳动的工资;r 是资本的报酬;q 是土地的报酬;U_P 和 U_A 分别是两个利益集团的效用函数。游说的成本则由每一个利益集团的成员分担。这样搭便车的问题也就解决了。

本章小结

重商主义是代表资本原始积累时期商业资产阶级利益的经济思想和政策体系。它的主要观点,一是重视经营金银(当时的一般等价物),二是主张保护贸易政策。

幼稚工业是指处于成长阶段,尚未成熟但具有潜在优势的产业。为了实现潜在的优势而对该产业实行暂时性的保护是完全正当的。不过当该产业成长起来、在国际市场上具备竞争力以后,保护就显得不必要了。如果一种产业缺乏发展潜力,要靠永久保护才能生存下去的话,那么

这种产业便不能称作幼稚工业。幼稚产业的选择标准有以下三种,即穆勒标准、巴斯特布尔标准和肯普标准。对这三个标准要正确理解,在选择幼稚产业时可用一个标准去衡量,也可以用两个或三个标准综合衡量。

战略性贸易政策是指一国政府在不完全竞争和规模经济条件下,可以凭借生产补贴、出口补贴或保护国内市场等政策手段,扶持本国战略性工业的成长,增强其在国际市场上的竞争力,从而谋取规模经济之类的额外收益,并借机夺取他人的市场份额和工业利润。在不完全竞争环境下,实施这一贸易政策的国家不但无损于其经济福利,反而有可能提高自身的福利水平。战略性贸易政策是把贸易中的不完全竞争当作一种博弈处理,并考虑政府的政策性介入。狭义的战略性贸易政策主要包括战略性出口政策、战略性进口政策和以进口保护促进出口的政策,广义的战略性贸易政策还包含基于外部经济存在而进行的干预。

贸易政策的政治经济学理论将公共选择的分析范式引入传统贸易理论,试图从政策决策过程的角度去探求贸易扭曲政策存在的真正原因。贸易政策的政治经济学主要从规范和实证两个方面来解释和描述贸易政策"是什么""如何产生",以及政策制定的政治意图、过程、机制和结果。

名词术语

重商主义　幼稚工业保护论　新贸易保护主义　战略性贸易政策　扭曲理论
直接非生产性寻利理论　寻租理论　集体行动理论　游说模型

思考与练习

1. 研究显示,发达国家中消费者为每一个被保护的行业付出的代价都不小,为什么政府仍要保护这些行业?
2. 最佳关税收入的来源是哪些?最佳关税如何确定?
3. 试评价幼稚工业的三种判断标准,试析幼稚工业论对发展中国家经济发展的意义。
4. 如果自由贸易下国内市场完全由外国厂商垄断,那么征收关税除了可抽取一部分外国厂商的垄断利润外,是否还可导致国内的一些潜在厂商(或投资者)进入市场?为什么?
5. 如何看待凯恩斯主义的贸易保护理论?
6. 战略性贸易政策是怎样改变市场结构的?
7. 为什么要用限制进口的政策来改善国家收支状况?现实中效果如何(用图说明)?
8. 发达国家常以"保护公平竞争""保护就业""保护社会公平"为理由对贸易进行干预,结合本杰明·富兰克林在1779年的一句名言"从来没有一个国家是被贸易所摧毁的"评析这些贸易政策。
9. 既然自由贸易有贸易保护所不具有的诸多好处,为什么到目前为止没有任何一个国家实行完全的自由贸易?你估计到什么时候"自由贸易时代"会到来?
10. 什么是战略性贸易政策?对其如何加以正确认识和评价?
11. 战略性贸易政策出现的背景及其基本主张是什么?
12. 什么是战略性进口政策?并画图说明。
13. 什么是战略性出口政策?并画图说明。

14. 请利用古诺模型分析战略性贸易政策的两种政策主张：出口补贴和进口保护，并加以比较。

15. 图 7-8 是针对两国贸易模型假设的不同政策下贸易对本国经济的影响。

试分析：

(1)如果 A、B 两国各自独立制定政策，它们会选择什么政策？

(2)说明 A、B 两国经过谈判，互相协作时，各国的福利都会提高。

16. 请评论"自由贸易使穷国受损富国受益"。

图 7-8 A 国和 B 国贸易模型

实验项目十四

第二篇

国际贸易政策措施和体制规则篇

所谓贸易政策是指国家控制和管理对外贸易的政策及其措施的总和,是一国经济政策体系和对外关系的重要组成部分。它既与国内经济目标和政策密切相关,又是世界经济关系中的重要一环。它涉及面广,包含了经济、政治、历史、文化等方面的利害关系,与国家的地位、所处的经济发展阶段相适应并随之变化发展。制定和分析贸易政策都应是多角度的,既要以全球观点观察,也要从国家立场分析;既要考虑到对国内生产者的影响,也不能忽视国内外消费者的利益;既要重视本国的利害得失,也要注意其他国家的反应。

从古到今,人们很容易找到许多阻碍自由贸易的政策和实例:各国政府都设有海关,对各种商品的进出口严格管理,征收进口税,而且税收的种类繁多,税则复杂,非得制定专门法律、雇佣大量专业人员从事这项工作不可。当今世界,除关税外,还有许多妨碍自由贸易的政策和措施,例如,进口和出口的数量限制、出口税、歧视性税收、出口补贴、苛刻的卫生检查、有倾向性的安全监督、过于挑剔的质量检验等,这些都给开展自由贸易设置了障碍。但同时,国际社会和各国政府却一直在努力扩大贸易,建立多种形式的国际经济合作组织,签订各种贸易协议,进行艰苦卓绝的削减关税谈判,反对各种新的非关税壁垒等,以逐步减少贸易障碍,并采取多种形式,如保税仓库、自由贸易区、出口加工区、关税同盟等促进贸易自由化与经济一体化。

经济全球化的发展,使以世界贸易组织为核心的多边贸易体制得到增强。贸易自由化和开放贸易体制成为全球贸易的主流,发达国家和发展中国家都在努力地实施世界贸易组织的各项协议、协定,并以这些协议、协定为核心,协调本国贸易政策,以便推动贸易与投资的自由化,促进全球贸易的发展。但是发达国家和发展中国家之间的根本矛盾仍然没有解决。实行地区经济合作具有两面效应:既可以成为推动全球经济贸易一体化的方式,又可能成为地区经济保护的手段。有学者认为,一国在向全球开放市场之前,先在同一地区内实行自由贸易比直接向全世界开放市场更为有利,并且实证分析表明,与开放的、发达大国为邻的国家能够取得比与封闭的、不发达的小国为邻的国家更快的发展。

那么应该如何理解上述这些矛盾的现象?采取何种手段来加以解决这些矛盾和问题?贸易政策的设计和运用奥妙就在于此。传统意义上,贸易政策主要是各国政府通过对自由贸易设置各种限制或障碍而实现它控制与管理对外贸易的功能,这些限制或障碍统称贸易壁垒。贸易壁垒就是一国为了限制商品进出口所设置的各种障碍。它一般分为关税壁垒和非关税壁垒两大类。此外,一国政府部门还可通过贸易政策设计和工具运用,尽可能寻求和获得本国最大利益。

第8章 国际贸易政策工具措施

贸易政策源于社会的经济基础,并为一定的经济基础服务,贸易政策的选择必然有其根本的、经济的原因。从经济学角度分析,贸易政策选择的研究包括两个方面的内容:一是一国总体贸易政策取向,即对外贸易总政策选择的客观依据,它与该国的经济发展阶段、经济体制及外部环境有关;二是具体贸易政策工具的取舍,这一方面既受总体贸易政策取向的制约,又受到政策实施的对象、目标等的影响。例如,对于具体的商品,由于其进出口供求弹性的差异,因此需选择不同的工具。本章将介绍贸易政策与经济发展、贸易壁垒和政策措施的具体形式及其作用,对关税壁垒措施和关税制度、传统的非关税壁垒措施、技术性贸易壁垒、环境壁垒和劳工标准以及服务贸易壁垒、贸易摩擦、贸易救济和产业安全等问题进行分析和讨论。

8.1 贸易政策与经济发展

8.1.1 经济发展阶段与贸易政策选择

经济发展阶段是一国社会生产力水平的反映。一个国家在世界贸易中的竞争地位,以及在世界贸易中的参与程度,最终是以其生产力水平为基础的。贸易政策的选择同样也必须与其生产力水平相适应,运用合理才能促进本国经济的发展;反之,则会对经济发展产生负面影响,使本国与世界发展水平差距拉大。

一个国家在国际市场的竞争优势通常是与其经济发展阶段相关的。以机器大生产为标志的工业化通常是经济发展阶段的重要分界。不同的工业化发展阶段,其贸易政策取向的基础即主要的对外竞争的优势不同。

如果把经济发展进程以工业化为核心划分为工业化前、工业化初期、工业化发展时期和发达的工业化四个阶段,运用要素分析法,我们可以看到,在工业化进程的不同阶段,生产力结构和水平及其对外竞争的优势(绝对优势和相对优势)表现出不同的特征。

若将自然资源作为劳动对象的主要内容,把劳动者中的智能因素和劳动工具中蕴含的科技因素分离出来作为独立的科学技术要素考察,而将设备、厂房等视作资本要素的一部分,那么可将生产力要素分为资源、劳动力、资本和科学技术,依次递进分别构成生产力主体的四个阶段。在工业化前阶段,资源要素起主导作用,对外竞争优势则以自然资源密集产品为主。在工业化初期阶段,大量劳动力从农业生产中分离出来,廉价劳动力使劳动密集型产品逐渐取代自然资源产品占主导地位。为了保障国内工业化进程,保护贸易通常是贸易政策的主体。在工业化发展阶段,资本密集优势建立,逐渐成为竞争优势的主体。在国际竞争能力增强的前提下,自由贸易成为政策主体。在发达的工业化阶段,国家拥有的知识技术要素相对丰裕,高科技产品和新产品在国际竞争中占领先地位,处在这一阶段的国家开始注重对高科技产品的保护。不同的竞争优势源于不同时期的生产力结构和水平,因此,生产力水平是一国贸易政策选择的物质基础。

8.1.2 贸易政策选择与经济发展目标

经济发展目标是贸易政策选择的出发点。贸易政策研究的具体性、实践性也在于贸易政策的抉择总是有具体的经济目标,或以某项目标为主,或是为达到一个或多重目标的政策措施的组合。如何运用贸易政策达到预期的目标,已成为贸易政策研究的重要内容。

贸易政策的目标主要有四种类型。

1. 经济增长目标

经济增长目标也即收入增长目标。增加收入有时也以增加财政收入为主要目标。

传统的自由贸易学说认为,实行没有关税和其他壁垒情况下的自由贸易,贸易利益才能极大化,消费者的经济福利水平才能达到最大。但是在现实的世界贸易体制中,完全的自由贸易不存在。自由贸易理论的分析不能解决一个国家的利益极大化问题。那么,各国通过贸易政策调节,使国家的经济福利极大化,就是十分自然的。例如,运用政策措施改善贸易条件,就是调整和改善贸易利益,以达到增加国家社会福利的目标。

贸易政策的经济增长目标,基本上是一种静态利益目标。它通过政策调节产品和劳务的对外交换过程来实现国内产出的增加,有时运用政策直接实现国家财政收入增加,例如财政关税的目标。

2. 生产力发展目标

生产力发展目标是大多数国家贸易政策最主要的经济发展目标。古典贸易理论注重国际贸易可以提高消费者福利的静态效应,而今各国更重视国际贸易所带来的促进生产力发展的动态效应。贸易政策导向可实现对外贸易的动态利益,开发潜在的国际竞争优势,以提高生产能力,主要表现在以下几个方面:

(1)优化国内资源配置,提高生产要素效能。运用相应政策,限制国内资源的流出,鼓励紧缺资源流入,使受保护的工业部门可以获得各种资源或者可较容易地从其他部门调入资源(包括资本、土地、劳动力,特别是具有适当技术和受过训练的工人);诱导国内投资转向更有效的领域,改变国内生产力结构,有效利用资源,提高生产力组合效能。

(2)鼓励资本输入或引进国外直接投资可提高生产力,运用国外先进的设备直接形成新的生产能力。

(3)鼓励国外先进的技术知识、管理经验和经营方法及生产技术的引进,变革物质生产的组织管理技术,间接提高生产能力。

(4)运用政策获取规模经济利益。从李斯特到现代的许多经济学家都强调,自由贸易所维持的低价不能实现工业发展所能获得的递增收益;而实行保护措施,可以使受保护的商品维持较高的国内价格,逐步扩大生产规模,降低生产成本,并最终使该商品的价格低于自由贸易条件下的价格。

3. 外部均衡目标

外部均衡即维持国际收支平衡,这是对外开放条件下低收入国家贸易政策的基本目标。在维护国内投资的同时,必须限制国际借款。如果相对于可用资源,国内投资需求过多,这种需求超过供给的部分就以进口来满足。对国内市场需求转移到对国际市场需求,会对国际收支的最初平衡产生不利的影响。这种转移虽然在国民收入上并无变动,但增加了进口倾向。在这种情况下,政府为了维持国际收支平衡,就会采用外汇管制、多重汇率、外汇贬值、配额及关税等手段来调节。

当然,从长远看,应对国际收支平衡问题最有效的不是贸易政策而是货币和财政上的限制,或者是为了贸易目的从国外借债。但是对于资源平衡、非充分就业且供给弹性充足的国家,特别是在被保护的具有低收入弹性的商品(如粮食和纺织品),以及收入弹性较高的产品(如耐用消费品和资本物品)也是由本国生产的情况下,进口保护改善国际收支状况的效果还是明显的。另外,通过稳定价格的政策措施,也可以维持国际收支稳定。

4. 经济稳定目标

一个国家的经济日益与世界经济相交融,外部经济必然会对国内经济产生不同程度的影响。为使一国的经济既要利用与外部经济的联系实现互补、促进发展,又要保持国内经济的稳定,就必须运用对外经济政策,特别是贸易政策来协调和调节。

维持国内市场价格及本国产品在国际市场上价格的稳定,既是国内供求平衡与市场稳定的要求,也会有利于一国政府来自外部收入的稳定。以资源产品出口为主体的国家,价格的不稳定会对国民经济的发展带来很大的负面影响。为此,寻求维护初级产品国际市场的价格稳定,就成为这些国家贸易政策的主要目标。例如,主要出口国家之间或进出口国家之间达成的商品协定,就是此类政策的结果。

8.2 国际贸易壁垒的含义及性质

8.2.1 国际贸易壁垒的含义

国际贸易壁垒是指存在于国家之间,旨在对本国产业、技术和经济发展实施保护,而对外国产品进口实施某种程度限制的关税壁垒与非关税壁垒政策措施的总称。国际贸易壁垒几乎是伴随着国际贸易产生、扩大而存在和发展的。直至经济全球化的今天,贸易壁垒仍然存在并演变出更多新的难以捉摸的形式,同时对各国经济贸易发展产生直接和间接的深刻影响。可以说对贸易壁垒的研究构成了对贸易政策研究的主要部分。

从事经济交易的企业和个人是贸易行为的主体。在国际贸易中这些企业和个人分属于不同的国家。各主权国家通过制定各种具体的贸易政策来保护国家利益。国家对贸易壁垒的构建和政策的搭配使用时所关注的国家利益一般包括以下几个方面:①改善贸易条件与国际收支状况;②调配生产要素和产业结构;③保护幼稚产业与国内市场;④增加国内购买力与就业;⑤保护本国经济安全;⑥增加政府收入;⑦实现社会目标;⑧制定外交政策;等等。

8.2.2 现代国际贸易壁垒的性质

(1) 保护性。一国构筑其贸易壁垒,主要是保护本国产业和居民的利益、安全及生态环境,使之免受国外产品的冲击,从而防止可能出现的市场份额减少、失业率上升以及环境质量下降等局面发生。

(2) 收入性。贸易壁垒特别是关税壁垒往往是国家财政收入的重要来源。

(3) 双边(多边)性。国际贸易壁垒的形成与变动不是孤立的,是一种世界性的普遍的经济现象,并且与各国经济发展紧密相连、相互依存。国际贸易壁垒的存在与变化对整个经济系统的形成与变化有着重要的作用。一些落后的、封闭的国家壁垒高筑,依托壁垒获取收入,但往往经济难以迅速发展。然而另一些国家科学地、有针对性地设置壁垒,却既能有效地保护并发展国内产业,又能活跃市场、繁荣经济,取得较快发展。这是值得注意的国际经济现象。贸易壁垒从来都是双边(向)性质的或多边性质的,这说明国际贸易本身受到的限制与反限制。限制他国必然要受到他国的反限制,而他国对本国的限制也会受到本国的反限制。因此,国际贸易壁垒的削减至少必须是双边的,更多是多边的。

(4) 波及性。贸易壁垒不仅直接对进出口产品产生影响作用,而且对产品的生产结构乃至经济结构会产生更大的间接的影响作用。某些时候这种间接影响的作用还相当深远、广泛和复杂。

(5) 报复与反报复性。由贸易壁垒的保护及多边性质和当前国际经济贸易的现实可知,贸易壁垒还作为一种报复和反报复的措施和威慑工具存在。当然,这种报复性壁垒同样会遭到另外一些当事主权国家的强烈反应,这时反报复性壁垒也就生成。一旦报复开始,反报复将同时或随之开始行动。

(6)交叉性、复合性与可变动性。现代国际贸易壁垒已不是简单的、单纯的、互相孤立的壁垒措施相加。它已逐渐形成相互支持和相互补充的复合性的融财政、经济、贸易、技术、法律和政治为一体的系统体系。因此对国际贸易壁垒的认识也应当是综合与辩证的。此外,国际贸易壁垒随着全球贸易的深化更具有变动性,以适应各自国家利益的需要。

(7)对经济的扭曲性。国际贸易壁垒的存在对国际经济和国内经济都产生了扭曲作用。贸易壁垒干预了自由贸易,直接导致了国内外价格体系的扭曲。贸易壁垒的存在及变动的波及性,造成整个经济系统(价格)的低效率和资源配置的错误导向。

(8)对经济的调节性。国际贸易壁垒的存在对一个实施开放经济的国家而言,是一个重要的经济杠杆,对国内市场的供求状况、生产状况、分配与消费状况、进出口商品结构、本国贸易条件以及外汇收支状况等产生大小程度不同的调节作用。

8.2.3 我国对外贸易实践中对贸易壁垒的认定

我国商务部2005年2月颁布的《对外贸易壁垒调查规则》中对贸易壁垒是这样认定的。

外国(地区)政府采取或者支持的措施或者做法,存在下列情形之一的,视为贸易壁垒:

(1)违反该国(地区)与我国共同缔结或者共同参加的经济贸易条约或者协定,或者未能履行与我国共同缔结或者共同参加的经济贸易条约或者协定规定的义务。

(2)造成下列负面贸易影响之一:

①对我国产品或者服务进入该国(地区)市场或者第三国(地区)市场造成或者可能造成阻碍或者限制;

②对我国产品或者服务在该国(地区)市场或者第三国(地区)市场的竞争力造成或者可能造成损害;

③对该国(地区)或者第三国(地区)的产品或者服务向我国出口造成或者可能造成阻碍或限制。

8.3 关税壁垒措施及其分类

8.3.1 按商品的流向分类

按商品的流向分类,关税可分为进口关税、出口关税和过境关税。

(1)进口关税(import duties)是进口国家的海关在外国商品进入时,根据海关税则对本国进口商所征收的关税。进口关税是关税中最主要的税种,在限制外国商品进口、保护本国生产和市场方面具有很明显的作用。一般而言,税率越高,其保护程度越强。

(2)出口关税(export duties)是指出口国海关在本国商品输出时对本国出口商所征收的关税。征收出口税的目的如下:①增加财政收入。②保护国内生产。一是针对某些出口的原料征收,以保证国内相关产业的原材料资源供给;二是为了维护本国经济利益,限制外国跨国公司在国内低价收购产品;三是防止无法再生的资源逐渐枯竭。③保障国内市场的供给。一些国家为了减少出口,保障国内供给,抑制通货膨胀,稳定国内经济,对一些消费品征收出口税。④转嫁开发费用。为了转嫁开发和生产垄断产品所需的费用,同时又不影响该产品出口,对独占产品出口课征出口税。⑤平衡国际收支(减少贸易顺差)。征收出口关税的主要是发展中国家,多数以燃料、原料或农产品为对象。

(3) 过境关税(transit duties)是对通过本国关境(或领土)的外国商品向有关进口商或出口商所征收的关税。

8.3.2 按征税的目的分类

按照征税的目的分类,关税可分为财政关税、保护关税和收入再分配关税。

(1) 财政关税(revenue tariff),以增加国库收入为主,以保护国内产业为辅。它是以增加国家财政收入为主要目的而征收的关税。

(2) 保护关税(protective tariff),以保护产业为主、国库收入为辅。保护关税最初的目的主要是保护幼稚产业。自20世纪30年代世界经济大萧条以来,保护关税已不仅用于保护国内幼稚产业,对一般成熟产业(美国的纺织、钢铁业等)也加以保护,如所谓运用关税以安定国民生活的关税社会政策。

(3) 收入再分配关税(redistribution tariff)是以调节国内各阶层收入差距为目的而设置的关税。在一些国家,商品的国际价格与国内价格之间往往有较大的差异。商品的进出口会使一些人获取很高的利润而大大受益,同时往往又使另一些人付出较高的代价而利益受到损害。关税的调节可使各阶层的收入因为贸易而发生的差距控制在一定幅度内。这种关税税率的高低要视进出口商品的具体情况而定。

8.3.3 按征税的计量标准分类

按照征税的计量标准分类,关税可分为从量关税、从价关税、混合关税和滑准关税。

1. 从量关税

(1) 从量关税的含义。从量关税,即以商品的重量、数量、长度、容量、面积等计量单位为标准计征的关税。简言之,从量关税就是从量征税,按货物的数量征税,即以征税对象的计量单位为征税标准,按每计量单位预先制定的应纳关税金额乘以应税实物总量计征关税。从量关税的征税对象多是棉花、小麦、大豆等大宗商品和标准商品。

(2) 计算公式:

$$从量关税税额 = 商品进口数量 \times 从量关税税率(单位税额)$$

目前,只有部分国家对少数商品进口仍使用从量关税的办法。瑞士是唯一单一使用从量关税的发达国家。

2. 从价关税

(1) 从价关税的含义。从价关税就是以征税对象的价格为征税标准计征的关税。其税率表现为商品价格的一定百分比。经海关审定作为计征关税依据的价格叫完税价格或海关价格。完税价格乘以税则中规定的税率,就可算出应纳的关税金额。从价关税的计征对象一般是制成品。其计算公式如下:

$$从价关税税额 = 商品进口总值 \times 从价关税税率$$

(2) 完税价格的确定。征收从价税的关键是确定进口商品的完税价格。因为高估完税价格会加重进口商品的关税负担,起到限制进口的作用。海关审定完税价格的工作叫海关估价。国际上最有影响的海关估价制度有两种,即布鲁塞尔估价制度和新估价法规。布鲁塞尔估价制度引入一个抽象的"正常价格"(normal value)作为完税价格,指的是在公开独立的市场上所有购买者都能获得的价格,即正常价格必须是正常的竞争价格。我国现有的进口货物海关估价法规包括《中华人民共和国进出口关税条例》和《中华人民共和国海关审定进出口货物完税价格办法》等。进口货物的完税价格由海关以该货物的成交价格为基础审查确定,并且应当包括货物运抵中国境内输入地点起卸前的运输及其相关费用、保险费。当进口货物的成交价格不符合规定或者不能确定时,海关经了解有关情况,并且与纳税义务人进行价格磋商后,依次以下列方法审查确定该货物的完税价格:①相同货物成交价格估价方法;②类似货物成交价格估价方法;③倒扣价格估价方法;④计算价格估价方法;⑤合理方法。

3. 混合关税

广义的混合税制包括在一部税则中,不同税目分别使用从量税和从价税两种征税标准。而通常所说的混合税是在同一税目中同时制订从量、从价两种税率。混合关税包括复合关税和选择关税两种具体方式。混合关税兼用两种征税标准,能互相取长补短,使关税作用发挥到最佳状态。一般来说各国使用混合关税的商品对象,都是一些需要保护的商品或一些敏感商品。

(1) 复合关税。复合关税指对某一税则号列项下的商品同时按从价和从量两种方法计征关税。在征税时,分别按从价、从量两种税率计算出该商品的从价税额和从量税额,然后将两个税额相加,就是该商品应交的关税金额。

$$复合关税税额 = 商品进口数量 \times 从量关税税率 + 完税价格 \times 从价关税税率$$
$$= 从量税额 + 从价税额$$

在实际过程中,复合关税有两种情况:①以从量税为主,加征从价税;②以从价税为主,加征从量税。

复合关税综合了从量税和从价税的优点,可以更好地平衡税负,使之适度、合理;在进口商品价格变动时,既可以保证有稳定的财政收入,又可以起到一定的保护作用。复合关税的缺点是造成关税结构复杂化,尤其是复合关税中从价、从量部分的比例难以确定。

美国对复合关税采用较多,欧盟、加拿大等国家和地区对某些进口商品也采用复合关税征税。

(2) 选择关税。选择关税是指对税则中某一税则号列项下的商品同时定有从价、从量两种税制,征收时由海关从中选择。

一般情况下,为了限制进口,海关从中选择征税额较高的一种,以削弱进口商品的竞争能力。有时为了体现优惠,或为了某些特定目的如鼓励某种商品的进口,也会选择其中税额较低的税率来征收关税。也有一些国家为使税负不至于过高或过低而选居中的一种。

选择关税兼具从价和从量计征标准的优点,克服了从价税和从量税各自的缺点,可起到防止低价倾销进口和保护本国生产的作用,也是防止不法商人低报价格偷逃税款的一种有效措施。选择关税的缺点是使关税结构复杂化。日本、欧盟等一些发达国家和地区对于选择关税使用较多,我国还未采用此种征税标准。

4. 滑准关税

(1) 滑准关税的含义。滑准关税又称滑动关税,是指在关税税则中,对同一商品根据其价格水平的高低,划分几个档次,规定不同的税率,使征税后的价格差距趋缓的征税标准。商品进口时,价格高的商品低税或免税,价格低的商品则征收较高的税率。滑准关税是一种关税税率随进口商品价格由高至低而由低至高设置计征关税的方法。其目的在于将税后价格维持在预定水平上,以维持国内价格稳定,不受国际市场价格波动的影响,用来保护国内生产。

(2) 具体做法。如果完税价格只分为两段,并分别采用从价、从量标准,滑准关税就等同于选择税。当然,滑准关税可以设置各个价格档次,且分别采用不同的标准。但无论各价格档采用何种计征标准,都须保证在价格档的分界线上,按各自的标准和税率计算的税额相等,否则容易引起纳税争议。另外,价格档的设置不能过多,否则,税率的修订会变得过于复杂。

8.3.4 按差别待遇和特定的实施情况分类

根据差别待遇和特定的实施情况,关税又可分为进口附加税、差价税、特惠税和普惠税等。

(1)进口附加税。进口附加税是指对进口商品除征收一般关税之外再额外加征的关税。这通常是一种特定的临时性措施,目的在于应付国际收支危机,维持进出口平衡,防止或报复外国商品低价倾销,以及对某一外国实行歧视的报复等。进口附加税主要有反倾销税和反补贴税两种。

①反倾销税是指对实行商品倾销的进口商所征收的一种进口附加税,其目的在于抵制倾销,保护本国市场。

②反补贴税是指对直接或间接接受任何奖金或补贴的外国商品所征收的一种进口附加税,其目的在于提高进口商品价格。

(2)差价税。差价税又称差额税。当某种产品国内价格高于同类进口商品的价格时,为了削弱进口商品的竞争能力,保护国内工业和国内市场,按国内价格与进口价格之间的差额征收的关税,就叫差价税。由于差价税是随着国内外价格差额的变动而变动的,因此它是一种滑动关税。对于征收差价税的商品,有的规定按价格差额征收,有的规定在征收一般关税以外另行征收,这种差价税实际上属于进口附加税。

(3)特惠税。特惠税又称优惠税,是指对某个国家或地区进口的全部商品或部分商品,给予特别优惠的低关税或免税待遇。

(4)普惠税。普惠税是指普遍优惠制下的关税。普遍优惠制简称普惠制,是发展中国家在联合国贸易与发展会议上进行了长期斗争,在1968年通过建立普惠制决议之后取得的。在该决议中,发达国家承诺对从发展中国家或地区输入的商品,特别是制成品和半制成品,给予普遍的、非歧视的和非互惠的优惠关税待遇。

8.3.5 海关税则

海关税则(customs tariff)又称关税税则,是一国对进出口商品计征关税的规章和对进口、出口的应税商品与免税商品加以系统分类的一览表。因此海关税则一般包括两部分:一部分是海关课征关税的规章条例及说明,另一部分是应税物品的关税税率表。

应税物品一般按物品的性质分类,并按物品所有材料、用途或加工程度分成小类。为了避免各国之间因分类不同而引起的曲解和障碍,海关合作理事会于1950年12月制定了《海关税则商品分类目录公约》,又称为《海关合作理事会税则商品分类目录》。因该税则目录是在布鲁塞尔制定的,故其又称为《布鲁塞尔税则目录》。

8.4 非关税壁垒措施

8.4.1 非关税壁垒的分类

非关税壁垒有上千种之多,为便于对某种或一组非关税贸易壁垒的作用方式进行分析,可将其按以下几种方式进行分类。

1. 按非关税壁垒实施主体不同分类

(1)政府对贸易活动的参与。其具体内容包括:①政府采购与政府贸易。②政府补贴。其方法也是多种多样的,主要有现金、利率、增值税、企业所得税、销售税、运费、保险等,还有补贴贷款、优惠贴现率、预算补贴、信贷最低限度和最高限度等。

(2)海关进境报关手续。其具体内容包括:①商品归类。商品归类靠海关官员的判断来决定。它可能是随意性的,也可能是前后不一致的。例如,美国海关曾把日本出口到美国的卡车司机室和底盘这种"零件"重新归为"组装车辆",因此原来只有4%的税率改为25%。②海关估价。估价由海关估价员来进行。商品的价值可以不同的方法来说明,而价值将影响所征的税额。③提供必要的单证。这些复杂的单证至少起了阻碍加速通关的作用。

(3)进口许可与进口检验。其具体内容包括:①进口许可证。并不是所有产品都可以自由进口,而且许多国家只有在证明某种进口是必要时才签发许可证,因此申领一张许可证并非易事。②进口查验。有的繁杂而长时间的检查使进口人受到很大损失,海关也可故意利用查验来阻碍进口。

(4)产品要求与有关规定。其主要内容包括:①产品标准。为保护消费者的健康与安全,每个国家都规定自己的产品标准,此标准也可用来作为阻止或减缓外国产品进口的壁垒,更主要的是这些标准经常变更,其目的是排斥进口。②包装、标签与标志。③产品测试。产品在销售前必须经过测试,以确定其安全性和适应性。④产品规格说明书。它可以以有利于当地厂商的方式做出规定,将外国供货人拒之门外。⑤卫生与安全规定。许多产品受到卫生与安全规定的限制。

(5)配额。其主要内容包括:①绝对配额。一旦提出实施绝对配额,就以绝对条件对配额期限内的进口数量加以限制,并严禁再进口。②关税配额。超过配额的数量可以进口,但应以较高的税率征税。③自动配额。它通常对按产品、国家和数量所供商品的限额做出规定,又分为自动出口限制和有计划出口协议。

(6)金融管理。其主要内容包括:①外汇管理。这是限制向国外转移货币量的一种方法。②多种汇率。鼓励某些商品的进口和抑制某些商品的出口。③预付进口保证金与信贷限制。通过对进口商实行某种金融限制起到限制进口的作用。④返汇利润限制。许多国家对把从当地获得的利润汇回国内和总公司进行限制,其他国家通过对利润返汇批准拖延时间来加以限制。

2. 按非关税壁垒制定的主体不同分类

非关税壁垒按其制定的主体不同可以分为内生性非关税壁垒和外生性非关税壁垒两大类。

内生性非关税壁垒是指所有本国政府设立的,影响与限制外国商品进口的非关税壁垒;外生性非关税壁垒是指所有外国政府设立的,影响与限制本国商品进口的非关税壁垒。

3. 按非关税壁垒影响的方式分类

按非关税壁垒影响的方式分类,非关税壁垒可以分为直接性的非关税壁垒、间接性的非关税壁垒和意外性的非关税壁垒三种。

直接性的非关税壁垒是指进口国直接对进口商品的数量或金额加以限制或迫使出口国"自动"对其加以限制的非关税壁垒。如配额、许可证、自愿出口限制等。

间接性的非关税壁垒是指进口国未直接规定进口商品的数量或金额,而是通过制定种种严格的规定和条例,间接地影响商品进口的非关税壁垒。如进口押金制、海关估价制、技术标准、安全卫生检疫规定等。

意外性的非关税壁垒是指进口国的政策一般来说并不是出于贸易上的动机,然而由于溢出效应对商品或服务的贸易产生了副作用的非关税壁垒。如国家税收及社会保障体制的变革等。

这三种非关税壁垒是互相联系、互相补充的,并且可以重复使用,与关税壁垒一道起着综合的作用。

4. 按非关税壁垒的作用分类

按照作用分类,非关税壁垒可以分为价格费用型、数量限制型和综合影响型三种。

价格费用型的非关税壁垒,可以通过各种措施直接影响进出口商品的成本,从而影响到这些商品的最终价格;或直接影响到国内产品的成本,从而影响到它们的最终价格,改变国产商品与进口商品的价格差,从而限制进口、增强国内进口替代产品的发展,或促进出口。

数量限制型的非关税壁垒,通过直接限制进口商品的数量或进口总金额,从而达到直接、有效地限制商品进口的目的。

综合影响型的非关税壁垒,主要是通过各种规定、标准以及海关的检验来达到限制进口的目的,对进口商品的数量与价格都起着间接的影响作用。

8.4.2 非关税壁垒的特点

非关税壁垒除了具有与关税壁垒相同的一些贸易壁垒的特点以外,还具有以下几个独特之处。

1. 非关税壁垒比关税壁垒具有更大的灵活性和针对性

一般来说,各国关税税率的制定必须通过严格的立法程序,经过必要的手续,而且它具有一定的延续性,在调整或更改时也必须通过严格的法律程序,反应迟缓,在需要紧急限制进口时往往难以适应。同时,关税还要受到最惠国待遇条款的约束,从有协定的国家进口时较难在税率上做灵活的调整。而在制定和实施非关税壁垒时通常采用行政手续,制定的过程较为迅速,手续也较简便,能随时针对某国的某种商品设立或更换相应的进口限制措施,较快地达到限制进口的目的。

2. 非关税壁垒比关税壁垒更具有隐蔽性和歧视性

一般来说,关税税率确定以后,往往以法律形式公之于众,依法执行,出口商通常比较容易获得有关信息。但是,一些非关税壁垒措施往往不公开,或者规定较为烦琐复杂的标准和手续,使出口商难以适应和对付。以技术标准而言,一些国家对某些商品的质量、规格、性能和安全等规定了极为复杂和特殊的标准,检验手续也非常麻烦而且经常变化,使出口商无所适从。有些国家甚至针对某个国家的某些商品设置相应的非关税壁垒措施,结果是大大加强了非关税壁垒的差别性和歧视性。

3. 非关税壁垒的项目具有复杂性,适用的范围具有广泛性

20 世纪 60 年代以来,发达资本主义国家所采取的非关税壁垒日益复杂,数目多达上千种。比较典型的有进口配额、自愿出口限制、进口许可证、外汇管制、歧视性政府采购、最低限价、进口押金制、海关估价制、技术性贸易壁垒、绿色壁垒等。另外,非关税壁垒的应用非常广泛,被限制进口的商品范围日益扩大,不仅涉及汽车、钢铁、服装、鞋类、农产品、日用品,还延伸到服务行业和软件、武器等高技术产品领域。

4. 非关税壁垒具有明显的干预有效性和难以超越性

关税壁垒通过征收高额关税,提高进口商品的成本和价格,削弱其竞争力,间接地达到限制进口的目的。但如果出口商宁愿多缴纳关税也要将商品出口到该国,或出口国采取出口补贴的方法支持商品的出口,或出口商采取倾销的办法,那么关税往往难以起到有效限制商品进口的作用。如果采用诸如配额、自愿出口限制、进口许可证等非关税壁垒,由于它们一般规定了进口商品的数额或金额,超过限额就禁止进口,这样就可直截了当地将不想进口的商品拒之于国门之外。

8.4.3 传统非关税壁垒措施

20世纪70年代以来,新贸易保护主义盛行,非关税壁垒到处泛滥,世界各国纷纷利用它来保护本国的生产与市场。

1.进口配额制

(1)进口配额的定义及表现形式。进口配额又称进口限额,是一国政府在一定的时期(如一季度、半年或一年)内,对某些商品的进口数量或金额加以直接限制。在规定的限期内,配额以内的货物可以进口,超过配额的货物不准进口,如要进口,则对之征收高关税。简言之,配额是指国家将某些商品的进口限制在一定的数量上。

从配额的单位形式划分,进口配额可分为数量配额和价值配额,由于计量方便,一般多使用前者。

从配额交易方式的复合程度划分,进口配额可以分为绝对配额和关税配额。

①绝对配额。绝对配额指在一定的时期内,对某些商品的进口数量或金额规定一个最高额度,达到了这个额度后,便不准进口。它在实施过程中,又有以下两种形式:

A.全球配额。这是一种世界范围内的绝对配额,对于来自任何国家和地区的商品一律适用。由于全球配额不限定进口国别和地区,配额公布后,进口商竞相争夺配额并可以从任何国家或地区进口。这样,邻近国家和地区由于地理位置的关系处于有利的地位,在配额的分配和利用上难以贯彻国别政策。

B.国别配额。这是将总配额按国家和地区来分配一定的额度,超过规定的配额便不准进口。为了区分来自不同国家和地区的商品,在进口时需提供原产地证明。一国往往根据国家关系的不同而分别给予有关的国家或地区不同的额度。国别配额又可以分为自主配额和协议配额两种情况。自主配额即由进口国单方面自主规定的配额而不必征得出口国的同意,又称为单方面配额。协议配额指由出口国和进口国通过协议而确定的配额。

②关税配额。关税配额是指对商品进口的绝对数额没有限定,而对在一定时期内所规定的配额以内的进口商品,给予关税的优惠待遇,对超过配额的进口商品则征收较高的关税或罚款。它是一种结合关税和非关税壁垒特点的综合性壁垒。它按进口商品的来源,也可以分为对商品来源没有限制的全球关税配额和对商品来源有限制的国别关税配额。

关税配额规定的数量并不是实际进口量或义务,只是一种市场机会的承诺。实际进口量如何,是由进口国国内市场需求和国内外市场价格的比较关系决定的。如果国内市场价格足够高于国际市场价格,从而使进口有利可图,那么关税配额就会获得充分使用。如果国内市场价格低于国际市场价格,进口是无利可图的,此时关税配额就不会得到使用。

关税配额按照关税的征收情况不同,又可以分为以下两种:

A.优惠性关税配额。它对配额内进口的商品给予关税减让甚至免税,而对超过配额的进口商品征收原来的最惠国税率。

B.非优惠性关税配额。它对配额内进口的商品仍征收原来正常的进口税,一般为最惠国税率,但对超过配额的进口商品征收很重的附加税或罚款。

(2)配额的分配办法。配额的分配办法主要有公开拍卖、先入为主、固定参数、私下拍卖几种。

此外还有以下方法:

①即要即发式的配额许可证:在进口商之间分配配额,或在实际进口发生之前根据进口国要

求的数量发放许可证。这包括两种方法:建立在先来先服务基础上的许可证制度;当进口需求超过可得到的数量时,按比例减少许可证要求。

②历史性原则法:在进口国之间分配配额,或发放许可证,主要考虑该种产品先前的进口国。

③国有贸易企业的进口:进口配额完全或主要分配给进口(或由中间商直接控制的进口)该种产品的国有贸易企业。

④生产者集团或联合体:进口配额完全或主要分配给进口(或由中间商直接控制的进口)该种产品的生产者集团或联合体。

⑤其他:没有明确包括在以上的任何一类的管理方法。

⑥混合的分配方法:没有一种占绝对地位的方法,而是包括以上所列的两种以上的方法。

⑦没有特别注明:没有规定管理配额的方法。

2. 自愿出口限制

(1)自愿出口限制的定义。自愿出口限制是出口国家或地区在进口国的要求或压力下,通过谈判,"自愿"规定某一时期内(一般为3~5年)某些商品对该国的出口限制,在规定的配额内自行控制出口,超过配额即禁止出口。在自愿出口限制下,出口国的产品供应厂商获得了租。如果在自愿出口限制下所有的租都被外国厂商获得,则进口国有净损失。

(2)自愿出口限制主要有以下两种形式:

①非协定的自愿出口限制。这种方式不受国际协定的约束,而是由出口国迫于来自进口国方面的压力,自行单方面规定出口配额,限制商品的出口。这种方式的配额有的是由政府有关机构规定配额,并予以公布,出口商必须向有关机构申请配额,领取出口授权证书或出口许可证方可输出;有的是由本国大的出口厂商或协会组织"自愿"控制出口。

②协定的自愿出口限制。这种方式通过进出口双方的谈判签订双边或多边"自愿"限制协定或"有秩序"销售协定。这些协定一般包括配额水平、自限商品的分类、配额的融通、保护条款、出口管理规定、协定的有效期限。出口国据此实行出口许可证制或出口配额签证制自行限制这些商品的出口,进口国则根据海关统计进行检查。

3. 出口许可证

出口许可证是在国际贸易中,根据一国出口商品管制的法令规定,由本国有关当局签发的准许出口的证件。出口许可证制是一国对出口货物实行管制的一项措施。一般而言,某些国家对国内生产所需的原料、半制成品以及国内供不应求的一些紧俏物资和商品实行出口许可证制。通过签发许可证进行控制,限制出口或禁止出口,以满足国内市场和消费者的需要,保护本国经济。此外,某些不能复制、再生的古董文物也是各国保护的对象,严禁出口;根据国际通行准则,鸦片等毒品或各种淫秽品也禁止出口。

8.4.4 原产地规则

原产地规则是国际贸易中的重要规范,与加工贸易密切相关。原产地规则在进行国别贸易统计、实施最惠国待遇、实施反倾销反补贴措施、实行政府采购等贸易措施中有着重要的作用。1973年,海关合作理事会在日本东京通过了《关于简化和协调海关业务制度的国际公约》。在以后的关贸总协定和WTO中,继续完善相关内容,最终达成了《原产地规则协定》。

1. 原产地的概念

原产地其原意是指来源或由来。货物的原产地,是指货物的最初来源地,即货物的产生、提取、采集、饲养、加工、制造地。

国际贸易中货物的原产地,是指与生产地有关的某一货物的经济国籍。具体地讲,它是加入国际贸易流通的该货物的来源地,即商品的产生地、生产地、制造地或产生实质性改变的加工地。在国际贸易中,原产地通常是以国家(地区)为界定范围的,即判定货物的原产地时指的是其原产于某一个国家(地区),而不是指原产于这个国家中具体的哪一个省、市、县或者城镇。

国际贸易中的货物原产地具有唯一性,即任何货物无论其在生产加工过程中经历了几个国家,但根据原产地规则,其原产地只能是一个国家(地区),而不可能既是 A 国原产又是 B 国原产,否则将导致货物原产地判定的混乱,给国际贸易的统计、贸易政策的实施带来不便。

2. 原产地规则的含义

原产地规则从狭义上来说,就一个国家而言,是一国有关进出口货物原产地方面的法律、法规及规章的总和。原产地规则由一国政府及其主管原产地工作的政府职能部门制定和颁布,并根据国家对外贸易的发展状况和对外贸易政策加以调整。

从广义上来说,就世界范围而言,原产地规则是指世界贸易组织成员方为了确定国际贸易中的商品原产国家(地区)而实施的法律、法规、规章及行政决定和行政措施。由于各个国家(地区)原产地规则不尽一致,特别是在判定含进口成分货物原产地的标准上存在一定差异,因此有时也会出现按不同国家(地区)的原产地判定标准判定同一货物,而得出其原产地不同的结论。这也正是世界贸易组织制定一个在世界范围内普遍适用的统一的原产地规则的原因所在。

8.4.5 其他非关税壁垒管制措施

1. 进口许可证制(import licence system)

进口许可证是政府颁发的凭以进口的证书。各国为了加强对进口的管制,规定一些商品进口必须领取许可证,没有许可证一律不准进口,这就是许可证制度。进口许可证有两种:一种是有定额的进口许可证,超过定额则不予发证。它在许多情况下与配额一起使用。另一种是无定额的进口许可证。按进口管制的程度和特点,进口许可证又可分为三种:第一种是公开一般许可证,它对进口的管制最松,特点是设有国别或地区的限制。第二种为特种进口许可证。此时进口商必须向有关当局提出申请,经逐笔检验批准后才能进口。它对进口的管制最严,而且多数指定进口国别或地区。第三种是公开个别许可证。它介于前两种之间,特点是政府可随时宣布其无效。政府通过对许可证发放数量的控制,可以有效地控制进出口商品的数量,达到保护本国市场的目的。

2. 最低限价(price floor)

最低限价是一国政府规定某种进口商品的最低价格,凡是进口货物价格低于规定的最低价格,即征收附加税或禁止进口。它往往是根据某一商品生产国在生产水平最高的情况下生产出的商品的价格而制订的。通过较高的最低限制价格,进口商品的国内消费量减少了,从而扩大本国商品的消费与生产。

3. 进口押金制(import deposit scheme)

进口押金制又称进口存款制,即进口商在进口商品时,必须预先按进口金额的一定比例和规定的时间,在指定的银行无息存放一笔现金。这不仅增加了进口商的资金负担,而且使进口商蒙受了利息损失,最终起到限制进口的作用。

4. 海关估价制(customs valuation system)

关税的税额取决于海关对商品如何按税则分类以及如何进行估价。同一种商品,可以按不同的价格计征关税。选择较高的价格作为完税价格,可以提高关税税额,增加进口商的税负,削弱进口商品的竞争力,这就是海关估价的限制进口作用。

5. 外汇管制(foreign exchange control)

外汇管制是一国政府通过法令对国际结算和外汇买卖进行限制进而限制商品进口、平衡国际收支和维护本国货币汇价的一种制度。在这种制度下,进出口商经营国际贸易时所需和所得的外汇都必须通过官方的外汇管制机构。另外,本国货币以其他方式出入国境也要受到严格的限制。这样官方就可以通过确定官方汇价、集中外汇收入和控制外汇供应数量的方法来达到限制商品进口的数量、种类和控制进口国别的目的。外汇管制的方式一般可分为两大类:一是数量型外汇管制,即国家外汇管理机构对外汇买卖的数量直接加以限制和分配,从而达到限制商品进口数量和种类的目的;二是成本型外汇管制,即国家外汇管理机构对外汇买卖实行复汇率制度,利用外汇买卖成本的差异,间接影响不同商品的进出口。

贸易中汇率与资本的控制均可作为壁垒存在,外汇可以通过交易成本汇率、外汇风险套期、贸易融资等渠道影响贸易,其基本性质与各种货物贸易的数量限制相仿。资本控制可通过减少短期贸易和组合分配,从而在货物上影响贸易。外汇与资本控制常会提高与其他贸易相关的交易成本,因此使成本和不确定性增加,它也会遏制伴随国际贸易的外汇市场、现代支付工具的水平及有效性的发展。不仅如此,外汇与资本控制往往鼓励规避行为和寻租行为。外汇与资本控制通过对 FDI 的限制,使技术知识技能和管理的转移贸易减少了。对于利润和红利的汇出限制以及对 FDI 的直接控制,形成对技术管理知识及"干中学"的限制,在存在关税壁垒的条件下,FDI 和出口成为可选择的战略,如果允许 FDI 流入,跨国公司可能更愿意子公司占领东道国市场从而避免支付关税。

6. 国内支持措施

国内支持措施是指政府通过各种国内政策,以农业和农民为扶持资助对象所进行的各种财政支出措施。在国内支持方面,WTO 对非农业部门的限制是较为严格的,制定了一个专门的《补贴与反补贴措施协定》,来严格限制国内补贴等措施的使用。这是为了保证国际贸易竞争的公平性。而对农业和农产品,则采取了特殊对待。但是,经过了几十年的实践,许多国内支持措施越来越不适应世界经济和贸易自由化的发展,高补贴造成了严重的贸易扭曲,形成了不公平竞争。此外,不适当的补贴方式也给成员自己造成了很多问题。基于这样的背景,在乌拉圭回合谈判中,各方面都同意对国内支持措施进行限制和削减。由于国内支持措施种类很多,不同措施的作用很不相同,因此其采取了区别对待的办法,将所有国内支持措施按照对生产和贸易影响的不同划分为不同类别,并做出了不同的规定。后来人们出于简便,将这些不同类别的国内支持政策形象地称为"绿箱"政策、"黄箱"政策和"蓝箱"政策(农业协议文本中,并没有这些通俗性叫法)。

(1)"绿箱"政策。"绿箱"政策是那些对生产和贸易没有扭曲或者影响很小的措施。WTO《农业协定》规定了两条基本标准:①该项支持应当是通过政府公共政策提供的(包括政府税收减免),而不是来自消费者的转移。这是因为消费者转移意味着价格扭曲和贸易扭曲。②该支持不能具有或产生与价格支持相同的效果,因为价格支持具有直接的贸易扭曲效果。"绿箱"政策的共同特点是:①要有透明性,即事先有明确规定和标准,不能是随意的;②不能与生产类型和产量高低挂钩;③不能与价格有关;④属于补偿类型的补贴不能过高,不能超过实际损失。"绿箱"政策具体包括以下方面:①政府的一般服务;②食物安全储备;③国内食品援助;④不挂钩收入支持;⑤政府在收入保险方面的补贴;⑥自然灾害救济(包括政府直接补贴或通过作物保险补贴);⑦对生产者退休计划的结构调整资助;⑧资源停用计划的结构调整援助;⑨对结构调整提供的投资补贴;⑩为保护环境所提供的补贴;⑪地区性援助。

(2)"黄箱"和"蓝箱"政策。WTO《农业协定》将那些对生产和贸易产生扭曲作用的政策称为"黄箱"政策,要求各成员对它们进行削减。"黄箱"政策主要包括以下政策措施:①价格支持;②营销贷款;③按产品种植面积补贴;④牲畜数量补贴;⑤种子、肥料、灌溉等投入补贴;⑥对贷款的补贴。"蓝箱"政策措施是价格支持的特例,是指在实行价格补贴时,以农民控制生产数量为前提。"蓝箱"政策措施可以免于削减义务,但它必须满足下列要求之一:①是按固定面积或产量提供的补贴;②享受补贴的产品数量不超过基期(即1986—1988年)平均生产水平的85%;③按固定的牲畜头数所提供的补贴。"蓝箱"政策措施现在只有欧盟采用。

(3)综合支持量(AMS)。按照WTO《农业协定》的定义,综合支持量是指"给基本农产品生产者生产某种特定农产品提供的,或者给全体农业生产者生产非特定农产品提供的年度支持措施的货币价值"。通俗一点说,综合支持量是扶持农民的国内政策支出之和。WTO《农业协定》规定,国内支持要以"总综合支持量"为基础进行削减。总综合支持量是所有有利于农业生产者的国内支持措施的货币价值和支持等量的总和,它包括所有特定农产品的综合支持量、所有非特定农产品的综合支持量及所有特定农产品的支持等值。WTO《农业协定》附件中对计算方法做出规定。它在范围上,既包括国家用于国内支持的财政支出,也包括国家的税收减免;既包括中央政府的支持,也包括地方各级政府的支持。"绿箱"政策、"蓝箱"政策和发展中国家的一些支持不纳入计算。

8.5 新兴的非关税壁垒

8.5.1 技术性贸易壁垒

1. 技术性贸易壁垒的含义及其性质

技术性贸易壁垒是指那些强制性或非强制性确定商品的某些特性的规定、标准和法规,以及旨在检验商品是否符合这些技术法规和确定商品质量及其适应性能的认证、审批和试验程序所形成的贸易障碍。在实际使用中,技术法规和技术标准的作用往往具有两重性。

其一是各国文化背景、生活习惯以及维护人身健康、安全及生活的环境等方面存在着不同的价值观念,各国工业化程度、科技发展水平和消费水平也存在着差异,导致了各国技术法规和技术标准的差异。当进口国用本国的技术法规和技术标准去决定某种商品是否符合本国的技术经济政策或对进口产品进行检验时,就很容易造成进口产品不符合本国技术法规和技术标准的后果,从而起到限制进口的作用。换句话说,标准本身并非是贸易的障碍,但在产品检验和认证过程中,这些法规和标准既能加速也能阻碍商品的自由流通。

其二是某些国家或厂商有意识地、有针对性地制定某些技术法规或技术标准,去限制其他一些国家或地区的商品进口。

2. 技术性贸易壁垒的形式和特点

归纳起来,技术性贸易壁垒的形式和特点有以下几个方面:

(1)颁布各种强制性的技术法规。在生活社会化、贸易全球化、信息网络化的今天,法规与国际贸易的关系也日趋紧密和重要,主要表现为两个方面。

①直接制定贸易保护法规。由于发达国家之间贸易的不平衡、南北之间经济的不平衡、区域经济一体化的兴起以及贸易摩擦等原因,以自由贸易为主的国家迅速开展加强国际分工、海外投资、海外生产基地建设、劳动密集型生产的外移和扩大出口等一系列多元化国际贸易活动,并为此制定出相应的法规来加以保护。

②在法规中引用标准。在市场经济国家,标准,特别是产品质量标准,一般为推荐性标准,不具有强制约束力。但这些标准一旦被法规所引用,情况则大不相同,这使得各种技术措施以法律的形式固定下来,变成贸易保护的工具。这种保护既有积极的防护作用,也有消极的壁垒作用。而法规引用标准又非常灵活,可以全部引用,也可以只引用标准中的部分条款并可以随着国家经贸政策和市场形势的改变而随时修改法规,而不必顾及标准的技术属性,这就为保护本国贸易带来种种方便和好处,因此被越来越多的国家所利用。

(2) 制定苛刻的技术标准。如今,标准化作为加速复杂产品贸易的一种不可缺少的语言和工具,已被公众广泛承认。面对激烈的国际贸易竞争,产品要出口,就要质量好,就要满足进口国的技术标准。特别是在保证食品卫生、保护环境和人身健康安全方面,许多国家都制定了严格的技术标准。

①制定卫生标准。卫生标准包括粮食卫生标准,食品卫生标准,餐具中的铅、锑、砷等含量卫生标准,食品机械设备卫生标准,劳动环境卫生标准,防疫检疫标准,等等。其中最重要的是食品卫生标准。

②非常重视环境保护标准。为合理利用自然环境,防止环境污染和破坏生态平衡,各国制定了工矿企业废气、废水、废渣、粉尘、放射性物质等有害物质的排放标准;为保护工作环境,制定了汽车、机床、风机、水泵等噪声标准;为保证生活环境的安静,制定了电冰箱、洗衣机、电风扇、空调等家用电器产品的噪声标准。

③制定严格的人身安全防护标准。人身安全方面标准有劳动生产安全、个人用品安全及产品工艺标准中的安全规定。国际上非常重视劳动安全,专门制定劳动安全法规。例如,对机械设备、电气设备等的安全使用都有标准规定。产品工艺方面的安全标准就更多了。保护消费者安全是一个世界性的课题。儿童是消费者的重要组成部分,是消费者中最柔弱、最易受到伤害的一部分。儿童用品安全始终是国际贸易中关注的问题。

(3) 对产品的特殊要求。各国因所处的地理环境不同,或者为保护本国利益,对进口产品提出种种限制条件。例如,对车门来说,丹麦要求车辆设置紧急出口。

随着国际贸易的发展,在关税减免及一部分传统非关税壁垒被取消的同时,一些新的非关税特别是技术性贸易壁垒也在不断滋生。鉴于此种发展趋势,这些壁垒会不同程度地阻碍以传统手段所取得的贸易自由化成果,同时显现出更深程度的国际贸易的标准化和复杂化。

8.5.2 环境壁垒

环境壁垒(environmental trade barrier),即绿色壁垒,是指一种以保护生态环境、自然资源和人类健康为借口的贸易保护主义新措施。它的产生有极其深刻的背景。近些年来,全球环境日益恶化。气候变化、臭氧层损耗、温室效应、空气污染、水污染、食品污染、海洋污染、有毒有害与危险废物的处理,以及包括干旱和沙漠化在内的土地资源退化、森林破坏、酸雨、物种灭绝等,使生态平衡遭到严重破坏。人们普遍感到生活在一个不安全、不健康的环境之中,因此环境保护越来越成为热门话题。

环境壁垒当前的主要措施是环境管制,具体如下:

(1) 限制或禁止进口。

(2) 课征环境进口附加税。

(3) 进行贸易制裁。

(4) 推行国内加工和生产方法以及其他标准。许多国家对无环境标志的商品拒绝或限制进口。

(5) 推行国际标准。如有许多国家采用国际标准化组织的 ISO18000 和 ISO14000 标准以限制和拒绝不合标准的产品进口。

(6) 政府环境补贴。政府可以以政治原因或经济原因而对企业进行环境补贴。

(7) 利用环境问题做文章的环境外交、环境贸易、环境倾销与反倾销。

(8) 制定种种苛刻的环保法规。

随着世界各国对环保问题的重视程度的不断提高,环境壁垒将不断加强,环保要求(如环境标志、无公害包装、经商许可、产品注册、广告、绿色会计和审计制度等)将进一步法治化,环境管制措施日趋多样化,并有多种措施并用之势,它对国际贸易的影响将越来越大。

8.5.3 劳工标准

近年来,由发达国家主导的将贸易与劳工标准挂钩的行为,使得劳工标准对国际贸易的影响正在日益深入。这种影响可以分为三个层次:在民间层次上是发达国家的企业对发展中国家的出口企业要求进行社会责任验证如 SA8000 认证;在区域和双边贸易层次上则是在区域和双边贸易协定中规定劳工标准的内容;而在 WTO 中也已经对是否列入核心劳工标准的问题发生激烈的争论。在实践中,这三个层次的影响交织在一起并相互作用,标志着劳工标准对贸易的影响正在一步步走向多边领域。不可否认劳工标准与贸易挂钩客观上对劳工权益的保护起到了促进作用,但是其另一个方面的作用则是对发展中国家形成了新的贸易壁垒。

"劳工标准"有深厚的经济、社会和法律渊源,故有众多提法,如"核心劳工标准""人权-社会条款""贸易-社会条款""贸易-劳工标准""人权社会标准""社会进步条款""贸易-社会联系""贸易-劳工标准联系"等。无论如何称呼,它所涉及的内容大致包括伦理道德和经济效益两个方面。前者包括诸如劳动者的权利(如结社自由权、罢工权、集体谈判权)、人格尊严(如禁止强迫劳动等)、禁止劳动歧视(如男女同工同酬,禁止在就业和职业方面对不同种族、肤色、宗教等的歧视)、下一代成长(规定准许就业的最低年龄标准以及禁止童工)、工人工作条件(如工作环境要符合健康安全的标准)等有关人权方面的问题;后者包括贸易效益相关的社会福利待遇标准(如制定工人的最低工资标准,保障工人的合理收入,维持工人的基本生活,等等)。

目前发达国家认为发展中国家的低劳工标准、低环境标准是社会倾销、生态倾销,这将会导致低标准驱逐高标准的"柠檬问题"产生。而发展中国家则认为发达国家的高劳工、环境标准要求是一种新的、更加隐蔽的贸易保护工具。双方对劳工、环境标准的"公平贸易"之争,WTO 引入劳工、环境标准协议的"合理性"之争等也都各执一词。这场争论仍会继续,但社会发展与经济发展的同步性,发展中国家经济发展对劳工权利、环境质量要求的逐步提升,以及发达国家在 WTO 中的绝对地位等因素决定了劳工、环境标准与国际贸易挂钩是迟早的事。事实上,作为单边、双边行动,劳工、环境标准问题已经对区域贸易、国际贸易产生了重大影响。包括我国在内的发展中国家需要积极应对这个挑战。一方面需采取必要的措施,防止贸易伙伴国出于贸易保护需要对劳工、环境标准的滥用;另一方面应积极主动地运用国际公认的劳工、环境标准,以提升产品的国际竞争力。

8.5.4 社会责任管理体系

社会责任管理体系(SA8000)是一种以保护劳动环境和条件、劳工权利等为主要内容的新兴的管理标准体系。其以加强社会责任管理为名,通过管理体系认证,把人权问题与贸易结合起来。以劳工标准为本质的 SA8000 是技术性贸易壁垒的一个表现形态。

1997 年,总部设在美国纽约的经济优先权委员会认可委员会成立,后于 2001 年更名为社会责任国际(Social Accountability International,SAI)。在第一次会议(纽约会议)后不久,该组织即提出了标准草案,初命名为 SA2000,最终定名为《SA8000 社会责任国际标准》,于 1997 年 10 月公开发布。2001 年 12 月 12 日,经过 18 个月的公开咨询和深入研究,SAI 发表了 SA8000 标准的第一个修订版,即《SA8000:2001 社会责任国际标准》。社会责任管理体系的主要内容涉及童工、强迫性劳动、健康与安全、结社自由和集体谈判权、歧视、惩戒性措施、劳动时间、工资、管理体系等。

8.5.5 碳关税

碳关税(carbon tariff)是指主权国家或地区对高耗能产品进口征收的二氧化碳排放特别关税。它是主要针对进口产品中的碳排放密集型产品,如铝、钢铁、水泥、玻璃制品等产品而征收的关税。

碳关税本质上属于碳税的边境税收调节。碳税作为环境税的重要组成部分,是一些发达国家已采取的碳减排措施。由于碳税政策会削弱本国企业的国际竞争力,并可能导致国内生产的进口替代,结果将使其他地区的排放量增加,因此,各国政府必须谨慎设计税收政策。既不能降低税收环保功效,又能维持国际竞争力的最有效的方式是在边境调节能源密集型货物的税收。边境税收调节包括对进口产品按照国内税率征收碳税,而对出口产品免除国内碳税以保持国际竞争力。

依据 WTO 规则,碳关税的合法性是不明确的。由于 WTO 法律区别产品税和过程税,即针对最终产品的关税和针对包含在产品生产中投入而征收的关税,产品税的征收是合法的,而过程税则需进一步区别。过程税包含在最终产品中仍保留物理成分的投入的征税和对未被融入最终产品的投入的征税。前者是符合 WTO 规则的。由于碳关税是针对未被融入最终产品的投入征收的,属于后者,因此碳关税是被禁止的。

8.6 服务贸易政策和壁垒管制措施

由于服务贸易标的的无形性、不可储存性、生产与消费的同步性等特点,服务贸易与货物贸易在内容和形式上都存在较大的差异。首先,由于服务产品的非实体性,服务贸易的发生往往是"无形的",它不像货物贸易那样可以确切地"看到"货物跨越边境的过程,并且可由海关记录下来。许多时候,人们都难以了解是否有服务贸易在发生,例如当服务与货物的贸易同属一份合同时,服务的价值往往被视为货物成本的一部分而不再单列。其次,由于服务产品的非贮存性、非转移性,服务贸易的发生还必须具备一定的条件。例如,服务的提供者须存在于进口国内;或服务的购买者须转移到出口国中;或供需双方各自居于本国内,但须借助于先进的通信传输技术,使服务得以直接到达购买者所处的地方。正由于服务贸易与货物贸易在内容和形式上都存在较大的差异,因此有必要进行专门介绍和分析。

8.6.1 服务贸易壁垒的一般特征

概括起来,服务贸易壁垒的主要特点有以下几方面:①以国内政策为主;②较多是对"人"(自然人、法人及其他经济组织)的资格与活动的限制;③由国内各个不同部门掌握制定,庞杂繁复,缺乏统一协调;④灵活隐蔽,选择性强,保护力强;⑤除了商业贸易的利益外,还强调国家的安全等。这些与货物贸易壁垒主要以关境措施为主的特点是有很大差别的。这些国内管制措施涉及的范围非常广泛,从竞争政策到资格认证,从服务本身到劳动、资本要素流动等,都可能构成保护性服务贸易壁垒。

8.6.2 服务贸易的壁垒措施

服务贸易壁垒,一般指一国政府对外国服务生产者或提供者的服务提供或销售所设置的有障碍作用的政策措施,也就是说,凡直接或间接地使外国服务生产者或提供者增加生产或销售成本的政策措施,都有可能被视为贸易壁垒。

特里比尔科克(M. J. Trebilcock)和豪斯(R. Howse)把各国所采用的服务贸易壁垒分为四类:

(1)直接明显的歧视性壁垒,即直接针对服务业的明显的贸易壁垒,如电视和广播中对国内内容的管制、外国人建立和拥有金融机构的限制等。

(2)间接但明显的歧视性壁垒,指不是专门针对服务业但明显歧视外国人或要素在国际流动的贸易壁垒,如对移民以工作为目的的暂时入境的限制、向国外付款和支付的限制等。

(3)直接但明显中性的贸易壁垒,即对国内外单位和个人都限制的服务业管制,如电信的管制等。

(4)间接但明显中性的壁垒,指并非针对服务业,也并非针对外国人的壁垒,如国内标准、职业服务中的许可证、文凭或凭证规定等。

在《服务贸易总协定》签署之后,上述第一种与自由化趋势明显相悖的壁垒已经被限制或者被要求逐步取消,使用的余地不大。第二种壁垒也由于其明显的歧视性,作用受到限制。因此,各国尤其是发达国家主要在第三、第四种不太明显的方式上下功夫。比如制定一些不利于外国竞争者的行业标准,政府在安排服务支出时优先考虑本国企业,对本国服务出口实行隐蔽性补贴、减免税等,这些做法都体现了服务贸易壁垒的隐蔽化趋势。

8.7 出口促进措施和贸易便利化

世界各国在通过各种贸易措施限制进口的同时,又采取各种措施促进出口。许多国家政府为了获取外汇收入以扩大进口和为本国经济发展提供资金,日益重视政府在促进出口中的作用与职责,建立和加强出口促进组织,组建中介组织,采取各种方法刺激更多的制造企业成为"主动"而不是"被动"的出口厂商。

8.7.1 出口促进的措施

出口促进的措施主要如下。

1. 出口信贷

出口信贷是一个国家为了鼓励商品出口,提高商品的竞争能力,由银行对本国出口厂商或国外进口厂商提供的贷款。它是一国的出口厂商利用本国银行的贷款扩大商品出口特别是扩大成套设备、飞机、船舶等金额较大、交易期限较长的商品出口的一种重要的手段。出口信贷主要有以下两种形式。

(1)卖方信贷(seller's credit)。所谓卖方信贷,是指出口方银行向出口厂商(即卖方)提供的贷款,其贷款合同由出口厂商与银行签订。卖方信贷通常用于那些金额大、期限长的项目。因为购进这类商品需要用很多资金,进口商一般要求延期付款,而出口商为了加速资金周转,往往需要取得银行的贷款。卖方信贷正是银行直接资助出口商向外国进口商提供延期付款,以促进商品出口的一种方式。但由于卖方信贷风险较大,手续也较烦琐,因此较少使用。

(2)买方信贷(buyer's credit)。所谓买方信贷,是指出口方银行直接向进口厂商(即买方)或进口方银行提供的贷款,其附加条件就是贷款必须用于购买债权国的商品,这就是所谓约束性贷款。买方信贷由于具有较强约束性可以较好地起到扩大出口的作用。在出口信贷中,利用买方信贷较卖方信贷多。最近几十年来,国际上大工程项目及成套设备交易逐渐增加,它们金额大、期限长,由于商业信贷本身存在的局限,出口商筹措周转资金感到困难,因此由银行出面直接贷款给进口商或进口方银行的买方信贷迅速发展起来。有些国家为了扩大出口,设立了专门银行来办理出口信贷业务。例如,美国进出口银行、日本输出入银行、法国外贸银行和中国进出口银行等都对成套设备、船舶等商品的出口提供国家出口信贷业务。

2. 出口信贷保险和出口信贷国家担保制

出口信贷保险是指私人保险公司对本国出口厂商或银行向外国进口厂商或银行提供的出口信贷进行保险,在出口厂商或银行不能如期收回货款时补偿它们的损失。出口信贷国家担保制是指国家为了扩大出口,对于本国出口厂商或商业银行向外国进口厂商或银行提供的信贷,由国家设立的专门机构进行出面担保。当外国债务人拒绝付款时,这个国家机构即按照承保的数额给予补偿。例如,英国出口信用担保局、法国对外贸易保险公司等就是从事这项业务的专门机构。

3. 出口补贴

出口补贴又称出口津贴,是一国政府为了降低商品的价格,提高其在国外市场上的竞争力,在出口某种商品时给予出口厂商现金补贴或财政上的优惠待遇。

4. 出口退税

出口退税是指对出口产品采取退税政策,使其以不含税的价格进入国际市场,降低生产成本,其目的在于鼓励各国出口货物公平竞争。它能提高产品的竞争力,是鼓励本国产品积极参与国际竞争的重要途径。

8.7.2 贸易便利化

贸易便利化是国际贸易用语。其基本精神是简化和协调贸易程序,加速要素跨境的流通。贸易便利化是对国际贸易制度和手续的简化与协调。随着多边、区域、双边和单边的协作及努力,影响国际贸易活动的障碍或壁垒正逐渐减少或被约束,各国的贸易制度日趋开放。而随着国际贸易规模的扩大和各国及地区贸易联系的加强,"贸易的非效率"作为一种"隐性"的市场准入壁垒日益受到众多国际组织、各国政府和贸易界的普遍关注,促使人们开始高度重视各种贸易管理程序的合理化。

数十年来,许多政府间和非政府组织(如联合国贸发会议、联合国欧洲经济委员会、世界海关组织、国际商会、经济合作与发展组织、国际货币基金组织和世界银行等)一直在向实现更简便、更协调的国际贸易程序这一目标而努力,有关进一步减少和消除阻碍要素跨境流动的障碍、减低交易成本、建立高效的贸易便利体系等内容已成为多边、区域、双边经贸合作的重要内容。WTO自1995年成立以后便开始了对贸易便利化问题的全面考虑和专门分析,经过多年的酝酿和极富建设性的争论,WTO成员在2013年巴厘岛部长级会议上结束了关于《贸易便利化协定》的谈判,该协定获得世贸组织三分之二成员批准后于2017年2月22日生效。截至2021年12月,WTO全部162个成员中,已有154个成员批准了《贸易便利化协定》。贸易便利化有效地促进了全球贸易的发展。经估计,全面实施《贸易便利化协定》可使贸易成本平均降低14.3%,全球贸易每年最多可增加1万亿美元。

8.8 贸易摩擦和贸易救济措施

8.8.1 贸易摩擦和争端

贸易摩擦是两个及两个以上国家之间由于贸易关系而产生的经济纠纷。贸易摩擦发生的基本条件是国际贸易不平衡而导致的社会经济利益损害,国际贸易不平衡主要体现为贸易收支整体上的长期巨额逆差。贸易摩擦的直接结果是贸易国之间发生争端。这种争端初次表现为一种经济争端,极端表现形式是贸易战,但是也有上升到政治争端的可能。贸易摩擦的解决,无论是经过WTO等国际组织的协调还是当事两国(双方各国)的协商,最终总是以各自利益的相互制约及相对平衡为基准的。

1. 贸易摩擦的形式

传统的贸易摩擦是针对关税壁垒及其变动展开的。约翰逊(Johnson)指出,政府间的贸易政策是相互依存的,在一国谋求关税效应最大化时,对方也会采取相应的措施,这样,实际的贸易摩擦就产生了,其结果是双方的福利都受损。斯特恩(Stern)不仅指出了关税歧视引起贸易摩擦的过程,以及关税对经济产生的扭曲影响,还分析了配额、自愿和强制性配额限制以及其他非关税措施的影响等。我们可以把这些类型的摩擦称作传统的贸易摩擦形式。

但在开放经济和全球化条件下,一些隐蔽性更强的非关税壁垒措施,如技术与环境壁垒、贸易救济措施、服务贸易壁垒等纷纷浮出水面,而且受到了各国的重视。斯特姆(Sturm)指出保护主义动机的技术标准引起贸易摩擦的机理和影响;卡斯特纳(Kastner)和鲍威尔(Powell)考察了卫生检验检疫措施引起的贸易摩擦;雷诺兹(Reynolds)分析了反倾销保护引起的贸易摩擦;巴伦(Baron)指出了一国企业利用本国优势控制国内分销商等垄断措施保护自己,从而导致贸易摩擦的情况;舍曼(Sherman)和埃利亚松(Eliasson)探讨了保障措施、反补贴措施、301条款和特别301条款等各种合法措施引起的贸易摩擦。我们可以把上述引起贸易摩擦的措施归纳为现代的贸易摩擦形式。

值得关注的是,我国对外贸易面临的摩擦形式也多种多样,除传统的反倾销、反补贴和保障措施(包括特别保障措施)外,技术壁垒、知识产权调查、安全标准、环保标准以及社会责任认证调查等形式,已经成为我国对外贸易面临的主要贸易壁垒。近些年来还出现了反规避、反垄断等新的贸易摩擦形式,汇率摩擦也成为对外经济摩擦的热点。

2. 贸易摩擦产生的原因

(1) 经济全球化和贸易自由化引发贸易摩擦。经济全球化和贸易自由化过程中必然伴随着贸易摩擦。生产的全球性和统一的世界市场在客观上要求各国具有趋同的各种制度、规则,甚至文化和风俗,而这在目前和相当长的时期是不可能完全实现的。然而只要这些差异存在,国与国在增强相互之间的联系之外,产生摩擦是不可避免的。可以说,经济全球化和贸易自由化的过程就是国与国之间不断发生摩擦、碰撞、妥协和调整的过程。

(2) 贸易保护诱发贸易摩擦。从2008年金融危机发生以来,主要发达国家经济发展缓慢是产生贸易摩擦的一个重要原因。为了保护本国利益,这些国家往往采取贸易保护主义的政策和执行措施,由此引致保护性摩擦。一般认为,当某一贸易方为了维护本国的利益而采用一定的贸易政策措施进行保护时,若另一方采取报复性措施或者要求对方取消贸易障碍,贸易摩擦就会产生。

(3) 相关国家经济和战略意图引致贸易摩擦。托马斯·J.普吕萨(Thomas J. Prusa)和苏珊·斯克丝(Susan Skeath)研究了反倾销中的经济和战略动机。他们的研究试图说明反倾销层出不穷是由于经济和战略意图而导致的。结果显示,在反倾销政策中,战略关注具有很强的驱动作用。因此,不能仅仅把各国反倾销政策的强化归因于不公平贸易实践。贝格韦尔(Bagwell)和施泰格

(Staiger)将战略贸易理论应用于研究农业补贴和贸易争端的起因,建立了完全竞争下的三国局部均衡框架,并把政治行动引入模型。他们的结论是:政府会采用出口补贴来促进出口,而WTO规则允许对农产品的出口进行补贴,因此农产品争端就会表现为战略性互动的结果。

(4)利益集团和企业的政治经济行为导致贸易摩擦。例如,中国和美国两国的经贸关系不仅受到经济利益的影响,还受到许多非经济因素的影响,最典型的非经济因素是美国国内的政治和安全因素。

8.8.2 贸易救济措施

贸易救济是指当外国进口对一国国内产业造成负面影响时,该国政府所采取的减轻乃至消除该类负面影响的措施。它是WTO所允许和规范的,也为各重要贸易成员所广泛适用。

在WTO框架内,贸易救济包括反倾销、反补贴和保障措施三种形式。一般而言,采取的贸易救济措施表现为:经过国内产业或其代表申请或者经一国主管当局认为有必要而自行发起之后,主管当局发起一项反倾销、反补贴或者保障措施调查,最终确定对外国进口加征关税或者实行配额管理(保障措施中可能二者并用)。

1. 倾销、反倾销与产业损害

(1)倾销与反倾销的含义。所谓倾销,是指一国产品以低于国际市场价格甚至低于商品生产成本的价格销往另一国,致使进口国的相关产业受到严重损害或严重威胁的销售行为。

根据我国法律,在中国市场上的倾销,是指在正常贸易过程中进口产品以低于其正常价值的出口价格进入中华人民共和国市场。

倾销可分为三种:①偶然性倾销,即出口国国内存在大量剩余产品,为处理这些产品而以倾销方式向国外市场抛售。②掠夺性倾销,即出口企业为在国外市场上达到排除竞争对手、获取超额垄断利润的目的,在短期内以不合理的低价向该市场销售产品,一旦竞争对手被排除,再重新提高产品销售价格的行为。③持续性倾销,即出口企业为长期占领市场,实现利润最大化目标而无限期地持续以低价向国外市场出口产品的行为。

由于倾销被视为一种价格歧视,世界各国从自身的利益出发,对来自其他国家的倾销行为采取坚决反对和禁止的态度和行为。这就是所谓反倾销。人们创立反倾销基本原则的主要目的是保护公平贸易,但随着国际市场上经济竞争程度的空前强化,反倾销活动走上了它的对立面,即贸易保护主义。

(2)倾销的确定。

第一,正常价值的确定。正常价值,又称"公平市场价值"或"外国市场价值",是确定是否存在倾销的两个要素之一。其值越大于出口价格,倾销幅度就越高;反之,倾销幅度就越低或不存在倾销。正常价值的认定方法主要有以下几种:

①出口国国内销售价格。这是确定正常价值的基本方法。采用的国内销售价格要具有代表性,国内销售价格一般使用批发价格。

②对第三国的出口价格。如果产品在出口国无销售或销售量极小,或者该同类产品的价格、数量不据以进行公平比较的,这时可采取此方法来确定正常价值。

③出口国结构价格。结构价格是指以该同类产品在原产国(地区)的生产成本加合理费用、利润而得到的正常价值。

④低于成本销售时的正常价格。目前的趋势是以生产成本作为测量公平价值的唯一标准。

第二,出口价格的确定。出口价格是指进口商实际支付的或应支付的价格。若该产品没有出口价格或者其价格不可靠的,以根据该产品首次转售给独立购买人的价格推定的价格为出口价格。

(3)产业损害的确定。损害,是指倾销对已经建立的国内产业造成实质损害或者产生实质损害威胁,或者对建立国内产业造成实质阻碍。

①进口国工业的确定。确定进口国的一个工业,首先要确定哪些产品是倾销的进口产品的相似品。相似产品指与被调查的进口产品在物理性与功能上一样或最接近的进口国产品,而且必须能够从进口国厂商的资料与数据上分别出来。进口国的"国内工业"是指生产相似产品的国内生产者的总体,或构成国内生产相似产品产量的"大部分"的生产者。

②损害。在确定损害时要考虑下列三项因素:被调查的进口产品的数量,该产品对进口相似产品的国内价格的影响,该产品对进口国相似产品生产者的影响。确定损害时一般要显示出进口国相似产品生产工业利润下降或出现亏损。

③倾销与损害的因果关系。征收反倾销税的第三个条件是在倾销的进口产品与工业损害之间存在因果关系。在审查倾销的进口产品与工业损害之间是否存在因果关系时,主要考虑三个因素。

第一,进口数量:主要看进口数量在进口国工业遭受实质损失时是否大量增加。

第二,价格影响:看倾销的进口产品是否降低了进口国相似产品的价格,是否大幅度压制了这类产品的价格。

第三,对进口国国内生产者的冲击:分析倾销产品对进口国工业的冲击。

2. 补贴、反补贴与产业损害

(1)补贴的定义及其范围。根据《补贴与反补贴措施协定》,补贴是政府或任何公共机构提供的财政捐助以及对收入或价格的支持。它的范围包括以下几个方面:

①政府直接转移资金,如赠款、贷款和持股;政府潜在的资金或债务的直接转移,如贷款担保。

②放弃或未征的在其他情况下应征收的政府税收(如政府抵免之类的财政鼓励)。

③政府提供不属于一般基础设施的商品和服务,或购买商品。

④政府通过向基金机构支付,或向私人机构委托或指示它们履行上述三项列举的一种或多种通常应由政府执行的功能,这种做法与政府通常采用的做法没有实质上的差别。

⑤任何其他形式对收入或价格的支持。

(2)补贴形式。在当今的国际贸易中,政府越来越多的干预形式是补贴。最基本的补贴形式有两种,即生产补贴和出口补贴。生产补贴是指产品无论出口与否,都给予生产这种产品的工业部门补贴。它可以起到与关税相同的作用与影响。出口补贴可以降低出口商品的成本或价格,提高出口商品在国际市场上的竞争能力。

按照补贴起作用的方式,补贴可分为直接补贴和间接补贴。直接补贴即政府直接给予的对价格有直接影响的补贴,如价格支持、税收优惠等。间接补贴即政府给予的对成本有直接影响的补贴,如资金优惠、运输优惠、融资优惠等。

(3)补贴的影响。补贴问题,从经济学的角度来分析,存在着各种理论和观点。其中主流的观点认为补贴是一种政府支持的不公平竞争的手段,损害了国际自由贸易秩序。最简单和普遍的看法认为,一国对本国出口商品和出口商品生产者提供的补贴在国际贸易中可能产生三种不利影响:第一,对进口国而言,其国内相关产业生产的产品将不得不与得到出口国政府补贴的、占据不公平竞争优势的进口产品进行竞争,而可能受到损害。第二,对出口国而言,补贴国给予其生产者的国内补贴可能会削弱其他成员向该国出口产品的竞争力,这是因为与进口产品相比,国内产品可能因得到补贴而享有不公平的价格优势。第三,就国际市场而言,一些国家的出口可能受到影响,这是因为在第三国市场上,一些国家的商品竞争力在与得到出口补贴的国家的商品竞争时被削弱。因此,WTO对补贴做出了严格的规定。

3. 贸易保障措施

(1) 贸易保障措施的定义。贸易保障措施是与反倾销措施、反补贴措施并列的,WTO 所允许的三种贸易救济方式之一。贸易保障措施指的是一成员方某项进口产品的数量与国内生产相比绝对或相对增加,且对生产同类或直接竞争产品的国内产业造成严重损害或严重损害威胁时,进口成员方依法采取的提高关税、限制进口数量等措施,以消除或者减轻这种损害或者损害的威胁。近年来在国际贸易领域,其适用范围和程度有增加趋势。

在 WTO 多边贸易体制中,保障措施机制被视为具有"安全阀"作用。其功能在于划定成员承担减让义务的界限,用以协调各成员共同和长远利益与某些成员眼前利益的矛盾与冲突、平衡各成员的利益、维持多边贸易体制的稳定。

(2) 贸易保障措施实施的条件。贸易保障措施的实施一般有三个条件:①进口激增。进口激增,指的是进口数量的急剧增长,而不是进口价值或金额的增长。进口增长既可以是进口产品数量的绝对增长,也可以是相对于进口国国内生产而言进口数量的相对增加。②国内生产同类或直接竞争产品的产业受到严重损害或者严重损害威胁。③进口激增是严重损害或严重损害威胁的实质性原因。

(3) 保障措施的类型。

①临时保障措施。该临时措施的救济方式为采取提高关税的形式;临时保障措施的实施期限为自临时保障措施决定公告规定实施之日起,不超过 200 天。

②最终保障措施。根据终裁决定确定进口产品数量增加,并由此对国内产业造成损害时,可以采取保障措施。保障措施的救济方式可以采取提高关税、数量限制或提高关税和数量限制并用等形式。一般主要采用提高关税和数量限制并用的办法。具体做法是采用关税配额的方式,即在一定的配额数量之下,适用普通的关税税率,一旦超过配额数量,则征收较高的关税。保障措施的实施期限不超过 4 年。但是适当时,保障措施的实施期限可以适当延长。一项保障措施的实施期限及其延长期限,最长不超过 10 年。

③特别保障措施。根据 WTO《农业协定》规定,各成员可以采取特别保障措施,对那些已经遵守关税化的产品限制进口,以防止进口量激增和进口价格大幅度下降。

特别保障措施与 WTO 框架下的"一般保障措施"有着明显的区别,使用特别保障措施,必须满足以下三个条件:第一,该产品必须已经经历了关税化过程;第二,必须是一国关税减让表中注明可使用特别保障措施的产品;第三,必须达到以价格或数量为基础的触发标准。

可以采取特别保障措施的情况有两种,一是进口数量剧增时的"数量触发",二是进口价格大幅度下降时的"价格触发"。触发方式不同,征收的附加关税方式和水平也不同。数量触发根据市场准入机会和进口量变化幅度确定。市场准入机会以近三年实际进口量占国内消费的比例计算(即根据自给率情况)。数量触发水平是实际进口同前两年平均进口量的比例。价格触发是根据实际进口价格与基期参照价格的差额来确定的。如果实际进口价格低于触发价格,并且差额较大,就可以采取特殊保障措施,征收附加关税。

8.9 产业安全

8.9.1 产业安全的定义

"产业安全"一词有两种含义:一是从国际贸易领域提出的,是指在开放的经济体系中,一个国家或地区的特定产业如何在国际竞争中保持独立的产业地位和产业竞争优势;二是指产业在生产过程中的安全性,即生产安全。这里主要讨论第一类产业安全问题。

产业安全是国家经济安全的重要组成部分。一国的产业安全是指国内产业在公平的经济贸易环境下平稳、全面、协调、健康、有序地发展,使本国产业能够依靠自身的努力,在公平的市场环境中获得发展的空间,从而保证国民经济和社会全面、稳定、协调和可持续发展。

综合学术界的观点,产业安全指的是一国在对外开放的条件下,在国际竞争的发展进程中,具有保持民族产业持续生存和发展的能力,始终保持着本国资本对本国产业主体的控制。产业安全与产业政策、贸易壁垒和政策措施有密切的关系。

8.9.2 产业安全的类型及影响因素

1. 产业安全的类型

(1)根据发展态势,产业安全可分为静态的产业安全和动态的产业安全。静态的产业安全是指特定时点或时期内一国的产业安全的总体态势,主要反映一定时期内影响一国的产业安全诸因素的系统作用的结果。动态的产业安全则是指在经济运行变化中的产业安全变化态势。它从综合观点、前瞻观点来看产业安全问题。

(2)从生产要素角度,产业安全可分为资源安全、技术安全、人口安全和市场安全等。

(3)从区域角度,产业安全可分为国内经济安全和国际经济安全。

(4)从产业角度,产业安全可分为农业安全、工业安全和服务业安全等。

2. 产业安全的影响因素

产业安全的影响因素相当复杂,基本上可以归纳为产业外部环境因素与产业内部因素。

从产业内部来看,影响产业安全的主要因素包括产业集中度和产业的制度结构等。

(1)产业集中度。根据产业经济学的基本观点,市场集中度是反映产业控制力的一个重要指标。产业集中度可以用规模最大的前几家企业占产业总产量或市场总销量的比重来衡量。产业内本国企业的集中度越高,所占总产量或总销量的比重越大,本国企业对该产业的控制力就越强,产业就越安全。

(2)产业的制度结构。产业的制度结构主要是从制度层面考察产业内部是否具备抵御外部风险与威胁的能力,涉及产业内部的制度安排以及相关的技术和管理问题。如果在一个产业内建立了健全、完善的制度,具备自主研究开发主导技术和持续创新的能力以及科学的管理手段,产业因此对自身的生存与发展具备足够的控制力,在国际竞争中具有较强的竞争力,那么即使外国跨国公司凭借其雄厚的资本与先进的技术优势进入东道国该产业,也不足以实现对该产业的控制,产业安全不会受到威胁。反之,产业安全就很容易受到威胁。这就要求政府从制度层面健全与完善产业内部的制度结构,以最终提升其竞争力与抵御外部威胁的能力。

产业外部环境因素是影响产业安全的重要因素,主要是指产业的生存与发展环境、政府的产业与外资政策,以及跨国公司与FDI进入国内市场的资本、技术、管理等状况。

本章小结

国际贸易壁垒是指存在于国家之间,旨在对本国产业、技术和经济发展实施保护,而对外国产品进口实施某种程度限制的关税壁垒与非关税壁垒措施的总称。

现代国际贸易壁垒具有保护性,收入性,双边(多边)性,波及性,报复与反报复性,交叉性、复合性与可变动性,对经济的扭曲性以及对经济的调节性等性质。

非关税壁垒有上千种之多,为便于对某种或一组非关税贸易壁垒的作用方式进行分析,可将其从不同角度分类:按非关税壁垒实施主体不同分类,按非关税壁垒制定的主体不同分类,按非关税壁垒影响的方式分类,按非关税壁垒的作用分类。

出口促进鼓励的措施主要有：①出口信贷，主要有卖方信贷和买方信贷两种形式；②出口信贷保险和出口信贷国家担保制；③出口补贴；④出口退税。

贸易摩擦是两个及两个以上国家之间由于贸易关系而产生的经济纠纷。贸易摩擦发生的基本条件是国际贸易不平衡而导致的社会经济利益损害，国际贸易不平衡主要体现为贸易收支整体上的长期巨额逆差。贸易摩擦的直接结果是贸易国之间发生争端。这种争端表现为一种经济争端，极端表现形式是贸易战，但是也有上升到政治争端的可能。

贸易救济是指当外国进口对一国国内产业造成负面影响时，该国政府所采取的减轻乃至消除该类负面影响的措施。它是WTO所允许和规范的，也为各重要贸易成员所广泛采用。在WTO框架内，贸易救济包括反倾销、反补贴和保障措施三种形式。

一国的产业安全是指国内产业在公平的经济贸易环境下平稳、全面、协调、健康、有序地发展，使本国产业能够依靠自身的努力，在公平的市场环境中获得发展的空间，从而保证国民经济和社会全面、稳定、协调和可持续发展。

名词术语

关税壁垒　从价关税　从量关税　非关税壁垒　关税配额　自愿出口限制　原产地规则　进口许可证　技术性贸易壁垒　环境壁垒　劳工标准　SA8000　贸易便利化　贸易摩擦　贸易救济　倾销　反倾销　补贴　损害　产业安全

思考与练习

1. 分析国际贸易壁垒的性质。
2. 比较从价关税和从量关税。
3. 说明原产地概念和原产地规则。
4. 什么是黄箱、绿箱和蓝箱政策？
5. 分析技术性贸易壁垒的形式和特点。
6. 分析环境壁垒的形式和特点。
7. 什么是劳工标准和企业社会责任？
8. 贸易摩擦为何产生？其主要的形式和特征是什么？我国企业如何应对贸易摩擦？
9. 如何判定倾销成立？反倾销的三个条件是什么？
10. 如何理解和判断一国的产业安全？

实验项目十五

第 9 章 关税壁垒政策的经济效应分析

关税壁垒政策曾经是历史上最古老和最重要的贸易政策之一。在 21 世纪,虽然关税的作用逐渐减弱,但是关税政策仍然是非常重要的贸易政策,并将继续对国际贸易产生重要的影响;而且关税政策的作用及其经济效应也是我们了解非关税壁垒政策措施和效应的重要基础和途径。

本章首先介绍关税经济效应的局部均衡和一般均衡分析,并分别从小国和大国两个不同角度进行关税效应分析;其次介绍关税结构与有效保护理论;再次分析最优关税、关税报复、关税的扭曲效应、战略性关税政策;最后介绍关税减让多边谈判和相应的减让公式及其应用。

9.1 关税和贸易政策效应的局部均衡分析

关税对进口国经济的多方面影响称为关税的经济效应。关税的经济效应主要包括价格效应、贸易条件效应和进口国国内经济效应。

与自由贸易相比,征收关税将减少双方贸易额,并引起进口商品的国际价格和国内价格的变动,从而影响到进口国在生产和消费等方面的调整。关税在许多情况下都是一种次佳的选择。

9.1.1 超额需求与超额供给分析方法

超额需求与超额供给分析方法,是指利用进口需求曲线和出口供给曲线在超额需求和超额供给状态下的变化来分析贸易后的两国市场均衡状况。进口需求曲线和出口供给曲线分别可以从两国各自国内的需求曲线和供给曲线推导出来。本国的进口需求(超额需求)是本国消费需求大于本国生产供给的部分,外国的出口供给(超额供给)是外国生产供给大于外国消费需求的部分。

首先,分析本国的进口需求状况。如图 9-1 所示,当价格为 P_1 时,本国消费者需求为 D_1,本国生产者供给为 S_1,进口 $= D_1 - S_1$。假定这时本国国内价格提高到 P_2,国内价格的提高使本国生产扩大到 S_2,价格提高和消费下降又使本国消费者需求减少到 D_2,从而使进口需求下降到 $D_2 - S_2$。

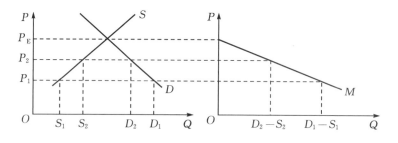

图 9-1 本国进口需求状况分析

当价格继续上升到 P_E 时,本国供给就能完全满足需求,进口则为零。由图 9-1 可知进口需求曲线是向下倾斜的。

其次,分析外国的出口供给状况。如图 9-2 所示,当价格为 P_1^* 时,外国消费者需求为 D_1^*,这时外国生产者供给为 S_1^*,出口 $= S_1^* - D_1^*$。假定这时外国国内价格下降到 P_2^*,国内价格的下降使外国生产供给减少到 S_2^*，价格下降、消费增加，又使外国消费者需求增加到 D_2^*，从而使出口需求下降到 $S_2^* - D_2^*$，当价格继续下降到 P_E^* 时，外国供给和需求相等，出口则为零。由图 9-2 可知外国出口供给曲线是向上倾斜的。

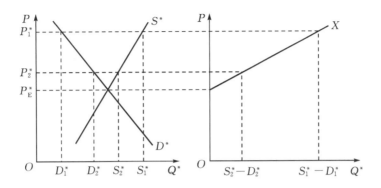

图 9-2　外国的出口供给状况

最后，分析世界供求均衡状况。如图 9-3 所示，世界均衡价格是由本国进口需求曲线与外国出口供给曲线相交的那一点所决定的。在这个均衡价格上，本国进口需求等于外国出口供给，同时世界供给与需求相等。图中面积为 a 的三角形是自由贸易后本国的净收益，b 则是外国的净收益。

9.1.2　小国征收关税经济效应的局部均衡分析

假定世界市场有两个国家，本国和外国。本国是小国，它不能通过改变贸易商品的交易量影响该商品在另一国的价格。它们都生产和消费一种同质的商品。生产该商品的产业在两国都是完全竞争的。因此，供给和需求曲线都是市场价格的函数。汇率固定不变，商品在两国之间运输是无成本的。

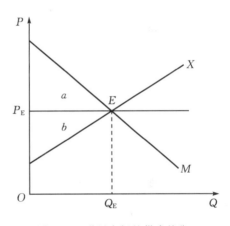

图 9-3　世界市场的供求均衡

如图 9-4 所示，横轴为商品数量 Q，纵轴为商品价格 P。本国对某商品的供给和需求曲线分别是 S、D，该商品的世界价格是 P_w，因为是小国，在自由贸易时，此价格也是国内的价格。本国的生产供给量为 S_1，消费需求量为 D_1。进口量为二者之间的差额 $D_1 - S_1$。

假定这时这个小国实施进口关税，国内价格会提高到 $P_w(1+t)$，国内价格的提高使本国生产扩大至 S_2，价格提高和消费下降，又使需求减少至 D_2，从而使进口下降至 $D_2 - S_2$，导致生产者剩余增加，$P_s = +a$；消费者剩余减少，$C_s = -(a+b+c+d)$，从而使进口下降；因征收关税政府收入增加，$G_r = +c$。

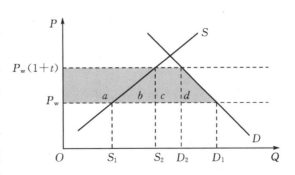

图 9-4　小国征收关税经济效应的局部均衡分析

关税的福利效应为

$$P_s + C_s + G_r = +a - (a+b+c+d) + c = -(b+d)$$

由于小国的贸易政策没有贸易条件的收益效应，因此实施关税政策后的关税福利效应是净损失。由此看来，对小国而言，自由贸易的选择优于实施关税。

9.1.3 大国征收关税经济效应的局部均衡分析

对于一个大国而言，我们假设进口的世界价格依赖所选择的关税，即进口价格是关税的函数，可写作 $p^*(t)$。通常我们定义贸易条件作为一个国家出口价格和进口价格之比。因此，进口价格的下降就意味着贸易条件的改善。在完全竞争条件下，关税将导致贸易条件的改善。

假定世界市场上只有两个国家，本国和外国。本国是大国，它能通过改变贸易商品的交易量影响该商品在另一国的价格。它们都生产和消费一种同质的商品。生产该商品的产业在两国都是完全竞争的。因此，供给和需求曲线都是市场价格的函数。汇率固定不变，商品在两国之间运输是无成本的。

1. 实现自由贸易时的两国均衡

实行自由贸易后，本国的商品价格会下降，外国的商品价格会上升，在本国出口等于外国进口时达到均衡。在图 9-5 中均衡价格是 P_E，因为是大国，此价格在自由贸易时也是国内的价格。这时本国的进口需求恰好等于外国的出口供给。进口量是 Q_E。

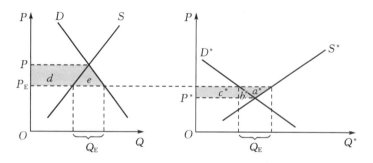

图 9-5 实行自由贸易的两国均衡

从进口国来看，价格下降使本国消费增加，导致消费者剩余增加，$C_s = d + e$；价格下降使本国生产减少，导致生产者剩余损失，$P_s = -d$；与此同时，实行自由贸易后产生的转移效应，将本来是本国生产者的一部分福利转移到了消费者。这样进口国实施自由贸易政策后的效应为

$$C_s - P_s = d + e - d = e$$

从出口国来看，价格上升使其生产扩大，导致生产者剩余增加，$P_s = +(a^* + b^* + c^*)$；与此同时，价格上升又使外国消费减少，导致消费者剩余下降，$C_s = -(b^* + c^*)$。实行自由贸易产生转移效应，本来是外国消费者的一部分福利转移到了外国生产者。这样出口国实施自由贸易政策后的效应为

$$P_s - C_s = (a^* + b^* + c^*) - (b^* + c^*) = a^*$$

2. 实行关税政策后的两国均衡

图 9-6(a)为本国(大国，进口国)的生产需求状况，图 9-6(b)为本国(大国，进口国)的进口市场状况，图 9-6(c)为外国(出口国)的生产需求状况。

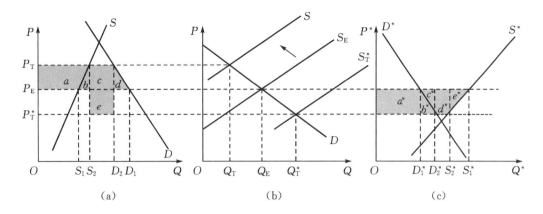

图 9-6 大国征收关税经济效应的局部均衡分析

横轴为商品数量，纵轴为商品价格。本国对某商品的供给和需求曲线分别是 S 和 D。本国的生产供给量为 S，消费需求量为 D。进口量为二者之间的差额。

假定这时这个大国实施进口关税，国内价格会提高到 P_T，国内价格的提高使本国生产扩大，导致生产者剩余增加，价格提高和消费下降又使需求减少，导致消费者剩余下降从而使进口需求下降。由于是大国，本国的进口下降必然影响外国的出口，客观上要求外国出口削减，同时还导致外国产品的价格下跌。由于外国产品价格下跌，在本图形中，假定本国产品价格上涨幅度要小于关税的幅度，两国价格的差额恰好等于关税。

图 9-6 中 P_E 是自由贸易时的价格，P_T 是本国征收关税后的国内价格，P_T^* 是外国在本国征收关税以后的价格，它既是外国的出口价格，也是本国的进口价格。由于价格上涨，本国供给量从 S_1 增加到 S_2，需求从 D_1 下降到 D_2。同时外国生产因价格下跌减少到 S_2^*，需求却扩大到 D_2^*，从而使出口从 Q_E 减少到 Q_T。

由于征收关税本国价格上升，生产者剩余收益为 a，消费者剩余损失为 $a+b+c+d$，本国政府因为征收关税增加收入为 $c+e$。进口国的关税净效应 $a+c+e-(a+b+c+d)$。如果 $e>b+d$，存在净福利收益；$e<b+d$，福利因关税而减少。b 为生产损失，d 为消费损失，$b+d$ 又被称为效率损失(efficiency loss)、无谓损失(deadweight loss)或贸易条件收益。

由于征收关税出口国价格下降，福利减少。生产者剩余损失为 $a^*+b^*+c^*+d^*+e^*$，消费者剩余收益为 a^*+b^*，出口国的净损失为 $c^*+d^*+e^*$。

如果这个大国由于征收关税而获益，出口国却因此而受损，那么这种关税对世界经济效率会产生何种影响，这是一个值得关心的问题。从图 9-6 可看出，图中显示的唯一可获得的收益是进口国的贸易条件收益 e。这块面积必然与 d^* 的面积一样大。这样世界经济遭受损失，等于 $b+d+c^*+e^*$，其原因在于资源的低效配置。

9.2 关税效应的一般均衡分析

在对关税进行一般均衡分析时，仍然需要区分大国和小国。如果进口国是小国，它通过关税限制进口不会对世界价格产生任何影响，国内价格上涨幅度与关税幅度相同。如果进口国是大国，它通过关税限制进口就会使世界价格产生下降，从而国内价格上涨幅度小于关税幅度。

9.2.1 征收关税的福利效应分析

1. 小国征收关税的福利效应分析

如图 9-7 所示,横轴表示商品 1 的生产(Y_1),纵轴表示商品 2 的生产(Y_2)。W 为国际贸易条件(相对价格)线,表示两国商品的世界价格比率(相对价格),相对价格的具体数值由曲线的斜率 k 表示。QQ 表示生产可能性边界。这时本国的生产点为 P,它是相对价格线和生产可能性曲线的切点。消费点为 C,它是相对价格线和无差异曲线的切点。在这点上,该国将出口商品 1,进口商品 2。

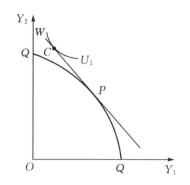

图 9-7 小国自由贸易下的状态分析

假定现在该国政府拟对商品 2 征收进口关税,但由于两种产品的世界价格没有变动,因此商品的相对价格上涨幅度应与税率相等。在图 9-8 中,它以国际贸易条件线 W^* 的斜率表示。相对价格的具体数值由曲线的斜率 k 表示。这时进口国国内价格就是 $k^* = k(1+t)$,其中 t 是从价税率。由于价格变动,进口商品的国内价格上升,进口商品的国内生产增加,新的生产点是 P^*。在仍以世界价格比率进行贸易的条件下,新的消费点 C^* 是无差异曲线与国际相对价格线的交点。由于关税的作用,进口替代品生产的增加和进口商品的国内价格上升,也促使国内消费者减少了对进口品的消费,从而减少了进口。但同时也减少了商品 1 的生产和出口。

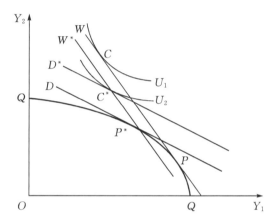

图 9-8 小国征收进口关税的福利效应分析

征收关税后,消费点处在一条较低的无差异曲线 U_2 上,意味着进口国境况变差了。因此,无论一个小国征收多高的关税,其福利水平都会比自由贸易情况下低。但是这并不影响其他国家的福利,因为小国的关税不能影响世界价格。

2. 大国征收进口关税的福利效应分析

大国实行自由贸易时,如图 9-9 所示,横轴表示商品 1 的生产(Y_1),纵轴表示商品 2 的生产(Y_2)。W 为国际贸易条件线,表示两国商品的世界价格比率,相对价格的具体数值由曲线的斜率 k 表示。QQ 表示生产可能性边界。这时本国的生产点为 P,它是相对价格线和生产可能性曲线的切点。消费点为 C,它是相对价格线和无差异曲线的切点。在这点上,该国将出口商品 1,进口商品 2。

大国征收关税,导致进口品的国内价格上升,从而使国内与进口竞争的部门生产扩张,出口部门收缩。然而与此同时,进口下降会导致进口品的世界价格下降,出口品供给的减少又导致该商品的世界价格上涨。在完全竞争状态下,进口大国由于征收关税而使贸易条件变得有利于本国。

令 k 为自由贸易时世界市场上商品 1 和商品 2 的价格比率,k_1 为征收关税后的商品 1 和商品 2 的价格比率,t 为关税税率,则 $k<k_1<(1+t)k$。

但是贸易条件效应的状态使得大国情况下关税对福利的影响难以预测。关税导致贸易下降的效应会使福利降低(同小国一样),但是如果贸易条件变得有利又会提高福利水平。

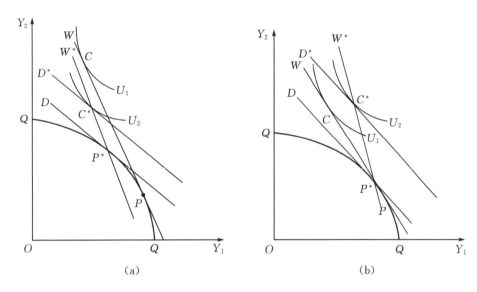

图 9-9 大国征收进口关税的福利效应

图 9-9(a)显示了前一种情况,在自由贸易时,国际贸易条件线为 W,国内贸易条件为 D,生产点和消费点分别为 P 和 C,无差异曲线为 U_1。征收关税提高了商品 2 的国内价格,国内贸易条件线从 D 到 D^*,生产点从原来的 P 到新的 P^*。同时关税又使世界价格比率下降,新的国际贸易条件线为 W^*。由于新的消费点 C^* 处于较低的无差异曲线 U_2 上,因此征收关税降低了福利效应。此外,由于征收关税,资源从出口部门转向与进口竞争的部门,从而使进出口都减少了。

图 9-9(b)显示了后一种情况,征收关税提高了商品 2 的国内价格,但幅度不大。国内贸易条件线从 D 到 D^*,生产点从原来的 P 到 P^*,出口商品 1 部门的生产有所减少,而与进口商品 2 竞争部门的生产有所增加。同时关税又使世界市场商品 2 的价格下降幅度较大,新的国际贸易条件线为 W^*。由于新的消费点 C^* 处于较高的无差异曲线 U_2 上,因此征收关税提高了福利效应。

根据帕累托最优条件,在自由贸易和完全竞争的国内市场上商品 1 的消费对商品 2 消费的边际替代率($\mathrm{MRS_C}$),应等于将生产商品 1 的资源转向生产商品 2 的边际转换率($\mathrm{MRT_P}$),即
$$\mathrm{MRS_C}=\mathrm{MRT_P}$$
进一步分析,在此,通过贸易将商品 1 转换成商品 2 的边际转换率($\mathrm{MRT_T}$)应等于将商品 1 转换成商品 2 的平均转换率($\mathrm{ART_T}$)。平均转换率就是贸易条件。即
$$\mathrm{MRT_T}=\mathrm{ART_T}$$
而在这里贸易条件是不变的。因此可以进一步推论得出
$$\mathrm{MRS_C}=\mathrm{MRT_P}=\mathrm{MRT_T}=\mathrm{ART_T}$$
但是在大国条件下,如同在市场中引入了一个具有垄断力的厂商。在自由贸易和一个垄

断竞争的世界市场上，如果这个大国有能力多出口商品 1，多进口商品 2，那么就可能使商品 1 的世界价格下降，使商品 2 的世界价格上升，这样，$MRT_T \neq ART_T$。而且结合国内生产和消费来看，$MRS_C = MRT_P = MRT_T < ART_T$，说明这个大国在自由贸易时并未处于帕累托有效状况。

为了达到帕累托最优条件，大国可以通过征收关税来提高国内商品 2 和商品 1 的价格比率，从而降低 MRT_P，降低贸易条件，提高贸易的边际转换率 MRT_T。如果关税较低，可以使 $MRT_P \geq MRT_T$，从而增加福利；如果关税很高，可以使这种情况逆转，即 $MRT_P < MRT_T$，而且在二者差距充分大的条件下减少福利。

9.2.2 征收关税效应的一般均衡分析

为了便于在一般均衡条件下对关税效应进行深入讨论，我们需要引入提供曲线和贸易无差异曲线等概念。在贸易无差异曲线上任何一种进口数量与出口数量的结合都对一个国家产生同样的福利水平。通过贸易无差异曲线和设定不同的贸易条件可以推导出提供曲线。

为进行关税效应比较，除了给出本国的提供曲线外，还应给出外国的提供曲线。而小国和大国面临的外国提供曲线的形状各不相同。

1. 小国的提供曲线和关税效应的一般均衡分析

假定本国是小国，它所面临的外国的提供曲线是一条过原点的直线，表明小国不能通过改变贸易条件来影响世界价格。

如图 9-10 所示，横轴表示商品 1 的进出口（X），纵轴表示商品 2 的进出口（Y）。在自由贸易条件下，本国的提供曲线为 OD_1，外国的提供曲线为 OF，贸易条件为 OT，贸易均衡点为 1。本国征收关税后，本国的提供曲线内移至 OD_2，均衡点从点 1 到点 2。由于本国是小国，本国的提供曲线是完全有弹性的曲线，因此本国征收关税后，贸易条件不会发生变化，在征税前后这两种情况下，世界价格都由 OF 的斜率给定。

本国的进口从 Y_1 降到 Y_2，出口同比例从 X_1 降到 X_2。但是为了购买 Y_2 数量的进口品 2，本国消费者必须放弃的商品 1 的数量为 X_3。因此征收关税后，本国国内的价格比率

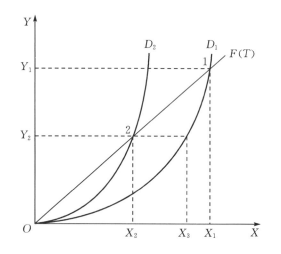

图 9-10 小国的提供曲线和关税效应的一般均衡分析

大于自由贸易的价格比率，即 $X_3/Y_2 > X_1/Y_1$，这也表明本国的福利水平下降。

2. 大国的提供曲线和关税效应的一般均衡分析

假定本国是大国，它所面临的外国的提供曲线是一条与本国提供曲线方向相反的弯曲的曲线，表明大国可以通过改变贸易条件来影响世界价格。

如图 9-11 所示，横轴表示商品 1 的进出口，纵轴表示商品 2 的进出口。在自由贸易条件下，本国的提供曲线为 OH，外国的提供曲线为 OF，贸易条件为 OT，贸易均衡点为 1。本国征收关税后，本国的提供曲线内移至 OH'，均衡点从点 1 到点 2。由于本国是大国，征收关税后，贸易

条件 OT 改变为 OT',本国的进口从 Q_1^* 降到 Q_2^*,但是为了购买 Q_2^* 的进口品 2,本国消费者必须放弃的商品 1 数量为 Q_3。因此征收关税后,本国国内的价格比率大于自由贸易的价格比例,即 $Q_3/Q_2^* > Q_1/Q_1^*$。

以上分析说明在通常情况下,大国征收关税会改善其贸易条件,但也会提高其进口品的国内相对价格。

需要进一步说明的是,在极端情况下,大国征收关税会导致进口品国内相对价格下降。

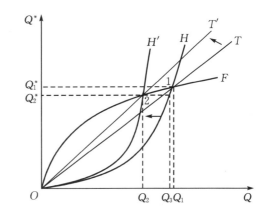

图 9-11 大国的提供曲线和关税效应的一般均衡分析

9.3 梅茨勒之谜和勒纳对称原理

9.3.1 梅茨勒之谜

图 9-12 中 OD、OD^* 分别为本国和外国的提供曲线,但需要指出,在自由贸易下的均衡点为 1,国际贸易条件线为 OF,国际贸易条件为 $k_1 = Y_1/X_1$,本国在商品 1 的生产上有比较优势,出口 X_1 的商品 1,进口 Y_1 的商品 2。

当对商品 2 进口征收关税时,本国的提供曲线向左移,新的均衡点为 2。本国出口 X_2 的商品 1,进口 Y_2 的商品 2,从而以较少的商品 1 换取了较多的商品 2。这时外国的提供曲线的区间弹性较小,不发生内移,本国的贸易条件得到较大的改善,新的贸易条件为 $k_2 = Y_2/X_2$。

征收关税后,由于在国内市场商品 1 的相对价格高于国际市场价格,相应地,在本国国内市场进口商品的相对价格也降低,在这种价格条件下,征收关税后,本国消费者用每单位出口品换取的进口品比在自由贸易条件下还要多。这就是所谓的梅茨勒之谜,又称梅茨勒悖论。

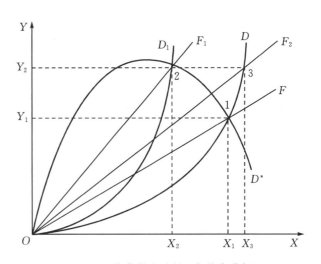

图 9-12 梅茨勒之谜的一般均衡分析

对此,我们可从提供曲线的变动上做进一步说明。提供曲线在经过某一临界点之后向回弯曲,是随着专业化程度提高,生产具有比较优势的商品的机会成本会越来越高,从而使比较优势转为比较劣势。如果在比较优势转为比较劣势之后,专业化程度仍在扩大,则在自由贸易条件下,就会使得本国向外国提供更多的商品 1,而外国却向本国提供更少的商品 2。如果对商品 2 的进口征收关税,商品 2 的进口价格却只会降低,并且使在国内市场上商品 2 的含税价格甚至低于征收关税前的价格。

梅茨勒之谜说明,如果进口品在国内市场的价格由于征收关税而下降,就会发生资源转移的状况。进口品相对价格下降,出口品相对价格上升,出口品生产将有利可图,资源会从进口竞争产业转移到出口产业,出口部门密集使用的要素报酬会提高,收入分配会有利于该国较丰裕的生产要素。梅茨勒指出,如果外国对本国出口品的需求弹性大于本国的出口品边际消费倾向,本国的进口品价格就会上升;如果本国出口品的消费倾向大于外国的需求弹性,征收关税后进口品的国内价格就会下降。也就是说,如果外国需求弹性大于1,该结论就成立。

9.3.2 勒纳对称原理

勒纳是一位经济学家,他通过研究发现,以从价税计征的、同样税率的进口关税和出口关税具有相同的效应。这就是所谓的勒纳对称原理。

令 P_i^w 为世界价格,P_i^A 为国内价格,对进口商品征关税时,$P_1^A = P_1^w(1+t)$,$P_2^A = P_2^w$ 为出口商品价格,则国内进口品相对价格为 $P_1^A/P_2^A = \dfrac{P_1^w}{P_2^w}(1+t)$。

如果改对出口商品征税,则进口商品价格 $P_1^A = P_1^w$,出口商品对外价格为 $P_2^A = \dfrac{P_2^w}{(1+t)}$,这时,国内进口商品的相对价格也是 $P_1^A/P_2^A = \dfrac{P_1^w}{P_2^w/(1+t)} = \dfrac{P_1^w}{P_2^w}(1+t)$。

这表明对商品1征收的进口关税与对商品2征收的出口关税所得结果是一样的。因此,结论就是无论进口关税还是出口关税都会提高进口品的国内市场价格。如果本国是个大国,那么进、出口关税还会降低进口品的国际市场价格。二者还都会造成贸易量减少。进一步来看,只要进、出口税的用途相同,两种政策的效应也是一样的,这就是所谓的进口关税和出口关税的对称性。这一对称性对最优进、出口税的分析同样成立。

9.4 关税结构与有效保护理论

9.4.1 有效保护理论的提出

传统上对关税保护效应的分析,实际上隐含了这样一个假设:只有最终产品才有国际贸易,所讨论的关税影响仅针对最终产品加关税而言。因而关税的保护效果容易确定,如果征收的是从价税,则税率本身就可以衡量保护程度。也就是只要对最终产品加关税,即会产生保护效果,而且关税税率愈高,保护效果愈大,受保护产业的产量会愈多。

第二次世界大战以后,世界经济发生了巨大变化。大规模生产由一种产品从始至终的全过程纵向全面生产,发展到零部件、投入品的专业横向分工生产与合作,形成世界范围内的横向专业化分工生产,致使中间产品的贸易量不断扩大,逐渐形成了以中间产品为主的国际贸易商品结构。

对最终产品征收进口关税,会提高该产品的国内价格,从而提高国内生产的同类产品的增加值。但是如果对中间产品的进口征税,中间投入品的价格就会上涨,从而使任何购买该产品作为投入品的部门减少其最终产品的增加值,抵消了一部分对最终产品征收关税带来的保护作用,所以单用最终产品的关税税率来衡量保护效果是不全面的。如果说传统的关税保护理论尚能适应过去的国际贸易情况,那么这一理论的假定条件与现实的国际贸易状况有很大差异,因此成为关税保护理论的一个重大缺陷。正是为适应国际经济发展的变化,经济学家提出了关税有效保护理论。

9.4.2 关税的名义保护和有效保护

关税的保护程度有两种表示方法:一种是关税对一国经济或某一经济部门的保护程度,通常以关税水平来衡量;另一种是关税对某一类商品的保护程度,常以保护率表示。关税水平一般指一个国家进口关税的平均税率,针对某一类商品的关税保护程度而言,也可以称为名义税率或名义保护率,其计算方法包括简单平均法和加权平均法。

关税税率一般代表税前税后商品价差与税前价格的百分比。在简单平均法下,平均关税税率＝(税则中所有税目的税率之和/税则中所有税目之和)×100%,这种方法没有考虑进口商品的不同数量和价格,也没有考虑税目中未进口的商品和零税率商品;在加权平均法下,平均关税税率＝(进口关税总额/有税进口商品总额)×100%。

关税水平之所以被称为名义保护率(NRP),是由于它采用了进口税则中规定的税率来衡量对进口商品国内价格的影响程度,并未考虑到各类产品或产业之间的前后关联关系,因此关税水平实质上是在局部均衡中表示关税的影响程度。正是由于在多部门模型中要考虑行业间互相投入的事实,因此我们不能简单地以 NRP 来估计关税的保护程度,而有效保护率(ERP)作为表示一种加工产品在不同关税下附加值的变化率可以更为有效地描述关税结构对其产业保护的作用。关税结构就是指根据贸易商品附加值的大小而采用不同税率的关税体制,其目的是研究在不同加工阶段最终产品投入要素的关税率对其保护程度的影响。

有效保护率对于一个国家制定税率有重要的指导性,在最终产品名义税率一定的条件下,原材料等中间投入品的名义税率越低,则最终产品名义税率的保护作用越大。因此许多国家的税率结构都是从原材料、中间产品到最终产品做总体考虑。比如对原材料进口实行低税率甚至免税,中间投入品税率一般按加工程度递增,最终产品税率最高。如果一个国家致力于发展本国的原材料及初级产品工业并征收较高关税,这势必削弱本国最终产品或工业制成品的国际竞争力。20 世纪六七十年代有效保护理论盛行,一个重要原因在于它不需要应用一般经济均衡模型,而仅通过部门供给弹性及汇率调整就可以表述关税结构对资源配置的影响。

有效保护率定义为衡量一个经济实体由自由贸易走向保护贸易时,一个产业附加价值或称增加值的变动率。这就是说,如果 V_j^w 是以世界价格衡量的 j 产业的增加值,V_j^d 是以国内价格衡量的 j 产业的增加值,则有效保护率为

$$e_j = \frac{V_j^d - V_j^w}{V_j^w}$$

名义保护率与有效保护率是不同的。例如,假定一单位布在国际市场上的自由贸易价格为 1 美元,而这个国家生产这一单位的布需要进口 0.4 美元的纱,这样国内工业部门创造了 0.6 美元的增加值。现在假定对进口布课征 40% 的关税,提高国内价格到 1.4 美元,而对纱仍实行自由贸易。现在国内生产者能获得每单位布的增加值为 1 美元,与自由贸易相比提高了 66.7%。这样对国内布的生产者形成了一个 66.7% 的有效保护率,而不是仅仅 40% 对布进口的名义保护率。假如现在维持布的各种保护措施不变,但对纱的进口课征 10% 的关税,提高了关税壁垒下每单位布的生产成本至 0.44 美元,国内生产者现在能获得每单位布的增加值为 0.96 美元。此时布的有效保护率为 60%。对其投入品实行保护,降低了其增加值和有效保护率。因而,单用某一产品的关税税率来衡量其保护程度是不合理的,要考虑到整个关税结构用有效保护率来衡量的保护作用,这是有效保护理论的重要意义之一。

9.4.3 关税税率变动的影响和有效保护率的推导

由于产品生产是相互联系的一个整体,在分析税率变动的影响时,必须考虑到产业空间的投入产出变化。

设某一工业部门产品 j 征收的关税税率为 t_j,由于 j 的产出涉及 i 个部门投入,若这 i 个部门投入亦被征收关税 t_i,那么就有下列关系:

$$t_j = \sum_{i=1}^{n} a_{ij} t_i \qquad (j = 1, 2, \cdots, n)$$

将其展开有

$$\begin{bmatrix} a_{11} & a_{12} & \cdots & a_{1n} \\ a_{21} & a_{22} & \cdots & a_{2n} \\ \vdots & \vdots & & \vdots \\ a_{n1} & a_{n2} & \cdots & a_{nn} \end{bmatrix} \begin{bmatrix} t_1 \\ \vdots \\ t_i \\ \vdots \\ t_n \end{bmatrix} = (t'_1, t'_2, \cdots, t'_j, \cdots, t'_n)$$

设征收关税前,j 部门产出品价格为 X_j,j 部门产出品的附加值

$$V_j = X_j - \sum a_{ij} X_i$$

征收关税后,j 部门产出品价格为 $X_j + X_j t_j$,j 部门产出品附加值

$$V'_j = X_j(1+t_j) - \sum a_{ij}(X_i + t_i) = X'_j - \sum a_{ij} X'_i$$

假定投入产出比例在征收关税后保持不变,则 j 部门产品的实际关税率 t'_j(有效保护率)和名义关税率 t_j 的关系为

$$t'_j = \frac{V'_j - V_j}{V_j} = \frac{(X'_j - \sum a_{ij} X'_i) - (X_j - \sum a_{ij} X_i)}{X_j - \sum a_{ij} X_i} = \frac{X_j t_j - \sum a_{ij} t_i}{X_j - \sum a_{ij} X_i}$$

若 $X_j = 1$,则

$$t'_j = \frac{t_j - \sum a_{ij} t_i}{1 - \sum a_{ij} X_i}$$

9.4.4 关税有效保护的资源配置效应

征收关税后,名义保护率把受保护产品的价格提高到一个新的水平上,但是由有效保护率决定的实际成本却不在这个价格水平上。各产业有效保护率的不同造成了各产品制造的国内成本的不同。单位外币的国内资源成本是指某一产品国产部分以本币表示的国内价格与以外币表示的国际价格之比,即节约或获得一单位外币的国内资源价格。这一概念同样表示了国内制造业所得到的有效保护。因为所节约的或所赚得的外汇,等于产出的外汇值减去原材料投入的外汇值,所以它也就等于世界价格的增值。假如生产要素成本用市场价格来表示,世界价格的增值用官方汇率换算成本国货币来表示,则国内资源成本等于 1 加上有效保护率。

令 V_d^* 表示国产部分以本币表示的国内价格(即单位产品国内资源总成本),P_d^* 表示含保护关税的国内产品价格,P_{md}^* 表示含关税的进口产品总价格,V_w^* 表示国产部分以本币表示的国际价格,P_w^* 表示不含关税的以本币表示的产品的国际价格,P_{mw}^* 表示不含关税的以本币表示的进口中间产品的总价格,e 表示有效保护率,C 表示单位外币的国内资源成本,V_w 表示国产部分以外币表示的国际价格,π 表示官方汇率,则

$$V_d^* = P_d^* - P_{md}^* \qquad V_w^* = P_w^* - P_{mw}^*$$

$$e = \frac{V_d^* - V_w^*}{V_w^*} \qquad C = \frac{V_d^*}{V_w^*} \qquad e = c - 1$$

若以官方汇率将国产部分以外币表示的国际价格换算成本币价格,则

$$C = \frac{V_d^*}{V_w \pi}$$

从有效保护率的上述变化形式可见,各产业在不同的有效保护率下,节约或获得一单位外币的国内资源成本不同,有效保护率高的产业可以以更高的国内资源成本生产,有效保护率低的产业必须用较低的国内资源成本生产。例如,当汇率为1单位外币＝5单位本币时,有效保护率为40%的产业允许用7单位本币的国内资源成本去节约或获得1单位外币,而有效保护率为20%的产业只能用6单位本币。这表示资源在不同产业所获得的报酬不同,有效保护率高的产业报酬高,国内生产和资源将由低保护的产业向高保护的产业转移,由未受保护的产业向受保护的产业转移,这就是关税的资源配置效应。

1. 关税有效保护的生产效应

关税的生产效应是与其资源配置效应相联系的。不考虑贸易品与非贸易品的替代时,如果有四个贸易品A、B、C、D,其有效保护率按从小到大排列,资源将由A转到B,由B转到C再到D。可以肯定A产品的产量将减少,D产品的产量将增加。但是如果没有具体的生产替代弹性,则不知道B和C产品的产量是否会增加。

如果减少一种中间投入品的名义关税,会有两方面的效应:一是其本身的有效保护率会降低;二是其作为投入品的最终产品的有效保护率会增加。这样带来的生产效应也有两方面,中间投入品的产量减少,最终品的产量增加,对于国内总产量的变化不能得出确切的结论。只有在中间投入品的供给弹性为零时,才能肯定减少中间投入品的名义关税只会使国内产量增加。

需要说明的是,有效保护率只与产品的生产效应有关,而产品的消费效应取决于名义税率。

2. 关税有效保护与产业结构

利用关税的有效保护理论,借助关税的资源配置效应,可通过市场机制调整产业结构,促进产业技术进步,实现资源配置的合理化。

利用关税结构的变化,提高某个产业的有效保护率将提高该产业在生产过程中的增值,根据关税的资源配置效应,这意味着生产要素在该产业会获得更高的报酬,包括可以获得更大的利润,项目的预期利润率将会提高。据此,利润的诱惑将吸引企业向该产业投资,同时也吸引其他生产要素(资源)向该产业流动。在不同关税结构、不同有效保护率的变动下,投资增量和资产的存量在产业间、产业内发生迁移。产业结构将趋向于有效保护率高的产业。

9.4.5 有效保护率的数量分析

假设国外市场供给具有完全弹性,实物投入产出系数不因对产出品或投入品征收关税而改变,汇率不因征收关税而改变,所有投入品皆为可贸易品,可以根据有效保护率的定义推出其计算公式。

设 P_j 为某一最终产品自由贸易时的价格,若对该产品的进口加从价关税,关税税率设为 t_j,则该产品本国国内价格将为 $(1+t_j)P_j$。再设该最终产品只使用一种中间产品,其国际价格为 P_i,如果这种中间产品是从国外进口的,则加了关税(t_i)后的国内价格为 $(1+t_i)P_i$;如果投入是由国内供给的,只要是可贸易品,就要估计加关税而导致的成本上升的幅度,不能因供给来自国内而不计关税,因而其国内价格仍为 $(1+t_i)P_i$。

此时,还要知道制造每一单位最终产品需用多少单位的中间产品,即实物投入产出系数 a_{ij},表示一单位 j 产品所用 i 投入品之数量。根据前面的假设,a_{ij} 为一个固定数值。

根据以上假设,可以计算在自由贸易时,每一单位最终产品的增加值(设为 v_j)为

$$v_j = P_j - a_{ij}P_i$$

加关税以后,亦即在保护贸易之情况下,每一单位最终产品的增加值(设为 v_j^*)为
$$v_j^* = (1+t_j)P_j - a_{ij}(1+t_i)P_i$$
依照前面有效保护率的定义,可知有效保护率(设为 e_j)的计算公式为
$$\begin{aligned} e_j &= \frac{v_j^* - v_j}{v_j} = \frac{t_j P_j - t_i a_{ij} P_i}{P_j - a_{ij} P_i} \\ &= \frac{t_j - t_i \dfrac{a_{ij}P_i}{P_j}}{1 - \dfrac{a_{ij}P_i}{P_j}} \quad (设 \frac{a_{ij}P_i}{P_j} = \theta_{ij}) \\ &= \frac{t_j - \theta_{ij} t_i}{1 - \theta_{ij}} \end{aligned}$$

式中,θ_{ij} 表示在自由贸易下,每一单位货币的最终产品中,有多少成分属于中间产品的价值(亦即中间产品成本与最终产品成本之比)。

当一个产业使用多种进口中间投入品时,其有效保护率公式为
$$\begin{aligned} e_j &= \frac{t_j - \sum_{i=1}^{n}\theta_{ij}t_i}{1 - \sum_{i=1}^{n}\theta_{ij}} \\ &= \frac{t_j - \overline{t_i}\sum_{i=1}^{n}\theta_{ij}}{1 - \sum_{i=1}^{n}\theta_{ij}} \end{aligned}$$

式中,$\overline{t_i} = \dfrac{\sum_{i=1}^{n}\theta_{ij}t_i}{\sum_{i=1}^{n}\theta_{ij}}$,为投入品的加权平均关税税率。

9.4.6 关税有效保护理论的政策意义

大部分发达国家的关税结构是随着加工程度的深化逐级而升的结构,即普遍地对加工深度越高的产品课征越高的名义关税,对原材料征收相对较低的关税,而对用那些原材料生产的制成品征收相对高的关税。

从有效保护的观点看,这一结构有两点重要的意义:

(1)除未使用任何可贸易的产品作为投入的基本原材料外,循级而升的关税结构表示,有效保护率通常大于名义税率。有些国家通过合理地设置关税结构,可以在名义税率很低的情况下,对本国最终产品进行有效保护。

(2)循级而升的关税结构表示,在整个生产阶段中,处于最初阶段的原料保护程度低。

有效保护率和名义税率之间存在以下关系:

(1)有效保护率较名义税率而言,是一个更好的指明资源流向的指标。

(2)通过对有效保护率的数量分析,可以找到某些名义税率和有效保护率之间的变化特征。在确定有效保护水平后,可以有意识地根据这些规律调整名义税率以满足决策者的要求。这些特征包括:

①全面降低关税时,只要成品关税下降幅度低于全体投入品平均下降幅度,有效保护率就会随关税降低而升高;反之,会随关税降低而降低。

②对某个增值小的行业,其名义关税水平的变化带来的有效保护水平的同方向的变化大,而其投入品尤其是投入产出系数越大的投入品的名义关税水平的变化所引起的其有效保护率的反方向的变化越大;对某个增值大的行业,其名义关税水平的变化带来的有效保护水平的同方向的变化小,而其投入品尤其是投入产出系数越小的投入品的名义关税水平的变化所引起的其有效保护率的反方向的变化越小。

同时考虑既作为投入品,又作为产出品时,名义税率变化特征如表9-1所示。

表9-1 名义税率变化特征表

θ(系数)	v(增加值)	
	大	小
大	t 可降幅大	t 应降幅小
小	t 应降幅大	若重点保护其作为投入品的产业,t 应降幅大
		若此产业为重点保护产业,t 应降幅小

尽管这些特征在理论上可以解释,但在实际中却难以执行。重要原因在于对每一种产品而言,它既是最终产品,也是中间投入品,投入产出形成了一个错综复杂的循环关系。若根据投入产出关系来进行关税削减,就会发现要考虑各种产品之间的平衡,操作起来是一件很困难的事。

9.5 最优关税

9.5.1 最优关税的概念

最优关税(optimum tariff)是指国家应用市场支配力量,通过一定的关税税率使得一国贸易条件改善带来的利益超过贸易量减少所造成的福利损失,并使该国获得最大净利益的关税。能使一国净福利水平达到最大化的关税税率便是最优关税税率。

现代国际贸易理论已经证明,任何国家征收关税,从绝对意义上讲都是一种净损失,也就是说完全的自由贸易是最优的。但是,在现实中,各国出于不同的目的都不愿率先实行贸易的完全自由化,如果仓促实行零关税,将会对其经济增长和产业结构升级产生十分不利的影响。那么,为了提高关税政策的效益,尽可能减小关税带来的损失,就需要考虑最优关税问题。在自由贸易零关税和禁止性关税税率之间有一个使进口国福利增加的关税税率,这就是所谓的最优关税税率。进一步而言,最优关税就是使贸易条件收益与效率损失之差达到最大时的关税,它是国家应用市场支配力量,根据进口品的供给状况获得最有利的贸易条件从而使社会经济福利最大化时的进口关税,也就是在静态条件下使国民经济净得益的关税。

9.5.2 最优关税税率的计算公式

最优进口关税税率的计算公式为

$$t^* = 1/(e-1)$$

式中,t^* 是最优进口关税税率,e 是外国提供曲线的弹性(绝对值)。我们分析以下情况:

如果 e 值越大,则 t^* 值越小,本国所能获得的贸易利益也越少;e 值越小,意味着外国的提供曲线弯曲程度越大,本国所能获得的贸易利益也越多,t^* 值越大。

如果 e 趋于无穷大,即意味着贸易伙伴提供曲线是条直线,表明世界价格固定,不受本国控制和影响,也意味着本国是小国。对于小国而言,这时 $t^*=0$。

如果 e 小于无穷大,即意味着外国提供曲线是条弯曲的曲线,也意味着本国是大国。对于大国而言,这时 $t^*>0$。

9.5.3 大国的最优关税

小国由于无法支配市场以改变商品的供求,也就不能通过关税改善其贸易条件,所以对小国而言只有零税率才是所谓的最优关税。大国征收关税一方面会减少贸易量,另一方面会改善其贸易条件。贸易量的减少是一种损失,而贸易条件的改善则是一种收益,这样的话,征收适度关税就有可能给一国带来净收益(虽然对世界来说仍是一种净损失)。因而,国际贸易理论认为,这样,只有在"大国效应"下,才有调整关税税率使国民经济净得益达到最大值的可能。下面我们将就最优关税问题的度量进行分析。

在零关税与禁止性关税之间,寻找某一最佳点,在这一点,因贸易条件改善而额外获得的收益恰好抵消了因征收关税而产生的生产扭曲和消费扭曲所带来的额外损失。

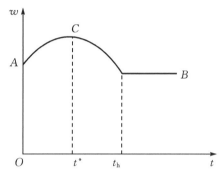

图 9-13 最优关税与零关税和禁止性关税之间的关系分析

在图 9-13 中,横坐标表示关税税率,纵坐标表示征收进口关税国的福利水平,曲线 AB 表示关税水平对本国福利的影响。A 点对应的关税为 0,即 OA 代表自由贸易状态下的社会福利水平。t_h 表示禁止性关税,对应于该关税水平,国内经济又回归到了封闭状态,所以当关税水平大于或等于 t_h 时,社会福利水平要低于自由贸易下的福利水平。曲线 AB 在 C 点的切线斜率为 0,即在这一点,进口国的福利达到最大,对应于这一点的关税税率为 t^*,该税率即为最优关税税率。

大国对进口品征收关税可能会影响国内同类产品的价格,也会降低国外产品的价格。这样,该进口国就可以从自己征收的关税中获得收益。外国商品的供给弹性越低,最优关税税率就越高;相反,如果供给弹性无穷大,那么最优关税税率就等于 0。然而,由于进口国因关税而获得的利益低于外国因这种关税而受到的损失,因此,对于整个世界来说,某一国家的最优关税带来的是净损失。

在最优关税下无论是削减或增加一国的关税都将导致该国的国民收入或福利下降。芬德利明确指出:最优关税并不是零。由于最优关税取决于本国与外国的经济结构以及贸易政策,因此,最优关税并不是固定的。在生产和贸易的过程中,它随时都在变化。众所周知,在国际市场上收集信息不仅成本很高,还存在不同程度的时间滞后。各种信息充斥着不确定性,真伪难辨。任何人都不可能拥有完全的信息集。因此,最优关税只在理论讨论中有意义。在现实中,如果能够把关税设定在接近最优关税的一个区间之内,就已经是非常理想的了。

在多种商品情况下,达到关税最优结构的条件包括对某些进口品和出口品征收负关税。霍韦尔(Horwell)和皮尔斯(Pearce)给出了这种情况的一个例子,同时指出,这需要征收关税的国家存在着复杂的需求和供给弹性条件。

如图 9-14 所示,横轴表示商品 1 的进出口数量(X),纵轴表示商品 2 的进出口数量(Y)。其中本国出口商品 1,进口商品 2;外国恰好相反。

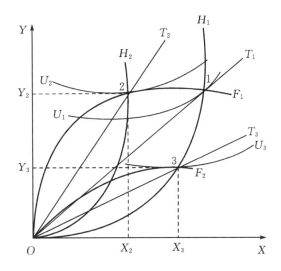

图 9-14 大国最优关税和关税报复的一般均衡分析

在自由贸易条件下,本国的提供曲线为 OH_1,外国的提供曲线为 OF_1,贸易条件为 OT_1,$P_1/P_2=1$;贸易无差异曲线为 U_1,自由贸易均衡点为 1。在该点本国的贸易无差异曲线与均衡的贸易条件线和外国的贸易无差异曲线相切。本国的贸易可能性受到外国提供曲线的制约,同样外国的贸易可能性受到本国提供曲线的制约。因此本国可行的进出口商品的结合只能处于外国的提供曲线上,同样外国可行的进出口商品的结合只能处于本国的提供曲线上。

从图形上看,最优关税就是可以使一国达到其可能达到的、最高的贸易无差异曲线的关税税率时的关税。这一点恰好是本国的贸易无差异曲线 U_2 与外国的提供曲线 OF_1 的切点 2。此时的贸易条件为 OT_2,$P_1/P_2>1$。在 2 点上,本国可能福利最大而且比自由贸易时更好。但由于导致外国福利减少,本国有可能遭到报复行动。

本国征收关税,会使本国的提供曲线向纵轴方向内移,税率越高移动幅度越大。当税率提高到使本国提供曲线与贸易无差异曲线和外国的提供曲线在点 2 相交时,本国福利最大,对于本国而言,其贸易无差异曲线无论处于该点的左方或处于右方,该国的福利水平都较其低。因此这时的关税税率就是最优关税税率。如果该国继续提高关税,本国提供曲线就会继续向左移动,直至在原点与外国提供曲线相交,贸易完全停止。这时的关税税率就是禁止性关税税率。

以上的分析也可以用到对外国征收关税的分析中。由于本国征收了最优关税,为达到平衡点,外国必须征收进口或出口关税进行报复。因为由勒纳对称原理可知,最优进口关税和最优出口关税是等价的。

假定外国政府对商品 1 征收 100% 的进口关税,或者外国政府也可对商品 2 征收 100% 的出口关税来达到目的。从图形上看,最优关税就是可以使一国达到其可能达到的、最高的贸易无差异曲线的关税税率时的关税。这一点恰好是外国的贸易无差异曲线 U_3 与外国的提供曲线 OF_2 的切点 3。此时的贸易条件为 OT_3,$P_1/P_2<1$。

由于外国很可能在其出口方面具有的垄断力,超过了其在进口方面具有的垄断力,因此有的学者认为最优关税可能在出口方面较进口方面更相关。在 3 点上,外国可能福利最大且比自由贸易时更好,而且降低了本国的福利,起到了贸易报复的作用。

以上分析说明在通常情况下,大国征收关税会改善其贸易条件,但也会提高其进口品的国内相对价格。此外,本国运用最优关税税率时,必然使外国受到损失。一个国家由于征收了最优关税从而使贸易伙伴蒙受损失而获得的收益,很可能遭到报复。报复的过程可能持续到贸易双方都失去贸易收益时为止。如果报复引起反报复就会导致关税战,直至达到一种新的均衡。在这一均衡状态下,贸易虽然减少了,但不会完全消除。

9.5.4 关税报复和关税战

假定有 2 个国家,本国和外国,本国国内需求和供给分别为

$$Q_D = Q_D(p)$$
$$Q_S = Q_S(p)$$

这里根据需求和供给函数的特点可知,

$$dQ_D/dp<0 \quad dQ_S/dp>0$$

假定本国是一个进口国,其进口需求函数为

$$Q_M(p) = Q_D(p) - Q_S(p)$$

且 $dQ_M/dp<0$。同样,可以定义外国出口供给函数为

$$Q_X^*(p^*) = Q_S^*(p^*) - Q_D^*(p^*)$$

且 $dQ_X^*/dp^*>0$。自由贸易的均衡条件要求

$$p=p^*$$

市场出清条件为

$$Q_M(p) = Q_X^*(p)$$

自由贸易均衡就由图 9-15 中超额需求和超额供给曲线的交点所决定。这时对应的均衡产量和均衡价格分别是 Q 和 P。

假设自由贸易只是体现现状,还要考虑到本国具有改变现状的动机。因此本国的最优政策要求在自由贸易均衡条件下,进口的边际收益等于进口的平均成本,但从现实最佳的政策角度要求征收关税带来的边际收益等于征收关税带来的边际成本。

$$MC = dC/dQ_X^* = p^* + Q_X^*(dp^*/dQ_X^*)$$
$$C = p^* Q_X^*$$
$$p = p^*(1+1/\varepsilon^*) = p^*(1+t)$$

ε^* 是外国出口供给的弹性,表示本国在此有动机提出最优关税(作为一个垄断者)。这时需求曲线不变,但存在最优关税条件下的均衡,就由图 9-15 中超额需求和边际成本曲线的交点所决定。这时对应的均衡产量和均衡价格分别是 Q_T 和 P_M。同样的假定可适用于外国。

如图 9-15 所示,横轴表示产品数量,纵轴表示价格。M 表示进口需求曲线,X 表示出口供给曲线,MC 表示进口边际成本曲线。

由于进口国起到了垄断作用,因此,结合图 9-15 来看,在整个世界市场上其收益及其表现如下,从自由贸易获得的国内收益 $\triangle hcf$;实施最优关税政策后,关税收入为 $\triangle abde$,贸易条件收益为 $\triangle gdef$,生产与消费损失为 $\triangle bcg$,净收益 $=\triangle gdef - \triangle bcg$。

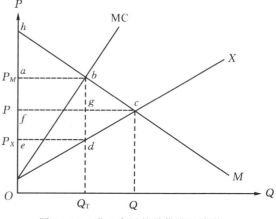

图 9-15 进口大国的最优进口关税

在不完全竞争条件下，对于一个大国来说，实施一定程度的关税保护是肯定得益的；大国由于其国内厂商具有垄断力量，因此其得益比小国更有保证。

接下来的问题，便是这个大国采取了最优进口关税政策之后，其贸易对手会有什么反应。

如图9-16所示，由于本国关税的存在，外国被假定在给定剩余需求情况下征收出口关税 t^*。

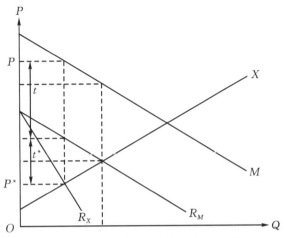

图9-16 出口大国基于报复的最优出口关税

如图9-16所示，横轴表示产品数量，纵轴表示价格。M表示进口需求曲线，X表示出口供给曲线，R_M表示本国的进口关税决定函数，R_X表示外国的出口关税决定函数。

考虑两国都是大国的情形。当进口国实施最优进口关税，出口国则会以实施最优出口关税来报复。这两种政策推动世界价格趋向于原来相反的方向，两个函数的交点位于P和P^*之间。这两种政策实施的结果与自由贸易相比都减少了贸易的数量。外国征收出口关税导致出口供给曲线向左平移，其结果使最优进口关税减少。

这场贸易战是否会最终导致两国重新回到封闭状态之中呢？我们看到在贸易战中，外国征收的出口关税导致进口国最优进口关税的减少，本国征收的进口关税会导致外国最优出口关税的减少，但是贸易报复将不大可能导致国家间再也不进行贸易的情况。

图9-17说明大国关税报复和关税战的均衡。

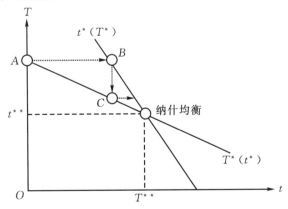

图9-17 大国关税报复和关税战的均衡

在图 9-17 中,横轴表示出口关税 t,纵轴表示进口关税 T,在此本国最优进口关税的决定函数可以由反应函数 1 来刻画,表示为 $T^*(t^*)$;外国最优出口关税决定函数可以由反应函数 2 来刻画,表示为 $t^*(T^*)$;两个反应函数相交处表示纳什均衡。

各国关税的反应曲线告诉我们给定竞争者关税策略当事国会采取的优化策略。各国根据自己的反应曲线行动,两个曲线交点给出了均衡关税,称为古诺均衡。

贸易战这一过程将会交替下去,每个国家都会在每一阶段将干预其贸易对手作为其任务。这一战事直到没有任何一个国家有动机改变其贸易政策时为止(达到纳什均衡)。

9.5.5 关税对价格的扭曲

关税作为一种重要的贸易干预政策,自然具有经济扭曲的性质。关税扭曲从属于政策引致性扭曲。它是由于国家干预国际贸易,使国际交换背离了经济规律而造成的扭曲。

从扭曲的定义来看,关税扭曲可分为价格性扭曲和资源配置性扭曲两种。价格性扭曲的特点是国内市场价格对机会成本的背离,造成国内价格的上涨,导致生产、消费以及对外交换的变化;资源配置性扭曲是一种更深层次的扭曲,它源自价格性扭曲,指价格的扭曲信号引发资源的不合理流动。

假定本国为一小国,在国际市场上所占份额很小,而且不因产地不同而区分产品,这样该国可视为竞争市场中的小企业,面临的是一条完全有弹性的进口供给曲线,故小国是价格的接受者,不能影响贸易条件。假定该国按从价税征收关税,税率为 t,在考虑仅有两个可贸易部门以及完全竞争的要素和产品市场,该国国内价格 P 表示为

$$P = P' \cdot (1+t) \cdot R_e$$

式中,R_e 和 P' 为汇率和进口品的到岸价格。图 9-18 是我们熟悉的关税效应图,我们用它来分析关税的价格扭曲的表现。

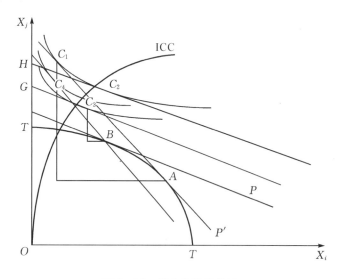

图 9-18 征收关税的效应

(1) 国内生产者在生产可能性曲线上向进口部门的生产点移动,即 $A \to B$。进口品部门价格升高,使得国内价格比 $\dfrac{P_j}{P_i}$ 增大,且 $\dfrac{P_j}{P_i} > \dfrac{MC_j}{MC_i}$,表明低效率的国内生产代替了高效率的国外生产,导致生产扭曲及其损失。

(2)结合收入-消费曲线(ICC)观察,消费由 C_1 点移到了较低无差异曲线的 C_3 点,$\frac{P_j}{P_i}<$ DRS(消费替代率),国内消费者剩余减少,造成消费扭曲及其损失。

(3)国外价格比高于国内价格比,造成对外扭曲。

关税造成价格与边际成本的背离,错误的价格信号又会导致资源配置的扭曲,这是一种更深层次的扭曲,具体表现为生产要素在不同产业(产品)间存在价格差异,即

$$\left(\frac{w}{r}\right)_1 \neq \left(\frac{w}{r}\right)_2 \quad \mathrm{MRS}_{LK}^1 = \mathrm{MRS}_{LK}^2$$

9.5.6 关税减让与战略性关税政策

一般而言,发展中国家关税政策的特征是:关税税率过高,关税保护期过长,而且关税保护的产业面也过宽,呈现关税过度的状况。这种状况危害产业的竞争效率,没有真正使国内企业发展壮大起来。为适应世界经济一体化及贸易自由化的发展潮流,必须对现行的贸易壁垒做重大调整。因此,从 20 世纪 90 年代中期以来,关税减让成为各国降低贸易壁垒行动的必然选择。

1. 关税减让、差别保护和寻租竞争

关税减让应当是一个变高保护率为低保护率,变全面保护为差别保护的过程。

由于在关税减让过程中实施适度保护和差别保护的必要性,因此关税带来的租金并没有完全消除。关税减让过程中的租金主要存在于两个方面:①国内产业相对于外国竞争者的关税租金(生产者的额外收益依然存在);②国内产业部门间存在的租金(稀缺资源因关税干预的存在,依然构成租金)。

故关税减让中的寻租活动主要表现如下:

(1)关税减让幅度的大小反映了第一种租金的减少幅度。故各产业集团均尽量争取小幅减让甚至不减让,由此产生寻租动机。

(2)由于需实行差别保护,故各产业均期望成为重点保护对象,故寻租活动由单个产业部门与政府之间的行为演变为多个产业部门与政府之间的行为,寻租活动带有竞争性,表现为产业部门间的寻租竞争。

(3)即使非重点保护的产业部门之间,若关税减让中其关税有效保护率不能趋于相等,也存在寻租竞争、追逐资源的可能。

2. 战略性关税政策

在关税减让过程中若考虑不完全竞争的市场结构,还应当注意战略性关税政策的运用。战略性关税政策的中心思想是:在不完全竞争条件下,一国政府利用关税可以限制外国厂商在本国市场进行销售的垄断高价,迫使其自动吸收部分压低下来的价格;或者可以激励本国潜在的生产者进入外国厂商业已占领的国内市场,打破后者对该市场一统天下的垄断局面。

战略性关税的竞争效应体现在以下方面:

(1)它对双方的竞争策略产生影响,它可以诱使外国厂商放弃阻止本国厂商进入的进入-威慑战略,矫正外国国内产品的垄断扭曲,起到促进国内厂商进入和竞争的作用。

(2)它能够使不完全竞争市场中的竞争结果发生倾斜,削弱外国竞争者的垄断地位,将其手中部分垄断利润转移到国内。

由于战略性关税政策从世界经济大量客观存在的不完全竞争和规模经济的市场条件出发,认为现实中对完全竞争的市场结构的背离使市场运行的结果处于次优境地,而适当的政策干预

则可能改变这种结果,使其对自己更为有利,自由贸易失去了最优地位,战略性关税政策因而有一定的可取性。若战略性关税政策功效被曲解,可能会走向极端的贸易保护主义。

9.6 关税谈判和关税减让公式

9.6.1 关税减让与关税减让水平测算

1. 关税减让

"关税减让"有四种含义:一是削减关税并约束减让后的税率,如承诺将某产品的关税从30%减为10%并约束;二是约束现行的关税水平,如某一产品现行的关税为10%,谈判中承诺今后约束在10%;三是上限约束税率,即将关税约束在高于现行税率的某一特定水平,实施税率不能超出这一水平;四是约束低关税或零关税。这四种方式均视为减让。

2. 关税减让水平测算

对关税减让水平的测算主要有三种方式:一是关税约束水平。约束关税可以使贸易具有稳定性和可预见性。二是零关税所占的比例,包括零关税的税目在总税则税目中的比例以及零关税产品的进口值在总进口值中的比例。三是关税水平和减让幅度。

9.6.2 关税减让谈判基础和原则

1. 关税谈判的基础

进行关税谈判必须有两个基础:一是商品基础,即海关进出口税则;二是税率基础,即确定税率削减的基础。

(1)商品基础。现在关税谈判的商品基础是世界海关组织协调产生的国际上各国海关采用的《商品名称及编码协调制度》(简称HS)。它对不同的商品进行了统一的编码,国际上通行的是6位编码。前2位表示一类商品,第3~4位是在类基础上的细分,第5~6位是在第3~4位基础上的进一步细分。各国在此基础上根据本国的情况再细化,形成各国海关税则。各国在此基础上确定的编码即为某一商品或某一类商品的税号。某一税号确定的商品范围在一定程度上是一致的,因此用税号进行谈判时商品范围就已确定,谈判有一共同的语言,商品的税号是某一具体产品的谈判基础。不管谈判方式如何,也不管谈判怎样进行,最后的结果都要反映在具体的税号上。关税减让谈判均要以进口国的海关税则作为谈判的基础。

(2)税率基础。有商品基础的同时必须要有税率基础作为关税减让的起点。当然每一次谈判的税率基础是不同的,一般以上一次谈判后谈定的税率作为基础。这一谈判中谈定的税率也称为约束税率。对于没有约束税率的商品,谈判方要共同确定一个税率。对于农产品,发展中国家对部分产品可以自己提出一个上限约束水平作为基础税率。加入世界贸易组织关税谈判中的基础税率一般是申请方开始进行关税谈判时其实际在国内实施的税率。

各成员经过关税谈判将各自的全部或部分产品关税固定在某一水平,这一关税水平通常称为约束关税,或称为协定关税。约束关税是关税减让的结果,承诺了约束的关税税率,不得单方面任意提高,如要提高则要经过谈判,并要给予有关成员适当的补偿。该成员只可在约束税率以下调整该产品的税率,如一种产品的关税约束在20%,成员的实施关税只能在20%及以下。也就是说关税谈判结果的税率与各成员实施的税率是不同的,谈判结果的税率是约束税率,而实施税率是成员公布的法定适用的税率,实施税率均不得高于约束税率。

2. 关税谈判原则

关税谈判的目的是消除国家间的贸易壁垒。根据《1994 年关税与贸易总协定》第 28 条的规定,世界贸易组织成员应在互惠互利基础上进行谈判,实质性地削减关税和其他进口费用的总体水平,特别是削减那些阻碍最低数量进口的高关税,并在谈判中适当注意该协定的目标和成员的不同需要。

关税谈判的原则可概括为互惠、相互考虑对方的需要、保密以及在最惠国待遇基础上实施等原则。

9.6.3 关税谈判方式

不论是何种类型的关税谈判,其谈判方式主要有以下几种。

(1) 公式减让谈判。公式减让一般适用于多边谈判,在谈判中对所有产品或所选定的产品,不论税率高低,皆按某一议定的百分比或按某一公式削减。如肯尼迪回合中,要求工业化国家对工业品削减 50%;乌拉圭回合中的农业关税谈判,全体削减 24%,每一产品不低于 10%。这一方式的缺点是等百分比削减,不利于削减关税高峰。东京回合中采用了瑞士公式,通过这一公式可对高关税进行较大幅度削减,而低关税削减的幅度相对较小。

(2) 部门减让谈判。乌拉圭回合多边谈判开始采用此种方式。这是主要缔约方提出的减让方式,即对选定的产品部门的关税约束在某一水平,如对蒸馏酒、啤酒、家具、玩具、建筑机械、农业机械、钢材、药品、医疗机械、纸及制品等十个部门的关税约束为 0,谈判中称为零关税部门;对化学品的原料、半成品(中间体)、制成品上限关税税率分别约束在 0、5.5%、6.5% 的水平,谈判中称为协调关税部门。部门减让的产品范围一般按照 HS 目录确定。

(3) 产品对产品谈判。产品对产品谈判是指某方根据对方的进口税则产品分类,向谈判对方提出自己具有利益产品的要价单,被要求减让一方根据主供国原则,对其提出的要价单按每一具体产品进行还价。提出要价单的一方一般称为索要方,索要方在提出的要价单中一般包括主供国产品、实质利益产品及潜在出口利益产品。索要的产品一般都是在谈判对方受到贸易壁垒的限制。谈判通常要进行若干轮才能最终达成一致。

在实践中,乌拉圭回合谈判中以及在乌拉圭回合后的加入谈判中,这几种谈判方式都在交叉使用,没有固定的减让模式。通常以部门减让谈判及产品对产品谈判方式为主,通过部门减让谈判解决缔约方大部分关心的产品,而通过产品对产品谈判解决个别重点产品。产品对产品谈判在双边基础上进行,而公式减让谈判及部门减让谈判主要在多边基础上进行,现在也用于双边谈判中。

9.6.4 历次关税谈判中的减让公式

关税减让公式主要是在东京回合中提出的,共有三种。

(1) 直线减让公式。

$$Y = 1.5X + 50\%$$

式中,X 为原税率;Y 为减税幅度。按此公式,6% 的关税税率应降幅度为 $1.5 \times 6\% + 50\%$,即 59%。

该公式是由美国提出的一揽子减税公式,同时规定最大减税幅度为 60%。该公式不能使高关税大幅度降低,有利于高关税国家和关税差别较大的国家。

(2) 协调关税公式。

$$Y = X (4 \text{ 次})$$

式中,X 为原税率;Y 为减税后的税率。按此公式,10% 的关税可降至 6.95%,运算如下:

① 先对原关税税率降低 10%,减税幅度为 1%,关税税率降至 9%;

② 再对 9% 的关税税率降低 9%,减税幅度为 0.81%,关税税率降至 8.19%;

③再对 8.19% 的关税税率降低 8.19%，减税幅度为 0.67%，关税税率降至 7.52%；
④再对 7.52% 的关税税率降低 7.52%，减税幅度为 0.57%，关税税率降至 6.95%。

利用该公式，可使 50% 的关税税率降至 12.91%，使 20% 的关税税率降至 10.28%。可见税率越高，减税越多，可达到协调关税的目的。该公式只适用于工业品。

(3) 瑞士公式。

$$Z = AX/(A+X)$$

式中，A 为系数；X 为原税率；Z 为减税后的新税率。

瑞士公式是直线减税公式与协调公式的折中，依此公式计算，税率越高，减税越多。但由于系数的不同也会产生一定差异，系数越小，降税越多，反之则少。该公式简单易行，又综合了上述两个公式的优点，所以在东京回合中被发达国家所普遍采用，但在具体运用时，各国在公式及系数的选择等方面都分别采用有利于自己的方式。

9.6.5 多哈回合关税谈判中的减让公式

1. 农产品市场准入分层公式

多哈回合农产品市场准入谈判中，提出了分层削减公式。公式中主要的参数有分层层数、分层宽度、分层削减公式的削减幅度等。

市场准入议题谈判的核心内容是通过关税分层，并在各层设置不同的降税幅度，从而达到高税高减、消除关税高峰的目的。根据 2004 年 7 月框架协议确定的原则，谈判内容主要涉及分层公式的层数、临界点、各层削减幅度和内置灵活性、关税封顶，"敏感产品"的数量和待遇及与分层公式的关系，特殊产品的标准、数量和待遇等。

各方同意发达成员和发展中成员的减让方案都按分层公式进行，即分四层削减关税，按发达成员和发展中成员确定不同的临界点、各层削减幅度和内置灵活性、关税封顶；在削减公式类型上形成以线性公式为基础的共识，但在"敏感产品"数量和待遇、特殊产品数量和待遇上分歧依然较大。

2. 非农产品市场准入谈判的关税减让公式

非农产品市场准入谈判涉及的最主要问题是工业品市场准入。各国对关税削减的公式形式达成共识，选定非线性的瑞士公式作为这一轮非农产品关税削减的基本公式。

按照非农产品市场准入谈判小组主席斯蒂芬森 2008 年 7 月提交的最新修改的妥协方案，非农产品市场准入谈判的关税减让公式为

$$T_1 = \frac{\{a(\text{or } x \text{ or } y \text{ or } z)\} \times T_0}{\{a(\text{or } x \text{ or } y \text{ or } z)\} + T_0}$$

式中，T_1 表示减让后的约束税率；T_0 表示减让前的基础税率；a 表示系数，区间为 [7~9]，针对发达成员；x,y,z 表示系数，区间分别为 [19~21]，[21~23]，[23~26]，针对发展中成员。

在多哈回合非农产品市场准入谈判中，中国建议采用如下关税削减公式：

$$T_1 = \frac{(A + B \times P) \times T_0}{(A + P^2) + T_0}$$

式中，T_0 为基础税率；T_1 为最终税率；A 为基础税率算术平均值；P 为峰值因子，$P = T_0/A$；B 为调整系数，$B=3$（2010 年），$B=1$（2015 年）。

该公式不仅具有协调和非线性减让的特点，而且在最终减让水平上体现了灵活性。高于平均值的税率，降税幅度较大；低于平均值的税率，降税幅度较小。同时，它还大大降低了关税的离

散度;在有效削减关税高峰的情况下,适当保持了合理的最终税率水平。

峰值因子 P 为现行税率与平均税率的比值,通过该因子的作用,不但可以有效地削减关税高峰,而且可以适当照顾各成员现行的税率结构,从而保证关税减让是以合理的方式进行的,并减少了复杂性。

通过调整因子 B 的作用,可以灵活地调整最终降税水平。B 的实际取值可以通过谈判确定。

 本章小结

关税对进口国经济的多方面影响被称为关税的经济效应。关税的经济效应主要包括价格效应、贸易条件效应和进口国国内经济效应。

在对关税进行局部均衡和一般均衡分析时,需要区分小国和大国。如果进口国是小国,它通过关税限制进口不会对世界价格产生任何影响,国内价格上涨幅度与关税幅度相同。如果进口国是大国,它通过关税限制进口就会使世界价格下降,从而国内价格上涨幅度小于关税幅度。

如果进口品在国内市场的价格由于征收关税而下降,就会发生资源转移的状况。进口品相对价格下降,出口品相对价格上升,出口品生产将有利可图,资源会从进口竞争产业转移到出口产业,出口部门密集使用的要素报酬会提高,收入分配会有利于该国较丰裕的生产要素,这就是所谓的梅茨勒之谜。以从价税计征的、同样税率的进口关税和出口关税具有相同的效应,这就是所谓的勒纳对称原理。

关税的保护程度有两种表示方法:一种是关税对一国经济或某一经济部门的保护程度,通常以关税水平来衡量;另一种是关税对某一类商品的保护程度,常以保护率表示。关税水平一般指一个国家进口关税的平均税率,针对某一类商品的关税保护程度而言,也可以称为名义税率或名义保护率,其计算方法包括简单平均法和加权平均法。

最优关税是指国家应用市场支配力量,通过一定的关税税率使得一国贸易条件改善带来的利益超过贸易量减少所造成的福利损失,并使该国获得最大净利益的关税。能使一国净福利水平达到最大化的关税税率便是最优关税税率。小国由于无法支配市场以改变商品的供求,也就不能通过关税改善其贸易条件,所以对小国而言只有零税率才是所谓的最优关税。大国征收关税一方面会减少贸易量,另一方面会改善其贸易条件,征收适度关税就有可能给一国带来净收益(虽然对世界来说仍是一种净损失)。因而,只有在"大国效应"下,才有调整关税税率使国民经济净得益达到最大值的可能。

关税作为一种重要的贸易干预政策,使国际交换背离了经济规律而造成了关税扭曲。关税扭曲可分为价格性扭曲和资源配置性扭曲两种。

 名词术语

大国和小国　梅茨勒之谜　勒纳对称原理　名义保护率　有效保护率　关税结构
最优关税　关税减让　关税谈判　关税减让公式

 思考与练习

1. 假设毛麻纤维是 S 国的一项出口商品,该国以毛麻纤维为主要原材料的地毯工业也很发达。该国贸易部部长建议取消对该产品的出口关税,但他的提议遭到财政部部长和工业部部长的强烈反对。

(1)假定 S 国是一个毛麻纤维贸易的小国,用图说明如果取消出口关税对 S 国各方利益的影响,并分析财政部部长和工业部部长为什么要反对这一政策。

(2)假定 S 国是一个毛麻纤维的出口大国,贸易部部长的建议还会对本国的经济产生什么影响?

2.画图分析大国对出口产品征收出口税的经济影响(包括国际价格、国内价格、生产量、消费量、出口量、生产者福利、消费者福利以及整个社会的福利变动)。

3.设 A 国是汽车进口的小国,对汽车的需求和供给分别为

$$D=2000-0.02P \qquad S=1200+0.03P$$

并设国际市场上汽车的价格为 10000 美元/辆,请用数字和图形说明下列问题:

(1)在自由贸易下,A 国汽车的产量及进出口量,自由贸易对国内消费及厂商的福利影响。

(2)A 国对汽车征收每辆 3000 美元的进口税,国内汽车的产量及贸易量;与自由贸易相比,消费者和厂商的福利变化。

(3)A 国对汽车进口设定 150 辆的配额限制,国内汽车的价格、产量及贸易量;与自由贸易相比,消费者、政府、厂商的福利变动。

(4)A 国给国内汽车制造商每辆 3000 美元的生产补贴,这时国内汽车的产量、贸易量;与自由贸易相比,消费者、政府、厂商的福利变动。

(5)如果政府的政策目标是保护国内汽车制造业,你认为应该实行哪一种政策?在实践中会有什么问题?

(6)如果国际汽车市场价格降为 8000 美元,分析关税(仍为 3000 美元)和配额(仍为 150 辆)对国内价格、进口量、消费者、政府、厂商的福利影响。

4.两国贸易模型:A 国和 B 国。

设 A 国对汽车的需求和供给分别为:$D_A=2000-0.02P \quad S_A=1200+0.03P$

B 国对汽车的需求和供给分别为:$D_B=1800-0.02P \quad S_B=1400+0.03P$

请计算:

(1)贸易前,双方汽车的均衡价格和产量。

(2)自由贸易条件下,国际市场汽车的均衡价格、各国的产量及贸易量(不考虑运输成本),以及自由贸易给两国的福利带来的影响。

(3)A 国对汽车进口征收 3000 美元的单位税,这时各国汽车市场的价格、产量及贸易量。

请判断进口税对 A 国汽车制造商、国内消费者和 A 国政府的福利带来的影响如何。

5.2001 年 4 月 17 日,日本政府在内阁会议上正式决定:从 4 月 23 日起至 11 月 8 日的 200 天里,对从中国进口的大葱、鲜香菇及蔺草席三种农产品实施"紧急限制进口措施"。为了控制进口的迅速增加,在此期间,如果从中国进口的这三种产品的数量不超过平均进口量,即大葱 5383 t、鲜香菇 8003 t 和蔺草席 7949 t,则按现行的 3%~6%征税,超过部分最高将课以 266%的关税。中国方面宣布从 6 月 22 日开始对日本向中国出口的汽车、移动电话和空调等 60 种产品征收 100%的特别关税。试用贸易报复和关税战理论对此案例的原因、过程和结果进行分析。

实验项目十六

实验项目十七

实验项目十八

第 10 章 非关税壁垒及其政策效应分析

无论在国内市场还是在国际市场上,非关税壁垒的作用与影响都在逐步扩大与加深,它已成为政府调控对外贸易的十分重要的手段。本章所要介绍和分析的主要内容是非关税壁垒的主要特征及其效应、倾销与反倾销及其效应、技术性贸易壁垒的度量,以及关税壁垒与非关税壁垒的综合运用与评估等。

10.1 非关税壁垒的主要特征和效应分析

10.1.1 非关税壁垒的主要特征

(1)限制和减少进口数量。非关税壁垒最重要的表现是限制并减少进口数量的政策倾向。

(2)提高进口品价格。非关税壁垒在限制了进口品数量的同时,也在某种程度上提高了进口品的实际价格或影子价格,这种价格的提高进一步反映了在这个经济中其他部门的经济行为和表现,特别是当这种进口品作为中间投入时更是如此。

(3)影响进口需求弹性的变化。非关税壁垒经常改变进口需求曲线的斜率,由此也就改变了在一个特定部门进口对价格变化的响应。在经常情况下,非关税壁垒如配额可能减少这种弹性,当然也存在某些特殊的非关税壁垒会增加这种弹性的可能性。

(4)壁垒具有可变性。非关税壁垒的效应是随着时间变化而变化的。与关税不同,非关税壁垒往往被定义为某一个数量基准或独立于市场条件的价格。

(5)壁垒具有不确定性。例如,反倾销、反补贴税,由于其针对的国际贸易商的不确定性,即使这类壁垒是明显的和公开的,但在执行中却往往是不确定的。

(6)非关税壁垒的福利成本和资源成本。对于非关税壁垒的分析,通常也需要通过消费者和生产者剩余概念,分析由于其各自行为的扭曲产生的福利效应,来度量非关税壁垒的福利成本。因此,在实际应用中需要一定的价格和数量的信息。除了传统的福利成本之外,还需要分析在资源使用中某些与非关税壁垒行为、习惯等伴随而来的成本。无论它们在哪里产生,这些成本都会超过传统的、因为扭曲行为而产生的总损失。另外,资源成本包括寻租和相关现象导致的资源损失。这些是个人和厂商在努力寻求产生于非关税壁垒的利润机会和其他收益时,被浪费的时间和其他被浪费的资源。

对于传统的非关税壁垒如配额、自愿出口限制、出口退税和政府规制等所产生的经济效应,我们采取图形分析的方法来讨论。

10.1.2 进口配额制的经济贸易效应

由于配额制本身有效控制的特点和其他一些原因,进口配额已成为最重要、应用最广泛的非关税壁垒之一。

1. 竞争条件下进口配额的福利效应

(1)小国进口配额的福利效应。图 10-1(a)为本国(小国,进口国)国内市场,横轴为商品数量,纵轴为商品价格,D、S 分别表示国内需求和供给曲线。图 10-1(b)表示进口市场。进口需求曲线为 $M=D-S$。

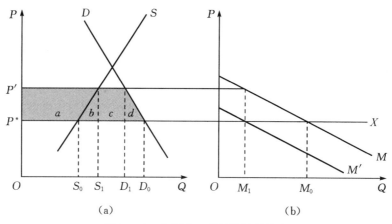

图 10-1 小国进口配额的福利效应

在自由贸易条件下,世界价格是 P^*,本国是小国,在自由贸易时,世界价格也是国内的价格。国内需求量为 D_0,国内供给量为 S_0,所以进口量 $M_0 = D_0 - S_0$。固定的世界价格作为水平的外国出口供给曲线 X,与本国进口需求曲线 M 相交于均衡进口量点 M_0。

现在实行配额 τ,限制进口,导致国内价格上升,$P' = P^* + \tau$,假定国内价格增长恰好等于实施配额总量。国内价格上升导致需求量减少到 D_1,供给量增加到 S_1,进口量下降到 $M_1 = D_1 - S_1$。由于本国是小国,外国出口供给曲线不变,实施配额后本国需求曲线为 M'。

由于实施配额,在福利方面的变化可分解为消费者剩余损失 $-(a+b+c+d)$,生产者剩余收益 $+a$,配额租金 $+c$(实施配额管理之后,可以先进口该产品再在国内市场以较高的价格售出,获得额外的收益,即配额租金)。

实施配额的福利总损失为 $-(a+b+c+d)+a+c = -(b+d)$。

其中也显示了它们是位于进口曲线下方的三角区域,区域 d 也可解释为由于价格提高不能购买的消费者剩余损失,与此同时区域 b 也可解释为由于价格提高而超量生产的,伴随供给曲线而增加的边际成本。

(2) 大国进口配额的福利效应。大国实施配额不仅能限制外国商品进入本国市场,还能造成世界市场上该商品供给大于需求,导致国际市场价格下跌。图 10-2(a)为国内市场,横轴为商品数量,纵轴为商品价格,D、S 分别表示国内需求和供给曲线。图 10-2(b)表示进口市场。进口需求曲线为 $M = D - S$。

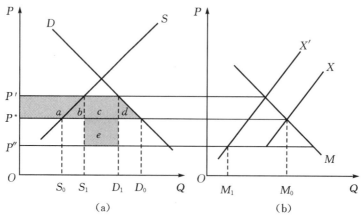

图 10-2 大国进口配额的福利效应

在自由贸易条件下,世界价格是 P^*,在自由贸易时这也是国内的价格。国内需求量为 D_0,国内供给量为 S_0,进口量 $M_0=D_0-S_0$。

假定本国现在实行配额 τ,限制进口。图中 P^* 是自由贸易时的价格,P' 是本国实行配额后的国内价格,P'' 是外国在本国实行配额以后的价格,它既是外国的出口价格,也是本国的进口价格。在图中假定国内价格增长恰好等于实施配额总量。大国实施进口配额,国内价格会提高到 $P'(P'=P^*+\tau)$,国内价格的提高使本国生产扩大,导致生产者剩余增加;又使需求减少,导致消费者剩余下降从而使进口需求下降。由于是大国,本国的进口下降必然影响外国的出口,客观上要求外国出口削减,同时还导致外国产品的价格下跌。在图 10-2(b)中,外国生产因价格下跌而减少,需求却扩大,从而对本国出口从 M_0 减少到 M_1。

由于本国实施进口配额导致价格上升,生产者剩余收益为 a,消费者剩余损失为 $a+b+c+d$,本国政府因为实施配额增加租金收入为 $c+e$。进口国的配额净效应 $a+c+e-(a+b+c+d)$。如果 $e>b+d$,存在净福利收益;$e<b+d$,福利因配额而减少。b 为生产损失,d 为消费损失。

$b+d$ 又被称为效率损失、无谓损失或贸易条件收益。

如图 10-3 所示,在进口品市场,横轴表示进口品数量,纵轴表示进口品价格。在自由贸易条件下,均衡价格和进口品数量分别为 P^* 和 M_1。由于使用配额,价格升至 P',数量降至 M_0。

用配额取代关税,配额的作用和影响效应如下:除了其他与关税相同之外,a、c 本来是作为关税收益,现在则是配额租金。

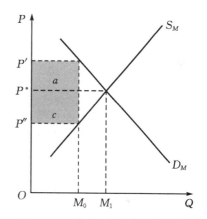

图 10-3 进口配额的效应分析

2. 进口配额的经济效应及配额分配办法的影响

(1)竞争条件下进口配额的经济效应。图 10-4(a)所示,横轴表示国内市场的产品数量,纵轴表示价格,D、S 分别表示国内需求和供给曲线,世界价格为 P'。在封闭情况下,国内该商品的生产与消费平衡于 X 点,国内价格为 P,生产与消费的数量相等,为 Q_0。在自由贸易条件下,国内需求量为 D_0,国内供给量为 S_0,所以进口量为 $M_0=D_0-S_0$。图 10-4(b)表示进口市场。我们可以认为固定的世界价格作为水平的出口供给曲线与 D 相交。由于是小国,在自由贸易的状况下,国内的供给曲线由 S 变为折线 ABC,国内的价格降到世界价格,生产量降到 S_1,消费量增加到 D_1,从国外的进口量为 $D_1-S_1=M$。根据消费者的支付意愿,

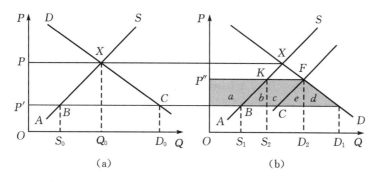

图 10-4 小国进口配额的经济效应

此时的进口量为最大进口量。假设为了控制该商品的进口,该国制定了数量为 Q 的配额,此时国内所能得到的最大限度的进口商品量为 Q。所以国内市场上总的供给曲线变为折线 $ABCF$,它是由国内的供给曲线和国际的供给曲线叠加而成的,其中 BC 段的长度即为规定的配额 Q。$BCFK$ 构成了一个平行四边形。此时,国内市场均衡于 F 点,国内的价格为 P'',国内的消费量为 D_2,其中进口数量为 D_2-S_2(即 Q),国内生产量为 S_2。由此可以分析它的经济效应如下。

① 贸易效应:它对贸易具有障碍效应。进口商品的数量由 D_1-S_1 下降到 D_2-S_2。值得注意的是任何大于 D_1-S_1 的配额是没有意义的,因为它是自由贸易状态下进口的最大数量。

② 国内价格效应:它引起了国内价格的上涨。价格由自由贸易状态下的 P' 上升到 P'',消费者支付增加,消费到的商品数量减少到 D_2。

③ 国内生产效应:它引起了国内生产的增加。生产从自由贸易状态下的 S_1 增加到 S_2,这样就得到了规模效益,降低了本国产品的成本,保护了本国的产业,创造了更多的就业机会(假设没有受到报复)。

④ 政府收支效应:取决于配额的分配方式。

⑤ 社会福利效应:引起了社会福利的净损失。由于价格的上涨,消费者剩余有所损失,数量为面积 $a+b+c+d+e$。其中,由于生产增加引起的生产者剩余的增加为 a,b 是生产者净损失,d 为消费者净损失,$b+d$ 为社会福利净损失。至于 $c+e$,如果该商品的出口商是垄断者,在该国采用配额后,出口商可以将商品的价格提高。由于垄断使国内无法从其他的来源获得较低价格的进口商品,那么面积 $c+e$ 将归出口商所有。如果世界市场是完全竞争的,那么它的归属要看配额的分配方式,不同的配额分配办法,$c+e$ 的归属就大不相同。

(2)配额的分配办法及其作用特点。

① 公开拍卖。如果该国公开拍卖配额,则配额的价格将在竞争性拍卖中上升到 $P''-P'$。最后,数量为 Q 的配额以 $P''-P'$ 的价格卖出,面积 $c+e$ 作为该国拍卖配额的收入是公开的,因而将归该国政府所有。这是该国采用配额的最好结果,这一结果和它对单位商品征收 $P''-P'$ 的关税的结果完全相同。如果由于其他原因使拍卖的价格低于 $P''-P'$,那么多余的部分将归进口商所有。

② 先入为主。如果该国对商品的进口不做任何区分,一律采用有配额就允许进口,一旦达到限制数量就禁止进口,且配额的发放采取先申请先发放的原则,那么面积 $c+e$ 就归进口商所有。因为进口商可在世界市场上按 P' 的价格买进该商品,然后按 P'' 的价格在国内市场上出售,这样面积 $c+e$ 就成了进口商的额外利润。由于额外利润的取得取决于能否先进口,因此在这种分配方式下,进口商必定会争先恐后地进口,配额在很短的时间内就会用完。这种方式不仅打乱了正常的进口秩序,还会损害该国的收入分配政策,使进口商的利润不是来自竞争,而是来自先进口。

③ 固定参数。配额的分配也可以参照进口商在该国采用配额前一段时期进口该商品的实际数量按比例分配,或者按照进口商所拥有的资产多少来分配,或由中央政府分给下一级地方政府,由其再分配。但是不管采用哪种参数,都不可能达到最优化,而且固定参数使得到配额的进口商得到了固定的优惠,这种优惠实际上是政府给予的补贴,补贴额等于 $P''-P'$ 与分配到的配额数量的乘积。这样面积 $c+e$ 就归于进口商。

④ 私下拍卖。采用配额的国家往往对配额的申请规定繁杂的手续,申请的批准权则完全掌握在一些官员手里,审批没有透明度。在这种情况下,国内的进口商要花费大量的人力和财力完

成申请手续。一种简单易行的办法就是贿赂分配配额的官员。面对众多的进口商的行贿,政府官员将把配额分配给行贿最多的进口商,这就形成了实际上的拍卖。不同的是,这种拍卖的结果是官员与进口商共同瓜分面积 $c+e$。

在以上四种方式中,第一种方式的社会福利结果同关税的结果相似,后三种方式的社会福利结果都不如关税。第四种是最差的方式,它还会由于官员的腐化而产生社会问题。

10.1.3 自愿出口限制的经济贸易效应

自愿出口限制对进口国的影响与进口配额制的影响十分类似。我们仍可借助图 10-2 来分析。它的贸易效应、价格效应、政府支出效应、社会福利效应与进口配额制完全一样。所不同的是,面积 $c+e$ 的归属不同,它是属于出口方的,根据出口配额分配方式的不同分别归属于不同的群体,具体的分析方法与进口配额制中面积 $c+e$ 的分析一样。自愿出口限制对出口国的经济贸易也有十分巨大的影响。具体分析如图 10-5 所示。

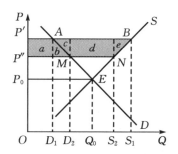

图 10-5 自愿出口限制对经济的影响效应

在没有贸易的时候,该国的供给曲线 S 与需求曲线 D 相交于 E 点,国内的生产和消费均衡于 E 点,生产量=消费量=Q_0,国内价格为 P_0。在自由贸易的状况下,世界价格为 P',此时,该国生产于 B 点,生产量为 S_1,消费于 A 点,消费量为 D_1,国内价格上升为 P',出口量为 S_1-D_1。假设在此时,由于进口国的压力该国"自动"确定了数量为 Q 的出口限额(Q 当然要小于 S_1-D_1,否则就没有任何意义),那么国内的市场状况发生变化。此时国内生产于 N 点,生产量为 S_2,消费于 M 点,消费量为 D_2,国内价格为 P'',出口量为 $S_2-D_2=Q$。那么,它导致的结果如下。

(1) 贸易效应:贸易量由自由贸易状况下的出口量 S_1-D_1 下降到 S_2-D_2,即 Q。
(2) 价格效应:国内价格由 P' 下降到 P''。
(3) 国内生产效应:生产量由 S_1 下降到 S_2,减少了就业机会。
(4) 对消费者的效应:消费者消费的商品数量从 D_1 增加到 D_2。
(5) 社会福利效应:价格下降,从而导致生产下降,消费者消费量增加。面积 $a+b+c+d+e$ 为生产者剩余的损失,面积 $a+b$ 为消费者剩余的增加,面积 $c+e$ 为社会福利净损失,d 归属于出口国方面,具体分配根据出口配额的分配方式而定。

10.1.4 出口退税的效应分析

假设存在两个国家,生产同一种产品,其中一个是出口国(产品部分出口部分内销),另一个是纯进口国。

在图 10-6 中，存在两个市场，(a) 表示出口国国内市场，(b) 表示进口国市场。利用图 10-6 可以直观地分析出口退税政策对进出口国市场的影响。

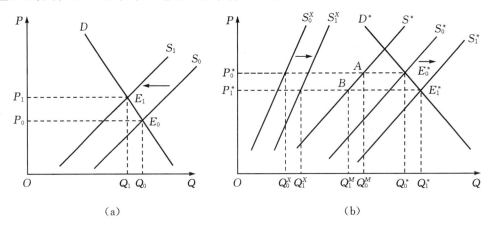

图 10-6　出口退税政策对进出口国经济效应的比较静态分析

在出口国市场里，曲线 D 表示出口国本国市场的需求曲线，S_0 表示实施出口退税政策之前本国的供给曲线，S_1 表示实施出口退税政策之后本国的供给曲线。

在进口国的市场，D^* 表示需求曲线；S^* 表示进口国本国企业供给曲线；S_0^X 表示出口企业初始的出口供给曲线；S_1^X 表示出口国政府实施出口退税政策后出口企业的出口供给曲线；S_0^* 表示出口国实施出口退税政策之前进口国市场的总供给曲线，等于本国的供给加上进口；S_1^* 表示出口国实施出口退税政策后进口国市场的总供给曲线。

1. 出口退税政策对本国市场及其福利的影响

从图 10-6(a) 可以看出，当出口国政府实施出口退税政策之后，企业对本国市场的供给有所减少，表现在图形中为供给曲线由 S_0 平移到 S_1。当需求保持不变时，本国市场的均衡点由原来的 E_0 上移到 E_1，均衡价格由 P_0 上移到 P_1，均衡消费量由 Q_0 减少到 Q_1。这表明出口退税政策将导致本国市场上的均衡价格上升，均衡消费量减少。

再来看出口退税政策对本国福利的影响。从图 10-6(a) 部分可以明显看出，出口退税将使本国消费者的剩余减少，减少量为四边形 $E_0 P_0 P_1 E_1$ 的面积。但出口退税政策如何影响生产者在本国市场上的剩余，图形中不是很明显，但可以肯定的是，出口退税政策对生产者剩余的影响大小由供给曲线弹性以及需求曲线弹性共同决定。

2. 出口退税政策对进口国市场的影响效应

(1) 价格与消费效应。从图 10-6(b) 可以看出，出口国实施出口退税政策后，出口企业在进口国市场上的出口供给曲线将向右平移，即由原来的 S_0^X 移动到 S_1^X，这表明出口退税将使出口供给增加。同时进口国市场的总供给曲线也从原来的 S_0^* 右移到 S_1^*，这表明出口退税政策使进口国市场的总供给增加。图 10-6(b) 部分表明，在进口国需求保持不变的情况下，进口国市场上的均衡价格将由原来的 P_0^* 下降到 P_1^*，进口国均衡消费量由原来的 Q_0^* 增加到 Q_1^*。

(2) 贸易与产出效应。出口退税政策使均衡出口量由原来的 Q_0^X 增加至 Q_1^X，出口量净增加了 $Q_1^X - Q_0^X$。这表明出口退税政策具有正的贸易效应。另外，进口国同类产品的均衡供给量从原来的 Q_0^M 减少到 Q_1^M，产出净减少了 $Q_0^M - Q_1^M$。因此，出口国出口退税政策对进口国同类产品的生产具有抑制效应。

(3) 对进口国的福利效应。出口国实施出口退税政策后,进口国生产同种产品的生产者剩余要明显小于实施出口退税政策之前的生产者剩余,进口国生产者剩余净减少量等于四边形 $P_1^* BAP_0^*$ 的面积。再来看出口退税政策对进口国消费者剩余的影响。显然,出口退税政策使进口国市场上总供给增加,市场价格下降,消费者剩余有所增加,增加量等于四边形 $P_1^* E_1^* E_0^* P_0^*$ 的面积,因此出口退税政策使进口国消费者剩余增加,使生产者剩余减少。

10.1.5 政府采购规制效应分析

政府采购规制会显示出政府采购对国内生产的产品的某些偏好。这可以以各种方式,包括正式的、非正式的方式显现出来。在各种状况下,政府规制的存在,意味着这个国家在任意给定价格的需求上的进口品数量减少。

这种状态可以用图 10-7 描述。当政府国内进口需求下降,进口需求曲线向左移动,移动的准确性质依据政府规制如何建立来确定。如图 10-7 所示,横轴表示进口品数量,纵轴表示进口品价格。其中,P_M^w 为自由贸易下的进口品价格;P_M^f 为进口品的外国市场价格;P_M^h 为进口品的本国市场价格,它实际上等于自由贸易下的进口品价格,加上一个类似的等价关税。这一等价关税实际上是由于本国政府采取的旨在保护本国市场的政府采购限制措施而产生的。

如果一个大国通过一系列规制措施强化国内采购,它的垄断力足以使进口需求曲线 D_M 向左倾斜到 D_M',这就导致进口品价格在世界市场和国内市场都下降,并导致进口量从自由贸易时的 M_1 下降到 M_2。

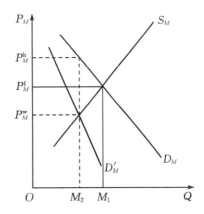

图 10-7 政府采购规制的影响效应

这一点与关税或配额相比有着重要区别。进口需求而不是政府收益来自低价格,即使是一个小国,它也不会忍受一个更高的价格。在这里,等价关税可视为某种因规制而减少的进口的等同数量的关税,在这个例子中,规制并不完全等价于关税,因为国内的价格效应是十分不同的。

受政府采购规制的影响,除了类似关税外,国内价格下降,扭曲规模难以观察。因此,政府在制定政府采购政策时,要同时考虑对国内市场和国外市场的影响。

10.1.6 寻租与非关税壁垒

寻租者如果能进入非关税壁垒活动领域,就可能获得收益。进口或出口许可证作为进口或出口的某种特许,都存在"经济租"。交易双方通过交易活动可获得租金或收入。此外,如补贴等壁垒也会产生"经济租",会引发寻租活动。而寻租活动,又较之关税会产生更大的效率损失。

1974年,安妮·克鲁格(Anne O. Kruger)对国际贸易中的进口配额进行了独到的分析,并将其研究的结果发表在《美国经济评论》上。在这篇文献中,克鲁格率先提出论证了租金是政府对经济干预人为制造稀缺的结果,租金的存在促进了寻租活动的形成与发展,寻租活动对社会造成巨大的浪费;在此基础上提出了克鲁格模型。她明确指出寻租行为是政府干预经济使租金形成的直接结果,并且寻租活动造成了巨大的社会浪费等。克鲁格还从政府对国际贸易活动中的进口配额许可证进行了例证分析,并得出几点政策含义:第一,如果在发放配额的许可证方面存在竞争,则禁止进口比使用进口配额更为可取;第二,在伴有寻租配额限制的情况下,需求的价格弹性越小,租金的价值就越大,寻租造成的资源损失也越多;第三,人们通常认为,进口商之间的竞争将会比独家垄断更好地配置资源,但在寻租条件下,其结果并非如此;第四,在数量限制情况下的本国货币贬值除了会影响进口外,还可能产生重大的资源分配效果,因为降低进口许可证的价值也就减少了寻租活动。

10.2 倾销、补贴与贸易救济措施效应分析

10.2.1 倾销对经济的影响

一般出口国对进口国市场实行倾销需要具备以下几个条件：

(1) 出口国市场与进口国市场是可分割的，国内购买者不能很方便地从外国廉价返销此商品。

(2) 出口国市场对价格更敏感，即需求价格弹性更大。

(3) 在本国市场上比在国外市场拥有较大的垄断权力，但在进口国市场上也拥有一定的市场支配力。

当满足上述条件时，出口商就可根据两个分隔市场的特点，在外国以较低价格获取最大利润，在国内以较高价格剥削消费者也获取最大利润。

图 10-8 是对倾销产生的分析，外国需求弹性 D' 大于本国需求弹性 D，在相同的边际成本（MC）下：在国内市场具有一定垄断力量，D 小，需求曲线陡直；而在外国市场上 D' 大，需求曲线平缓。在任何一个市场上，使边际成本（MC）和边际收益（MR）相等，获得最大利润，在两个市场上定出不同的价格。

由于倾销时的国外产品售价比国内市场售价低，就短期来说，倾销的行为往往要使出口商的利润暂时下降甚至亏本，

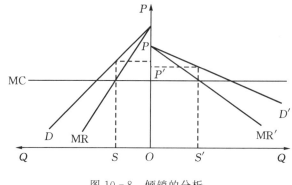

图 10-8 倾销的分析

这似乎与市场经济条件下厂商追求利润最大化的动机相悖。但是，如果从长期来看，出口商则有可能击败包括进口国在内的所有生产该种产品的竞争对手，实现其独占市场而获得高额垄断利润的目的。所以，在国际贸易中，倾销往往是惯用的贸易手段之一。但是倾销并不符合市场经济所需要的公平原则，而是扭曲了竞争机制下的价格水平，并代之以价格歧视，从而不利于实现资源的最佳配置和利用。

倾销要能损害进口国的进口竞争工业，则厂商必须有能力影响价格，即在进口国市场上有一定的市场支配力。因此，倾销在不完全竞争的市场上有可能发生。从微观经济学的角度来看，出口商想获得最大利润要满足两个条件：产品的平均收益大于或等于平均变动成本，即 $AR \geqslant AVC$；产品的边际成本等于边际收益，即 $MC = MR$。

图 10-9 是在垄断竞争条件下的短期均衡，按照利润最大化原则，厂商的生产点在 B，价格为 P_2，产量为 Q_2；出口商设想降低产品的价格会导致市场对

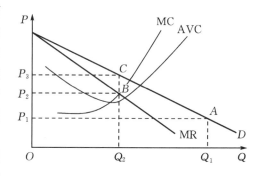

图 10-9 垄断竞争厂商的短期均衡

自己产品需求量的大量增加，因此他将按低于平均成本的价格 P_1 生产产量为 Q_1 的产品。Q_1 是在该厂商产品降价，其他厂商产品保持价格不变的情况下达到的。等到占有该产品的大部分市场后，再根据消费者需求情况生产 Q_2 产量，但将价格提高到 P_3，获取更大利润。

10.2.2 反倾销对进口国经济的影响

1. 反倾销对进口国出口贸易的影响

当一国对一项产品进行反倾销后,出口国对进口国市场的该产品供给量会减少,则进口国生产相似产品的工业可进一步恢复或增加生产,扩大产量。这样打破了原有的竞争秩序,而原有的竞争很可能是国际分工的结果,出口国生产的是相对进口国有比较优势的产品,并且由 H-O 理论可知,使用的是该国最丰裕的生产要素。因此,在反倾销后,进口国相应增加了较稀缺生产要素的供给,供给变动会使市场均衡发生变动。如图

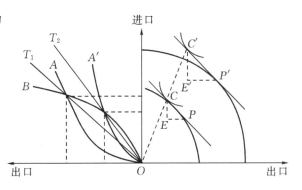

图 10-10 供给变动与市场均衡

10-10所示,在无贸易转移的情况下,当一国增加较稀缺生产要素时,贸易条件会得到改善(由 $T_1 \rightarrow T_2$),贸易量会下降($E'C' \rightarrow EC, E'P' \rightarrow EP$),而最终福利水平是不确定的,要视贸易量下降和贸易条件改善程度的大小而定。

2. 反倾销对进口国国内经济某些方面的影响

(1) 对社会净福利的影响。下面分析征收反倾销税后对进口国国内产生的经济效应。在图 10-11 中,P_w 为世界价格,关税额为 $P_t - P_w$,由于价格上升会使生产者剩余增加 a,消费者剩余减少 $a+b+c+d$,政府征税增加 c,因此征税最终对国内效应的影响为 $-(b+d)$。d 是由于消费者需求下降造成的损失,是消费者损失的国际交换利益;b 是损失的国际分工和生产专业化的利益,对于整个世界来说是一种资源浪费。因此,征收反倾销税造成了进口国社会福利的下降。

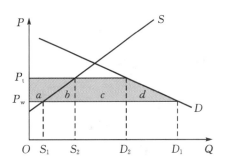

图 10-11 增税后进口国的经济效应

由以上分析可知,反倾销以牺牲国内其他商品生产者和消费者的利益为代价,保护特定商品的生产者。反倾销税作为一种附加关税,只是使该产品或类似产品的生产者的利益得到了保护。按照自由贸易增加世界总福利的理论,整个国家的整体福利水平比征税前下降了,产生了净福利损失。

(2) 对以倾销产品作为原料或中间产品的工业的影响。当进口国对出口国某一出口产品征收反倾销税后,实质上损害了国内消费者的利益,因为要付更高价格购买征税产品,而只有该产品或类似产品的生产者的利益得到了保护。反倾销直接打击了一些以进口为主要中间投入的出口生产厂商。这在很大程度上增加了本国出口的直接成本和隐含成本,会阻碍本国出口贸易的发展。

某一特定工业中的企业生产既受到对其销售的产品征税的影响,也受到对其中间产品或原料投入征收关税的影响。例如,自行车生产企业会由于对型钢或橡胶征税而受到损失,成本增加,保护作用减弱,因而计量反倾销税对本国工业中企业的影响时,就不能只看产品的名义关税,而要联系到产品的投入产出关系和成本变动。如果对上游产品(投入要素)征税大于对下游产品(最终品)征税,实际保护率将小于名义保护率,甚至可能出现负值。这表明征税后不仅没有保

护这一工业,反而比自由贸易时更差。

(3)对产业结构调整的影响。反倾销由于对传统产业的广泛保护,给产业结构高度化造成了一定的障碍:一方面,传统产业形成了很强的依赖性,发展的动力不足,影响生产的革新和产品质量的提高,也影响了传统产业的改进;另一方面,政府部门不能集中力量发展高技术产业,对传统产业的保护所造成的恶化的国际贸易环境也制约了高新技术的发展。

(4)对技术进步和科学管理的影响。由于反倾销阻碍了自由贸易的发展,因此不利于进口国采用先进的技术,不利于进口国实行科学管理,这些都会阻碍生产能力的扩大,得不到更多的社会财富。从长期看,在一个垄断竞争的市场上,竞争的激烈性有利于长期的技术进步,降低厂商的生产成本,增进社会福利。

反倾销通常导致各种规避行为,如以"倾销产品"作为中间投入的下游产业,征收反倾销税后,它们不能继续使用所谓国外倾销的原料和零配件,而只能以更高的价格向国内的市场或其他供应商购买,与国外同行竞争者相比,成本上的竞争力被大大削弱。这些产品很可能被投资者转向国外,在其他国家进行生产装配后再出口到本国市场。一国的高技术、投资大的行业在倾向于使用海外廉价品作为中间投入的基础上发展,对一国经济是相当危险的;但如果它们倾向于到海外生产装配并由此引起这些行业的"产业空心化",则更难想象该国在相关产业的发展中能走在国际技术的前沿。

许多国家都对倾销产品施加反倾销税加以抵制。施加反倾销税的目的在于抵制外国商品倾销,保护本国产业和市场。反倾销税可能迫使外国供应商放弃不计成本、浪费生产资源的行为,这和其他进口壁垒有根本不同。从世界角度看,征收反倾销税会使进口国减少购买进口商品,而进口国所增加的利益只不过是从出口国到进口国的一种利益再分配,结果表现为世界福利的净损失。因此倾销和反倾销税的经济效应是比较复杂的。

10.2.3 反倾销对出口国经济的影响

1.反倾销对出口国出口贸易的影响

进口国对出口国某种商品的反倾销调查和征收高额的反倾销税,会严重阻碍该商品在进口国市场的销售,出口国的出口市场被迫缩小,甚至被迫退出市场。反倾销令进口国进口商徘徊观望,或从别国进口。进口国通过旷日持久的调查、投诉过程,从而对出口国商品的出口起到限制作用。为了避免经营风险,进口商多将其进口贸易对象转移到第三国。

反倾销还具有连锁效应。反倾销有可能使倾销者不但失去一国市场,而且会牵连别的出口市场,引发连锁反应。因为同一种商品在某国遭受反倾销投诉、调查与制裁,其他国家也可能采取相同的行动。另外,某种商品受到反倾销诉讼,不但涉及直接出口的商品,也涉及转口的商品。

2.反倾销对出口国国内经济某些方面的影响

国外反倾销投诉激增,不仅会严重影响出口国对外贸易的正常发展,使出口国的海外市场缩小或丧失,而且对出口国的国内经济带来许多不良的后果。

(1)对社会净福利的影响。反倾销会给出口国的出口企业带来重大的经济损失,或是败诉退出市场,或是耗时、耗费、耗精力才赢得胜诉。巨额的反倾销税,不仅使出口商损失惨重,而且导致国内大批的企业倒闭、职工失业。反倾销缩小了出口国企业的生产能力,不利于提高经济实力,使就业机会减少,从而减少了社会财富总量,使被诉的出口国国内社会净福利下降。

由于反倾销税的阻挡,出口商不得不削减生产和出口,损失了生产者剩余,意味着资源浪费和低效率。征收反倾销税会引起进口商品的国际价格和国内价格的变动,进出口商分摊进口税。

如图 10-12 所示，P_0-P_n 为出口国分摊的部分。具体分摊多少则要依出口国的供给弹性和进口国的需求弹性而定。

(2) 对规模经济的影响。反倾销造成的市场缩小会破坏一国制造业规模经济水平，导致利润率下降。

(3) 对国内市场的影响。本国出口商在国外被征收反倾销税后，在国外市场销售困难，在暂时来不及转移市场或转移市场无望（因反倾销的扩展效应）的情况下，势必返销国内市场，导致本国出口商品非正常回流，冲击国内市场，造成国内市场供求失衡及物价非正常波动，影响国内经济正常发展。

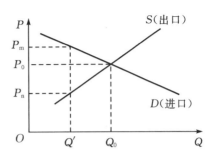

图 10-12 征收反倾销税对出口国的影响

(4) 对外资利用的影响。反倾销的结果会使得本国被诉商品的生产和出口企业逐渐减少或丧失其海外市场份额，势必危及外国投资者的经济效益，影响其投资信心，对改善本国投资环境和扩大利用外资会产生不良的影响，有可能造成外国投资者从本国撤资。反倾销带来的投资不振，会影响出口国经济的动态利益。

10.2.4 出口补贴及其经济贸易效应

1. 竞争条件下出口补贴的小国分析

图 10-13 中显示的是小国出口补贴状况的影响：图(a)为本国市场的供需状况，S、D 为本国的供给和需求曲线；图(b)为出口市场的供需状况，X 和 X' 分别为本国的出口供给曲线。

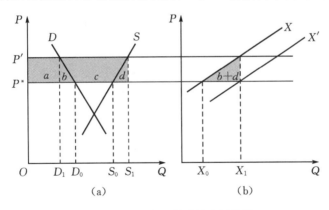

图 10-13 出口补贴的小国分析

在自由贸易条件下，小国的国内价格 P^* 就是世界均衡价格。在此价格水平上，本国生产者的供给为 S_0，本国消费者的需求为 D_0。因此 $X=S_0-D_0$ 是可供出口的部分，这可以体现在图 10-13(b) 中的本国出口供给曲线。在此若世界价格固定，可将其视为一条水平的外国进口的需求曲线，它与本国出口供给曲线的交点就是均衡出口数量 X_0。

假定现在本国的生产企业每单位出口量得到 $P'-P^*=k$ 的补贴，利用这些补贴，在 P' 价格水平上，本国生产者的供给为 S_1，本国消费者的需求为 D_1，因此 S_1-D_1 是可供出口的部分，$S_1-D_1 > S_0-D_0$，说明国内生产量增加，国内需求量下降，出口量增加。

相应的变化也体现在出口供给曲线中,由于国际价格的变动,出口数量从 X_0 增加到 X_1,相应的由于补贴的增加,出口供给曲线向下平移至 X'。

如图 10-13 所示,实施出口补贴政策后的福利效果情况为:生产者剩余增加 $P_s=+(a+b+c)$,消费者剩余减少 $C_s=-(a+b)$,而补贴成本部分(相当于使纳税人付出的代价)$S_c=-(b+c+d)$。

这样由于实施该项政策的净福利效应为

$$P_s+C_s+S_c=+(a+b+c)-(a+b)-(b+c+d)=-(b+d)$$

可以看到这一净损失是在 $(b+d)$ 区域,也是补贴的净损失,其中 b 是消费损失,d 是生产损失。该区域是图 10-13(b)出口供给曲线下方的三角形,这一区域也是我们曾经在分析关税中提到的净损失区域。因此小国会由于实行出口补贴遭受损失。

2. 竞争条件下出口补贴的大国分析

图 10-14 中显示的是大国出口补贴状况的影响:图(a)为本国市场的供需状况,S、D 为本国的供给和需求曲线;图(b)为出口市场的供需状况,X 和 X' 分别为本国的出口供给曲线。

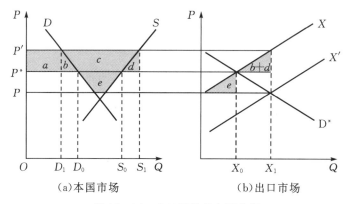

图 10-14 出口补贴的大国分析

在自由贸易条件下,P^* 为世界均衡价格时,$X_0=S_0-D_0$ 是可供出口的部分,这可以体现在图 10-14 中的本国出口供给曲线,在此若世界价格固定,可将其视为一条水平的从国外进口的需求曲线,它与本国出口供给曲线的交点就是均衡出口数量。这些与小国状况初始相同。但不同的是大国与小国对出口价格的影响力不同。

假定现在本国的生产企业得到每单位 $P'-P^*=k$ 的补贴,利用这些补贴,这一企业在生产出口品中可得到收益。因此,它就不愿在国内市场上出售低于此价格的产品。这时国内价格也必须提升到 P'。在此价格水平,国内需求下降到 D_1,供给提升到 S_1,而出口也上升到 X_1。相应的变化也体现在出口供给曲线中,由于国际价格的变动,出口数量从 X_0 增加到 X_1,相应的由于补贴的增加,出口供给曲线向右下方平移至 X'。因为在出口市场生产该产品的能力和产量都很大,所以来自外国的需求曲线 D^* 是向下的,导致出口价格从 P' 下降到 P,这样出口国的补贴做法使其贸易条件降低,并导致福利损失。

在图 10-14(b)中,出口补贴的总损失为出口供给曲线下方的三角形,贸易条件损失则由 e 表示,所以福利损失是它们的总和。显然出口补贴与进口关税作用与结果不同,在完全竞争条件下,对于大国而言,实施进口关税可增加贸易条件收益,潜在提高福利;而实施出口补贴,则会导致明显的福利损失。

3. 贸易补贴的衡量指标

生产者补贴等值(PSE)指标是用来估计关税与非关税壁垒以及其他与分析相关的政策变量的保护程度的一种衡量指标,包括所有保护性政策的货币估价,如支持、税收、补贴等。用公式表示为

$$\text{PSE} = \frac{Q \times (P_\text{d} - P_\text{w} \times X) + D + I}{Q \times P_\text{d} + D}$$

式中,Q 是提供商品的数量;P_d 是以国内货币表示的商品价格;P_w 是以世界货币表示的商品价格;X 是汇率换算系数;D 是直接政府支付;I 是通过投入补贴、市场支持及汇率扭曲等给予生产者的间接转移。当 $I > Q \times (P_\text{w} \times X)$ 时,即当政府的间接转移价值超过以自由贸易价格计算的国内生产价值时,PSE 就会大于 100%。

10.2.5 贸易救济措施效应的度量

贸易救济(包括反倾销与反补贴等)效应,是反映采取贸易救济措施后效果的重要依据。外国产品的倾销或者补贴对本国企业、产业乃至国民经济都产生了不利的影响。采取贸易救济措施包括反倾销(或反补贴)调查等多个环节,直至终裁确定征收反倾销税(或平衡税),在此过程中必然引起价格变化。因此,贸易救济效应度量的核心就是对贸易救济措施采取后的价格变化的度量。

$$\Delta y_{it} = \alpha + \mu_1 \Delta x_{it} + \mu_2 \Delta x_{it} \times \text{AD} + \mu_3 \Delta x_{it} \times \text{GDP}_{jt} + \beta_1 \text{AD} + \beta_2 \text{GDP}_{jt} + \psi_{it}$$

式中:Δy_{it} 为因变量,作为销售每一个份额资本投入的增长率。Δx_{it} 为说明变量,也是一个复合变量,表示分别以各自占总销售份额表示的投入要素各种价值的增长率;它也是与虚拟变量 AD(反倾销或反补贴)相互结合作用的,在采取贸易救济保护后,虚拟变量 AD 等于 1,以期得到在价格方面提高的变化作为保护的结果。此外,我们还可以将 Δx_{it} 与 j 个国家年 GDP 增长相结合,作为对商业周期波动和需求、时间效应等引发的涨价变化的控制变量。μ_1 是反倾销(或反补贴)以前的涨价变化,μ_2 是反倾销(或反补贴)期间的涨价变化,整个保护期的变化等于 $\mu_1 + \mu_2$。在商业周期波动中涨价幅度的变化可用 μ_3 来表示,α 是常数,β_1 和 β_2 度量 AD 和 GDP 增长对于因变量的直接影响,ψ_{it} 是白噪声。

10.2.6 贸易救济措施与外商投资和国内上下游产业的利益协调

1. 上下游产业利益集团与相关者利益均衡

贸易救济调查的实施,在产业链条上客观地形成了不同的利益集团,与上下游企业产生了各种相关利益联系。因此要研究贸易救济与国内上下游产业投资的利益协调必须充分认识这些集团的利益以及它们与本国经济的联系、作用和影响,并在贸易救济措施中,通过政策予以适当协调,以保证公平贸易正常进行。政府作为管制者,应当通过价格控制、数量限制和进入限制等手段,对主体行为加以管理,以保护市场有效竞争。因此,贸易救济及其措施也可以从管制角度进行研究。

2. 贸易救济政策导向与各方利益均衡模型

一般来讲,政策的导向取决于政治收益的激励,即社会各利益群体之间的博弈。博弈后的均衡点就是政府政策的最佳选择。在贸易救济导致上下游群体间利益失衡状态下,政府的政策导向目标更倾向于强势群体的利益。结合以下模型,分析利益失衡下的贸易政策导向。

如图 10-15 所示,纵轴表示政策的边际成本和边际收益;横轴表示政策的强度和政策的接

受方。假定存在上游的企业和下游的企业等多个群体,东道国贸易救济政策需要在这多个群体之间保持平衡。同时政策平衡也取决于这多个群体自身的强弱程度和各自对东道国政治和经济的影响力。假设 D 点表示强、弱群体权利平衡状态下决策的最佳选择。

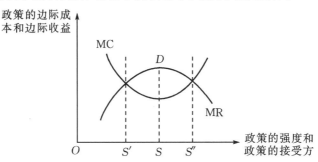

图 10-15　贸易救济政策在国内外上下游产业中的利益平衡

此时,假定国内外上游、下游的企业群体对于政府政策制定的影响力是均等的,政策的政治收益取决于各利益群体间的博弈,其政策强度为 S。显然,这是一种理想状态下的政策均衡点,在现实生活中,由于国内外的上、下游群体的权利不均衡,因此政府在预期政治收益和经济收益诱导下,其决策必然偏向于影响力较大的企业群体。

反映在图 10-15 上,若政府贸易救济政策导向左偏移,即向外国相关的上游企业和国内上游企业偏移,政府的政策偏移强度为 S',从而形成对上游企业有利的局面。反之,若政府贸易救济政策导向右偏移,即向外国相关的下游企业和国内下游企业偏移,政府的政策偏移强度为 S'',形成对下游企业有利的局面。但是无论这种偏移向左或向右都必然受到压力。显然,在 S' 和 S'' 点上政府政策的边际成本都等于甚至大于边际收益。因此贸易救济政策要在不同利益群体中达到平衡只能是相对的。

10.3　技术性贸易壁垒的度量

10.3.1　技术性贸易壁垒的度量方法

通过对成本或产量函数的估计,可以分析技术规则如何影响产量和出口成本。企业有关成本的信息可用于估测一个部门或跨部门集团中企业的成本函数。假设数据具有时间长度,则成本函数的一般表示法为

$$C_{it} = G(Y_{it}, W_t, Z_{it}, t) + \Pi_i$$

式中,C_{it} 表示 i 企业在 t 时间段的总生产成本,它由基本投入成本和用于生产产出及执行必要检验过程的中间购买总额定义。Y_{it} 是产出,W_t 是所购买的投入要素价格的向量(包括投入要素税收在内),t 是获取技术变化的时间趋势。Π_i 是企业特定的产量效应,只有设定集合数据时才能估测。有理由假设每个企业都会遇到普遍投入要素价格,向量 Z_{it} 是由于获取对成本的追加影响,包括诸如公共投入变量(由所有企业共享)和固定要素(针对短期成本函数)。

产量函数一般可表示为

$$Y_{it} = F(X_{it}, Z_{it}, t) + \theta_{it}$$

式中,X_{it} 是投入要素向量;θ_{it} 是对企业特定效应的一种不同量度。

技术规则既可以影响固定成本又可以影响边际成本。第一,在给定产出的水平上,企业可能在其边际成本中改变所需的劳动、资本和原料,例如这种改变可能源于对所有产品检验的规定和

新包装要求的规定。对基本成本、产量函数中的隐含要素需求方式进行适当调整就可以估测出这种影响的程度。第二,在给定的生产技术条件下,企业可能在固定成本上消费更多,例如研发投入可以重新指导生产过程、工厂检验和维护花费、法律开支和应付诉讼等。原则上,这些影响可以通过改变固定要素需求测量。

10.3.2 技术性贸易壁垒的影响效应分析

1. 技术性贸易壁垒对进口国的影响效应分析

(1) 对进口国贸易条件的影响(贸易条件效应)。如果进口国是一个大国,则其采用技术性贸易壁垒时,将限制外国商品进口,使得该商品在进口国内供不应求,导致其国内价格上涨,从而减少了其国内需求及进口量;在国际市场,由于大国对价格的影响力,该国进口减少,国际市场又出现该商品的供大于求的局面,迫使其国际市场价格下跌,所以大国采用技术性贸易壁垒可以改善其贸易条件。

如果进口国为一个小国,则由于它进口商品的数量只占国际市场的很小份额,其采用技术性贸易壁垒阻止进口,虽然减少了商品进口,却不足以影响该类商品的国际市场价格。所以,小国的技术性贸易壁垒政策不会产生贸易条件效应。

(2) 对进口国国内经济活动的影响(国内效应)。如图 10-16(a) 所示,S 为国内某商品的供给曲线,D 为它的国内需求曲线。在没有贸易的情况下,国内该商品的生产与消费平衡于 X 点,国内价格为 P_0,生产与消费的数量相等,为 Q_0。假设该国商品的进口数量在世界份额中较小,不足以影响世界市场上该商品的价格 P',那么在自由贸易的状况下,国内的价格为世界价格 P',生产量降到 S_0,消费量增加到 D_0,从国外的进口量为 $D_0 - S_0$。根据消费者的支付意愿,此时的进口量为最大进口量。

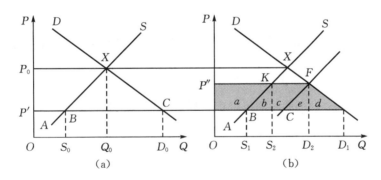

图 10-16 竞争条件下小国进口技术性贸易壁垒的经济效应

如图 10-16(b) 所示,假设为了调控该商品的进口,该国制定了数量为 Q 的技术性贸易壁垒,此时国内所能得到的最大限度的进口商品量为 Q。所以国内市场上总的供给曲线变为折线 $ABCF$,它是由国内的供给曲线和国际的供给曲线叠加而成的,其中 BC 段的长度即为规定的配额 Q。$BCFK$ 构成了一个平行四边形。由平行四边形的性质可以知道:BC 段与 KF 段的长度相等,都为 Q。此时,国内市场均衡于 F 点,国内的价格为 P'',国内的消费量为 D_2,其中进口数量为 $D_2 - S_2$(即 Q),国内生产量为 S_2。由此可以分析它的经济贸易效应如下。

① 贸易效应:它对贸易具有障碍效应。进口商品的数量由 $D_0 - S_0$ 下降到 $D_2 - S_2$。值得注意的是任何大于 $D_0 - S_0$ 的技术性贸易壁垒是没有意义的,因为它是自由贸易状态下进口的最大数量。

②国内价格效应:它引起了国内价格的上涨。价格由自由贸易状态下的 P' 上升到 P'',消费者支付增加,消费到的商品数量减少到 D_2。

③国内生产效应:它引起了国内生产的增加。生产从自由贸易状态下的 S_1 增加到 S_2,这样就得到了规模效益,降低了本国产品的成本,保护了本国的产业,创造了更多的就业机会(假设没有受到报复)。

④政府收支效应:取决于技术性贸易壁垒设置的分配方式。

⑤社会福利效应:引起了社会福利的净损失。由于价格的上涨,消费者剩余损失,数量为面积 $a+b+c+d+e$。其中由于生产增加引起的生产者剩余的增加为 a,b 是生产者净损失,d 为消费者净损失,$b+d$ 为社会福利净损失。

2. 技术性贸易壁垒对出口国的影响效应分析

(1)对出口国贸易条件的影响(贸易条件效应)。无论出口国为大国或者小国,技术性贸易壁垒阻止了其产品的出口,导致国内产品供大于求,或者会降低该商品的价格,国外则可用相同的商品换得更多的该商品,因此出口国贸易条件恶化;或者将产品转回国内销售,影响国内现有生产。

(2)对出口国国内经济活动的影响(国内效应)。同样以小国为例,为分析方便,我们假设该国遭遇技术性贸易壁垒限制后的某商品全部流入国内。在没有技术性贸易壁垒设限前,该国供给与国内需求、出口量保持均衡。实行技术性贸易壁垒后,出口产品全部转为国内销售,国内价格下降。

①消费效应:消费者剩余增加。

②生产效应:生产者剩余减少。

③国民收入效应:收入减少。

10.4　关税壁垒与非关税壁垒的综合运用与评估

10.4.1　关税壁垒与非关税壁垒的综合运用

对贸易壁垒保护效应的评估是制定科学合理的贸易政策与产业政策的重要依据。因为关税壁垒与非关税壁垒具有各自的独特之处,所以为世界各国所综合采用。利用关税壁垒可以一般性地限制商品的进口并增加政府的财政收入,利用非关税壁垒可以有针对性地有效限制某些对国内产业与市场冲击较大的商品的进口,这样就形成了一个互为补充、互为铺垫、互相联系、互相交叉的综合贸易保护体系,既照顾了全面又兼顾了重点,且具有较大的灵活性。只是在不同的情况下,各自的地位不同。20世纪80年代以来,由于新贸易保护主义的兴起及关税的进一步减让,非关税壁垒的作用超过关税壁垒,形成了以非关税壁垒为主、关税壁垒为辅、综合使用以上两种贸易壁垒的对外贸易政策。从长远看,这两种贸易壁垒的综合运用必将得到进一步加强,并维持相当长一段时间。

10.4.2　贸易壁垒保护效应的评估方法

1. 价差度量法

由于各种商品最终通过市场价格进行竞争,尽管贸易保护形式多样但最终要通过影响进口商品的价格水平来保护国内的产业,因此进口商品和国内商品价格的比较成为度量一国贸易保护程度的一般途径。具体而言,度量国内外同类产品价差的方法包括以下几个方面。

(1) 进口品的到岸价格与国内产品出厂价格的差异。假定国内市场是完全竞争的,市场上进口品的国内价格(含征收关税与非关税后的加价)应与其完全可替代的国内产品价格基本一致。

令 P_m 为进口品的到岸价格,P'_m 为进口品的含税价格,P_d 为本国市场价格,t 为关税税率,nt 为非关税保护的当量税率,n 为当量系数,则

$$P'_m = P_m(1+t+nt)$$
$$P'_m = P_d$$
$$nt = (P_d - P_m)/P_m - t$$

(2) 同种商品在不同国家市场的零售价格差异。利用同种商品在不同国家市场上的零售价格差异,同样可以度量贸易保护程度。这种度量方法更多的是具有比较的意义,它可以度量两个国家哪一个更加开放。但这种度量方法也有隐含的前提,比如说两国的生活水平、发展阶段相似等,否则同种商品在两个国家不同的零售价格可能并非反映了贸易保护程度的差别。

2. 类比分解法

将某些非关税保护措施分解并比照关税的计征办法,使之转化为关税保护措施,从而可计算其保护程度。比较典型的有进口配额、进口押金、海关估价制等。这种方法的优点是简单明了,便于了解特定非关税措施的保护效应;缺点是对某些不透明的非关税壁垒保护措施难以度量。

3. 关税等值分析法

关税等值化就是把所有各种非关税措施转化为保护程度相等的关税措施。从理论上说,关税等值化之后,贸易保护的程度并没有发生变化,但是这样做以后大大增加了贸易保护的透明度。这就可以为降低贸易壁垒提供一个很好的基础。

关税等值化的计算方法是:关税等值化后的关税额(即关税等值)等于某产品的国内市场平均价格与国际市场平均价格之差。实行关税等值化后的关税率作为今后关税减让的基础税率。

从价税等值是指将从量税等非从价税,通过某种公式转换成相同课征水准的等值从价税税率。例如,将原本进口 1 kg 牛肉课征关税 10 元,通过公式与数据,转换成课征进口牛肉总价值 3.5% 的关税。

4. 补贴等值法

补贴的从价等值公式如下:

$$s = (P_r - P_c)/P_c$$

式中,s 表示补贴的从价等值;P_r 表示依靠政府补贴增加的国内厂商的单位产出价格;P_c 表示单位产品的销售价格。

在这种情况下,虽然非关税的从价等值与补贴的从价等值不能直接相比,但在进口品和国内产品完全替代,并忽略运输成本的条件下,进口品的国内价格和国内产品的消费价格是相同的。即

$$P_m = P_i(1+t_n) = P_w(1+t)(1+t_n)$$

式中,P_m 为进口品的国内价格;P_i 为支付给国内进口商的价格;P_w 为产品的国际价格;t 为产品的从价关税;t_n 为以从价关税表示的非关税。

因此

$$P_c = P_r/(1+s)$$
$$P_r = P_w(1+t)(1+t_n)(1+s)$$

10.4.3 反映非关税措施覆盖比率和使用频率的指数公式

1. NTMs 覆盖比率指数

联合国贸易和发展会议提出用非关税措施(non-tariff measures,NTMs)的覆盖比率来表示一国对来自他国的进口商品采用了多大程度的非关税措施。NTMs 覆盖比率是一个百分比公式,它反映一国在某一时间对来自他国的进口商品采用的非关税措施情况,即非关税措施覆盖的进口商品在所有进口商品中所占的比重。

NTMs 覆盖比率指数公式为

$$C_{jt} = \frac{\sum(D_{it} \times V_{it})}{\sum V_{it}} \times 100\%$$

式中:C_{jt} 表示覆盖范围比率。作为一个百分比,其取值范围为 0~100%,它可以被用来衡量基于关税税号基础的某一进口国 t 年的非关税措施对来自某一出口国 j 的出口商品的影响面也即覆盖范围。这里,j 也可指一组出口国。C_{jt} 值越大,NTMs 的覆盖面比率也越大,反之则相反。D_{it} 表示 t 年 NTMs 的存在系数。其取值在有 NTMs 时为 1,没有 NTMs 时为 0。V_{it} 表示指 t 年 i 税号进口商品价值在进口国 j 所有进口商品价值中占的权重,即百分比。i 表示某进口国进口商品的关税税号,$i=1 \rightarrow n$。

2. NTMs 频率指数

NTMs 频率指数是一种比较直接的计算方式,其表达式如下:

$$F_{jt} = \frac{\sum(D_{it} \times M_{it})}{\sum M_{it}} \times 100\%$$

式中,F_{jt} 表示频率指数,表示进口国对来自 j 国出口商品使用 NTMs 的次数,其取值范围也是 0~100%。D_{it} 表示 t 年基于关税税号 i 的 NTMs 的存在系数。其值在有 NTMs 时为 1,没有 NTMs 时为 0。M_{it} 表示 t 年是否有来自出口国 j 的商品 i 进口。

与 NTMs 覆盖比率指数公式不同,NTMs 频率指数公式只是计算非关税壁垒是否存在及其频率大小,并不考虑受影响的进口品相对价值,也不能说明 NTMs 对整体进口品的重要性。

10.4.4 关税配额效应分析

正如在本书第 9 章中提到的,关税配额是指对一定数量进口品的配额,这些进口品可以在一个有利的关税率(配额内关税)下进入进口国,任何超过这一数量的进口品都将被征收一个更高的配额外关税。在一定条件下,保障性措施的作用特点也可以用关税配额的形式说明。

图 10-17 说明了关税配额在三种不同情形下的配额满足和需求的基本机理。图中横轴表示进口品数量,纵轴表示价格,D 表示进口品的需求曲线,S 表示进口品的供给曲线,S^{TRQ} 表示基于配额进口品的供给曲线。

在情形 1 中,配额可满足需求,因此,对进口品适用的关税是配额内关税,本国价格 $P=P_w+t_{in}$,其中 P_w 为国际价格,t_{in} 为配额内关税,进口品数量等于点 a 到点 b 之间的线段的长度。

情形 2 描述的情况是需求超过配额,额外进口品面临配额外关税。在这种情形下,配额外关税率高到足以阻止进口品进入本国市场,并且使本国生产在价格 P' 处,即关税配额具有使供给曲线向右移动配额数量的效应。

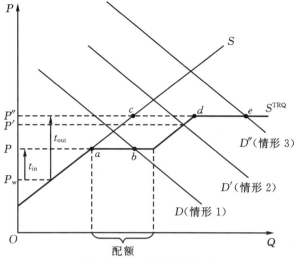

图 10-17 关税配额效应

最后,情形 3 展示了一条需求曲线 D'',此需求曲线高到即使进口品被征收配额外关税依然有利可图。这些配额外单位的进口品价格 $P''=P_w+t_{out}$,配额外进口数量等于点 d 和点 e 之间的量。情形 3 中总的进口量等于在配额内和配额外关税下的进口量,比如,点 c 和点 e 之间的量。

10.4.5 生产补贴和反应函数

生产补贴将会降低企业的边际成本,并且激励其增加在第三国的产量。图 10-18 是当企业以古诺行为竞争时模型的图形表示。横轴表示本国企业产量,纵轴表示外国企业产量;$RF_H(Q_F)$ 为本国反应函数,定义了在给定国外企业产量的情况下,允许实现利润最大化的本国企业产量;$RF_F(Q_H)$ 为外国反应函数,定义了在给定本国企业产量的情况下,允许实现利润最大化的外国企业产量。

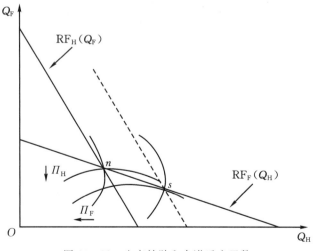

图 10-18 生产补贴和古诺反应函数

在两国企业竞争中,如果没有政府干预,古诺-纳什均衡就是产量空间中的点 n,相当于两条反应曲线 $RF_H(Q_F)$ 和 $RF_F(Q_H)$ 的交点。本国和外国利润分别为 Π_H 和 Π_F,箭头指向为企业利润增加的方向。

图 10-18 中,如果政府给本国企业实施产出补贴,使得本国企业的反应曲线向右移动(由虚线表示),新的古诺-纳什均衡记为点 s。补贴效应使得利润从外国企业向本国企业转移,本国企业位于一个更高的利润曲线上;相反,国外企业位于更低的利润曲线上。图 10-18 所说明的主要观点是政府可以积极使用补贴来使利润转移到接受补贴的行业。

本章小结

非关税壁垒具有以下特征:限制和减少进口数量,提高进口品价格,影响进口需求弹性的变化,壁垒具有可变性和不确定性,会产生一定的福利成本和资源成本。

贸易壁垒保护效应的评估方法包括价差度量法、类比分解法、关税等值分析法、补贴等值法等。

反映非关税措施覆盖比率和使用频率的指数公式,包括:①NTMs 覆盖比率指数。它反映一国在某一时间对来自他国的进口商品采用的非关税措施情况,即非关税措施覆盖的进口商品在所有进口商品中所占的比重。②NTMs 频率指数。它表示进口国对来自他国出口商品使用 NTMs 的次数,其取值范围也是 0~100%。

名词术语

出口补贴　政府采购　进口配额　价差度量法　关税等值分析法　NTMs 覆盖比率指数　NTMs 频率指数

思考与练习

1. 政府对外贸权和进口产品分销权的控制为什么被认为是一种非关税壁垒?

2. 比较鼓励出口的三种政策(出口补贴、出口行业的生产补贴和出口行业的价格支持)对本国市场价格、生产量、消费量、出口量、生产者和消费者利益、政府支出及整个社会的福利影响。

3. 既然出口国对本国出口企业的补贴增加了进口国的福利,为什么进口国政府要征收反补贴税?

4. 假设表 10-1 是 A 国某尺寸电视的供给与需求状况。世界市场价格是 500 美元/台。

表 10-1 A 国某尺寸电视的供给与需求状况

价格/(美元/台)	需求/台	供给/台
100	140	80
200	130	90
300	120	100
400	110	110
500	100	120
600	90	130

如果政府决定促进本国电视机产业的生产并征求你的意见,以下三种政策你会推荐哪一种?(请说明理由)(假定 A 国是电视机出口小国)

(1)对每一台出口的电视机给予 100 美元的退税。

(2)企业每生产一台电视机获得 100 美元的补贴。

(3)对该产业承诺 600 美元的保护价。

实验项目十九　　实验项目二十

第11章 区域经济一体化

进入21世纪,区域经济一体化已经成为当前全球经济发展的重要特征。各种类型的经济贸易集团组织遍布世界各地,对世界政治经济格局产生了全方位、多层次的影响。时至今日,区域经济集团内部贸易额在世界贸易总额中所占比重已经超过50%。区域经济一体化和贸易集团化已成为当今世界经济贸易发展的重要趋势之一。

本章将依次对区域经济一体化的含义和类型、区域经济一体化的理论、区域经济一体化的影响、全球区域经济一体化的发展现状和趋势等进行介绍和分析。

11.1 区域经济一体化概述

区域经济一体化始于第二次世界大战后。20年代50年代末和60年代中期出现了大批经贸集团,20世纪70年代到80年代初期处于停顿状态,20世纪80年代中期又掀起世界范围经贸集团化的高潮。

11.1.1 区域经济一体化的含义

一体化(integration),含义是"综合,结合,一体化"。20世纪初,这个词在经济学领域主要是表示企业结成的卡特尔、康采恩等经济垄断组织。20世纪50年代后,该词才用于表示将各个国家独立的国民经济逐步结合成为更大范围经济的一种活动进程。

对经济一体化的概念说明,经济学家是基于对不同一体化形式的认识而给出的。

对于"经济一体化",约翰·加尔通(Johan Galtung)认为:一体化是两个或两个以上的行为主体结合为一个新的行为主体的过程。这个定义有一定的代表性,但外延比较宽,既可说明经济一体化,又可说明政治一体化。按大多数经济学家的观点,经济一体化就是独立国家或地区彼此间经济边界的逐步消失和这些经济体最终聚合成为单一的实体。具体来说,经济一体化还有以下几类具有代表性的看法。

(1) 状态过程角度。巴拉萨认为:经济一体化就是指产品和生产要素的流动不受政府任何限制。经济一体化既是一个过程,又是一种状态。就过程而言,它包括旨在消除各国经济单位之间差别的种种举措;就状态而言,则表现为各国间各种差别待遇的消失。

(2) 目的角度。此观点认为一体化不应按手段(自由贸易、统一市场、可兑换性、自由化等)定义,而应定义为目的、平等、自由繁荣。

(3) 手段角度。彼得·罗布森(Peter Robson)认为国际经济一体化是手段不是目的。诺贝尔经济学奖获得者丁伯根(Tinbergen)认为:经济一体化就是将阻碍经济最有效运行的有关人为因素加以消除,通过相互协调和统一,创造最适宜的国际经济结构。这个定义仍比较宏观。他还进一步从政府当局促进经济一体化的手段方面把经济一体化分为"消极一体化"和"积极一体化"。前者指消除有关各国间物质、资金和人员流动障碍;后者指建立新的规章制度去纠正市场错误信号,从而强化正确信号,达到加强市场一体化力量的结果。

(4) 形式与差别角度。墨西哥的经济学家埃利西奥·德马代奥在《经济一体化理论在拉丁美洲的运用》一文中对拉丁美洲许多经济学家的一体化组织理论做了综合概述。他认为经济一体化是指结合成一体的地区的自由贸易,较高级形式是关税同盟,经济一体化与经济合作不同,这种不同既有质的不同也有量的不同,经济合作是指国与国之间在经济各个方面减少有差别的行动的总和,一体化则是指在形式上消除上述差别。

综合上述的概念和特征,我们可以对经济一体化给出一个比较完整的定义:区域经济一体化,是指在世界范围内由国家出面结合而成的、区域性的、目的在于实现市场一体化乃至生产和发展一体化的各种国际经济组织形成和发展的进程。经济一体化往往通过条约的形式,组成各种类型松散的经济联合,建立起超国家的决策和管理机构,制定共同的政策措施,实施共同的行为准则,规定较为具体的共同目标,实现成员的产品甚至生产要素在本地区内自由流动,促进地区性的专业分工,从而发挥规模经济效益,迅速发展生产技术,不断提高成员的经济福利。它也要求参加一体化的国家让渡部分国家主权,由一体化组织共同行使这一部分主权,实行经济的国际干预和调节。国际经济一体化一般是以地区经济合作为其核心内容,逐步扩展到其他领域的合作。

一体化不是按通常的双边或多边协定进行的国际经济合作和经济协调,它要求打破国界,实行紧密的国家合作和国际调节,并必须建立起一整套共同机构。这是经济一体化组织区别于其他国际组织的特点,如"经济合作与发展组织""77国集团""24国集团"等都只是国际的协商组织而不宜称为国际经济一体化组织;又如,两国或多国合资经营某个企业,实行铁路联运等,因为它们的职能局限在某个具体领域,也不能说是经济一体化组织。

区域经济一体化是指有一定地缘关系的两个或两个以上的国家,为了维护共同的经济和政治利益,通过签订某种政府间条约或协定,制定共同的行动准则和协调一致的政策,甚至通过建立起各国政府一定授权的共同机构,实行长期而稳定的超国家的经济调节,达成经济乃至政治上的联盟。

11.1.2 区域经济一体化的阶段和类型

目前存在的经济一体化组织,无论从内容还是层次来看差异都很大,从不同角度考虑可以分为不同的类型。

1. 按一体化的程度分类

(1)特惠贸易协定(preferential trade agreement,PTA)。其特点是,在成员国(地区)内部实行较非成员国(地区)更低的关税。成员之间通过协定或其他形式,对全部或部分商品规定特别的关税优惠,也可能包含小部分商品完全免税的情况。这是经济一体化的最低级和最松散的一种形式。在特惠区内,这种关税远低于对其他国家的关税。

(2)自由贸易区(free trade area,FTA)。其特点是在成员国(地区)之间没有壁垒,但每个成员国(地区)对非成员国(地区)可建立不同的壁垒。各成员之间取消了商品贸易的关税壁垒,使商品在区域内完全自由流动,但各成员仍保持各自独立的关税结构,按照各自确定的标准对非成员征收关税。这是一种松散的经济一体化形式,其基本特点是用关税措施突出了成员与非成员之间的差别待遇。

(3)关税同盟(customs union,CU)。其特点是成员国(地区)对非成员国(地区)实施统一关税壁垒。各成员之间完全取消关税和其他壁垒,实现内部的自由贸易,并对非成员的商品进口建立统一的关税制度。这在一体化程度上比自由贸易区更进了一步。它除了包括自由贸易区的基本内容外,而且成员对同盟外的国家和地区建立了共同的、统一的关税税率。结盟的目的在于使成员的商品在统一关境以内的市场上处于有利地位,排除非成员商品的竞争,它开始带有超国家的性质。世界上最早最著名的三国关税同盟是比利时、卢森堡和荷兰组成的关税同盟。

(4)共同市场(common market,CM)。其特点是在成员国(地区)之间实行关税同盟和要素自由流动。除了在成员内完全废除关税与数量限制并建立对非成员的共同关税外,还取消了对生产要素流动的各自限制,允许劳动、资本等在成员之间自由流动,甚至企业主可以享有投资开厂办企业的自由。1995年1月1日开始运行的南方共同市场,显示了发展中国家经济合作的勃勃生机。

(5)经济联盟(economic union,EU)。其特点是共同市场和宏观政策协调,例如所有成员采取统一货币,并形成统一货币区。成员之间不但商品与生产要素可以完全自由流动,建立对外统一关税,而且制定并执行某些共同经济政策和社会政策,逐步消除各成员在政策方面的差异,使一体化程度从商品交换,扩展到生产、分配乃至整个国家经济,形成一个庞大的经济实体。

(6)完全经济一体化(complete economic integration)。这是区域经济一体化的最高级形式。目前世界上尚无此类经济一体化组织。完全经济一体化不仅包括经济联盟的全部特点,而且各成员还统一所有重大的经济政策,如财政政策、货币政策、福利政策、农业政策,以及有关贸易及生产要素流动的政策,并由其相应的机构(如统一的中央银行)执行共同的对外经济政策。这样,该集团相当于具备了完全的经济国家地位。完全经济一体化和以上几种一体化形式的主要区别在于:它拥有新的超国家的权威机构,实际上支配着各成员的对外经济主权。

以上六种经济一体化形式,虽然依次反映经济一体化的逐级深化,但一体化的不同层次并不意味着不同的一体化集团必然从现有形式向较高级形式发展和过渡。也就是说,阶段之间不一定具有必然过程。此外,一体化目标有高有低,结合范围有广有狭,但是都涉及成员将局部权力让渡给共同体的问题。权力让渡的程度,一般都取决于一体化目标的高低。表11-1从五个方面说明了区域经济一体化的阶段化形态及其特征。

表11-1 区域经济一体化的阶段化形态及其特征

类型	降低区域内产品关税	区域内贸易数量限额与关税等贸易障碍消除	共同对外关税及贸易政策	人员、货物、劳务、资金等的自由流通	经济货币政策调和与发展超国家机制
特惠贸易协定	✓				
自由贸易区	✓	✓			
关税同盟	✓	✓	✓		
共同市场	✓	✓	✓	✓	
经济联盟	✓	✓	✓	✓	✓

2. 按一体化的范围分类

(1)部门一体化(sectoral integration)。这是指区域内各成员的一种或几种产业(或商品)的一体化。

(2)全盘一体化(overall integration)。这是指区域内各成员的所有经济部门加以一体化。

3. 按参加国的经济发展水平分类

(1) 水平一体化(horizontal integration),又称横向一体化。这是由经济发展水平相同或接近的国家所形成的经济一体化形式。从区域经济一体化的发展实践来看,现存的一体化大多属于这种形式。

(2) 垂直一体化(vertical integration),又称纵向一体化。这是由经济发展水平不同的国家所形成的一体化。如1994年1月1日成立的北美自由贸易区,将经济发展水平不同的发达国家(美国、加拿大)和发展中国家(墨西哥)连接在一起,使建立自由贸易区的国家之间在经济上具有更大的互补性。

11.2 区域经济一体化的理论

区域经济一体化的产生和发展,引起许多经济学家对这一现象的研究和探讨,形成了一些理论。由于区域经济一体化中,关税同盟为最重要的特征,因此,很多区域经济一体化理论把关税同盟作为基本的研究对象,用来描述区域经济一体化对贸易、投资、社会福利等所产生的经济效应。另外,还有协议性国际分工原理等。

11.2.1 关税同盟理论

关税同盟是指对外实施共同的关税保护,对内实施完全彻底的或部分关税减让优惠,幅度不定。因此,关税同盟理论包含着关税同盟和自由贸易区两种经济一体化形式的福利效应分析。

美国普林斯顿大学经济学教授维纳(J. Viner)、利普西(R. G. Lipsey)对关税同盟理论研究较多。按照维纳的说法,完全形态的关税同盟应具备三个条件:①完全取消各参加国之间的关税;②对来自成员国以外地区的进口设置统一的关税;③通过协商方式在成员国之间分配关税收入。因此,关税同盟有着互相矛盾的两种职能:对成员国内部是贸易自由化措施,对成员国以外则是差别待遇措施。关税同盟理论主要研究关税同盟形成后,关税体制的变更——对内取消关税,对外设置共同关税——对国际贸易的静态和动态效应。

1. 关税同盟的静态经济效应

关税同盟的特点是不仅在同盟内成员国之间相互取消关税,而且各成员国实行对非成员国的统一关税。这种区域经济一体化的形式具有以下的静态经济效应。

(1) 贸易创造效应(trade creation effect)。贸易创造效应是指关税同盟内部取消关税,实行自由贸易后,关税同盟国国内成本高的产品被同盟内其他成员国成本低的产品所替代,从成员国进口产品,从而创造出过去所不可能发生的新的贸易。其效果是:①由于取消关税,成员国由原来生产并消费本国的高成本、高价格产品,转向购买成员国的低价格产品,从而使消费者节省开支,提高福利。②提高生产效率,降低生产成本。从一国看,以扩大的贸易取代了本国的低效率生产;从同盟整体看,生产从高成本的地方转向低成本的地方,同盟内部的生产资源可以重新配置,改善了资源的利用。

图 11-1 对此加以说明。假设 A、B、C 三国,各自生产钢铁的单位成本分别为 \$250、\$150、\$100。A 国的钢铁进口关税为 200%。那么,在 A、B 两国之间是没有钢铁贸易的。如果 A、B 两国建立关税同盟,相互取消了进口关税,实行统一的对外关税为 200%,那么,A 国将放弃钢铁生产,而从 B 国进口钢铁,国内成本高的钢铁生产被成员国成本低的钢铁生产所替代。A、B 两国产生新的贸易。这就是贸易创造。

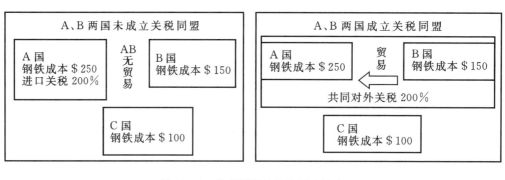

图 11-1　关税同盟的贸易创造效应

(2) 贸易转移效应 (trade diversion effect)。贸易转移效应是指由于关税同盟对内取消关税，对外实行统一的保护关税，关税同盟国把原来从同盟外非成员国低成本生产的产品进口，转换为从同盟内成员国高成本生产的产品进口，从而发生了贸易转移。其效果是：①关税同盟，阻止从外部低成本进口，而以高成本的供给来源代替低成本的供给来源，使消费者由原来购买外部的低价格产品转向购买成员国的较高价产品，增加了开支，造成损失，减少福利。②从全世界的角度看，这种生产资源的重新配置导致了生产效率的降低和生产成本的提高。这种转移有利于低效率生产者，使资源不能有效地分配和利用，使整个世界的福利水平降低。

以图 11-2 加以说明。假设 A、B、C 三国，各自生产钢铁的单位成本分别为 $250、$150、$100。A 国的钢铁进口关税为 100%。那么，在 A、B 两国之间没有钢铁贸易。A 国从 C 国进口钢铁。A、B 两国成立关税同盟后，其共同对外关税若为 100%，则 A 国将不从 C 国进口钢铁，而改为从 B 国进口。结果，钢铁生产从生产成本低的 C 国转移至生产成本高的 B 国。这就是贸易转移。

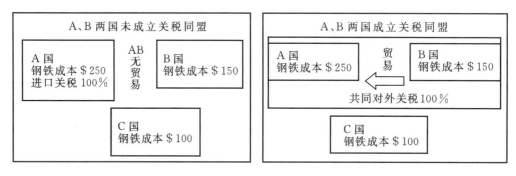

图 11-2　关税同盟的贸易转移效应

(3) 贸易扩大效应 (trade expansion effect)。贸易扩大效应是指在成立关税同盟后，在贸易创造和贸易转移的综合影响下，产生贸易扩大结果。如前两例，成立关税同盟后的 A 国国内钢铁价格，均比成立前要低。只要 A 国国内的钢铁需求弹性大于 1，A 国对钢铁的需求量就会增加，对钢铁的进口量也会增加，从而导致贸易扩大。

(4) 社会福利效应 (social welfare effect)。社会福利效应是指关税同盟的建立对一国的社会福利带来的影响。

对 A 国的福利分析如图 11-3 所示。纵轴 P 表示价格，横轴 Q 表示数量，A 国的钢铁供给曲线为 S，需求曲线为 D。A、B 两国在建立关税同盟前，A 国从 C 国进口钢铁，C 国的钢铁价格

为 P_c，A 国对钢铁进口征税后的国内价格为 P_t，国内生产 Q_1 数量的钢铁，国内需求 Q_2 数量的钢铁，从 C 国进口 Q_2-Q_1 数量的钢铁使国内达到均衡。A、B 两国成立关税同盟后，A 国对 B 国的钢铁进口取消了关税，但对 C 国进口要征高关税。虽然 B 国的生产成本高于 C 国，但是由于 A 国对 B 国的进口是免征关税的，因此，进口价格低于从 C 国的进口价格。由于 A 国从 B 国进口，国内价格下降为 P_b。国内生产供应减为 Q_3，国内需求上升为 Q_4，国内供需缺口为 Q_4-Q_3，从

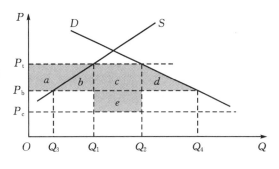

图 11-3 关税同盟的社会福利效应

B 国进口来填补，以达到国内均衡。从图上我们可以看到，A 国和 B 国组成关税同盟后，进口量从 Q_2-Q_1 增加到 Q_4-Q_3，产生了贸易扩大效应。其增加量为 $(Q_1-Q_3)+(Q_4-Q_2)$，这是贸易创造效应。而 Q_2-Q_1 原来是从 C 国的进口量，现在改为从 B 国的进口量，这就是贸易转移效应。同时我们还可以看到，A 国的消费者剩余增加为 $a+b+c+d$，这是 A 国的福利所得。进口 Q_4-Q_3 量后，生产者剩余减少 a，政府关税收入减少 $c+e$，这是 A 国的福利所失。其中，a 和 c 与消费者剩余相抵。消费者剩余中的 b 是生产效应，d 是消费效应。如果消费者剩余中 $b+d$ 大于政府收入中的 e，A 国的净福利增加；反之，A 国的净福利减少。

(5) 贸易条件效应(terms of trade effect)。这是指组成关税同盟后，同盟成员国的贸易条件所发生的变化。一般来说，关税同盟能降低外部世界市场的供应价格，从而改善关税同盟国的贸易条件。

(6) 积极效应(positive effect)和消极效应(negtive effect)。积极效应是指关税同盟的经济得益，消极效应是指关税同盟的经济损失。从分析中可以看到，关税同盟具有这样的双重效应。因此在某几个国家之间是否该组成关税同盟，要分析经济效应如何。

关税同盟静态经济效应的大小，受制于以下几个方面的因素：

① 同盟前关税水平越高，同盟后贸易创造效应越大。

② 关税同盟成员国的供给与需求弹性越大，贸易创造效应越大。

③ 关税同盟成员国与非成员国产品成本差异愈小，贸易转移的损失愈小。

④ 关税同盟成员国的生产效率越高，贸易创造效应越大，关税同盟后社会福利水平越有可能提高。

⑤ 关税同盟成员国对非成员国出口商品的进口需求弹性越低，非成员国对关税同盟成员国进口商品的出口供给弹性越低，则贸易转移的可能性越小。

⑥ 关税同盟成员国对外关税越低，贸易转移的可能性越小。

⑦ 参加关税同盟的国家越多，贸易转移的可能性越小，资源重新配置的利益越大。

⑧ 关税同盟前成员国彼此之间的贸易量越大，或与非成员国之间的贸易量越小，关税同盟后贸易转移的可能性越小，经济福利越可能提高。

⑨ 一国国内贸易比重越大，对外贸易比重越小，则参与关税同盟获利的可能性越大，福利水平越有可能提高。

⑩ 关税同盟成员国的经济结构的竞争性越大，互补性越小，关税同盟成立后福利水平越有可能提高。

2. 关税同盟的动态经济效应

关税同盟还具有动态经济效应,即刺激各成员国的经济增长,并带来国民收入的持续增长。这些动态效应会通过一系列渠道表现出来。

(1) 规模经济效益。规模经济效益是指当企业规模扩大到一定程度时,单位产品生产成本的下降。美国经济学家巴拉萨认为,关税同盟可以使生产厂商获得重大的内部与外部经济之利。内部规模经济主要来自对外贸易的增加,以及随之带来的生产规模的扩大和生产成本的降低。外部规模经济则来源于整个国民经济或一体化组织内的经济发展。国民经济各部门之间是相互关联的,某一部门的发展可能在许多方面带动其他部门的发展。同时,区域性的经济合作还可导致区域内部市场的扩大,市场扩大势必带来各行各业的相互促进。也就是说,建立关税同盟,将使各成员国的国内市场联结成统一的区域市场,而更大的区域市场将增加在经济范围内或产业范围内实现规模经济的机会。这就有利于推动企业生产规模和生产专业化的扩大。而且通过一体化区域合作和市场扩大也有助于基础设施(如运输、通信网络等)实现规模经济。这些对于小国尤为明显。

(2) 市场结构效应。区域经济一体化组织的建立,摧毁了原来各国受保护的市场,提高了市场的竞争性。市场竞争将增强比较价格作为相对稀缺性指标的可靠性,从而导致市场效率和透明度的提高,并促进资源配置效率改善。即使在寡头或垄断市场结构下,在产品差异和规模经济存在的条件下,广大市场范围内所增强的竞争将限制或削减相互串通或其他滥用市场力量所带来的社会成本。竞争还将刺激公司改组和产业合理化,推动先进技术的广泛使用,从而促进现代化的进一步发展。这些自然有助于提高经济效率和增进社会利益。

(3) 刺激投资效应。通过多国协定的约束,区域一体化扩大了市场规模,改善了投资环境。它对成员国内部的投资者和非成员国的投资者的投资吸引力都大大增强了。关税同盟从以下几方面使投资增加:首先,关税同盟成立后,成员国市场变成统一的大市场,需求增加,从而使企业投资增加。其次,商品的自由流通使同行业竞争加剧。为了提高竞争能力,厂商一方面必须扩大生产规模,增加产量,降低成本;另一方面必须增加投资,更新设备,提高装备水平,改进产品质量,并研制新产品,以改善自己的竞争地位。最后,由于关税同盟的成员国减少了从其他国家的进口,迫使非成员国为了避免贸易转移的消极影响,到成员国内进行直接投资设厂,就地生产,就地销售,以绕开关税壁垒。

更大区域的市场以各种形式所增加的投资机会,也会提高创新的利润率。因为研究与开发的固定成本将在更广的市场范围内加以分散,并促进规模经济的实现。同时,竞争引起的公司改组、合理化、现代化和技术改进将进一步提高投资的水平和效益。

但是,也有一些学者认为,关税同盟建立后,由于受贸易创造效应影响的产业会减少投资,且外部资金投入会使成员国的投资机会减少等,关税同盟内部的投资不一定会增加。

(4) 生产要素自由流动的经济效应。关税同盟建立后,市场趋于统一,生产要素可以在成员国间自由流动,提高了要素的流动性,劳动力和资本从边际生产力低的地区流向边际生产力高的地区。劳动力的自由流动,有利于人尽其才,增加就业机会,提高劳动者素质。自然资源的流动能使物尽其用。关税同盟还能促使企业家精神在成员国之间传播和发扬。这些都将使生产要素配置更加合理,要素利用率提高,降低了要素闲置的可能性,从而有益于生产资源的最佳配置。

(5) 技术进步效应。关税同盟建立后,市场扩大,竞争加强,为了在竞争中取胜,厂商必然要努力利用新技术开发新产品。投资增加、生产规模扩大使厂商愿意投资于研究和开发活动,从而使技术水平不断提高。

(6) 经济增长效应。如果以上的各种有利的动态效应得以发生,则关税同盟建立后,成员国的国民经济必可获得迅速增长。

11.2.2 次优理论

1. 帕累托最优条件和次优条件

根据福利经济学的论述,帕累托最优条件是经济中的决策法则,这是一种纯理论的表述。在实际生活中,要让所有的生产和分配过程都符合帕累托最优条件是不可能的。于是就不得不退而求其次,这就出现了所谓的次优问题。次优条件是次优型经济中的决策法则,即在次优世界中才能采取次优决策法则。关税同盟是次优理论及其实践的一个特例。

主张自由贸易的经济学家一般认为,自由贸易是最优的,或者是帕累托最优的,因为自由贸易导致国家和全球福利的最大化。

而维纳的研究认为,任何趋向于自由贸易的活动都将增加福利。维纳证明了关税同盟的形成可能增加或减少在这种同盟产生的具体环境下成员和非成员的福利。这就说明了关税同盟是次优理论的实例,它表明如果在现实经济中所有达到最大化福利和实现帕累托最优的条件都不能满足的话,就可能导致次优状态。

组成关税同盟,撤除成员之间的关税壁垒,并不能导致这个同盟中成员的福利明确地增加。维纳对次优理论的贡献之后又被米德和兰开斯特进一步发展。

根据维纳的观点,关税同盟的静态效应可依照贸易创造和贸易转移来度量。

(1) 贸易创造(TC)。当某些关税同盟的国内生产者被来自该同盟某个成员的较低成本的进口取代后就会产生贸易创造;贸易创造型的关税同盟,通过进一步扩大在比较优势基础上的生产分工将增加同盟成员的福利;从各成员实际增加的收入中产生的外溢效应,也会通过增加来自非成员的进口,从而提高这些国家的福利。

(2) 贸易转移(TD)。当来自某些非关税同盟成员的较低成本的进口被来自该同盟某些成员的较高成本的进口替代后就会产生贸易转移。贸易转移型的关税同盟由于贸易创造和贸易转移的共同作用或者增加或者减少成员的福利,具体将取决于二者的相对强度:

① 如果 TC>TD,这种区域经济一体化会增加福利。
② 如果 TC<TD,这种区域经济一体化会减少福利。
③ 如果 TC=TD,这种区域经济一体化既不增加也不减少福利。

假定在自由贸易条件下,可达到区域和全球福利的共同提高,那么这是最优的选择,但是由于市场失灵等原因,只存在次优的选择,而区域经济一体化就是次优理论的一种实践的案例。

2. 贸易政策协调的福利效应的博弈分析

假定世界上有两个国家,分别采取两种贸易政策,保护贸易政策(P)和自由贸易政策(F),两国采取相同或不同的贸易政策时的收益矩阵见图 11-4。

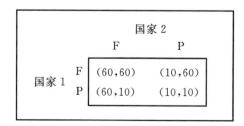

图 11-4 贸易政策协调的福利效应矩阵分析

从图 11-4 可知：

当国家 1 和 2 均采取自由贸易政策时，两国各自分别可获收益 60 个单位，总收益 120 个单位。

当国家 1 采取自由贸易政策，而国家 2 采取保护贸易政策，则国家 1 可获收益 10 个单位，国家 2 可获收益 60 个单位，总收益 70 个单位。

当国家 1 采取保护贸易政策，而国家 2 采取自由贸易政策，则国家 1 可获收益 60 个单位，国家 2 可获收益 10 个单位，总收益 70 个单位。

当国家 1 和国家 2 均采取保护贸易政策时，两国各自分别可获收益 10 个单位，总收益 20 个单位。这是一个典型的纳什非合作均衡解。

但是通过两个国家的合作，两国的贸易福利收益分别可提高到 60 个单位，总收益 120 个单位。如果国家 1 是先行者，而国家 2 是跟随者，则可得到斯塔克尔伯格均衡。

11.2.3 协议性国际分工原理

1. 协议性国际分工的含义

协议性国际分工原理是由小岛清提出的。他认为在经济一体化组织内部如果仅仅依靠比较优势原理进行分工，不可能完全获得规模经济的好处，反而可能会导致各国企业的集中和垄断，影响经济一体化组织内部分工的和谐发展和贸易的稳定。因此，必须实行协议国际分工，使竞争性贸易的不稳定性尽可能保持稳定，并促进这种稳定。

所谓协议性国际分工，是指一国放弃某种商品的生产并把国内市场提供给另一国，而另一国放弃另外一种商品的生产并把国内市场提供给对方，即两国达成互相提供市场的协议，实行协议性分工。协议性分工不能指望通过价格机制自动实现，而必须通过当事国的某种协议来实现，也就是通过经济一体化的制度把协议性分工组织化。

协议性国际分工原理建立在长期成本递减理论的基础上，如图 11-5 所示的 A 国和 B 国 X 与 Y 两种商品的成本递减曲线，其中纵轴表示两国分别生产两种商品时的成本。现假定 A 国和 B 国达成互相提供市场的协议，A 国要把 Y 商品的市场、B 国要把 X 商品的市场，分别提供给对方，即：X 商品全由 A 国生产，并把 B 国 X_2 量的市场提供给 A 国；Y 商品全由 B 国生产，并把 A 国 Y_1 量的市场提供给 B 国。两国如此进行集中生产，实行专业化之后，如图中虚线所示，两种商品的成本都明显下降。但这仅仅是每种商品的产量等于专业化前两国产量之和的情况，如果同时考虑随着成本的下降所引致的两国需求的增加，实际效果将更大。

应该注意到分工方向并不是因为 X 商品在 A 国的成本较低，Y 商品在 B 国的成本较低，即不是由比较成本的价格竞争原理决定的。从图中可以看到，X 商品在 A 国的成本较高，Y 商品的成本两国相同。这就是说，尽管 X 商品与比较优势的竞争原理所指示的方向相反，Y 商品两国成本相同，但是若能互相提供市场，首先进行分工，就可以实现规模经济，互相买到低廉的商品。

如果与图 11-5 所示的情况相反，即 A 国对 Y 商品实行专业化，B 国对 X 商品实行专业化，也可以获得分工的益处。但由于新的分工使 Y 商品的成本与图示相比没有多大变化，而 X 商品专业化后的成本则高于图示的成本，因而其分工的益处要小于图示中所得到的益处。这是因为，图 11-5 中，对 Y 商品来说，两国成本曲线基本相同，初期生产量也基本相同，因而初期成本是基本一致的；而对 X 商品来说，初期生产量小的 A 国虽然成本较高，但是它的成本递减率很大，随着生产规模的扩大，成本越来越低。

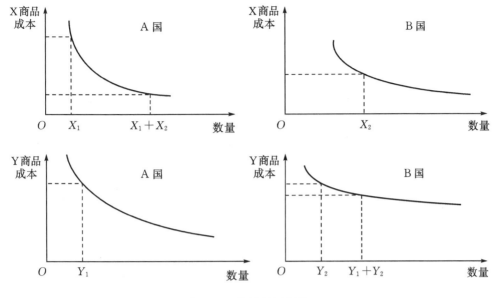

图 11-5 协议性国际分工

2. 协议性国际分工实现的条件

由上面的分析可以看到,为了互相获得规模经济的好处,实行协议性国际分工是非常有利的,但达成协议性分工还必须具备下列条件:

(1) 参加协议的国家生产要素禀赋比率没有多大差别,工业化水平和经济发展水平相近,因而协议性分工的对象商品在哪个国家都能进行生产。

(2) 作为协议分工对象的商品,必须是能够获得规模经济的商品,一般是重工业、化学工业的商品。

(3) 每个国家自己实行专业化的产业和让给对方的产业之间没有优劣之分,否则不容易达成协议。这种产业优劣主要决定于规模扩大后的成本降低率和随着分工而增加的需求量及其增长率。

上述三个条件表明,经济一体化必须在同等发展阶段的国家之间建立,而不能在工业国与初级产品生产国这种发展阶段不同的国家之间建立;同时也表明,在发达工业国家之间,可以进行协议性分工的商品范围较广,因而利益也较大。另外,生活水平和文化等较为类似的地区容易达成协议,并且容易保证相互需求的均等增长。

11.2.4 自由贸易区理论

1. 自由贸易区的含义及特点

自由贸易区作为区域经济一体化的重要形式,是指在自由贸易区中,各缔约方达成协议,取消各成员间的贸易壁垒,但各成员仍有对非成员贸易政策的自主权,即可以制定不同的关税税率及其他贸易限制措施。详细来说,自由贸易区有广义和狭义之分。

广义的自由贸易区,是指两个或两个以上的国家或地区或单独关税区组成的区内取消关税和其他非关税限制,区外实行保护贸易的特殊经济区域或经济集团。如北美自由贸易区(包括美国、加拿大、墨西哥)等。狭义的自由贸易区(free trade zone)即自由贸易园区,是指一个国家或单独关税区内设立的用栅栏隔离、置于海关管辖之外的特殊经济区域,区内允许外国船舶自由进出,外国货物免税进口,取消对进口货物的配额管制,也是自由港的进一步延伸。这里讲的是广义的自由贸易区。

自由贸易区有两个特点:一是该集团内成员相互取消关税或其他贸易限制;二是各成员独立保留自己的对外贸易政策,尤其是关税政策,所以自由贸易区又称为半关税同盟。

所谓自由贸易协定(free trade agreement,FTA)是指两个或两个以上的国家(包括独立关税地区)根据 WTO 相关规则,为实现相互之间的贸易自由化所进行的地区性贸易安排。由自由贸易协定的缔约方所形成的区域称为自由贸易区。FTA 的传统含义是缔约方之间相互取消货物贸易关税和非关税贸易壁垒。但是近些年的 FTA 出现了新的变化,其内容不仅包括货物贸易自由化,而且涉及服务贸易、投资、政府采购、知识产权保护、标准化等更多领域的相互承诺。这种广义的 FTA 也被称为经济伙伴协定(economic partnership agreement,EPA)。

2. FTA 的经贸效应

一般而言,FTA 谈判主要涉及市场进入(如关税或促进 FDI)、贸易规则(如反倾销)与新兴议题(比如部分 FTA 会触及劳工与环保议题)等三大部分。

FTA 的经济贸易效应主要包括 FTA 的关税差别待遇效应(贸易创造、贸易转移、投资创造、投资转移、贸易条件改变),以及 FTA 的投资相关规范(投资议题本身、服务贸易、知识产权、自然人移动与竞争政策)与原产地规则所引发的投资效应等。

FTA 经贸效应的实际预测或评估,主要以新古典贸易理论为基础,据以实证分析 FTA 的成员与非成员的整体经济福利等静态利益、投资(跨国公司)与经济成长等动态利益的影响等。

(1)贸易部分。因为 FTA 取消了国内与伙伴国之间的贸易差别待遇,使得伙伴国较有效率的生产取代国内生产(因而发生贸易),这部分的经济效益为贸易创造;此外,由于并没有取消针对其他国家的差别待遇,使得伙伴国较无效率的生产取代其他国家的生产(因而改变贸易),这部分的经济成本即为贸易转移。

(2)FDI 部分。FTA 的 FDI 效果可以说日益重要,尤其当签署内容往往超越传统商品贸易的深度整合型 FTA 时,投资吸引的动机甚至大于贸易扩大动机。

①投资创造效果(investment creation effect):签订 FTA 之后实施新的贸易规则所额外增加的投资机会主要源于市场扩大(关税与非关税贸易障碍的撤除),以及区域内足以影响投资的各项限制减少,例如服务业市场对外松绑,甚至对外国投资人的保护增加等措施,这些都有利于不同的跨国生产阶段或产业分工布局,进而吸引更多的 FDI。

②投资转移效果(investment diversion effect):FTA 的差别待遇包括更为优惠的关税与市场开放条件等,某种程度也会迫使本来在他地或本国从事生产的非成员国企业来投资,因而改变投资流向。

整体而言,由于多数现行的 FTA 涵盖领域甚广,特别是攸关投资自由化的投资相关规范颇为具体,因此投资创造效果一般要大于贸易转移效果。

总而言之,除了贸易优惠关税所引发的投资效果之外,这些 FTA 本身关于投资的规范,都会影响投资动向,尤其是随着 FTA 而来且繁复的优惠原产地规则规定,往往成了保护签约国国内中间产品或零组件产业的温床,引发外商到自由贸易区内设厂的投资转移效果。

原产地规则影响投资流向的作用包括:

第一,原产地规则主要衍生依从成本与改变经济决定的经济或生产成本。依从成本包括行政管理(官方)和证明成本(厂商企业)。

第二，原产地规则的严苛程度也将影响投资转移效果的大小，特别是在产业跨国分工日益盛行的今天。原产地规则其实隐含着投资效应。

FTA的法律依据主要是被纳入WTO法律框架之内的《1994年关税与贸易总协定》第24条和根据乌拉圭回合确定的《服务贸易总协定》第5条。但是也有一些全部由发展中国家组成的FTA是依据WTO的"授权条款"建立的。根据WTO规则，FTA在并不提高对区域外的贸易障碍、区域内成员相互之间取消所有贸易障碍和全部谈判10年内完成等三个条件下，可以作为最惠国待遇原则的例外成立，但是如果由于FTA的成立使针对区域外的贸易障碍有所提高，则视为违反WTO规则。根据"授权条款"建立的FTA可以享受区别于一般FTA的更为宽松的特殊安排。

FTA与WTO所倡导的全球贸易自由化之间的关系，是一种互补和互动关系。它不违背WTO规则的区域贸易安排，有利于推动全球的贸易自由化。其中的原因：一是建立FTA可以为成员实现贸易和投资自由化目标提供多种选择的机会；二是可以弥补WTO多边贸易体系的空白和缺陷，为推动全球贸易自由化积累经验；三是有助于减少多边贸易谈判的层次，提高WTO机制运作效率；四是对贸易伙伴的贸易保护主义可以形成牵制。

11.3 区域经济一体化的影响

目前，全球贸易的三分之一以上都是在各个区域经济一体化组织内部进行的，区域经济合作对世界贸易和经济发展的影响越来越大。这种影响可以分为两个层次：一个层次是对世界贸易和经济的整体影响，另一个层次是对内部各成员方的影响。

11.3.1 区域经济一体化的内部影响

区域经济一体化对成员方自身的经济影响主要是积极的，但也有一定的消极作用。

1. 促进了集团内部贸易的增长

区域经济一体化组织成立后，通过消除关税和非关税壁垒，形成区域性的统一市场，加强了区域内商品、劳务、技术和资本等生产要素的自由流动，从而加深了成员方在经济上的相互依赖程度，同时集团内的国际分工使销售渠道稳定，这就推动了成员方内部贸易的发展，使集团内部贸易在成员方对外贸易总额中所占比重显著提高。

在全球自由贸易难以实行的情况下，区域经济一体化无疑为小范围内资源的合理利用和配置提供可能。由于成员方之间生产要素能更大程度地自由流动，这就为区域一体化内部厂商实现规模经济提供了条件。厂商规模经济的取得和提高，使得国民收入水平提高，从而直接增加了市场容量。这一结果带动了区域一体化成员国贸易规模的扩大。

2. 改变了国际贸易的地区分布格局

区域经济一体化组织的对外贸易可以分为两个部分：一是组织内成员之间的贸易，被称为区内贸易；二是组织内成员方与组织外非成员方之间的贸易，被称为区外贸易。由于区内贸易实行自由化，而区外贸易无论是进口还是出口都存在着各种贸易壁垒，因此，区内贸易的发展大大快于区外贸易。

3. 提高了经济一体化国家的整体贸易地位

区域经济一体化使得原来一些单个经济力量比较薄弱的国家以整个集团出现在世界经济舞台上，其经济地位显然提高。其地位上升和竞争能力的加强，加重了这些国家在国际贸易谈判桌上的分量，在一定程度上维护了本身的贸易利益。

4. 促进了国际贸易商品结构和产业结构水平的提高

对于发展中国家来说,发展区域经济一体化,可以充分利用现有的资金、技术、设备和各种资源,逐步改变单一的经济结构,逐步改变出口商品单一性的状况。而发达国家也同样在经济一体化的推动下,使工业产品的生产能力和贸易水平得到大大提高,贸易的商品结构和产业结构也随之发生变化。

5. 制约了成员方经贸政策的自主权

在区域经济一体化之前,各成员方的贸易政策基本具有自主性,完全由自己决定和实施。但在经济一体化集团内,区域性国际协调必然渗透到各成员方经贸政策的制定过程之中,从而在一定程度上缩减了自己的经济主权。例如,成员方的进出口管理体制、外汇体制、产业政策及有关的经济体制和政策的制定,都要遵守区域性安排中的法则和规范,承担相应的义务,并不断协调彼此间的实施步伐和利益分配。随着一体化程度的不断深化,成员方的经济自主权将愈趋缩减。

11.3.2 区域经济一体化的外部影响

区域经济一体化对区外非成员方的经贸活动也有着一定积极影响。这表现为:区域性集团实现内部经济一体化后,其成员方自身会增强经济活力,促进经济加速发展,扩大对外需求,从而在一定程度上促进了世界贸易总量的增长。这就为各国经济发展提供了更多的机遇,即产生收入溢出效应。此外,区域经济一体化在技术开发领域创造的新成果也会向外扩散,使得区外国家受益。欧盟优惠的科技合作政策,汇集了区内各国的科技精英,推动新技术产品的联合开发,这些成果也会随出口的增长转移到其他国家,提高了世界的科技开发水平。

世界经济区域化、集团化趋势,将使若干个实力相当或相近的区域性经济集团出现在世界经济大舞台上。可以预计,在它们之间合作与竞争并行不悖。这样,现在的国与国之间的协调,将转化为区域与区域之间的国际经济协调。相比之下,由于经济集团具有错综复杂的利益格局,而任何一种国际协调都不可能完全符合各国的经济利益,因此,不可避免地会出现反对国,国际协调将受到重重阻力,不能完全或顺利地贯彻。

如何看待和处理区域经济一体化组织和WTO之间的关系呢?对此有两种不同的观点:一是不赞成区域经济一体化。他们认为,区域经济一体化组织对区域外的国家实行差别待遇,具有浓厚的对内保护和对外歧视的贸易保护主义色彩,这与WTO自由的、无差别的、多边的贸易原则相违背,使得WTO的多边谈判变得更为困难。因此,区域经济一体化组织是WTO所倡导的多边自由贸易的障碍。另一是赞成区域经济一体化。他们认为,区域经济一体化和WTO的宗旨是一致的,都是为了实现自由贸易。在全世界范围内一时难以实现自由贸易(因各国的经济基础、发展水平和经济体制上有差异),可以先在区域范围内实行。这是一条通向世界自由贸易的捷径。有的人把区域经济一体化和多边贸易体制的关系看成是"互补性竞争"。

WTO采纳了第二种观点,采取了对区域经济一体化宽容的态度,在《1994年关税与贸易总协定》第24条规定:"本协定的各项规定,不得阻止缔约各国在其领土之间建立关税同盟或自由贸易区,或为建立关税同盟或自由贸易区的需要采用的某种临时性协定。"

总之,区域经济一体化具有双重性质,它以对内自由贸易、对外保护贸易为基本特征。对内,由于取消关税和非关税壁垒,促进了内部贸易的自由化,使区域内各国间的生产专业化和国际分工更为密切和精细,从而使内部贸易迅速增长。从这一意义上说,它是走向世界经济一体化的一个阶梯,使世界各国的经济变得更加难以分割。对外,由于贸易保护的加强,区域内部同外部国家间的贸易相对减弱,从而使本来很紧密的世界经济分成若干相对立的区域,又不利于世界经济一体化的发展。

11.4 区域经济一体化的现状和趋势

11.4.1 区域经济一体化的现状

经济一体化是二战后世界经济发展中出现的新现象。最早成立的一体化组织是经济互助委员会。它是苏联和东欧国家建立的一个区域性经济组织,成立于1949年1月。后来蒙古、古巴和越南先后加入,又成为跨地区的经济组织。它实质上是其他国家经济与苏联经济的一体化。随着苏联的解体和东欧的剧变,该组织已于1991年6月28日解体。20世纪60年代,区域经济一体化在世界各地广泛发展。70年代中期到80年代初期,西方发达国家正处于滞胀阶段,其一体化进程相对缓慢。而发展中国家的经济一体化大多遭受挫折,一些组织中断活动或解体。但是,80年代中期以后,全球的经济一体化进程出现新的高潮,且有进一步发展壮大的趋势和向着"洲际一体化"方向发展。

目前,世界经济中已有数十个各种类型的区域经济一体化组织。从地域上来说,目前的区域经济一体化主要有三种类型:第一种是北北型,即成员国全部来自发达国家;第二种是南南型,是发展中国家之间的经济一体化;第三种是南北型,成员国既有发达国家,也有发展中国家。不仅发达国家无一例外地卷入了组建区域经济一体化新浪潮,而且广大发展中国家出于发展本国或本地区经济和共同对付发达国家经济剥削的需要,也纷纷组建、巩固和发展自身的区域经济合作组织。

各国之所以越来越热衷于区域经济合作,原因是多方面的。首先,发展对外贸易,拓展国际发展空间是各国共同的追求,而区域经济合作是一条很重要的途径。其次,与多边贸易体制相比,区域经济合作具有矛盾少、效率高、见效快、冲击小的优点,在多边贸易谈判长期停滞的情况下,世界各国都把区域经济合作作为优先发展目标。另外,各国发展区域经济合作往往还有许多非经济的考虑。例如,欧盟、美国等都把区域经济合作当作其整个对外政策的重要工具。还有一些国家参加区域经济合作,一方面是想避免自己被边缘化,而另一方面又希望去边缘化别国。

11.4.2 区域经济一体化的趋势

1. 区域经济一体化协议数量增长迅速,内容广泛

进入21世纪以后,区域经济一体化迅速发展,协议数量快速增长。WTO成员中至少有100个成员参加了一个以上地区贸易安排,有的成员甚至参加几十个自由贸易协定;区域经济一体化协议的内容也更加广泛,不仅涉及传统的贸易领域,而且扩大到资本和劳务流动、金融服务、知识产权、政府采购、人力资源开发、科技发展、中小企业合作、文化产品、纠纷仲裁等多领域,贸易自由化程度也大大超过了WTO的管辖范围。

2. 区域经济一体化形式多样化

区域经济一体化的形式越来越多样化,有经济伙伴关系协定,有紧密经济伙伴协定,有保障协定,等等,尽管形式各异,但本质上都是通过消除成员之间的贸易壁垒,创造更多的贸易机会,促进贸易自由化。

3. 洲际的区域经济一体化快速发展

越来越多的双边经济贸易安排打破了地域限制,发生在地理位置互不相邻的经济体之间。如欧盟和墨西哥,日本和新加坡,美国和澳大利亚等先后签署的自由贸易协定,都是在不相邻的

经济体之间进行的。

4. 区域经济一体化更具有开放性

区域经济一体化呈现"开放的地区主义"新趋势,即一体化组织不再局限在某一地区少数国家参加,而是在本地区内不断延伸和扩大,同时积极寻求与其他一体化组织的合作,使区域经济一体化组织越来越多地出现交叉重叠现象,使原来区域经济一体化组织的排他性和封闭性,逐步转变为开放性,从而使区域经济一体化组织在相互补充、相互支撑、共同推动世界经济一体化进程中扮演着十分积极的角色。2020年11月15日,《区域全面经济伙伴关系协定》正式签署,标志着当前世界上人口最多、经贸规模最大、最具发展潜力的自由贸易区正式启航。

综上所述,区域经济一体化已是全球性浪潮。这一方面反映了国际分工在当代的深化,各国之间的经济联系日益紧密,生产和消费越来越超越国界走向国际化,各国经济各自为政的局面已成过去,国家之间、地区之间经济联系越来越需要更多的协调及相应的制度安排;另一方面,它又反映了多边自由贸易体制正面临巨大挑战及区域性贸易保护主义抬头的一种倾向。

本章小结

区域经济一体化是指有一定地缘关系的两个或两个以上的国家,为了维护共同的经济和政治利益,通过签订某种政府间条约或协定,制定共同的行动准则和协调一致的政策,甚至通过建立起各国政府一定授权的共同机构,实行长期而稳定的超国家的经济调节,达成经济乃至政治上的联盟。

区域经济一体化的形式主要有特惠贸易协定、自由贸易区、关税同盟、共同市场、经济联盟、完全经济一体化等。

在区域经济一体化的理论中,关税同盟理论占重要地位,关税同盟的静态经济效应主要是贸易创造效应和贸易转移效应。此外,关税同盟还有一系列动态经济效应。其他的区域经济一体化理论,也对区域经济一体化的发展产生重要的影响。

区域经济一体化在发展的过程中也呈现出一些新的趋势。

名词术语

区域经济一体化　特惠贸易协定　自由贸易区　关税同盟　共同市场　经济联盟
完全经济一体化　贸易创造效应　贸易转移效应　贸易扩大效应　社会福利效应
贸易条件效应　积极效应和消极效应　次优理论

思考与练习

1. 如何理解区域经济一体化?
2. 区域经济一体化的组织形式有哪些?
3. 何谓"贸易创造"和"贸易转移"?
4. 区域经济一体化对国际贸易有哪些影响?
5. 试分析区域经济合作迅猛发展对全球化进程的影响。
6. 分析欧盟东扩的原因,并论述其东扩所产生的影响。
7. 简述中国-东盟自由贸易区的建立对各国以及世界经济的影响。
8. 画图说明加入关税同盟后一国福利水平反而下降的情况。

9. 假设A国目前以每双20美元的价格从B国进口1000双旅游鞋。征收50%的关税后，B国鞋在A国市场上的价格上升到30美元。再假设C国旅游鞋的国内均衡市场价格是25美元。A国与C国贸易协定签订之后，A国以每双25美元的价格从C国进口1200双旅游鞋而不再从B国进口。请用图和数字说明A、C两国的福利变动。

10. 试比较中国已与相关国家签订或正在谈判的区域自由贸易区协定，可分为几种类型？

11. 与东盟签署自由贸易协定后，中国进口大量增加，是否意味着中国贸易利益的损失？

12. 目前，中国与美国、欧盟及日本签署自由贸易协定的条件是否具备？为什么？

实验项目二十

实验项目二十二

实验项目二十三

第 12 章 全球贸易体制与政策协调

全球贸易体制是国际贸易规则和秩序的总和,其实质是各国对外贸易政策以利益为核心的国际协调。

本章将依次介绍全球贸易体制的含义和构成、贸易条约与协定、世界贸易组织、《马拉喀什建立世界贸易组织协定》(简称《建立世界贸易组织协定》)、世界贸易组织谈判等内容。

12.1 全球贸易体制的含义和构成

12.1.1 全球贸易体制的含义

20世纪30年代全球的经济衰退和贸易冲突,以及第二次世界大战的冲击,导致了战后以非歧视性和多边主义为目标的世界贸易体制的建立。

从理论上说,全球贸易体制包括两个方面的内容:一是有规范和协调各国贸易的规则;二是有组织完善的管理机构,有监督规则可供执行。因此,它意味着规则的统一性。但是,由于世界各国经济发展水平、社会制度及各自的特定条件的差异,完全的、统一的全球贸易体制至今仍是追求的目标。另外,全球贸易体制是国际经济秩序的重要组成部分,因此,贸易体制的性质受到国际经济秩序的制约。在旧的国际经济秩序下,贸易体制体现的是国与国之间,尤其是发达国家与发展中国家之间不平等的关系。

从现实的角度分析,全球贸易体制是在实践中作用于贸易关系的各种贸易政策的综合,它既是协调各国贸易关系的多边贸易体系,又包容了各国的政策措施。

12.1.2 全球贸易体制的构成

1. 国际贸易条约与协定

国际贸易条约与协定,是指有关主权国家之间为确定彼此之间的贸易关系,规定各自的权利和义务,协调各自的对外贸易政策,经过协商或谈判所缔结的书面协议。其按参加国的多少可分为双边和多边条约与协定,前者为两国之间的条约与协定,后者为两个以上国家之间的条约与协定。其按协议的对象不同可分为各种具体形式的条约与协定,如商品协定、支付协定、通商航海条约等。

2. 区域贸易体制

区域贸易体制包括双边或多边的各种区域性的自由贸易区和关税同盟协议等。区域贸易安排因其谈判达成一致更为迅速,因而比多边贸易体制有更多的吸引力,它的范围也更广泛,可涉及劳动力流动、金融服务等其他内容。所以,自20世纪50年代以后,区域贸易体制发展迅速。

3. 多边贸易体制

世界贸易组织采取多边贸易体制。多边贸易体制是推动全球贸易自由化便利化进程的一个基础,是个核心的平台。

4. 背离多边的贸易体制

伴随多边贸易体制的日益发展,与其不相一致的贸易体制也在逐年扩展。在关贸总协定内部容纳了与其基本原则(非歧视原则等)相背离的特殊安排。其中有:1962年对纺织品临时限制的特殊规则,以及后来发展成为范围广泛的多边纺织品协定;20世纪70年代、80年代又发展为自动出口限制和其他灰色区域措施,涉及钢铁、汽车、电器、电脑芯片等产品;到80年代末期,强权国家的所谓对不公平贸易伙伴的报复措施(如美国的超级301条款)也有蔓延之势。

5. 非传统的贸易体制

非传统的贸易体制反映了近年来贸易体制的进展,一些与贸易相关的措施、范围与世界贸易组织的多边贸易原则并不相适应,但是在世界贸易组织无力处理的贸易事务方面,由于强大的压力,其自发地得到发展。它通过非常规性的谈判和安排及非约定的单方的手段和措施、商业安排等形式体现。

各个国家的贸易体制则是在国内法律基础上综合上述五个方面形成的特殊的贸易政策体系。

12.2 贸易条约与协定

12.2.1 贸易条约与协定的含义和内容结构

1. 贸易条约与协定的含义

贸易条约与协定是指两个或两个以上的主权国家为了确定彼此间在经济、贸易关系方面的权利和义务关系而缔结的书面协议。

贸易条约与协定是国际条约与协定的一种,是国家之间经济贸易往来的法律文件形式和法律依据之一。作为反映并巩固国家之间在国际政治舞台上经济力量、政治力量对比关系的一种法律形式,贸易条约与协定必然反映缔约国对外政策和对外贸易政策的要求,并为缔约国实行对外政策和对外贸易政策的目的服务。贸易条约与协定的条款,通常在形式上保持平等,但实际上,缔约国在经济上的利益往往取决于缔约国的政治、经济实力对比状况,因此,缔约国之间从贸易条约与协定中得到的实际利益并不是均等的。发达资本主义国家往往利用贸易条约与协定作为其对外扩张,夺取销售市场、原料来源和投资范围的重要手段。

2. 贸易条约与协定的内容结构

贸易条约与协定一般由序言、正文和结尾三部分组成。

(1)序言。序言通常载明缔约国双方发展贸易关系的愿望及缔结条约与协定所遵守的原则。

(2)正文。正文是贸易条约与协定的主要组成部分,是有关缔约各方权利、义务的具体规定。不同类型的贸易条约与协定,其正文所包括的条款与内容自然也不相同。

(3)结尾。结尾包括条约与协定的生效、有效期、延长或废止的程序、份数、文字等内容,还有签订条约与协定的地点及双方代表的签名。签订条约与协定的地点对于需要经过批准的条约与协定有特别意义,如果条约是在一方首都签订的,按照惯例,批准书就应在对方国家的首都交换。贸易条约与协定一般用缔约国各方的文字写成,并且规定各方文字具有同等效力。

12.2.2 贸易条约与协定适用的主要法律原则

贸易条约与协定受国家法律规范和约束,通常所适用的法律原则是最惠国待遇原则、国民待遇原则和互惠原则等。

1. 最惠国待遇原则

最惠国待遇原则是贸易条约与协定中最重要和最常用的法律条款。最惠国待遇是指缔约国双方在通商、通航、关税等方面相互给予的不低于现时或将来给予任何第三国的优惠、特权或豁免待遇。

在条约中"最惠"的含义不是最优惠和让步的意思,而是平等的、互惠的、正常的、无歧视性的贸易关系;是一个双边协定,不是一方对另一方的恩赐,是使缔约一方在缔约另一方享有不低于任何第三方的待遇。

最惠国待遇可分为无条件最惠国待遇和有条件最惠国待遇。无条件最惠国待遇是指缔约国一方现在或将来给予任何第三国的一切优惠待遇,立即无条件地、无补偿地、自动地适用于对方;有条件的最惠国待遇是指如果一方给予第三国的优惠是有条件的,则另一方必须提供同样的补偿,才能享受这种优惠待遇。无条件的最惠国待遇条款首先是英国采用的,所以又叫作"欧洲式"最惠国待遇条款;有条件的最惠国待遇条款最先是美国采用的,所以又叫作"美洲式"的最惠国待遇条款。现在一般都采用无条件的最惠国待遇条款。

(1)最惠国待遇原则适用的范围。最惠国待遇原则可以适用于缔约国经济贸易关系的各个方面,概括起来如下:①有关进口、出口、过境商品的关税及其他各种税费;②有关进口、出口、过境、存仓和换船方面的海关规则、手续和费用;③进出口许可证发放的行政手续;④船舶驶入、驶出和停泊时间的各种费用、税收和手续;⑤关于移民、投资、商标、专利及铁路运输方面的待遇。

缔约国双方在具体签订贸易条约与协定时,往往对最惠国待遇适用的范围加以列举,在列举范围以内的事项才适用最惠国待遇原则。

(2)最惠国待遇原则适用的限制和例外。贸易条约与协定中一般都有适用最惠国待遇的限制或例外条款。最惠国待遇适用的限制是指将适用范围限制于若干具体的经济和贸易方面。例如,在关税上的最惠国待遇只限于某些商品,或只包括缔约国的某些地区等。

2. 国民待遇原则

国民待遇原则是指缔约国一方保证缔约国另一方的公民、企业和船舶在本国境内享受与本国公民、企业和船舶同等的待遇。

国民待遇原则一般适用于外国公民或企业的经济权利,外国产品所应缴纳的国内税费,利用铁路运输和转口过境的条件,船舶在港口的待遇,商标注册、著作权等版权以及发明专利权的保护等。但国民待遇原则的适用范围并非将本国公民和企业所享有的一切权利都包括在内,如沿海航行权、领海捕鱼权、购买土地权等,一般都不给予外国公民或企业,只准许本国公民或企业享有。

3. 互惠原则

互惠原则的基本要求是缔约国双方根据协议相互给予对方的法人或自然人对等的权利和待遇。这项原则不能单独使用,必须与其他特定的权利或制度的内容结合在一起,才能成为独立的单项条款。

互惠原则在现代国际贸易中广泛使用,其原因是:①它可以推广一国产品的国外市场;②可以促进两国的贸易关系;③可以维持两国贸易平衡;④可以表示两国互相尊重的平等精神;⑤可以长期保持经济与贸易关系。

4. 其他原则

除了上述三项重要的法律原则以外,在贸易条约与协定中还经常签订一些和法律原则具有类似性质的条款,用以规定缔约各方的权利与义务,对法律原则起补充作用。常见的有免责条款、保障条款、国家安全条款和危险点条款。

(1)免责条款。这是指由于缔约方履行条约或协定义务时,导致某种商品进口急剧增加,造成了对国内某些生产部门的严重威胁或严重损害,该缔约方便可在一定程序下要求免除其所承担的某些义务,直至采取措施限制进口。免责条款尤其适用于关税减让方面。免责条款由于能够凭以解除或减少所承担的义务,因此受到各国的普遍重视。但在实际中,免责条款往往容易被滥用,无限放宽免责的前提条件。

(2)保障条款。这是指当某种商品的进口给进口国市场造成混乱时,进口国有权限制直至停止该种商品的进口。保障条款的目的在于保证进口国国内市场不受外国产品的冲击,以维护各缔约国的利益。保障条款一般来说应该是无歧视的,即缔约各国都有对等的实施保障条款的权利,而且对进口商品的限制不应区别国家或地区来源。但是在实践中却经常出现所谓选择性保障条款,即如果某一缔约方的产品对另一方的国内市场形成扰乱,那么受损坏的缔约方即可对从该缔约方进口的产品进行限制或禁止,但不影响从其他缔约方进口同类商品。因此,选择性保障条款具有歧视性。

(3)国家安全条款。这是指当进口国认为某种商品的进口足以危及国家安全时,该进口国即有权采取相应措施实施进口限制。这里的"国家安全"虽没有统一的解释,但一般认为,如果进口产品严重威胁和严重损害进口国某种产业部门的发展或利益,或引起进口国国内失业率上升、税收减少、投资流失、产业结构失衡等,即可被看成是国家安全受到损害。由于国家安全条款的适用范围广泛而又不确定,因此容易造成实践中的滥用。

(4)危险点条款。这是指当缔约一方关税减低到最大限度时,如果因此而造成进口产品对国内生产和市场的威胁或损害,那么该缔约方即有权取消或减少原有的关税减让,恢复和提高进口限制。这里的关键是"危险点"。按照一般的说法,"危险点"是指关税减让的最大限度,即一国所能实施的最低关税税率。最低关税税率是指这样一种水平的关税率:如果实际关税水平降低到某一关税税率以下,那么该国国内生产和市场就将面临威胁和损害。但在实践中,危险点关税税率的确定却常常带有极大的主观随意性。为了免除或减少本国的关税减让义务,达到保护本国生产和市场的目的,有的国家甚至把危险点关税税率规定在现行关税税率水平之上。

12.2.3 贸易条约与协定的种类

1.贸易条约

贸易条约(commercial treaty)是主权国家的政府为调整它们之间及自然人和法人之间的经贸关系而订立的书面协议。它一般涉及关税待遇、公民和企业在对方的经济权利、贸易措施、特种所有权、仲裁等方面的问题。其内容比较广泛,概括起来主要有以下方面:

(1)关于缔约国双方进出口商品的关税和通关的待遇问题。

(2)关于缔约国双方公民和企业在对方国家所享有的经济权利问题。这些权利主要包括财产购置权、经营工商权和移民权等。

(3)关于船舶航行和港口使用问题。通常规定缔约国一方的船舶进入另一方港口在卸货和装货、缴纳港口税费等方面应依据最惠国待遇原则或国民待遇原则。

(4)关于铁路运输和边境问题。在条约中规定缔约国双方在运送旅客、货物及办理铁路运输手续方面应相互给予的待遇。由于铁路运输方面已签订有若干国际多边公约,通常在条约中引用这些多边公约。

(5)关于知识产权保护问题。在条约中规定缔约国双方公民和企业在对方境内享有和利用专利权、商标权、版权等问题的条款,通常在这些问题上也引用相应的国际公约。

(6)商品进口的国内税费问题。对于进口商品国内税费的征收,通常规定应依据最惠国待遇或国民待遇原则进行。

(7)进出口数量限制问题。由于许多国家采用各种进出口数量限制措施,因此有些条约对这些问题做了某些规定。

(8)关于仲裁裁决的执行问题。如规定缔约国之间的贸易企业发生争议,经缔约国一方的仲裁机构做出裁定时,缔约国另一方承担在其本国内执行仲裁裁决的义务。

(9)在有些通商航海条约中,还根据缔约国之间的经济和贸易的具体情况,规定其他内容,如样品和展览品的免税输入、领事的待遇、国有化问题等。

贸易条约以国家首脑名义由国家或国家首脑特派全权代表签订,而且大型综合性贸易条约须经缔约国国内立法机构批准才能生效。

2. 贸易协定

贸易协定(trade agreement)是两个或几个国家之间调整它们相互贸易关系的一种书面协议。与贸易条约相比,贸易协定具有涉及面窄、内容具体、手续简便、有效期短、无须法律程序审批等特点,它只需两国行政首脑或其代表签署即可生效。其具体内容如下。

(1)最惠国待遇条款的规定。在协定中通常规定最惠国待遇条款及其适用范围和例外,以便减少和避免缔约国双方在执行过程中的分歧。在协定中还规定下列不适用最惠国待遇条款:①缔约任何一方系关税同盟或自由贸易区的成员而给予有关成员的利益;②缔约任何一方为方便边境贸易而给予其邻国的利益;③缔约任何一方为履行国际产品协定所产生的义务而可能采取的措施。

(2)进出口商品货单和进出口贸易额的规定。这方面的规定一般比较原则性,只对双方进出口商品和贸易额的增长表示一种愿望。有的协定具体规定了在协定有效期内双方进出口的货单和贸易额。

(3)作价原则和使用货币的规定。作价原则是指确定双方贸易的货物价格的原则。协定通常规定签订合同时以该种商品在国际市场上有代表性的价格作为基础,由双方进出口贸易公司协商确定。使用货币是指进出口双方在业务中产生的债权和债务的清偿所使用的货币,例如:规定使用某一种可兑换的货币、某一缔约国的货币或第三国的货币。有的协定在这方面未做具体规定,由双方贸易公司在合同中自行确定。

(4)支付和清偿办法的规定。关于支付与清偿的办法有不同的规定。有的贸易协定规定采用计账结算或双边清算办法进行结算;有的规定部分货款采用计账结算,部分采用现汇支付的办法;有的规定货款都用现汇支付。

(5)优惠关税的规定。在有些协定中规定了优惠关税条款,主要有两种:①直接定明具体商品的优惠关税税率,即两国间通过协商确定一部分具体商品的进口优惠税率,其中包括商品税目、商品名称和优惠的税率;②间接地确定适用某种关税税率,即在协定中只规定某些商品能享受免税或最低税率的待遇,这些免税或最低税率的具体内容在协定中并无规定。

(6)其他事项规定。有些协定根据需要还有其他规定,如商品检验、仲裁、设立商务机构、举办展览、广告宣传和保障条款等。

3. 贸易议定书

贸易议定书(trade protocol)是缔约国就贸易发展中的某一具体事项达成的一种书面协议。

它可作为贸易条约、贸易协定的附属文件,也可与贸易条约、贸易协定有同等法律效力。

贸易议定书大多是说明、补充、修改或限制已经签订的贸易条约或协定的协议。有时在两国未签订贸易条约或协定前,先签订贸易议定书作为临时贸易的依据。在签订长期贸易协定时,关于年度贸易的具体事项,也可以通过贸易议定书形式加以规定。议定书也可用来延长条约或协定的有效期。

贸易议定书签订的程序和内容比贸易协定更为简便,一般经有关行政部门代表签署即可生效。

4. 支付协定

支付协定(payment agreement)是两国间关于贸易和其他方面债权、债务结算办法的书面协议。支付协定是外汇管制的产物。在实行外汇管制的条件下,一种货币不能自由兑换成另一种货币,对一国所拥有的债权不能用来抵偿对第三国的债务,结算只是在双边基础上进行的。因此,就需要通过缔结支付协定的办法来解决两国间的债权债务。

5. 国际商品协定

国际商品协定(international commodity agreement)是指某项商品的主要出口国和主要进口国为了稳定该项商品价格和保证供销等目的所缔结的政府间的多边协定。

国际商品协定的主要对象是发展中国家和地区所生产的初级产品。其宗旨是防止或减轻初级产品的价格过分波动,保证供应不足的初级产品的公平分配。

国际商品协定一般由序言、经济条款、行政条款和最后条款组成,其中最重要的是经济条款和行政条款。

(1)经济条款。经济条款是国际商品协定中最重要的内容,它关系到各缔约国的具体利益,是确定各缔约国权利和义务的依据。

(2)行政条款。行政条款主要涉及权力机构和表决票的分配。商品协定的权力机构有理事会、执行委员会和监督机构。虽然名称不一,但它们都是协定的最高权力机构的常设机构。由于权力机构关系到协定的履行和管理,涉及各方面的切身利益,因而职位的分配往往是各出口和各进口成员国所关心的重要问题。各权力机构达成的协议,除采用协商一致的办法外,一般要通过表决决定。表决方式可根据需要,分别采用简单分配多数、2/3分配多数、特别表决等。各成员国对重大问题进行投票表决,是参加协定成员国的一项基本权利。因此,各协定对表决票的分配及其使用有具体的规定,以保证每个成员国享有一定的表决权。

(3)最后条款。该条款主要规定协定的签字、批准、生效、有效期、加入、退出等具体程序和手续。

6. 商品综合方案

商品综合方案(integrate programme for commodities)是发展中国家在1964年4月第六届特别联大会议上第一次提出来的,1976年5月联合国第四届贸易和发展会议上正式通过了商品综合方案的决议。这项方案的主要内容如下。

(1)建立多种商品的国际储存,或称"缓冲存货"。国际储存的商品选择标准有以下两条:①这项商品对发展中国家具有重要的利害关系;②这项商品便于储存。国际储存的主要商品有香蕉、咖啡、可可、茶、糖、肉类、植物油、棉花、黄麻、硬纤维、热带木材、橡胶、铝、铁、锰、磷、铜和锡。

(2) 建立国际储存的共同基金。共同基金是商品综合方案中的一种国际基金,用来资助这些国际初级产品的缓冲存货和改善初级产品市场,提高初级产品的长期竞争性,如开发研究、提高生产率、改进销售等。

(3) 商品贸易的多边承诺。为了稳定供应,参加方案的各国政府承诺在特定时间内各自出口和进口某种商品的数量。

(4) 扩大和改进商品贸易的补偿性资金供应。当出口初级产品的发展中国家的出口收入剧减时,国际货币基金组织将给予补偿性贷款。

(5) 扩展初级产品的加工与出口多样化。为达到此目的,发达国家要降低或取消对来自发展中国家初级产品的加工产品的进口关税和非关税壁垒,并采取促进贸易的措施等。

12.3 世界贸易组织

世界贸易组织(World Trade Organization,WTO)是世界上唯一处理国与国之间贸易规则的国际组织,简称世贸组织,成立于1995年1月1日。这一组织的前身是关税与贸易总协定;它的成立是关税与贸易总协定乌拉圭回合谈判的一项重要成果,也是关税与贸易总协定运作47年后的一个飞跃。它在国际经济贸易领域起着至关重要的作用。其本质是契约,约束各国政府将其贸易政策限制在议定的范围内。

12.3.1 世界贸易组织的起源与形成

在1986年9月乌拉圭回合谈判开始时,15项谈判议题中并没有关于建立世界贸易组织的问题,只是设立了一个关于修改和完善关税与贸易总协定体制职能的谈判小组。但是由于乌拉圭回合谈判不仅包括了传统的货物贸易问题,而且涉及知识产权保护和服务贸易以及环境等新议题,这样,1948年起生效的关税与贸易总协定如何有效地贯彻执行乌拉圭回合形成的各项协议,就自然而然地提到了多边贸易谈判的议事日程。无论从组织结构还是从协调职能来看,关税与贸易总协定面对庞杂纷繁的乌拉圭回合多边谈判协议均显示出其"先天"不足性,有必要在其基础上创立一个正式的国际贸易组织来协调、监督和执行新一轮多边贸易谈判的成果。

1990年初,欧共体轮值主席国意大利首先提出建立多边贸易组织的倡议,同年7月欧共体把这一倡议以12个成员国的名义向乌拉圭回合体制职能谈判小组正式提出,随后得到加拿大、美国的支持。1990年12月,布鲁塞尔部长会议正式做出决定,责成体制职能小组负责多边贸易组织协议的谈判。经过3年的谈判,1993年11月形成了《建立多边贸易组织协定》,之后根据美国的动议,多边贸易组织改名为世界贸易组织。《建立世界贸易组织协定》于1994年4月15日在马拉喀什部长会议上获得通过。1995年1月1日起,它便充当了全球经济贸易组织的角色,发挥其积极作用。

12.3.2 世界贸易组织的宗旨、目标与职能

1. 世界贸易组织的宗旨和目标

世界贸易组织的宗旨是:提高生活水平,保证充分就业,大幅度和稳定地增加实际收入和有效需求,扩大货物和服务的生产与贸易,按照可持续发展的目的,最优运用世界资源,保护环境,

并以不同经济发展水平下各自需要的方式,加强采取各种相应的措施;积极努力,确保发展中国家,尤其是最不发达国家在国际贸易增长中获得与其经济发展需要相称的份额。

世界贸易组织的目标是建立一个完整的、更具活力和永久性的多边贸易体制,以巩固原来的关贸总协定为贸易自由化所做的努力和乌拉圭回合多边贸易谈判的所有成果。为实现这些目标,各成员应通过互惠互利的安排,切实降低关税和其他贸易壁垒,在国际贸易中消除歧视性待遇。

2. 世界贸易组织的职能和法律地位

《建立世界贸易组织协定》第三条规定其主要职能是:

(1)促进《建立世界贸易组织协定》和多边贸易协定的实施、管理和运用,并促进其目标的实现。

(2)为成员方提供谈判的场所和谈判成果执行的机构。

(3)按争端解决的规定和程序主持解决各成员方之间的贸易纠纷。

(4)对成员方的贸易政策与法规进行定期审议。

(5)为达到全球经济政策的一致性,以行之有效的方式与国际货币基金组织和世界银行及其附属机构进行合作。

根据《建立世界贸易组织协定》第八条规定,世界贸易组织具有法人资格,世界贸易组织官员及成员代表拥有外交豁免权。

12.3.3 世界贸易组织的组织机构与决策机制

1. 世界贸易组织的组织机构

(1)部长级会议。部长级会议由所有成员方的代表参加,是世界贸易组织的最高权力机构,至少每两年举行一次会议。其职责是履行世界贸易组织的职能,并为此采取必要的行动。部长级会议应一个成员方的要求,有权就任何多边贸易协定的全部事务做出决定。

(2)总理事会。总理事会由所有成员方的代表组成,定期召开会议。总理事会在部长级会议休会期间,承担其职能。总理事会下设货物贸易理事会、服务贸易理事会、与贸易有关的知识产权理事会等。

(3)理事会。理事会为总理事会附属机构,其中货物贸易理事会、服务贸易理事会、与贸易有关的知识产权理事会为最重要的理事会。理事会由所有成员方代表组成,每一理事会每年至少须举行八次会议。各理事会根据各自所管辖的贸易领域和职权范围设立相应的委员会,并规定委员会的职权和议事规则。

(4)委员会。部长级会议下设若干专门委员会,以处理特定贸易问题,具体包括贸易与环境委员会,贸易与发展委员会,国际收支限制委员会,预算、财政与行政委员会等10多个专门委员会。另外,在货物贸易理事下就具体贸易问题还分设若干委员会。

(5)争端解决机构。争端解决机构主要负责世界贸易组织成员间的贸易争端,是一个常设的组织机构。争端解决机构具有司法裁决权。

(6)秘书处。秘书处为世界贸易组织的日常办事机构,由部长级会议任命的总干事领导。总干事的权力、职责、服务条件和任期由部长级会议通过规则确定。总干事有权指派其所属工作人员。在履行职务时,总干事和秘书处工作人员均不得寻求和接受任何政府或世界贸易组织以外组织的指示。

世界贸易组织结构图见图12-1。

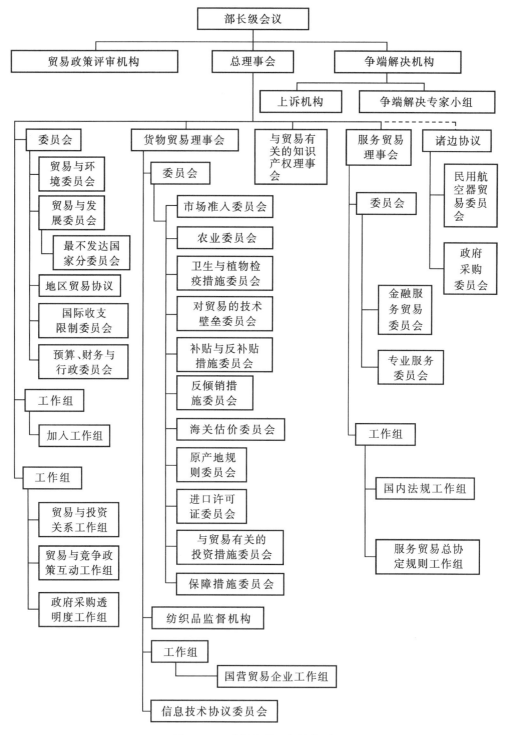

图 12-1 世界贸易组织结构图

2. 世界贸易组织的决策机制

(1)世界贸易组织继续实行1947年关税与贸易总协定合意决策的做法。合意的含义是"在做出决定的会议上,如果任何一个与会的成员方对拟通过的决议不正式提出反对",就算达成合意。

(2)如未通过合意达成决定,则将以投票决定,在部长级会议和总理事会上,世界贸易组织成员均有一票投票权。除非另有规定,通常以多数票为准。

(3)部长级会议和总理事会拥有对世界贸易组织各项协定的解释权,运用解释做出的决定由成员的3/4多数做出。

(4)如要免除成员方义务,需部长级会议以3/4投票通过方式表决。

3. 世界贸易组织的争端解决机制

在世界贸易组织文件中,所谓争端,是指双方中的一方(通常是出口方)在另一方(通常是进口方)采取一定关税、非关税壁垒的措施来阻止其产品出口时提出反对意见并要求对方予以纠正,终止其壁垒措施甚至予以补偿的行为及其过程。

在世界贸易组织中,参与争端解决的主体是各成员政府,而非企业。但是,政府之间的争端是由一成员企业受到他方贸易立法、政策和措施的不公平待遇引起的,因此,政府是代表企业出面交涉、诉诸争端解决程序,以维护本国的经济利益。

争端解决原则是依照国际经济贸易和习惯规则,澄清、解释世界贸易组织各协定的规定,促使某些成员撤销与世界贸易组织有关协定不相符的立法和政策措施,若马上撤销有困难,当事方可寻求补偿救济办法,最后才是争端解决机构授权终止义务的减让。

世界贸易组织争端解决机制的特点有:①鼓励成员方通过双边协商解决贸易争端。②以保证世界贸易组织规则的有效实施为优先目标。③严格规定争端解决时限。④实行"反向协商一致"的决策原则,即在争端解决机构审议专家组报告或上诉机构报告时,只要不是所有的参加方都反对,则视为通过,从而排除了败诉方单方面阻挠报告通过的可能。⑤禁止未经授权的单边报复。⑥允许交叉报复。如果成员方在某一领域的措施被裁定违反世界贸易组织协定,且该成员方未在合理期限内纠正,经争端解决机构授权,利益受到损害的成员方可以进行报复。报复应优先在被裁定违反世界贸易组织协定的措施的相同领域进行,称为平行报复;如不可行,报复可以在同一协定下跨领域进行,称为跨领域报复;如仍不可行,报复可以跨协定进行,称为跨协定报复。

世界贸易组织争端解决机制适用于各成员方根据世界贸易组织各项协定所提起的争端。《关于争端解决规则与程序的谅解》中列出了所有含有特别规则和程序的协定,在特别规则与一般规则发生冲突时,特别规则具有优先适用的效力。当某一争端的解决涉及多个协定,且这些协定的争端解决规则和程序存在相互冲突时,则争端各当事方应在专家组成立后的20天内,就适用的规则及程序达成一致。如不能达成一致,争端解决机构主席应与争端各方进行协商,在任一争端当事方提出请求后的10天内,决定应该遵循的规则与程序。争端解决机构主席在协调时应遵守"尽可能采用特别规则和程序"的指导原则。

4. 世界贸易组织的贸易政策审议机制

世界贸易组织规则是为了给国际贸易建立一个可预测的和自由的经济和法律环境。为了未来制订计划和进行投资,各成员方的商业界和政府都需要能够确定其贸易伙伴正在实施有关规则,并且它们是以同样的方式实施的。世界贸易组织实现这一目的的手段是有关多边贸易政策审议和透明度的安排。

贸易政策审议机制(trade policy review mechanism, TPRM)是指世界贸易组织成员集体对各成员的贸易政策及其对多边贸易体制的影响定期进行全面审议，它是世界贸易组织的三大重要机制之一。

实施贸易政策审议机制的目的是，促使成员方提高贸易政策和措施的透明度，履行所做的承诺，更好地遵守世界贸易组织规则，从而有助于多边贸易体制平稳运行。

(1) 贸易政策审议机制的作用。第一，通过提高贸易政策与体制的透明度而大大提高国际贸易的可预见性和稳定性。第二，通过定期的贸易政策的审议大大加强多边贸易体制的监督作用。

(2) 贸易政策审议机制的主要内容。

①审议机构。对成员方贸易政策的审议是通过贸易政策审议机构(Trade Policy Review Body, TPRB)来进行的。TPRB通常在第一次年度会议上，从成员方代表中选出会议主席，任期一年。审议计划在前一年的中期宣布。

②审议周期。所有成员方必须接受评审，但是审议周期却不相同，审议周期取决于各成员方在世界贸易中所占份额。最大的4个成员方每两年接受一次审议；排名第5位至第20位的成员方每四年接受一次审议；其他成员方每六年接受一次审议；最不发达国家的审议周期可以更长。

③审议范围。贸易政策审议对象主要是各成员方的贸易政策和措施，审议范围从货物贸易扩大到服务贸易及与贸易有关的投资和知识产权等新领域，TPRM还要求对贸易环境的发展变化情况进行年度评议。

④定期报告。凡接受评审的成员方必须在当年向TPRB提交其贸易政策和实践的详尽报告，并提供最新年度统计数据。最不发达国家可在其报告中详细说明所面临的困难，以便TPRB在审议时给予特别关注。

⑤审议程序。

a. 磋商。TPRB与接受审议的成员方磋商，以确定审议方案。

b. 收集审议资料。被审议的成员方应提供一份贸易政策和实践报告；世界贸易组织秘书处也根据所掌握的有关资料以及其他有关成员方提供的资料，另外制作一份报告。

c. 召开会议进行审议。审议接受评审的成员方提交的报告以及秘书处起草的报告，任何与接受审议的国家有利害关系的成员方均可以出席审议会议并针对有关的贸易政策和实践提出咨询、批评或表扬。

d. 审议结果的出版。贸易政策审议的结果，即TPRB报告所阐述的意见，不能作为启动争端解决程序的依据，也不能以此要求成员方增加新的政策承诺。但是，它可对受审议成员方产生一定的压力，促使其尽快地修订不符合多边贸易体制的政策。

12.4 《建立世界贸易组织协定》的主要内容

《建立世界贸易组织协定》由序言、正文16条及4个附件组成。有关协调多边贸易关系和贸易争端解决、规范贸易竞争规则的实质性规定体现在4个附件中。4个附件包括《货物贸易多边协定》《服务贸易总协定》《与贸易有关的知识产权协定》(此3项构成附件1)，《关于争端解决规则与程序的谅解》(构成附件2)，《贸易政策审议机制》(构成附件3)以及4个多边协定(构成附件4)。广义上看，世界贸易组织协定还包括马拉喀什部长级会议所形成的一系列决定、宣言和谅解。2014年11月，WTO总理事会通过了《修正〈马拉喀什建立世界贸易组织协定〉议定书》，将《贸易便利化协定》纳入《建立世界贸易组织协定》附件1。

12.4.1 《货物贸易多边协定》

1.《1994 年关税与贸易总协定》

世界贸易组织的货物贸易多边协定中最重要的协定是经过修订后的《1994 年关税与贸易总协定》,包括以下部分:

(1)1947 年 10 月 30 日的《关税与贸易总协定》文本、所附联合国贸易与就业会议第二次筹备委员会会议决定实施的最终文件(其中 GATT 临时适用议定书除外),在《建立世界贸易组织协定》生效之日前生效的以法律文件形式进行的调整、补充或修改。

(2)在《建立世界贸易组织协定》生效之日前在 1947 年 GATT 文本生效的法律文件:①关税减让议定书与证明书。②某国或地区加入 GATT 时的议定书,但不含临时适用或撤销的临时适用规定,以及在加入协定书签署之日针对现有法律最大限度地临时适用 1947 年 GATT 第二部分的规定。③1947 年 GATT 第 25 条联合行动的授权、豁免及在《建立世界贸易组织协定》生效之日仍有效的裁决。④1947年 GATT 缔约方全体的裁决。

(3)有关条款的解释与谅解。其包括:①《关于解释 1994 年关税与贸易总协定第 2 条第 1 款 (b)项的谅解》;②《关于解释 1994 年关税与贸易总协定第 17 条的谅解》;③《关于解释1994 年关税与贸易总协定国际收支条款的谅解》;④《关于解释 1994 年关税与贸易总协定第 24 条的谅解》;⑤《关于豁免 1994 年关税与贸易总协定义务的谅解》;⑥《关于解释1994 年关税与贸易总协定第 28 条的谅解》。

(4)《1994 年关税与贸易总协定马拉喀什议定书》。

2.《农业协定》

该协定由 13 个部分共 21 条、5 个附件组成,包括产品范围、市场准入、国内支持承诺、出口竞争承诺、出口禁止和限制、特殊与差别待遇等内容。

《农业协定》最重要的方面是建立了一套新规则,要求所有参加方必须将一切非关税措施(如数量限制、随意性许可证以及可变税率),转换成关税,实行关税化。对于需要关税化的农产品,必须承诺相当于国内消费量 3%~5% 的最低市场准入量。另外,还要减少使用补贴(即绿色补贴和黄色补贴,绿色补贴是指那些许可使用、不必承担削减义务的补贴,黄色补贴是指那些必须承诺削减义务的补贴)。该协定对农产品出口补贴开支的价值和数量的上限水平进一步做了规定,发达国家应在 6 年内(按照 1986 年至 1988 年的水平),平均分期削减其出口补贴开支的 36%,同样,出口补贴的数量也应在 6 年的时间里,在同一基期的基础上,平均分期削减 21%;发展中国家的义务是在 10 年期限内分别削减 24% 和 14%。该协定还列明对于不承担出口补贴义务的产品,今后不得再给予此类补贴。

3.《实施卫生与植物卫生措施协定》

《实施卫生与植物卫生措施协定》制定了食品安全和动植物健康相关的基本标准,同时允许成员制定各自的标准。成员自己制定的标准必须有科学依据的支持,必须是为保护人类、动物和植物的健康而采用的必需措施,不得构成对情形相同的成员间的歧视或对国际贸易的变相限制。该协定鼓励成员使用国际标准、指南和建议。如果有充分的科学依据或合理的风险评估,成员也可以采用更高的或不同的标准及产品检验方法。成员的标准通常由相关领域的科学家和健康保护方面的政府专家制定,需接受国际社会的监督。

4.《纺织品与服装协定》

该协定由 9 条和 1 个附件组成,包括协定的适用、经济条款、反舞弊措施、保障措施等内容。

2005年1月1日，该协定完全融入正常的GATT规则之中。《纺织品与服装协定》本身不复存在，它是世贸组织协定中唯一规定了自行废止内容的协定。

5.《技术性贸易壁垒协定》

该协定由15个条款和3个附件组成，包括技术法规和标准、技术条例和标准的一致性、信息与援助等内容。

在乌拉圭回合中，各谈判方达成了《技术性贸易壁垒协定》，是为了发展国际贸易，减少因技术性要求、产品标准的过分差异而造成的障碍。该协定规定，成员在实行强制性产品标准时，不应对国际贸易造成不必要的障碍，而且这些标准应以科学资料和证据为基础。然而，由于地理、气候及其他方面的原因，成员不能使自己的强制性规定以国际规定为基础时，他们就有义务以草案形式公布这些规定，让其他的生产商有机会提出意见。该协定还要求，成员有义务在最终确定标准时考虑这些意见，以保证由其他成员生产和出口的产品的特性得到适当考虑。

6.《与贸易有关的投资措施协定》

该协定由9个条款和1个附件组成，内容包括协定适用范围、国民待遇与数量限制、例外、过渡安排、磋商与争端解决等。

这是限制东道国政府通过政策法令直接或间接实施的与货物（商品）贸易有关的产生限制和扭曲作用的投资措施。该协定认识到某些措施可以扭曲和限制贸易，规定任何成员都不得实施任何措施在外国人或外国产品之间造成歧视，即违反《1994年关税与贸易总协定》国民待遇原则的措施。该协定还禁止使用可引起数量限制的投资措施，即违反《1994年关税与贸易总协定》禁止数量限制的原则的措施。该协定附件列出了议定的、与《1994年关税与贸易总协定》这些条款不一致的投资措施清单。清单包括要求企业的当地采购达到一定水平的措施，即当地含量要求；出口设置目标措施，即贸易平衡要求；出口产品比例规定措施，即出口实际要求等。

7.《反倾销协定》

《反倾销协定》即《关于实施1994年关税与贸易总协定第6条的协定》。该协定由3个部分共18个条款和2个附件组成，内容包括倾销、损害的确定，国内产业的定义，临时措施，价格承诺，反倾销税的征收，反倾销税和价格承诺的期限和复审，公告和裁决的说明，磋商和争端解决，等等。

该协定对倾销与反倾销做出了相应的规定：①用倾销的手段将一国产品以低于正常价格的价格挤入另一国贸易时，如因此对某一缔约国的产业造成重大损害或产生重大威胁，或对某一国国内工业的新建构成严重阻碍。②缔约国为了抵制和防止倾销，可以对倾销的产品征收数量不超过这一产品的倾销差额的反倾销税。③"正常价格"是指相同产品在出口国用于国内消费时在正常情况下的可比价格。如果没有这种价格，则可视相同产品在正常贸易情况下向第三国出口的最高可比价格，或产品在原产国的生产成本加合理的推销费用和利润为"正常价格"。

8.《海关估价协定》

这是指进口地海关对进口货物的价格进行估算，并以此价格作为计算应付关税税款基础的制度。这一制度在各国表现出相当大的差异，致使东京回合把它列为重点议题进行磋商，并达成协定。乌拉圭回合又在新的水平上达成了协定。

该协定由4个部分共24个条款、3个附件组成。该协定确定了海关估价的六种方法，即成交价格、相同商品交易价格、相似商品交易价格、扣除价格、推算价格及合理确定。对涉及海关估价的其他问题，如汇率、机密资料保密与例外、进口国有关法规要透明等也做了规定，同时，还提出成立海关估价委员会。

9.《装运前检验协定》

该协定由9个条款构成,涉及使用范围、进口成员和出口成员的义务与争端解决等问题。装运前检验是指雇佣专业私人公司检查从海外订购的产品的具体装载情况,包括价格、数量和质量。这一做法为发展中国家政府所使用,目的是保护国家的财政利益,并弥补管理基础设施的不足。该协定对装运前检验服务的进、出口成员的义务分别做了规定,规定实行非歧视和国民待遇原则以及透明度原则,并规定了价格核实的原则和规则。

10.《原产地规则协定》

该协定由4个部分共9个条款、2个附件构成,主要包括使用范围,约束原产地规则实施的规定,通知、审议、磋商和争端解决的程度,原产地规则的协调等内容。

原产地规则是各国(地区)为了确定商品原产国和地区而采取的法律、规章和普遍适用的行政命令。其目的是以此确定该商品在进出口贸易中应享受的待遇。

11.《进口许可程序协定》

该协定由8个条款组成,包括总则、自动进口许可、非自动进口许可、机构、通知、磋商和争端解决等内容。

为了保证公平、平等地采用和施行进口许可证程序,该协定强调"进口许可证手续的规定应不偏不倚,以公开的方式加以实施";如对进口许可证项下商品清单的公布"应在实际期限内实施,应在实际需要的21天以前加以公布,但无论如何不得迟于这一实际日期";对许可证的有效期,"长短应当适中,不得缩短到阻碍进口货物的进口";对进口许可证的发放,"一方面,要考虑申请人的进口表现,另一方面,要考虑向新进口商合理配给许可证";实施配额管理时,不得阻碍已发放的许可证允许的进口数量,不应阻碍配额的充分利用。

12.《补贴与反补贴措施协定》

该协定由11个部分共32个条款和7个附件组成,包括总则、被禁止的补贴、可诉讼的补贴、不可诉讼的补贴、反补贴措施、对发展中成员的特别待遇、过渡期安排与争端解决等内容。

13.《保障措施协定》

该协定由14个条款和1个附件组成,包括总则、条件、严重损害或受到损害威胁的确定、保障措施的运用、对发展中成员的特殊待遇、磋商与争端解决等内容。

该协定规定,如果进口成员经过主管当局调查后,确定进口大幅度增加,已对其国内同类生产行业造成严重损害,可授权进口成员政府对该进口实施临时限制。该协定还规定,进口成员应基于最惠国待遇原则来实施,以提高约束关税税率或者以数量限制形式采取紧急保障措施。

该协定为发展中成员实施保障措施规定了特殊和差别待遇。如果发展中成员某一产品的进口量在进口成员相关产品的进口总量中的比例低于3%,那么该进口成员不能对此项进口实施保障措施。但如果发展中成员在进口成员中的单个进口比例低于3%而总体却高于9%,那么这一免责规定就不适用。

12.4.2 《服务贸易总协定》

《服务贸易总协定》(GATS),是迄今为止第一套有关国际服务贸易的、具有法律效力的多边规则,是在乌拉圭回合中谈判达成的。该协定于1995年1月正式生效,由6个部分共29个条款和8个附件构成。

该协定倡导服务贸易自由化的原则,使各缔约方从服务市场的保护与贸易的对立转向自由化和多边谈判,这加强了缔约方之间的人员交往与信息流通,特别是有关知识产权、技术转让、软件、通信、数据处理、咨询、广告等服务行业的贸易自由化,将加速各国经济的发展。

该协定还以附件列出了继续谈判的内容与原则,其主要内容包括自然人流动、电信服务、空运服务、海运服务和金融服务等。

12.4.3 《与贸易有关的知识产权协定》

《与贸易有关的知识产权协定》(TRIPS),由7个部分共73个条款组成,包括总则和基本原则,关于知识产权的效力、范围及使用的标准,知识产权的实施,知识产权的取得和维持及相关当事人之间的程序,争端的防止和解决,过渡安排,机构安排等内容。

该协定保护范围包括专利、版权与相关权、商标、工业设计、集成电路布图设计、未公开的信息(包括商业秘密)、地域标志(包括原产地标志)。为了防止争端的发生,该协定要求各成员及时公布所有关于知识产权的法律、行政法规、司法决定、行政裁决以及政府间或半官方机构间所签订的有关知识产权的协议,以便其他成员和知识产权持有人熟悉这些规范。

12.5 世界贸易组织谈判

从关税与贸易总协定成立至世界贸易组织正式成立期间,共组织了八轮以降低关税为主的多边贸易谈判,由于这些多边贸易谈判是各个成员反复讨价还价的过程,人们也形象地将每一轮多边贸易谈判称为一个"回合"的多边贸易谈判。世界贸易组织成立后,启动了新一轮多边贸易谈判"多哈回合"。

从多边贸易谈判的主要目标来区分,多边贸易谈判大致可分为四个阶段:在关税与贸易总协定主持下的以关税减让谈判为主的前六轮多边贸易谈判;在关税与贸易总协定主持下的以降低非关税壁垒为主的第七轮多边贸易谈判(东京回合);在关税与贸易总协定主持下的以一揽子解决多边贸易体制问题的第八轮多边贸易谈判(乌拉圭回合);世界贸易组织成立后的推进贸易自由化的新一轮多边贸易谈判(多哈回合)。

12.5.1 关贸总协定的前七轮谈判

第一轮谈判于1947年4月至10月在瑞士日内瓦举行。包括中国在内的23个成员参加了谈判,达成了双边关税减让协定123项,关税水平平均降低35%。

第二轮谈判于1949年4月至10月在法国安纳西举行。33个成员参加了谈判,达成了双边关税减让协定147项,关税水平平均降低35%。

第三轮谈判于1950年9月至1951年4月在英国托奎举行。39个成员参加了谈判,达成了双边关税减让协定150项,关税水平平均降低26%。

第四轮谈判于1956年1月至5月在瑞士日内瓦举行。28个成员参加了谈判,关税水平平均降低15%。

第五轮谈判于1960年9月至1962年7月在瑞士日内瓦举行。由于这轮谈判是时任美国国务卿的道格拉斯·狄龙建议发动的,又称为"狄龙回合"。45个参加方,涉及49亿美元的贸易额,共4400项商品达成关税减让协议,平均降低关税20%。

第六轮谈判于1964年5月至1967年6月在瑞士日内瓦举行。由于这轮谈判是时任美国总统肯尼迪提议的,又称为"肯尼迪回合"。54个缔约方参加了谈判。肯尼迪回合与前五轮谈判相比呈现一些新特点:①提出了全面减让关税的要求,关税减让力度之大是惊人的,最终谈判结果使关税减让的商品达6万余种,工业制成品进口关税平均降低35%,涉及贸易额400亿美元;

②首次涉及非关税壁垒问题,并通过了第一个反倾销协定,允许缔约方对倾销商品征收不超过倾销差额的反倾销税;③《1947年关税与贸易总协定》新增了第四部分内容,主要规定了缔约成员中发展中成员的贸易与发展问题;④首次允许"中央计划经济国家"参加关贸总协定多边贸易谈判。

第七轮谈判于1973年9月至1979年4月在瑞士日内瓦举行。这轮谈判是在当时的美国总统尼克松多次与欧共体和日本协商后推动举行的,开始被称为"尼克松回合",后因尼克松下台,而首开谈判的会议地点是日本东京,又称"东京回合"。70个缔约方和29个非缔约方参加了这轮谈判,取得了一些重要的新成果:①关税减让取得了重大进展。采用了一揽子解决的办法,使平均关税水平进一步下降。涉及的贸易额达3000多亿美元。发展中成员也做出了削减关税的承诺,进口工业品关税降到14%的水平,涉及的贸易额达39亿美元。②采取一系列消除和限制非关税壁垒的措施。降低非关税壁垒的措施成为谈判最主要的内容,在消除和限制非关税壁垒方面订立了一系列公平法规。③发展中成员的地位得到了进一步改善,发展中成员在当时的贸易体制下,维护和促进了经济的发展,享受了关税等方面的特别优惠和差别待遇。

12.5.2 乌拉圭回合

1986年9月,关贸总协定部长级会议在乌拉圭埃斯特角举行,正式发起了第八轮多边贸易谈判,称为"乌拉圭回合"。参加谈判的国家不限于总协定的缔约方,先后有123个国家和地区参加了这一轮谈判。中国派代表团出席了会议,并参加了各项议题的谈判。

1. 谈判的目标

(1)乌拉圭回合最先确立的谈判目标是:①为了所有国家,特别是欠发达缔约方的利益,进一步放宽和扩大国际贸易,削减和消除关税、数量限制及其他非关税措施;②加强关贸总协定的作用,改进关贸总协定的多边贸易制度,把更大范围的世界贸易置于同一的、有效的多边规则之下;③增加关贸总协定对不断演变的国际经济环境的适应性;④促进国内和国际共同合作,以加强贸易政策与其他影响经济增长和发展的经济政策之间的联系,改善国际货币体制的职能,促进资金流向发展中成员。

(2)最终达到的目标是:①制止和扭转保护主义,消除贸易扭曲现象;②维护关贸总协定的基本原则,促进关贸总协定目标的实现;③建立一个更加开放、具有生命力和持久的多边贸易体制。

2. 谈判的议题

乌拉圭回合多边贸易谈判共15个议题,分别为关税、非关税措施、热带产品、自然资源产品、纺织品和服装、农产品、关贸总协定条款、保障条款、多边贸易谈判协议和安排、补贴与反补贴措施、争端解决、关贸总协定体制运行、与贸易有关的知识产权的问题(包括冒牌货贸易)、与贸易有关的投资措施、服务贸易。

上述15项议题大致可以分为5类:

一是有关"市场准入"的议题,即农产品、热带产品、纺织品和自然资源产品的议题,最终归结到关税和非关税壁垒的减让谈判。

二是有关贸易竞争规则的议题,即保障条款、原产地规则、装运前检验、反倾销、反补贴以及关贸总协定文本有关条款的修改谈判议题。

三是有关多边贸易体制和程序的议题,即争端解决程序和建立多边贸易组织以及实行贸易政策审议制度等问题。

四是有关农产品的议题,主要涉及市场准入、削减补贴和农产品卫生技术标准规定三方面的问题。

五是"新议题",即服务贸易、与贸易有关的知识产权和投资措施等问题。

3. 谈判的成果

1993年12月15日,117个谈判方代表在日内瓦一致通过《乌拉圭回合多边贸易谈判结果最后文件》,结束了历时7年零3个月的乌拉圭回合多边贸易谈判。1994年4月15日,各参加方政府代表在摩洛哥马拉喀什正式签署了《乌拉圭回合多边贸易谈判结果最后文件》。至此,乌拉圭回合谈判取得的成果有:

(1)达成了内容广泛的协定、协议与谅解。《乌拉圭回合多边贸易谈判结果最后文件》包括45个协议、协定和决定,涉及21个领域。

(2)进一步推动了全球贸易自由化程序。

(3)确定了成立世界贸易组织取代关税与贸易总协定。

12.5.3 多哈回合

2001年11月,世界贸易组织第四次部长级会议在卡塔尔首都多哈举行,启动了新一轮多边贸易谈判,称为"多哈回合"。这轮谈判确定了8个谈判领域,即农业、非农产品市场准入、服务、知识产权、规则、争端解决、贸易与环境以及贸易与发展问题。多哈回合原计划在2005年1月1日结束,因分歧严重,谈判多次陷入僵局。

农业问题是多哈回合中最核心的内容之一,是解决其他议题的关键。在这一问题上,发达成员和发展中成员、发达成员之间、老成员和新成员之间因利益关系存在分歧,主要表现在农产品关税削减和出口补贴等方面。美国是农产品具有较强竞争力的国家,极力推动农产品贸易自由化,主张大幅度削减国内支持,乃至取消出口补贴,降低关税并缩小成员间的关税差异。而欧盟、瑞士、挪威、日本和韩国等成员因缺乏农业比较优势,试图尽可能维持对农业的高度保护和支持,主张采用乌拉圭模式进行关税减让和削减国内支持,给予成员较大的灵活性,严格规范和削减出口信贷。大部分发展中成员则强调出口竞争方面的严重不平衡以及发展中成员的发展需要,主张关税减让和出口补贴削减相联系,给予发展中成员切实有效的特殊差别待遇政策。东欧和新加入成员则强调其面临的特殊困难和加入谈判中所做的广泛承诺,要求给予经济转型成员和新加入成员特殊待遇政策。中国主张积极促进建设开放自由的全球贸易体制,希望贸易伙伴以实际行动反对各种形式的保护主义,坚决倡导和支持自由贸易,继续承诺并严格执行不对商品、投资、服务设置新的限制措施,推动多哈回合谈判取得全面、均衡的成果。

12.5.4 世界贸易组织的成就与改革

以规则为基础、以世界贸易组织为核心的多边贸易体制,是经济全球化和自由贸易的基石,是促进世界经济稳定增长的重要保障。世界贸易组织成员贸易总额占全球的98%,对全球贸易投资自由化便利化起着非常关键的作用,充分显示了多边贸易体制的代表性和对成员的吸引力。

从货物贸易领域来看,全球货物出口从1994年的4.3万亿美元增加到2017年的17.7万亿美元,帮助全球数以亿计的民众摆脱贫困,相关国家和地区民众的生活水平得到显著提升。

在贸易自由化便利化方面,世界贸易组织取得多项重要成果:①达成了《贸易便利化协定》并推动协定生效,相关条款完全实施将使全球贸易成本减少14%,每年增长1万亿美元出口;②全面取消了农产品出口补贴,创造更加公平的农产品贸易环境;③取消了信息技术产品关税,相关产品出口从1996年的5490亿美元扩大到2015年的1.7万亿美元。这些成果有力地推动了全球经济的复苏与增长。

在争端解决方面，截至 2018 年底，574 起案件提交争端解决机制，为解决国际贸易争端、平衡成员在世界贸易组织协定下的权利与义务、保障多边贸易体制的可靠性和可预见性发挥了重要作用。在贸易政策审议和监督方面，截至 2018 年底，贸易政策审议机构进行了 430 多次贸易政策审议，覆盖 164 个成员中的 155 个，极大地提高了成员贸易政策透明度，增进了成员对彼此贸易政策的理解。

但是近年来，单边主义、保护主义抬头，个别成员违背自由贸易和多边主义大势，滥用单边措施，扰乱国际贸易和市场秩序，使多边贸易体制的权威性和有效性受到严重挑战。决策机制失灵、领导力真空、包容性欠缺等深层次矛盾凸显，多哈回合谈判停滞不前、上诉机构停摆，世界贸易组织陷入困境、亟待改革。展望未来，世界贸易组织改革需要各成员广泛凝聚共识，聚焦根源问题，加强纪律约束，旗帜鲜明地反对单边主义和保护主义，保障自由、非歧视、透明、可预期和稳定的贸易环境，支持多边贸易体制包容性发展。

 本章小结

全球贸易体制是国际贸易规则和秩序的总和，其实质是各国对外贸易政策以利益为核心的国际协调。

全球贸易体制包括两个方面的内容：一是有规范和协调各国贸易的规则；二是有组织完善的管理机构，有监督规则可供执行。

从现实的角度分析，全球贸易体制是在实践中作用于贸易关系的各种贸易政策的综合，它既是协调各国贸易关系的多边贸易体系，又包容了各国的政策措施。

贸易条约与协定受国家法律规范和约束，通常所适用的法律原则是最惠国待遇原则、国民待遇原则和互惠原则等。

世界贸易组织是世界上唯一处理国与国之间贸易规则的国际组织，成立于 1995 年 1 月 1 日。世界贸易组织经过多年的发展，所构建的多边贸易体系遭遇到了前所未有的挑战。如今面对贸易保护主义的持续蔓延，世界贸易组织改革迫在眉睫。尽管面临诸多挑战，世界贸易组织发展前景依然值得期待，世界经济繁荣发展依然需要世界贸易组织。世界贸易组织改革已成为全球经济治理的热点问题，各成员方纷纷就此发布立场、观点和政策。

名词术语

全球贸易体制　区域贸易体制　多边贸易体制　最惠国待遇原则　国民待遇原则
互惠原则　国际贸易条约与协定　世界贸易组织　《农业协定》
《实施卫生和植物卫生措施协定》《纺织品与服装协定》《技术性贸易壁垒协定》
《与贸易有关的投资措施协定》《反倾销协定》《海关估价协定》《装运前检验协定》
《补贴与反补贴措施协定》《保障措施协定》《服务贸易总协定》
《与贸易有关的知识产权协定》

 思考与练习

1. 什么是最惠国待遇条款？什么是国民待遇条款？二者有何不同？
2. 世界贸易组织是什么？世界贸易组织在国际贸易利益协调中起何种作用？
3. 简述世界贸易组织的宗旨和作用。

4. 世界贸易组织与关税与贸易总协定的区别和联系是什么？
5. 简述世界贸易组织的争端解决机制。
6. 什么是乌拉圭回合多边贸易谈判？

实验项目二十四

第三篇

国际贸易实务篇

国际贸易实务主要研究国际贸易领域,包括商品、技术、服务等各个方面具体过程的业务活动及客观要求,具有很强的实践性和综合性。

国际贸易实务的主要内容是国际商品贸易实务,又称进出口业务,其具体内容包括贸易术语、合同条款、货款结算、交易磋商、合同履约、贸易方式、技术贸易等方面。

国际贸易实务具有不同于国内贸易实务活动的特点,其交易过程、交易条件、贸易做法及所涉及的问题,都远比国内贸易复杂,具体表现在以下方面:①交易双方处在不同国家和地区,在洽商交易和履约的过程中,涉及各自不同的制度、政策、法律和惯例,情况错综复杂,稍有疏忽,就可能影响经济利益的顺利实现。②国际贸易的中间环节多,涉及面广,除交易双方当事人外,还涉及商检、运输、保险、金融、车站、港口和海关等部门以及各种中间商和代理商。如果哪个环节出了问题,就会影响整笔交易的正常进行,并有可能引起法律上的纠纷。另外,在国际贸易中,交易双方的成交量通常都比较大,而且交易的商品在运输过程中可能遭到各种自然灾害、意外事故和其他外来风险,因此通常还需要办理各种保险,以避免或减少经济损失。③国际市场广阔,交易双方相距遥远,加之国际贸易界的从业机构和人员情况复杂,故易产生欺诈活动,稍有不慎,贸易方就可能受骗上当,货款两空,蒙受严重的经济损失。④国际贸易业务易受政策、经济形势和其他客观条件变化的影响,尤其在当前国际局势动荡不定、国际市场竞争和贸易摩擦愈演愈烈以及国际市场汇率经常浮动和货价瞬息万变的情况下,国际贸易业务的不稳定性更为明显,从事国际贸易业务的难度也更大。

国际贸易实务具有线长、面广、环节多、难度大、变化快的特点。因此,凡从事国际贸易实务的人员,不仅必须掌握国际贸易的基本原理、知识和技能与方法,而且应学会分析和处理实际业务问题的能力,以确保社会经济效益的顺利实现。

此外,国际贸易实务的内容同国际贸易法律的内容关系密切,因为国际货物买卖合同的成立,必须经过一定的法律步骤,国际货物买卖合同是对合同当事人双方有约束力的法律文件。履行合同是一种法律行为,处理履约当中的争议实际上是解决法律纠纷问题。而且,不同法系的国家,具体裁决的结果也不一样。这就要求从实践和法律两个侧面来研究。

第 13 章　国际贸易术语

13.1　贸易术语的含义、作用和性质

13.1.1　贸易术语的含义及作用

1. 贸易术语的含义

贸易术语(trade terms)是国际贸易发展到一定阶段的产物,是用来表示商品的价格构成,说明交货地点,确定风险、责任、费用划分等问题的专门术语,故又称为价格条件或价格术语(price terms)。

贸易术语用一个简短的概念或英文缩写字母(如 FOB)回答了以下几个重要问题:
(1)卖方在什么地方,以什么方式办理交货?
(2)货物发生损坏或灭失的风险何时由卖方转移给买方承担?
(3)由谁办理货物的运输、保险及通关手续,并承担相关费用?
(4)买卖双方需要交换哪些单据,并承担有关责任与义务?

贸易术语一方面表示了交货地点和交货条件,另一方面又表明货物单位价格的构成因素。每种贸易术语都有其特定的含义,表示不同的交货条件和价格。各种贸易术语对于买卖双方各种责任、费用和风险的规定则反映在成交商品的价格上。"责任"是指因交货地点不同而产生的租船订舱、装货、卸货、投保、申请进出口许可、报关等项事宜;"费用"是指因货物的移动而产生的运杂费、保险费、仓储费等;"风险"是指由于海损或其他各种原因导致货物受损或灭失等危险。一般而言,卖方承担的责任、费用和风险小,商品售价就低;反之售价就高。

2. 贸易术语的作用

贸易术语的作用具体表现在三个方面:
(1)简化了交易磋商的内容和交易手续,缩短了谈判时间,节省了业务费用,促进交易尽快达成。
(2)反映了商品的价格构成,有利于买卖双方对进出口商品进行成本核算与比价。
(3)确定了买卖双方在货物交接过程中有关责任、费用和风险的划分,明确地回答了在不同贸易术语下买卖双方应尽的责任和义务,有利于解决履行合同过程中发生的贸易争议。

13.1.2　国际贸易术语(惯例)的性质

国际商会等国际组织以及美国一些著名商业团体经过长期努力,分别制定了解释国际贸易术语的规则。这些规则在国际上被广泛采用,因而形成一般的解释国际贸易术语的国际贸易惯例。

习惯做法与贸易惯例是有区别的。国际贸易业务中反复实践的习惯做法只有经国际组织加以编撰与解释才成为国际贸易惯例。

与国际贸易术语相关的国际贸易惯例具有以下性质:

第一,国际贸易惯例本身不是法律,它对贸易双方不具有强制性,故买卖双方有权在合同中做出与某项惯例不符的规定。

第二,国际贸易惯例对贸易实践仍具有重要的指导作用。一方面,如果双方都同意采用某种惯例来约束该项交易,并在合同中做出明确规定,那么这项约定的惯例就具有了强制性。另一方面,如果双方对某一问题没有做出明确规定,也未注明该合同适用某项惯例,在合同执

行中发生争议时,受理该争议案的司法和仲裁机构也往往会引用某一国际贸易惯例进行判决或裁决。

13.2　有关贸易术语的国际贸易惯例

贸易术语是在国际贸易实践中逐渐形成的。在相当长的时间内,由于各国法律制度、贸易惯例和习惯做法不同,因此,国际上对各种贸易术语的解释与运用互有差异,从而容易引起贸易纠纷。为了避免各国在对贸易术语解释上出现分歧和引起争议,有些国际组织和商业团体便分别就某种贸易术语做出统一的解释和规定。

13.2.1　《1932年华沙-牛津规则》

它是国际法协会专门为解释CIF(成本、保险费加运费)合同而制定的。19世纪中叶,CIF术语在国际贸易中被广泛采用,但由于各国对其解释不一,从而影响CIF买卖合同的顺利履行。对此,国际法协会于1928年在波兰首都华沙开会,制定了关于CIF买卖合同的统一规则,称为《1928年华沙规则》,共包括22条。此后,在1930年的纽约会议、1931年的巴黎会议和1932年的牛津会议上,此规则修订为21条,称为《1932年华沙-牛津规则》。

这一规则对CIF的性质,买卖双方所承担的风险、责任和费用划分以及货物所有权转移的方式等问题都作出了比较详细的解释,一直沿用至今,并成为国际贸易中颇有影响的国际贸易惯例。

13.2.2　《1990年美国对外贸易定义修订本》

1919年,美国九家商业团体共同制定了有关美国对外贸易定义的统一解释,命名为《美国出口报价及其缩写条例》,后来于1941年在美国第27届全国对外贸易会议上进行了修订,改名为《1941年美国对外贸易定义修订本》。1990年,其又进行了修订,称为《1990年美国对外贸易定义修订本》。

该定义规定和解释的贸易术语有:

(1)EX(point of origin):产地交货。

(2)FOB(free on board):运输工具上交货。

(3)FAS(free along side):运输工具旁交货。

(4)C&R(cost & freight):成本加运费。

(5)CIF(cost,insurance and freight):成本加保险费、运费。

(6)Ex dock(named port of importation):目的港码头交货。

其中,FOB价还有六种具体解释,与《2010年国际贸易术语解释通则》有较大区别。《1990年美国对外贸易定义修订本》主要在美洲地区采用。所以,在同美洲地区国家进行交易时应特别加以注意。

13.2.3　《2010年国际贸易术语解释通则》

《国际贸易术语解释通则》是国际商会为了统一对各种贸易术语的解释制定的。最早的通则产生于1936年,后来为适应国际贸易业务发展的需要,国际商会先后进行过多次修改和补充。《2010年国际贸易术语解释通则》(以下简称《2010年通则》)是国际商会根据世界经济形势变化和国际贸易发展的需要,在《2000年国际贸易术语解释通则》的基础上于2010年9月修订公布的,并于2011年1月1日起生效。

《2010年通则》中的贸易术语具体标示与含义如表13-1所示。

表 13-1 《2010 年通则》中的 11 种贸易术语

组别	贸易术语	英文全称	中文名称
适合于任何运输方式或多种运输方式的术语	EXW	ex works(insert named place of delivery)	工厂交货(插入指定交货地点)
	FCA	free carrier(insert named place)	货交承运人(插入指定交货地点)
	CPT	carriage paid to (insert named place of destination)	运费付至(插入指定目的地)
	CIP	carriage and insurance paid to(insert named place of destination)	运费、保险费付至(插入指定目的地)
	DAT	delivered at terminal (insert named terminal at port or place of destination)	运输终端交货(插入指定港口或目的地的运输终端)
	DAP	delivered at place (insert named place of destination)	目的地交货(插入指定目的地)
	DDP	delivered duty paid (insert named place of destination)	指定目的地完税后交货(插入指定目的地)
适合于海运或内河运输方式的术语	FAS	free alongside ship (insert named port of shipment)	装运港船边交货(插入指定装运港)
	FOB	free on board (insert named port of shipment)	装运港船上交货(插入指定装运港)
	CFR	cost and freight (insert named port of destination)	成本加运费(插入指定目的港)
	CIF	cost, insurance and freight(insert named port of destination)	成本、保险费加运费(插入指定目的港)

《2010 年通则》对买卖双方的义务划分分别采取相互对应的标准化的规定,所有术语下当事人各自的义务均用十个项目列出,卖方在每一个项目中的地位对应了买方在同一项目中的相应地位,以利彼此对照检查,从而极大地便利了双方当事人对通则的使用,如表 13-2 所示。

表 13-2 买卖双方相对应的十项义务

卖方义务		买方义务	
A1	卖方一般义务	B1	买方一般义务
A2	许可证,授权/安检通关和其他手续	B2	许可证,授权/安检通关和其他手续
A3	运输合同和保险合同	B3	运输合同和保险合同
A4	交货	B4	受领货物
A5	风险转移	B5	风险转移
A6	费用划分	B6	费用划分
A7	通知买方	B7	通知卖方
A8	交货凭证	B8	交货凭证
A9	核查、包装及标记	B9	货物查验
A10	协助提供信息及相关费用	B10	协助提供信息及相关费用

13.3 《2010年通则》中的六种主要贸易术语

在国际贸易实际业务中绝大多数合同都采用装运港船上交货的三种贸易术语，即 FOB、CFR 和 CIF。因此，人们习惯称这些术语为常用贸易术语。另外，根据《2010年通则》的解释，FCA、CPT 和 CIP 这三种术语适用的运输方式更广，除了可用于水上运输外，还可用于其他各种运输方式，因此也属于国际贸易中常用的主要贸易术语。

13.3.1 装运港船上交货的三种常用贸易术语

1. FOB

(1) FOB 术语的含义。FOB 习惯上称为装运港船上交货，是指货物在指定的装运港装到船上，卖方即完成交货。这意味着买方必须承担货物装上船后灭失或损坏的一切风险。该术语是国际贸易中常用的术语之一。在这一术语之后要注明装运港的名称，例如：FOB Shanghai，上海为装运港。

(2) FOB 术语买卖双方的义务。根据《2010年通则》的解释，FOB 术语只适用于海运和内河运输。采用 FOB 时，买卖双方的基本义务概括如下：

① 卖方义务。

A. 在合同规定的时间和装运港口，将合同规定的货物交到买方指派的船上，并及时通知买方。

B. 承担货物交至装运港船上之前的一切费用和风险。

C. 自负风险和费用，取得出口许可证或其他官方证件，并且办理货物出口所需的一切海关手续。

D. 提交商业发票和自费提供证明卖方已按规定交货的清洁单据，或具有同等作用的电子信息。

② 买方义务。

A. 订立从指定装运港口运输货物的合同，支付运费，并将船名、装货地点和要求交货的时间及时通知卖方。

B. 根据买卖合同的规定受领货物并支付货款。

C. 承担受领货物之后所发生的一切费用和风险。

D. 自负风险和费用，取得进口许可证或其他官方证件，并办理货物进口所需的海关手续。

(3) 使用 FOB 术语需注意的问题。

第一，对 FOB 的不同解释。《2010年通则》与《1990年美国对外贸易修订本》中对 FOB 的解释不同：① 办理出口手续不同。根据《2010年通则》的解释，卖方应负责申请出口许可证，办理出口手续并负担费用。但按照《1990年美国对外贸易定义修订本》的规定，"卖方根据买方要求，并在其负担费用的前提下，协助买方取得由原产地及/或装运地国家签发的，为货物出口或在目的地进口所需的各种证件"。这一规定显然与《2010年通则》的解释大相径庭。因此，在采用 FOB 贸易术语时，应明确规定由卖方或买方负责办理出口手续并负担费用的问题。② 适用的运输方式不同。《1990年美国对外贸易定义修订本》将 FOB 分为六种类型，其中仅第五种"FOB vessel (named port of shipment)"装运港船上交货（指定装运港）与《2010年通则》中对 FOB 的解释基本相似。而其他五种，前四种属于出口国内陆交货条件，最后一种则属于进口国内地交货条件，与《2010年通则》中的解释完全不同。第五种"指定装运港船上交货"与《2010年通则》的解释基本相似，但不完全一致。在使用这一贸易术语时，必须注意在 FOB 与装运港之间加上"vessel"

(船舶)字样,否则卖方仅负责在出口国内陆的运输工具上交货,而不是在装运港船上交货。例如,在进口合同中若定为"FOB New York",而不是定为"FOB vessel New York",按照美国的解释,卖方仅负责在纽约城内某地点交货。只有订明"FOB vessel New York",卖方才负责将货物交到纽约港口的船上。

第二,租船订舱问题。在采用 FOB 价格术语时,卖方可接受买方的委托,代为租船或订舱和投保,但这纯属于代办性质,运费和保险费仍由买方承担。如果卖方尽到努力仍租不到船或订不到舱时,卖方概不负责,买方无权撤销合同或向卖方索赔。

因为《2010 年通则》规定卖方义务必须把货物装到船上,所以装船费用负担问题由卖方负担,因此不再存在 FOB 的变形情况。

案例 13-1

某出口公司向外商出售一级大米 300 t,成交价格条件为 FOB 上海。装船时货物经检验符合合同要求,货物出运后,卖方及时向买方发出装船通知。但是航运途中,因海浪过大,大米大半被海水浸泡,品质受到影响。货物到达目的港后,只能按三级大米价格出售,于是买方要求卖方赔偿差价损失。应如何处理这一纠纷?

2. CIF

(1)CIF 术语的含义。CIF 是指货物在装运港装上船后卖方即完成交货。卖方支付货物运至目的港的运费和必要的费用,但交货后货物的风险及由于各种事件造成的任何额外费用由买方承担;卖方还须办理保险,支付保险费。CIF 为装运港交货的贸易术语,但它后面注明的港口是目的港。例如,CIF Shanghai,这里的上海为目的港。

(2)CIF 术语买卖双方的基本义务。

①卖方义务。

A. 签订从指定装运港承运货物的合同;在合同规定的时间和港口,将合同要求的货物装上船并支付至目的港的运费;装船后须及时通知买方。

B. 承担货物在装运港装上船之前的一切费用和风险。

C. 按照买卖合同的约定,自负费用办理水上运输保险。

D. 自负风险和费用,取得出口许可证或其他官方证件,并办理货物出口所需的一切海关手续。

E. 提交商业发票和在目的港提货所用的通常的运输单据或具有同等作用的电子信息,并且自费向买方提供保险单据。

②买方义务。

A. 接受卖方提供的有关单据,受领货物,并按合同规定支付货款。

B. 承担货物在装运之后的一切风险。

C. 自负风险和费用,取得进口许可证或其他官方证件,并且办理货物进口所需的海关手续。

(3)使用 CIF 术语需注意的问题。

第一,保险险别问题。在 CIF 条件下,卖方究竟该投保什么险别,各国的惯例解释不一。一般的做法是,在签订买卖合同时,在合同的保险中,明确规定保险险别、保险金额等内容,这样卖方就应该按照合同的规定办理投保。如果合同中未做具体规定,则应按有关惯例来处理。按照《2010 年通则》对 CIF 的解释,卖方只需投保最低的险别。如买方要求投保战争险,一般都应由买方自费投保,卖方代为投保时,费用仍由买方负担。

第二，租船订舱问题。依照对CIF贸易术语的一般解释，卖方应按通常的条件及惯常的航线，租用通常类型的船舶装运货物至指定目的港。因此，除非买卖双方另有约定，对于买方提出的关于限制载运要求，卖方均有权拒绝接受。但在外贸实践中，为发展出口业务，考虑到某些国家的规定，如买方有要求，在能办到而又不增加额外费用情况下，也可考虑接受。

第三，卸货费用问题。按照CIF交货条件，卖方负责将合同规定的货物运往合同规定的目的港，并支付正常的运费。至于货物到目的港后的卸货费用由谁负担也是一个需要考虑并加以明确的问题。一般来讲，如使用班轮运输，卸货费包括在运费之内。租用不定期轮船，双方应明确卸货费用由何方负担并在合同中订明。按《2010年通则》的解释，如无相反规定应由买方负担。

《2010年通则》基本沿用《2000年通则》的规定，明确卸货费用由谁负担的方法，形成了CIF的几种变形：①CIF liner terms(CIF班轮条件)。这一变形是指卸货费用按照班轮的做法来办，即买方不负担卸货费，而由卖方或船方负担。②CIF landed(CIF卸至码头)。这一变形是指由卖方承担将货物卸至码头上的各项有关费用，包括驳船费和码头费。③CIF ex tackle(CIF吊钩下交接)。这一变形是指卖方负责将货物从船舱吊起卸到船舶吊钩所及之处(码头上或驳船上)的费用。在船舶不能靠岸的情况下，租用驳船费用和货物从驳船卸至岸上的费用，都由买方负担。④CIF ex ship's hold(CIF舱底交接)。按此条件成交，货物运达目的港在船上办理交接后，自船舱底起吊直至卸到码头的卸货费用，均由买方负担。上述CIF的几种变形，只是用以明确有关卸货费用的负担问题，并未改变CIF的交货地点和风险划分的界限。

第四，象征性交货问题。所谓象征性交货是针对实际交货而言的。前者指卖方只要按期在约定地点完成装运，并向买方提交合同规定的包括物权凭证在内的有关单证，就算完成了交货义务，无须保证到货。后者则指卖方要在规定的时间和地点，将符合合同规定的货物提交给买方或其指定人，而不能以交单代替交货。

从交货方式来看，CIF是一种典型的象征性交货，即卖方凭单交货、买方凭单付款，属于单据买卖。至于货物在途中损失或者货到后发现质量不符合要求，买方可根据情况分别向船方、保险公司或卖方提出索赔。CIF合同中要防止出现"要求卖方保证到货或以到货作为付款条件"的陷阱条款。

案例 13-2

我方按CIF卸至码头条件对外出口，并按规定提交了全套符合要求的单据，货轮在航行途中触礁沉没，货物全部灭失，买方闻讯以"卖方需将货物运到目的港并安全卸到码头才算完成交货任务"为由拒付货款。买方拒付的理由是否合理？我方应如何处理？

3. CFR

(1)CFR术语的含义。CFR也称运费在内价，是指货物在装运港装上船后，卖方即完成交货，并支付货物运至指定目的港所需的运费和必要的费用。但交货后货物灭失或损坏的风险以及由于各种事件造成的额外费用，则转移到买方。

(2)CFR术语买卖双方的基本义务。

①卖方义务。

A. 签订从指定装运港将货物运往约定目的港的合同；在买卖合同规定的时间和港口，将合同要求的货物装上船并支付至目的港的运费；装船后及时通知买方。

B. 承担货物在装运港装上船之前的一切费用和风险。

C. 自负风险和费用,取得出口许可证及其他官方证件,且办理货物出口所需的一切海关手续。

D. 提交商业发票及自费向买方提供为买方在目的港提货所用的通常的运输单据,或具有同等作用的电子信息。

② 买方义务。

A. 接受卖方提供的有关单据,受领货物,并按合同规定支付货款。

B. 承担货物在装运港装上船后的一切风险。

C. 自负风险和费用,取得进口许可证或其他官方证件,并且办理货物进口所需的海关手续,支付关税及其他有关费用。

(3) 采用 CFR 术语应注意的问题。

第一,CFR 术语下的装船通知。CFR 条件下,根据国际贸易惯例的解释和有些国家的法律规定,卖方在货物装船后必须及时向买方发出装船通知,以便买方及时办理保险手续,防止漏保。对此,买卖双方往往还要在合同中做出明确规定,如果卖方不及时发出装船通知,致使买方未能投保,卖方要承担货物在运输途中的风险。

鉴于这种条件下货运与投保责任分别由卖方与买方各自承担,买方应注意选择资信比较好的客户成交,并可对船舶提出适当要求,防止不法商人与船方勾结,出具假提单,租用不适航的船舶,或伪造品质证书与产地证明。

第二,卸货费用的负担问题。大宗商品在租船运输情况下,卸货费用应由谁负担的问题类似 CIF 价格条件。按照《2010 年通则》解释,卸货费用一般情况下应由买方负担。但因各国和地区存在不同的习惯做法,为避免因不同的解释而发生争议,可在此术语后运用 CFR 的几种变形的具体条件,明确有关卸货费的负担问题。CFR 后面的附加条件仅明确了费用的划分,并不改变 CFR 条件下交货地点和风险划分的界限。

FOB、CFR、CIF 三种术语都是装运港船上交货术语。买卖双方风险、费用负担都以装运上船为界。它们之间的区别仅在于是否在货价中包含运费或保险费。另外,虽然它们都属于装运港船上交货,但 CIF、CFR 更具有象征性交货的意思。买方在收到包括物权凭证在内的有关单据后,就应履行付款义务。反之,若卖方提交的单据不合要求,即使货物完好无损地运抵目的地,买方也可以拒付货款。需要说明的是,卖方必须以履行交货义务为前提,如果交单付款后,货物不合格,买方仍然有权根据合同规定向卖方提出索赔。

13.3.2 货交承运人的三种贸易术语

1. FCA

(1) FCA 术语的含义。FCA 是指卖方在规定的地点将货物交给买方指定的承运人,并办理出口清关手续,完成交货义务。FCA 术语之后要加注双方约定的交货地点,即承运人接运货物的地点。

(2) FCA 术语下买卖双方的义务。

① 卖方义务。

A. 在合同规定的时间、地点,将合同规定的货物置于买方指定的承运人控制下,并及时通知买方。

B. 承担将货物交给承运人控制之前的一切费用和风险。

C. 自负风险和费用,取得出口许可证或其他官方证件,并办理货物出口所需的一切海关手续。

D. 提交商业发票或具有同等作用的电子信息,并自费提供通常的交货凭证。

② 买方义务。

A. 签订从指定地点承运货物的合同,支付有关的运费,并将承运人名称及有关情况及时通知卖方。

B. 根据买卖合同的规定受领货物并支付货款。

C. 承担受领货物之后所发生的一切费用和风险。

D. 自负风险和费用,取得进口许可证或其他官方证件,并且办理货物进口所需的海关手续。

(3) 使用 FCA 应注意的问题。FCA 术语与 FOB 术语的内容基本相同,其主要区别是 FCA 适用于任何一种运输方式,而 FOB 仅适用海运或内河运输方式。

FCA 术语中,其风险和费用的转移有时会提前。如果由于买方的原因,使卖方无法按时交货,只要货物已划归买方,那么在货交承运人之前,其风险和费用就会提前转移给买方。同样,如买方委托卖方代办本属于自己义务范围内的事项所产生的费用,或因买方过失所引起的额外费用也应由买方负担。

按照《2010 年通则》的解释,按 FCA 条件成交时,需要注意的是:

第一,"承运人"是指在运输合同中承诺通过铁路、公路、航空、海运、内河运输或多式联运方式履行运输责任的任何人,也包括签订运输合同的代理人。

第二,在交货地点选择上,若合同中指定交货地点是卖方所在地,卖方负责将货物装上买方的运输工具时即完成交货。在其他情况下(在卖方所在地以外的其他任何地点交货),当货物在卖方的车辆上尚未卸货而交给买方处置时,即完成交货。

第三,在 FCA 术语下,卖方并无义务订立运输合同,但若买方要求或者按商业习惯,买方没有及时提出相反意见,卖方可按照通常条件代买方订立合同,但有关费用风险由买方承担。

2. CIP

(1) CIP 术语的含义。CIP 是指卖方向其指定的承运人交货,支付货到目的地的运费,办理货物在途中的保险并支付保险费,承办出口清关手续。买方承担卖方交货之后的一切风险和额外费用。该术语适用于各种运输方式。

(2) CIP 术语下买卖双方的义务。

① 卖方义务。

A. 订立将货物运往指定目的地的运输合同,并支付有关运费。

B. 在合同规定的时间、地点,将合同规定的货物置于承运人的控制之下,并及时通知买方。

C. 承担将货物交给承运人控制之前的风险。

D. 按照买卖合同的约定,自负费用投保货物运输险。

E. 自负风险和费用,取得出口许可证或其他官方证件,并办理货物出口所需的一切海关手续,支付关税及其他有关费用。

F. 提交商业发票和在约定目的地提货所需的通常的运输单据或具有同等作用的电子信息,并且自费向买方提供保险单据。

② 买方义务。

A. 接受卖方提供的有关单据,受领货物,并按合同规定支付货款。

B. 承担自货物在约定地点交给承运人控制之后的风险。

C. 自负风险和费用,取得进口许可证或其他官方证件,并且办理货物进口所需的海关手续,支付关税及其他有关费用。

在 CIP 中,同 CIF 一样,虽然卖方支付运费与保险费,但风险转移仍以货交承运人为界,只是费用责任与风险转移分开而已。与 CIF 相同,CIP 也是装运合同,也就是说卖方将货物交付承运人,即完成交货。卖方只保证按时交货,而不保证按时到货。与 CIF 的区别仅在于适用的运输方式不同,由此引起的交货地点、风险费用划分界限也因运输方式的区别而有所不同。

3. CPT

(1) CPT 术语的含义。CPT 是指卖方向其指定的承运人交货,并支付运费、办理出口清关手续。买方承担卖方交货之后的一切风险和其他费用。

(2) CPT 术语下买卖双方的义务。

① 卖方义务。

A. 在合同规定的时间、地点,将合同规定的货物置于买方指定的承运人控制下,并及时通知买方。

B. 承担将货物交给承运人控制之前的一切费用和风险。

C. 订立将货物运往指定目的地的运输合同,并支付有关运费。

D. 自负风险和费用,取得出口许可证或其他官方证件,并办理货物出口所需的一切海关手续,支付关税及其他有关费用。

E. 提交商业发票或具有同等作用的电子信息,并自费提供在约定目的地提货所需的通常的运输单据。

② 买方义务。

A. 接受卖方提供的有关单据,受领货物,并按合同的规定支付货款。

B. 承担受领货物之后所发生的一切费用和风险。

C. 自负风险和费用,取得进口许可证或其他官方证件,并且办理货物进口所需的海关手续,支付关税及其他有关费用。

CPT 术语与 CFR 类似,都是风险转移在先,而责任费用转移在后,即风险转移与费用划分有两个分界点,但这并不改变买卖双方的风险划分的界限。CPT 与 CFR 的区别也是运输方式的区别以及由此产生的风险、费用划分界限的差别。

需要说明的是,在 CIF、CIP、CFR、CPT 等术语中,卖方负担的运费,一般地说仅仅是指正常运费。当货物装船或装上其他运输工具后发生的其他费用仍由买方负担。在 CIF、CIP 中,卖方所承担的保险费,除买卖双方另有约定外,一般按惯例卖方只投保最低的险别即可。保险金额为合同价款另加 10% 计算,通常以 CIP 的 110% 计付保险费。如果买方有特殊要求,必须在合同中加以明确。

案例 13-3

北京 A 公司拟向美国纽约 B 公司出口某商品 5000 箱,B 公司提出按 FOB 纽约与新泽西港成交,而 A 公司主张采用 FCA 北京的条件,试分析 A 公司和 B 公司各自提出上述条件的原因。

13.4 《2010 年通则》中的其他五种贸易术语

13.4.1 EXW

1. EXW 术语的含义

EXW 是指卖方在其所在地或其他指定的地点(工厂、仓库等)将货物交给买方处置时即完成交货。这一术语代表了在商品的产地或所在地交货的条件。在 EXW 术语后面要注明产地名称,如××工厂,或所在地名称,如××仓库。

2. EXW 术语下买卖双方的基本义务

采用 EXW 成交,卖方承担的风险、责任及费用都是最小的,价格也最低(类似于国内交货)。

(1)卖方义务。

①在合同规定的时间、地点,将合同要求的货物置于买方的处置之下。

②承担将货物交给买方处置之前的一切费用和风险。

③提交商业发票或具有同等作用的电子信息。

(2)买方义务。

①在合同规定的时间、地点,受领卖方提交的货物,并按合同规定支付货款。

②承担受领货物之后的一切费用和风险。

③自负费用和风险,取得出口和进口许可证或其他官方证件,并办理货物出口和进口的一切海关手续。

3. 采用 EXW 术语需注意的问题

EXW 术语中所涉及的价格是成交价中最低的,对买方有一定的吸引力。在采用这一术语时,应注意以下几个问题:

(1)认真核算该货物的成本和价格,充分考虑风险的大小,尤其是买方能否直接或间接地办理货物出口手续。如果买方要求,并承担风险和费用,卖方也可以协助办理有关出口手续(如果卖方有能力的话)。

(2)注意安排好货物的交接工作。该术语实际上是产地交货,因此买卖双方应就交货的具体时间和地点加以明确,必要时要及时通知。一般情况下,卖方在产地备好货,由买方前来接运,此时由卖方向买方发出通知。如果合同约定在某一期限内买方有权选定具体时间和地点接货,则由买方通知卖方。如因通知不到而引起的额外损失和费用,由通知方自行承担。

(3)要注意明确货物的包装费用负担问题。按惯常的做法,原产地交货,卖方只需按惯常包装即可。但如买方要求提供适宜的出口包装,必须在订约前通知卖方,并在合同中明示。所需费用,一般应由卖方负担。如果买方有特殊要求,也可在合同中做相反的约定。

13.4.2 FAS

1. FAS 术语的含义

FAS 是指卖方在指定的装运港将货物交到船边,即完成交货。

2. FAS 术语下买卖双方的基本义务

(1)卖方义务。

①在合同规定的时间和装运港口,将合同规定的货物交到买方所派船只的旁边,并及时通知买方。

②承担货物交至装运港船边的一切费用和风险。

③自负费用和风险,取得出口许可证或其他官方证件,并且办理货物出口的一切海关手续。

④提交商业发票或具有同等作用的电子信息,并且自负费用提供通常的交货凭证。

(2)买方义务。

①订立从指定装运港口运输货物的合同,支付运费,并将船名、装货地点和要求交货的时间及时通知卖方。

②在合同规定的时间、地点,受领卖方提交的货物,并按合同规定支付货款。

③承担受领货物之后所发生的一切费用和风险。
④自负费用和风险,取得进口许可证或其他官方证件,并且办理货物进口的一切海关手续。

3. 使用 FAS 术语需注意的问题

该术语同 FOB 一样,存在着船货衔接问题,所以要求买方应及时将船名、装货码头及船边交货日期通知卖方,以利卖方按时做好备货出运工作。同样卖方将货运至船边后,应及时通知买方,以利买方办理装船及出口结关事项。如果买方未能按时发出派船通知,由此造成船只接不到货,或卖方货物已清楚划出,或以其他方式确定为本合同下的货物而造成的风险和损失,全部由买方负担。

13.4.3 目的地交货的各种术语

目的地交货的术语有 DAT、DAP、DDP 三种,全部是在目的地完成交货义务。此类术语达成的合同,均为到达交货合同。

1. DAT

该术语的"运输终端"意味着任何地点,"运输终端交货"指卖方在指定港口或目的地的指定运输终端将货物从抵达的运输工具卸下,交付买方处置时,即为交货。卖方承担货物卸下之前的一切风险和费用。买方则承担接收货物后的一切风险和费用,并支付货物款。双方风险和费用的划分界限以运输终端卸货为界。

DAT 要求卖方办理出口清关手续,买方负责办理进口清关手续及费用。

DAT 术语取代了以前版本的 DEQ(目的港码头交货)术语,且扩展至一切运输方式。

2. DAP

DAP 术语是指卖方必须在合同规定的交货期内,在合同指定的目的地将仍处于抵达的运输工具之上的货物交买方处置时,即完成交货的价格条件。该术语下,卖方承担货物运送到目的地之前的一切风险和费用,并承担出口清关手续及费用。买方在目的地运输工具上受领货物以后,负担货物的卸货费用,负责办理进口结关手续并承担有关进口费用,承担受领货物之后的一切风险和费用。

该术语取代了先前版本的 DAF(边境交货)、DES(目的港船上交货)和 DDU(目的地未完税交货)三个术语,且扩展至适用任何运输方式。

3. DDP

DDP 是这十一种贸易术语中卖方风险、责任、费用最大的术语。按该术语成交,卖方要负责将货物按规定时间运到进口国国内的指定目的地,把货物实际交买方处置之下,才完成交货任务。卖方要承担交货之前的一切风险、责任与费用,包括货物出口和进口时需要支付的各种税费,以及办理两次清关手续所需承担的风险。

如果卖方不能直接或间接地取得进口许可证,则不宜采用该术语。也有双方当事人另有约定的情况,如"DDP VAT unpaid"(完税后交货,增值税未付)。

13.5 《2020 年国际贸易术语解释通则》

13.5.1 《2020 年国际贸易术语解释通则》介绍

《2020 年国际贸易术语解释通则》以下简称《2020 年通则》,是国际商会根据国际货物贸易的发展对《2010 年通则》的修订版本,于 2019 年 9 月 10 日公布,2020 年 1 月 1 日开始在全球范围内实施。

《2020年通则》在《2010年通则》的基础上进一步明确了国际贸易体系下买卖双方的责任,其对贸易实务、国际结算和贸易融资实务等方面都产生了重要的影响。

国际贸易惯例在适用的时间效力上并不存在"新法取代旧法"的说法,即《2020年通则》实施之后并非《2010年通则》就自动废止,当事人在订立贸易合同时仍然可以选择适用《2010年通则》。

13.5.2 《2020年通则》相比《2010年通则》的变化

相对《2010年通则》,《2020年通则》既有结构上的调整,也有内容上的变化,但总体上沿袭了《2010年通则》的传统,同时更加接近当前的贸易实践。

1. DAT(运输终端交货)变成了 DPU(卸货地交货)

在《2010年通则》中,DAT(运输终端交货)指货物在商定的目的地卸货后即视为交货。在国际商会收集的反馈中,用户要求其中涵盖在其他地点交货的情形,例如厂房。这就是现在使用更通用的措辞 DPU(卸货地交货)来替换 DAT(运输终端交货)的原因。

2. 增加 CIP(运费、保险费付至)的保险范围

CIP(运费、保险费付至)是指卖方将货物交付承运人,但支付包括保险费在内的直至目的地的运输费用。同样的规则也适用于 CIF(成本、保险费加运费)。

根据《2010年通则》,在这两种情况下,卖方都有义务提供与第C条(货物协会条款)相对应的最低保险范围。这是一种基本的保险形式,只包括明确界定的损害赔偿。

在《2020年通则》中,CIP(运费、保险费付至)的最低保险范围延伸到第A条,这是涵盖了所有风险的最高保险级别。其背后的原因是,CIF(成本、保险费加运费)通常用于大宗商品,而CIP(运费、保险费付至)则更常用于制成品。

3. FCA(货交承运人)提单

如果买卖双方已就 FCA(货交承运人)达成一致,则卖方应将货物交付至买方指定的地点和人员。此时,风险和成本转移给买方。

这一方式通常是由买方选择的,他们希望避免承担货物在交付至目的地后可能受到损害的风险。其缺点是卖方不能收到提单,因此没有信用证可以保证货物的付款。

为此,《2020年通则》提出了一个务实的解决方案。如果双方同意卖方按照 FCA(货交承运人)要求将货物交付集装箱码头,买方可以指示承运人在卸货时向卖方签发已装船提单。这样,卖方就可以更好地防范风险,例如在卸货期间的风险。

4. 自定义运输方式的承运

《2010年通则》假设,当适用《国际贸易术语解释通则》中的 FCA(货交承运人)、DAP(目的地交货)、DAT(运输终端交货)[《2020年通则》中改为 DPU(卸货地交货)]或 DDP(目的地完税后交货)时,卖方和买方之间的货物运输由第三方进行。《2020年通则》中,这一定义已经扩展到包括卖方或买方自定义运输方式的承运。

5. 安保费用

《2020年通则》在运输义务和费用中列入与安全有关的要求,即将安全费用纳入运输费用,谁承担运输费用,谁就承担运输中的安保费用。

本章小结

本章主要介绍了贸易术语的含义,有关贸易术语的国际贸易惯例,《2010年通则》中的十一种贸易术语和《2020年通则》的主要变化;重点介绍 FOB、CIF、CFR、FCA、CIP 和 CPT 这六种常用贸易术语的基本内容及其在实际应用中应注意的问题。

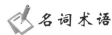

贸易术语　象征性交货　FOB　CIF　CFR

思考与练习

1. 为什么在国际贸易中要使用贸易术语?
2. 有关贸易术语的国际贸易惯例主要有哪几种?分别解释哪些术语?
3. 简述 FOB、CFR、CIF 三种术语的异同。
4. 有人认为 FOB 贸易术语对出口商的风险小,而 CIF 的风险较大;对于进口商则相反。你认为这种说法对不对?为什么?
5. 简述贸易术语 FOB、CIF、CFR 与 FCA、CIP、CPT 的异同。

实验项目二十五　　实验项目二十六

第 14 章　商品品质、数量、包装和价格

14.1　商品的品质

14.1.1　品质的概念及其意义

商品的品质(quality of goods)是指商品的内在素质和外观形态的总和。商品的内在素质包括商品的物理性能、机械性能、化学成分和生物特征等自然属性,商品的外观形态包括商品的外形、色泽、款式、透明度等感觉特征。在国际贸易中,商品品质的优劣不仅关系到商品的使用价值和价格,还直接影响到商品的销路与商誉。严格把好进出口商品质量,对于提高经济效益,开拓国际市场,提高企业竞争能力,促进社会经济发展都具有十分重要的意义。

商品的品质通常由商品的品名及其品质描述来表示。因此,合同条款首要一条,就是列明商品的品名。

根据有关法律和惯例,对交易物的陈述,是构成商品说明(description)的一个主要组成部分,是买卖双方交接货物的一项基本依据,关系到买卖双方的权利与义务。若卖方交付的商品与合同项下商品品名或相关说明不符,买方有权提出损害赔偿要求,直至拒收货物或撤销合同。因此,列明合同标的物的具体名称,具有重要的实践意义和法律意义。

14.1.2　商品品质的表示方法

1. 用文字说明表示商品的品质

(1)凭规格、等级或标准买卖(sale by specification, grade or standard)。商品规格是指用以反映商品品质的若干主要指标,如化学成分、各构成比例,以及纯度、净含量、性质、容量、长短、粗细等。用规格来确定商品品质的方法,称为按规格买卖,该方式简明、灵活,因而被广泛采用。

【例 14-1】第 727 项　　大白兔奶糖　　10 盒×10 袋×10 只
Article No. 727　　White Rabbit Creamy Candy　　10 boxes × 10 bags × 10 pcs

商品的等级是指同一类商品,根据厂商生产或贸易经验,用文字或数码对其品质规格所做的分类,如特级钨砂、二级小麦等。

商品的标准是指经政府机关或商业团体统一制定和公布的商品的规格和等级。由于不同国家政府或不同商业组织在不同时期制定的标准都不同,故援引某标准来表示商品的品质时,一定要注明版本及年份。目前,国际上公认的关于品质管理和品质保证的统一标准是 ISO 9000 系列标准。

国际贸易中,有些农副产品往往采用"良好平均品质"(fair average quality, FAQ),我国习惯上称之为"大路货",即指一定时期内某地出口该货物的平均品质水平。该标准比较笼统,除个别特殊产品外,一般不宜采用。

(2)凭牌名或商标买卖(sale by brand name or trade mark)。牌名是指工商企业给其制造或销售的商品所冠的名称。商标是指生产者或者商号用来说明其所生产或出售的商品标志,它可以由文字、数字、字母、图形或某种符号组成。一定的牌名或商标代表一定的商品或服务的质量或水平。

(3)凭产地名称买卖(sale by name of origin)。国际贸易中,一些农副土特产品,由于产区的

自然条件、传统工艺特色等影响,在品质方面具有其他产区所无法取代的独特风格或特色,这些产品在销售时,就可以冠以地方名称以说明其品质,如河北板栗、金乡大蒜等。

(4)凭说明书和图样买卖(sale by description and illustration)。此种品质表示方法适用于机械、仪表、电器等技术密集型产品。由于该类产品结构复杂,技术要求高,不能用几个简单的指标来表明其品质全貌。因此,对该类产品的销售要附上详细的产品说明书并附以图样。卖方提供符合其说明书技术标准的产品,才算品质合格。

2. 以实物表示商品的品质

(1)看货买卖(sale by actual quality)。它是指交易双方根据成交商品的实际品质进行交易。通常先由买方或其代理人在卖方所在地验看货物,达成交易后,卖方将买方验看过的货物交付买方。这种方法仅适用于零售、展销、拍卖等业务中,应用十分有限。

(2)凭样品买卖(sale by sample)。在国际贸易中,由于交易量大、距离远、交割时间长等,看货买卖受到限制,而凭样品买卖则被广泛采用。样品通常是指从一批商品中抽出来或由生产、使用部门设计加工出来的,足以反映和代表整批商品品质的少量实物。

凭样品买卖又可分为以下三种:

①凭卖方样品买卖(sale by sell's sample)。它是指以卖方提供的样品作为商品品质依据进行买卖。此时卖方在寄出样品时,应留存复样(duplicate sample),以备日后交货时核对或处理品质纠纷时核对之用。卖方提供的样品必须是有充分代表性的样品(representative sample),否则会给日后交货带来困难,或容易引起品质纠纷。

②凭买方样品买卖(sale by buyer's sample)。它是指以买方提供的样品作为商品品质依据进行买卖。我国出口业务中称之为"来样制作"或"来样成交",此时合同中可以订明:"品质以买方样品为准"(Quality as per buyer's sample)。

③对等样品成交(sale by counter sample)。有些谨慎的卖方不愿按买方样品成交,以免因交货品质与买方样品不符而招致损失。此时,卖方根据买方样品加工复制制出一个类似的样品交买方确认,这种经确认后的样品,称为"对等样品"或"回样",也有的称之为确认样品(confirming sample)。日后卖方交货以对等样品品质为准。

凭样品买卖时,卖方必须交付与样品品质完全一致的货物。如果卖方对自己的交货品质没有把握,最好不要采用此法。有时候也可酌情将几种方法结合使用,如"款式样""色彩样"等。

14.1.3 品质条款的规定

贸易合同中的商品品质条款是一项重要的条款,因为它是卖方交货和买方收货最大的依据。品质条款的基本内容主要是品质的表示方法,以及品质机动幅度或品质公差(quality tolerance)的规定。品质条款的繁简,视具体商品特性而定。一般地说,为避免因交货品质与买卖合同稍有不符而造成违约,在合同品质条款中可以做出一些变通规定。

(1)品质公差。品质公差是国际上公认的产品品质的误差。对于品质公差,合同中不做规定,只要卖方品质在公差允许范围内,就不能算违约。但为避免不必要的纠纷,可根据买卖商品的特点,在合同内订明品质公差的允许变动幅度。

(2)品质机动幅度。某些初级产品质量不太稳定,为便于交易,在规定其品质指标的同时,可规定一定的品质机动幅度。其方法有:规定品质变动的范围;规定品质变动的极限;在规定品质机动范围内,按品质差异予以增减价的标准等。

【例14-2】C708中国灰鸭绒,含绒量90%,允许1%上下。
C708 Chinese Grey Duck Down with 90% down content, 1% more or less allowed.

(3)在合同中订立弹性品质条款。弹性品质条款如"品质与样品大致相同"(Quality shall be about equal to the sample),"品质与样品近似"(Quality is nearly same as the sample),等等。但买方有时不太愿意接受这种笼统含糊字眼,所以在订立品质条款时,应尽可能明确、具体,并且力求实事求是,切实可行。

案例 14-1

对英国出口大豆索赔案

国内某单位向英国出口一批大豆,合同规定水分最高为14%,杂质不超过2.5%,在成交前我方曾向买方寄过样品,订约后我方电告买方成交货物与样品相似。当货物运到英国后,买方提出货物与样品不符,并出示相应的检验证书证明货物的质量比样品低7%,并以此要求我方赔偿15000英镑的损失。请问:在此情况下我方是否可以该项交易并非凭样品买卖而不予理赔?

14.2　商品的数量

商品数量也是合同要件之一。按约定数量交付货物是卖方的一项基本义务。如果交付货物的数量与合同约定不一致,买方有权拒收货物或要求赔偿。

14.2.1　商品数量的计量单位

计量单位有六种:

(1)按重量(weight)计算。常用的单位有公吨(metric ton/t,即吨)、长吨(long ton/gross ton)、短吨(short ton/net ton)、千克(kilogram/kg)、磅(pound/lb)、克(gram/g)、盎司(ounce/oz)、克拉(carat)等。农副产品、矿产品及部分工业制成品一般均采用重量单位进行交易。

(2)按数量(number)计算。常见的计数单位有件(piece)、双(pair)、套(set)、打(dozen)、卷(roll)、箱(case)、箩(gross)、袋(bag)、包(bale)、令(ream)、桶(barrel)等。在国际贸易中,日用消费品、轻工业产品、原油及部分农副土特产品常用数量单位进行交易。

(3)按长度(length)计算。常用单位有米(meter/m)、英尺(foot/ft)、码(yard/yd)等。丝绸、布匹、钢管、电线电缆、金属绳索等常用长度单位计量。

(4)按面积(area)计算。有平方米(square meter/m^2)、平方英尺(square foot)、平方码(square yard)等。木板、皮革、地毯、玻璃板等用面积单位计量。

(5)按体积(volume)计算。有立方米(cubic meter/m^3)、立方尺(cubic foot)、立方码(cubic yard)等。木材、天然气、化学气体等常以体积作计量单位。

(6)按容积(capacity)计算。常见的容积单位有升(litre/L)、加仑(gallon/gal)、蒲式耳(bushel/bu)等。各类谷物和液体商品常以容积为单位。

14.2.2　商品重量的计算方法

(1)按毛重(gross weight)计算。毛重指商品本身重量与包装物的重量即皮重(tare)之和。低价值商品多以毛重计算,称为"以毛作净"(gross for net)。

(2)按净重(net weight)计算。净重指商品本身的重量,也就是毛重减去皮重后的重量。皮重的计算又有四种方法:

①实际皮重(actual tare/real tare)。实际皮重即对整批商品的包装逐件衡量后所得总和。

②平均皮重(average tare)。这一方法近年比较流行,因此又称为标准皮重(standard tare)。它适用于包装比较一致的商品,先抽出若干件称出其皮重,求出平均数后乘以总量求得整批商品的皮重。

③习惯皮重(customary tare)。某些商品的包装皮重比较标准,且被市场所公认,则无须过秤,只需以公认皮重乘以总量即可。

④约定皮重(computed tare)。买卖双方以事先约定的包装重量计算。

(3)按公量(conditioned weight)计算。对羊毛、棉花、生丝等吸湿性强、重量不稳定而价值又较高的商品常采用公量计算其重量。

公量的计算公式为

$$公量 = 商品干净重 \times (1 + 标准回潮率)$$

$$公量 = 商品净重 \times [(1 + 标准回潮率)/(1 + 实际回潮率)]$$

式中,商品干净重是指用科学方法抽去商品中的水分后商品的重量。标准回潮率是交易双方约定的货物中的水分与商品的干量之比。

(4)按理论重量(theoretical weight)计算。对某些有固定规格或尺寸的商品,因其重量大致相等,因此可以以其件数或张数来推算其重量,如钢板、铝锭等。

(5)按法定重量(legal weight)计算。这种方法为海关法的规定方法。即在征收从量税时,以法定重量计算,而法定重量为商品重量加上直接接触商品的包装物料重量,即销售包装的重量。

14.2.3 商品数量条款的确定

商品数量条款由成交商品的数量和计量单位组成,对以重量成交的商品还要订明计算重量的方法。

在实际进出口业务中,由于某些商品的特性以及舱容、装载技术限制,卖方实际交货数量往往与合同规定数量不一致。为此,洽商合同时应订立一条溢短装条款(more or less clause),即明确规定卖方交货时允许多装或少装合同规定数量的某一百分比。如"1000公吨,卖方溢短装允许幅度2%"(1000 MT, with 2% more or less at seller's option)。在FOB术语时也可规定由买方决定(at buyer's option)。在规定溢短装时,对价格的处理,可以规定在允许幅度内,多交多收,少交少收,也可以规定增减部分以装船时或货到时的市价计算。

在进出口合同中,应尽量少用大约、近似、左右(about, circa, approximate)等字样。不同国家不同行业对约量解释不一,根据《跟单信用证统一惯例》的规定为10%。如合同中未对数量机动幅度做明示,可按有关惯例执行。

14.3 商品的包装

在国际贸易中,除少数商品难以包装,或不值得包装而采取裸装(nude packed)或散装(in bulk)方式外,绝大多数商品均需要有适当的包装。商品的包装(package of goods)是国际商品交换不可缺少的重要环节,是联系生产与消费的桥梁。包装不仅起到保护、宣传、美化商品的作用,还可使商品增值。商品包装条款也是合同的要件之一。

14.3.1 包装的种类

根据包装在流通中所起作用的不同,包装分为运输包装(shipping package)和销售包装(selling package)两类。

1. 运输包装

运输包装又称外包装(outer package)、大包装(giant package),其主要作用是保护商品在运输、装卸、储存、分发时不受损坏。

(1) 运输包装的种类。运输包装可分为单件运输包装和集合运输包装。前者是指货物在运输过程中作为一个计件单位的包装,如袋、包、桶等;后者是指将若干单件运输包装组合成一个大包装,如集装箱(container)、集装包和集装袋(flexible container)、托盘(pallet)等。

(2) 运输包装的标志。包装标志是指在运输包装上书写、压印或刷制的图形、文字、数字、字母等,用以识别货物,核对单证,防止错发错运,并便于收货人收货的标志。包装标志按其作用可分为运输标志、指示性标志和警告性标志。

① 运输标志(shipping mark)。运输标志习惯上称为"唛头"或"唛",通常由以下三部分组成:一是图形和文字字母。图形有三角形、菱形、长方形、圆形等。图形中刷写文字或字母,作为收货人或发货人的代号。二是目的港或目的地名称或代号。三是件号、批号。一般用 m/n 表示,n 为总件数,m 为整批货物中每件的顺序号。常见的运输标志如图14-1所示。

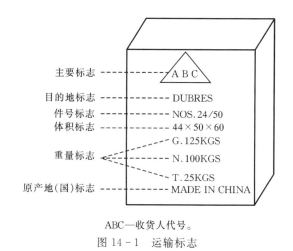

ABC—收货人代号。

图 14-1 运输标志

② 指示性标志(indicative mark)。指示性标准又称注意标志,即根据商品特性,用简单、醒目、易懂的图形和文字在商品的外包装上标出,以提示人们在装卸、运输和保管过程需要注意的事项。我国发布的《包装储运图示标志》(GB/T 191—2008)规定的常见指示性标志如图14-2所示。

③ 警告性标志(warning mark)。警告性标志又称危险物包装标志,指在装有易燃、易爆、有毒、腐蚀性商品或放射性物品等危险货物的运输包装上,醒目地刷上各种危险标志,以示警告,促使有关人员注意采取相应的防护措施,以保证货物和人身的安全。我国也制定了《危险货物包装标志》(GB 190—2009),联合国政府间海事协商组织也公布了《国际海运危险品标志》。常见的警告性标志如图14-3所示。

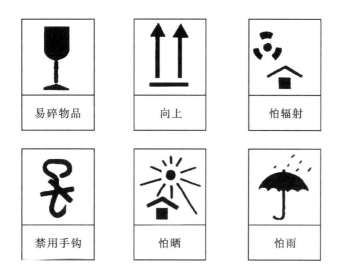

图 14-2 常见的指示性标志

图 14-3 常见的警告性标志

2. 销售包装

销售包装又称内包装(inner package)或小包装(minor package),是指直接接触商品并随商品进入零售网点或直接与消费者见面的包装。销售包装除对商品起保护作用外,还具有促销作用。也有部分销售包装本身就构成了广义产品的一部分,如复用包装、附赠品包装、配套包装等。

销售包装要便于陈列展售,便于识别、携带和使用,要有艺术吸引力。常见的销售包装有挂式、堆叠式、携带式、易开式、礼品式、配套式、复用式等。

销售包装上,一般都附有装潢画面和文字说明。随着国际市场上自动扫描结算的广泛应用,条形码也成为销售包装上不可缺少的重要标记。条形码由一组黑白及粗细间隔不等的平行条纹组成,是计算机光电扫描数据输入的代码语言。我国于1991年4月正式加入国际物品编码组织。此前,国际物品编码组织分配给我国的商品条码前缀码为690~699码段。中国物品编码中心又为我国争取到680~689码段,可以保证我国未来50年的用码需求。

14.3.2 中性包装和定牌包装

我国出口商品一般须注明"中国制造"(Made in China)、"中国产品"(China Product)等字样。在出口业务中有时也采用中性包装(neutral packing)或定牌包装(paching of nominated)。

1. 中性包装

中性包装是指在商品及其包装上不注明原产地和出口厂商标记的包装,具体又分为两种:

(1)无牌中性包装,即在商品及其包装上既无生产地名和厂商名称,又无商标和厂牌的包装。

(2)定牌中性包装,即卖方按买方要求,在其出售的商品或包装上只标明买方指定的商标或品牌,但不注明生产地和厂名的包装。

中性包装主要是为了打破某些进口国家或地区的关税与非关税壁垒,以适应交易的需要。采用中性包装有利于扩大商品出口,提高商品售价,但不利于提高厂家的商誉。

2. 定牌包装

定牌包装是指在出口商品及其包装上,卖方采用买方指定的商标或牌名的做法。定牌对于扩大出口,更好地适应国外市场有一定的积极作用。但在使用时,我国出口方应尽可能在商标或牌名下注明"中国制造"字样。

14.3.3 合同中包装条款的确定

包装条款的内容主要有包装材料、包装方式、包装规格、包装标志和包装费用等。商定包装条款时,要注意下列三个问题。

(1)要考虑商品特点和不同运输方式的要求。根据商品在储运、装卸、运输中的实际需要,确定合理、科学的包装,以求达到安全、适用、适销和节约的要求。

(2)包装规定要具体明确。一般不宜采用"卖方惯用包装"(customary packing by seller's)、"海运包装"(seaworthy packing)等术语,以免引起争议和纠纷。

(3)应明确包装费用的负担。这通常有下述三种做法:

①由卖方供应包装,包装连同商品一块交付买方。

②由卖方供应包装,交货后,卖方将原包装收回。

③买方供应包装材料或提供包装。应明确买方供应包装物料或提供包装的时间,否则,由此造成的损失买方应负有赔偿的责任。

一般地讲,包装的费用均计入物价,不另计收;也有单独计价的情况,应在合同中订明。

案例 14-2

甲方与乙方订立了一份合同,甲方出售200箱番茄酱罐头给乙方。合同规定"每箱24罐×100克"。但卖方在出货时,却装了200箱,每箱24罐,每罐200克,货物重量比合同多了一倍。买方拒绝收货,并主张撤销合同。试问买方有这种权利吗?为什么?

14.4 商品价格及相关条款

价格条款(price clause)是进出口合同中的核心条款。正确把握进出口商品的作价原则,采用合理的作价方法,选择有利的计价货币,确定合适的价格术语,适当使用与价格有关的佣金和折扣,对提高外贸经济效益有着十分重要的意义。

14.4.1 商品价格的确定原则及换算方法

1. 确定商品价格的原则

(1) 按照国际市场价格水平确定商品的价格。商品的国际市场价格以商品的国际价值为基础并在市场竞争中形成,是买卖双方都能够接受的价格,也是我们作价的客观依据。

(2) 要结合国别、地区政策作价。国家的对外贸易应与外交政策相协调,商品作价要考虑国家的外贸政策。

(3) 要结合购销意图作价。企业开展国际贸易是一项长期的战略性任务,商品价格的制订要符合国际市场经营战略的需要,此外,还要符合国际市场竞争的要求。

在具体确定商品价格时,还应注意商品的质量、数量,运输距离、交货时间和地点,季节性变化、支付条件与汇率波动风险等因素。

2. 出口商品的成本与费用核算

为了提高出口经济效益,企业必须加强价格和成本核算,要尽力克服和防止出现不计成本、不计盈亏和单纯追求成交量的倾向。在国际贸易中,出口商品的 FOB 价格构成包括成本、费用和预期利润三大部分。

(1) 成本。出口商品的成本主要是指采购成本,它是贸易商向供货商采购商品的价格,也称进货成本或购货成本。它在出口价格中所占的比重最大,是价格中的主要组成部分。

许多国家为了降低出口商品成本,增强产品竞争力,都采取了出口退税的制度,因此,存在退税制度时必须将含税成本中的税款按退税比例扣除,得出实际成本。其计算公式为

$$实际成本 = 进货成本 - 退税金额$$
$$退税金额 = 进货成本 \div (1 + 增值税税率) \times 退税率$$

【**例 14-3**】某公司出口成套茶具,每套进货成本为人民币 90 元(包括 13% 的增值税),出口退税率为 8%,核算实际成本。

退税金额 = 进货成本 $\div$ (1+增值税税率) $\times$ 退税率 = 90 元 $\div$ (1+13%) $\times$ 8% = 6.37 元

实际成本 = 进货成本 - 退税金额 = 90 元 - 6.37 元 = 83.63 元

(2) 费用。出口商品的费用主要是指商品流通费用。它在出口价格中所占的比重虽然不大,但内容繁多,是价格核算中较为复杂的部分。出口业务中经常出现的费用有如下一些:

① 包装费(packing charges),通常包括在进货成本中,如果客户有特殊包装要求,则需要另加。

② 仓储费(warehousing charges),即提前采购货物另外仓储的费用。

③ 国内运输费(inland charges),即装货前发生的内陆运输费用。

④ 认证费(certification charges),即出口商办理出口许可、配额、产地证以及其他证明所支付的费用。

⑤ 港杂费(port charges),即货物装运前在港区码头支付的各种费用。

⑥ 商检费(inspection charges),即商品检验机构对出口商品进行检验检疫的费用。

⑦关税和税收(duties and taxes),即国家对出口商品征收、代收或退还的税费。通常有出口税、增值税等。

⑧垫款利息(interest),即出口商垫付资金支付的利息。

⑨业务费用(operating charges),即出口商在经营过程中发生的有关费用,也称经营管理费,如通信费、交通费、交际费等。出口商可根据商品、经营、市场等情况确定一个费用定额率,这个比率为5%~15%,一般是在进货成本基础上计算费用定额率(定额费用=进货价×费用定额率)。

⑩银行费用(banking charges),即出口商委托银行向客户收取货款、进行资信调查等所支付的手续费。

⑪出口运费(freight charges),即货物出口时支付海、路、空以及多式联运的运输费用。

⑫保险费(insurance premium),即出口商向保险公司购买货物运输保险或信用保险支付的费用。

⑬佣金(commission),即出口商向中间商支付的报酬费用。

(3)预期利润。预期利润是出口商的收入,是企业经营好坏的主要指标。预期利润一般通过核算出口总成本,根据利润加成率计算。实际利润是该商品出口销售收入与实际出口总成本的差。

出口总成本是指出口商品的进货成本加上出口前的一切费用和税金。出口销售收入分为出口销售外汇净收入和出口销售人民币净收入。前者是以FOB价出售商品所得的外汇净收入,后者是以FOB价按外汇收账时挂牌汇价折合的人民币数额。根据出口销售人民币净收入与出口总成本可以计算出口商品盈亏率。

出口商品盈亏率是指出口盈亏额与出口总成本的比率。其计算公式为

出口商品盈亏率=(出口销售人民币净收入-出口总成本)/出口总成本×100%

衡量出口经济效益的指标还有出口创汇率。出口创汇率是指加工后成品出口的外汇净收入与原料外汇成本的比率。如原料为国产品,可以按FOB价折算;若原料为进口产品,则以CIF价折算。特别在来料加工情况下,该指标更具有现实意义。其计算公式为

出口创汇率=(成品出口外汇净收入-原料外汇成本)/原料外汇成本×100%

出口换汇成本也是反映出口盈亏的一项重要指标,它是以某种商品的出口总成本与出口销售外汇净收入之比,得出用多少本币可换得一单位的外币。其计算公式为

出口换汇成本=出口总成本(本币)/出口销售外汇净收入(外币)

在银行汇率一定的情况下,出口换汇成本越低,企业实际所获利益就越多。

3. 出口商品价格的换算方法

在与外商洽商时,往往有将FOB价改报CIF价,或将CFR价改报FOB等情况。因此必须了解贸易术语的价格构成及其换算方法。在此介绍最常用的FOB、CFR、CIF三种术语的换算方法,其他术语的推算可根据其构成类推。

(1)FOB价的换算。

CFR价=FOB价+国外运费

CIF价=(FOB价+国外运费)/[1-保险费率×(1+投保加成率)]

式中,投保加成率如果合同未做规定,一般按照10%计算,下同。

(2)CFR价的换算。

FOB价=CFR价-国外运费

CIF价=CFR价/[1-保险费率×(1+投保加成率)]

(3) CIF 价的换算。
$$FOB 价 = CIF 价 \times [1 - 保险费率 \times (1 + 投保加成率)] - 国外运费$$
$$CFR 价 = CIF 价 \times [1 - 保险费率 \times (1 + 投保加成率)]$$

14.4.2 进出口商品的作价方法

国际贸易中进出口商品的作价方法有固定价格和非固定价格两种。

1. 固定价格

固定价格是指在合同中明确规定具体价格,这是国际贸易中最常见的一种作价方法。合同价格一旦确定,双方必须严格执行。固定价格具有明确、具体、肯定、便于核算等优点,但在市场价格波动变化的情况下,会出现交货时的价格波动风险。因此,在采用固定价格前,必须对未来价格走势做出准确的判断和预测,以便做出正确的选择。

在有的贸易合同中,当事人为了确保商品价格不变,对固定价格还做出明确规定。如"合同成立后,不得改变价格。"(No price change shall be allowed after conclusion of this contract.)

2. 非固定价格

非固定价格,又称活价,是适应国际市场价格行情多变而采用的一种合同作价方法。它具体又有以下几种。

(1) 具体价格待定。这是指在价格条款中不规定具体价格,只规定定价时间及定价方法,例如"以提单日期的国际市场价格计算"(The price should be set according to international market price in the day that bill of lading is issued),或者只确定定价时间而未对定价方式做出明示,如"在装船前 50 天,参照当地及国际市场价格水平,双方协商议定价格"(Within 50 days before shipment, both parties should negotiate and finalize price according to local and international market price)。该方式给合同的执行带来一定的不稳定性,较多适用于买卖双方有长期往来,已形成比较固定的交易习惯的合同。

(2) 暂定价格。这是指在合同中先订立一个初步价格,作为开证和初步付款依据,待双方最后确定价格后再进行清算,多退少补。该方法有利于尽快达成交易,且无须承担价格变动的风险。如 USD 200 per MT CIF New York. Remarks: The price is estimated by average price of 3 month futures in shipment month plus USD 8, and used for issuing credit. (每公吨 200 美元 CIF 价纽约。备注:该价格以装船月的 3 个月期货平均价加 8 美元计算,并以此开立信用证。)

(3) 部分固定价格,部分非固定价格。这是指在大宗交易或分批交货情况下,买卖双方仅对近期交货部分采用固定价格,而远期或后几批交货部分采取暂不固定价格的作价方法。

(4) 滑动价格。滑动价格是指在某些商品贸易中,如成套设备、大型机械等,从合同订立到履行交货所需的时间较长,为了避免原材料和工资等变动带来的风险,先在合同中规定一个基础价格,在交货时或交货前一定时间,按原材料和工资等变动的指数做相应调整,以确定实际交易价格。这就是普遍采用的"价格调整条款"(price adjustment clause)。这种价格制订方法的实质是出口商转嫁国内通货膨胀的风险,以确保自己利润。值得注意的是这种做法已经被联合国欧洲经济委员会纳入它所制定的一些"标准合同"之中,而且其应用范围已从原来的机械设备贸易扩展到一些初级产品贸易中,具有一定的普遍性。

在合同中滑动价格规定方法如下:

The above basic price will be adjusted according to the following formula based on the wage and price indexes published by the ×××(organization) as of ××(month), 20××. [以

上基础价格按下列调整公式根据×××（机构）公布的20××年××月的工资指数和物价指数予以调整。]

调整公式为

$$P = P_0(A + B\frac{M}{M_0} + C\frac{W}{W_0})$$

式中：P 表示经过调整后商品交货时的最后价格；P_0 表示订立合同时约定的基础价格；M 表示商品交货时原材料的价格或价格指数；M_0 表示订立合同时原材料的价格或价格指数；W 表示商品交货时工资或工资指数；W_0 表示订立合同时工资或工资指数；A 表示经营管理费用和利润在价格中所占的比重；B 表示原材料在价格中所占的比重；C 表示工资在价格中所占的比重；A、B、C 所分别代表的比例订立合同时确定后固定不变，三者之和应为100%。

由于价格的调整是以工资和原材料价格变动为依据的，因此，必须注意工资指数和原材料价格指数的选择，并在合同中予以明确。有时也应用物价指数作为调整价格的依据，如合同期间的物价指数发生变动超出一定范围，商品价格即做出相应调整。

14.4.3　计价货币的选择

计价货币(money of account)是指合同中使用的计算价格的货币。如果合同没有明确规定支付货币(money of payment)，则计价货币也是支付货币。

一般来说，如果交易双方国家间订有贸易支付协定，则应以协定所规定的货币为计价货币。如无规定，则一般多使用"可兑换的货币"，即可以在国际外汇市场上自由买卖的外汇，如美元（$/USD）、欧元（€/EUR）、英镑（£/GBP）、日元（¥/JPY）等。

由于浮动汇率下，货币汇率波动剧烈，汇率风险不可避免，为尽可能地减少损失，除采用必要的保值措施外，在进出口商品选用计价货币时，出口应尽可能地争取使用硬币，即汇价稳定且呈上浮趋势的货币；而进口应尽可能使用软币，即汇价不稳定且呈下浮趋势的货币。

14.4.4　佣金和折扣的使用

佣金是买方或卖方对中间商介绍交易或代办买卖所给予的报酬。折扣是卖方按原价给买方的一定百分比的价格减让。二者的区别在于：①受益人不同。佣金的受益人为中间商，而折扣的受益人为买方。②价格中的处理方式不同。佣金内含在出口价中，而折扣在出口价中减除。佣金和折扣的使用有利于调动商人或买方的积极性，对于扩大出口能力、增强市场竞争能力有着极为重要的作用。

1. 佣金的运用

(1)佣金的种类。佣金分"明佣"和"暗佣"两种。前者在合同中标明"佣金"字样，并规定某一百分比；而后者不标明百分比，甚至不出现"佣金"字样。但不管何种方式，只要含有佣金，商品的价格就会提高。

(2)佣金规定方法。凡价格中含有佣金的称为含佣价。其一般用文字表示，如"每公吨3500美元 CIF 伦敦包括2%佣金"(USD 3500 per MT CIF London including 2% commission)。也有一些合同中采用简写方式，如"每公吨2000美元 CIF C 2%伦敦"(USD 2000 per MT CIF C 2% London)。佣金也可以用绝对数字表示，如"每公吨付佣金100美元"等。凡在价格中不含佣金或折扣的称为净价。在合同条款中为强调净价，必须在价格术语后来注明"净价"字样。

(3)佣金的计算。佣金一般以成交金额约定的百分比或成交数来计算。我国一般以发票金额为基数计算佣金。以 CIF 成交，就以 CIF 价乘以佣金率得出佣金数。若以 FOB 为基数，则在

CIF成交情况下,扣除运输、保险费后再计算佣金。如果已知净价,则含佣价的计算公式为

$$含佣价＝净价/(1-佣金率)$$

2. 折扣的运用

(1) 折扣的种类。在国际贸易中,除为鼓励买方积极购买而给予的一般交易折扣(trade discount)外,还有现金折扣(cash discount)、数量折扣(quantity discount)、季节折扣(seasonal discount)、特别折扣(special discount),等等。此外与佣金相同,折扣也有"明扣"与"暗扣"之分。

(2) 折扣的规定。折扣一般也用文字表示,如"每公吨500美元CIF伦敦,含折扣2%"(USD 500 per MT CIF London including 2% discount)。

3. 佣金与折扣的支付办法

佣金通常是卖方收到全部货款后再另行付给中间商。折扣一般由买方在付款时预先扣除。在实际业务中,佣金与折扣应给予明确的规定,以防出现错付、重付及漏付事故的发生。

14.4.5 合同中价格条款的规定

合同中价格条款一般包括商品的单价和总值两项基本内容。商品单价包括计量单位、单位价格金额、计价货币和价格术语四个部分。如"每公吨200美元,CIF伦敦"(USD 200 per MT CIF London)。总值是指单价与成交商品数量的乘积,即一笔交易的总金额。关于计量单位、作价方法及佣金、折扣的运用,也是价格条款的重要内容,亦不可遗漏。

14.5 商检、索赔、不可抗力与仲裁

在国际贸易中,商品检验是买卖双方顺利履行合同的保证。买卖双方中的任何一方违约,给对方造成损失,受害方都应有权索赔。合同签订后,若发生不可抗力事件,致使合同不能履行或不能如期履行,可按合同中不可抗力条款的规定免除当事人的责任。买卖双方对履约过程中产生的争议,如难以和解,则常常采用仲裁的方式解决。

14.5.1 商品检验

1. 商品检验的含义与类型

商品检验(commodity inspection)又称货物检验,简称检验或商检,是指在国际货物的买卖中,由第三者(一般是国家商检机构或民间公正鉴定机构)出面对进出口商品的质量、数量、包装等进行检验和鉴定,出具相应的检验证书,以确定其是否与合同规定一致的行为。

商品检验按其性质可分为法定检验和公证鉴定。

(1) 法定检验。法定检验是指商检机构依据国家的法律、行政法规规定,对指定的进出口商品实施的强制性检验。未经检验,出口商品不准出口,进口商品不准在国内进行销售和使用。为了保护本国消费者的利益并维护其出口商品的声誉,许多国家的法律均规定了必须进行检验的进出口商品名录。

(2) 公证鉴定。公证鉴定是指根据国际贸易关系人的申请,商检机构以第三者公证人的身份,对进出口商品以及运载工具和装运技术条件等进行检验鉴定和分析判断,出具证明,以作为有关各方维护其利益的有效证据。

2. 商品检验条款的主要内容

(1) 检验时间和地点。

① 出口国检验。该方法又可分为:产地或工厂检验;装船前或装船时在装运港检验,即"离岸

品质和离岸重量"(shipping quality and shipping weight)。运用该方式,进口商虽然可以在目的港复验,但已无权向卖方就货物的品质和重量提出异议与索赔。

②进口国检验。进口国检验又叫"到岸品质和到岸重量"(landed quality and landed weight),具体有目的港检验和买方营业处所或最终用户所在地检验两种。

③在出口装运港(地)检验,在进口国目的港(地)复验。

④在装运港(地)检验重量,在目的港(地)检验质量,即"离岸重量、到岸品质"(shipping weight and landed quality)。

(2)检验机构。检验机构是指接受委托进行商品检验和公证鉴定的专门机构,一般由专业性的检验部门或检验企业来办理。

海关总署主管全国进出口商品检验工作。海关总署设在省、自治区、直辖市以及进出口商品的口岸、集散地的出入境检验检疫机构及其分支机构(以下简称出入境检验检疫机构),管理所负责地区的进出口商品检验工作。出入境检验检疫机构对列入目录的进出口商品以及法律、行政法规规定须经出入境检验检疫机构检验的其他进出口商品实施检验。

公证鉴定的范围主要包括鉴定各种进出口商品的品质、数量、包装、标志、海损、商品残损、装载技术条件、货载衡量、产地证明,对船舶、车辆、飞机、集装箱运载工具的适载鉴定,抽取并签封各类样品,签发价值证书等。

公证鉴定之所以不同于法定检验,其原因在于:①鉴定业务是凭申请办理的,而不是依据法律规定所进行的强制性检验。②在进行公证鉴定时商检机构是以独立的、有权威的公证机构的身份出现的,而不是以国家管理机关的身份出现的。此时商检机构与申请人之间是平等的民事主体,而不是管理与被管理的关系。③鉴定业务所出具的检验证书不具有强制力,其效用的大小取决于证书的合法性与准确性,取决于国际社会对其信任的程度。

(3)商检证书。商检证书是进出口商品经过商检机构检验和鉴定后所出具的证明文件,具体有商品检验证书、重量检验证书、数量检验证书、产地检验证书以及卫生、消毒、残检、价值、动植物检疫、环境保护、技术标准等检验证书。

(4)检验依据、检验方法与复验等。检验依据是指检验进出口商品的根据,在进出口业务中主要有成交样品、标样、合同、信用证、国家法定标准等。另外,产品说明书、海运提单、磅码单也是商品品质、数量检验的依据。由于检验方法不同,其结果也不一致,故合同中也应明确规定某一惯用的方法或标准方法作为检验方法。如果合同明确规定买方有复验权,则应对复验期限、复验机构、复验地点和复验项目等做出明确规定。

14.5.2 索赔

国际贸易中,买卖双方往往会因彼此间权利与义务问题产生争议,从而引起索赔与理赔的问题。国际贸易中的索赔有货物买卖索赔、运输索赔和保险索赔三种,合同中的索赔条款多指在货物买卖过程以及商品的品质、数量、包装、价格等合同要件执行中对其中一方可能造成损失而制定的救济条款。

(1)争议(disputes)。争议是指合同的一方认为另一方未能部分或全部履行合同的责任与义务而引起的纠纷。引起争议的原因有:①卖方违约。如不交货,不按合同期交货,不按合同中规定的数量、品质、包装交货。②买方违约。如信用证支付成交时,不开证,不按时开证;不按合同规定付款赎单,无理拒收货物,以及 FOB 条件下不派船接货等。③买卖双方均有违约责任。

争议可以通过协商、调解、仲裁及诉讼等方式获得解决。一般来说,国际贸易中发生争议以后,买卖双方都愿意通过协商自行解决。如当事人不能自行解决,可请第三人调解。以上方式均无效,可进行仲裁。仲裁是解决贸易争议最常用的方式。诉讼是一方当事人向法院起诉,控告合同的另一方违约,要求法院判令其赔偿经济损失或支付违约金,或要求其继续履行合同义务。诉讼是一方当事人单方面的行为,只要法院受理,就可判决并执行。诉讼方式的缺点是立案时间长,诉讼费用高,且各国司法程序不同,较为复杂,因而较少使用。

(2)违约(breach of contract)及其法律后果。违约是指买卖双方之任何一方违反合同义务的行为。买卖合同是约束双方行为的法律性文件。一旦违约,违约方必须承担相应的法律责任。受害方有权要求损害补偿。根据英国法律,违约分为违反要件(breach of condition)和违反担保(breach of warranty)两种。前者指违反合同中的主要条款,如履约时间,货物的质量、数量等,此时受害人有权因此解除合同并要求损害赔偿。若违反担保,受害人仅有权要求损害赔偿,而不能解除合同或拒绝履行合同的义务。违约按照美国的法律分为重大违约(material breach)和轻微违约(minor breach),按《联合国国际货物销售合同公约》则分为根本性违约(fundamental breach)和非根本性违约(non-fundamental breach),虽然区别方式不同,解释也有所不同,但法律后果基本一致,没有实质性的差别。《中华人民共和国民法典》第三编"合同"中对违约责任进行了具体规定,根据违约程度规定相应的法律责任。

(3)索赔与理赔(claims and settlement)。索赔是指买卖合同的一方当事人因另一方当事人违约致使其遭受损失而向另一方当事人提出损害赔偿要求的行为。理赔则是指违约方对受害方所提赔偿要求的受理与处理。索赔与理赔是一个问题的两个方面,在受害方是索赔,在违约方是理赔。

进出口合同中一般都订有异议与索赔条款,买卖大宗商品或机械设备的合同中往往还有罚金条款。异议与索赔条款的内容除规定一方违反合同,另一方有权索赔外,还应明确规定索赔依据和索赔期限。索赔依据是索赔必须出具的证据即出证机构的法律性。索赔期限一般规定为到达目的港的30天以内或60天以内,逾期索赔,违约方可以不予受理。此外,就赔偿方法和赔付金额也可笼统地做出规定。罚金条款(penalty clause)的主要内容是,当一方未履行或未完全履行合同规定的义务时,另一方有权取得一定数额的约定罚金。

14.5.3 不可抗力

不可抗力,又称人力不可抗拒,是指货物买卖合同签订以后,不是由于订约人任何一方的过失或疏忽,而是由于当事人既不能预见和预防,又不可避免和克服的意外事件,以致不能履行或不能如期履行合同的情况。发生不可抗力后,遭受意外事件的一方,可以免除履行合同的责任或延期履行合同,另一方无权提出赔偿要求。因此合同中的不可抗力条款又称为免责条款。

不可抗力范围较广,一般由两类原因引起:一类是由于"自然力量"引起的,如水灾、火灾、地震、暴风雨、飓风、大雾等;另一类是由于"社会力量"引起的,如战争、罢工、政府禁令等。对于"自然力量"引起的不可抗力,国际上解释比较统一,而对于"社会力量"引起的不可抗力,在解释时常有歧义。如在一个政令多变、罢工叠起的国家,这种风险是否不可预测、不可避免,就有不同解释。

关于不可抗力的法律后果,英美法系国家称为"合同落空",大陆法系国家称为"情势变迁"或"契约失效"。为避免滥用不可抗力条款,事先应在合同中明确划定不可抗力的范围以及不可抗力的后果,发生不可抗力事件后的通知期限和方式,出具证明及出具证明机构的法律要求。对于合同中不可抗力范围的确定,常采用列举式、概括式、综合式三种基本方法,其中综合式使用较为广泛。列举式范围规定得明确具体,但缺乏灵活性。概括式比较笼统、灵活,但容易产生争议。综合式将二者结合起来,既有明确具体的特点,又有一定的灵活性。

14.5.4 仲裁

仲裁(arbitration)，又称公断，是指买卖双方在争议发生之前或发生之后签订书面协议，自愿将争议提交双方所同意的第三者予以裁决以解决争议的一种方式。由于仲裁是依照法律所允许的仲裁程序裁定争端，因而仲裁裁决具有法律约束力，当事人双方必须遵照执行，否则胜诉一方可以请求法院强制执行。

仲裁的一个重要原则是当事人意思自治，即各方当事人通过在合同中签订仲裁条款或事后达成的仲裁协议，可以自行约定或选择仲裁事项、仲裁地点、仲裁机构、仲裁程序、适用法律、裁决效力以及仲裁使用的语言等。与诉讼相比，仲裁具有以下显著特点。

(1) 仲裁有双方事先签订的有关解决争议的条款或协议，是建立在双方自愿基础上的。

(2) 在仲裁方式下，双方当事人有权各指定一名仲裁员，体现了当事人自愿的原则。仲裁员通常是熟悉国际贸易业务及法律的专家，在审理案件的过程中能依靠其丰富的专门知识和经验，从当事人所处的实际地位出发，灵活地做出裁决。而法官是国家公务人员，主要根据法律条文做出判决。

(3) 仲裁庭审理案件一般不对外公开进行，裁决也不公开。这样有利于保守当事人的商业秘密，也有利于维护当事人的商业信誉。

(4) 仲裁裁决一般是终局的，裁决做出后，当事人不能上诉。因此，仲裁有利于在较短的时间内解决争议。而诉讼中，一方当事人对法院判决不服的可以上诉更高一级的法院。

(5) 仲裁裁决要在境外执行时，只要做出裁决的国家与申请执行的国家均为联合国《承认及执行外国仲裁裁决公约》的成员，当事人可向执行地的主管法院提出承认和执行的申请。而法院做出的判决要在境外执行时，需要根据本国与申请执行的所在国所签订的司法协助条约或者互惠原则来实现。

仲裁具有程序简单、耗时短、气氛较好、费用较为低廉等优点，而且仲裁裁决具有法律约束力，有利于双方未来交易的开展，因而在争议解决中应用最为普遍。

采用仲裁方式处理争议，当事人双方应订有仲裁协议。仲裁协议是指当事人双方自愿将争议交付仲裁机构审理的书面协议。仲裁协议的订立有两种形式：一是在争议发生前，在合同中订立仲裁条款；二是在争议发生以后，双方当事人订立提交仲裁协议。两种形式具有同等法律效力。其作用有：①表明当事人双方自愿提交仲裁，任何一方不得向法院起诉。②它是仲裁机构受理仲裁的法律依据。任何仲裁机构都无权受理没有仲裁协议的案件，这是仲裁的一项基本原则。③排除法院对有关争议案件的管辖权。

国际贸易货物买卖中的仲裁条款一般包括仲裁地点、仲裁机构、仲裁程序、仲裁的法律效力和仲裁费用负担等内容。仲裁地点是仲裁协议的一个核心条款，它关系到仲裁机构、仲裁程序规则以及使用法律等选择问题。仲裁机构有常设仲裁机构，如中国国际经济贸易仲裁委员会、瑞典斯德哥尔摩商会仲裁院、英国伦敦国际仲裁院、日本国际商事仲裁协会等。仲裁程序一般采取仲裁地的仲裁规则所规定的仲裁程序，也可由双方在协议中约定。仲裁的效力是终局的，对于仲裁裁决本身不得提出上诉。仲裁的费用一般由败诉方承担，双方另有约定或仲裁庭酌情决定也是允许的。

案例 14-3

进口英国货物不可抗力案

20世纪70年代初，我国某公司与一英国公司按FOB条件签订了一项进口合同。因第四次中东战争爆发，苏伊士运河被封锁，我方派出的接货船只只好绕道好望角，因而延迟到达装运港。

时值国际金融市场汇率变化,计价货币英镑贬值,英方以我方未按期接货为由,要求提高货款,且赔偿其延期的仓储费用。

在此案例中,双方在订立合同时,并未预知第四次中东战争要爆发,故由于战争的原因,航线受阻,船只绕道行驶而延误了接货日期,属于不可抗力因素所致,故我方不应承担因故造成损失的责任。我方不用提高货款,也不用赔偿英方的仓储费用。

14.6 报关和报检

14.6.1 进口报关

进口报关分为一般贸易进口和进料加工贸易进口两种方式。

1. 一般贸易进口报关

一般贸易进口,首先要确定付款方式,是 T/T(电汇),还是 L/C(信用证)。如果是 L/C,那就要先开信用证,等开完信用证后,确定进口的船期,等船到以后开始进行进口的操作。报关是一项十分复杂和专业性比较强的工作。为提高通关效率,节省通关费用,一些进口货物的收货人不自行办理通关手续,而委托具备报关资格的货运代理公司代为办理相应报关手续。代理报关分为直接代理和间接代理两种形式。下面简要介绍收发货人委托货运代理公司办理进口报关时需要的手续,以供参考。

(1)接货:进口商或国外公司以电话或传真通知货运代理公司货物即将入关,并提交清关文件。委托人应当向货运代理公司提供所委托报关事项的真实情况。

(2)报关:报关员在接到清关文件后先行审核,审核无误后交由海关进行清关。

(3)出税:海关审核无误后,将会自动打出一份进口关税税单和增值税税单,由客户直接交纳税金,或由货运代理公司代垫税金。进口转关货物,按货物运抵指运地海关之日的汇率和税率征税。

(4)查验:税金交纳后等待海关的进一步指示。海关如需查验货物,则由报关员和海关官员共同检验,查验合格后,货物方可放行。

(5)送货:根据进口商的要求,货运代理公司可派车将货物送至指定地点。

(6)成本核算:在货物顺利清关并安全抵达进口商指定地点后,进行后期成本核算。货运代理公司进口报关发生的费用有运输费、报关费、代垫税金、操作费、仓储费等。

(7)原出口货物退运进境时,原收发货人或其代理人应填写进口货物报关单,保险公司证明,承运人溢装、漏卸的证明等有关材料。原出口货物海关已出具出口退税报关单的,应交回原出口退税报关单或出口商品退运已补税证明,海关核实无误后,验放有关货物进境。

2. 进料加工贸易进口报关

进料加工贸易进口的程序与一般贸易进口差不多。唯一不同的是先要办理加工贸易手册,分为进料加工手册和来料加工手册。报关时要在报关单上注明加工贸易手册上的备案号,并持加工贸易手册和一般贸易所需的资料进行报关。其次是缴关税,因为有手册,所以如果进口的货物是免税的,只缴保证金,有的需要缴纳全额的保证金,有的只缴很少量的保证金。等手册上面的所有进口料件和出口成品都出口完毕,这些保证金即要核销,核销完后所缴的保证金会退回。

3. 进口货物报关单的填写

一切进口货物的收货人或发货人,或者他们委托的代理人(以下统称"报关人"),都必须在货物进口的时候填写进口货物报关单向海关申报,同时提供批准货物进口的证件和有关的货运、商业单据,以便海关依据这些单据证件,审查货物的进口是否合法,确定关税的征收或减免事宜,编制海关统计。

进口货物报关单填写份数主要是根据报关作业及海关监管的需要。一般来说,以一般贸易方式进口报关,需填写一式四份报关单;以加工贸易方式进口,需填写一式五份报关单;以转关、转口方式进口需海关监管的货物还需增加一份报关单。

进口货物报关单上栏目众多,而且对填写的要求比较严格。报关员可按《中华人民共和国海关进出口货物报关填制规范》要求进行填写。

14.6.2 进口报检

进口报检手续有两个环节。一般应首先向海关登记,待货物运抵目的地后,再申请检验,两个环节缺一不可。

进口报检需要注意以下事项:

(1)基本单据:提(运)单、发票、装箱单、合同。

(2)海关对涉及人类健康和安全、动植物生命和健康,以及环境保护和公共安全的产品实行强制性认证制度。按照《强制性认证产品目录》的规定,进口商品应向指定认证机构提交认证申请书、必要的技术文件和样品,进行"中国强制认证"("3C"认证)。

以下进口产品需要 3C 认证:电线电缆、电路开关及保护或连接用电器装置、低压电器、小功率电动机、电动工具、电焊机、家用和类似用途设备、电子产品及安全附件、照明电器、车辆及安全附件、农机产品、消防产品、建材产品、儿童用品、防爆电气、家用燃气器具等。

货主在委托代理报检时,应向代理提供上述产品的 3C 认证。进口商品如没有取得 3C 认证,货主可委托代理代为申请 3C 认证。

(3)异地货主还应提供进口通关单第 2 联。

(4)进口报检地点为报关地。

入境货物报检单也是由专业的报检员根据报检单内容要求填写的。具体内容应按合同、国外发票、提(运)单上的内容填写。报检单应填写完整、无漏项,字迹清楚,不得涂改,且中英文内容一致,并加盖申请单位公章。出境货物报关单与出境货物报检单的填制,和入境货物报关单与入境货物报检单的填制基本相同,且相对简单。

本章小结

本章主要介绍了国际贸易实务中最核心的一些基本条款。商品的品质、数量和包装是国际贸易合同的要件。合同双方根据其商定合适的价格,确定合同的价格条款,这些也是合同的主要内容。此外商品检验、索赔、不可抗力和仲裁是国际贸易合同的一般条款。因此,本章分别说明商品的品质、数量、包装、价格等合同重要条款和商品检验等一般条款,同时介绍了与此相关的商品报关和报检。

名词术语

品质条款　溢短装条款　公量　运输标志　指示性标志　警告性标志　中性包装

价格条款　出口商品盈亏率　出口创汇率　出口换汇成本　佣金　折扣　法定检验

公证鉴定　争议　不可抗力　仲裁协议　报关　报检

思考与练习

1. 国际贸易中规定商品品质的主要方法有哪些?
2. 简述国际贸易合同中品质条款的主要内容。
3. 买卖合同中的单价条款包括哪几个部分? 举例说明。
4. 国际贸易中货物数量的计量方法有哪些?
5. 简述国际贸易合同中数量条款的主要内容。
6. 国际贸易中包装的种类有哪些?
7. 某商品出口总成本为5000元人民币,出口后外汇净收入为800美元,已知中国银行当日外汇牌价为:＄100＝￥650,请计算该笔出口的盈亏率与换汇成本。
8. 某公司从国外进口牛皮一批,经加工制成皮鞋后出口。已知进口牛皮的外汇支出为28.800美元,皮鞋出口的外汇净收入为42.100美元,请计算其外汇增值率。
9. 某公司某商品出口净价为CIF伦敦550美元,外商要求报CIF价加成7%,问应报多少美元?
10. 在国际货物买卖合同中为什么要订立商品检验条款? 该条款主要包括哪些内容?
11. 关于进出口商品的检验时间和地点通常有哪几种规定?
12. 在国际贸易中商检证书有哪些作用?
13. 在国际货物买卖合同中为什么要订立索赔条款? 该条款包括哪些主要内容?
14. 关于不可抗力事件范围的确定有哪几种方法? 我国进出口合同通常采用的是哪一种方法?
15. 何谓仲裁? 为什么仲裁是解决国际经贸争议的重要方式?
16. 简述一般进出口货物的报关程序。

实验项目二十七

实验项目二十八

第 15 章 国际货物运输与保险

15.1 国际货物运输方式

国际货物从卖方向买方的转移是通过国际运输来实现的。国际货物运输方式有海洋运输、铁路运输、公路运输、航空运输、多式联运等多种形式。在具体进出口业务中,企业应根据进出口货物的特点及运量大小、距离远近、运费高低、港口及交通运输条件的具体状况,本着安全、迅速、准确、节省的原则,合理选择运输方式。

15.1.1 海洋运输

海洋运输(ocean transport)方式占国际货运总量的 2/3 以上,具有运量大、运距长、运费低、不受轨道和道路限制等特点,是国际贸易中最主要的一种运输方式。该方式的不足之处在于速度较慢,易受气候及自然条件影响,航期不准,海险损失较大等,因此较多地适用于低值、大量商品的运输。海上运输根据船舶经营方式的不同可分为班轮运输和租船运输两种。

(1)班轮运输(liner transport)。班轮运输具有"四固定"的特点,即固定的航线、固定的停靠港口、固定的航期和相对固定的运费率。班轮运输条件下,船方负责货物的装卸,货方不再另付装卸费,船货双方也不计算滞期费和速遣费。船货双方的权利、义务和责任豁免,均以船方签发的提单条款为依据。

班轮运费由基本运费和附加费用构成。

班轮的基本运费包括装卸费和运输费,这两者是构成班轮运费的主要部分。基本运费的计算标准有重量吨(weight ton)、尺码吨(measurement ton)以及重量/尺码吨(W/M)。1 尺码吨相当于 1 m^3,故尺码吨又称作体积吨。班轮运费表中还有从价运费率,即以 FOB 价的一定百分比收取运费,主要适用于贵金属、古玩等船方负较大责任的贵重物品与高价物品的运输。该方式用"A.V."表示,即从价。此外,还有按件计费或船货双方议定等方式。对于班轮运费表中所列"W/M"及"W/M or A.V.",则表示在两种或三种运费计算方式中取价值较高的一种。

班轮的附加费用是指对一些需要特殊处理的货物或由于突发事件等需要另外加收的费用,如超重附加费、超长附加费、洗仓费、直航或绕航附加费、货币贬值附加费、燃油提价附加费等。

(2)租船运输(shipping by chartering),又称不定期船运输。有关船期、航线、停靠港口、运费等均由船货双方签订租船合同来安排。租船运输具体又有定程租船与定期租船两种方式。

①定程租船(voyage charter),又称程租船或航次租船,即以航程租赁船只,如单程租船、来回程租船、连续航次租船、包运合同等。定程租船中必须订明装卸费的负担,一般有班轮条件(liner terms or gross terms),船方不负担装卸费(free in and out,FIO),船方只管装、不管卸(free out,FO),船方只管卸、不管装(free in,FI)等四种情况。后三种情况下,货方与船方及买卖双方均需在运输合同与买卖合同中明确装卸期以及滞期与速遣费条款。

②定期租船(time charter),又称期租船,是指以一定时限租赁船只的方式。定期租船时限长短不一,租船方负担承租期内船舶的一切营运费用和日常开支。如果船公司租给承租人的是一艘空船,承租人需自己任命船长,配备船员,并负担一切营运费用与日常开支,则称为光船租赁(bareboat charter)。光船租赁实际上是一种财产租赁,且手续复杂,货物所有人很少愿意采用此种方式租船。

15.1.2　铁路运输

铁路运输（rail transport）方式在国际货物运输中仅次于海洋运输方式。其特点是不受气候影响，运量大，连续性强，速度快，风险小，手续简单。其具体方式有国际铁路联运与国内铁路运输两种。

国际铁路联运是指使用一份统一的国际联运票据，由铁路负责经过两国或两国以上的全程运送，而无须收、发货人参与货物在国与国之间移交的一种铁路国际货运方式。集装箱运输的发展以及几条大的大陆桥的建设，大大地推动了国际铁路联运方式的发展。

国内铁路运输仅指在本国范围内以国内铁路货物运输规程的规定办理的货物运输。

15.1.3　航空运输

航空运输（air transport）方式是一种最现代化的运输方式，具有运输速度快、货运质量高、不受地面条件限制等优点，适宜于运送鲜活物品、精密仪器、贵重物品以及急需运送的物资。航空运输的方式有班机运输、包机运输、集中托运、航空急件传送等。航空运费一般按重量或体积计算，以两者中收费高的为收费标准。

航空公司一般只负责空中运输。托运人填写国际货运托运书，办理完有关出口手续后，由航空公司开出航空运单。该单据仅为承运人与托运人之间的运输合同，是承运人收到货物后的收据。与海运提单不同，它不是物权证书，不能背书转让，也不可议付。收货人凭承运人发出的到货通知提取货物。

15.1.4　集装箱运输

集装箱运输（container transport）方式是目前国际上普遍采用的一种现代化运输方式。它以集装箱作为运输单位进行货物运输，具有运输质量高，装卸方便，并适合于海、陆、多式联运等多种运输方式等优点。

根据不同的货物装载要求，集装箱有干货集装箱、冷藏集装箱、开盖集装箱以及罐状集装箱、平台集装箱、通风集装箱等类型。集装箱装箱方式有整箱货（full container load，FCL）和拼箱货（less than container load，LCL）两种。整箱货物由货方将货物装满后，直接送集装箱堆场（container yard，CY）交承运人。拼箱货由货方将货物送集装箱货运站（container freight station，CFS）交承运人，由承运人负责装箱。国际集装箱运输的交接方式有门到门交接（door to door）、门到场交接（door to CY）、门到站交接（door to CFS）以及场到门、场到站、场到场、站到门、站到场、站到站等九种方式。

集装箱运输的单证主要有装箱单（container load plan，CLP）、场站收据（dock receipt，D/R）和集装箱提单（container B/L）。集装箱运费的计算可按包箱费率计收，也可以由船舶运费加杂费或附加费计收。

15.1.5　邮包运输

邮包运输（parcel post transport）方式是指通过邮局寄送进出口货物的运输方式。这种方式手续简便，具有门对门和国际多式联运的性质，而且费用不高，是国际贸易中经常采用的运输方式之一。卖方使用这种方式运输货物，只需根据合同条件，将货物以邮包方式包装交付邮局，付清邮资并取得邮包收据，即算完成交货任务。

邮包运输包括普通邮包和航包邮包两种方式。由于国际邮包运输对每个邮包的重量和体积都有一定的限制，如每个包裹重量不得超过 20 kg，长度不得超过 1 m，故只适用于重量轻、体积小的商品的运输。

15.1.6 国际多式联运

国际多式联运(international multimodal transport/international intermodal transport)方式是以集装箱为媒介,用两种或两种以上运输方式来完成某一运输任务的连贯运输方式。国际多式联运虽然是国际的多种运输方式连贯运输货物,但其只能有一个多式联运经营人、一份多式联运合同、一份全程联运单据、一个全程单一的运费费率。国际多式联运有陆空、陆海、陆海陆、陆空陆、海空,以及大陆桥运输等多种具体方式。

15.2 进出口合同中的装运条款

装运条款主要包括运输方式、装运时间、装运港、是否分批装运以及装卸时间与费用等事项的规定。

15.2.1 装运时间

装运时间(time of shipment)又称装运期。在 FOB、CFR、CIF 术语条件下,装运时间就是交货时间。装运时间是合同的要件之一。规定装运时间要考虑货源情况、运输情况、市场状况以及商品特点等因素。装运时间的具体规定方式有三种:①明确规定具体期限;②规定在收到信用证后一定时间装运;③笼统规定近期装运,这种方法无具体装运时间,由于各国对此解释不一,除非双方长期交往形成习惯,一般不宜采用。

15.2.2 装运港和目的港

装运港和目的港(port of shipment & port of destination)的规定方法有三种:①确定唯一一个装运港与一个目的港,如"上海—新加坡"。②确定两个或两个以上装运港或目的港,如实际业务需要,装运港可规定为上海/青岛/大连。③选择港。在确定唯一一个或几个装运港或目的港有困难时,可规定选择港。

规定装运港或目的港应尽可能明确具体,不宜笼统;一般不宜接受内陆城市为装运港或目的港;要注意港口重名问题;要考虑港口的具体情况,如装卸条件、运输条件、规章制度等。

15.2.3 分批装运与转船

分批装运(partial shipment)是指一笔交易中成交的货物,分若干批装运。《跟单信用证统一惯例》规定,除非信用证有相反规定,可准许分批装运和转船(transhipment)。转船是指货物无直达船或一时无合适的船舶运输,而需要中途港转运。分批装运与转船直接关系到买卖双方的利益。因此,允许分批装运和转船,对卖方来说较为主动。除非买方坚持不允许分批装运与转船,一般应在合同中加一条允许分批装运与转船的条款。

15.2.4 装运通知

装运通知(shipping advice)是采用租船运输大宗进出口货物时,在合同中必须加以约定的条款。特别在 FOB 术语成交时,尤为重要。订立该条款的主要目的是做好买卖双方的船货衔接。在 FOB 条件成交时,卖方一般在装运期前 30~45 天,向买方发出货已备妥的通知。买方接到通知后,应将船名、船舶受载期按约定时间通知卖方。当卖方装船后,卖方应在约定时间将合同号,货物的品名、件数、重量,发票金额,船名及装船日期等项内容电告买方,以便买方办理保险,并做好接货准备。

15.2.5 装卸时间、装卸率和滞期、速遣条款

装卸时间(lay time)是指允许完成装卸任务所约定的时间。装卸率则指每天装卸货物的数

量。就一批货物而言,装卸时间与装卸率成反比。

装卸时间的规定方法如下。

(1)规定装卸货物的天数。装卸时间一般以天数或小时数计,对天数的规定有:①日(days)或连续日(running days)。此处1日指自然日长度。此种方式对负责装卸的一方不利。②累计24小时好天气工作日(weather working days of 24 hours)。在好天气情况下,累计24小时作业为一个好天气工作日。如果遇到不能作业的坏天气,或港口习惯工作日每天作业8小时,则此处1日可跨几个自然日。此时对承担装卸责任的一方有利。③连续24小时好天气工作日(weather working days of 24 consecutive hours)。此时除坏天气不能工作需要扣除外,以连续作业24小时计一日。该方法适用于昼夜作业的港口,我国及世界上大部分国家均采用此方法。

(2)规定每天装卸货物的数量。双方在签订合同时确定一个装卸率。装卸率的确定应当合理,过高过低都不合适。

(3)按"港口习惯速度尽快装卸"(to load/discharge in customary quick despatch,CQD)。这一方法依据的是双方长期交往形成的习惯做法。一般情况下,不宜采用此种方法。

与装卸时间密切联系的是滞期费和速遣费。前者是装卸方因延长装卸时间,使船方停泊时间延长而增加费用或减少收入而向租船方(或装卸方)收取的罚金。后者是租船方(或装卸方)提前完成装卸任务,使船公司可提前离港而减少费用或增加收入而向租船方支付的奖金。速遣费的规定,一般只有滞期费的一半左右。上述两项费用计算以每天若干美元计,由实际装卸天数与约定装卸时间的差数来折算,不足一天,按比例折算。

15.2.6 OCP 条款

OCP(overland common points,内陆地区)条款仅适用于对美国出口交易。根据美国运费率规定,以美国西部落基山脉为界,山脉以东地区为"内陆地区"即OCP,在该范围内,出口商采用该条款,可享受国内优惠运费率和OCP海运优惠运费率。但条件必须是由美国西海岸中转,货物最终目的地在OCP范围之内,且必须在提单上注明"OCP"字样,以及西海岸港口和内陆目的地城市的名称。

15.3 运输单据

运输单据是承运人收到货物后给出口商签发的证明文件,是货物交接、出口结汇、保险索赔与理赔的重要单证。国际贸易中常见的运输单据有海运提单、铁路运单、航空运单、邮包收据以及多式联运单据。本书主要介绍海运提单。

15.3.1 海运提单

1. 海运提单的性质和作用

提单(bill of lading,B/L)是承运人或其代理人在收到货物后签发给托运人的货物收据,也是承运人与托运人之间运输契约的证明及货物所有权的凭证。海运提单在以FOB等装运港交货条件成交的情况下,是交单付款的重要凭据。在载货船舶到达目的港前还可以办理转让或抵押贷款等。在目的港,收货人提取货物时,必须出示并提交正本提单。

2. 海运提单的内容

海运提单正面记载运输货物相关事项,背面是印定的运输条款。

提单正面事项分别由托运人和承运人(或其代理人)填写,通常包括托运人或委托人

(shipper or consigner)、收货人(consignee)、被通知人(notify party)以及收发货地或收发货港、船名船次、唛头及件号、重量和体积、运费已付或到付、正本提单张数、船公司(或其代理人)签章、签发日期及地点等。

提单背面印定的运输条款是确定承运人与托运人之间以及承运人与收货人或提单持有人之间的权利和义务的主要依据。提单中的运输条款,起初由船方自行规定。目前有关海运提单的国际惯例有《统一提单的若干法律规则的国际公约》(简称《海牙规则》)、《修改统一提单的若干法律规则的国际公约》(简称《维斯比规则》)、《1978年联合国海上货物运输公约》(简称《汉堡规则》)。由于各惯例形成时间不一,各国对此的认识及解释不同,因此各船公司所签发的提单背面条款是有差异的,托运人应有所了解。

3. 海运提单的种类

(1)已装船提单(on board B/L 或 shipped B/L)和备运提单(received for shipment B/L)。前者是指船公司已将货物装上指定船舶签发的提单。出口人向银行议付货款时必须提供已装船提单。后者是指船公司已收到托运货物等待装运期间所签发的提单,故又称收讫待运提单。该提单能否发货,何时发货都不确定,故买方或受让人一般不愿意接受。

(2)清洁提单(clean B/L)和不清洁提单(unclean B/L)。前者指货物装船时"表面状况良好",船公司在签发提单时未加任何货损或包装不良等批注的提单。我国规定卖方只有提供清洁提单才能议付结汇。后者是船公司签有不良批注的提单,如"×件损坏""铁条松散"等。

(3)记名提单(straight B/L)、不记名提单(blank B/L)和指示提单(order B/L)。记名提单是指提单正面载明收货人名称的提单。该提单不能背书转让,缺乏流动性,较少使用。不记名提单,则在收货人栏内不指明收货人,谁持提单谁提货,不经背书即可转让,但风险较大,也很少使用。国际贸易中运用较多的为指示提单,即在供货人一栏中填上"凭指定"(to order)或"凭某某指定"(to order of …)字样。这种提单经背书后可以转让,因而在国际贸易中得到广泛运用。背书分空白背书与记名背书,前者背书人在背面背书栏中背书人处签名盖章,而不注明被背书人名称,后者则必须注明被背书人。进出口业务中运用较多的为"凭指定"并经空白背书的提单,习惯上称为空白抬头、空的背书提单。

(4)直达提单(direct B/L)、转船提单(transhipment B/L)和联运提单(through B/L)。这三种提单因运输方式的不同而不同。直达提单无须填写中转港;转船提单需注明"转船""在某处转船"等字样;联运提单指需要两种以上运输方式时由第一承运人签发的,包括运输全程并能在目的港提货的提单。

此外,还有过期提单(stale B/L)、舱面提单(on deck B/L)、倒签提单(anti-dated B/L)、预借提单(advanced B/L)等。这些提单是在不同运输状况或某种特殊情况下出现的提单类型,国际贸易应用程度也不同。

15.3.2 其他运输单据

(1)铁路运单(rail waybill)。国际铁路联运使用国际铁路联运运单。该单据是铁路与货主之间的运输契约,是铁路承运人接收货物的收据,也是铁路与货主交接货物、核收运杂费用、处理索赔与理赔的依据。国际铁路货物联运分快运与慢运两种,快运运单在正反两面的上下边各加印一条红线,而慢运则无红线。运单分正副本,正本在铁路承运人加盖承运日期并签字盖章后交发货人,作为向银行议付货款的主要证件之一。

(2) 航空运单(air waybill)、邮包收据(parcel post receipt)、多式联运单据(multimodal transport document)。航空运单与海运提单不同,不是物权证明,不得转让。邮包收据也不是物权证明,但收件人必须凭此提取邮件。多式联运单据与海运提单相似,但性质有别。

15.4 国际货物运输保险

货物在运输过程中,可能会遇到各种风险,并遭受不同程度的损失,为此必须对运输的货物投保合理的险别,以避免可能出现的损失。本节重点介绍海上货物运输保险。陆路运输与航空运输等运输方式的保险仅做简要说明。在实践中,企业也必须考虑商品运输过程中的索赔、不可抗力和仲裁等必然遇到的或可能遇到的问题。

15.4.1 海上风险与海损

1. 海上货物运输风险

海上货物运输风险具体分海上风险和外来风险两种。

(1) 海上风险(perils of the sea),是保险业的专门术语,又称海难,包括海上发生的自然灾害(nature calamities)和意外事故(fortuitous accidents),但并不包括海上的一切风险。自然灾害是指不以人们意志为转移的自然界力量所引起的灾害,但海上保险业务中仅指恶劣气候、雷电、海啸、地震或火山爆发等人力不可抗拒的灾害。意外事故是指由于偶然的非意料中的原因所造成的事故,但海上保险业务中仅指运输工具遭受搁浅、触礁、沉没、与流冰或其他物碰撞以及失踪、失火、爆炸等意外原因造成的事故或其他类似事故。

(2) 外来风险(extraneous risks),是指由于海上风险以外的其他外来原因造成的风险,又可分为一般外来风险与特殊外来风险。前者如货物在运输途中由于偷窃、破碎、受热受潮、雨淋水渍、生锈、钩损以及提货不着、短量等原因所造成的风险,后者是指由于战争、罢工及其他特殊原因引起的货物损失。

2. 海上损失

海上损失(marine losses),又称海损,是指海运货物在海洋运输途中因遭受海上运输风险而造成的损坏和灭失。按照海运保险业务的一般习惯,海损还包括与海运相连接的陆上或内河运输中所发生的货物的损坏和灭失。海损根据货物损失程度不同可分为全部损失与部分损失。

(1) 全部损失(total loss),又分为实际全损和推定全损。前者是指被保险货物完全灭失(如沉没),或丧失已无法挽回,或失踪,或商品已丧失商业价值,或失去其用途(如水泥水淋后固化,茶叶被水浸泡后失效)等。后者是指被保险货物受损后,实际损失已不可避免,或为避免实际全损而进行施救整理和恢复原状的费用与继续航行将货物运抵目的地后的费用之和超出货物的价值。在推定全损时,被保险人可以要求保险人按部分损失赔偿,也可以要求为推定全损赔偿全部损失。此时,被保险人应向保险人发出委付通知(notice of abandonment)。所谓委付,即被保险人愿意将保险标的物的全部权利和义务转移给保险人,并要求保险人按全损赔偿货物的价款的一种行为。委付必须经保险人同意后方能生效。

(2) 部分损失(partial loss),是指被保险货物的损失没有达到全损的程度,具体又分共同海损和单独海损。共同海损(general average),是指载货船舶在海运途中遇到危及船货的共同危险时,船方为维护船舶和货物的共同安全或使航程得以继续完成,而有意识地并且合理地做出某些特殊牺牲或支出某些额外费用。共同海损的成立必须确属万不得已,而且采取这些牺牲后必须是有效果的。共同海损的费用与牺牲,由船方、货物所有人与付运费方三方按最后获救价值的比例分摊。这种分摊,称为共同海损分摊。单独海损(particular average),是指除共同海损以外的意外损失,即由承保范围内的风险所导致的船舶和货物的部分损失。该损失仅由各受损者单独分担,各自由责任人与保险公司联系保险理赔事宜。

3. 海上费用

海上费用为保险公司承保的费用,即保险公司除对保险货物遭受保险责任范围内事故所造成的损失提供保险责任外,还要对由此产生的费用给予赔偿。这些费用有:①施救费用,即保险标的物遭遇保险责任范围内的灾害事故时,为防止损失的继续扩大而采取的措施所额外支付的费用。②救助费用,是指保险人或被保险人以外的第三者采取救助行动后,向其支付的费用。保险人对这种费用也负责赔偿。

15.4.2 我国海洋货物运输保险的险别与条款

《中国人民保险公司海洋货物运输保险条款》,俗称"中国保险条款",其内容主要包括保险公司的承保责任范围、除外责任、责任起讫、被保险人的义务和索赔期限等。该条款的险别分为基本险别和附加险别两大类。

1. 基本险

基本险又称主险,是能够独立承保的险别。基本险包括平安险、水渍险和一切险三种。

(1)平安险(free from particular average,FPA)。平安险的责任范围主要包括:①保险标的在运输途中因海上风险造成的全部损失或推定全损;②由于运输工具遭受意外事故而造成的货物的全损或部分损失;③在运输工具已遭受意外事故情况下,货物在此后又在海上遭受自然灾害造成的部分损失;④在装卸或转运时,由于一件或数件货物落海所造成的全部或部分损失;⑤海上费用;⑥共同海损的牺牲、分摊费用;⑦运输工具遭遇海难后,在避难港由于卸货所引起的损失,以及中途港、避难港由于卸货、存仓以及运送货物所产生的特别费用;⑧运输契约中订有"船舶互撞"条款,按该条款应由货方偿还船方的损失由此引出的损失。

(2)水渍险(with particular average 或 with average,WPA 或 WA)。水渍险是我国保险业务中的习惯称谓。其范围除平安险的各项责任外,还包括由于各种自然灾害所造成的部分损失。

(3)一切险(all risks)。一切险的责任范围包括水渍险的全部责任,另外还包括保险货物在运输途中由于一般外来风险所造成的被保险货物的全部或部分损失。

2. 附加险

附加险是对基本险的补充和扩大。附加险不能单独投保。只能在一种基本险的基础上才可加保一种或数种附加险。附加险分为一般附加险和特别附加险。

一般附加险(general additional risks)是指由于一般外来原因所引起的一般风险而造成的损失的险别。一般附加险包括偷窃、提货不着险,淡水雨淋险,渗漏险,短量险,混杂、玷污险,碰损、破碎险,串味险,受潮受热险,钩损险,包装破裂险,锈损险等。

特殊附加险(special additional risks)是指由于特殊外来原因所引起的特殊风险所造成的损失的险别,如战争险、罢工险、进口关税险等。

15.4.3 伦敦保险协会的海运货物保险条款

伦敦保险协会(Institute of London Underwriters,ILU),成立于1884年,其制定的多种保险条款为国际保险业广泛采用,这些条款统称为"协会货物险条款"(institute cargo clause,ICC)。该协会1982年1月1日修订的条款共有六个险别:

(1) 协会货物险条款(A)(ICC A)。
(2) 协会货物险条款(B)(ICC B)。
(3) 协会货物险条款(C)(ICC C)。
(4) 协会战争险条款(货物)[institute war clauses(Cargo)]。
(5) 协会罢工险条款(货物)[institute strikes clauses(Cargo)]。
(6) 恶意损害险条款(malicious damage clauses)。

前三种为主险,后三种为附加险。共中 ICC A 条款类似我国的一切险,用除外责任规定其适用范围及保险责任;ICC B 条款类似于水渍险;ICC C 类似于平安险,但比平安险范围还要小一些。后两种以"列明风险"的办法规定。

15.4.4 进出口货物保险程序及保险条款

1. 进出口货物保险程序

(1) 选择投保险别。买方或卖方根据货物的特点、运输工具、路线及国际政治、经济形势的变化办理投保适当的险别,防止漏保。

(2) 确定投保金额。保险金额(insured amount)是投保人对货物的投保金额,也是保险人根据合同应承担的最高赔偿金额和计收保险费的基础。保险金额的计算方法如下。

出口方面:

$$保险金额 = CIF 价 \times (1 + 10\%)$$

如果已知 FOB 价或 CFR 价,可通过价格换算公式求出 CIF 价。

进口方面:

$$保险金额 = [FOB 价 \times (1 + 运费率)]/(1 - 保险费率) \quad (以 FOB 价成交)$$

$$保险金额 = CFR 价/(1 - 保险费率) \quad (以 CFR 价成交)$$

(3) 填写保险单并支付保险费。保险单(insurance policy)是投保人向保险公司提出投保的书面申请。保险单据有大保单、小保单、联合凭证、预约保险单之分。大保单,即保险单据,是一种正规保险合同,保险单上除载明有关投保内容外,还有投保及受理保险双方各自权利与义务等方面的详细条款。小保单又称保险凭证(insucance certificate),是简化的保险合同。联合凭证(combined certificate)是更为简化的保险单据,即在出口发票上将承保险别、保险金额、保险编号予以注明即可。预约保险单(open policy)是保险公司承保被保险人在一定时期内发运的一切货物的保险单。我国对进口货物采取预约保险的做法,而对出口货物采取联合凭证的做法。其他做法视不同情况也有使用。

填写保险单后,应立即支付保险费。保险费是保险人向被保险人收取的费用,是保险人经营业务的基本收入,其计算公式为

$$保险费 = 保险金额 \times 保险费率$$

进口货物保险费率有"特约费率表"和"进口货物保险费率表"两类;出口货物保险费率分为"指明货物费率"和"一般货物费率"。

【例 15-1】我国某外贸公司进口成交一批价值为 CFR 12000 美元的货物。现按 CIF 价格加成 10% 投保一切险和战争险,查保险费率表知道一切险和战争险费率分别为 0.5% 和 0.04%。则计算如下:

总费率 = 0.5% + 0.04% = 0.54%

将 CFR 价值转化为 CIF 价值,即:CIF = 12000 美元 ÷ (1 − 0.54% × 1.1) = 12072 美元

保险费＝CIF－CFR＝12072美元－12000美元＝72美元

(4)保险索赔与理赔。若出现被保险货物遭受承保责任内的损失，被保险人应及时向保险人提出补偿要求，这一行为称为索赔。保险索赔时，应尽快通知保险公司，并提供必要的索赔单据。索赔应注意时效，推定全损时应有委付申请。保险公司或其代理人检验并确定损失程度，处理保险索赔事宜，并对被保险人在保险责任范围内的损失予以赔偿，就叫理赔。索赔和理赔是一个问题的两个方面。

2. 进出口合同中的保险条款

保险条款是进出口合同中的重要组成部分之一，其内容主要是明确规定保险责任，即根据不同价格术语，规定由谁办理保险，并支付保险费用。另外，保险条款还有对于按什么险别投保、保险期起讫等规定。

15.4.5 其他进出口货物运输方式的货物保险

其他运输方式下的货物也需办理保险。随着国际贸易的发展，其他运输方式的国际货物运输量比重明显上升，因此陆上、航空、邮包及多式联运货物保险业务脱离海上运输保险，各自成为独立的保险条款。

1. 陆上货物运输保险

陆运保险的基本险别有陆运险(overland transportation risks)和陆运一切险(overland transportation all risks)。

(1)陆运险的承保范围。陆运险与海运保险中的水渍险相似。保险公司负责赔偿被保险货物在运输途中遭受自然灾害或由于陆上运输工具(仅限于火车和汽车)遭受碰撞、倾覆或出现出轨以及驳船在驳运过程中因遭受搁浅、触礁、沉没、碰撞，或由于遭受隧道坍塌、崖崩或失火、爆炸等意外事故所造成的全部或部分损失。此外，被保险人对遭受承保责任内风险的货物采取抢救、防止或减少货损而支付的合理费用，在不超过该批被救助货物保险金额的条件下，保险公司也负责赔偿。陆运险的承保范围不包括附加险。

(2)陆运一切险的承保范围。陆运一切险的承保责任范围相似于海运保险中的一切险，即保险公司除承担上述陆运险的赔偿责任外，还负责货物在运输途中由于外来原因造成的全部或部分损失，包括了一般附加险。

此外，陆上运输冷藏货物险，也具有基本险的性质，其责任范围除包括陆运险的责任外，还负责赔偿由于冷藏设备在运输途中损坏而导致货物变质的损失。

(3)陆上货物运输保险的责任期限。陆运险的责任起讫期限采用"仓至仓条款"。保险人负责自被保险货物运离保险单所载明的起运地仓库或储存处开始生效，包括正常陆运及有关水上驳运，直至该货物运达保险单所载明的目的地收货人的仓库或储存处或被保险人用作分派、分配的其他储存处所为止。如未运抵上述仓库或储存处，则以被保险货物运抵最后卸载的车站满60天止。

投保陆运一切险时，如果加保战争险，则仅以铁路运输为限，其责任起讫不是"仓至仓"，而是以货物置于运输工具为限。

2. 航空运输货物保险

航空货物运输险也包括两种基本险别，即航空运输险(air transportation risks)和航空运输一切险(air transportation all risks)。其承保范围分别类似于海运保险的水渍险和一切险。

航空货物运输保险的保险责任起讫也采用"仓至仓条款"，与海运、陆运货物保险"仓至仓条款"不同的是,如果货物运达保险单所载明的目的地而未运抵收货人仓库或储存处,则以被保险货物在最后卸离飞机满 30 天时责任终止。如在上述 30 天内被保险货物需转运到非保险单所载明的目的地时,则自该项货物开始转运时责任终止。

3. 邮包保险

邮包保险有邮包险(parcel post risks)和邮包一切险(parcel post all risks)两种基本险,其承保范围与前述两种货运保险相同。保险责任的起讫是自被保险邮包所载明的起运地点寄件人的处所运往邮局时开始生效,直至被保险邮包运达保险单所载明的目的地邮局发出通知书给收件人的当日午夜起算满 15 天为止,但在此期限内,邮包一经递交至收件人处所时,保险责任即告终止。

案例 15 - 1

有一份 FOB 合同,买方已向保险公司投保"仓至仓条款"的一切险。货物从卖方仓库运往码头途中,发生承保范围内的风险损失,事后卖方以保险单含有"仓至仓条款",要求保险公司赔偿,但遭拒绝。后来卖方又请买方以其名义凭保险单向保险公司赔偿,同样遭到拒绝。保险公司拒绝是否合适,为什么?

本案中货物是在卖方仓库运往装运码头途中发生承保范围内的损失,所保一切险又含"仓至仓条款",为什么保险公司会拒绝赔偿?这主要与 FOB 术语有关。

第一,FOB 合同下的风险转移与保险责任起讫。FOB 合同下,买方办理保险并支付保险费。但因为买方只承担货物装上船后的风险,因此买方投买保险只保其应该负责任的风险,而从卖方仓库运往码头期间发生的风险损失,买方并不负责,买方投保的保险公司也当然不负责任。所以,在 FOB 合同下,虽然保险单列有"仓至仓条款",但保险公司承保责任起讫不是"仓至仓",而是"船至仓",保险公司只承保货物在装运港装上船起至货物运至买方仓库时止的风险损失。可见案例中提及的风险损失不在保险公司承保责任范围内,保险公司对此不负赔偿责任。

第二,即使发生的损失属保险公司承保责任,向保险公司索赔还必须具备以下三项基本条件:①索赔人与保险公司之间必须有合法有效的合同关系。只有保险单的合法持有人(投保人或受让人)才有权向保险公司提出索赔。本案中的卖方不是保险单的合法持有人,无权向保险公司提出索赔。②索赔人还必须享有保险利益。保险利益不仅指被保险货物本身,而且指被保险人对保险标的所具有的利益。如果保险标的受损,但被保险人未受任何影响,被保险人则不具备保险利益。一般来讲,对货物拥有所有权的人对该批货物拥有保险利益。本案中买方虽是被保险人,但在损失发生时还不具有保险利益,故无权向保险公司索赔。③发生的损失必须是所保险别的承保范围内的。

综上所述,保险公司拒绝赔偿。

本章小结

国际货物运输与保险是国际货物贸易合同条款的主要条件。本章分别阐述了国际货物运输方式、装运条款、运输单据和保险的有关概念、规定和合同条款注意事项。

名词术语

海洋运输　班轮运输　租船运输　海运提单　清洁提单　装运时间　装卸时间　海上风险
外来风险　推定全损　共同海损　单独海损　基本险　附加险　保险金额　保险单据
仓至仓条款

思考与练习

1. 进出口货物为什么要投保运输险？
2. 在海运货物保险中，保险公司承保哪些风险、损失和费用？
3. 何谓实际全损？何谓推定全损？请用实例说明。
4. 何谓共同海损？它与单独海损有何区别？
5. 在国际保险业务中所使用的"仓至仓条款"是什么意思？
6. 按《中国人民保险公司海洋货物运输保险条款》的规定，在三种基本险别中，保险公司承担赔偿责任的程度是如何安排的？
7. 我国某公司按 CIF 条件出口坯布 500 包，合同规定投保水渍险。货物在海运途中因货舱内淡水管道滴漏，致使该批坯布中 60 包遭水浸。保险公司对此损失应如何赔偿？
8. 一批货物 100 箱，每箱体积 20 cm×30 cm×40 cm，毛重 25 kg，燃油附加费 30%。计收标准 W/M，基本运费是每运费吨 443 港元，应付运费多少？
9. 我国某公司以每箱 50 美元 CIF 悉尼出口某商品共一万箱，货物出口前，由我公司向中国人民保险公司某分公司投保了水渍险、串味险及淡水雨淋险，其保险费率分别为 0.7%、0.3% 和 0.2%，按发票金额 110% 投保。试计算该批货物的投保金额和保险费。

实验项目二十九　　实验项目三十

第 16 章 国际贸易货款结算

16.1 国际贸易结算工具

在国际支付中,常用的支付工具是货币和票据。国际贸易中使用的货币,一般是指可以用来作为卖方货物计价、支付、结算支付的货币。由于各国币值的不同,货币价值与稳定程度不一,故国际货币支付中常用的货币选择有:以买方所在国货币计价、结算并支付货款,以卖方所在国货币计价、结算并支付,以第三国货币计价并支付。选择的原则是"出口硬""进口软",即出口使用"硬币",进口时选择"软币"。有时也可使用"硬软币结合",订立外汇保值条款,或采用外汇市场套期保值等手段,以减少外汇收付的风险。

国际货款结算工具主要有汇票、本票和支票三种,其中汇票是最常用的结算工具。

16.1.1 汇票

1. 汇票的含义及主要内容

汇票(bill of exchange 或 draft)是出票人(drawer)签发的,委托付款人(payer)在见票时或者在指定日期无条件支付确定金额给收款人或持票人的票据。

汇票是一种无条件支付命令。根据《中华人民共和国票据法》第二十二条的规定,汇票必须记载下列事项:

(1)表明"汇票"的字样;
(2)无条件支付的委托;
(3)确定的金额;
(4)付款人名称,即受票人的名称,通常为进口人或其指定的银行;
(5)收款人名称,通常为出口人或其指定的银行;
(6)出票日期;
(7)出票人签章。

汇票上未记载以上规定事项之一的,汇票无效。汇票除以上主要事项外,还有付款期限、付款地点、出票地点等内容。根据各国的票据法规定,汇票的各个要件必须齐全,否则受票人有权拒付。

2. 汇票的种类

(1)根据出票人的不同,汇票可分为银行汇票(banker's bill)和商业汇票(commercial bill)。前者出票人、受票人均为银行;后者出票人是公司或个人,受票人可以是公司、个人或银行。

(2)根据是否随付货运单据,汇票可分为光票(clean bill)和跟单汇票(documentary bill)。前者不随付货运单据,多为银行汇票;后者随付货运单据,多为商业汇票。跟单汇票在国际贸易结算中使用最为普遍。

(3)按付款期不同,汇票可分为即期汇票(sight bill 或 demand bill)和远期汇票(time bill 或 usance bill)。即期汇票是指提示或见票时立即付款的汇票。远期汇票是指一定日期或特定日期付款的汇票。远期汇票的付款时间有以下四种规定:指定日期付款(fixed date),见票若干天付款(at ×× days after sight),出票后若干天付款(at ×× days after date),提单签发日期若干天付款(at ×× day after date of B/L)。

按承兑人不同,远期汇票可以分为银行承兑汇票(banker's acceptance bill)和商业承兑汇票(commercial acceptance bill)。承兑人就是付款人,承兑汇票都是远期汇票。

一张汇票往往可同时具有几种性质。

3. 汇票的使用

汇票的使用一般要经过出票、提示、承兑、付款等环节。转让时还要经过背书。拒付情况下,还要做出拒付证书并行使追索权等。

(1)出票,是指汇票签发人在汇票上填写付款人、受款人、付款金额、付款时间和地点等项目,并签字后交给受票人的行为。汇票受款人一栏类同于提单,有三种抬头:①限制性抬头,如"仅付某公司";②指示性抬头,如"付某公司及其指定人";③持票人或来人抬头,如"付来人"。我国多用指示性抬头。

(2)提示,是指持票人将汇票提交付款人要求承兑或付款的行为。提示分为付款提示和承兑提示。即期汇票或已到期汇票为付款提示,新开出的远期汇票为承兑提示。

(3)承兑,是指付款人对远期汇票表示承担到期付款责任的行为。付款人在正面写上"承兑"字样,注明承兑日期或再加注汇票到期日,然后将汇票返还持票人。该付款人承兑后成为"承兑人",该汇票成为"承兑汇票"。

(4)付款,是指付款人在即期汇票或到期汇票持有人提示时给予付款的行为。付款后,汇票上的一切债务即告终止。

(5)背书,是指汇票受款人或持票人在汇票背面签上自己的名字,或再加受让人(即被背书人)的名字,并把汇票交给受让人的行为。汇票通过背书方式可以流通,背书后,收款权利随之转移。对于受让人而言,他以前的背书人及出票人均为其"前手",他以后的受让人则为其"后手"。当到期汇票遭拒付时,"后手"可向其"前手"行使追索权。

(6)贴现,是指远期汇票的持有人,在汇票未到期前,以背书转让的方式将其汇票转让给银行。银行(或贴现公司)在按汇票票面金额扣除转让日至付款时期间的利息后,将票款付给汇票出让人的行为。

(7)拒付,又称退票,是指持票人向付款人提示时,付款人拒绝付款或承兑的行为。此外,付款人拒不见票、死亡或宣告破产,致使付款事实上已不可能时,也属于拒付。拒付时,持票人应及时向当地法律或公证机构做出拒绝证书,作为向前手行使追索权的依据。出票人如遇拒付,应根据合同有关规定的争议解释办法处理。

16.1.2 其他票据

1. 本票

本票(promissory note),是出票人签发的,有法律效力的,承诺自己在见票时无条件支付确定的金额给收款人或者持票人的票据。本票分为商业本票和银行本票。商业本票还有即期和远期之分,银行本票均为即期。某些企业不仅在国际货款支付中使用本票,甚至在企业融资时,也使用本票,此时多称为商业票据。远期商业票据也可以背书转让。有的银行发行见票即付、不记载收款人的本票,此时该本票具有与纸币类似的流通性。

2. 支票

支票(check 或 cheque),是出票人签发的,有法律效力的,委托办理支票存款业务的银行或者其他金融机构在见票时无条件支付确定的金额给收款人或者持票人的票据。支票签发以后,出票人应负票据上和法律上的责任,前者是指出票人对收款人担保支票的付款,后者是指出票人签发的金额不应该高于银行存款的金额。如存款不足,则会遇到银行拒付,此时这种支票叫"空头支票",出票人应负法律责任。

16.2 支付方式

常见的支付方式有汇付(remittance)、托收(collection)和信用证(letter of credit,L/C)三种。其中,汇付为顺汇(to remit),其资金的流动方向与支付工具的流动方向一致。托收和信用证方式为逆汇(to honor draft),即资金流动方向与支付工具的传递方向相反。在实际业务中,信用证为最常见的支付方式。

16.2.1 汇付

汇付又称汇款,是指付款人主动通过银行或其他途径将款项汇交收款人。汇款中有四个关系人,即汇款人、收款人、汇出行和汇入行。汇付时,汇款人将向汇出行申请取得汇款申请书,汇出行接到申请书后就有义务按汇款申请书要求通知汇入行,汇入行根据与汇出行的代理关系负责将汇款解付收款人。

汇款方式可以分为信汇、电汇和票汇三种。

(1)信汇(mail transfer,M/T),是汇出行应汇款人的申请,将信汇委托书寄给汇入行,授权解付一定金额给收款人的一种汇款方式。信汇的优点是费用低廉,但时间较长。

(2)票汇(demand draft,D/D),是汇出行应汇款人的申请,代汇款人开立以其分行或代理行为解付行的银行即期汇票,支付一定金额给收款人的一种汇款方式。此时,收款人持票上门取款,而无须银行通知。该汇票可以背书转让,而其他汇付方式不具有该特点。

(3)电汇(telegraphic transfer,T/T),是指汇出行应汇款人的申请,采用电信手段将电汇付款委托给汇入行,指示解付一定金额给收款人的汇款方式。该方式的特点是速度快,但费用较高。

汇付多用于预付货款、赊销、随订单付款、支付佣金、分期付款等场合。

16.2.2 托收

托收是指债权人(出口人)开立以债务人(进口人)为付款人的汇票,委托银行代为收取货款的一种方式。托收方式的主要当事人有四个:①委托人(principal),也称出票人,是指委托银行代收货款的人;②托收行(remitting bank),是委托代为收款的出口地银行;③代收行(collecting bank),是指受委托银行的委托,直接向付款人收取货款的进口地银行;④付款人(payer),又称受票人,是指汇票上的付款人。此外,这一过程中还有提示行(presenting bank),即向付款人做出提示汇票和单据的银行,以及需要时代理(customer's representative in case of need),即委托人指定的必要时在付款地代为照料货物存仓、转售、运回事宜的代理人等两个可以涉及的当事人。一般提示行可由代收行兼之,代收行也可以承担需要时代理的角色。

托收可以分为光票托收和跟单托收两大类。

(1)光票托收,是指出口人开立汇票后不随付货运单据,仅凭汇票委托银行向收款人受款的托收,又称资金单据的托收。这种托收多用于支付合同尾款、佣金、样品费等。

(2)跟单托收,是随付货运单据的货款托收方式,即出口人开具跟单汇票,委托银行托收货款。跟单托收又分为付款交单和承兑交单两种。

①付款交单(document against payment,D/P),是指出口人交单以进口人付款为条件。付款交单根据付款时间不同有即期付款交单(D/P sight)和远期付款交单(D/P after sight)两种。

前者是指在代收行提示时,付款人见票后立即付款,货款付清后,付款人(进口人)即可从银行领取货运单据。后者是指代收行(或提示行)提示时,付款人见票承兑,在汇票到期时支付货款并领取货运单据。如果货到之日与汇票到期日基本一致,进口人使用远期汇票,可不必在货到前付款,从而实现短期资金的融通。但当到货日在前,则付款人(进口人)为抓紧有利售货时机,可以提前付款赎单,并扣除至到期日前的利息,以作为提前支付的现金折扣,或者凭信托收据(trust receipt)借取货运单据,先行提货。所谓信托收据,就是进口人借单时提供的一种书面信用担保文件,以表示愿以代收行的委托人身份代为提货、保管、存仓并出售货物,但同时承认货物所有权仍在银行。此种情况下,代收行对此批货物应付全部责任。如果出口人指示代收行借单,即所谓"付款交单、凭信托收据借单(D/P,T/R)",则若有货款遭遇拒付的风险,出口人承担全部责任,与代收行无关。

②承兑交单(document against acceptance,D/A),是指出口人的交单以进口人在汇票上承兑为条件。除非与交单客户之间已形成习惯,否则最好少用承兑交单。由于进口人承兑,即可获取货物的所有权,一旦汇票到期,承兑人不付款,就会出现货款两空的损失。

托收的信用只是商业信用,银行只是按委托人的指示办事。出口人收汇的保障是进口人的信用,一旦进口人拒付,必然会造成不同程度的损失。在"D/A"或"D/P,T/R"情况下,甚至会造成货款两空的损失。跟单托收对于进口人而言很有利,可以免去开银行信用证的费用,实现短期资金融通。出口商为调动进口商的积极性,促进和加强对外竞销,常采用托收方式进行结算。

出口商在采取托收支付方式时,应特别注意以下事项:

第一,根据对国外进口商的资信状况和经营作风的调查和了解,妥善掌握托收额度。

第二,注意了解进口国的贸易管制和外汇管理制度,以防止货物运到后,不准进口或收不到外汇而造成损失。

第三,要了解进口国的商业惯例,以免由于当地的习惯做法而造成额外的损失。

第四,要建立健全托收的管理制度,定期检查,及时催收。

第五,出口合同,应尽可能以 CIF 条件成交,并可投保出口信用险。

第六,与有关当事人约定,尽可能采用《托收统一规则》惯例,以免当事人各方对其责任、权利和义务的不同解释而引起不必要的纠纷。

16.2.3 信用证

1. 信用证的含义及其当事人

信用证是指由银行(开证行)依照进口商(开证申请人)的要求而开立的有条件承诺付款的书面文件。在符合信用证条款的条件下,银行凭单据向受益人(出口商)或其指定人进行付款、承兑或(和)支付受益人开立的汇票。

信用证的当事人有:

(1)开证申请人(applicant),是指向银行申请开立信用证的人,一般为进口商或实际买主,又称开证人(opener)。如果银行自动开立信用证,则无开证申请人。

(2)受益人(beneficiary),是指信用证上指定有权使用该信用证的人,即出口商或实际供货人。

(3)开证行(opening bank 或 issuing bank),是指承担付款责任,接受客户申请,为客户开立信用证的银行,通常为进口地银行。

(4)通知行(advising bank 或 notifying bank),是指受开证行的委托将信用证转交给出口人的银行。它只证明信用证的真实性,并不承担其他义务,通常为出口所在地银行。

(5)议付行(negotiating bank),是指愿意买入受益人交来跟单汇票的银行,由信用证条款规定,可以是指定银行,也可以是非指定银行。

(6)付款银行(paying bank 或 drawee bank),是指信用证指定的付款银行,一般就是开证行,也可以是指定的另一家银行(如其国外的分行或代理行)。

2. 信用证的主要内容及其支付程序

信用证的内容包括:①对信用证本身的说明,如信用证的种类、性质、有效期和到期地点等;②对货物的要求,如货物的名称、品质、规格、数量、包装、金额、价格等;③对运输的要求,包括装运期、启(起)运地、目的地、运输方式、是否可分批装运或中转等;④对单据的要求,一般有货运单据、发票、汇票以及运输单、保险单等;⑤特殊要求及开证行保证付款的责任文句等。

信用证支付的一般程序是:①合同中规定使用信用证支付;②进口商向银行申请开证,并缴纳押金或其他保证;③银行开证,并寄给通知行;④通知行审核无误后转交出口商;⑤出口商审证后,以信用证条件装货启运,并提供全套单据议付货款;⑥议付行按信用证条款核对无误后按照票面金额扣除利息后,把货款垫付出口商;⑦议付行将汇票即货运单据寄给开证行索偿;⑧开证行通知进口商付款赎单;⑨进口商向开证行核单无误后付款给议付行。

虽然不同类型的信用证在业务流程上有差别,但大致过程相同,其流程如图16-1所示。

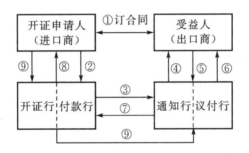

图16-1 信用证结算一般流程

3. 信用证的特点及种类

信用证是一种银行信用,银行为第一付款人,开立信用证使受益人的权利得到较好的保障。信用证是一种自足的文件。信用证开出后,本身就是一种契约,不受合同条款的约束。一般来说,信用证的条款应与合同一致,但执行时以信用证的条款执行。信用证付款是一种单据的买卖,即实行凭单付款的原则,根据《跟单信用证统一惯例》规定,银行只要按照"严格符合原则",做到"单证一致""单单一致",即可进行付款买单。

信用证的种类很多,主要有:跟单信用证(documentary letter of credit)和光票信用证(clean letter of credit),不可撤销信用证(irrevocable L/C)和可撤销信用证(revocable L/C),保兑信用证(confirmed L/C)和不保兑信用证(unconfirmed L/C),即期信用证(sight L/C)和远期信用证(usance L/C),可转让信用证(transferable L/C)和不可转让信用证(non-transferable L/C),以及循环信用证、背对背信用证、对开信用证、预支信用证、备用信用证等。

除信用证以外,银行还可接受客户(付款人)申请,向第三方(受益人)开立一种书面信用担保凭证,即银行保证书,也称银行保函。银行保证书是一种银行信用,与信用证不同,银行并非第一付款人。只有当第一付款人(进口方)不履行合同时,保证人才负责偿付;银行保证书也不具有资金融通作用;在合同执行中如遇民事纠纷,很容易把银行牵扯进去。

出口合同中应对信用证支付做出详细规定,其内容应包括开证时间、议付地点、开证行、信用证类型、有效期、受益人等主要事项。

在以上各种支付中,信用证应用最为广泛,但在实践中,为了促成交易,在双方未能就某一支付方式达成一致的情况下,也可采用汇付与信用证结合,托收与信用证结合,汇付、托收和信用证三者结合的方式来进行结算和货款支付。

案例 16-1

我国某外贸企业从国外一新客户处进口一批高级产品,按 CFR 上海、即期信用证付款条件达成交易,合同规定由卖方以程租船方式将货物运交我方。我开证行对国外议付行提交的符合信用证规定的单据进行偿付。但装运船只一直未到上海港,后经多方查询,发现承运人原是一家小公司,而且船舶启航后不久已宣告破产倒闭,承运船是一条旧船,船货均告失踪。此系卖方与船方互相勾结进行的诈骗,导致我方蒙受重大损失。

案例分析:

(1)信用证支付方式并非没有风险,因为银行只要"单单一致、单证一致"就付款,至于货是否到达目的港和货物是否有假、提单是否有假均不负责。

(2)做进口业务时,客户资信十分重要,按信用证支付,开证行仅凭单据议付。企业与新客户、资信较差的客户及中间商做大宗买卖时,更应对对方的资信做深入的调查,以防上当受骗。

(3)CFR 条件是卖方租船,买方办理保险,对买方风险较大。因此,对大宗进口交易,在正常情况下应争取按 FOB 条件成交,必要时应指定装运船只的船名或所属船公司,规定船只必须适航等限制性条件,同时还应有专人掌握对方派船进度、在途、到港等情况。

即使是在 FOB 条件下,也应坚持买方租船或自派船运输,不能轻易让对方代为租船。无论采用 CFR 还是 FOB,对方租船的风险较大,往往是实施诈骗的关键所在。因为提单是交货收据,一般情况下,发货人不交货便拿不到提单,只有租船提单才便于装货人与承运人互相勾结,沆瀣一气,制作假提单,或用真提单但在中途将货物转卖以骗取货款。

16.3 福费廷业务

16.3.1 福费廷业务流程

福费廷(forfaiting)业务又称包买票据业务,是指包买商(通常为商业银行或银行附属机构)从出口商那里无追索权地购买已经承兑并通常由进口商所在地银行担保的远期汇票或本票的融资业务。

福费廷业务流程如图 16-2 所示。具体流程为:①出口商与进口商签订贸易合同;②出口商与包买商签订包买协议;③出口商发货,并将货运单据(连同汇票)寄给进口商;④进口商收到货运单据后审查合格,交付担保行;⑤担保行收到票据检查无误后,可单独开出保函或保付签字;⑥进口商将经

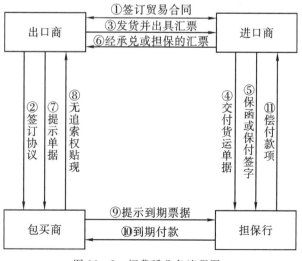

图 16-2 福费廷业务流程图

承兑或担保的汇票寄给出口商;⑦出口商将合格的票据做"免除追索"背书后交包买商;⑧包买商无追索权地向出口商贴现;⑨包买商将到期的票据向担保行提示;⑩担保行到期付款;⑪进口商向担保行偿付款项。

16.3.2 福费廷业务的费用构成

(1)进口商的费用主要包括担保行的保证费用,以及隐含在出口商商业报价项下的出口商付给包买商的贴现、融资利息。

(2)出口商的费用负担包含贴现利息、承诺费和宽限期贴息三个部分。①贴现利息。贴现利息由票面金额按一定贴现率计算而成。②承诺费。从出口商和包买商达成福费廷协议到票据实际买入之日的时间为承诺期,在此期间,包买商要筹集资金,形成实际资金成本和机会成本,因此要向出口商收取承诺费。一般每月收取一次,如果承诺期少于一个月,也可同贴现息一并收取。③宽限期贴息。从票据到期日到实际收款日的期限称为"付款宽限期",包买商通常将宽限期计算在贴现期中,收取贴息。

16.3.3 福费廷业务下的融资特点

福费廷又称卖断或包买,是近年来兴起的一种特殊的融资方式。利用这种包买业务,出口商能向进口商提供固定利率的中期(5~10年)或短期(1年以内)融资,而出口商利用包买商无追索权包买贴现业务,于发货备单后即期取得货款。国际贸易中的所有票据风险(包括商业风险和市场风险)因包买业务的出现得以向包买商转移。

与出口信贷融资方式相比,福费廷不仅手续简便,融资量大(可达货价总额的100%,出口信贷一般最高只能达到货值的85%),而且付款方式灵活,允许货源来自进出口人所在地之外的第三方国家。

16.4 国际保理

16.4.1 国际保理的含义和作用

国际保理(international factoring)是指保理公司受出口商的委托,向出口商提供进口商的信用额度调查、信用风险担保、应收账款管理和贸易融资的综合性服务项目,也是集融资、结算、财务管理和信用担保为一体的融资结算方式。

国际保理的作用主要有五个方面:

(1)对进口商进行资信调查和评估。调查的内容包括进口商的注册资本、经营作风、资产负债比例、近期经营状况,以及交易双方所在国的外汇管制和金融政策、国家政局等。出口商可根据保理商的调查和评估,以及保理商核定的信用额度签订销售合同,从而将收汇风险降到最低。

(2)代收账款。通过保理商代收账款,可以减少应收账款资金的积压,提高资金的利用效率,减少收账方面的争议和法律诉讼。

(3)账务管理。出口商发货后将有关的售后账务管理交给保理商。有关分期付款的记账、催收、清算、结息等财务管理一并由保理商负责,从而减少了出口商的相关财务费用,提高了结汇的效率。

(4)风险担保。进口保理商根据对进口商核定的信用额度,在进口商付款到期日拒付或无力付款时,在付款到期日的第90天,无条件向出口商支付货款,从而保证了出口商的合法权益,消除了结算方面的风险。当然,进口保理商的付款前提是出口商提供了正当的、无争议的债务请求权。

(5)融资服务。出口保理商可以向出口商提供无追索权的融资,且简单易行。一般情况下,出口商发货后,凭发票副本就可以立即获得不超过80%的无追索权的预付款融资。但该项融资一般不超过180天。

16.4.2 国际保理的业务流程

国际保理的业务程序及当事人关系如图16-3所示。

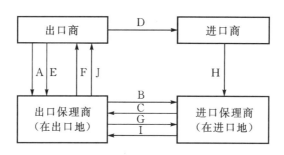

图16-3 国际保理业务流程

图中各环节的关系如下:

A.出口商与出口保理商签订保理协议。

B.出口保理商通知进口保理商需要进行资信调查的进口商的名称。

C.进口保理商进行资信调查,并将该进口商信用额度通过出口保理商通知出口商。

D.出口商与进口商签订商务合同,在信用额度内发货,并将发票和运输单据交进口商(也可通过保理商转交)。

E.出口商将发票副本交出口保理商。

F.如果出口商需要融资,则出口保理商在收到发票副本的同时,立即提供不超过发票金额80%的无追索权的信用融资。

G.出口保理商将发票副本转给进口保理商,并由其向进口商催收货款。

H.在付款到期日,进口商将货款付给进口保理商。

I.进口保理商将货款拨付出口保理商。

J.出口保理商扣除有关费用和利息后,将货款余额付给出口商。

本章小结

在贸易活动中,一切交易都伴随着货币的支付。国际贸易货款的结算和收付,直接影响交易双方资金的周转和费用的负担,关系到买卖双方的利益及风险。本章所述的国际贸易货款结算主要涉及结算工具和支付方式。本章同时介绍了福费廷业务和国际保理业务。

名词术语

汇票 本票 支票 托收 信用证 福费廷

思考与练习

1.汇票有哪几种?汇票在市场上是怎样流转使用的?

2.汇付的性质与作用如何?

3. 托收的性质、特点与作用如何？采用托收应注意什么事项？

4. 在远期付款交单条件下，进口商凭信托收据借单提货，如日后进口商在汇票到期时拒付，收不回货款的责任由谁承担？

5. 信用证的性质、特点和作用如何？为什么它在国际贸易中被广泛采用？

6. 信用证付款方式涉及的当事人有哪些？各当事人之间的相互关系怎样？它与买卖合同有什么关系？

7. 在一笔大宗出口交易中，对托收与信用证两种付款方式如何结合使用，才有利于安全收汇？

8. 试分析保理业务与福费廷业务的区别。

9. 我国某公司从国外某企业进口一批钢材，货物分两批装运，支付方式为不可撤销即期信用证，每批分别由中国银行开立一份信用证。第一批货物装运后，卖方在有效期内向银行交单议付，议付行审单后，即向该商议付货款，随后中国银行对议付行做了偿付。我方在收到第一批货物后，发现货物品质与合同不符，因而要求开证行对第二份信用证项下的单据拒绝付款。试问开证行是否会这样做？为什么？

10. 青岛某出口公司向韩国出口一批货，付款方式为 D/P 90 天，汇票及货运单据通过托收银行寄到国外代收行后进行了承兑。当货运到目的地后，恰巧当时该产品市场价格上涨，进口公司为了抓住有利时机，便出具信托收据向银行借取单证，先行提货，但货售出后进口公司倒闭。请问：在此情况下，我方在汇票到期时能否收回货款？

实验项目三十一　　实验项目三十二　　实验项目三十三　　实验项目三十四

第 17 章 国际贸易磋商与签约、履约

17.1 国际贸易磋商

国际贸易磋商也叫交易洽商,是指买卖双方就买卖商品的有关条件进行协商以期达成交易的过程,即通常所谓的贸易谈判。它是合同订立的基础。

17.1.1 交易洽商前的准备工作

一般来说,国际市场上来自各个国家的各种商品竞争是比较激烈的,商品交易过程因受到各种政治、经济因素的影响而变得错综复杂,并且交易过程的中间环节比较多,所面临的风险较大。为减少贸易过程中的各种失误,充分做好交易前的各项准备工作,是保证交易磋商成功与合同履行过程得以顺利进行的必要前提。

1. 出口交易前的准备工作

(1)选择目标市场。出口商应在充分的市场调研基础上来选择恰当的目标市场。市场调研主要包括以下内容:

第一,国家(地区)情况调研。国家(地区)情况调研是为了了解相关国家或地区的基本情况,探讨与该国(地区)进行贸易活动的机会、潜力及其可能性,了解是否符合我国政府制定的国别贸易政策。

第二,市场情况调研。通过对该国(地区)商品销售市场状况的调查,摸清拟经营商品的市场适销状况。

第三,营销模式与销售渠道调查。

(2)选择交易对象。为了减少交易风险,出口商应对拟与其进行业务往来的国外客户进行调查并在此基础上选择合适的交易对象。一般国外客户按其经营业务的特点来划分,有综合性大企业、进出口商、零售商等类型,企业应根据实际情况,选择合适的交易对象。

(3)收集国际市场行情资料与信息。收集有关国际市场行情资料的各种途径有:利用国内外通讯社的新闻通讯报道和报纸、杂志、图书资料等,了解和掌握国际经济、社会动态及市场行情;利用现有的国外销售网点和既有客户的关系,通过各项日常业务活动收集和积累相关商品的国际市场行情资料;利用参加国内外举办的综合性展览会和相关行业的专业性展销会,有目的地开展调查研究;通过组织推销、考察小组,前往目标市场国家或地区结合业务需要进行实地调查,收集当地市场以及其他有关国际市场行情方面的资料;利用参加各种国际性会议的机会,有针对性地收集有关动态资料,进行调查研究;与各类国际性经济组织、国内外商业情报机构、研究机构、国内外咨询公司、专业信用调查机构、外国商会、行业协会等组织建立相应的业务联系,以获得其免费或有偿的资料与信息服务;通过中国驻外使领馆、中国国际商会驻外办事处等我国驻外官方机构或商务机构收集有关资料;向中国银行的国外分行及其所在国家的往来银行、客户的业务往来银行征询该客户的信用记录、资金周转状况、以往的业务经营规模等有关金融资料;利用互联网获得各类有关的信息。

收集和运用国际市场行情资料信息时应注意信息的时间性、信息的准确性、信息的全面性、信息的区域性和信息的代表性。

(4)制订出口经营方案。出口商品的经营方案是在对国内外市场进行调查研究的基础上,按照公司拟订的商品出口意向,对某类商品或某种商品在一定时段内的出口经营活动做出的比较全面的营销方案或计划安排。经营方案根据出口商品的种类和国际市场情况的不同而繁简不一。一般情况下,大宗商品或重点推销商品的商品出口经营方案制订得比较详细,方案内容包括:该类商品的国内生产和供应的可行性和经济性,拟出口商品的品种、规格、包装等情况;当前该类商品在国际市场上的销售情况和出口中存在的主要问题;按商品的品种、数量或金额不同做出分国别、分市场的广告宣传及推销计划;对贸易方式、收汇方式、价格水平、佣金与折扣的掌控预案;对出口经济效益的核算,即对出口成本、出口盈亏率、出口利润额、经营利润率等经营效果指标的核算和分析;商标注册计划,即在出口前,及时做好该类商品在国外销售区域的商标注册工作,以便更好地维护自身的合法权益。

对其他一些市场容量小、销售额不大的商品,可以制订内容较简单的经营方案,仅对市场和价格进行简要分析,提出对不同国家的出口价格要掌握的基本原则和机动幅度即可。

2.进口交易前的准备工作

进口交易前的准备工作中同样涉及市场调研和交易对象的选择,对采购国别或地区的安排,订购数量和时间的安排,供货商的选择安排,价格水平的把握,贸易方式的选择,主要交易条件及谈判预案的制订等内容,方法基本与上述出口交易前的准备工作类似。制订进口商品经营方案需要注意以下的要点:

(1)拟进口的商品应满足国内市场的实际需求,必须根据国内消费市场上对商品档次的不同需求有针对性地采购和进口适当的商品。

(2)采购进口商品的数量和时间要根据国内市场的消费需求,结合国内外市场的商品供求状况进行适当的安排。在满足国内市场需要的情况下,根据国际市场商品的变化动态和变动趋势,把握适当的采购时机,争取有利的成交价格和其他交易条件。

(3)对外采购国别(地区)的安排。对一般商品的小额采购主要基于对商品的性能和价格方面的择优选择。对大宗或重点商品的进口,需要根据国家贸易政策和方针,既要贯彻实行国家的国别贸易政策,也要注意经济效果。要考虑贸易平衡、统筹兼顾的原则,多从贸易顺差国进口,还要考虑进口来源的多渠道。

(4)交易客商的选择安排。要优先考虑资信状况好和经营能力强的客户,以便使拟签订的进口合同建立在比较可靠的基础上。另外,要适当地利用不同类型的厂商和经营渠道之间的竞争来促使交易条件对自己有利。

(5)对进口商品采购价格范围的掌握。要根据该商品在国际和国内两个市场上价格的变动情况,参照近期的进口成交价格,结合企业的采购意图,拟订出价格掌握幅度,作为价格洽谈时的依据。

(6)贸易方式和交易条件的掌握。应结合不同商品的特点、交易地区和客户,根据进口计划的要求和经营意图,在经营方案中做出大体规定,提出一些原则性的意见来指导谈判,并在谈判中对于各种交易条件进行灵活运用。

3.做好谈判准备

对外商务谈判是进出口贸易过程中的必备环节。双方代表都希望能通过商务谈判过程来最大限度地满足自己的利益需求。因此,在商务谈判前一定要明确自己的目的,从技术、商务、法律等方面事先做好充分的准备,争取在谈判中处于有利的地位。准备得愈充分,就愈能在谈判中取得主动。

第一，对于交易规模较大或重要的商务谈判，在谈判前要组成一个精干的谈判组，其成员包括管理、技术、商务、法律以及翻译人员。谈判组每个成员都要有明确的责任分工，同时保持密切的协作关系，都能够清楚地了解到谈判的情况和要达到的目标，同时充分了解对方的情况。

第二，谈判前要做好技术、商务、法律方面的准备。

谈判的项目内容如果技术性较强，那么谈判组中相关的技术专家要对该项技术在国际上所达到的水平情况做充分的调查，掌握它的技术先进程度，做到心中有数，以便为技术和价格谈判做好准备。

谈判前的商务准备主要是针对交易成本进行核算和对经营利润进行估算，以确定谈判中可以接受的最高支付金额和争取的最低价格，并根据谈判目标，拟订几个谈判方案，以便在谈判中可进退回旋。

谈判前要做好法律准备，这是因为通过商务谈判而形成的贸易合同的各项条款，均应按双方法律观点明确规定下来，以免日后在解释上出现分歧而产生纠纷，或造成对己不利的局面。

第三，谈判前要拟订好谈判方案。谈判前必须拟订好谈判的总体设想、谈判策略、从开始谈判到计划成交的大体时间安排和具体步骤。谈判前对合同的主要条款既要有一个原则性意见，也要有具体意见，内定好准备争取的最高要求和必要时可以让步接受的最低要求，并在一些重大问题或关键问题上预测对方的要求和自己的对策。有条件的可以进行模拟谈判，拟订几套可供选择、能进能退的谈判方案。

17.1.2　交易洽商的内容形式

交易洽商的形式有书面和口头两种。

书面洽商是指通过信件、电报、电传等通信方式来洽谈交易。随着现代通信技术的发展，书面洽商愈来愈普遍。书面洽商因为其简便易行、费用低廉等特点，已成为国际贸易中通常的一种洽商方式。

口头洽商是指交易双方出面协商，通过在谈判桌上面对面的谈判，就交易的内容达成一致看法的洽商方式。例如，通过参加各种交易会、洽谈会，以及派贸易小组出访、邀请外商来访等形式举行口头洽商。

口头洽商与书面洽商可以结合使用。洽商双方就贸易条件达成一致后，即可制作正式书面合同或实施口头、书面洽商达成的交易协议。

交易洽商的内容，涉及拟签订商品交易合同的各项条款，如商品的品名、品质、数量、包装、运输、保险、价格、货款支付以及商检、索赔、不可抗力和仲裁等。在实际业务中，并不是每次就每一条款都一一列出商洽，而只是就要件进行洽商。合同中的商检、索赔、不可抗力和仲裁等一般交易条件，双方如无异议，可不必逐条重新协商。实际上，各要件项目的格式也印在合同中，只是就具体要求、数字、术语或名称等达成一致，填入有关的项目栏内即可。当然重大项目合同，则应就合同条款各项逐步协商，并达成一致。

17.1.3　交易洽商的程序

交易洽商的程序一般要经过询盘、发盘、还盘、接受四个环节，其中发盘和接受是每个交易中必不可少的两个基本环节或法律步骤。

1. 询盘(inquiry 或 enquiry)

询盘又称询价，即交易一方就购买或出售某一商品向对方就该商品的有关交易条件进行询问。其内容涉及商品的品质、数量、交货期、价格等，但多数以询问价格为主。其形式可采用口头方式,但较多的是书面形式。书面形式中除了电报、电传、书信外,常采用询价单(inquiry sheet)进行询盘。

询盘可以由买方发出,也可以由卖方发出。以下为一买方电报询盘:

Please quote lowest price CFR Singapore for 500 pcs Flying Pigeon brand bicycles May shipment cable promptly. (请报500辆飞鸽牌自行车CFR至新加坡的最低价,5月装运,速电告。)

2. 发盘(offer)

(1)发盘的含义及构成条件。发盘是指交易人的一方(发盘人)向另一方(受盘人)提出购买或出售某种商品的各项交易条件,并表示愿意以这些条件与对方达成交易、签订合同的行为。发盘既是商业行为,又是法律行为,在合同法律关系中称为要约。发盘可以由买方发出,也可以由卖方发出。买方发出称为购买发盘(buying offer)或递盘(bid),卖方发出称为售货发盘(selling offer)。

如下为一电报发盘实例:

Offer 5000 dozen sport shirts sampled March 15th USD 84.50 per dozen CIF New York exoprt stadard packing May/June shipment irrevocable sight L/C subject reply here 20th. (发盘5000打运动衫,3月15日样,每打CIF纽约价84.50美元,标准出口包装,5—6月装运,不可撤销信用证,见票即付,限20日复到。)

根据《联合国国际货物销售合同公约》的规定,一项发盘的构成必须具备三个条件:①发盘要有特定的受盘人。受盘人可以是一个或一个以上,可以是法人也可以是自然人,但必须是特定人。面向公众的商业广告,即使内容再明确完整,也不能构成发盘。②发盘内容需十分确定。发盘必须明确货物的品名、数量、价格及包装、装运、支付方式等,也就是说,合同要件在发盘中必须完整明确。③表明发盘人受其约束。发盘人应向对方表示,得到有效接受时双方即可以发盘内容订立合同。为此,发盘均规定有效期,作为发盘人受约束的期限和受盘人接受的有效时限。有效期满,发盘人可不受发盘中交易条件的制约。

(2)发盘的生效与撤回。"发盘于送达受盘人时生效",也就是说,发盘已经发出,但在未送达受盘人之前对发盘人并不产生约束力。受盘人也只有在接到发盘后,才可考虑接受与否。因此,当发盘人在发盘发出之后,受盘人接到之前,可以改变主意,将先前发盘撤回。按照《联合国国际货物销售合同公约》的解释,"一项发盘,即使是不可撤销的,也可以撤回,只要撤回的通知在发盘到达受盘人之前或同时到达受盘人"。如果做不到这一点,则发盘生效。

(3)发盘的撤销。发盘的撤销不同于撤回。这是指在发盘已送达受盘人,发盘已经生效之后,发盘人又改变主意,再取消该发盘,解除其效力的行为。至于发盘能否撤销的问题,各国合同法有不同的规定。英美法系认为,发盘可撤销,原则上对发盘人无约束力,除非受盘人给予"对价"或者发盘人以签蜡封的特殊形式发盘。但《美国统一商法典》承认,在一定条件下,即有效期不超过三个月,由商人以书面形式发盘的情况下,即使受盘人无对价,也不得撤销。大陆法系中的德国法律认为,发盘具有约束力,除非在发盘中表明其不受约束(虚盘)。法国法律则认为可以撤销发盘,但须承担损害赔偿责任。《联合国国际货物销售合同公约》第十六条规定,在未订立合同前,发盘可以撤销,但撤销的通知应于受盘人发出接受通知之前到达受盘人。如果发盘中注明不可撤销,或注明有效期,或受盘人有理由信赖,且已本着该信赖行事,则该发盘不得撤销。

3. 还盘(counter offer)

还盘又称还价,是受盘人对发盘内容做出不同意或不完全同意并同时提出修改和变更的表示。还盘也可以是口头的或书面的,形式与发盘方式相同。在国际贸易洽商中,很少有一方发盘立即为对方无条件接受的情况,往往受盘人会提出自己的交易条件,由此而产生买卖双方就某些交易条件的反复还盘即再还盘。还盘是对发盘的拒绝,但同时又是新的发盘。如果仅仅是拒绝,则不必再提任何交易条件,可见还盘不等同于拒绝。

还盘与发盘相比较为简略,原发盘中同意的条件可不必重述,仅就部分不同意的条件提出修改。例如,某商人针对前述运动衫发盘,可提出如下答复:

Your cable 10th counter offer USD 70 per dozen CIF New York. (你10日电收悉,还盘每打70美元 CIF 纽约价。)

Your cable 10th May shipment D/P 30 days. (你10日电收悉,装运期为5月,D/P 远期30天。)

需要说明的是,还盘一经做出,原发盘即失去效力,而还盘一方成为新的发盘人。双方处于新一轮的拒绝、接受或再还盘洽商之中。关于新发盘的法律效力同原发盘完全一样。

4. 接受(acceptance)

(1) 接受的含义及构成条件。所谓接受,是指受盘人接到对方的发盘或还盘后,同意对方提出的条件,愿意与对方就该项商品买卖达成交易,并及时以声明或行为表示出来的法律行为。用法律上的语言,接受称为承诺。

根据《联合国国际货物销售合同公约》规定,一项有效的接受必须具备以下条件:①接受必须由特定的受盘人做出。任何第三者针对该项发盘的接受对发盘人均无约束力,只能看作是对原发盘人为对象的一项新的发盘。如果是一个以上受盘人,也仅仅对该特定人群内的接受承担法律责任。②接受必须在有效期内做出。如果发盘中未规定有效期,则应在合理时间内接受方为有效。③接受的内容必须与发盘一致。如果就某要件提出保留或修改,则构成还盘,而不是接受。所以接受的内容必须与发盘中提出的交易条件完全一致。当然,接受时也可做出非实质性的变更。实质性变更是对合同要件的变更和对发盘的拒绝,并构成还盘。非实质性变更是实质上不改变发盘条件的一种表示接受但载有添加或不同条件的答复。如前例中"5—6月装船"改为"5月装船"。④接受必须以某种方式表示出来。受益人可以用口头形式或书面形式在有效期内向发盘人发出接受通知或声明,也可采取与发盘交易条件相一致的行动。如上例中,买方立即开出不可撤销信用证。但需要声明,以行动方式表示接受在我国不适用。为表示慎重和避免不必要的差错,接受时往往应重述发盘中的主要交易条件,并正式就交易达成协议,签订合同。

(2) 接受的生效与撤回。接受有效与接受生效是两个概念。在发盘规定的有效期限内或合理时间内的接受都是有效的。但也有特殊原因,导致接受通知有时晚于发盘人规定的有效期送达,这在法律上称为"迟到的接受",即"逾期接受"。逾期接受,一般说来不具有法律效力,对发盘人无约束力,但《联合国国际货物销售合同公约》规定在两种特殊情况下,逾期接受是有法律效力的:①如果发盘人毫不迟延地用口头或书面形式将表示同意的意思通知受盘人;②如果载有逾期接受的信件或其他书面文件在传递正常的情况下是能够及时送达发盘人的,那么该项逾期接受仍具有法律效力。除非发盘人毫不迟延地用口头或书面形式通知受盘人,他认为他的发盘已经失效。

关于接受在什么情况下生效,如同发盘生效问题一样,同样十分重要。与发盘不同,接受的生效,在国际上不同的法律体系中存在明显的分歧。英美法系实行的是"投邮生效原则",又称"投邮主义"或"发送主义",即接受的函电经投邮或发送立即生效。只要发出的时间在有效期内,即使函电在中途延误或遗失,也不影响合同的成立。而大陆法系中以德国为代表的一些国家则采用"到达生效原则",即表示接受的函电在规定的有效期内送达发盘人,接受方为生效。如果因邮递途中延误或遗失,致使接受不能在有效期内到达,则合同不能成立。《联合国国际货物销售合同公约》第十八条明确规定,"接受发盘于表示同意的通知送达发盘人时生效"。我国采用"到达生效原则"。

接受的撤回,只有在"到达生效原则"的情况下才有可能,即"如果撤回的通知于接受原应生效之前或同时到达发盘人"。根据这一规定,实行"投邮生效原则"的情况下,不存在接受的撤回。

接受既是一种商业行为,又是一种法律行为,接受人应当对自己的行为负法律责任。所以接受生效后,一般不能撤销。如果受盘人在接受生效后反悔,则构成违约,对此要承担相应的损失赔偿责任。

17.2 合同的成立与书面合同的签订

17.2.1 合同成立的条件

一般说来,一方发盘一经对方接受,合同即告成立。但合同是否具有法律效力,还要视其是否具备了一定的条件。只有符合条件、具有法律效力的合同才受法律的保护。一般地说,合同成立应至少具备以下几项条件:

(1) 当事人必须在自愿和真实的基础上达成协议。

(2) 当事人必须具有订立合同的行为能力,是能够独立地行使自己的公民权利,并承担相应的责任与义务的公民个人或法人。

(3) 合同必须有对价和合法的约因。"对价"是英美法系的一种制度,是指合同当事人之间所提供的相互给付,即双方互为有偿。"约因"是法国法律所强调的,即当事人签订合同所追求的直接目的。如果当事人一方无所获、无所追求,即无"对价"或"约因",则合同不可能成立。

(4) 合同的标的和内容必须合法。

(5) 合同形式必须符合法律规定。《联合国国际货物销售合同公约》规定:"买卖合同无须以书面订立或证明,在形式方面不受任何其他条件限制。"即无论口头形式还是书面形式,均不影响合同的效力。我国对《联合国国际货物销售合同公约》该条持保留意见,即坚持国际货物买卖合同必须采用书面形式。

(6) 特殊采购合同必须经有关部门批准方为有效。如技术进出口、大型设备采购、与工程项目承包相联系的商品进出口等,仅当事人双方签字并未生效。合同不生效当然不受法律保护。只有根据法律规定程序,报有关主管部门批准后才受法律保护。

17.2.2 书面合同的签订

合同的签订,是指在书面合同形式中,当事人双方将交易洽商中所达成的交易条件,以及双方各自的权利和义务,以书面形式加以确认,并签署公司印章及法人代表姓名的法律行为。

1. 书面合同的意义

(1) 签订书面合同是合同成立的证据。一般说来,在发盘被接受后,合同关系已经成立,但"空口无凭"。有书面合同,则"立字为据",双方一旦发生争议,就可出示确认合同关系的合同文本。

(2) 书面合同是合同履行的依据。除非非常简单的买卖关系,可以凭口头协议,完成交易履约。在实际业务中,买卖关系相对复杂,如果没有一份包括各项条款的合同,就会为合同履行带来诸多不便。制定一份书面合同,会为双方履行合同提供一份明确的时间表和责任、权利、义务证书,为合同顺利履行提供方便和依据。

(3) 书面合同的签订有时是合同生效的条件。

2. 书面合同的形式

书面合同有多种形式，具体包括正式的合同、确认书、协议以及备忘录等。在我国进出口业务中，常采用两种基本形式：一种是条款较完备、内容较全面的正式合同；另一种是内容较简单的简式合同，即商品买卖确认书。

(1) 进口或出口合同。进口合同（import contract）又称购买合同（purchase contract），是以购买某商品为目的而订立的商品交易合同。出口合同（export contract）又称销售合同（sales contract），是以销售货物并取得相应收益为目的而订立的商品交易合同。合同内容相对完善，除商品的名称、规格、包装、单价、装运港、目的港、交货期、付款方式、运输标志、商品检验等条件外，还包括异议、索赔、仲裁、不可抗力等条件。合同形式有利于明确双方的责任和权利，对争议问题的处理有全面的规定，因而在大宗商品或成交金额大或交易过程复杂的交易中，多采用合同形式。

(2) 商品买卖确认书。它是一种简式合同，具体又分销售确认书（sales confirmation）和购买确认书（purchase confirmation）两种。这种形式的合同适用于金额不大，或已订立代理、包销等长期协议，或批数较多而批量不大的交易场合。

上述合同形式虽有差异，但其法律效力相同。

3. 书面合同的内容

书面合同一般由约首、正文、约尾三部分构成。

(1) 约首，是指合同的序言部分，其中包括合同的名称，订约双方当事人的名称和地址（要求写明全称），以及当事人双方订立合同的意愿和执行合同的保证等。

(2) 正文，是合同的主体部分，要列明各项交易的条件或条款，这些条件或条款体现并规定了当事人双方的权利和义务。

(3) 约尾，一般列明合同的份数、使用的文字及其效力、订约的时间和地点、生效时间等。订约的时间和地点十分重要，前者涉及适用法律生效时间，后者涉及合同准据法问题，即一旦发生争议以哪个国家的法律为依据进行判定的问题。

17.2.3　合同的审查和管理

在一份合同已经拟就，要签字生效的时候，有必要再进行一次仔细的审查，做最后的把关。特别要注意文字上有无错漏，数量、单价以及单位等是否准确。要对照各条款之间是否互相矛盾，如数量上标明了溢短装，金额上有没有做出相应的表示。

除了合同的审查外，对进出口合同的管理工作也非常重要。首先是合同的编号和档案管理，虽然许多进出口企业都已使用计算机进行管理，但仍有必要将与每一个合同有关的单据、资料和往来函电的正本或没有正本时的复印件（副本）保存在一个专门的档案袋里，便于日后查用。因为这些交易过程中收发的信件、传真或电子邮件等文件有可能构成对合同的补充或修改，成为日后处理双方争议或纠纷时的书面依据。

17.3　出口合同的履行

17.3.1　履行合同的意义

履行合同是指当事人双方按照合同的规定履行各自义务的行为。买卖双方经过交易洽商，达成协议并签订合同后，有关当事人就必须严格履行合同规定的义务。如卖方必须按照合同规定，交付货物并移交一切与货物有关的单据和转移货物的所有权；买方必须按照合同的规定，支付货款和收取货物。

买卖双方经过洽商,达成协议,并签订合同,是一项法律行为。签约双方应为合同的成立与履行承担相应的法律责任。如果一方未能按质、按量、按时履行合同规定的义务,就视为违约,另一方有权就此提出损失赔偿要求,违约方要为自己的行为负法律责任。

17.3.2 出口合同的履行环节

我国出口合同大多采用信用证支付方式,并以海运作为主要运输方式,以 CIF 合同或 CFR 合同为主。这类合同履行时,一般要经过备货、催证、审证、改证、租船、订舱、报检、报关、装船、投保和制单结汇等环节的工作。这一程序可概括为四个字,即货(备货)、证(催证、审证、改证)、船(租船、订舱、装船、保险)、款(制单结汇)四个主要环节。

1. 备货

备货是指卖方根据出口合同的规定,按质、按量、按时地准备好应交货物,并做好申请检验和领证工作的过程。

2. 催证、审证和改证

在信用证支付合同履约时,买方应严格按照合同的规定按时开出信用证,但在实际业务中,买方往往会因各种原因推迟开证。对此,卖方必须提示对方及时开证。特别是大宗商品交易,由于备货时间长,如不及时开证,在付款无保证的情况下,会影响备货的进度。另外,在为买方特制的物品出口时,也应及时进行催证。只有在信用证开立,并与合同一致的情况下,付款才有保证。催证可由我国驻外机构或有关银行代为催办。

信用证以合同为根据开立,其内容应与合同条款保持一致,但信用证又是自足性文件。信用证一旦开出,卖方只有在按信用证规定交付货物时,才可交单付款。因此,当买方开立信用证后,卖方应按合同规定,认真做好对来证的审检工作。

审证是银行和进出口公司的共同职能。对于审核的内容重点,银行与进出口公司有所不同,银行着重审核开证行的政治背景、资信能力、付款责任和索汇路线等方面的内容,进出口公司着重审核信用证有关货物买卖各项条款与合同条款是否一致。

修改信用证时,应对要修改的内容一次向客户提出,否则不仅增加双方的费用和办手续的时间,还会造成声誉方面的不良影响。

3. 租船、订舱和装运

在 CIF、CFR 条件成交的合同履行时,卖方必须根据合同规定租船订舱。如出口数量大的物品,需要整船装运时,应考虑选择办理对外租船手续。如出口数量不大,不需整船装运的,则安排洽订班轮或租订部分舱位。我国出口货物一般由外贸公司委托经营外贸运输的企业(外运机构)代办。

在 CIF 条件下成交的合同中,卖方还负有办理保险的责任。出口商品的投保手续,一般都是逐笔办理的。卖方在装船前,向保险公司申请投保,并填写投保单,保险公司接受投保后,签发保险单或保险凭证。如果在 CFR 条件下成交,卖方在装船后应及时向买方发出装船通知,以便买方能及时办理保险,并准备接船。

在租船订舱、装运投保的同时,卖方还应办理报关手续。

4. 制单结汇

货物装船出运后,卖方可按信用证的要求,正确编制各种单据,并在信用证规定的有效期内,送交银行办理议付结汇手续。

(1)结汇单据。结汇单据主要有汇票、发票、提单、保险单、产地说明书、普惠制单据、装箱单、检验证书等。只有提交全套符合信用证要求的单据后,才可向银行议付收汇。

在信用证方式下,汇票的付款人应以信用证规定填写,如信用证中无规定,一般以开证行作为付款人。

与出口相关的发票主要是指商业发票,此外还有领事发票、海关发票和厂商发票等。商业发票是指卖方开立的载有货物名称、数量、价格等内容的清单。该发票是买卖双方交接货物和结算货款的主要单据,也是海关报关完税必不可少的单证之一。发票内容一般包括发票编号、开票日期、合同和信用证号码、开立人及收货人名称和地址以及货物的名称、数量、包装、唛头、单价、总值和支付方式等。商业发票收货人一般为信用证开证人,除非信用证另有规定。发票上的主要项目应与信用证要求一致,如果与信用证不符,或有遗漏,就可能遭受拒付。领事发票是进口国驻在出口国的领事馆制定的一种固定格式的发票,要求卖方填写后由领事签章证实,交买方凭此办理进口报关等手续的发票。领事发票的主要作用是作为进口报关完税或征收差别待遇关税或征收反倾销税的依据。领事发票除固定形式外,也有一些国家规定,可在出口人的商业发票上加注该国领事签证。不管是签发领事发票还是领事签证,均需交纳一定的领事签证费。海关发票是进口国海关制定的一种固定格式的发票。海关发票要求卖方(出口人)填制,供买方(进口人)凭以报关,并作为估价完税或征收差别税或征收反倾销税的依据。厂商发票是出口货物的制造厂商所出具的以本国货币计算价格,用来证明出口国国内市场的出厂价格的发票。其目的也是供进口国海关估价、核税及征收反倾销税之用。

提单是议付结汇的主要单证。跟单汇票和跟单信用证必须在附有提单的情况下才发生效力。提单所列各项内容必须与信用证规定相符,否则就可能遭拒付。

(2)结汇方法。我国出口结汇有以下三种常用的方法:

①收妥结汇,又称收妥付款,先收后结,即指议付行经审查外贸公司交来的信用证项下的全套出口单据后,认为单证一致,单单一致,可以议付,则将单据寄往国外付款行索取货款,待议付行收到付款行将货款拨入议付行账户的贷记通知书时,即按当日外汇牌价,折合人民币拨给外贸公司。

②定期结汇,是指议付行根据向国外付款行索偿函电往返所需要的时间,预先确定一个固定的结汇期限(如议付行审单无误后 7 天或 14 天)付汇。到期后无论是否收妥国外货款,主动将票款金额折成人民币拨交外贸公司。

③出口押汇,又称买单结汇,是指议付行在审单无误后,按信用证条款买入受益人(外贸公司)的汇票和单据,按票面金额扣除议付行从议付日期到估计货款收到之日的利息和手续费,将余额按议付的挂牌汇价折成人民币,拨付给外贸公司。议付行向受益人垫付资金,买入跟单汇票后,即成为汇票的善意持有人,可凭单凭票向付款行索要票款。

出口押汇是出口国银行向外贸公司提供的资金融通,它可使出口公司在交单议付时就取得货款,有利于外贸公司资金的回转,因而在我国出口业务中应用较为普遍。

制单结汇是出口合同履约的最后一环,要求付汇单据做到正确、完整、及时、简明、整洁,以便于结售汇的顺利实现。

17.4 进口合同的履行

我国进口业务多以 FOB 价格条件和即期信用证支付方式成交。履行这类进口合同的程序是开立信用证、租船订舱、装运、办理保险、审单付款、接货报关、检验、拨交和索赔。以上工作是由进出口公司、运输部门、商检机构、银行、保险公司、海关以及用货部门分工负责、紧密配合而共同完成的。

17.4.1 开立信用证

在信用证支付条件下,进口方应按合同规定及时开出信用证。在合同签订后,进口货物的公司应根据合同条款的具体要求,填写开立信用证申请书,向中国银行或其他经营外汇业务的银行办理开证手续。信用证的开证时间、内容条款及种类应与合同规定一致。如果对方提出改证请求,经我方同意即可向银行申请办理改证手续。最常见的改证内容是展延装运期、变更装运港或变更信用证有效期。

如果合同规定在卖方确定交货期后开证,则应以接到卖方交货期通知后申请开证;如果合同条款要求卖方领到出口许可证或支付履约保证金后开证,则应在收到已领出口许可证通知,或银行收到履约保证通知后申请办理开证。

17.4.2 租船订舱和派船接货

在以 FOB 条件成交情况下,买方负责租船订舱。买方在接到卖方货已备妥,预计装运期已定的通知后,委托对外贸易运输公司办理租船订舱手续。具体程序做法与出口企业在 CIF 或 CFR 成交时一样。当租好船(或订好舱,或确定班轮运输)后,买方应及时把船名、船期、停靠港等通知对方,以便卖方备货装船。对数量大的或重要的物资进口,买方还要做好催装工作,提醒卖方备货,防止船货脱节。如果是班轮条件租船,买方不仅要派船接货,还需具体负责装运。如果由卖方负责装船,买方应要求对方装船后,及时通知自己以便办理保险并准备接货等工作。

17.4.3 投保

以 FOB、CFR 条件成交时,买方要负责办理保险事宜。与出口保险逐笔办理保险不同,我国进口保险多采用"预付保险",即由外贸公司与中国人民保险公司签订"海运进口货物运输预约保险合同",对外贸公司投保的险别、保险费率、适用条款及赔偿办法都做出具体规定。一旦发生承保范围内的损失,保险公司负责保险理赔。该方式简便易行,只要外贸公司或外运机构收到卖方装船通知单后,将船名、提单号、开船日期、商品名称和数量、装运港、目的港通知保险公司,即视为办妥投保手续,保险公司自动对该批货物承担起保险责任。

17.4.4 审单付汇

信用证支付条件下,银行是第一付款人。银行在收到国外寄来的汇票及单据后,对照信用证,核对单据的份数和内容,审单合格,即由银行向国外付款。同时,银行通知进口人用人民币以付汇当日牌价折算的卖出价购汇赎单。进出口公司可凭银行开具的"付款通知书"向用货部门进行结算。银行如果发现单、证不一致,则应做出适当的处理。具体情况及处理办法有:停止对外付款;相符部分付款,不相符部分不付款;货到检验合格再付款;凭卖方或议付行出具担保付款;要求国外改正;付款的同时,提出保留索赔权等。

17.4.5 报关、验收和拨交货物

进口货物到货后,除 DDP 方式外,均由买方负责进口报关手续,并负责一切进口报关风险和费用。一般程序是:买方或委托其代理人(外贸运输公司)根据进口单据填写"进口货物报关单",并随附发票、提单、保险单等。海关查验货证无误后,才能放行,如果属于法定商检的进口货物,还必须随附商品检验证书。一般情况下,海关对进口货物按不同关税税目课征关税,并收取一定的验证费或手续费。

货物到达目的港后，须先报关放行，才可卸货。港务局在卸货时要进行货物核对，如有短缺，应及时填制"短缺报告"，并交船方签认，同时根据短缺情况向船方提出保留索赔权的书面声明。卸货时如发现货物残损，货物应存放于海关指定仓库，待保险公司会同商检机构检验后再做处理。属于法定检验货物，未经检验，不得投产、销售或使用。

货物报关并验收合格后，进出口公司就可拨交该批货物，并与用货单位办理货款结算。如果订货单位或用货单位在本地，由外运公司就地办理拨交，通知订货、用货单位派车接货或由外运公司送货上门；若订货单位或用货单位不在本埠，则可委托外运机构代理，将货物转运内地并拨交订货或用货单位。一切费用均由外运机构与外贸公司结算，然后由外贸公司与用货部门办理货款结算。

17.4.6 索赔

在国际货物进出口贸易中，如果有一方违约而造成另一方遭受损失，就会出现索赔与理赔。对于进口商而言，常常会因卖方提供商品的品质、数量、包装等不符合合同的规定，而需要向有关责任人提出索赔。买方自己也可能由于拒付货款、拒收货物等受到卖方的索赔。

根据造成损失的原因不同，进口索赔的对象主要有三个方面：

（1）向卖方索赔。如果原装数量不足，货物品质、规格与合同规定不符，包装不良导致货物受损，未按期交货或拒不交货等，均应向卖方提出索赔要求。

（2）向轮船公司索赔。如果货物数量少于提单所载数量，提单是清洁提单，而货物有残损，并且属于船方过失所致，或者货物所受的损失，根据租船合约有关条款应由船方负责等，均由买方向船方提出索赔要求。

（3）向保险公司索赔。凡因海上风险所致，且在投保险别规定的保险责任范围内发生的货物损失，均可向保险公司提出索赔。

索赔时，首先要制备索赔清单，并随附商检证书、发票、装箱单、提单副本等，对于不同索赔对象还应另附有关证件。向卖方索赔时，应附索赔的确切根据和理由，如属 FOB 或 CFR 合同，还应随附保险单一份；向轮船公司索赔时，必须另附由船长及港务局理货员签证的理货报告及船长签证的短缺或残损证明；向保险公司索赔时，须另附由保险公司会同买方共签的联合检验报告。其次，要严格把握索赔期限，如果商检工作可能延长，应要求对方延长索赔期限。最后，要合理掌握索赔金额，根据损失情况，除受损商品价值外，还应考虑商检费、装卸费、银行手续费、仓租费、利息等有关费用。

在实际业务中，对船方或保险公司的索赔一般均由外运公司代办，对卖方提出的索赔则由进出口公司直接办理。买方要注意防止卖方以各种借口推卸责任。为最终实现合同的目的，进出口双方也可通过协商，允许卖方采取补救措施，以减少买方的损失。

本章小结

国际贸易磋商是国际贸易合同订立的前提和基础。合同的成立以及是否顺利履约和贸易磋商有着密切的关系。本章在分析国际贸易磋商的基础上，分析了合同的成立、书面合同的签订和进出口合同的履约，以便读者进一步熟悉国际贸易业务中各个具体环节，以及贸易术语、合同条款的商定。

名词术语

询盘　发盘　还盘　接受　逾期接受　海关发票　押汇

思考与练习

1. 磋商交易中可能出现哪些环节？为什么发盘和接受是其中不可缺少的基本环节？

2. 何谓发盘？构成发盘应具备哪些条件？

3. 何谓接受？构成接受应具备哪些条件？

4. 在接受生效时间问题上，国际上有哪些不同的规定？

5. 何谓逾期接受？逾期接受的法律后果如何？《联合国国际货物销售合同公约》对逾期接受有何规定？

6. 履行进出口合同包括哪些基本程序？

7. 制作发票应注意什么问题？

8. A公司与B公司达成一笔10000 t一号小麦的销售合同，价格为200美元/t。从订立合同到交付货物，市场价格发生了巨大的变化。交货时一号小麦的价格是100美元/t，且经检验卖方交付的并不是一号小麦，而是二号小麦，当时二号小麦的价格是80美元/t。根据有关规定，买方可做出何种选择？

9. 某国际贸易公司出口一批花生仁，合同规定数量600 t，3—8月每月装运100 t，不可撤销即期信用证付款，装运月份开始前20天买方负责将信用证开至卖方。买方按约如期于2月8日将信用证开给卖方，经审查，信用证总量与总金额以及其他条款均与合同规定一致。但装运条款仅规定"允许分批"和"最后装运日期为8月31日"。由于出口企业备有库存现货，为争取早出口、早收汇，遂先后于3月10日和6月12日将货物分两批各300 t装运出口。由于提交的单据符合信用证条款规定，付款行及时履行了付款义务。但事后不久，收到国外进口商的电传，声称出口企业违反了合同，提出索赔。对此，你认为应如何处理？

　　实验项目三十五　　　实验项目三十六　　　实验项目三十七

第 18 章　国际贸易方式

18.1　包销与代理

18.1.1　包销

包销(exclusive sale)是指出口方通过包销协议，在一定期限和一定地区范围内，将一种或某一类商品的经营权单独给予包销商的贸易做法。

在包销的方式下，包销商要自垫资金、自负盈亏、自行销售其承购包销的商品。买卖双方均受包销专营权的约束，即出口方在包销协议的时限和区域内，不得向第二个人报盘成交，包括出口商自己也不得在该时限内在该地区内销售该承购包销之商品；而包销商必须经销包销协议规定的货物，不得经销其他来源的该种商品和同类商品。同时，包销商要在协议规定时间内，至少购买出口商某一最低数量的商品，也就是说，包销商必须包销一定任务量的商品，不能包而不销。

采用包销方式销售货物，买卖双方必须签订包销协议。包销协议是买卖双方订立的确定双方权利和义务的书面契约。

包销的专营权，包括专卖权与专买权两个方面。专卖权是指卖方将指定的商品在规定的时间和地区给予买方独家销售的权利；专买权是指买方承担向卖方购买该商品而不得向其他供应商购买该商品的义务。

包销方式具有三个突出的优点：一是包销商享有专营权，可避免国外客户分散经营所造成的相互碰撞和竞争，有利于稳定商品的价格；二是可充分调动包销商的积极性，充分利用其已具备的销售渠道和经营能力，扩大商品出口；三是一定时期的定量销售有利于出口商有计划地安排生产和组织货源出口。

包销方式也有如下三个缺点：一是包销商若选择不当，有可能会出现包而不销或包而少销的情况，不利于扩大商品出口；二是与国外一个经销商打交道，缺乏一定的机动灵活性；三是容易造成包销商的独家经营垄断，尤其是对出口商品故意挑剔，压低价格。

18.1.2　代理

1. 代理的含义及特点

代理(agency)是指代理人根据委托人的授权，在规定地区和一定期限内，代表委托人与第三人办理与商品交易有关的事宜，由此而产生的权利和义务，由委托人直接负责。

代理在国际商务活动中被广泛采用。国际市场上有名目繁多的代理商，如采购代理、销售代理、运输代理、保险代理、广告代理等。我们此处介绍的仅为销售代理。在销售代理中，买卖双方之间的关系是委托代销关系，而不是买卖关系。与包销的性质不同，代理商不垫资金、不担风险、不负盈亏，只从其代销额中提取一定比例的佣金。具体地说，代理具有以下基本特点：

(1)代理人只能在委托人的授权范围内，代表委托人从事有关商务活动。
(2)代理人一般不以自己的名义与第三人签订合同。
(3)代理人通常运用委托人的资金从事业务活动。
(4)代理人只是以中介人身份介绍生意，招揽订单，但并不承担履约责任。
(5)代理人不承担交易盈亏风险，只取佣金。

2. 代理的种类

代理按委托人授权的大小，可分为总代理、独家代理和普通代理三种。

(1) 总代理，是指代理人在特定地区内，在规定的时限内，不仅有权独家代销委托人指定的商品，还可以代表委托人从事其他商务活动或委托处理其他事务。如代表出口商在当地洽商交易、签订合同、履行合同、处理货物以及代理货运、保险、理赔、仲裁等。

(2) 独家代理，是指委托人给予代理商在国外规定地区和一定时限内，享有代销指定商品的专营权。与独家包销不同，委托人可在独家代理协议区内向国外规定地区推销产品，与其他买主达成交易，但为了不损害独家代理商的利益，须向代理商计付佣金。如果代理协议另有约定，则根据协议执行。

(3) 普通代理，又称一般代理，是指同一地区、同一代理期限内，不受专营权的影响，委托人可同时委派几个代理人为其推销商品服务的代理。委托人亦可直接与该地区其他买主成交，而无须付佣金给任何人。在我国出口业务中，普通代理运用较为普遍。按国际市场习惯做法，销售代理人一般不能直接购买委托人的商品以谋利。但如果委托人同意，代理人也可购入该商品，此时卖方仍应付代理人代理销售佣金。

18.2 寄售、展卖与拍卖

18.2.1 寄售

寄售(consignment)是指由寄售人先将货物运往国外寄售地，委托国外当地代销人按照寄售协议规定的条件代为销售的一种协议。货物销售后，代销人扣除佣金和有关费用后，将所余货款通过银行汇付寄售人。从销售方式来看，寄售是一种先发运后销售的现货买卖方式。以寄售方式销售，可以让商品在市场上与用户直接见面。用户按需要的数量随意购买，而且是现货现买。所以对于开拓新市场，特别是消费品市场，是一种行之有效的方式。

寄售具有以下特点：

(1) 寄售是由寄售人先将货物运出，再经当地代销人向当地买主推销，是凭实物进行的现货交易。

(2) 寄售人与代销人之间是委托代销关系，而不是买卖关系。代销人只能根据寄售人的指示处理货物，货物在售出之前，所有权仍归寄售人。

(3) 代销人不承担任何风险和费用，只收取佣金作为报酬。

从以上特点可以看出，寄售属于信托性质，寄售业务的代销人介于委托人与实际卖主之间，代销人可以自己名义与当地购货人签订购销合同，代销人与购货人之间是货主对货主的关系(有的亦称本人与本人的关系)。如当地购货人不履约，代销人可以自己名义起诉。代销人与寄售人之间的关系，由寄售协议规定。

寄售协议的主要内容如下：

(1) 双方的基本关系。寄售人和代销人之间的关系，是一种委托代理关系。货物在出售前所有权仍属寄售人。代销人应按协议规定，以代理人身份出售商品、收取贷款、处理争议等，其中的风险和费用由寄售人承担。

(2) 寄售商品的价格。寄售商品价格有三种规定方式：①规定最低售价；②由代销人按市场行情自行定价；③由代销人向寄售人报价，征得寄售人同意后确定价格，这种做法较为普遍使用。

(3) 佣金条款。佣金条款规定佣金率、佣金计算方法及佣金调整条件。佣金通常由代销人在货款中自行扣除。

(4)代销人的义务。代销人的义务包括保管货物,代办进口报关、存仓、保险等手续并及时向寄售人通报商情。代销人应按协议规定的方式和时间将货款交付寄售人。有的寄售协议中还规定代销人应向寄售人出示其银行保函或备用银行证,保证承担寄售协议规定的义务。

(5)寄售人的义务。寄售人按协议规定时间出运货物,并偿付代销人所垫付的代办费用。

选择寄售方式时,应当注意:①选择合适的寄售地点。寄售地点应选择交通便捷的贸易中心或自由港、自由贸易区,以方便货物进出转运,降低费用。②选择合适的代销人。代销人应在当地有良好的商誉,有相关商品的营销经验和推销能力,并有能力代办报关、存仓等业务。③重视安全收汇。寄售协议中应做出相应规定,比如要求代销人开立银行保函,或以承兑交单方式发货。

18.2.2 展卖和展览会

展卖(fairs and sales)是指利用展览会、博览会及其他交易会的形式,对商品进行展销结合、以销为主的一种贸易方式,是国际贸易中一种广泛而有效的贸易做法。

展卖具有展销结合、边展边销、以销为主的特点。具体地说,展卖有利于宣传出口国家的科技成就,介绍出口产品,扩大影响,促成交易;有利于建立和发展客户关系,广交朋友,以扩大销货地区,实现市场多元化;有利于收集市场信息,了解客户动态,开展市场研究,更好地提高出口商品质量,增强出口竞争能力。

参加出国展览要注意以下问题:

(1)企业选择展览会应和自身的营销、出口目标结合起来。一般来说,参加专业性的大型有影响的展览会要比综合性的博览会效果好些。

(2)由于现代专业展的专业细分化程度越来越高,企业参展的展品应注意和展览会的主题相一致。

(3)参展人员应为懂外语的业务人员,以利于谈判。

(4)应将样品、样本、货单及宣传材料准备齐全,如有条件,应在参展前对目标客户发出来展台参观的邀请,以取得更好的展示与贸易效果。

18.2.3 拍卖

1. 拍卖的含义及类型

拍卖(auction)是一种古老的交易方式。国际贸易中的拍卖主要用于产品品质难以标准化,或难以久存,或按传统习惯以拍卖方式出售的商品,具体如裘皮、羊毛、木材、茶叶、烟草、水果、花卉及古玩艺术品等。

拍卖是由经营拍卖业务的拍卖机构接受货主委托,在规定的时间和场所,按照一定的章程和规则,以公开竞价方式,将货物卖给出价最高的买主的一种贸易方式。拍卖是一种公开竞买的现货交易,必须在一定的机构内有组织地进行。拍卖机构可以是一个常设的拍卖行,也可以是货主临时组织的拍卖会,但不论是拍卖行还是拍卖会,必须有自己的拍卖规则和程序。

拍卖按出价方法可以分为三种:

(1)增价拍卖。增加拍卖又称买方叫价拍卖。这是拍卖中最常见的一种方式。拍卖开始后,由拍卖人宣布欲拍卖商品的竞买号及起价(最低销售价),然后由买主竞相叫价(有声拍卖),或用手势代替喊叫,或出示报价牌(无声拍卖),有时还规定每次加价的幅度,直至拍卖人认为没有人再出更高的价时,由拍卖人以击槌动作拍板成交。

(2)减价拍卖。减价拍卖又称卖方叫价拍卖,或荷兰式拍卖。它源于世界上最大的荷兰花卉拍卖市场,由拍卖人先开出最高价格,如无竞买者愿意购买,然后渐次降低价格,直到有人表示接受,即达成交易。这种拍卖方式下,买主之间无反复竞价的过程,且买主一旦表示接受,不能再行撤销。拍卖时,该方式成交迅速,多用于拍卖鲜活商品,如水果、蔬菜、花卉等。

(3)密封递价拍卖。密封递价拍卖又称招标拍卖或邮递拍卖。拍卖时,先由拍卖人公布每批商品的具体情况和拍卖条件,有时也可事先进行商品展示,然后要求各买主在规定的时间内将自己的出价密封递交拍卖人,由拍卖人选择出价较高并符合拍卖条件的竞买者。这种拍卖方式和上述两种方式相比较,有以下两个特点:一是除价格条件外,还可能有其他交易条件需要考虑;二是可以采取公开开标方式,也可以采取不公开开标方式。拍卖大型设施或数量较大的库存物资或政府罚没物资时,可能采用这种方式。

2. 拍卖的一般程序

拍卖一般分为以下三个阶段:

(1)准备阶段。货主与拍卖人达成拍卖协议,规定货物品种和数量、交货方式与时间、限定价格以及佣金等事项。货主把货物运至拍卖地点,存放于拍卖人指定的仓库由拍卖人进行分类、分批编号。拍卖人印发拍品目录,并刊登拍卖通告。买主在正式拍卖前可至存放拍卖商品的仓库查看货物,必要时可抽取样品供分析测试。

(2)正式拍卖阶段。在规定的时间和地点,拍卖按拍品目录规定的顺序逐批进行。以增价方式拍卖,买方出价相当于要约,拍卖人落槌相当于承诺。在落槌之前,买方有权撤销出价,卖方也有权撤回拍卖商品。以减价方式拍卖,拍卖人报价相当于要约,而买方一旦表示接受,即为承诺,交易成立,双方均受约束。

(3)付款和交货阶段。成交后,买方签署成交确认书,并支付部分货款作定金,待买方付清全部货款后,拍卖人开出提货单,买方凭单提货。拍卖人从货款中提取一定比例的佣金,作为提供拍卖服务的报酬,并扣除按合同应由货主承担的费用后,将贷款交付货主。

3. 拍卖的规则

(1)关于商品品质的"概不负责"原则。由于参加拍卖的商品往往难以用具体规格加以描述,且买主在拍卖前有权查验货物,拍卖人通常在拍卖章程中规定"卖方对品质概不负责",因此,拍卖后买方对商品没有复验权,也不存在索赔的问题。由于某些货物可能存在隐蔽的缺陷,凭一般的查验手段难以发现,有的拍卖章程中也规定了买方的索赔期限。

(2)关于公开和公平的原则。拍卖和招标投标一样,是一种按公平竞争原则进行公开交易的贸易方式。为保证公开和公平原则不被违反,拍卖人制定了拍卖章程。买卖双方都必须严格遵守,买方不得互相串通,以压低报价;卖方也不得由代理人出价竞买,以哄抬价格。这些均构成违法违规行为。

18.3 国际招标与投标

18.3.1 招标与投标的含义

招标和投标是一种贸易方式的两个方面。招标与投标是国际贸易中常见的方式之一,较多地应用于政府机构、公用事业等大笔采购交易或国际工程承包等场合。

招标是指招标人(买方)在规定时间、地点发出招标公告或招标单,提出准备买进商品的品种、数量和有关买卖条件,邀请卖方投标的行为。

投标是指投标人(卖方)应招标人的邀请,根据公告或招标单的规定条件,在规定的投标时间内向招标人递盘的行为。

18.3.2 招标方式

目前,国际上采用的招标方式归纳起来有三类。

(1)国际竞争性招标(intenational competitive bidding,ICB)。国际竞争性招标是指招标人邀请几个乃至几十个投标人参加投标,通过多数投标人竞争,选择其中对招标人最有利的投标人达成交易,它属于竞卖的方式。国际性竞争招标具体有两种方式。

①公开招标(open bidding)。公开招标是一种无限竞争性招标。采用这种做法时,招标人要在国内外公开媒体上刊登招标公告,凡对该项招标内容有兴趣的人均有机会购买招标资料进行投标。政府采购物资大部分采用竞争性的公开招标办法。

②选择性招标(selected bidding)。选择性招标又称邀请招标,是有限竞争性招标。采用种做法时,招标人不在媒体上刊登公告,而是根据自己具体的业务关系和情报资料对客商进行邀请,进行资格预审后,再由他们进行投标。

(2)谈判招标(negotiated bidding)。谈判招标又叫议标,是非公开的,是一种非竞争性的招标。这种招标由招标人物色几家客商直接进行合同谈判,谈判成功,交易达成。

(3)两段招标(two-stage bidding)。两段招标是指无限竞争性招标和有限竞争性招标的综合方式。采用此类方式时,招标人先用公开招标,再用选择招标。

招标与投标是一个贸易过程的两个不同方面,是买方发出购买邀请,卖方递出销售实盘的过程。只是在招标投标时,招标人及其目的只有一个,而投标人较多,相互之间存在着竞价销售的竞争。可见,招标和投标具有其他贸易方式所没有的特点:一是投标人只能按照招标人提出的要求和条件向招标人一次报出实盘,买卖双方没有还价的余地,当事人也不会因价格问题发生争执,影响双方感情;二是招标投标具有竞买的性质,这与拍卖恰恰相反,买方可以通过招标争取以最有利于自己的方式成交。招标人还可宣告招标失败,再行招标,从而为保障招标人获得最有利投标创造了条件,使其在激烈的市场竞争中处于有利地位。

18.3.3 招标与投标的一般程序

(1)刊发招标公告。国际公开招标通常均在权威性的报刊或有关专业刊物及网络上公布招标公告。

(2)资格预审。投标人应填写招标人编制的"资格预审表",包括投标人的经营规模、人员设施概况、工程记录等,并提供有关证明文件和资料,由招标人确认其是否具有投标能力。资格预审是保证招标工作顺利进行的关键步骤。

(3)编制招标文件。招标伊始,招标人即组织有关人员制订招标书,说明采购商品或发包工程的技术条件和贸易条件。

(4)投标的准备工作。投标人取得标书后,应严格按照招标条件对商品或工程所要求的质量、技术标准、交货期限、工程量和进度安排等进行核算,并结合自身的条件和市场竞争态势,估计能否完全满足招标要求和能否提出有竞争性的报价。

(5)编制投标书和落实担保。投标书是投标人对招标人的一项不可撤销的发盘。其主要内容包括对招标条件的确认、商品或各个项目的有关指标和工程进度、技术说明和图纸、投标人应承担的责任,以及总价和单价分析表。招标人为防止投标人中标后拒不签约,通常要求投标人提交投标保证金,一般为总价的3%~10%。投标人也可以银行保函或备用信用证代替现金作保。

(6)递送投标文件。投标文件包括投标书、投标保函或备用信用证、关于投标书中单项说明的附件,以及其他必要文件。投标文件应密封后在规定的时间内送达指定地点,可以专人递交,也可以挂号邮寄。

(7)开标。招标人在预先公布的时间和地点,当众开启密封的投标文件,宣读内容,允许在场的投标人做记录或录音。开标后,投标人不得更改投标内容。开标是对外公开标书内容,以保证招标工作公正进行的一种形式,并不当场确定中标人。

(8)评标和决标。除价格条件外,技术质量、工程进度或交货期,以及所提供的服务等各方面的条件都将影响投标的优劣。招标人必须对投标进行审核、比较,然后择优确定中标人选。

(9)中标签约。确定中标人后,招标人书面通知中标人在规定的期限内到招标人所在地签订合同,并缴纳履约保证金或以银行保函作履约担保。

18.4 商品期货交易

18.4.1 期货交易的概念

期货交易(futures transaction)是指在期货交易所内,按一定规章制度进行的期货合同的买卖。1848年美国芝加哥商品交易所(CBOT)成立,被认为是近代最早的期货交易所。

期货交易与现货交易有着密切的联系,也有着本质的区别。现货交易是传统的货物买卖方式。在国际贸易中,无论是即期交货还是远期交货,本质上都是现货交易。在现货交易履约时,由于签约与履约不在同一时点上,中间会由于价格等条件变化,为当初签约双方带来意外风险。例如,价格下跌,会使买方在交货时支付较高的货款。如果不履约会带来声誉的损失,并招致赔偿罚款;如果履约则会增加购货成本,产生经济上的损失。在此情况下,就出现了未到期现货远期合约的转让。期货交易就是对这样一种标准化期货合约达成远期交割的贸易方式。

现货交易与期货交易就相同商品而言,因受共同的供求关系及生产成本的影响,具有基本相同的价格变化趋势。人们利用这一点,可以通过现货期货两个市场实现商品买卖的套期保值。

然而,现货交易与期货交易有着明显的不同,具体表现为:①从交易的标的物上看,现货交易买卖的是实际货物,而期货交易买卖的是交易所制定的标准化期货合约。②从成交时间、地点看,现货交易无任何限制,而期货交易只能在期货交易所内,在规定的时间进行交易。③从交易形式看,现货是交易双方当事人的契约自主交易,其内容并不公开;而期货交易是在公开的、多边的市场上以竞价方式达成交易。④从履约形式上看,现货都必须交付货物;而期货可以到期交割,也可以到期前对冲平仓。实际业务中,期货进行实际货物交割的比重不到总成交量的5%。⑤从交易双方的法律关系看,现货买卖合同成立,双方权利和义务受法律保护;而期货交易通过交易所中的佣金商中介买卖,买卖双方当事人之间无直接的接触,因而交易双方并不建立直接的法律关系。但在交易所内成交的一切期货合约当然也受法律及期货交易所交易章程和执行细则有关规定的保护。⑥从交易双方的目的看,现货交易以取得对价物为目的,买方希望得到商品,而卖方希望取得商品的价格;期货交易双方大多以获得期货价格变动的利差为目的,以用于现货市场的商品买卖保值或套期图利,也有的直接以投机为目的,以取得短期资本资产买卖的差价,实现相应的投资盈利。

18.4.2 期货的套期保值与投机套利

1. 套期保值

套期保值(hedging),又称"海琴",是期货市场的基本功能之一。它是指期货市场交易者将期货交易与现货交易结合起来进行的一种市场行为。套期保值的基本操作原则是"相对而均等",即现货市场与期货市场在同一时间点执行方向相反的操作,而成交数量上保持一致。套期保值的原理在于现货市场与期货市场就同一种商品而言,具有相同的价格走势,而保值者采取两个市场同时操作,一个买入则另一个卖出,相反另一个买入,则此一个卖出,从而回避了价格变动的风险。

套期保值的具体做法有卖出套期保值和买入套期保值两种。

(1)卖出套期保值。若某出口商欲在三个月后出口一批大豆。目前大豆市场行情看好,每蒲式耳为3.85美元。估计大豆会丰收,10月份大豆价格可能下跌。该商人为避免价格风险,可以做空头套期保值,即卖出套期保值。具体做法是先在期货市场上通过缴纳保证金售出期货合约,然后在到期日前再购入相同量的期货合约进行对冲平仓了结。该交易的具体数据变化及操作如表18-1所示。

表18-1 卖出套期保值操作示意

日期	现货市场	期货市场
2023年6月22日	大豆现价3.85美元/蒲式耳	售出10月期大豆期货2手 单价为3.80美元/蒲式耳
2023年9月23日	售出大豆10000蒲式耳 单价为3.75美元/蒲式耳	买入10月期大豆期货2手 单价为3.68美元/蒲式耳
结果	亏损0.10美元/蒲式耳	盈利0.12美元/蒲式耳

每手大豆期货的数量为5000蒲式耳。如果不做期货保值业务,该商人9月份与6月份相比将减少收入1000美元。如果套做期货后,现货市场亏损1000美元,因为期货市场操作方向相反,盈利1200美元,所以收入与6月份相比不但未减少,还由于基差的有利变化,相机套利200美元。

(2)买入套期保值。与卖出套期保值恰好相反,买入套期保值是指交易者根据现货交易情况对未来市场价格做出研判后,决定现在期货市场上买入期货合约,然后再以卖出相同量的期货合约进行平仓了结的一种做法。买入套期保值常用于市场行情看涨的场合,而卖出套期保值常用于市场行情看跌的情况。故买入套期保值又可称为多头套期保值或看涨套期保值,而卖出套期保值又可称为空头套期保值或看跌套期保值。交易者只有在研究判断市场价格的变化可能会对自己产生不利影响时,才进行适当的套期保值操作。

2. 投机套利

在期货市场上,当有人买入(或卖出)某种商品期货时,必然有别的人卖出(或买入)该商品期货。当然,当有人因买入(或卖出)某种商品期货而获利时,必然有别的人因卖出(或买入)该商品期货而亏损。作为盈利方或保值者,必然持有该仓位以实现其经济目的(保值或套利),而作为亏损方如何回避该风险,只能是迅速将其对冲平仓,以减少损失。那么谁会承担这种转移出来的风险呢?这就是期货市场上大量存在的投机者。

期货市场的投机者是通过期货合约的频繁买卖以获取短期投机利润的期货市场交易者。投机者买卖期货的目的就是追逐市场上存在的利差。由于受各种因素影响,某种商品期货在市场上的价格会起伏不定,在大势一定的情况下,每天甚至每时每刻都会发生较大的变化。因此,一些投机者利用价格的变化,通过低进高出追逐市场上存在的利差,从而起到了分散风险并承担风险的作用。可以设想,如果期货市场上没有投机者,套期保值者的风险就会无人承担。因此,投机在一定场合的存在具有客观必然性。

18.5 对销贸易与对外加工装配业务

18.5.1 对销贸易

对销贸易(counter trade)又称对等贸易,其含义是指买卖双方不是单方面进口或出口,而是互为进口人或出口人。双方都把进口与出口有机结合起来,都以自己的出口来全部抵偿或部分抵偿从对方的进口。由于对销贸易很少用外汇或不用外汇,故又称为"无汇贸易"。

对销贸易有多种形式,下面介绍常见的几种。

(1)易货贸易(barter trade)。易货贸易一般是指买卖双方按照各自的需要,交换各自所能提供的价值相等或相近的商品,从而避免货币支付的一种贸易方式。

易货贸易有广义、狭义之分:①广义的易货贸易是指一切交易双方同时承担购买对方等值商品义务,从而将进出口有机结合起来的一种贸易方式。②狭义的易货贸易是指买卖双方直接以等值的货物进行交换,故又称直接易货(direct barter)。交易中无第三人介入,不涉及货币支付,交易双方仅签订一个包括双方交付相互抵消货物的合同。

(2)互购(counter purchase),又称平行贸易(parallel trade)。也有人将互购称为"反向购买",其含义十分明确,就是交易双方互相购买对方的产品。互购贸易涉及使用两个既独立又相互联系的合同。一份是约定由先进口的一方用现汇购买对方货物的合同,另一份则由先出口的一方承诺在一定期限内购买对方的货物。

(3)产品回购(product buyback)。产品回购多用于设备的进出口交易中。产品回购即交易双方订立回购协议,先进口方以赊账或利用信贷购进技术或设备,同时由先出口方向先进口方承诺购买一定数量金额的,由该技术、设备直接制造或派生出来的产品的贸易方式。先进口方用出售这些产品所得货款分期偿还进口设备的价款或偿还贷款与利息。

(4)转手贸易(switch trade),又称三角贸易(triangular trade),是政府间清算协定的产物,是专为记账贸易中的顺差方取得可自由兑换的硬通货而产生的。它一般涉及两个以上当事人,内容、程序较为复杂,具体做法有以下两种:

①简单的转手贸易,即握有顺差的一方根据记账贸易,将从逆差国回购的货物(非本国之所需)转运到国际市场,为加强其产品的竞争力,往往以低于市场的价格转手货物,从而取得硬通货。

②复杂的转手贸易,是指记账贸易中拥有顺差的一方根据记账贸易,用该顺差以高于市场的价格从第三方(如某西方企业)购入本国所需的且需自由外汇购买的产品,然后由该第三方用该顺差从记账贸易下的逆差国家购买第三方所需的约定货物,或可以在其他市场转售的货物,最后取得硬通货。

(5)抵销贸易(offset trade)。抵销贸易20世纪80年代后开始盛行,多见于军火及大型设备的交易中。抵销贸易具体有间接抵销(indirect offset)和直接抵销(direct offset)两种方式。前者是出口方在出口某一设备(如飞机)时,承诺购买进口方生产的与该产品(如飞机)无相关关系的产品;而后者则是出口方在出口某一设备(如飞机)时,承诺购买进口方生产的使用于该产品(如飞机)中的零部件。有时,出口方还利用所获利润,在进口国进行投资或提供技术以生产该零部件。可见直接抵销与直接投资有一定的联系,已突破了单纯的商品买卖范围,故又被称为"工业参与"(industrial participation)或"工业合作"(industrial cooperation)。

抵销贸易由于使用对象特殊,受政治影响大,批量少,但成交成功后,所涉及金额巨大。另外,国际旅游业、商业或其他有利可图的部门,也出现了以直接抵销贸易为前奏的国际直接投资。

18.5.2 补偿贸易

补偿贸易(compensation trade),是指在信贷基础上进口设备,然后以回销产品或劳务所得价款,分期偿还(补偿)进口设备的价款和利息。与回购相比,我国补偿贸易的内涵更广,做法更灵活。按照偿付的对价(标的)不同,补偿贸易可分为以下几类:

(1)直接产品补偿。这一方式是补偿贸易中最基本,也是最普遍运用的一种方式,即单纯的产品回购。也就是说,进口方用进口的机器、设备生产产品,并用其实现的价值来偿还当初进口设备时的价款和利息。

(2)间接产品补偿。当交易的设备本身并不能生产产品或生产的产品在国际市场上并不好推销时,可由双方协议用回购其他产品来代替。

(3)劳务补偿。劳务补偿是购进设备或技术的一方以提供劳务所赚取的收入来补偿购进设备或技术的价款和利息。

(4)综合贸易补偿,又叫混合补偿,是上述三种的组合使用。

有时,还可根据需要,部分以产品补偿,部分以现汇支付,即采取部分补偿贸易方式进行交易。

18.5.3 对外加工装配业务

1. 对外加工装配业务的性质

对外加工装配业务是我国企业开展来料加工和来件装配业务的总称。它和来样加工以及补偿贸易统称为"三来一补"。

对外加工装配业务,是指由外商提供一定的原材料、零部件、元器件,由我方工厂按对方要求进行加工装配,成品交对方处置,我方按约定收取工缴费作为报酬的一种贸易方式。但由于外方原材料等初级产品运交我方时,并未发生所有权转移,商品交对方处置,也不是以"对价物"为条件,故对外加工装配业务实际上是以商品加工为形式,以商品为载体的劳务出口形式,其性质为国际经济合作中的劳务合作或劳务贸易。要注意区别来料加工与进料加工。二者形式上一样,但实质上不同。进料是商品贸易,进口方取得了商品所有权,其加工的商品出口,是商品所有权的实现。

2. 对外加工装配业务的作用

对外加工装配业务,不论对于承接方,还是委托方,均有其积极的作用。

(1)对承接方的作用:一是有利于克服生产能力有余而原材料不足的矛盾,为国家增加外汇收入;二是有利于引进外国先进技术和科学的企业经营与管理经验;三是有利于开发劳务资源,增加就业机会,为繁荣当地经济服务。

(2)对于委托人的作用,表现有二:一是降低产品生产的劳务成本,增强其产品的竞争力;二是有利于委托方所在国产业结构的调整和升级。

加工贸易也有一定的不足,由于仅收取工缴费,因而附加值低、创汇少;受对方支配,我方的主动性较差;有时对我国正常的出口市场可能会造成一定的竞争压力。

本章小结

所谓国际贸易方式,是指国家之间进出口买卖双方进行交易的具体形式和方法,简称贸易方式。本章分别介绍了常见的国际贸易方式,包括包销与代理、寄售、展卖、拍卖、招标和投标、商品期货交易、对销贸易、加工贸易等方式。

名词术语

包销 代理 寄售 展卖 拍卖 期货交易 对销贸易 补偿贸易 对外加工装配业务

思考与练习

1. 包销协议中涉及的当事人之间是什么关系?
2. 独家代理与包销有何异同?
3. 寄售协议与代理合同在性质上有何区别?
4. 减价拍卖是不是以最低价售卖商品?为什么?
5. 拍卖与招投标有何共同点和区别?
6. 何谓期货交易?它与现货交易有哪些联系和区别?
7. 对销贸易的含义和特点是什么?
8. 何谓"三来一补"?它们之间有哪些联系与区别?
9. 试比较来料加工与进料加工的利与弊。

第19章 国际技术贸易、工程承包和租赁贸易

19.1 国际技术贸易

19.1.1 国际技术贸易的含义和特点

国际技术贸易是指不同国家的经济组织、企业或个人之间,按照一般商业条件,向对方出售或从对方购买某项技术使用权的一种国际贸易行为。国际技术贸易是国际技术转让的主要形式。国际技术转让是指不同国家的经济组织、企业或个人之间,根据互利原则,按照一般的商业条件或其他非商业化方式,将其所拥有的技术的使用权授予、出售的一种经济行为。国际技术转让包含了非商业性的转让和商业性的转让。非商业性的转让是无偿的,无偿的技术转让可以是有条件的,也可以是无条件的。常见的无偿技术转让包括技术援助与技术授予、技术情报交流、学术交流与技术考察等。商业性的转让是有偿的,可以是按照一般商业条件进行买卖交易,也可以是根据双方合作方式以合同约定的其他条件进行经济补偿。有偿的国际技术转让就是国际技术贸易,即按照一般商业条件进行的国际技术使用权的买卖交易。

国际技术贸易具有与国际商品贸易不同的特点。

(1)国际技术贸易是无形商品的贸易。技术贸易的对象是技术。从广义的角度讲,技术是人类在认识自然、改造自然的社会实践中积累起来的有关生产劳动的经验和知识。从狭义的角度说,技术是制造一种产品或提供一种服务的系统知识,包括产品的发明、设计、外观,以及与产品生产相关的经验、技能和技巧。技术作为人类智慧的结晶,具有无形性、可传授性、可操作性等特点。与国际商品贸易相比较,技术不具有实体性。所以,国际技术贸易对象的无形性,决定了国际技术贸易是无形商品贸易。

(2)国际技术贸易是使用权贸易。技术贸易中,大多数交易仅仅涉及技术使用权的转移。由于技术的非物质性,在国际技术贸易中转移的仅仅是技术的使用权。而技术的所有权仍然归技术发明者或其知识产权的拥有者所掌握。

(3)技术产品销售的可重复性。技术的知识性和知识的可传授性,决定了技术在其产生之后,不需要再次生产,就可以多次转让或出售。技术产品可以不经生产而重复销售。

(4)国际技术贸易是同行间的交易。技术贸易的当事人大多数是专业技术人员,交易的对象是买卖双方当事人所共同熟悉的技术,因此,技术贸易多为同行间的交易。

(5)国际技术贸易双方是技术合作关系。技术交易的内容复杂,交易的目的是形成某种产品的生产能力。因此,交易目标实现的时间长,交易内容涉及的方面多,当事人双方需要在整个生产期内进行合作。国际技术贸易的当事人双方是一个长期合作的关系。

(6)国际技术贸易的干预程度高。由于技术贸易涉及的交易时间长、交易内容复杂、交易方式多样性,以及交易金额巨大,且涉及的高新技术可能还触及国家核心利益。因此,国际技术贸易无论输入还是输出都会受到当事国政府或多或少的干预。

19.1.2 国际技术贸易的对象

技术贸易的对象是知识产权中的工业产权部分,主要有专利、专有技术、商标以及计算机软件四大类。

1. 专利

专利是指国家主管当局依法授予某种技术发明者在一定时期内对其发明拥有一种专有权或独占权。狭义地说,专利就是专利证书。拥有该专利证书说明持证人依法获得该技术的专有权或独占权。拥有该专利权的人,可以依法持有、使用或转让该项技术。因此,专利技术也是财产,是一种知识财产、无形财产。专利权也是一种特殊的财产权。专利法是专门保护专利权的法律。

专利具体有发明专利、实用新型专利、外观设计专利三种。发明专利是专利技术中创造性最高的专利。发明是指对产品、方法或者其改进所提出的新的技术方案。实用新型是指对产品的形状、构造或者其结合所提出的适合于实用的新的技术方案。外观设计专利是创造性水平最低的一种专利。外观设计是指对产品的整体或者局部的形状、图案或者其结合以及色彩与形状、图案的结合所做出的富有美感并适合于工业应用的新设计。

所有专利都是一个可以适合于工业应用的技术方案,并且是可以通过文字、图表、公式等载体加以描述的技术方案。专利申请时必须提交能够反映其主要设计思路和技术特征的相关材料,否则,无法说明该技术方案是否具有新颖性、实用性和创造性。

专利具有一定的公开性。只有公开,才能够向需要该技术的潜在客户转让专利技术。也只有公开,才能和其他专利相比较,寻求法律的保护。

2. 专有技术

专有技术又称为技术诀窍、商业秘密或专门技术,从其英文 know-how 含义看,就是"知道如何制造"。具体地说,专有技术是指在生产实践中已经使用的,具有秘密性质的,未申报或无法申报专利的技术知识、生产经验、生产技能和技巧。

专有技术与专利的最大区别是专有技术没有专门的法律保护。专有技术有些是不便公开的技术秘密,因此,即使是具有新颖性、创造性或实用性的技术方案,也由其知识产权所有人自己掌握,而不会申请专利,寻求保护。例如,可口可乐的配方。专有技术还有一些是申请专利时保留的关键技术。由于专利具有一定的公开性,如果所有关键技术全部公开,可能导致某些客户非法盗用。因此,一般情况下,仅有专利技术,还很难掌握全部技术方案,必须获得专有技术,才能知道如何去做。专有技术更多是一些在生产中长期积累的技术诀窍和技能。这些经验、技能和诀窍是技术人员或生产工人所掌握的,而无法用语言或文字进行描述的技术知识。因此,这种只可"身教"、不可"言传"的技术也无法形成文字等载体去申请专利保护。

专有技术具有创造性、工业适用性、可转让性、保密性和历史性等特征。

专有技术也是一种无形的知识财产,尽管没有专利法等专门法律保护,但也受知识产权法保护。在实际转让过程中,专有技术还可以通过合同约定,受合同相关法律法规的保护。

3. 商标

商标是商品生产者或经营者为了使自己的商品区别于他人在其商品上所加的一种具有显著特征的标记。商标作为该生产者或经营者所属商品的标记,不仅仅是为了区别于他人的商品,而且是一种企业质量、信誉和信用的象征。因此,商标也是商品生产者或经营者所拥有的无形知识财产,商标权就是这种无形财产权的体现。

商标权是商标所有者通过向商标管理部门申请注册并得到批准而获得的商标专用权。商标权具有排他性、知识产权性、时间性和地域性等特点。商标权受商标法保护。商标所有人也可以通过一般商业条件转让商标的使用权。

4. 计算机软件

计算机软件是计算机应用程序设计及其解释和说明文件的总称。计算机软件可以通过电子网络、光盘或文字材料等媒介与载体实现储存和传输。作为人类思维活动的产物,计算机软件具有知识产权的属性。因此,计算机软件也受知识产权法的保护。

计算机软件同时具有商品性,一般通过光盘等载体,作为商品出售。但是由于其知识性和信息性,计算机软件非常便于通过网络或光盘刻录复制而出现非商业传播,给该软件的生产商带来经济损失。因此,关于计算机软件操作实务的问题,并不是贸易的问题,而是知识产权的保护问题。这也是我国涉外贸易纠纷中出现较多的问题。

计算机软件的法律保护可以通过以下几种方式进行:

第一,专利保护。这主要适用于系统程序等可以固化在计算机中的软件保护。程序设计者与计算机生产商结合,根据应用不同系统程序的计算机,申请实用新型专利。

第二,作为商业秘密保护。保护对象一般是应用程序和控制信号。

第三,作为著作权(版权)进行保护。

19.1.3 国际技术贸易交易方式

1. 许可贸易

(1) 许可贸易的概念。许可贸易亦称许可证贸易,是指技术的提供方与接受方通过签订合同的方式允许接受方对提供方所拥有的技术享有使用权及产品的制造权和销售权的一种贸易方式。许可贸易的核心内容是转让技术的使用权,以及产品的制造权和销售权,而不是技术的所有权。许可贸易都是有偿的,是国际技术贸易的主要方式。

(2) 许可贸易的交易双方。在许可贸易的交易中,买方即技术的购买方,又称为被许可方(受许可方)、受让方、引进方(输入方)、受证人。卖方即技术的出售方,又称为许可方、出让方、输出方、售证人。

(3) 许可贸易的交易方式。许可贸易是通过签订书面的许可协议来进行的。就其实质而言,许可贸易是技术使用权的一种转让,被许可方所取得的只是技术的使用权。许可贸易按交易的标的分,包括专利许可、专有技术许可、商标许可和综合许可;按授权的范围分,包括普通许可、排他许可、独占许可、可转让许可和交叉许可。

(4) 许可合同的主要条款和内容。许可合同有与其他商业交易合同的共同特性,但由于技术交易情况比一般商业交易更复杂,其又有自身的特殊性。因此,应特别注意许可合同的法律性、技术性、时效性,以及专利技术的保证条款、专有技术的保密条款等。许可合同中必须写明:①转让技术的具体内容、范围和要求;②该转让技术在应用中达标的考核方法、检验标准、期限、措施及风险责任的承担;③名词和术语的解释;④与合同有关的技术资料。这四项内容是许可合同不可缺少的必要条款。技术提供方应当保证所提供的技术或者文件资料完整、准确、有效,能够达到合同规定的技术目标。

2. 技术服务

技术服务是伴随着技术转让而进行的。目前,国际上出现了很多以提供信息、咨询、技术示范或指导为主的技术服务性行业,主要通过咨询服务和人员培训来提供技术服务。

技术服务的内容包括技术培训、技术咨询、可行性研究、技术经济论证以及国际工程承包中的技术咨询服务等。

3. 技术所有权转让

技术所有权转让是指技术输出方将专利或其他工业产权的所有权转让给技术引进方的转让方式。

技术是无形的,但技术必须和生产设备、生产线等结合为一体才能形成生产能力。所以,在引进设备、生产线的同时,就要求转让与该设备或生产线使用相关的技术。当然,设备或生产线的价格中必然包含了技术转让的价格。

成套设备与生产线的买卖交易是国际商品贸易的行为,但在商品贸易中融入了技术转让的成分。而且从形式上看,这种技术转让似乎是无偿的。

与此相类似的还有合作生产中的技术转让。合作生产就是两个不同国家的企业之间根据双方达成的协议,在某种或几种产品的生产、销售上采取联合行动,通过合作的方式,由技术较强的一方将该技术转让传授给另一方,生产和销售双方约定产品的经济合作方式。常见的合作生产方式有:来样加工;合作生产整机的不同零部件;一方出技术,另一方出设备进行的合作生产;等等。

此外,国际工程承包作为一项综合性的国际经济合作方式,也包含了大量的技术转让的内容,但国际工程承包更主要的内容是国际劳务合作。

19.1.4 国际技术转让价格

1. 技术的价格、含义及其组成

在国际贸易中,技术的价格是指技术接受方为取得技术使用权所愿支付的、提供方可以接受的技术使用费的货币表现。我们可以从供受双方所处的不同立场和所提供的技术内容出发,把技术的价格称为补偿(compensation)、酬金(remuneration)、收入(income)、收益(profit)、提成费(royalty)、使用费(fee)、服务费(service fee)等。因此,技术价格可理解为上述各种术语含义的总称。

技术价格主要由技术开发的成本、直接费用、创造利润的功能等因素构成。技术价格的高低取决于利用该技术所能带来的经济效益大小。利用该技术所产生的经济效益越大,其价格就越高;相反,所产生的经济效益越小,其价格也就越低。技术价格基本上由进行技术转让交易所发生的直接费用(人员往来、准备资料等)、分摊的部分技术研制费和预期的利润三部分构成。

2. 国际技术转让的价格计算与支付

技术价格的表示方法与一般商品价格的表示方法不同。一般商品价格多采用固定价格,由买卖双方约定一个固定金额。技术价格则是同技术接受方利用技术所取得的经济效益联系在一起的,是"技术接受方收入或利润的一部分",也叫提成费,从接受方的总收入中支付。国际上通称为 LSLP(licensor's share of licensee's profit),即技术提供方占技术接受方利润的份额。

技术提供方占技术接受方利润的份额通常以一个固定百分比表示,该百分数通称为提成率(royalty rate)。提成率的计算公式如下:

提成率=提供方在接受方利润中的份额×(接受方的销售利润/接受方产品净销售额)

或　　　　提成率=(支付给技术提供方的使用费/产品的净销售额)×100%

一般讲,基础工业提成率应为 2%~3%,工业中间产品应为 3%~4%,耐用消费品应为 4%~5%,非耐用消费品应为 4%~5%,高级技术产品应为 5%~6%。

技术提成费分技术单元核算,具体包括基本费用、特别设计费、分包部分所花费的费用、项目技术文件准备费用、培训费,以及提供方所期望得到的利润。得出总的使用费水平后,根据利润水平或销售总额确定合适的提成率。

确定提成率时还要考虑具体方式的差价因素,如是否独占、受方服务区域大小、支付方式、支付货币、专家条件等。

技术价格计价方法有统包计价、提成计价、固定与提成相结合计价三种方法。技术价格的支付方式有一次总付、提成支付、入门费加提成费三种方式。

3. 影响技术价格的因素

影响技术价格的因素除了直接构成价格的因素(即开发成本、机会成本、转让和服务费用、新增利润分成等)以外,还有以下几项。

(1)技术的成熟程度。技术的成熟程度直接影响到技术买方的消化、吸收和创造价值,从而决定了技术买方技术风险和投资风险的大小。处于开发阶段的实验室技术,尚未进入商业化生产,不够成熟,价格不高;进入商业化生产处于成长期和成熟期的技术,成熟程度较高,产品的市场销售处于上升或高峰阶段,技术的价格最高;技术进入衰退阶段,即将被新的技术所淘汰时,其价格随之越来越低。

(2)技术的生命周期。不同类型的技术,更新速度(即生命周期)差别很大。技术寿命长的,技术卖方可多次转让,转让价格相对降低;技术买方可以较长时间利用该项技术,获得较高的经济效益,也肯出较高的代价购买。寿命较短的技术,常常令人望洋兴叹,成交难度大。只有在技术买方消化能力、经济实力、销售能力较强,在看准市场需求的前提下才肯购买,其价格也就受到寿命的影响。

(3)技术转让次数。技术买方往往非常关心技术是否已经转让和转让的次数。每一次转让都意味着产品市场的缩小和竞争对手的增加,当然也说明了技术卖方开发费用的回收情况。因此,通常情况下技术的价格与技术转让次数成反比。

(4)技术的法律状态。所谓法律状态,是指一项技术是否申请了专利,能不能受到专利法的保护。通常同一项技术处于不同的法律状态,其价格也不同。

(5)技术买方的自身条件。技术买方接受技术的能力,即技术水平、管理水平、销售能力、经济实力,以及企业的地理、交通、资源、政策环境等,对引进技术的"成活率"和产生效益的多寡有直接影响,对技术成交的价格也有很大影响。技术买方自身条件差,技术卖方往往会抬高价格,特别是要求提高买方初期付费的比例,减少自身风险。

(6)技术的垄断程度。当某项技术垄断程度较高,甚至是独家占有,又缺少同类替代技术时,就形成了局部的卖方市场,价格畸高,不利于技术买方。打破垄断的办法是寻求同类技术或者自行开发。

4. 技术价格的谈判

技术贸易谈判一般分为技术谈判和商务谈判两个部分,通常是先谈技术,再谈商务。技术谈判是明确交易的内容和目标,商务谈判是规定交易的条件。商务谈判的中心环节是价格谈判。在明确可供转让的技术之后,成交价格是关键。

价格谈判一般分为询价、报价和还价三步。通常是买方询价,卖方报价,买方还价。

(1)询价。询价是在技术内容已确定的基础上,要求卖方提出转让条件。询价可以分两步走。首先是多方初步询价,了解不同技术卖方的转让条件,掌握技术的价格范围和其他转让条件。其次是详细询价,是在技术谈判之后具体地了解技术卖方报价内容。

(2)报价。报价是技术卖方根据买方要求提出的成交条件。报价要经过认真的核算,既要提出确凿的数据说明己方技术的先进性、可靠性和经济性,又要说明开价的合理性,使该价格有说服力和竞争力。

(3) 还价。技术买方在还价之前要进行比价,即把对外询价后反馈的信息进行分析比较。比较的因素有技术的先进性、适用性、经济性、转让费总额、支付方式、双方的义务和权利等。

价格有不同的比较方式:①横向比较,即货比三家,与市场同类技术的价格相比较;②纵向比较,即与历年成交的价格比较;③总体比较,即对技术项目或成套设备的总投入进行比较;④单项比较,即把总价格分解,按软件、硬件,或者再行细分进行比较。

比价之后是还价,买方要求卖方在价格或权利义务上做出让步。经过几个回合的讨价还价,买卖双方最终达成成交价格和一揽子协议。

价格谈判的实质是双方对新增利润的分配比例进行协商。双方都不可能独得新增利润。技术卖方独得新增利润,意味着技术买方无利可图,引进技术只是"替人做嫁衣";技术买方独得新增利润,意味着技术卖方除回收成本之外也无利可图。技术卖方开出的底价应低于技术买方开出的顶价,两个价格范围有重叠部分,双方就有谈判的余地。讨价还价就是在价格重叠部分进行。这个价格范围并非一成不变,随着协议内容、技术成分和交易环境条件的改变,双方报价和最终价格都可能随之调整变化。

19.2 国际工程承包

19.2.1 国际工程承包的含义

从狭义来看,国际工程承包是指一个国家的政府部门、公司、企业或项目所有人(一般称工程业主或发包人)委托国外的工程承包人负责按规定的条件承担完成某项工程任务。国际工程承包是一种综合性的国际经济合作方式,是国际技术贸易的一种方式,也是国际劳务合作的一种方式。之所以将这种方式作为国际技术贸易的一种方式,是因为国际承包工程项目建设过程中,包含大量的技术转让内容,特别是项目建设的后期,承包人要培训业主的技术人员,提供所需的技术知识(专利技术、专有技术),以保证项目的正常运行。同时,国际工程承包又带动了劳动力要素在国际范围内的移动,促进了相关国家之间的人员往来和劳务合作。

从广义来看,国际工程承包是一个跨行业、跨地域、具有多种业务模式的产业范畴。从交通、电力、水利、电信等基础建设,到制造业、办公楼、工矿企业、居民房屋建设,国际工程承包与其都有关联;从北美洲、欧洲等发达地区到亚洲、非洲、南美洲等发展中地区,国际工程承包业务无处不在;从BOT(建设-运营-转让)等综合运营项目到融资、咨询设计、施工管理、工程项目实施,国际工程承包业务的模式多种多样。

国际承包工程与国内工程相比,风险要大得多。国际工程承包涉及工程所在国的政治和经济形势,国际关系,货币金融市场状况,该国有关进口、出口、资金和劳务的政策法规、外汇管制办法等诸多方面,还可能遇到不同的业主、不同的技术标准、不同的地理与气候条件。

在过去几十年里,国际工程承包从单一的工程承包形式逐步被综合性的国际经济合作方式所取代。这种合作方式融合了设计施工总承包、国际投资、项目融资、国际信贷、国际贸易、技术转让、BOT、BT(建设-转让)等多种方式。因此它已逐渐成为一个高度综合性的产业。现在的国际工程承包商不能仅仅提供传统的工程服务,还要成为国际投资人、资本运营商和国际贸易商。国际工程承包处在这样复杂多变的环境中,必然存在较大的风险,所以国际工程承包行业被认为是一种"风险事业";但高风险相应带来高收益,国际工程承包市场一直保持着较高的增长速度,具有相当的获利空间,是一种"高收益事业"。

19.2.2 国际工程承包合同及其种类

国际工程承包合同是工程业主(发包人)与工程承包人之间就承包的工程项目所达成的具有约束力的法律文件,该文件确定了在工程项目承包中双方的权利、责任和义务等法律关系,也是工程项目执行和验收的重要法律依据。

根据合同中承包人责任的不同,国际工程承包合同可以划分为以下几种。

(1)分项工程承包合同,是指发包人将一个总的项目分为若干个部分,甚至每个部分再分为几个子项目,分别与若干个承包人签订的承包合同。每个承包人可以承包一个或数个分项目或子项目,且只对自己承担的分、子项目负责。整个工程项目的协调与总负责,由发包人自身承担。

在这种合同中,承包人的责任相对较小,总项目执行效果如何,主要由发包人自己负责。

(2)"交钥匙"工程承包合同,是指承包人从工程项目的勘察开始,到可行性研究、设计、制订施工方案、工程建设、设备安装、员工培训、试车,直至投产等所有环节全部承包,当工程达到设计标准,达到稳产状态后,将项目交付发包人进行经营管理的承包合同。

按照这种合同,承包人承担的风险和责任比较大。承包人必须在达到设计标准后才算履行了全部义务。一般都在投产或运行一定时期后,根据产品质量、产量、原材料消耗等实际指标判断和评估项目完成的情况。

与此相似的还有"半交钥匙"工程承包合同,它与前者相比,就是不负责产品的生产。承包商只负责从勘察开始,到试车成功的责任和风险。只要设备能够按照合同技术要求正常运转,就可以将完工后的项目移交给发包方。

(3)"产品到手"工程承包合同,同"交钥匙"工程承包合同相比,承包人还须负责工程项目投产后一段时期内(通常为两到三年)生产该产品的技术指导、技术培训、设备维修和生产管理,在发包方技术、管理能力能够保证产品的生产符合合同的规定标准后再移交工程项目给发包商。所以,在此类合同下,承包商承担最大的责任、义务和风险,因此,项目的回报要求相对也最高。

在现代国际工程承包中,随着国际直接投资的发展,还出现了 BOT、BT 等新形式。BOT,就是建设(building)、运营(operation)、转让(transfer)的缩写,即通过承包商(投资者)直接投资建设该工程项目,并经营运行一定长时间,然后根据项目净资产和盈利状况,将整个项目作价转让给发包商(东道国投资商)的一种融投资与工程承包为一体的国际经济合作方式。BT 就是建设和转让,比 BOT 少了运营这个环节,也是投资与承包结合的国际经济合作方式。

根据承包合同的计价方式不同,国际工程承包合同还有固定价格合同和成本加费用合同。固定价格合同,也叫总包价合同,即发包人应当支付给承包人的费用采取一揽子估价方式的合同。成本加费用合同是指成本由发包人根据承包人在完成工程项目和合同规定的任务时的实际支付实报实销,发包人另支付承包人部分酬金的承包合同。总包价合同要求承包人在投标时要将自己的成本向发包人公开,且固定不变,而成本加费用合同的成本是变化的。所以,前者又叫公开成本合同,后者又叫开口合同。

19.2.3 国际工程承包的投标

投标本身也是一个过程,主要经过投标前的准备、询价、制定标价、制作标书、投递标书、竞标等程序。

1. 投标前的准备

投标前的准备工作十分重要,它直接影响中标率的大小。准备工作应从以下三个方面入手。

(1)收集有关信息和资料。需要收集的资料主要包括两个方面:一是项目所在国的情况,如项目所在国政治的稳定性，与邻国的关系，经济的发展水平，基础设施状况，金融与保险业的发达程度，水、电、石油、天然气、原材料的供应状况，自然、社会、文化环境等；二是收集竞争对手的有关资料，其中主要是了解能够参与本行业投标的企业数目，这些企业的经营状况、生产能力、知名度，以及它们参加投标的次数和中标率等。

(2) 研究国际招标法规。国际招标活动涉及的东道国法规有采购法、合同法、公司法、税法、劳动法、外汇管制法、保险法、海关法、代理法等。

(3) 组成投标小组。投标小组的成员应为从本企业各部门中选拔出来的具有各种专业技术的人员，他们的能力将是本企业能否中标和获利的关键。

2. 询价

询价是投标人在投标前必须做的一项工作，因为承包商在承包活动中，往往需要提供设备和原材料，询价的目的在于准确地核算工程成本，以做出既有竞争力又能获利的报价。有时生活物资和劳务的价格也是询价的一个内容。

3. 制定标价

投标价格的制定工作可以分成以下两步：

(1) 核算成本。成本主要包括直接成本和间接成本。直接成本主要包括工程成本、产品的生产成本、包装费、运输费、运输保险费、口岸费和工资等，间接成本主要包括投标费、税费、施工保险费、经营管理费和贷款利息等。此外，一些不可预见的费用也应考虑进去，如设备、原材料和劳务价格的上涨费，货币贬值费，以及无法预料或难以避免的经济损失费等。国外工程投标报价内容包括各单项工程直接费用及其他各项费用。根据国际上惯做法，承包国外工程所发生的各项费用，除招标文件允许明列的少数项目（如临时设施费、施工机械费等）外，其他各项费用一般为待摊费，应分摊折算在各单项工程单价内，不单独明列。

(2) 确定投标价格。确定投标价格考虑的因素主要有以下三个：一是成本，原则上讲，承包商在成本的基础上加一定比例的利润便可形成最后的标价；二是竞争对手的情况，如果竞争对手较多并具有一定的经济和技术实力，标价应定得低一些；三是企业投标的目的，若是想通过工程的建设获取利润，那么标价必须高于成本并有一定比例的利润。在目前承包市场竞争如此激烈的情况下，很多承包商不指望通过工程的建造来取得收益，而是想通过承包工程带动本国设备和原材料的出口，进而从设备和原材料的出口中获取利润，出于这种目的的承包商所制定的标价往往与工程项目的建造成本持平或低于成本。当然，标价定得越低，中标率则越高。

4. 制作标书

标书是投标书的简称，也称投标文件。它的具体内容依据项目的不同而有所区别。编制标书是指填好投标书及附件、投标保证书、工程量清单和单价表、有关的技术文件等，投标人的报价、技术状况和施工工程质量全部体现在投标书中。在编制标书以前，预审合格的承包商根据业主的通知到指定的机构购买招标文件，并一定要仔细阅读招标文件。编制的标书一定要符合招标文件的要求，否则投标无效。

5. 投递标书

投标书编制完成以后，投标人应按招标人的要求装订密封，并在规定的时间内（投标截止日期前）送达指定的招标机构。投递标书不宜过早，一般应在投标截止日期前几天为宜，同时也不宜过晚，若超过投标截止日期则为废标。

6. 竞标

开标后投标人为中标而与其他投标人的竞争叫竞标。投标人参加竞标的前提条件是成为中标的候选人。在一般情况下,招标机构在开标后先将投标人按报价的高低排出名次,经过初步审查选定 2~3 个候选人,如果参加投标的人数较多并且实力接近,也可选择 5~7 名候选人。招标机构通过对候选人的综合评价,确定最后的中标者,有时候也会出现 2~3 个候选人条件相当、招标机构难以取舍的情况,在这种情况下招标机构便会向候选人重发通知,再次竞标,投标人这时候将会采用各种手段竞标,以决胜负。

19.3 租赁贸易与出口信贷

19.3.1 租赁贸易的概念和种类

1. 租赁贸易的概念

租赁是指根据出租人与承租人订立的商品或设备租赁契约,出租人以收取一定数量的租金为代价,而把物品交付给承租人在一定期限内使用和支配的一种经济交易方式。租赁是以信用为基础的、以融资和融物为一体的一种资产使用权转移方式。现代租赁大多是金融租赁,即专门为企业提供筹资的一种租赁业务。

租赁贸易是指承办租赁业务的企业与承租企业签订的租期一年及以上的租赁合同,在物权不变的情况下实现商品使用权转移的一种贸易方式。国际租赁贸易就是指承租人与承办租赁业务的企业不在一个国家的租赁贸易方式。具体地说,国际租赁贸易就是不同国家的租赁公司或企业与承租人之间签订国际租赁贸易合同,通过租赁形式实现货物进出口的国际贸易方式。国际租赁在商品进口的同时也利用了国外资本。因此,国际租赁是典型的与贸易有关的国际资本运动。

租赁业务中的承租人为设备的使用方(相当于进口人),但它不具有该设备的物权。出租人为购买设备或拥有设备的人(相当于出口人),虽然为承租人提供了设备,但物权并未转移。所以,租赁贸易在一定意义上讲,是一项与商品贸易有关的投融资活动,也是国际金融与国际财务分析研究的主要内容之一。

2. 租赁贸易的种类

根据租赁的目的、方式、当事人等,租赁贸易有以下几种类型。

(1) 经营租赁。经营租赁,也叫服务性租赁、使用租赁、营运租赁等,是租期较短,租赁标的的维修、保养、保险等由出资人负责的一种租赁业务。经营租赁的租期一般大大低于设备或商品的使用期,一期租赁合同所付租金只是租赁公司购买该标的成本的一部分。因此,经营租赁又称为"不完全支付租赁",出租人必须负责出租标的的良好状态,以备再次出租使用。经营租赁由于包含了维护服务等因素,租金一般较高。经营租赁的当事人较少,只有出租人和承租人两个当事人。

(2) 融资租赁。融资租赁也称设备租赁,是国际租赁贸易的主要形式,以长期的设备租赁为主,主要的目的是融资。融资租赁的当事人一般有三个。承租人所需要的设备由承租人与供货方谈好技术条件和要求,由出租人出资与供货商谈妥商务条件,签订购买合同,并将设备出租给承租人。融资租赁的租期一般与设备寿命期基本相同,属于长期租赁。在租赁期内,设备使用和维护等全部费用和风险由承租人负责。租赁期满,设备归承租人所有,或者承租人支付设备残值后拥有设备。融资租赁的租金包括出租人购买设备的成本、投资购买设备的资本利息、租赁活动费用、预期利润、管理费等。融资租赁属于完全付清租赁,在一个租期内可以收回全部投资,并获得盈利。租金的来源实际上是承租人设备的折旧、设备租赁融资的机会收益、设备进口与租赁的活动费用摊销等。租赁的设备不计入固定资产,因此无须提取折旧,也不必缴纳固定资产投资税。租赁的租金可以计入成本。因此,融资租赁具有先期投入少、租期长、税负较低等优点。融资租赁贸易的当事人关系如图19-1所示。

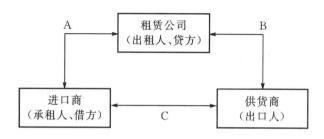

图19-1 融资租赁示意图

图19-1中,A代表承租人与出租人之间的租赁关系和借贷关系,双方签订设备租赁合同;B代表出租人与供货商的设备买卖商务关系,双方签订购货商务合同;C代表承租人与供货商的设备进出口关系,双方签订货物交付、验收和技术支持等业务合同。

(3)杠杆租赁。杠杆租赁也叫衡平租赁,是在融资租赁基础上,由出租人利用设备抵押贷款,自己只支付设备货款一小部分的间接融资租赁。杠杆租赁的当事人至少有四个,如果设备抵押需要财产保险,就会有五个当事人。杠杆租赁一般用在大型设备的租赁贸易中,是目前应用最为广泛的国际间接租赁贸易的形式。

杠杆租赁的当事人及其合同关系如图19-2所示。图中A、B、C的关系含义与合同性质和图19-1融资租赁示意图中说明完全一致。D代表租赁公司与银行、银团或其他金融机构签订的设备抵押贷款合同,反映出租人与金融机构之间的金融信贷关系;E代表出租人与保险公司之间的财产保险关系,双方签订的是设备财产保险合同。在杠杆租赁中,出租人一般至少支付货款的20%,其余所缺货款可以通过经过财产保险的设备抵押贷款进行支付。

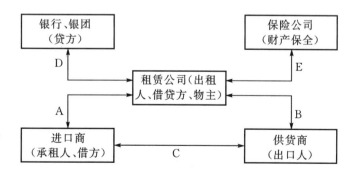

图19-2 杠杆租赁示意图

(4)回租租赁、转租租赁与其他租赁形式。回租租赁的直接目的就是融资,是设备所有权人将其所拥有的设备出售给出租人,获得设备价款,然后又将设备租回继续使用。实际上,设备自身并没有发生任何变化,仅仅是所有权发生转移,设备的经济属性由自有的固定资产变为租赁的资产。它可以为企业筹得部分资金,用于扩大再生产或生产技术革新。

转租租赁是由租赁公司或银行信托机构以第一承租人身份从国外租赁公司租入设备,再由其作为第二出租人将租入的设备出租给第二承租人的租赁方式。转租租赁中要签订两个租赁合同,要求前后两个租赁合同条款应基本一致,以免使转租人承担不必要的风险。

另外,在补偿贸易等方式中,也有租赁与补偿贸易结合、与来件加工或来料加工结合等综合租赁方式。例如,在设备租入后,以该设备生产的产品折合成租金形式支付给设备提供方,通过租赁支付租金形式实现了设备费用的补偿。

19.3.2 融资租赁的一般程序

在国际租赁贸易中,融资租赁是最常见的基本形式。其一般程序有以下几个环节。

1. 选定租赁标的,进行租赁决策

承租人根据生产需要、自身技术条件、筹资能力以及国家贸易与投资政策等因素,对所需要设备的使用做出分期付款购买还是租赁的决策。为此,首先要选定所需要的设备供应方,并就设备规格、型号、交货期、价格、付款方式、设备维护与保养等条件进行谈判。同时,承租人还应根据初步谈判结论,和出租人进行租赁预约,向出租人通报设备的价格和交货情况,并要求出租人提出租金估价,并对租金进行初步协商。

租金是租赁贸易合同的主要条款之一,也是租赁决策最主要的依据之一,是出租人与承租人最关心的议题和经济利益最直接的体现。租金一般包括出租人购买设备的成本、投资利息、保险费用和预期利润等内容。出租人还要考虑租金支付的过程性和时间差异,需要对资金进行时间价值折算。出租人经营中的税负也应有所考虑。

承租人根据与供货商的初步谈判结论和出租人的租金协商结果,通过技术经济方法对购买或租赁做出选择。决策的依据是何种选择最有利于降低成本或增加收益。决策的手段和方法主要是技术、财务、管理的经济技术评价。如果决定通过租赁贸易引进该设备,就应和出租人一起对设备的购买和使用与供货商洽谈商务条件与技术条件。一般情况下,出租人只负责商务谈判,有关技术责任问题由承租人与供货商直接谈判确定。出租人有时候可以接受委托,代表承租人与供货商联系,但责任由承租人全权承担。

2. 签订租赁合同

承租人在选定设备后,要向出租人提出租赁预约。出租人接到预约后要求承租人提交企业经营的各种报表,对承租人进行资格审查,必要时可以通过委托咨询公司进行调查。审查结论决定是否同意为承租人提供设备租赁。如果认为符合租赁要求,就可以与承租人商定租赁条件,签订租赁合同。

租赁合同是国际租赁贸易合同文件的一部分,一般包括一般性条款与专业性条款两大类。一般性条款主要有合同说明条款(鉴于条款)、合同生效条款、租赁设备条款、设备交货与验收条款、税款费用条款、租金及租金支付条款、租期与起租日期条款,以及不可抗力和法律适用等条款。特殊性条款主要是购货合同与租赁合同关系条款,租赁设备所有权与使用权权限条款,承租人中途不得解约条款,租赁保证金与担保条款,违约与补救条款,保险条款,租赁设备使用、保管、维护和保养条款,设备租赁期满处理条款,租赁债券抵押条款,转租赁条款,预提所得税条款,第三方责任条款,等等。

3. 签订购货合同

根据租赁合同规定,由出租人与供货商洽谈设备购买的商务条件,达成一致后签订购货合同。购货合同的一般条件与商品贸易合同完全相同。但租赁中的购货合同不是一个独立的主体,只是租赁贸易合同文件之一,必须与租赁合同要求的设备技术条件相符合,且要由承租人同意并确认各项合同条款。另外,合同应对交货、验收、技术服务与维修等做出特殊的规定。

4. 交货、验收和付款

根据购货合同与租赁合同的规定,供货商将货物出口交付承租人使用。待设备安装调试结束,由承租人进行验收,验收合格,开始计算租期,承租人开始支付租金,出租人根据验收合格报告向供货商(出口方)支付货款。

5. 办理保险和贷款

为了保证设备的完好,出租人负责与保险公司签订保险合同,办理设备的保险,并支付保险费。如果是杠杆租赁,办理保险后的设备可以用于抵押贷款,出租人负责与银行等金融机构签订贷款合同,通过贷款支付设备的货款。

6. 签订设备维修合同

承租人与供货商签订设备维修合同,承租人负责设备维护、保养等费用,供货商负责设备的正常使用。

7. 租赁期满设备的处理

租赁期满,根据租赁合同规定,设备转交承租人,出租人应办理所有权转让手续,或者根据合同规定,由承租人按照设备残值付费购买获得该设备。

在一般情况下,除非承租人具有很高的信誉,出租人要求承租人开出由银行、保险公司或其他金融机构开出的保函,才会提供融资租赁。

19.3.3 国际商品贸易中的出口信贷

1. 出口信贷的含义及特点

出口信贷是与贸易有关的国际资本借贷活动。出口信贷是政府为鼓励扩大出口而提供的优惠贷款。

出口信贷具有三个特点。

第一,出口信贷一般与大型设备出口相联系,与大批量购买有关,因此具有贷款金额大、时间长的特点。出口信贷在许多国家有最低起点额而没有最高限制。它与一般贸易融资不同,数额不大的一般商品贸易可以利用商业信用融资3~6个月,最长一年左右。出口信贷一般都在两年以上。当然,有的国家为鼓励商品出口,对于一般商品贸易也提供两年以下的出口信贷。但大部分出口信贷用于支持单个大型设备出口或大批量商品采购。

第二,出口信贷以出口信贷保险为基础,实现信贷与保险相结合,有利于降低大宗设备或货物的出口风险。出口信贷支持的货物或设备,在出口交货后两年甚至更长一段时间后才开始付款,因而具有巨大的出口风险。一般商业银行不愿意提供贷款,保险公司也拒绝担保或受理保险。而出口信贷是由官方支持的信贷活动,官方设立专门的进出口信贷银行,为商业银行的贸易贷款提供担保,为保险公司办理再保险,或者直接作为市场参与者提供长期的政府信贷资金或直接作为保险人为出口商提供付款风险担保,从而有利于降低出口企业的收汇风险,鼓励本国企业扩大出口。

第三,出口信贷是政府干预经济生活的重要手段。国家成立专门的出口信贷机构,办理出口信贷业务和出口信贷保险。进出口信贷机构一般都称为进出口银行,但它是国家所有的政府部门。也有的国家是由国家与商业银行合股成立进出口银行办理出口信贷业务。出口信贷具有很强的政策性,也是国家干预进出口活动和调整对外贸易政策的手段。

2.出口信贷的业务程序

出口信贷业务从企业角度出发,根据出口信贷类型不同,具体做法也不同。

如果是我国的进口企业需要利用卖方出口信贷,那么只要在商品交易合同中规定延期付款条件即可。申请取得卖方出口信贷是出口商的责任,偿还贷款也是出口商的义务。

如果进口企业要求申请买方出口信贷,则要求企业向当地有外汇业务权限的银行提出申请,银行根据国家外汇贷款管理办法逐级申报审批。经批准后,进口企业可以商定签署贸易合同,同时与银行签订贷款协议。银行总行负责与外国进出口信贷银行签订买方出口信贷贷款合同。企业收到设备或货物,并安装、调试、验收合格后,开始执行合同,支用贷款全额支付货款。同时根据贸易合同与贷款协议要求,进口企业分期还款或到期一次结算贷款本金、利息和手续费等相关费用给签有贷款协议的银行。银行总行根据出口信贷合同负责对外还本、付息、付费,并负责结清账户。

如果是我国的出口商与国外的进口商商定利用出口卖方信贷或者是出口买方信贷,都必须向出口方进出口信贷银行提出贷款申请。出口信贷银行要对申请贷款的出口商(或外国进口商)进行认真的贷前调查。确认出口设备或产品为本国所生产,并要求买方首付价款的15%以上(船舶要求在20%以上)。必要时银行参与出口贸易合同的洽商,初步确定贸易合同与贷款协议。在充分的贷前准备基础上,若出口信贷银行确认该出口符合国家出口信贷政策,可以通过总行或其代理行与出口人(或进口商所在国家的进出口银行,或信誉较高的进口商)签订贷款合同。出口商在向买方交货后,根据买方延期付款的条件,可以根据贷款协议使用贷款,安排国内生产;或者交货后,由国外买方根据贷款协议,利用贷款支付全额货款。贷款到期后,根据贷款协议,由卖方(或买方)向银行偿还贷款本息和费用。

本章小结

本章分别介绍了国际技术贸易、国际工程承包、国际租赁贸易和出口信贷等内容,对国际技术贸易的对象、交易方式和价格支付,国际工程承包合同与投标、租赁贸易的种类分别进行了重点介绍和分析。

名词术语

国际技术转让　国际技术贸易　专利　商标　技术价格　LSLP　"交钥匙"合同　融资租赁　经营租赁　出口信贷

思考与练习

1.国际技术转让与国际技术贸易有何区别和联系?国际技术贸易有哪些特点?

2.国际技术贸易的对象和方式各是什么?

3.技术的价格是如何确定的?其支付方式都有哪些?各有何特点?

4.国际工程承包有哪些类型?近年来的发展变化有哪些?

5.国际工程承包具有哪些特点?为什么说国际工程承包是一种综合性的国际经济合作方式?

6. 国际工程承包的投标程序有哪些步骤?
7. 什么是租赁贸易?租赁的类型有哪些?
8. 融资租赁的当事人有哪些?他们之间的关系是什么?
9. 什么是杠杆租赁?杠杆租赁的当事人及其合同关系都有哪些?
10. 什么是出口信贷?出口信贷有哪些特点?
11. 出口信贷有哪几类?试分析不同类型出口信贷的操作程序。

实验项目三十八　实验项目三十九

第 20 章　网络环境下的国际贸易

20.1　电子商务与国际贸易概述

20.1.1　电子商务的定义

电子商务的定义可以分为狭义和广义两个层次。

从狭义上讲,电子商务可定义为:在技术、经济高度发达的现代社会里,掌握信息技术和商务规则的人,系统化运用电子工具,高效率、低成本地从事以商品交换为中心的各种活动的总称。在一般情况下,如果不做特别说明,电子商务专指其狭义的定义。

从广义上讲,电子商务可定义为电子工具在商务活动中的应用。电子工具包括从初级的电报、电话到互联网等现代系统,商务活动是从泛商品(实物与非实物,商品与商品化的生产要素等)的需求活动到泛商品的合理、合法的消费除去典型的生产过程后的所有活动。

20.1.2　电子商务的分类

电子商务涵盖的内容十分广泛,国内通常使用的分类标准如下。

1. 根据电子商务活动的性质分类

按其活动的性质,电子商务可分为电子事务处理和电子贸易处理两类。

(1)电子事务处理(无支付)。如网上报税、网上办公、网上签约、网上招标等,可以大大提高工作效率,增加工作透明度,有助于树立信息化政府和企业的形象。

(2)电子贸易处理(有支付)。如网上购物、网上交费、网上缴税、网上直销等,能够方便消费者,降低企业运作成本,减少交易环节,增强企业的竞争能力。

2. 根据电子商务的参与对象分类

按其参与对象,电子商务可分为五类,即企业对消费者、企业对企业、企业对政府机构、消费者对政府机构、消费者对消费者的电子商务。

(1)企业对消费者(B2C)的电子商务。B2C,也称商家对个人客户或商业机构对消费者的电子商务,它基本等同于电子零售商业,如通常所说的网上购物。这里的"物"不仅指具体的、有形的实物,也指无形的信息和服务。

(2)企业对企业(B2B)的电子商务。企业对企业的电子商务,也称为商家对商家或商业机构对商业机构的电子商务。它是指企业与企业之间通过互联网等现代信息技术手段进行商务活动的电子商务模式。

(3)企业对政府(B2G)的电子商务。这是指企业通过互联网向政府机构销售产品或提供服务的电子商务模式。

(4)消费者对政府(C2G)的电子商务。通过消费者对政府机构的电子商务,政府可以把电子商务扩展到福利费发放和自我估税及个人税收的征收方面,通过网络实现个人身份的核实、报税、收税等。

(5)消费者对消费者(C2C)的电子商务。这是指个人之间通过互联网进行产品销售或提供服务的电子商务模式。

3. 根据商业活动运作方式分类

按商业活动的运作方式,电子商务可分为完全电子商务和不完全电子商务两类。

(1)完全电子商务:可以完全通过电子商务方式实现和完成整个交易过程。

(2)不完全电子商务:无法完全依靠电子商务方式实现和完成完整交易过程,它需要依靠一些外部要素,如运输系统等来完成交易。

20.1.3 网络环境下的国际贸易的产生与发展

1. 第一阶段:基于 EDI(电子数据交换)的国际贸易电子商务化阶段

在"无纸化"贸易需求的推动下,为了克服传统的人工处理单证和文件的困难,贸易商们开始在商务活动中尝试运用计算机来处理商务活动中所涉及的文件和单据。在使用计算机处理各类商务文件的时候,人们发现由人工输入一台计算机中的数据 70% 是来源于另一台计算机输出的文件,但由于传真文件是通过纸面打印来传递和管理信息的,不能将信息直接转录到另一个需要使用这些信息的信息系统中。在重复的输入和输出过程中,过多的人为因素影响了数据的准确性和工作效率的提高,因此人们开始尝试在贸易伙伴之间的计算机上使数据能够自动交换,EDI应运而生。

EDI 是将业务文件按一个公认的标准从一台计算机传输到另一台计算机上去的电子传输方法。由于 EDI 大大减少了纸张票据,因此,人们也形象地称之为"无纸贸易"或"无纸交易"。从技术上讲,EDI 包括硬件与软件两大部分,硬件主要是计算机网络,软件包括计算机软件和 EDI 标准。从硬件方面讲,20 世纪 90 年代之前的大多数 EDI 是通过租用的电脑线在专用网络上实现的,这类专用的网络被称为增值网(value-added network,VAN),这样做的目的主要是考虑安全问题。从软件方面看,EDI 所需要的软件主要是将用户数据库系统中的信息翻译成 EDI 的标准格式以供传输交换。由于不同行业的企业是根据自己的业务特点来规定数据库的信息格式的,因此当需要发送 EDI 文件时,从企业专有数据库中提取的信息必须翻译成 EDI 的标准才能进行传输。EDI 即是电子商务的初级阶段。

2. 第二阶段:基于互联网的国际贸易电子商务化阶段

EDI 的运用,使得单证和文件处理的劳动强度、出错率和费用都大为降低,效率大为提高,极大地推动了国际贸易的发展,显示出巨大的优势和强大的生命力。但由于 EDI 通信系统的建立需要较大的投资,使用 VAN 的费用很高,仅大型企业才会使用,因此限制了基于 EDI 的电子商务应用范围的扩大。而且 EDI 对于信息共享的考虑较少,比较适合具有大量的单证和文件传输的大型跨国公司。随着大型跨国公司对信息共享需求的增加和中小公司对 EDI 的渴望,迫切需要建立一种新的成本低廉、能够实现信息共享的电子信息交换系统。

20 世纪 90 年代中期后,互联网迅速普及,逐步地从大学、科研机构走进了企业和百姓家庭,其功能也已从信息共享演变为一种大众化的信息传播工具。从 20 世纪 90 年代初开始,一直排斥在互联网之外的商业贸易活动正式进入这个王国,因而使电子商务成为互联网应用的最大热点。在全球普及的互联网克服了 EDI 的不足,满足了中小企业对电子数据交换的需要。在互联网基础上建立的电子信息交换系统,既成本低廉又能实现信息共享,为在所有的企业中普及商务活动的电子化——电子商务提供了可能。

3. 第三阶段:E 概念的国际贸易电子商务化阶段

自 21 世纪初以来,人们对于电子商务的认识,逐渐由电子商务扩展到 E 概念的高度,人们认识到电子商务实际上就是电子信息技术同商务应用的结合。而电子信息技术不但可以和商务活动结合,还可以和医疗、教育、卫生、军事、政府等有关的应用领域结合,从而形成有关领域的 E 概念。电子信息技术同教育结合,孵化出电子教务——远程教育;电子信息技术和医疗结合,产生出电子医务——远程医疗;电子信息技术同政务结合,产生出电子政务;电子信息技术同军务联系,孵化出电子军务——远程指挥;电子信息技术和金融结合,产生出在线银行;电子信息技术与企业组织形式结合形成虚拟企业;等等。

20.1.4　电子商务对国际贸易的影响

电子商务改变了国际贸易市场格局,促进了国际贸易的飞跃发展。开展电子商务,买卖双方都可以通过网络进行交易,实现了资本、商品、技术等生产要素在全球范围内的自由流通和优化配置,打破了地域空间带来的贸易活动障碍,减少了国际贸易中存在的市场壁垒,推动了"无国界"全球化大市场的形成,促进了国际贸易市场格局的变化。电子商务突破了时空限制,真正实现了信息跨国传递和资源共享,推动国际贸易实现快速增长和发展。

电子商务界定了国际贸易运作规则,催生国际贸易巨大变革。一是改变了国际贸易交易方式。传统国际贸易需要在固定场所面对面协商达成交易,而电子商务以信息网络为载体,不需见面就可达成交易。二是改变了国际贸易营销模式。传统营销先有产品再有顾客,买卖双方通过电话沟通达成交换协议,而电子商务通过电子或互联网手段来开展电子营销。三是改变了国际贸易管理方式。传统贸易是单向物流,而电子商务则形成了以物流为依托、商流为主体、资金流为形式、信息流为核心的全新贸易管理模式。四是改变了国际贸易监管方式。电子商务推动国际贸易向无纸化和网络化方向发展,促使政府创新国际贸易监管方式,实行电子化监管,提高监管效率。

电子商务降低了国际贸易运营成本,简化了业务流程,提高了国际贸易交易效率。电子商务使贸易伙伴通过网络进行交流,实现了无纸化办公,降低了人工费用、办公费用等管理成本;通过网络将各部门采购需求整合汇集,由总部统一批量订购,最大限度降低采购成本;销售需要大量投入资金和人力资源,而电子商务给企业带来新的销售模式和管理方法,降低了销售成本和产品营销费用;产品售后服务可以通过网络自动完成,在网上解决顾客常见问题,降低售后服务成本。

20.2　网络环境下我国国际贸易相关建设

从 20 世纪 90 年代初开始,我国相继在国民经济的重要部门和信息基础较发达的行业实施了"金关""金桥""金卡""金税"等一系列"金"字工程,拉开了我国国际贸易领域运用电子商务技术的序幕。

20.2.1　金关工程

1993 年,国务院提出实施金关工程(一期),推动海关报关业务的电子化,取代传统的报关方式以节省单据传送的时间和成本。两项标准(统一进出口企业代码、进出口商品代码)和四个应用系统(配额许可证管理系统、进出口统计管理系统、出口退税管理系统、出口收汇和进口付汇核销系统)的实施,初步实现了金关工程的近期目标。

2012 年 9 月,金关工程二期由国务院批准立项。海关金关工程(二期)在金关工程(一期)项目建设基础上,通过顶层设计和科技创新,采用物联网、云计算等新技术,重点建设全国海关监控指挥系统、进出口企业诚信管理系统、加工和保税监管系统、海关物流监控系统等应用系统。

20.2.2 中国电子口岸

中国电子口岸是经国务院批准,由海关总署会同国家发展和改革委员会、工业和信息化部、公安部、财政部、生态环境部、交通运输部、国家铁路局、商务部、中国人民银行、国家税务总局、国家市场监督管理总局、中国民用航空局、国家外汇管理局、农业农村部、自然资源部等部门共同建设的跨部门、跨地区、跨行业信息平台。它依托互联网,将进出口信息流、资金流、货物流集中存放于一个公共数据平台,实现口岸管理相关部门间的数据共享和联网核查,并向进出口企业提供货物申报、舱单申报、运输工具申报、许可证和原产证书办理、企业资质办理、公共查询、出口退税、税费支付等"一站式"窗口服务,是一个集口岸通关执法服务与相关物流商务服务于一体的大通关统一信息平台,并逐步延伸扩展至国际贸易各主要服务环节,实现国际贸易"单一窗口"功能。

中国电子口岸不断深化项目应用,提升服务保障能力,基本实现了口岸大通关核心环节信息共享,在促进政府部门间信息共享、提高效率、加强监管,为进出口企业提供贸易便利、加快通关速度、降低贸易成本等方面发挥了重要作用,进一步促进了贸易便利化,改善了营商环境,为落实"三互"推进大通关建设要求,服务"一带一路"倡议提供了有力支持。

20.2.3 国际贸易单一窗口

1. 单一窗口的内涵

单一窗口是国际通行的贸易便利化措施。联合国和WTO积极倡导建设单一窗口,使得进出口企业只需要通过一个接入点向相关政府部门一次性提交单证数据。国际贸易单一窗口体现了国际上有关口岸管理的先进理念和通行规则,是各国促进贸易便利化、提高国际竞争力的重要手段,也是我国"促外贸稳增长"、推进"放管服"改革的重要措施,以及大通关建设的重要任务。

国际贸易单一窗口建设依托电子口岸公共平台,完善货物进出口和运输工具进出境的应用功能,优化口岸监管执法流程和通关流程,实现贸易许可、资质登记平台功能。

2. 单一窗口的要素和模式

单一窗口通常要具备四个要素:一是一次申报,也就是说贸易经营企业只需要一次性向贸易管理部门提交相应的信息和单证;二是通过一个设施申报,该设施拥有统一的平台,对企业提交的信息数据进行一次性处理;三是使用标准化的数据元,贸易经营企业提交的信息应为标准化的数据;四是能够满足政府部门和企业的需要。

国际上比较流行的单一窗口主要分为三种模式:

第一种是以瑞典为代表的单一机构模式,由一个机构来处理所有的进出口业务,该机构系统在收到企业进出口贸易申报数据后直接进行各项业务处理。

第二种是以美国为代表的单一系统模式,由一个信息系统处理所有的业务。

第三种是以新加坡为代表的公共平台模式,通过建立的共同平台实现申报数据的收集和反馈,企业仅需要填制一张电子表格就可以向不同的政府部门申报,申报内容经各政府部门业务系统处理后自动反馈结果到企业的计算机中。

3. 我国单一窗口的建设运行情况

中国国际贸易单一窗口依托电子口岸平台建设,作为口岸和国际贸易领域相关业务统一办理服务平台,实现申报人通过单一窗口一点接入、一次性提交满足口岸管理和国际贸易相关部门要求的标准化单证和电子信息,相关部门通过电子口岸平台共享数据信息、实施职能管理,处理状态(结果)统一通过单一窗口反馈给申报人。通过持续优化整合,单一窗口功能范围覆盖到国际贸易链条各主要环节,逐步成为企业面对口岸管理相关部门的主要接入服务平台。单一窗口提高了国际贸易供应链各参与方系统间的互操作性,优化了通关业务流程,提高了申报效率,缩短了通关时间,降低了企业成本,促进了贸易便利化。

单一窗口实现了与25个口岸管理部门总对总的系统对接和信息共享,建成上线了16大基本服务功能,可以提供600多项服务事项,服务覆盖全国所有口岸和各类特殊区域,基本上满足了企业通过一个平台"一站式"办理进出口外贸相关业务的需求。国际贸易单一窗口标准版应用服务主要包括企业资质、监管证件、原产地证、进口配额、运输工具、舱单申报、货物申报、税费办理、出口退税、查询订阅、加贸保税、检验检疫、物品通关、跨境电商、口岸物流、服务贸易、口岸收费等模块。

20.3 跨境电子商务

20.3.1 跨境电子商务的定义和基本特点

1.跨境电子商务的定义

跨境电子商务(简称跨境电商)是指分属不同关境的交易主体,通过电子商务平台达成交易、进行支付结算,并通过跨境物流送达商品、完成交易的一种国际商业活动。

跨境电商所涉及的工作环节包括商品引入、线上平台、线下门店、境外物流、保税仓储、报关报险、订单配送、结算结汇、营销推广及售后服务等。

2.跨境电子商务的基本特点

(1)全球化。互联网是没有一个边界的媒介体,具有全球性和非中心化等特征;由于经济全球化的发展趋势,商家依附于网络进行跨境销售,使得跨境销售也具有全球性和非中心化等特征。

(2)即时性。对于网络而言,传输的速度和地理距离无关。跨境电子商务中的信息交流,无论实际时空距离远近,一方发送信息与另一方接收信息几乎是同时的,交易可以在任何时间完成,超越了时间和空间的限制。

(3)匿名性。由于跨境电子商务的非中心化和全球性的特性,在线交易的消费者往往不显示自己的真实身份和自己的地理位置,而且这样做丝毫不影响交易的进行。因此很难识别电子商务用户的身份和其所处的地理位置。在虚拟社会里,隐匿身份的便利可能导致自由与责任的不对称。

(4)无纸化。电子商务主要采取无纸化操作的方式,这是以电子商务形式进行交易的主要特征。在电子商务中,电子计算机通信记录取代了一系列的纸面交易文件,用户发送或接收电子信息。由于电子信息以比特的形式存在和传送,整个信息发送和接收过程实现了无纸化。

(5)快速演进。互联网是一个新生事物,现阶段它尚处在幼年时期,网络设施和相应的软件协议的未来发展具有很大的不确定性。网络,像其他的新生儿一样,必将以前所未有的速度和无法预知的方式不断演进。

跨境电商是全球化时代的产物,是世界市场资源配置的重要载体。跨境电商是互联网时代的产物,随着全球经济一体化和互联网行业的高速发展而发展,是"互联网+外贸"的具体体现。

跨境电商作为一种新兴业态在我国呈现出爆发式的增长趋势,有着广泛的发展前景。首先,跨境电商是推动产业结构升级的新动力,为企业打造国际品牌提供了新的机遇。其次,跨境电商有利于传统外贸企业的转型和升级,对支撑我国对外贸易的稳定增长具有深远的意义。最后,跨境电商产生新业态新模式,进一步提高我国对外开放水平,创造新的经济增长点。

20.3.2 跨境电子商务与传统国际贸易比较

传统的国际贸易,是指跨越关境的物品或服务的交易,一般由进口贸易和出口贸易组成,所以也称为进出口贸易。国际贸易是不同的交易主体进行跨境交易,在贸易合同签订后交易双方要配合完成复杂的供应链流程操作。国际贸易的特点是操作环节多,涉及多个部门,操作复杂。操作流程包括外汇的结汇与核销、报关、报检、国际物流、国际保险及出口退税等多个环节。而跨境电子商务是新型的国际贸易形式,由分属不同关境的交易主体,通过电子商务平台达成交易、进行支付结算,并通过跨境物流送达商品、完成交易的一种国际商业活动。跨境电商贸易以交易平台为纽带,简化了交易环节,改善了信息不对称和支付成本高等问题。跨境电商,借助于互联网的交易平台使商品、服务及要素等的流通变得更加便捷,更自由。相对于传统的国际贸易,新兴的跨境电商拥有更多的优势。

(1) 主体方向不同。在传统国际贸易中,企业拓展海外市场是通过信息渠道宣传自己的商品和服务,吸引国外的商家,因此从传播方式来看,传统国际贸易属于信息流。在跨境电商的交易中,商家是通过平台或者自建网站等渠道,直接发布商品信息,来完成商品交易,以此来看,跨境电商走的是商品流。

(2) 签约方式不同。传统国际贸易的合同签约需要在询盘、发盘、接受条件等过程中进行,接触的内容还包括合同标的、合同价格、买卖双方义务等,签订合同往往需要通过邮寄、电话或传真方式进行信息传达,既费力又费时间。而跨境电商只是在网上进行合同签订,快捷、效率高,而且网上操作也提高了正确性和安全性。

(3) 进出口环节不同。在传统国际交易中,交易的大多是大宗商品,因此在进出口环节,企业并不会去着力考虑优化时间和成本。在跨境电商中,运输的时间和成本都会影响货物最终的成交以及利润,因此商家需要在这些环节尽量降低成本,努力提升效率。

(4) 线上交易与线下交易的交易方式不同。在传统国际贸易中,交易双方、交易方式是偏线下的,或者说交易并不通给第三方支付平台。在跨境电商中,交易双方、交易方式是依靠平台产生的,支付也是需要第三方支付平台介入的。

(5) 税收要求不同。因为国际贸易往往涉及大宗交易,因此在海关审核、税务申报方面都是比较复杂的,不仅涉及增值税,还有消费税等。跨境电商以商家面对个体的交易方式,税收方面就简单一些,有时候可能只涉及一个行邮税。

(6) 商业模式不同。国际贸易的基本模式是 B2B 方向,是全球化贸易发展初级阶段的产物,一般需要经过五个渠道(国内工厂、国内出口商、国外进口商、国外分销商、国外零售商),才能到达国外企业或消费者所在地。跨境电商的主流贸易模式是 B2C,是全球化贸易发展的必然结果。跨境电商打破了传统国际贸易的运营模式,只不过现在跨境电商和外贸的边界越来越模糊。

(7) 收款方式不同。传统国际贸易收款,一般是通过银行采用汇付、托收和开具信用证等三种方式操作,一次性或者分成两次就可以全部收齐,收款时间较短。跨境电商的收款方式有以下几种:一是借助第三方平台收款。这是专为跨境卖家量身打造的第三方跨境支付机构,其特点是注册方式简单,使用起来也很方便,没有银行账户那么麻烦,费用也较之银行账户要低。目前市场上主流的是 World First(万里汇)、Payoneer(派安盈)等。这也就是人们常说的 WF 卡和 P 卡。另外,近些年崛起的平台有 PingPong 等其他的一些第三方平台。二是国际信用卡收款,是指通过第三方信用卡支付公司集成维萨(Visa)、万事达卡(Mastercard)、日本信用卡株式会社(JCB)、美国运通(American Express)等国际信用卡支付网关来收款。

本章小结

计算机及网络技术的发展,特别是互联网相关技术的发展,将全球市场的空间和时间距离拉近,加强了全球经济一体化。随着信息技术在国际商贸领域的广泛应用与发展,国际贸易单一窗口的建设日益成为各国关注的焦点。利用现代的计算机技术和网络通信技术,逐步实现国际贸易活动的信息化和无纸化,已成为现代国际贸易发展的一大趋势。本章对网络环境下的国际贸易、单一窗口和跨境电商的基本知识和手段进行了介绍。

 ## 名词术语

电子商务　EDI　金关工程　中国电子口岸　国际贸易单一窗口　跨境电商

 ## 思考与练习

1. 谈谈电子商务相对于传统商务的优越性。
2. 中国电子口岸的功能是什么？请结合国际贸易案例来说明。
3. 简述我国单一窗口的建设运行情况。
4. 跨境电子商务有哪些特点？

实验项目四十

第四篇

中国对外经济贸易篇

第 21 章 中国对外贸易发展和贸易政策

中国的贸易发展和实践与国际贸易理论和贸易政策的研究、实践是紧密相连的。改革开放以来,中国对外贸易的长足发展,令世人瞩目;中国在全球贸易中的地位节节攀升;中国吸引的外商直接投资在发展中国家名列首位;中国制造的国际竞争力也逐步提高。所有这些都说明中国的对外贸易在世界经济中的影响日益增加。对于这样一个正在和平崛起的大国,进行它的贸易发展轨迹以及外贸体制变化等的分析和研究,有着非常重要的现实意义和战略意义。

本章将对中国的外贸发展、外贸体制改革、外贸依存度和贸易条件、国际贸易和投资的竞争力进行介绍、分析和研究。

21.1 中国外贸发展与开放经济

自中华人民共和国成立以来,特别是改革开放以来,中国经济实现了从封闭半封闭到全方位开放的伟大历史转折,中国通过积极参与国际分工和竞争,对外贸易取得了辉煌的成就。对外贸易领域从货物到服务不断拓展,规模从小到大不断扩大,质量从低到高不断提升;已经从一个贸易小国成长为世界第二大经济体和货物贸易第一大国。这一期间恰恰是经济全球化快速发展的时期。中国是全球化最大的受益者之一。

21.1.1 中国商品对外贸易发展基本情况

1. 中国货物进出口贸易总量变化

中华人民共和国成立之初,进出口总值仅为 11.35 亿美元。到 1978 年,中国进出口总值发展为 206 亿美元。自从改革开放以来,中国的对外贸易获得了迅猛的发展。其增长速度大大高于国民生产总值的增长速度。我国已从国际贸易的旁观者变成了一个积极参与经济全球化的贸易大国。我国商品进出口贸易总额 1978 年仅为 206.4 亿美元,1988 年首次超过千亿美元,2004 年首次超过万亿美元,2007 年首次超过 2 万亿美元,2011 年超过 3 万亿美元,2013 年超过 4 万亿美元。2022 年,我国商品进出口贸易总额达到 6.27 万亿美元。

中国商品出口贸易总额 1978 年仅为 97.5 亿美元,1994 年首次超过千亿美元,2007 年首次超过万亿美元,2012 年首次超过 2 万亿美元,2021 年首次超过 3 万亿美元,2022 年达到 3.56 万亿美元。中国商品进口贸易总额 1978 年仅为 108.9 亿美元,1993 年首次超过千亿美元,2008 年首次超过万亿美元,2018 年首次超过 2 万亿美元,2022 年达到 2.71 万亿美元。

2. 中国货物进出口贸易结构变化

中华人民共和国成立之初,出口商品结构以农副产品为主,约占出口总额的 70%。随着中国工业生产的发展,工业制品在出口商品中的比重不断上升。1978 年,工业制品出口占出口总额的 45.2%。改革开放 40 多年来,中国出口商品的技术含量逐步提高,工业制品的出口比重逐步上升。工业制品出口占总出口的比重 1980 年为 49.70%,而 2010 年就已经达到 94.82%。工业制品进口占总进口的比例 1980 年高达 65.23%,2020 年仍处在 66.75% 的水平(见表 21-1)。

表 21-1 1980 年、1990 年、2000 年、2010 年和 2020 年中国进出口商品结构比较

出口商品构成	年份				
	2020	2010	2000	1990	1980
初级产品：	4.46%	5.18%	10.22%	25.59%	50.30%
食品及活动物	2.45%	2.61%	4.93%	10.64%	16.47%
饮料及烟类	0.10%	0.12%	0.30%	0.55%	0.43%
非食用原料（燃料除外）	0.61%	0.74%	1.79%	5.70%	9.44%
矿物燃料、润滑油及有关原料	1.25%	1.69%	3.15%	8.43%	23.62%
动植物油、脂及蜡	0.05%	0.02%	0.05%	0.26%	0.33%
工业制品：	95.54%	94.82%	89.78%	74.41%	49.70%
化学成品及有关产品	6.53%	5.55%	4.85%	6.01%	6.18%
按原料分类的制成品	16.76%	15.79%	17.07%	20.25%	22.07%
机械及运输设备	48.57%	49.45%	33.15%	9.00%	4.65%
杂项制品	22.57%	23.94%	34.62%	20.43%	15.65%
未分类的商品	1.10%	0.09%	0.09%	18.72%	1.14%

进口商品构成	年份				
	2020	2010	2000	1990	1980
初级产品：	33.25%	31.07%	20.76%	18.47%	34.77%
食品及活动物	4.76%	1.54%	2.11%	6.25%	14.62%
饮料及烟类	0.30%	0.17%	0.16%	0.29%	0.18%
非食用原料（燃料除外）	14.60%	15.19%	8.89%	7.70%	17.75%
矿物燃料、润滑油及有关原料	13.07%	13.54%	9.17%	2.38%	1.01%
动植物油、脂及蜡	0.52%	0.63%	0.43%	1.84%	1.19%
工业制品：	66.75%	68.93%	79.24%	81.53%	65.23%
化学成品及有关产品	10.33%	10.72%	13.42%	12.46%	14.53%
按原料分类的制成品	8.17%	9.40%	18.57%	16.70%	20.75%
机械及运输设备	40.10%	39.35%	40.84%	31.58%	25.57%
杂项制品	7.07%	8.13%	5.66%	3.94%	2.71%
未分类的商品	1.08%	1.32%	0.73%	16.85%	1.67%

数据来源：根据国家统计局网站有关统计数据计算而得。

3. 中国的重要贸易伙伴

中国的贸易伙伴由 1978 年的几十个发展到 220 多个国家和地区，与传统市场的经济贸易关系稳步推进，与新开拓市场的经济贸易关系不断增强。中国已成为 140 多个国家和地区的主要贸易伙伴。

2020年,从区域看,亚洲是中国对外贸易的主要地区,全年贸易额达23865.68亿美元,占中国对外贸易总额的51.4%,同比增长0.8%。其中,对亚洲国家与地区出口12310.62亿美元,同比增长0.9%;从亚洲国家与地区进口11555.06亿美元,同比增长0.8%。2020年,中国对欧洲贸易总额达9075.58亿美元,同比增长3.5%,其中对欧洲出口达5359.01亿美元,同比增长7.2%,从欧洲进口3716.57亿美元,同比下跌1.4%。中国与美国的贸易增长较快,2020年,中美双边贸易总额达5867.21亿美元,同比增长8.3%,其中中国出口4518.13亿美元,同比增长7.9%,中国从美国进口1349.08亿美元,同比增长9.8%。日本与韩国是中国第二和第三大贸易伙伴国,2020年,中日、中韩双边贸易额分别达3175.38亿美元和2852.64亿美元,同比分别增长0.8%和0.3%。而非洲和拉美地区的贸易依然没有明显增长。

如表21-2所示,2021年,中国的前十大贸易伙伴依次是东盟、欧盟、美国、日本、韩国、中国香港、中国台湾、澳大利亚、巴西、俄罗斯,累计贸易额达到286020.77亿元人民币;2021年我国的前十大商品出口市场依次是美国、欧盟、东盟、中国香港、日本、韩国、印度、英国、中国台湾、俄罗斯,我国向这前十大出口市场的累计出口额为166294.62亿元人民币;2021年我国的前十大进口来源地依次是东盟、欧盟、中国台湾、韩国、日本、美国、澳大利亚、巴西、俄罗斯、沙特阿拉伯,来自前十大进口来源地的累计进口额为126951.28亿元人民币。

表21-2 2021年中国前十大贸易伙伴、出口市场和进口来源地

前十大贸易伙伴			前十大出口市场			前十大进口来源地		
排序	国别/地区	进出口贸易额/万元人民币	排序	国别/地区	出口贸易额/万元人民币	排序	国别/地区	进口贸易额/万元人民币
1	东盟	567430501	1	美国	372243640	1	东盟	254885144
2	欧盟	535118350	2	欧盟	334834099	2	欧盟	200284251
3	美国	488271629	3	东盟	312545357	3	中国台湾	161456646
4	日本	240196511	4	中国香港	226407513	4	韩国	137907844
5	韩国	234074772	5	日本	107216620	5	日本	132979891
6	中国香港	232678659	6	韩国	96166929	6	美国	116027989
7	中国台湾	212082576	7	印度	63023400	7	澳大利亚	106560740
8	澳大利亚	149468439	8	英国	56239922	8	巴西	71376947
9	巴西	106020540	9	中国台湾	50625930	9	俄罗斯	51222967
10	俄罗斯	94865715	10	俄罗斯	43642749	10	沙特阿拉伯	36810391

数据来源:中国海关总署网站。

4. 中国的加工贸易状况

20世纪80年代以后,国际分工和国际贸易的方式发生了显著的变化,生产的碎片化和生产工序的全球配置使得一些国家可以利用本国的比较优势专门从事某一工序的生产和出口。在20世纪90年代,中国加工贸易对对外贸易的贡献越来越显著。从2009年起加工贸易对中国对外贸易的贡献越来越小,2016年为34.13%(见表21-3)。自2008年起进料加工占加工贸易的比例超过80%。

表 21-3 中国主要年份进料加工贸易占加工贸易的比例和加工贸易占总贸易的比例

年份	进料加工贸易占加工贸易的比例/%	加工贸易占总贸易的比例/%
1980	20.2	4.4
1985	30.0	10.8
1989	53.2	32.4
1995	72.1	47.0
1996	71.3	50.5
1998	70.8	53.4
2000	70.0	48.6
2002	73.0	48.7
2004	77.8	47.6
2006	79.8	47.2
2008	83.64	47.19
2009	84.10	48.84
2010	84.84	46.92
2011	87.13	44.00
2012	88.55	42.11
2013	89.34	38.93
2014	89.74	37.76
2015	89.46	35.09
2016	89.36	34.13

数据来源：商务部网站。

改革开放前，中国的对外贸易主要由国家垄断经营。现在，私营企业成为最大的贸易主体。2021年，私营企业分别占出口总额和进口总额的56.04%和36.46%（见表21-4）。

表 21-4 2021年我国企业商品进出口状况

企业性质	出口金额/万美元	占比/%	进口金额/万美元	占比/%
国有企业	26893150	7.99	65002705	24.19
外商投资企业	115297908	34.27	101867437	37.90
私营企业	188524562	56.04	97975336	36.46
其他	5680323	1.69	39074612	1.45
合计	336395943	100	268752940	100

数据来源：中国海关总署网站。

21.1.2 中国服务贸易发展状况

1. 中国服务贸易进出口状况

伴随着现代信息科技与互联网技术在战略性新兴产业中的应用,服务贸易方兴未艾,逐渐成长为一种新型的商业模式,成为全球经济新的增长点,中国服务贸易在服务全球化趋势的带动下得到了迅速发展。服务贸易总额从1982年的46.9亿美元增长到2022年的8891.1亿美元,40年间增长了189倍。同期,服务贸易出口总额和进口总额分别从26.70亿美元和20.24亿美元增加到2806.29亿美元和3810.88亿美元(见表21-5),极大地推动了中国产业结构升级,逐步改善了中国经济增长过度依赖第二产业的发展局面。

表21-5 1982—2022年我国服务贸易情况　　　　　单位:亿美元

年份	服务进出口金额	服务出口金额	服务进口金额	服务贸易差额
1982	46.9	26.7	20.2	6.5
1983	47.6	27.7	19.9	7.7
1984	59.5	30.9	28.6	2.3
1985	56.2	31.0	25.2	5.8
1986	61.4	38.6	22.8	15.9
1987	65.7	40.8	24.9	16.0
1988	87.0	51.0	36.0	15.0
1989	101.1	62.0	39.1	22.9
1990	124.2	80.7	43.5	37.1
1991	136.7	95.5	41.2	54.3
1992	220.1	125.8	94.3	31.5
1993	266.2	145.8	120.4	25.5
1994	365.0	202.0	163.0	39.0
1995	496.4	244.2	252.2	−8.0
1996	505.7	279.8	225.9	54.0
1997	622.1	342.4	279.7	62.7
1998	518.9	250.5	268.4	−17.9
1999	610.2	293.7	316.5	−22.8
2000	711.9	350.3	361.6	−11.3
2001	784.5	391.8	392.7	−1.0
2002	927.6	462.3	465.3	−3.0
2003	1066.4	513.3	553.1	−39.8
2004	1452.3	725.1	727.2	−2.2
2005	1682.8	843.1	839.7	3.4
2006	2038.2	1029.8	1008.4	21.4
2007	2654.5	1353.2	1301.3	51.9
2008	3222.6	1633.1	1589.5	43.7
2009	3024.9	1435.7	1589.2	−153.5

续表

年份	服务进出口金额	服务出口金额	服务进口金额	服务贸易差额
2010	3717.4	1783.4	1934.0	−150.6
2011	4488.9	2010.5	2478.4	−468.0
2012	4828.8	2015.8	2813.0	−797.3
2013	5376.1	2070.1	3306.1	−1236.0
2014	6520.2	2191.4	4328.8	−2137.4
2015	6541.6	2186.2	4355.4	−2169.2
2016	6616.3	2095.3	4521.0	−2425.7
2017	6956.8	2280.9	4675.9	−2395.0
2018	7918.8	2668.4	5250.4	−2582.0
2019	7850.0	2836.0	5014.0	−2178.0
2020	6617.2	2806.3	3810.9	−1004.6
2021	8212.5	3942.5	4270.0	−327.5
2022	8891.1	4240.6	4650.5	−409.9

数据来源：《中国统计年鉴2023》。

2. 中国服务贸易的差额变动

中国服务贸易1982—1997年(1995年除外)一直保持小额顺差，1998年至2004年一直是逆差，2005—2008年又为顺差，2009年之后一直为逆差，这一逆差值不断扩大，到2018年达到峰值，之后又大幅下降。

3. 中国服务贸易部门进出口结构分析

中国服务贸易优势部门长期集中在运输、旅行等比较传统的服务贸易领域，而金融、保险、计算机和信息服务、知识产权使用费等知识、技术密集型高附加值服务产业，发展速度相对缓慢，比重偏低，但近年来有所改变。保险服务和金融服务出口大幅增长。2021年，我国保险服务进出口额为212.3亿美元，比上年增长19.8%，其中，出口52.0亿美元，进口160.4亿美元，贸易逆差108.4亿美元(见表21-6)。金融服务进出口额为103.2亿美元，比上年增长40.2%，其中：出口49.7亿美元，同比增长18.8%；进口53.5亿美元，同比增长68.3%；逆差3.7亿美元。2021年电信、计算机和信息服务进出口额占服务进出口总额的比重为14.56%。

表21-6　2021年中国服务贸易进出口部门结构与贸易差额

服务类别	进出口		出口		进口		贸易差额/亿美元
	金额/亿美元	占比/%	金额/亿美元	占比/%	金额/亿美元	占比/%	
总额	8212.5	100	3942.5	100	4270.0	100	−327.5
加工服务	208.3	2.54	201.2	5.10	7.1	0.17	194.1
维护和维修服务	116.8	1.42	78.7	1.99	38.2	0.89	40.5
运输	2607.4	31.75	1271.9	32.26	1335.5	31.28	−63.6
旅行	1224.1	14.91	113.7	2.88	1110.4	26.01	−996.7
建筑	402.7	4.90	304.8	7.73	97.9	2.29	206.9

续表

服务类别	进出口		出口		进口		贸易差额/亿美元
	金额/亿美元	占比/%	金额/亿美元	占比/%	金额/亿美元	占比/%	
保险和养老金服务	212.3	2.59	52.0	1.32	160.4	3.75	-108.4
金融服务	103.2	1.26	49.7	1.26	53.5	1.25	-3.7
知识产权使用费	586.7	7.14	117.8	2.99	468.9	10.98	-351.1
电信、计算机和信息服务	1195.8	14.56	794.7	20.16	401.1	9.39	393.5
其他商业服务	1455.4	17.72	923.6	23.43	531.9	12.45	391.8
个人、文化和娱乐服务	51.7	0.63	19.0	0.48	32.7	0.77	-13.7
别处未提及的政府服务	47.9	0.58	15.5	0.39	32.4	0.76	-16.9

数据来源：商务部网站。

我国服务贸易主要伙伴国（地区）基本保持稳定，集中度较高。我国服务贸易地区分布不均衡，北京、上海、广东、江苏、浙江等经济发达地区服务贸易规模较大，中西部地区规模偏小。

21.1.3 中国吸引外商直接投资状况

改革开放以来，我国引进外商直接投资无论从金额、项目数、进入方式、经营价值链环节、来源国结构、国内地区分布结构、产业和行业分布结构等方面都表现出不同的阶段性特征。

1. 我国引进利用外资的阶段性特征

我国引进利用外资大致可分为三个阶段。第一阶段是1979—1991年，为起步阶段，每年实际利用外资不超过50亿美元。第二阶段是1992—2008年，1992年南方谈话掀起了外商投资的新高潮。虽然1999年和2000年受东南亚金融危机的影响，实际利用外资额有所下降，但总体快速增长趋势明显。实际利用外资额2008年达到923.95亿美元。第三阶段，2009年至今。2009年，虽受美国次贷危机的影响有所下降，也在900亿美元以上。从2010年到2021年，实际利用外资额从1057.30亿美元，增长至1734.83亿美元，说明我国仍保持着吸引外资的优势（见表21-7）。

表21-7　1979—2021年我国吸引外商直接投资情况

年份	设立企业/个	实际利用外资金额/亿美元
1979—1982	920	17.70
1983	638	9.20
1984	2166	14.20
1985	3073	19.60
1986	1498	22.40
1987	2233	23.14
1988	5945	31.94
1989	5779	33.92
1990	7273	34.87
1991	12978	43.66
1992	48764	110.07

续表

年份	设立企业/个	实际利用外资金额/亿美元
1993	83437	275.15
1994	47549	337.67
1995	37011	375.21
1996	24556	417.25
1997	21001	452.57
1998	19799	454.63
1999	16918	403.19
2000	22347	407.15
2001	26140	468.78
2002	34171	527.40
2003	41081	535.05
2004	43664	606.30
2005	44001	603.25
2006	41473	658.21
2007	37871	747.70
2008	27514	923.95
2009	23435	900.33
2010	27406	1057.30
2011	27712	1160.11
2012	24925	1117.16
2013	22773	1175.86
2014	23778	1195.62
2015	26575	1262.67
2016	27900	1260.01
2017	35652	1310.35
2018	60533	1349.66
2019	40888	1381.35
2020	38570	1443.69
2021	47643	1734.83

数据来源:《中国统计年鉴2022》。

2. 外商对华直接投资的进入方式

外商直接投资的进入方式经历了从合作经营、合作开发,到合资经营、独资经营不断发展的过程,反映了我国投资环境不断改善,外商对我国经济越有信心的趋势。1979—1983年,中外合作经营企业的协议金额占比为47.0%,中外合资经营和外商独资企业的协议金额占比仅为4.8%和5.9%。2007年和2008年,外商独资企业投资额占比分别达到76.6%和78.3%,而中外合作经营企业投资额占比仅有1.9%和2.1%。2019年,外商独资企业投资额占比分别达到67.77%,中外合作经营企业投资额占比为0.24%,中外合资企业投资额占比达到23.01%。

外商直接投资的价值链环节经历了从加工组装、全面生产制造、研发机构设立不断升级的过程。投资初期,外商更多地想利用中国廉价的劳动力,仅把中国作为加工组装车间;之后,随着我国人力资源结构的不断优化,高技术生产、营销、采购、研发等环节都不断本土化,许多跨国公司都在我国设立研发中心。

3. 外商对华直接投资的来源地与行业结构

外商直接投资的来源国(地区)主要集中在亚洲和部分自由港。2020 年前十位的国家(地区)依次是中国香港(10579336 万美元)、新加坡(768098 万美元)、英属维尔京群岛(519957 万美元)、韩国(361376 万美元)、日本(337448 万美元)、开曼群岛(277361 万美元)、荷兰(255492 万美元)、美国(230451 万美元)、中国澳门(220230 万美元)、德国(135497 万美元)。

从外商直接投资行业结构来看,2020 年我国实际利用外资额占比最高的仍是制造业,占比为 21.47%;其次是租赁和商业服务业,占比为 18.40%;房地产业,科学研究和技术服务,信息传输、软件和信息技术服务业的外商投资占比均达到 10% 以上,分别为 14.08%、12.43%、11.38%,说明我国服务业已经得到长足的发展,对外商吸引力较高。

外商直接投资区域分布格局基本稳定,东部地区一直是我国吸收外商直接投资的主要聚集地(见表 21-8)。

表 21-8 1995—2020 年外商对中国直接投资的区域分布

年份	东部	中部	西部	年份	东部	中部	西部
1995	84.45%	8.97%	6.58%	2008	84.07%	8.87%	7.06%
1996	84.39%	9.45%	6.16%	2009	83.38%	9.28%	7.34%
1997	83.83%	9.85%	6.32%	2010	82.62%	9.72%	7.67%
1998	84.06%	9.55%	6.39%	2011	82.23%	9.98%	7.80%
1999	84.29%	9.22%	6.49%	2012	81.80%	10.03%	8.17%
2000	84.77%	8.98%	6.25%	2013	81.71%	10.08%	8.22%
2001	85.84%	7.99%	6.18%	2014	81.10%	10.38%	8.52%
2002	84.96%	9.09%	5.95%	2015	80.84%	10.75%	8.41%
2003	84.96%	9.11%	5.92%	2016	82.32%	9.57%	8.11%
2004	84.80%	9.08%	6.12%	2017	82.53%	9.75%	7.72%
2005	84.80%	9.26%	5.94%	2018	81.70%	10.12%	8.18%
2006	84.06%	9.94%	6.00%	2019	79.55%	10.57%	9.89%
2007	84.21%	9.58%	6.21%	2020	80.78%	9.91%	9.31%

数据来源:Wind 数据库。

21.2 中国对外贸易体制改革与制度型开放

21.2.1 中国对外贸易体制的演变

1. 改革开放前的外贸体制

对外贸易体制是对外贸易的组织形式、机构设置、管理权限、经营分工和利益分配等方面的制度。它既包括了对外贸易企业经营活动和国家外贸管理制度的各个方面,也同国家的财税、金融、投资、计划以及外汇管理体系有着密切的联系。

从1949年到改革开放前,与国家优先发展重工业的战略相对应,我国实行了高度集中统一的对外贸易体制。这种体制的内容主要包括:①对外贸易实行国家统一管理;②对外贸易公司都是国有制企业;③从事对外经济业务的机构和组织由国家指定;④国家制订对外贸易的指令性计划,一切对外贸易活动必须按照指令性计划进行。这种体制在当时的历史条件下对保护国内幼稚工业、避免国际收支逆差等方面起到了一定作用。但所暴露的问题越来越突出,主要问题是:行政管理权过分集中在中央政府,经营管得过死,产销脱节,各级地方政府、工业部门和生产企业缺乏积极性和主动性,效率越来越低。

2. 改革开放以来外贸体制的改革历程

伴随着党的十一届三中全会做出改革开放的战略决策,我国外贸体制在1979年也迈出了改革的步伐。回顾外贸体制改革历程,对外贸易主体的改革沿着"国家—地方—企业"的模式演进;对外贸易的调控沿着直接管理到利用经济杠杆和法律手段管理;对外贸易政策逐步向积极主动地运用关税及非关税政策组合目标演进。其可大致分为六个阶段。

第一阶段是1979—1987年。此阶段的改革主要是下放进出口贸易经营权,以充分调动各级地方政府、工业部门、外贸公司和生产企业的积极性。主要改革内容有:①对外贸易管理体制的改革。通过1979年和1982年的两次改革,建立了对外贸易部和一些省级对外贸易总公司(广东、福建、北京、天津、上海、山东)两级对外贸易管理体制。中央一级只负责少数大宗重要的、国际市场竞争激烈的商品,其他多数实行许可证的商品则由地方一级管理,从而改变了外贸行政管理权高度集中在中央一级的体制。②对外贸易经营权分散和下放。一些省份的对外贸易企业可以自主经营本省的进出口贸易,同时国家允许部分工业部门和生产企业经营进出口贸易,从而打破了国家外贸专业公司集中经营的局面。③推行工贸结合的试点改革,提高了出口产品的适销性。④进行对外贸易计划体制改革,基本实现指导性计划和市场调节。⑤调整对外贸易财务体制。专业部门所属外贸公司和工贸公司同中央财政脱钩,地方外贸公司的进出口盈亏由地方财政支付,但原有外贸专业总公司及其分公司的盈亏仍由中央财政统负。⑥改革外汇分配制度,实行外汇留成制度。1979年8月,国家允许创汇企业及其所在地方或主管部门可以按一定比例(一般为25%)自主支配外汇,初步改变了创汇与用汇脱节的现象。⑦推行代理制和设立海外贸易机构。1980年开始,我国外贸专业总公司开展代理业务。实行出口代理制,除指定的外贸专业公司统一经营的重要出口商品外,其余商品可由地方分公司、有外贸经营权的公司承接,总公司也可代理出口。同时,外贸专业公司为了加强出口销售,在主要的国外市场设立了常驻贸易机构。⑧初步建立起对外贸易宏观经济调节体系,制定了一系列鼓励出口的措施。该时期,国家编制了新的海关进出口税则,降低了进口关税税率;还实行了出口退税办法,建立了出口奖励基金,对进出口商品实行差别税率。

第二阶段是1988—1990年。此阶段的改革主要是推行外贸承包经营责任制。主要内容有:①全面推行外贸承包经营责任制。各地方政府、全国性外贸(工贸)总公司分别向国家承包出口收汇,上缴中央外汇,盈亏由各承包单位自负,承包基数三年不变;同时,轻工、工艺、服装三个进出口行业进行外贸企业自负盈亏试点。②继续进行外贸计划体制改革,扩大指导性计划和市场调节的范围。③继续改革外汇管理体制。地方、部门和企业按规定所取得的留成外汇,不再受使用控制指标的限制,允许自由使用;同时,在全国相继建立一批外汇调剂中心,外贸公司和出口生产企业均可在外汇调剂中心买卖外汇,外汇调剂价格按照外汇供求状况实行有管理的浮动。④继续改革外贸财务体制。实行计划进出口由中央财政统负盈亏,超计划进出口由地方财政自负盈亏;全面实行出口退税。⑤改革外贸行政管理体制。外贸行政管理实行统一管理和分级管理原则;各级外贸主管部门实行政企分开;外贸管理由直接控制为主转向间接控制为主,微观管理转向宏观调控。

第三阶段是 1991—1993 年。此阶段的改革主要是建立外贸企业自主经营、自负盈亏机制。主要内容有:①外贸财务体制方面,取消国家财政对外贸企业的出口补贴。②外汇管理体制方面,改变按地方实行不同外汇比例留成的做法,实行按不同商品大类统一比例留成制度。③出口管理体制方面,缩减国家管理的商品范围,除个别重要出口商品由国家统一联合经营外,其余种类商品基本上由各类外贸企业放开经营。④进口管理体制方面,进一步降低关税税率,取消进口调节税,1992 年还取消了 16 种商品的许可证管理,提高进口行政管理的透明度。⑤积极推行外贸企业经营机制的转换。

第四阶段是 1994—2001 年。此阶段的改革主要是建立适应国际经济通行规则的外贸运行机制。主要内容有:①外汇管理体制方面,实行以市场供求为基础的、单一的、有管理的人民币浮动汇率制度,建立银行间外汇市场,实行外汇结汇售汇制,实现人民币经常项目下可兑换。②宏观管理方面,确立了运用汇率、关税、利率等经济手段调节对外贸易的原则。国家不再下达指令性计划,实行指导性计划;完善出口退税制度;对一些关系国计民生的重要大宗进出口商品实行配额总量控制。③加快外贸企业经营机制转换,使国有外贸企业向集团化和股份制方向转变。④进出口管理体制改革继续深化。降低关税税率,到 2001 年我国加入 WTO 之前,未加权的平均关税率已下降到 15%,达到发展中国家的平均水平;原则上取消了进口关税减免优惠政策;取消了 170 余种产品的配额许可证和控制措施;退税与征税相结合;成立中国进出口银行,建立了出口信贷机制;实行加工出口贸易银行保证金结账制度。⑤重新推行外贸代理制,将外贸代理制建立在国内外流通体制一体化的基础上。⑥对外贸易经营权由审批制改为核准制。

第五阶段是加入世界贸易组织后阶段(2001—2008 年)。2001 年中国加入世界贸易组织。中国经济融入全球经济的进程加快,全面放开外贸经营权。依照中国加入世界贸易组织的承诺,我国于 2004 年修订了《中华人民共和国对外贸易法》。自 2004 年 7 月起,中国政府对企业的外贸经营权由审批制改为备案登记制,所有对外贸易经营者均可以依法从事对外贸易。中国对外贸易的活力进一步增强。我国进入履行入世承诺阶段,主要内容有:①"政府入世"进展显著。制定、修订、废止了 2000 余件法律法规,清理了 19 万件以上地方性法规及政策措施,中央政府部门和地方政府网站开通。②规则意识得到强化,接受了国际上通行的一些基本规则。③关税总水平进一步降低,调整出口退税政策,服务贸易逐步开放。④多种所有制的外贸经营主体得到迅速发展。⑤2005 年 7 月,实行"以市场供求为基础、参考一篮子货币进行调节、有管理的浮动汇率制度",人民币汇率不再盯住单一美元,形成更富弹性的人民币汇率机制。

第六阶段是金融危机后阶段(2008 年至今)。中国政府结合供给侧结构性改革等新时代要求,以更加积极的态度推进对外贸易制度改革,逐步形成了当前的中国对外贸易政策体系。主要内容有:①转变对外贸易发展方式。对实行了 30 多年的对外出口依赖理念进行反思,更加注重扩大内需。在稳定外需方面,确定了提高中国出口产品竞争力、减轻对外出口企业负担等思路,不断完善出口信用保险制度、出口税收制度、融资制度等,鼓励有实力的外贸企业继续扩大出口。②调整对外贸易政策。实施保障出口、扩大进口政策。重点是调整出口退税政策,对具有国际市场竞争力的产品给予更大退税率,对加工贸易企业给予更多政策支持,针对中国出口产品面临的更为严峻的贸易摩擦事实,进一步完善应对机制,从预警到法律帮助,更加有力地保护出口企业利益。③鼓励海外投资。以"一带一路"倡议为契机,鼓励中国企业"走出去",加大海外投资力度,推进中国剩余产能向外转移,继续提高中国产品在全球市场的占有率,科学应对贸易摩擦。

"一带一路"倡议的提出,展现了中国新一轮更高水平开放的决心,其对中国对外贸易发展的影响不仅是长远性的,更是根本性的,意味着中国对外贸易进入了全新时代。值得肯定的是,中国在进入新时期后,对外贸易不再追求规模和数量,转而追求质量和效益。在此理念指引下,中国对外贸易迈进持续健康发展的轨道。

21.2.2 建设更高水平开放型经济新体制

1. 更高水平开放型经济新体制

党的十九届四中全会明确提出建设更高水平开放型经济新体制,这是我国坚持和完善社会主义基本经济制度、推动经济高质量发展的重要任务之一。如何建设更高水平开放型经济新体制,需要准确把握当前对外开放的时代特征。

从国际国内形势来看,当前我国对外开放最鲜明的时代特征是制度型开放,这充分体现了我国改革和开放在国内制度层面的相互融合、高度统一。从2018年底中央经济工作会议首次明确提出"制度型开放"的总体要求,到2019年底党的十九届四中全会进一步明确提出"推动规则、规制、管理、标准等制度型开放",再到2022年党的二十大强调"稳步扩大规则、规制、管理、标准等制度型开放",标志着我国对外开放不断向制度层面纵深推进,并由规则为主的制度型开放向规则、规制、管理、标准等更宽领域、更深层次拓展,更加注重国内制度层面的系统性全面开放。因此,在下一步对外开放工作中,需要准确把握制度型开放的最新特点,并据此在开放重点领域、开放发展策略、开放平台载体和开放政策制度上进行系统性设计。

2. 制度型开放的特点

制度型开放体现了改革与开放的高度统一。以制度型开放为主的对外开放,对政策制度的系统性要求更高,在平台载体以及产业领域的政策制度设计更趋非标准化,定制化特征明显,且政策制度的获得感不如过去的政策性开放明显。

(1)开放政策制度由边境措施向边境内措施延伸。制度型开放是与过去商品和要素的流动型开放相对应的一个概念,体现了我国开放重点的一种转变,是我国适应国际国内形势需要,准确把握当前及下一步开放重点的具体体现。流动型开放的政策制度主要体现为边境措施,制度型开放的政策制度主要体现为边境内措施。流动型开放向制度型开放转变,主要体现为开放措施从边境措施向边境内措施延伸。也就是说,在以制度型开放为主的新阶段,改革与开放的相互促进关系得到了更进一步的体现,在规则、规制、管理和标准等部分领域实现改革与开放的高度统一,开放即是改革,改革即是开放。

(2)开放政策制度体系的全局性、系统性更强。一项制度的建立和实施,必须从事物的整体和发展的全过程确定制度建设的内容,必须要有全局性和系统性。制度型开放体现了政策制度体系的高度系统性。未来,我国在推进制度型开放、构建更高水平开放型经济新体制的过程中,也要高度重视系统性,从全局角度系统设计。

(3)开放政策制度由标准化向定制化转变。对外开放的重点向国内制度层面延伸,意味着基于不同产业、不同区域的不同特征,需要设计不同的开放政策制度体系。对于产业来讲,开放重点由要素和资本等准入环节,向准营、准营后等整个生产经营所有环节拓展,不同行业特别是服务业需要结合不同行业特点,重构新的开放型行业管理制度。对于区域来说,不同区域的产业体系不同,意味着开放政策制度的设计也有所不同,需要在地方或区域开放策略上量身定制差异化的政策制度。因此,在产业开放发展策略、地方开放平台载体设计上,都需要根据其特点,量身定制不同的政策制度体系。以自由贸易试验区为例,制度型开放的定制化特点,决定了各个自由贸易试验区的战略定位、试验任务等都不一样，都是各地结合当地实际，服务国家战略要求、当地经济高质量发展需要量身定制的政策制度体系，是非标准化的试验任务和措施。这跟改革开放以来以商品和要素流动型开放为主的开放平台不同，例如，保税区、保税物流园区、出口加工区、保税港区、综合保税区等不同海关特殊监管区，只要名称相同（如综合保税区），政策制度就基本相同，相对来讲是标准化的政策制度体系。自由贸易试验区作为新时代我国制度型开放的新平台，能否取得良好的试验成效，在一定程度上取决于其政策制度体系，也就是其试验任务和措施与当地实际需要的匹配度。因此，在制度型开放为主的新阶段，在产业开放发展、开放平台载体设计上，需要改变传统的思想，大胆创新，量身定制产业开放发展策略和政策制度体系，量身定制新的开放平台载体及其政策制度体系，积极争取推动更高水平对外开放。

21.3　中国的外贸依存度和贸易条件变化

21.3.1　中国的外贸依存度变化

20世纪80年代以来，随着中国经济融入世界经济一体化的进程，对外贸易快速增长。伴随着外贸的增长，1985年至2007年，我国的外贸依存度逐步提高。2008年以后由于美国金融危机的影响，我国外贸依存度有所下降，扩大内需的压力显现。

第一阶段是1985—1990年。随着中国对外开放逐步扩大，出口缓慢增长。1985年，中国对外贸易依存度为22.46%，1990年中国对外贸易依存度接近30%。这一阶段，由于国内资源紧缺和大量技术设备的进口，进口依存度连续多年高于出口依存度。

第二阶段是1991—2000年。在这一阶段，中国采取了一系列的宏观经济调控措施，使出口额年均增长达到12.4%，超出了中国年均GDP的增长速度8.8%。劳动密集型产业崛起，加工贸易的开展，使出口快速增长，出口依存度超过进口依存度，推动外贸稳步上升，中国的对外贸易依存度也于1994年突破40%。虽然1996—1999年中国的对外贸易依存度有所滑落，但是在35%左右徘徊，2000年再次达到39.15%。

第三阶段是2001年至2008年。随着中国加入WTO，经济全球化进一步加深，对外贸易对经济增长的作用日益明显，2004年中国进出口贸易总额历史性地突破万亿美元大关，超过日本，名列世界第三位，对外贸易的增长速度，远远高于中国国内生产总值的增长和世界贸易的增长。中国对外贸易依存度快速增加，2003年突破50%，2005年已经突破60%，2006年更是达到63.95%的高点，这一阶段中国对外贸易依存度远远高于世界对外贸易依存度的平均水平并且增长速度远远超过了中国GDP的增速，使得这一时期中国的对外贸易蓬勃发展，带动国内经济持续增长，经济总量不断增大，中国迅速成长为全球第三大经济体。但超高的对外贸易依存度也给中国经济发展带来不可控的外部风险，主要是由于中国经济发展的内需动力不足，满足了国内需求之后的过剩产能，只能通过出口贸易依靠他国市场来解决，导致了对外贸易依存度偏高。对外贸易在中国GDP的比重不断增加，中国经济发展对外的依赖性也随之增加，受外部不利因素影响的风险加大。此后受我国经济转型、内外需结构调整以及国际金融危机的影响，从2007年开始对外贸易依存度逐步回落。

第四阶段是2008年金融危机至今。2008年国际金融危机以来，受全球经济复苏乏力、国际市场需求疲弱、贸易保护主义抬头、中国经济进入增速换挡期等因素的影响，我国经济发展模式已经开始逐步由国际循环为主向国内国际双循环方向转换。目前，我国的外贸依存度保持在30%多一点，说明经济增长越来越多依靠国内消费和投资。消费已经成为我国经济增长名副其实的"压舱石"。双循环模式已经在近年我国经济的发展中得到较好印证。

表 21-9 中国对外贸易依存度变化

年份	进出口总额/亿美元	人民币对美元汇率(100美元)/元	国内生产总值/亿元	外贸依存度
1985	696.02	293.67	9098.9	22.46%
1986	738.46	345.28	10376.2	24.57%
1987	826.53	372.21	12174.6	25.27%
1988	1027.84	372.21	15180.4	25.20%
1989	1116.78	376.51	17179.7	24.48%
1990	1154.36	478.32	18872.9	29.26%
1991	1356.34	532.33	22005.6	32.81%
1992	1655.25	551.46	27194.5	33.57%
1993	1957.03	576.2	35673.2	31.61%
1994	2366.21	861.87	48637.5	41.93%
1995	2808.64	835.1	61339.9	38.24%
1996	2898.81	831.42	71813.6	33.56%
1997	3251.62	828.98	79715	33.81%
1998	3239.49	827.91	85195.5	31.48%
1999	3606.3	827.83	90564.4	32.96%
2000	4742.97	827.84	100280	39.15%
2001	5096.51	827.7	110863	38.05%
2002	6207.66	827.7	121717	42.21%
2003	8509.88	827.7	137422	51.26%
2004	11545.55	827.68	161840	59.05%
2005	14219.06	819.17	187319	62.18%
2006	17604.39	797.18	219439	63.95%
2007	21761.75	760.4	270092	61.27%
2008	25632.55	694.51	319245	55.76%
2009	22075.35	683.1	348518	43.27%
2010	29740.01	676.95	412119	48.85%
2011	36418.65	645.88	487940	48.21%
2012	38671.19	631.25	538580	45.33%
2013	41589.93	619.32	592963	43.44%
2014	43015.28	614.28	643563	41.06%
2015	39530.32	622.84	688858	35.74%
2016	36855.57	664.23	746395	32.80%
2017	41071.38	675.18	832036	33.33%
2018	46224.44	661.74	919281	33.27%
2019	45778.91	689.85	986515	32.01%
2020	46559.14	689.76	1013567	31.68%
2021	60502.95	645.15	1143670	34.13%

数据来源:国家统计局网站。

21.3.2 中国的贸易条件变化

贸易条件一般分为价格贸易条件和收入贸易条件两种。我们根据中国海关总署计算的出口价格指数和进口价格指数,计算而得价格贸易条件。价格贸易条件又称为净实物贸易条件,为一国出口与进口的交换比价,其计算公式为

$$价格贸易条件指数(N) = 出口价格指数(P_X) / 进口价格指数(P_M) \times 100$$

我国 1993—2020 年价格贸易条件呈现出较大的波动趋势,如表 21-10 所示。

表 21-10 1993—2020 年中国价格贸易条件变动表

年份	出口价格指数	进口价格指数	价格贸易条件指数
1993	96.30	101.73	94.66
1994	104.33	104.05	100.27
1995	111.03	112.31	98.86
1996	102.95	102.38	100.56
1997	101.71	103.01	98.74
1998	95.43	99.47	95.94
1999	95.02	104.13	91.25
2000	100.75	110.14	91.47
2001	98.50	100.21	98.30
2002	97.44	102.08	95.45
2003	102.84	109.35	94.05
2004	106.42	113.24	93.98
2005	103.21	103.50	99.72
2006	102.38	103.21	99.20
2007	105.51	106.53	99.04
2008	108.67	114.84	94.63
2009	94.01	86.66	108.48
2010	102.35	113.74	89.99
2011	110.03	113.98	96.53
2012	102.23	99.48	102.76
2013	99.35	98.16	101.21
2014	99.33	96.64	102.78
2015	99.15	88.45	112.10
2016	97.39	96.71	100.70
2017	104.01	109.59	94.91
2018	103.07	105.80	97.42
2019	103.11	101.56	101.53
2020	101.58	95.33	106.56
2021	103.33	112.36	91.96

数据来源:中国海关总署网站。

从国际比较来看,我国价格贸易条件的走势与美国、欧盟不同,美国的价格贸易条件总体上呈上升趋势,欧盟的价格贸易条件整体上较为平稳(见表21-11)。

表 21-11 价格贸易条件的国际比较

年份	中国价格贸易条件指数	美国价格贸易条件指数	欧盟价格贸易条件指数
1995	98.86	103.06	100.31
1996	100.56	103.49	100.28
1997	98.74	105.33	100.00
1998	95.94	108.69	101.53
1999	91.25	107.23	101.37
2000	91.47	104.71	98.55
2001	98.30	106.65	99.03
2002	95.45	107.00	100.33
2003	94.05	105.51	100.97
2004	93.98	104.39	100.47
2005	99.72	102.00	99.46
2006	99.20	101.33	98.35
2007	99.04	101.60	98.93
2008	94.63	96.66	97.72
2009	108.48	102.22	100.49
2010	89.99	100.75	98.65
2011	96.53	99.52	96.75
2012	102.76	100.00	96.27
2013	101.21	101.47	97.13
2014	102.78	102.30	97.99
2015	112.10	105.80	100.00
2016	100.70	107.35	101.09
2017	94.91	107.76	100.29
2018	97.42	108.33	99.58
2019	101.53	109.53	100.14
2020	106.56	109.21	101.60
2021	91.96	113.67	99.90

数据来源:原始数据来源于 OECD。

收入贸易条件指数是将价格贸易条件指数乘以出口贸易量指数再除以100,计算结果如表21-12所示。我国的收入贸易条件也呈现出不断波动的趋势。

表 21-12　1993—2020 年中国收入贸易条件变动表

年份	价格贸易条件指数	出口贸易量指数	收入贸易条件指数
1993	94.66	125.80	119.09
1994	100.27	125.70	126.04
1995	98.86	86.80	85.81
1996	100.56	102.30	102.87
1997	98.74	105.30	103.97
1998	95.94	111.60	107.07
1999	91.25	101.60	92.71
2000	91.47	105.10	96.14
2001	98.30	112.60	110.68
2002	95.45	134.40	128.29
2003	94.05	143.90	135.33
2004	93.98	121.50	114.18
2005	99.72	117.20	116.87
2006	99.20	121.40	120.42
2007	99.04	114.10	113.01
2008	94.63	92.50	87.53
2009	108.48	122.00	132.35
2010	89.99	112.30	101.05
2011	96.53	102.10	98.56
2012	102.76	112.80	115.92
2013	101.21	104.20	105.46
2014	102.78	109.50	112.55
2015	112.10	105.30	118.04
2016	100.70	98.60	99.29
2017	94.91	106.89	101.44
2018	97.42	95.10	92.65
2019	101.53	110.60	112.29
2020	106.56	110.30	117.53
2021	91.96	107.30	98.68

21.4 中国对外贸易与投资的国际竞争力

中国经济参与国际分工的比较优势主要在于劳动力成本优势,有国际竞争力的产业主要是制造业。国际公认的判断是中国是"世界工厂"和"世界制造中心"。

21.4.1 中国劳动力成本优势

劳动力成本优势不应只看绝对水平,要看劳动报酬和劳动生产率之间的相对水平。如果劳动生产率上涨幅度大于工资上涨幅度,则劳动力成本优势仍然存在。具体来看,2002—2016年中国整体劳动力成本的情况如表21-13所示。

表21-13 2002—2016年中国制造业单位劳动力成本优势的变化

年份	小时劳动生产率/美元	小时劳动力成本/美元	按劳动力成本计算的单位劳动力成本	小时工资/美元	按工资计算的单位劳动力成本
2002	6.242	0.547	0.088	0.437	0.070
2003	6.999	0.593	0.085	0.473	0.068
2004	7.566	0.630	0.083	0.500	0.066
2005	7.695	0.659	0.086	0.522	0.068
2006	9.000	0.776	0.086	0.612	0.068
2007	12.344	1.013	0.082	0.780	0.063
2008	13.966	1.293	0.093	0.996	0.071
2009	14.950	1.435	0.096	1.103	0.074
2010	16.094	1.624	0.101	1.240	0.077
2011	17.689	2.177	0.123	1.658	0.094
2012	18.767	2.540	0.135	1.925	0.103
2013	17.957	3.399	0.189	2.611	0.145
2014	19.511	3.814	0.195	2.934	0.150
2015	21.244	4.211	0.198	3.261	0.154
2016	22.124	4.212	0.190	3.282	0.148
2016/2002	3.54	7.70	2.16	7.51	2.11

资料来源:郭也.中国制造业单位劳动力成本变化趋势:以2002—2016年数据为依据[J].北京社会科学,2021(4):4-22.

基于劳动力成本口径计算的视角,中国制造业小时劳动力成本呈快速增长的趋势,从2002年的0.547美元增加到2016年的4.212美元,15年间增长了6.70倍。中国制造业小时劳动生产率呈稳步增长的趋势,从2002年的6.242美元增加到2016年的22.124美元,15年间增长了2.54倍。中国制造业单位劳动力成本整体上表现为先保持不变、后快速增长的趋势,从2002年的0.088增加到2016年的0.190,2016年是2002年的2.16倍。

基于工资口径计算的视角,中国制造业小时工资呈快速增长的趋势,从2002年的0.437美元增加到2016年的3.282美元,15年间增长了6.51倍。中国制造业按工资计算的单位劳动力成本也整体上表现为先保持不变、后快速增长的趋势,从 2002 年的 0.070 增加到 2016 年的 0.148,2016 年是 2002 年的 2.11 倍。

总的来看,2002—2016 年,中国制造业小时劳动力成本(小时工资)的增长幅度大于小时劳动生产率的增长幅度,这导致了中国制造业单位劳动力成本的快速增长。

21.4.2 中国对外贸易的国际竞争力

改革开放以来,特别是中国加入世界贸易组织以来,中国已经成为第二大出口国。

1. 中国农产品贸易竞争力指数

贸易竞争力指数(TC 指数)通常是指一个国家某类产品的净出口与该类产品贸易总额的比率。其实,该指标和净出口指标一样,表示一个国家产品是净进口还是净出口,但这个指标的优点是作为一个相对值,它剔除了通货膨胀、经济萧条等宏观总量方面波动的影响,即无论进出口的绝对量是多少,它均介于 -1 和 $+1$ 之间,因此在不同时期、不同国家之间是可比的。用公式表示为

$$T_{ij} = \frac{X_{ij} - M_{ij}}{X_{ij} + M_{ij}} \quad (-1 \leqslant T_{ij} \leqslant 1)$$

式中,T_{ij} 为贸易竞争力指数;X_{ij} 为 i 国 j 类产品的出口总额;M_{ij} 为 i 国 j 类产品的进口总额。

T_{ij} 的取值落在 -1 和 $+1$ 之间。如果 $T_{ij} > 0$,表示该国是 j 种产品的生产效率高于国际水平,对于世界市场来说,该国是 j 种产品的净供应国,具有较强的出口竞争力;如果 $T_{ij} < 0$,表示该国 j 种产品的生产效率低于国际水平,出口竞争力较弱;如果 $T_{ij} = 0$,则说明该 j 种产品的生产效率与国际水平相当,其进出口纯属与国际进行品种交换。

从表 21-14 可以看出,我国农产品的 TC 指数自 1998 年开始呈现下降趋势,特别是自 2004 年起 TC 指数为负值,这表明我国农产品的国际竞争力整体上呈下降趋势。

表 21-14 1998—2021 年中国农产品竞争力变化状况

年份	农产品出口额/亿美元	农产品进口额/亿美元	TC 指数
1998	138	83.2	0.248
1999	134.7	81.6	0.245
2000	156.2	112.3	0.164
2001	160.7	118.3	0.152
2002	181.4	124.4	0.186
2003	214.3	189.3	0.061
2004	233.9	280.3	-0.09
2005	275.8	287.1	-0.02
2006	314	320.7	-0.01
2007	366.04	409.73	-0.06
2008	401.89	583.17	-0.18
2009	391.73	521.72	-0.14

续表

年份	农产品出口额/亿美元	农产品进口额/亿美元	TC 指数
2010	488.71	719.06	-0.19
2011	601.09	938.95	-0.22
2012	625.88	1114.98	-0.28
2013	670.97	1179.87	-0.27
2014	713.40	1215.71	-0.26
2015	701.80	1159.42	-0.25
2016	726.12	1106.46	-0.21
2017	751.36	1247.15	-0.25
2018	793.23	1367.07	-0.27
2019	785.73	1498.83	-0.31
2020	760.34	1708.01	-0.38
2021	843.51	2198.16	-0.45

数据来源：中国海关总署网站。

分类来看，各类农产品的竞争力水平又有差异，变化情况也有所不同。我国主要农产品 TC 指数变化情况如表 21-15 所示。大米、水果的竞争力相对较强，其他类的农产品都缺乏竞争力。

表 21-15　2000—2020 年中国主要农产品 TC 指数变化状况

年份	农产品类型										
	粮食	大米	玉米	小麦	大豆	豆油	花生油	棉花	食糖	水果	谷物及谷物粉
2000	0.480	0.660	1.000	-0.560	-0.940	-0.760	0.200	0.560	-0.160	0.330	0.481
2001	0.640	1.020	1.660	-0.480	-0.760	-2.330	0.280	1.330	-0.090	0.310	0.268
2002	0.550	0.650	1.000	0.080	-0.930	-0.900	0.580	-0.050	-0.500	0.440	0.554
2003	0.710	0.680	1.000	0.580	-0.960	-0.990	0.630	-0.800	-0.710	0.470	0.708
2004	-0.450	-0.030	0.990	-0.790	-0.960	-0.980	0.940	-0.990	-0.830	0.480	-0.458
2005	0.040	0.080	1.000	-0.730	-0.960	-0.920	0.960	-0.990	-0.550	0.510	0.037
2006	0.170	0.170	0.940	0.370	-0.960	-0.830	0.950	-0.990	-0.800	0.530	0.158
2007	0.610	0.360	0.980	0.920	-0.960	-0.950	0.100	-0.980	-0.770	0.590	0.608
2008	0.030	0.400	0.720	0.760	-0.970	-0.890	0.450	-0.980	-0.840	0.560	0.018
2009	-0.100	0.420	0.200	-0.360	-0.970	-0.920	-0.180	-0.980	-0.840	0.400	-0.113
2010	-0.877	0.235	0.954	-1.000	-0.991	-0.897	-0.665	-0.997	-0.868	0.078	-0.396
2011	-0.878	0.024	-0.834	-0.922	-0.989	-0.894	-0.643	-0.984	-0.949	-0.053	-0.461
2012	-0.902	-0.680	-0.851		-0.984	-0.928	-0.694	-0.994	-0.970	-0.038	-0.779
2013	-0.909	-0.444	-0.887	-0.999	-0.989	-0.875	-0.643	-0.996	-0.960	-0.098	-0.770

续表

年份	农产品类型										
	粮食	大米	玉米	小麦	大豆	豆油	花生油	棉花	食糖	水果	谷物及谷物粉
2014	-0.926	-0.536	-0.936	-0.999	-0.990	-0.785	-0.671	-0.988	-0.951	-0.765	-0.836
2015	-0.936	-0.697	-0.979	-0.997	-0.993	-0.678	-0.756	-0.963	-0.949	-0.098	-0.919
2016	-0.922	-0.643	-0.992	-0.998	-0.994	-0.671	-0.744	-0.981	-0.867	-0.045	-0.842
2017	-0.923	-0.543	-0.991	-0.992	-0.995	-0.589	-0.753	-0.970	-0.845	-0.025	-0.791
2018	-0.909	-0.298	-0.941	-0.993	-0.995	-0.352	-0.764	-0.943	-0.829	-0.254	-0.694
2019	-0.893	-0.008	-0.985	-0.993	-0.995	-0.522	-0.846	-0.951	-0.855	-0.309	-0.615
2020	-0.923	-0.240	-0.982							-0.257	-1.000

数据来源：国家统计局网站。

2. 中国制造业贸易显示性比较优势（RCA）指数

我国的制造业具有较强的比较优势，我国制造业总体的 RCA 指数一直较为稳定，从 2005 年的 1.622，上涨到了 2010 年的 1.739，2015 年又有所下降，达到 1.640。其中，劳动密集型产品和技术密集型产品的 RCA 指数都呈现出先涨后降的趋势，资本密集型产品的 RCA 指数从 0.995 上升到了 1.067。

表 21-16 不同类型企业 RCA 指数比较

类型	年份		
	2005	2010	2015
制造业总体	1.622	1.739	1.640
劳动密集型	2.674	2.809	2.439
资本密集型	0.995	1.058	1.067
技术密集型	2.466	2.847	2.421

3. 中国服务贸易国际竞争力

（1）中国服务贸易显示性比较优势指数、显示性对称比较优势（RSCA）和显示性竞争比较优势（CA）指数。2005—2020 年中国服务贸易 RCA 指数、RSCA 指数和 CA 指数如表 21-17 所示。

表 21-17 2005—2020 年中国服务贸易 RCA 指数、RSCA 指数和 CA 指数

年份	RCA 指数	RSCA 指数	CA 指数
2005	0.518	-0.318	-0.746
2006	0.509	-0.325	-0.610
2007	0.571	-0.273	-0.330
2008	0.598	-0.251	-0.154
2009	0.543	-0.296	-0.414
2010	0.549	-0.291	-0.410

续表

年份	RCA 指数	RSCA 指数	CA 指数
2011	0.534	−0.304	−0.367
2012	0.498	−0.335	−0.712
2013	0.461	−0.368	−0.738
2014	0.448	−0.381	−0.800
2015	0.453	−0.377	−0.730
2016	0.447	−0.382	−1.211
2017	0.443	−0.386	−1.005
2018	0.467	−0.363	−0.878
2019	0.472	−0.358	−0.975
2020	0.515	−0.320	−0.838

数据来源:根据联合国贸易和发展会议数据计算而得。

由表 21-17 可见,中国服务贸易的 RCA 指数一直小于 0.8,这说明中国服务贸易缺乏比较优势,2005—2020 年变化幅度不大。

2005—2020 年,我国服务贸易 CA 指数变动不大,而且数值一直小于零。因而,从总体上来说,我国服务贸易不具有竞争优势。我国服务贸易的比较优势受服务业进口的影响比较小,主要受服务贸易出口情况的影响。

(2)服务贸易分部门竞争力指数。中国服务贸易分部门 TC 指数(2005—2020 年),如表 21-18 所示。

表 21-18 中国服务贸易分部门 TC 指数

年份	服务贸易分类										
	保险	个人娱乐	货物相关	计算机	建筑	金融	旅行	其他商业服务	运输	政府相关	知识产权使用费
2005	−0.8582	−0.0698	0.9994	0.0224	0.2311	−0.0467	0.1476	−0.0793	−0.2969	−0.1147	−0.9425
2006	−0.8817	0.0616	0.9993	0.1924	0.1464	−0.7195	0.1652	−0.1080	−0.2411	0.0666	−0.9402
2007	−0.8438	0.3459	0.9986	0.2531	0.2977	−0.4146	0.1111	0.0494	−0.1602	−0.2159	−0.9197
2008	−0.8042	0.2428	0.9979	0.2518	0.4061	−0.2850	0.0609	0.0079	−0.1342	−0.1601	−0.8952
2009	−0.7517	−0.4822	0.9941	0.2689	0.2345	−0.2864	−0.0483	0.0556	−0.3280	0.0613	−0.9253
2010	−0.8024	−0.5021	0.9936	0.4372	0.4816	−0.0207	−0.0900	—	−0.2980	−0.0917	−0.8802
2011	−0.7348	−0.5299	0.9858	0.4684	0.5959	0.0642	−0.1993	0.0678	−0.3868	−0.1716	−0.9038
2012	−0.7217	−0.6360	0.9907	0.4948	0.5438	−0.0104	−0.3418	0.0928	−0.3763	−0.0247	−0.8889
2013	−0.6936	−0.6835	0.9932	0.3832	0.4654	−0.0736	−0.4267	0.0948	−0.4295	0.0161	−0.9191
2014	−0.6615	−0.6664	0.9893	0.3048	0.5184	−0.0432	−0.6754	0.2568	−0.4309	−0.3157	−0.9419
2015	−0.2773	−0.4429	0.8840	0.3932	0.2404	−0.0623	−0.6949	0.1926	−0.3772	−0.4137	−0.9061

续表

年份	服务贸易分类										
	保险	个人娱乐	货物相关	计算机	建筑	金融	旅行	其他商业服务	运输	政府相关	知识产权使用费
2016	−0.5132	−0.4850	0.8315	0.3568	0.2111	0.2246	−0.7092	0.1428	−0.4087	−0.4079	−0.9071
2017	−0.4402	−0.5677	0.8149	0.1830	0.4727	0.3911	−0.7357	0.1790	−0.4294	−0.3404	−0.7143
2018	−0.4140	−0.4731	0.8247	0.3288	0.5111	0.2428	−0.7505	0.1930	−0.4382	−0.4366	−0.7297
2019	−0.3855	−0.5460	0.7644	0.3339	0.5018	0.2258	−0.7584	0.1908	−0.3899	−0.4134	−0.6757
2020	−0.3874	−0.3973	0.7334	0.2833	0.4919	0.1469	−0.7698	0.1982	−0.2433	−0.1664	−0.6182

数据来源：根据联合国贸易和发展会议数据计算而得。

从各个具体行业上看，中国服务贸易进出口结构不平衡。只有货物相关服务、计算机相关服务、建筑服务和其他商业服务的 TC 指数一直保持在正数状态，具有一定的竞争力。在旅行、保险、金融、知识产权使用费、个人娱乐、运输等服务贸易领域，贸易竞争力指数绝大多数为负数，反映出中国资本和技术密集型服务贸易的国际竞争力水平比较低。

21.4.3 中国的对外直接投资与国际竞争力

1. 中国对外直接投资流量

2006 年我国对外直接投资流量为 211.6 亿美元，2009 年对外直接投资金额超过 500 亿美元，达到了 565.3 亿美元，2013 年对外直接投资金额首次突破 1000 亿美元，2016 年我国对外直接投资金额达到 1961.49 亿美元，之后有所下降，2020 年有所上升，见图 21-1。

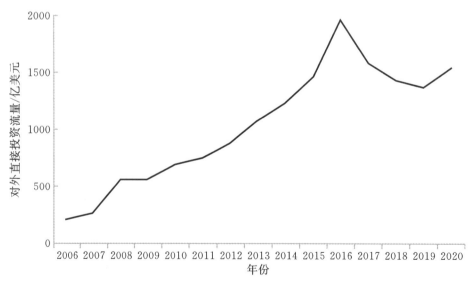

图 21-1 2006—2020 年中国对外直接投资流量

2. 中国对外直接投资存量

2006—2020 年，我国对外直接投资存量从 2006 年的 906.3 亿美元，达到了 2020 年的 25806.6 亿美元，中国对外直接投资存量增长了 27 倍，见图 21-2。

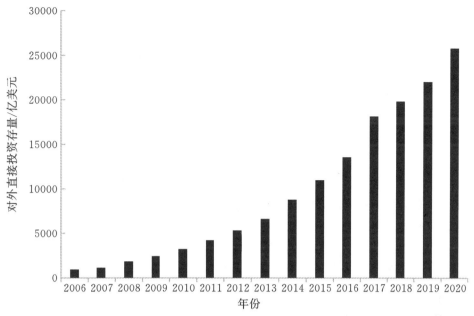

图 21-2 2006—2020 年中国对外直接投资存量

从投资目的地看,我国对外直接投资区域进一步拓展。2006 年,我国对拉丁美洲直接投资 78 亿美元,占我国对外直接投资的六成;对亚洲地区投资 39 亿美元,占投资总额的 30.1%;接着是欧洲地区和非洲地区,分别为 6.2 亿美元和 3.68 亿美元,占 4.8% 和 2.8%。从图 21-3 来看,亚洲是我国对外投资的主要去向,占比达到 60% 以上,其次是拉丁美洲、欧洲,最后是北美洲、非洲和大洋洲。

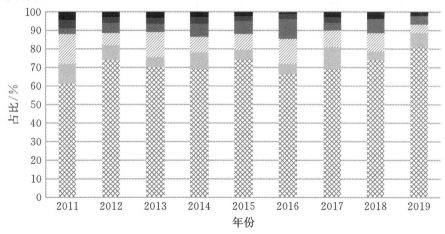

图 21-3 2011—2019 年中国对外直接投资目的地占比

从投资的行业分布看,我国对外直接投资已从一般出口贸易、餐饮和简单加工扩大到营销网络、航运物流、资源开发、生产制造和设计研发等众多领域,在采矿、商务服务和制造行业的直接投资较为集中。我国 2020 年对外直接投资中租赁和商业服务业的占比达到 25% 以上,其次是制造业、批发和零售业、金融业,占比分别达到 16.8%、14.9%、12.7%。

3. 中国对外直接投资绩效指数

为了反映一国对外投资和经济在世界中的相对地位,联合国贸易和发展会议开发了对外直接投资绩效(OND)指数。对外直接投资绩效指数用一国或地区对外投资流量占全球对外直接投资流量的份额与该国或地区 GDP 占全球 GDP 的份额的比率来表示。其计算公式如下:

$$\text{OND 指数} = \frac{\text{某国(地区)对外直接投资流量/全球对外直接投资流量}}{\text{该国(地区)GDP/全球 GDP}}$$

OND 指数可在控制了来源国经济规模之后,反映一国或地区在世界直接投资市场上的真实地位。OND 指数的大小受经济规模以外的其他因素的影响,其中主要的因素包括所有权优势和区位优势。所有权优势即跨国公司在创新、品牌、管理与组织能力、信息、资源以及规模和网络等方面的优势;区位优势即来源国或东道国为货物和服务生产所提供的各种条件,如市场规模、生产成本、基础设施和技术工人等。虽然 OND 指数没有区分这两种因素的影响,但是总的来看,在经济全球化的竞争压力之下,所有权优势和区位优势都驱动各类公司进行对外直接投资,以期利用全球化网络和经营战略来增加竞争优势,实现利润最大化。如果某国或地区的 OND 指数为 1,意味着该国或地区对外直接投资的绩效达到世界平均水平;如果某国或地区的 OND 指数大于或小于 1,意味着该国或地区的绩效高于或低于世界平均水平。一般地,OND 指数越大,则一国或地区对所有权优势和区位优势的利用越充分。当然,OND 指数还受到一些特殊因素的影响,如来源国经济规模、经济政治政策以及对外直接投资的历史,在其他条件相同的情况下,一国或地区经济规模越大、国内管制程度越高、对外直接投资历史越短,则其 OND 指数越小。

联合国贸易和发展会议的计算结果表明,2005 年,中国 OND 指数为 0.313,与此同时,发展中国家平均 OND 指数为 0.706,发达国家平均 OND 指数为 1.06。2007—2020 年中国 OND 平均指数为 0.55。由此可见,中国对外投资绩效指数在全球排名比较靠后,远低于世界平均水平。较低的对外直接投资绩效指数表明中国跨国公司缺乏所有权优势,对外直接投资项目的技术含量不高、效益较差。这与中国企业处于全球分工产业价值链低端,总体技术水平不高,缺乏创新力、品牌和管理经验,国际竞争力不强有密切关系。

本章小结

自中华人民共和国成立以来,特别是改革开放以来,中国经济实现了从封闭半封闭到全方位开放的伟大历史转折,中国通过积极参与国际分工和竞争,对外贸易取得了辉煌的成就。对外贸易领域从货物到服务不断拓展,规模从小到大不断扩大,质量从低到高不断提升,中国已经从一个贸易小国成长为世界第二大经济体和第一大货物贸易大国。70 多年的时间,外贸增长 4000 余倍,带动相关就业人口高达 1.8 亿。中国外贸成为世界贸易增长的引擎。中国市场和中国进口的巨大增长空间为全球生产商和出口商提供了机遇。在新的历史时期,中国从贸易大国到强国的新征程已经开启。

中国已成为名副其实的贸易大国,进出口总量大、占世界贸易比重高,成为全球贸易体系里不可或缺的关键一环。然而,贸易"大而不强"的特点却依然突出。无论是从贸易结构、贸易方式,还是从贸易主体、贸易产品上看,中国距离贸易强国都有一定的差距。

服务贸易是贸易强国的本质特征,从整体上来看,我国服务贸易竞争力还相对薄弱。尽管中国已成为服务贸易第二大国,但与排名第一的美国相比,中国服务贸易占对外贸易的比重约为美国的一半,且服务贸易逆差数额远高于美国。中国服务贸易竞争力指数为负数,这表明中国服务贸易整体上处于比较劣势,服务贸易的国际竞争力较弱,反映出中国资本和技术密集型服务贸易的国际竞争力水平比较低。当前,我国数字贸易规模增长迅速,相关产业已成为拉动经济增长的活力要素之一。我国服务贸易发展将迎来新的机遇,也将为贸易强国建设打开更广阔的前路。

当前,全球贸易不平衡问题再次凸显。无论从国际环境还是从国内环境看,不平衡问题都可能成为外贸发展新的瓶颈。与此同时,我国目前正处在从"贸易大国"迈向"贸易强国"的发展阶段。贸易强国,代表着一国对外贸易竞争力更强、产品质量效益更佳,并在国际贸易中拥有重要产品定价权、贸易规则制定权和贸易活动主导权。为此,我们需要加快创新驱动,优化国内国际市场布局和贸易结构,积极扩大进口、大力发展服务贸易,加快制度创新建设,不断提高贸易便利化水平,提升我国贸易高质量发展特征,实施包括消费升级、贸易强国、外贸促进等在内的经贸强国建设"时间表"和"路线图",努力实现阶段性目标:2035年前,基本建成经贸强国;2050年前,全面建成经贸强国。

名词术语

加工贸易　服务贸易竞争力　对外贸易体制　制度型开放

思考与练习

1. 我国对外贸易发展有什么特点?中国是如何从一个贸易小国走向贸易大国的?
2. 中国应如何从一个贸易大国走向贸易强国?
3. 我国外商直接投资发展有什么特点?
4. 我国服务贸易发展有什么特点?
5. 我国外贸体制改革经历了哪些主要阶段?
6. 我国外贸依存度变化情况如何?
7. 如何评价我国的贸易条件?
8. 如何评价我国对外贸易的国际竞争力?
9. 近年来,人民币升值,中国劳动力工资上涨压力很大。随着人民币升值和劳动力工资水平的上涨,中国劳动力成本优势是否不复存在?"中国制造"的隐忧何在?

第 22 章　中国参与全球经济贸易治理

在经过15年的艰苦谈判之后,中国于2001年12月11日正式加入世界贸易组织,标志着中国经济真正纳入全球经济之中,也对中国未来的长期发展带来了重要的机遇和挑战。在新世纪,中国也迈开了参与全球经济治理和区域经济合作的步伐,与二十国集团成员的合作,与金砖国家的合作,与欧盟、北美自由贸易区、亚太经济合作组织(APEC)成员、东盟等的合作步伐日益加快。这成为中国走向世界,并参与全球经济治理和区域经济合作的重大步骤。

本章主要介绍中国加入世界贸易组织的历史进程、中国入世承诺内容及其履行以及参与全球经济治理和区域经济合作情况。

22.1　中国加入世界贸易组织的历史进程

22.1.1　复关:恢复中国关贸总协定创始国的地位

中国是关贸总协定的创始缔约国之一。1947年4月至10月,当时的中国政府代表出席了在日内瓦举行的联合国贸易和就业会议第二次筹备委员会会议,参与了关贸总协定的第一轮多边贸易谈判;1947年10月30日,中国签署《关贸总协定临时适用议定书》;1948年4月21日,当时的中国政府将接受《关贸总协定临时适用议定书》的文件交关贸总协定存放;1948年5月21日,中国正式成为关贸总协定的创始缔约国。

中华人民共和国成立后,由于历史原因台湾当局继续留在关贸总协定内。由于无力履行关贸总协定有关条款,台湾当局于1950年3月单方面宣布退出总协定。1971年10月,我国恢复联合国合法席位,关贸总协定根据政治问题服从联合国决定的原则,于同年11月取消了台湾当局的观察员资格。

1982年11月,中国政府获得关贸总协定观察员身份并首次派团列席了关贸总协定第36届缔约方大会。1982年12月31日,国务院批准了中国申请参加关贸总协定的报告。从1982年至1986年,中国政府进行了大量的准备工作。1984年4月,中国成为关贸总协定特别观察员。1986年1月10日,中国国家领导人在会见关贸总协定秘书长邓克尔时,表示希望恢复中国在关贸总协定中的缔约方地位。1986年7月10日,中国正式向关贸总协定递交申请,要求恢复中国的缔约方地位。至此,中国复关、入世谈判拉开了序幕。1987年3月,关贸总协定理事会成立了"关于中国缔约方地位工作组",同年7月任命瑞士驻关贸总协定大使吉拉德先生为中国工作组主席,同年10月中国工作组第一次会议在日内瓦举行,开始了中国的复关谈判。1987年10月22日至1994年10月20日,关贸总协定中国工作组共举行了19次会议。

22.1.2　入世:中国加入世界贸易组织

1995年1月1日,世界贸易组织正式成立,并在一年的过渡期后完全取代关贸总协定。同年5月,中断了近5个月的中国复关谈判在日内瓦恢复进行。1995年7月11日,世贸组织决定接纳中国为该组织的观察员。11月,中国政府照会世贸组织总干事鲁杰罗,把中国复关工作组更名为中国入世工作组。中国"复关"谈判变成"入世"谈判。从那时开始中国又为入世工作进行了大量的努力。

2001年9月17日,世贸组织中国工作组第18次会议在世界贸易组织总部举行,会议逐项通过了《中国加入工作组报告书》《中国加入世贸组织议定书》等,标志着中国加入世贸组织的谈判全部结束。

2001年11月10日,世界贸易组织第四届部长级会议一致表决同意接受中国加入世界贸易组织。2001年12月11日,中国正式成为世界贸易组织第143个成员。

22.2 中国加入世界贸易组织的承诺及其履行

22.2.1 中国入世的承诺

中国入世承诺集中体现在《中国加入世贸组织议定书》和《中国加入工作组报告书》两份文件中。

22.2.2 中国入世承诺的履行

2021年是中国加入世贸组织20周年。对照中国需要履行世贸组织义务的时间表,会看到我们早已经完全履行了世贸组织规定的中国的义务和我们做出的承诺。

在加强与世贸组织规则对接方面,加入世贸组织以后,我国中央政府清理的法律法规和部门规章就有2000多件,地方政府清理的地方性政策、法规有19万多件。同时在制定新的政策、法律和规定的时候,也确保完全符合世贸组织规则。

在开放市场方面,中国全面履行入世承诺,2010年有关降税承诺履行完毕,所有商品的平均进口关税水平从2001年的15.3%降至2010年的9.8%。经过进一步自主降税,2021年中国进口关税总水平达到7.4%,低于发展中成员的平均水平,接近发达成员水平。

在贸易便利化方面,中国着重开展了以下几方面工作:一是全面实施世贸组织《贸易便利化协定》;二是不断压缩进出口货物整体通关时间;三是持续精简进出口环节监管证件;四是自贸协定和自贸试验区建设有力推进贸易便利化工作;五是深化拓展国际贸易"单一窗口"功能。

在服务领域内,《中国加入世贸组织议定书》和《中国加入工作组报告书》规定,需要在2007年开放九大类100个分部门,现在中国实际开放接近120个分部门,都超过了我国所做的承诺。中国在制造业领域基本全面取消了针对外资的限制,在种业等农业领域放宽外资准入限制,同时不断扩大金融、电信、建筑、分销、旅游、交通等服务业领域开放,在世贸组织服务贸易分类的160个分部门中,中国已开放近120个。

在遵守规则方面,中国及时向世贸组织通报国内法立法法规调整和实施情况,向世贸组织提交的通报已经超过1000多份。中国持续加强知识产权保护执法力度,积极履行透明度义务,始终尊重并认真执行争端解决机制裁决。

22.3 中国参与全球经济治理和区域经济合作

22.3.1 中国参与全球经济治理

随着新兴经济体的崛起,世界经济发展不平衡的趋势越来越明显。亚洲金融危机过后的1999年,G20应运而生;2008年美国证券业爆发的危机迅速演变成世界性金融危机,世界各国经济发展水平持续分化,全球经济治理体系暴露出更深层次的矛盾,G20峰会顺势而创。G20取代G7成为重要的全球经济治理平台。通过这一平台,中国积极宣传自己的全球治理新理念,与其他发展中经济体和新兴经济体一道积极在G20论坛上发出共同声音,提高发展中经济体和新兴经济体的影响力,推动全球经济治理体系走向更加公平、合理、有效和包容。中国用自己的实力和行动证明了在全球经济治理中所发挥的重要作用和影响,主要包括以下几个方面:第一,积极主办G20峰会。第二,强调创新,积极促进世界经济增长。促进经济增长始终是G20关注的核心议题。中国首次将"创新增长方式"作为G20峰会的重要议题,提出G20创新增长蓝图及具体行动计划,为全球创新增长开辟了新的路径,注入了新的活力。第三,坚持伙伴精神,积极应对共同挑战。当前,单边主义与保护主义严重干扰国际秩序和多边贸易体制,成为全球经济稳定的重要风险。在世界面临百年未有之大变局的形势下,中国主张坚持伙伴精神,加强政策协调,应对共同挑战。伙伴精神是G20形成的基础,G20建立之初也是为了解决世界面临的共同问题。作为负责任的大国,中国身体力行弘扬伙伴精神,致力于同世界各国合作共赢。第四,增加绿色金融供给,积极支持全球绿色经济发展。通过梳理近年来主要的国际政治经济关键词不难发现,应对气候变化和低碳经济是现阶段全球最具兼容性的共识。G20杭州峰会首次同时讨论了可持续发展和气候变化这两个最大的发展问题,首次发布气候变化问题主席声明。中国为推动世界向低碳转型、应对气候变化发挥了积极作用。为了解决气候变化中的资金问题,在中国倡议下,二十国集团首次讨论绿色金融议题,并成立了绿色金融研究小组,总结了相关经验,为各国发展绿色金融提供参考,支持全球经济向绿色低碳转型。

金砖国家合作机制是中国参与全球经济治理的重要渠道。金砖国家合作机制起始于2006年9月的首次外长会晤。十多年来金砖国家的合作,在中国的积极推动下不断发展,达成了许多重要的合作成果。金砖国家签署的《金砖国家银行合作机制金融合作框架协议》《福塔莱萨宣言》《关于建立金砖国家应急储备安排的条约》,标志着金砖国家在金融合作方面取得了制度性的突破。金砖国家各领域务实合作不断机制化、实心化,推动了形成一体化大市场,中国在落实这些合作规划方面,尤其在落实贸易投资、制造业和矿业加工、基础设施互联互通、资金融通、科技创新、信息通信技术合作等优先领域方面,担当了表率。

2013年,习近平主席在出访中亚、东南亚国家期间,提出了共建"丝绸之路经济带"与"21世纪海上丝绸之路"(以下简称"一带一路")倡议,旨在通过加强各国的全方位合作,对接彼此的经济发展战略,实现优势互补,促进共同发展。"一带一路"倡议积极塑造着全球经济互联互通的健康局面,是中国向世界发出扩大开放、联通世界的强劲信号,是中国对全球经济治理的重要贡献。截至2023年6月,中国与150多个国家、30多个国际组织签署了200多份共建"一带一路"合作文件。亚洲基础设施投资银行(以下简称亚投行)的成立标志着国际金融治理翻开了崭新的一页,也客观上倒逼了IMF的份额和投票权的改革。倡议成立亚投行,是中国承担更多国际责任、推动完善现有国际经济体系、提供国际公共产品的建设性举动。

党的二十大指出:"中国积极参与全球治理体系改革和建设,践行共商共建共享的全球治理观,坚持真正的多边主义,推进国际关系民主化,推动全球治理朝着更加公正合理的方向发展。""推动世界贸易组织、亚太经合组织等多边机制更好发挥作用,扩大金砖国家、上海合作组织等合作机制影响力,增强新兴市场国家和发展中国家在全球事务中的代表性和发言权。"

我国将顺应深度融入世界经济的趋势,积极构建新发展格局,充分发挥我国在综合国力、市场容量、产业竞争力等方面的优势和条件,以建设性和引领者的姿态积极参与全球经济治理,着力提升包括我国在内的发展中国家的制度性话语权,实现我国与各国互利共赢、共同发展。

22.3.2 中国参与全球区域经济合作

区域经济合作是当今世界发展的重要趋势,也是经济全球化的重要组成部分;是各国顺应时代潮流的必然产物,也是相邻国家为减缓全球化无序冲击而采取的合理选择。作为一个发展中的大国,中国不仅需要参与区域经济合作以规避全球化的风险,为本国创造一个长期良好的地区经济安全环境,而且需要通过区域经济组织扩大本国在国际经济规则制定过程中的影响力。

改革开放后,中国一直在积极融入世界经济体系。20世纪80—90年代,经济全球化浪潮不断高涨,当时由于中国的工作着重点是"入世",所以除了于1991年加入了亚太经济合作组织外,几乎没有参与其他任何区域经济合作组织。直到20世纪末期,亚洲金融危机冲击了东亚多国,包括中国在内的亚洲国家才认识到区域合作和一体化的重要性。在此背景下,中国于2000年提出构建中国-东盟自贸区的设想,并在2004年11月达成协议,掀开了中国自贸区建设的序幕。随后,中国又陆续与一些国家谈判建立了双边自贸区,并提出了一系列以周边国家为基础的自贸区构想。自贸区战略真正摆上重要议事日程是在党的十七大报告中,把自由贸易区建设上升为国家战略。党的十八大进一步提出加快实施自由贸易区战略,以应对新一轮区域经济一体化的浪潮。十八届三中全会提出要以周边为基础加快实施自由贸易区战略,形成面向全球的高标准自由贸易区网络。党的十九大报告指出:"中国支持多边贸易体制,促进自由贸易区建设,推动建设开放型世界经济。"党的二十大提出,实施自由贸易试验区提升战略,扩大面向全球的高标准自由贸易区网络。

21世纪初,中国参与区域经济合作的进程开始加速。中国在参与全球化的同时,也在逐步加快与部分地区进行经济关系重组的进程,建立多范围、多层次的自由贸易区就是这一进程的重要战略选择。积极推动谈判和签署自贸协定成为全球范围内双边及区域多边合作的主要共识和新的潮流。截至2022年年底,中国已签署的自贸协定达22个、涉及29个国家和地区。

1. 中国与亚洲的区域经济合作

亚洲的区域合作虽然起步晚,但发展势头十分旺盛。20世纪90年代以来,各种形式的区域、次区域合作不断涌现,已逐渐形成了宽领域、多层次、广支点、官民并举的良好态势。东盟与中日韩(10+3)和上海合作组织作为两个支柱性机制深入发展,东盟一体化和湄公河流域开发不断推进,南亚区域合作联盟恢复活力并确定自贸区建设目标,以"亚洲合作对话"为代表的泛亚合作崭露头角。此外,博鳌亚洲论坛、亚太圆桌会议、东亚思想库网络等二轨机制也日趋活跃。

东亚合作成为亚洲区域一体化进程中的先导。东亚合作从1997年正式启动,已构筑了良好基础。一年一度的10+3会议走向机制化,形成了10+3、三个10+1和中日韩等会议体系,建立了由领导人会议、部长会晤以及高官磋商等相互联系、梯次升级的立体对话与合作机制,同时各种学术论坛应运而生,为东亚合作提供了日趋完善的智力支撑。东亚合作的蓬勃发展,带动了一系列三角、四角等形式多样的次区域合作,吸引了更多域外国家将目光投向亚洲。

2001年6月,中国、俄罗斯、哈萨克斯坦、吉尔吉斯斯坦、塔吉克斯坦、乌兹别克斯坦六国元首签署《上海合作组织成立宣言》,标志着上海合作组织正式成立。近年来,在上海合作组织的多边框架下,中国与中亚各国以贸易投资便利化和大项目合作为主的区域经济合作迈出实质性步伐,区域内贸易规模逐年扩大,能源、交通、电信、矿产等领域合作逐步加深,合作水平不断提高。2017年6月,印度和巴基斯坦获批正式成为上海合作组织成员国。2023年7月,伊朗成为新成员,上海合作组织成员国增至9个。

20世纪90年代以来,我国与东盟的经济联系日益紧密,双边贸易持续攀升。2001年11月中国与东盟提出了在10年内建成自由贸易区(10+1自由贸易区)的目标,2002年11月双方签署了《中国-东盟全面经济合作框架协议》,确定自由贸易区的基本框架。2003年10月中国与泰国率先废除了188种果品和蔬菜的关税。2004年中国与印度尼西亚、菲律宾、马来西亚、泰国、新加坡和文莱互免果品和蔬菜的关税。2004年11月《中国-东盟全面经济合作框架协议货物贸易协议》和《中国-东盟全面经济合作框架协议争端解决机制协议》签署。2007年1月,双方又签署了《中国-东盟全面经济合作框架协议服务贸易协议》。2009年8月,双方签署了《中国-东盟全面经济合作框架协议投资协议》。中国-东盟自贸区已于2010年全面建成。2019年8月,中国与东盟各国均完成了中国-东盟自贸区升级《议定书》国内核准程序。2019年10月22日,该议定书对所有协定成员全面生效。2022年11月,中国与东盟共同宣布正式启动中国-东盟自贸区3.0版谈判。

2012年由东盟发起了《区域全面经济伙伴关系协定》(RCEP)谈判,由包括中国、日本、韩国、印度、澳大利亚、新西兰和东盟十国共16方成员参加了谈判。经过8年的谈判,2020年11月15日,东盟十国和中国、日本、韩国、澳大利亚、新西兰共15个国家正式签署了《区域全面经济伙伴关系协定》。2021年3月,中国成为率先批准协定的国家。2021年4月15日,中国向东盟秘书长正式交存《区域全面经济伙伴关系协定》核准书。2021年11月2日,《区域全面经济伙伴关系协定》保管机构东盟秘书处发布通知,宣布文莱、柬埔寨、老挝、新加坡、泰国、越南等6个东盟成员国和中国、日本、新西兰、澳大利亚等4个非东盟成员国已向东盟秘书长正式提交核准书,达到协定生效门槛。2022年1月1日,RCEP正式生效,标志着当前世界上人口最多、经贸规模最大、最具发展潜力的自由贸易区正式启航。

中国和巴基斯坦于2003年11月签署优惠贸易安排;2004年10月启动自贸区联合研究;2005年4月签署自贸协定早期收获协议;2006年11月签署自贸协定;2008年10月签署自贸协定补充议定书,以促进投资合作;2008年12月结束服务贸易协定谈判;2009年2月签署《中国-巴基斯坦自贸区服务贸易协定》,从而使两国在2007年7月实施的《中国-巴基斯坦自由贸易协定》基础上,建成一个涵盖货物贸易、服务贸易和投资等内容全面的自贸区。为进一步提高两国间贸易自由化便利化水平,中巴双方于2011年3月启动自贸协定第二阶段谈判,于2019年4月结束谈判并签署议定书。中巴自贸协定第二阶段议定书于2019年12月1日正式生效。

2012年5月2日,中国-韩国自由贸易协定谈判启动。2014年11月,中韩两国元首在北京共同宣布结束实质性谈判。2015年2月25日,中韩双方完成中韩自贸协定全部文本的草签,对协定内容进行了确认。至此,中韩自贸区谈判全部完成。《中国-韩国自由贸易协定》于2015年6月1日正式签署,并于2015年12月20日正式生效。2017年12月14日,中韩两国签署了《关于启动中韩自贸协定第二阶段谈判的谅解备忘录》。

中国积极参加了《亚太贸易协定》的合作。该协定前身为《曼谷协定》,签订于1975年,是在联合国亚太经济社会委员会主持下,在发展中国家之间达成的一项优惠贸易安排,现有成员国为中国、孟加拉国、印度、老挝、韩国、斯里兰卡和蒙古国。

2. 中国与欧盟的经济合作

自1975年中国与欧盟建立外交关系以后,双边贸易和经济合作以前所未有的速度发展。1975年中国与欧盟贸易总额仅为24亿美元,1985年达到83.0亿美元,1995年达到403.4亿美元。欧盟对中国的投资也逐年增加,到2000年欧盟对华直接投资累计额近400亿美元。

近年来,在贸易保护主义抬头、美国挑起贸易摩擦的新形势下,中欧双方积极推进贸易、金融、创新等领域的合作,签署了一系列贸易与投资协议,经贸水平逐年提升。据中方统计,2018年中欧贸易额为6822亿美元,同比增长10.6%,其中,出口4086.32亿美元,同比增长9.8%,进口2735.32亿美元,同比增长11.7%。2023年,我国和欧盟互为第二大贸易伙伴,我国是欧盟第三大出口市场、第一大进口来源地,欧盟是我国第二大出口市场、第二大进口来源地。2023年,欧盟对华新增投资105.8亿美元,同比增长5.5%,中国对欧盟新增投资82.1亿美元,同比增长17.4%。

中欧在历史文化、发展阶段和经济体制等方面存在差异,但双方在涉及自由公平贸易、双向投资、市场准入方面需要增进互信,加强沟通,为企业创造良好的营商环境。从中欧贸易数据持续增长也可以看出,中国与欧盟的合作空间依旧十分广阔。双方积极推动贸易投资自由化便利化,维护产业链供应链稳定畅通,推动能源与气候变化、将"一带一路"倡议与欧洲发展对接、科技创新和人文交流等合作,从而造福双方企业和民众。

3. 中国与非洲的区域经济合作

中国与非洲有着传统的友谊和密切的政治经济联系。从新中国成立至今,中非经贸往来发生了一系列重要变化。在20世纪50—70年代,中非经贸往来以贸易和中国单方援助为主,到80—90年代贸易、投资、承包工程、援助共同发展,再到21世纪以来双方在中非合作论坛机制下展开全面合作。

《中国与非洲经贸关系报告(2021)》显示,中国连续12年稳居非洲最大贸易伙伴国地位。2019年,中非货物贸易金额较2018年保持稳步增长,双边进出口额达2090.2亿美元,同比增加2.4%。2020年,新冠疫情对全球贸易带来严重冲击,中国自非进口额下降24.1%,对非出口额基本稳定,双边贸易总额降至1869.7亿美元,同比下降10.5%,但中国仍保持非洲最大贸易伙伴国地位。截至2020年底,中国对非投资存量已超过了434亿美元,投资遍及50多个非洲国家。

2021年1月1日,《中华人民共和国政府和毛里求斯共和国政府自由贸易协定》正式生效,这是中国与非洲国家签署的第一个自贸协定,填补了中国自贸区网络格局中非洲地区的空白。双方在货物贸易领域实现高水平自由化安排,在众多服务部门相互做出高质量市场开放承诺,并同意在农业、金融、医疗、旅游等多个领域开展经济技术合作。这将进一步提升中毛两国互利合作水平,促进中非合作,为推动构建更加紧密的中非命运共同体做出贡献。

4. 中国与拉美地区的经济合作

中国与拉丁美洲及加勒比地区国家间经贸关系近年来迅速发展,中拉双边年贸易额已从2001年前的不足百亿美元增加到2022年的4857.90亿美元。中国已成为拉美第二大贸易伙伴国,拉美是中国对外投资第二大目的地。截至2023年底,已有22个拉美地区国家与中国签署共建"一带一路"合作文件。

(1)中国-智利自贸区。2004年11月18日,中智两国共同宣布启动中智自贸区谈判。2005年11月18日,在韩国釜山APEC领导人非正式会议期间,双方签署《中国-智利自由贸易协定》。为促进两国在服务、投资领域的合作,双方分别于2008年4月与2012年9月签署了关于服务贸易和关于投资的补充协定。2016年11月,中智双方启动自贸协定升级谈判,并于2017年11月签署议定书。《中华人民共和国政府与智利共和国政府关于修订〈自由贸易协定〉及〈自由贸易协定关于服务贸易的补充协定〉的议定书》于2019年3月1日正式生效实施。这是我国继中国-东盟自贸区升级后实施的第二个自贸区升级协定,也是我国与拉美国家签署的第一个自贸区升级协定。议定书将进一步发掘双边经贸合作潜力,提升两国贸易自由化便利化水平,充实两国全面战略伙伴关系,对进一步深化我国与拉美国家经贸合作具有重要意义。

(2)中国-秘鲁自贸区。2007年9月7日,中秘两国领导人在悉尼出席APEC领导人非正式会议期间共同宣布启动中秘自贸协定谈判。经过八轮谈判和一次工作组会议,2008年11月19日,中秘自贸协定谈判成功结束。2009年4月28日,《中国-秘鲁自由贸易协定》正式签署。该协定是我国与拉美国家签署的第一个一揽子自贸协定。2016年11月,中秘两国领导人就启动双边自贸协定升级联合研究达成共识。在联合研究中,双方一致认为,开展中秘自贸协定升级谈判有助于深入挖掘中秘自贸协定给两国带来的潜在利益,进一步密切双边关系,共同维护自由贸易,发展开放型世界经济。

5. 中国与大洋洲的区域经济合作

新西兰是第一个同中国签订加入世贸组织双边市场准入谈判协议的发达国家,也是第一个承认中国市场经济地位的发达国家和第一个同中国开始自由贸易区谈判的发达国家。2008年4月7日,《中华人民共和国政府与新西兰政府自由贸易协定》正式签署。这是中国与发达国家签署的第一个自由贸易协定,也是中国与其他国家签署的第一个涵盖货物贸易、服务贸易、投资等多个领域的自由贸易协定。2016年11月,双方启动自贸协定升级谈判。2019年11月,双方宣布完成升级谈判。2021年1月26日,双方正式签署《中华人民共和国政府与新西兰政府关于升级〈中华人民共和国政府与新西兰政府自由贸易协定〉的议定书》。

澳大利亚是继新西兰之后与中国商签自由贸易区的第二个发达国家。中国是澳大利亚的第一大贸易伙伴。2005年5月,中国与澳大利亚的FTA谈判正式启动。经过共同努力,双方于2014年11月共同确认并宣布实质性结束谈判。2015年6月,两国政府正式签署《中华人民共和国政府和澳大利亚政府自由贸易协定》。中澳自贸协定在内容上涵盖货物、服务、投资等十几个领域,实现了"全面、高质量和利益平衡"的目标。

本章小结

作为世界贸易组织中的一个发展中成员,中国早已完全履行入世时做出的承诺。

中国加快实施自由贸易区提升战略,将逐步构筑起立足周边、辐射"一带一路"、面向全球的高标准自由贸易区网络。所谓高标准自由贸易区网络建设意味着中国要与更多经济体开展贸易投资等领域的自由化便利化合作,以关税减让、通关便利化、国民待遇等规则为特点,推动双边或区域实现贸易的自由畅通和双向投资的便利化,以消除各种贸易和非贸易壁垒,挖掘经贸合作潜力,发挥中国"世界工厂"和"世界市场"的双重作用,在更大范围参与全球经济分工和优化配置资源,有效利用好两种资源两个市场,切实提升发展的质量和效益。

名词术语

入世承诺　自由贸易区　全球经济治理　"一带一路"倡议

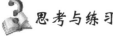
思考与练习

1. 我国加入世界贸易组织的主要原则是什么?
2. 我国入世在农业、工业和服务业领域的主要承诺是什么?
3. 我国入世承诺履行情况如何?加入WTO对中国经济产生了怎样的影响?
4. 中国如何参与全球经济治理?试分析中国自贸区战略的布局和发展。
5. 中国参与的自贸区协定有哪些?

参考文献

[1] 克鲁格曼,奥伯斯法尔德,梅里兹.国际经济学:理论与政策:第11版[M].丁凯,黄剑,黄都,等译.北京:中国人民大学出版社,2021.

[2] 克鲁格曼.地理与贸易[M].刘国晖,译.北京:中国人民大学出版社,2017.

[3] 克鲁格曼.战略性贸易政策与新国际经济学[M].海闻,等译.北京:中国人民大学出版社,2000.

[4] 克鲁格曼.国际贸易新理论[M].黄胜强,译.北京:中国社会科学出版社,2001.

[5] 奥林.地区间贸易和国际贸易[M].王继祖,等译.北京:首都经济贸易大学出版社,2001.

[6] 霍克曼,考斯泰基.世界贸易体制的政治经济学:从关贸总协定到世界贸易组织[M].刘平,洪晓东,许明德,等译.北京:法律出版社,1999.

[7] 林德特,金德尔伯格.国际经济学[M].谢树森,沈锦昶,常勋,等译.上海:上海译文出版社,1985.

[8] 格林纳韦.国际贸易前沿问题[M].冯雷,译.北京:中国税务出版社,2000.

[9] 约菲,戈梅斯-卡斯.国际贸易与竞争:战略及管理案例及要点[M].宫桓刚,孙宁.大连:东北财经大学出版社,2000.

[10] 萨尔瓦多.国际经济学:第12版[M].北京:清华大学出版社,2019.

[11] 李斯特.政治经济学的国民体系[M].邱伟立,译.北京:华夏出版社,2013.

[12] 甘道尔夫.国际贸易理论与政策[M].王根蓓,译.上海:上海财经大学出版社,2005.

[13] 凯伯.国际经济学:英文版·第17版[M].北京:中国人民大学出版社,2022.

[14] 罗布森.国际一体化经济学[M].戴炳然,等译.上海:上海译文出版社,2001.

[15] 钱纳里.结构变化与发展政策[M].朱东海,黄钟,译.北京:经济科学出版社,1991.

[16] 藤田昌久,克鲁格曼,维纳布尔斯.空间经济学:城市、区域与国际贸易[M].梁琦,主译.北京:中国人民大学出版社,2011.

[17] 普格尔.国际经济学:英文版·第15版[M].北京:中国人民大学出版社,2015.

[18] 巴格瓦蒂,潘纳加里亚,施瑞尼瓦桑.高级国际贸易学:第2版[M].王根蓓,译.上海:上海财经大学出版社,2004.

[19] 薛荣久.国际贸易[M].7版.北京:对外经济贸易大学出版社,2020.

[20] 陈同仇,张锡嘏.国际贸易[M].3版.北京:对外经济贸易大学出版社,2009.

[21] 海闻,林德特,王新奎.国际贸易[M].上海:格致出版社,2012.

[22] 陈宪,应诚敏,韦金鸾.国际贸易:原理·政策·实务[M].4版.上海:立信会计出版社,2013.

[23] 高成兴.国际贸易政策研究[M].北京:中国人民大学出版社,1999.

[24] 谷克鉴.国际经济学[M].北京:中国人民大学出版社,2022.

[25] 赵春明,陈昊,李宏兵,等.国际贸易[M].4版.北京:高等教育出版社,2021.

[26] 龚关.国际贸易理论[M].武汉:武汉大学出版社,2000.

[27] 华民.国际经济学[M].2版.上海:复旦大学出版社,2010.

[28] 黄静波. 国际贸易理论与政策[M]. 北京:清华大学出版社,2007.

[29] 祝卫,程洁,谈英. 出口贸易模拟操作教程[M]. 4版. 上海:上海人民出版社,2019.

[30] 李坤望. 国际经济学[M]. 4版. 北京:高等教育出版社,2017.

[31] 贾继锋,等. 重构优势:入世后中国外贸的国际竞争力[M]. 上海:上海社会科学院出版社,2001.

[32] 石士钧,钟昌标. 微观国际贸易学:厂商如何开展对外贸易[M]. 北京:社会科学文献出版社,2000.

[33] 张二震,马野青. 国际贸易学[M]. 5版. 南京:南京大学出版社,2015.

[34] 冷柏军. 国际贸易实务[M]. 4版·数字教材版. 北京:中国人民大学出版社,2023.

[35] 黎孝先,王健. 国际贸易实务[M]. 7版. 北京:对外经济贸易大学出版社,2020.

[36] 吴百福,徐小薇,聂清. 进出口贸易实务教程[M]. 8版. 上海:格致出版社,2020.

[37] 杨小凯,张永生. 新兴古典经济学与超边际分析[M]. 修订本. 北京:社会科学文献出版社,2020.

[38] 世界银行. 2020年世界发展报告:在全球价值链时代以贸易促发展[R]. 华盛顿:世界银行,2019.

[39] 冯宗宪,等. 中国和"一带一路"沿线国家的区域经济合作发展[M]. 西安:西安交通大学出版社,2017.

[40] ANDERSON S P, DE PALMA A, THISSE J F. Demand for differentiated products, discrete choice models, and the characteristics approach[J]. The Review of Economic Studies,1989,56(1):21-35.

[41] ATURUPANE C, DJANKOV S, HOEKMAN B. Horizontal and vertical intra-industry trade between Eastern Europe and the European Union[J]. Review of World Economics,1999,135(1):62-81.

[42] BALASSA B. Tariff reductions and trade in manufactures among industrial countries[J]. American Economic Review,1966,56(3):466-473.

[43] BRANDER J A, SPENCER B J. Export subsidies and international market share rivalry[J]. Journal of International Economics,1985,18(1-2):83-100.

[44] DIXIT A K, STIGLITZ J E. Monopolistic competition and optimum product diversity[J]. American Economic Review,1977,67(3):297-308.

[45] FALVEY R E, KIERZKOWSKI H. Product quality, intra-industry trade and (Im) perfect competition[M]//KIERZKOWSKI H. Protection and competition in international trade: essays in honour of W. M. Corden. Oxford:Basil Blackwell,1987:143-171.

[46] FEENSTRA R C. Integration of trade and disintegration of production in global economy[J]. Journal of Economic Perspectives,1998,12(4):31-50.

[47] FEENSTRA R C, TAYLOR A M. International Trade[M]. 5th ed. New York:Worth Publishers,2021.

[48] GREENAWAY D, MILNER C R. The economics of intra-industry trade[M]. Oxford:Blackwell,1986.

[49] GROSSMAN G M, ROGOFF K. Handbook of international economics:Volume 3[M]. New York:North Holland,1995.

[50] GRUBEL H J, LLOYD P J. Intra-industry trade: the theory and measurement of international trade in differentiated products[M]. London: MacMillan Press, 1975.

[51] HALLWOOD C P, MACDONALD R. International money and finance[M]. 3rd ed. Oxford: Blackwell, 2000.

[52] HELMUT F. Competing in a global economy: an empirical study on specialization and trade in manufactures[M]. London: Unwin Hyman, 2003.

[53] HELPMAN E. International trade in the presence of product differentiation, economies of scale and monopolistic competition: a Chamberlin-Heckscher-Ohlin approach[J]. Journal of International Economics, 1981, 11(3): 305-340.

[54] HELPMAN E, KRUGMAN P. Market structure and foreign trade: increasing returns, imperfect competition, and the international economy[M]. Cambridge: MIT Press, 1985.

[55] KLEIN M C, PETTIS M. Trade wars are class wars: How rising inequality distorts the global economy and threatens international peace[M]. New Haven: Yale University Press, 2020.

[56] KOJIMA K. The pattern of international trade among advanced countries[J]. Hitotsubashi Journal of Economics, 1964, 5(1): 16-36.

[57] KOL J, RAYMENT P. Allyn Young specialisation and intermediate goods in intra-industry trade [M]//THARAKAN P K M, KOL J. Intra-industry trade: theory, evidence and extensions. New York: St. Martin's Press, 1989: 51-68.

[58] KRUEGER A. International trade: What everyone needs to know [M]. New York: Oxford University Press, 2020.

[59] KRUGMAN P. A model of innovation, technology transfer, and the world distribution of income[J]. Journal of Political Economy, 1979, 87(2): 253-266.

[60] KRUGMAN P. Scale economies, product differentiation, and the pattern of trade[J]. American Economic Review, 1980, 70(5): 950-959.

[61] LANCASTER K. Intra-industry trade under perfect monopolistic competition[J]. Journal of International Economics, 1980, 10(2): 151-175.

[62] FALVEY R E. Commercial policy and intra-industry trade[J]. Journal of International Economics, 1981, 11(4): 495-511.

[63] SHAKED A, SUTTON J. Natural oligopolies and international trade: an introduction [M]//KIERZKOWSKI H. Monopolistic competition and international trade. Oxford: Oxford University Press, 1984: 34-50.

后 记

本书由冯宗宪、张文科主编,郭根龙、杨健全副主编。此次修订由冯宗宪拟订编写大纲,负责协调和对全书进行修改、总纂及定稿。具体编写分工如下:冯宗宪编写第 1—10 章,杨健全和冯宗宪编写第 11、12 章,张文科编写第 13—19 章,魏佳编写第 20 章,郭根龙、陈绍俭编写第 21、22 章。

国际贸易教学是一种开放性、多向性、跨文化很强的信息交流活动,既有空间性,也有时间性,包括已知和未知的知识、全球贸易的动态变化,因此需要与时俱进。对此,编者提出科学留白、创新补白的教学理念,并在教学过程中努力践行。建议选用本教材的教师在教学实践中,讲究留白的艺术,构成课堂教学的"阴晴圆缺",以期激发学生学习的兴趣,充分利用本教材形成的纸质+数字+慕课等特色资源,让学生在求知的过程中能动地去探索、思考和发现。

限于水平,书中可能有纰漏或不妥之处,诚挚地欢迎读者批评指正。

编 者

2023 年 12 月